XKV2745×200双龙门移动式机械五轴联动镗铣床

TK6916数控落地铣镗床

产品特色：精密、高效、成套、智能化

- □ 宁江牌精密数控机床、宁江牌小模数数控卧式滚齿机床为四川省名牌产品
- □ 国家一级计量单位　省级企业技术中心　国家博士后流动工作站
- □ 通过 ISO9001:2008 质量管理体系、ISO 14001: 2004环境管理体系和OHSAS 18001职业健康安全管理体系认证

滚齿机系列

数控车床系列

专用组合机床系列（深孔钻床）

柔性制造系统

中国机械工业年鉴系列

中国机床工具工业年鉴

2014

中国机械工业年鉴编辑委员会
中国机床工具工业协会 编

《中国机床工具工业年鉴》2014年刊设置综述、专文、行业概况、市场概况、企业专题、统计资料、大事记和附录等栏目，集中反映机床工具行业的产品状况、技术水平、产销情况及发展趋势，全面系统地提供了机床工具行业的经济指标。

《中国机床工具工业年鉴》主要发行对象为政府决策机构、机械工业相关企业决策者和从事市场分析、企业规划的中高层管理人员以及国内外投资机构、贸易公司、银行、证券、咨询服务部门和科研单位的机电项目管理人员等。

图书在版编目（CIP）数据

中国机床工具工业年鉴. 2014/中国机械工业年鉴编辑委员会，中国机床工具工业协会编. —北京：机械工业出版社，2015.2

（中国机械工业年鉴系列）

ISBN 978-7-111-49420-1

I. ①中… II. ①中… ②中… III. ①机床—金属加工工业—中国—2014—年鉴 IV. ①F426. 41-54

中国版本图书馆CIP数据核字（2015）第035899号

机械工业出版社（北京市西城区百万庄大街22号　邮政编码 100037）

责任编辑：袁士华

北京宝昌彩色印刷有限公司印制

2015年2月第1版第1次印刷

210mm×285mm·18.75印张·30插页·750千字

定价：320.00元

中国机械工业年鉴系列

作为『工业发展报告』
记录企业成长的每一阶段

中国机械工业年鉴

编辑委员会

中国机床工具工业年鉴

『鉴』证行业发展

共建制造强国

中国机床工具工业年鉴
执行编辑委员会

中国机床工具工业年鉴

『鉴』证行业发展
共建制造强国

中国机床工具工业年鉴
执行编辑委员会

中国机床工具工业年鉴
编辑出版工作人员

总　编　辑　郭　锐
主　　　编　李卫玲
副　主　编　刘世博　曹　军
执行主编　张珂玲
责任编辑　袁士华
编　　　辑　王亚水　董智利　马焕英
发行服务　王海臣　秦日升　路泽贤
图文设计　张慕原

地　　　址　北京市西城区百万庄大街 22 号（邮编 100037）
编　辑　部　电话（010）88379826　传真（010）68998970
发　行　部　电话（010）68326643　传真（010）88379821
E-mail:cmtba_yearbook@126.com
http://www.cmiy.com　www.mepfair.com

中国机床工具工业年鉴
特约顾问单位特约顾问

（按姓氏笔画排列）

特约顾问单位	特约顾问
大连光洋科技集团有限公司	于德海
北京北一机床股份有限公司	王　旭
北京第二机床厂有限公司	王　波
秦川机床工具集团股份公司	龙兴元
宇环数控机床股份有限公司	许　亮
成都成量工具集团有限公司	宋国成
安徽晶菱机床制造有限公司	张传明
济南二机床集团有限公司	张志刚
重庆机床集团有限公司	张明智
济南铸造锻压机械研究所有限公司	张　波
保定向阳航空精密机械有限公司	李晓鹏
扬州欧普兄弟机械工具有限公司	陈　军
山东永华机械有限公司	陈　舟
长春禹衡光学有限公司	林长友
四川普什宁江机床有限公司	姜　华
荣成锻压机床有限公司	郭信学
广东高新凯特精密机械股份有限公司	傅　洁
北京精雕科技集团有限公司	蔚　飞
江苏金方圆数控机床有限公司	潘红卫
哈尔滨量具刃具集团有限责任公司	魏华亮

中国机床工具工业年鉴

『鉴』证行业发展 共建制造强国

中国机床工具工业年鉴
特约顾问单位特约编辑

（按姓氏笔画排列）

特约顾问单位	特约编辑
成都成量工具集团有限公司	王永洁
大连光洋科技集团有限公司	田兆强
山东永华机械有限公司	刘卫国
北京北一机床股份有限公司	刘伟博
宇环数控机床股份有限公司	许一鸣
扬州欧普兄弟机械工具有限公司	劭　怡
北京精雕科技集团有限公司	宋小飞
北京第二机床厂有限公司	李伟华
济南二机床集团有限公司	李　刚
哈尔滨量具刃具集团有限责任公司	李雪冬
江苏金方圆数控机床有限公司	孟兆盛
安徽晶菱机床制造有限公司	金志平
广东高新凯特精密机械股份有限公司	唐兵仿
济南铸造锻压机械研究所有限公司	徐　刚
秦川机床工具集团股份公司	郭　劼
四川普什宁江机床有限公司	高克超
保定向阳航空精密机械有限公司	黄宇龙
重庆机床集团有限公司	曾陆放
长春禹衡光学有限公司	董　岩
荣成锻压机床有限公司	慕华锋

前　言

2013年，是我国机床工具产业进一步经受巨大考验的一年，也是行业转型升级进一步深化的一年。全球经济再平衡和中国经济结构调整的大背景，继续对产业发展环境产生深刻影响，市场环境和其他增长要素继续发生显著的变化。我国机床工具产业经过10多年的高速发展，经济规模上去了，中低端数控机床实现了产业化，中高档数控机床实现了从“不能做”到“能做”的突破，但距离“做好”仍然有很大的差距，这也是全行业今后需要着力解决的问题。在这不平凡的一年里，全行业逆势前行，主动适应国家发展步伐，抢抓新机遇，以市场为导向，走创新发展之路。

据国家统计局发布的数据，2013年机床工具行业完成主营业务收入8 026.3亿元，同比增长13.7%；实现利润495.9亿元，同比增长8.8%。全年完成固定资产投资额3 292.8亿元，同比增长21.2%；完成固定资产投资中设备工具购置额1 337.5亿元，同比增长16.9%。

金属加工机床消费额324.7亿美元，同比下降15.2%，占世界机床总消费额的43.0%。其中，金属加工机床进口额占金属加工机床消费额的31.1%。

金属切削机床产量72.59万台，同比下降1.5%；其中数控金属切削机床产量20.93万台，同比增长2.2%。金属成形机床产量23.34万台，同比增长0.1%。

机床工具产品累计进出口总额256.2亿美元，同比下降13.0%。其中，进口额160.9亿美元，同比下降20.2%；出口额95.3亿美元，同比增长3.2%。金属加工机床进口额101.0亿美元，同比下降26.0%；出口额28.6亿美元，同比增长4.4%；进出口逆差72.4亿美元，与上年相比减少了36.8亿美元。

2013年，全行业申报“中国机械工业科学技术奖”项目共30项，获奖项目17项，其中一等奖2项、二等奖6项、三等奖9项。

《中国机床工具工业年鉴》第13期就要出版了。作为行业的宣传窗口，她将继续关注行业发展的新变化，并与广大用户和关心机床工具行业发展的读者一起，共同见证中国机床工具行业各企业转型升级、持续创新的发展历程！

中国机床工具工业协会将不断转变观念，强化服务意识，提升服务能力和水平，一如既往地为行业、企业提供服务！

中国机床工具工业协会常务副理事长兼秘书长 陈惠仁

2014年12月

广告索引

企业风采专栏

专题索引

“春燕奖”专栏

高端访谈专栏

机床工具行业名优企业Logo集锦

HTPM 凯特精机

2013年度中国机床工具工业协会先进会员企业

自主创新十佳

企业名称	产品型号及名称
重庆机床（集团）有限责任公司	YS3126CNC7 数控高速干切滚齿机
湖北三环锻压设备有限公司	PPEB-H3000/140 全闭环高精度伺服折弯机
齐齐哈尔二机床（集团）有限责任公司	XKL2427/L50 大型高速龙门铝锭复合加工自动生产线
陕西汉江机床有限公司	SK7032 数控螺杆转子磨床
陕西秦川机械发展股份有限公司	YK7230 数控蜗杆砂轮磨齿机
上海机床厂有限公司	H234数控端面外圆磨床
沈阳机床（集团）有限责任公司	HTC3250μm 精密车削中心
四川长征机床集团有限公司	GMC2500H/2 五坐标横梁移动龙门加工中心
天水星火机床有限公司	CKW61100 超长型数控芯棒车床
武汉重型机床集团有限公司	DL250 超重型数控卧式镗车床

产品质量十佳

企业名称	产品型号及名称
成都普瑞斯数控机床有限公司	PL700A 立式加工中心
广州数控设备有限公司	GSK218MC 加工中心数控系统
南京工艺装备制造有限公司	GGB15 精密滚动导轨副
山东普利森集团有限公司	T2120G 深孔钻镗床
深圳大族激光科技股份有限公司	G3015F 光纤激光切割机
沈机集团昆明机床股份有限公司	TK6920 数控落地铣镗床
宜昌长机科技有限责任公司	YK5150D 数控插齿机
宇环数控机床股份有限公司	YH2M8192 立式单面研磨（抛光）机
浙江海德曼机床制造有限公司	HCL300 数控车床
中南钻石股份有限公司	高品级金刚石聚晶复合片

先进会员企业专栏

CHMTI
重庆机床

重庆机床(集团)有限责任公司

品质，决定于每一次细微的碰撞，在万里挑一的选择中，我们受到世界56个国家及地区用户的青睐。为用户提供更精细高效的制齿设备，帮助他们成为更优秀的企业，是我们的目标和梦想。

作为全球性的机床生产企业，重庆机床(集团)有限责任公司始建于1940年，是中国机床行业“十八罗汉”企业之一、中国齿轮加工机床行业标准制定者，目前拥有总资产21亿元，在岗职工约4 600人，各类专业技术人员1 200余人；是以专业生产齿轮加工机床为主，产品涵盖车床、加工中心、复杂刀具、汽车零配件、螺杆制造等于一体的大型国有企业；建有国家技术中心、院士专家工作站、博士后科研工作站和重庆机床&PTG欧洲机床研发中心；已连续13次被评为“重庆工业企业50强”，取得了国家科技进步奖一、二等奖，重庆市质量管理奖，国家一级安全质量标准化企业等众多荣誉。

作为世界上优秀的齿轮加工机床制造商，我们雕琢每一个细节，缔造一项项精品，为中国建立起了一座全球化的成套制齿加工装备研发制造基地，切实践行着“装备中国、服务世界”的企业使命。

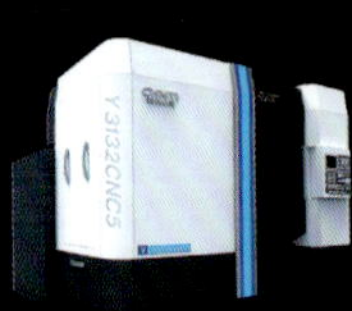

数控高效滚齿机

人型八轴数控滚齿机

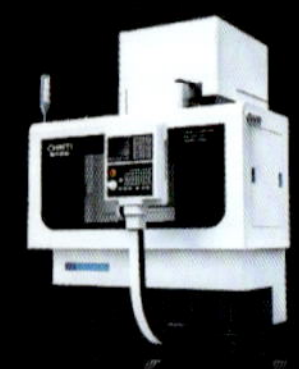

数控剃齿机

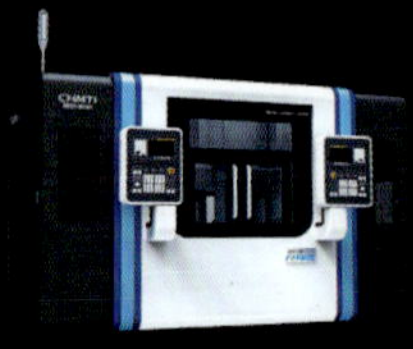

高效车削中心（双主轴）

复杂刀具

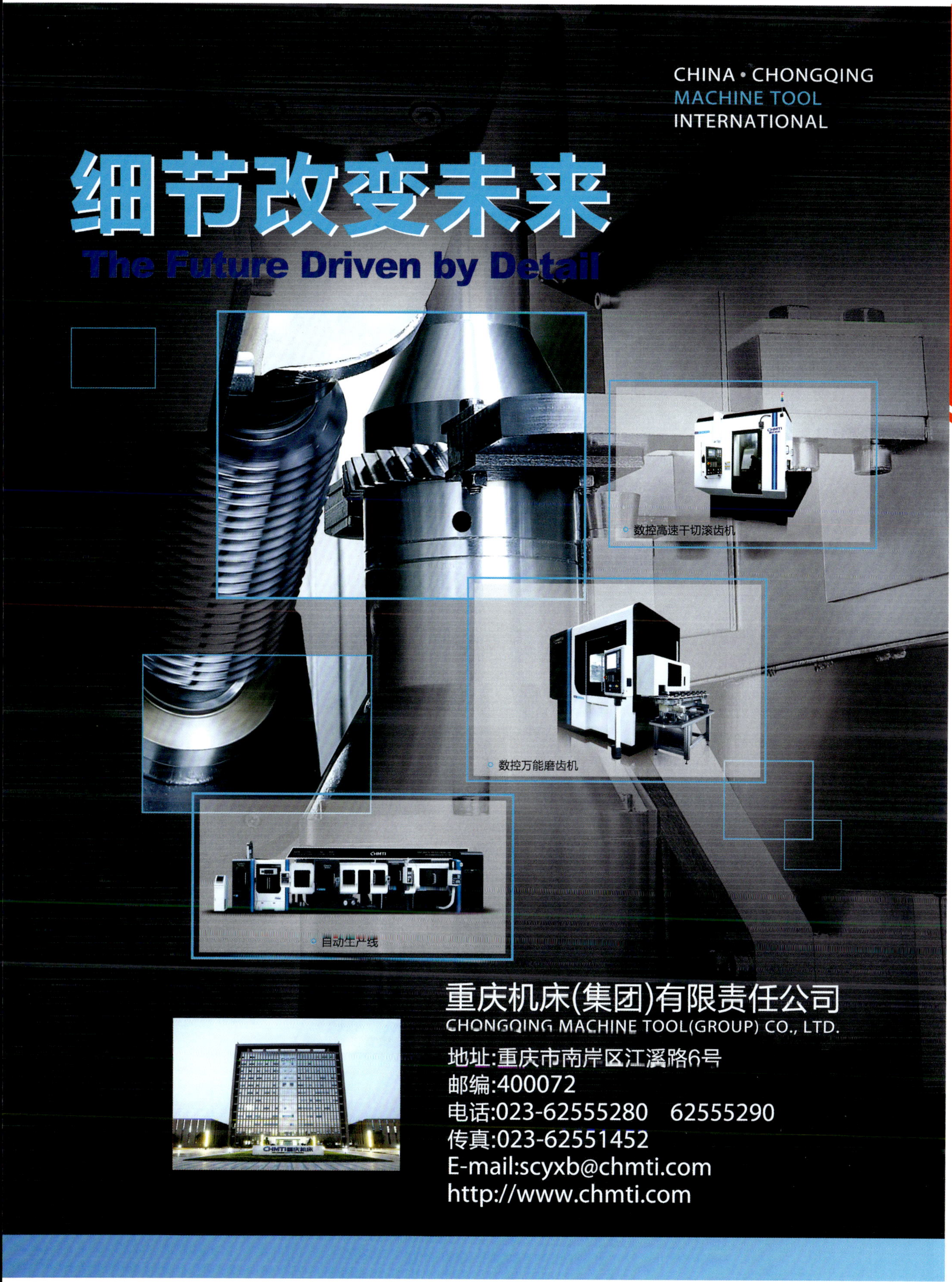
CHINA • CHONGQING
MACHINE TOOL
INTERNATIONAL
细节改变未来
The Future Driven by Detail
数控高速干切滚齿机
数控万能磨齿机
自动生产线
重庆机床(集团)有限责任公司
CHONGQING MACHINE TOOL(GROUP) CO., LTD.
地址:重庆市南岸区江溪路6号
邮编:400072
电话:023-62555280 62555290
传真:023-62551452
E-mail:scyxb@chmti.com
http://www.chmti.com

满足客户的需要是我们永恒的追求

突破想象，辟见真哲

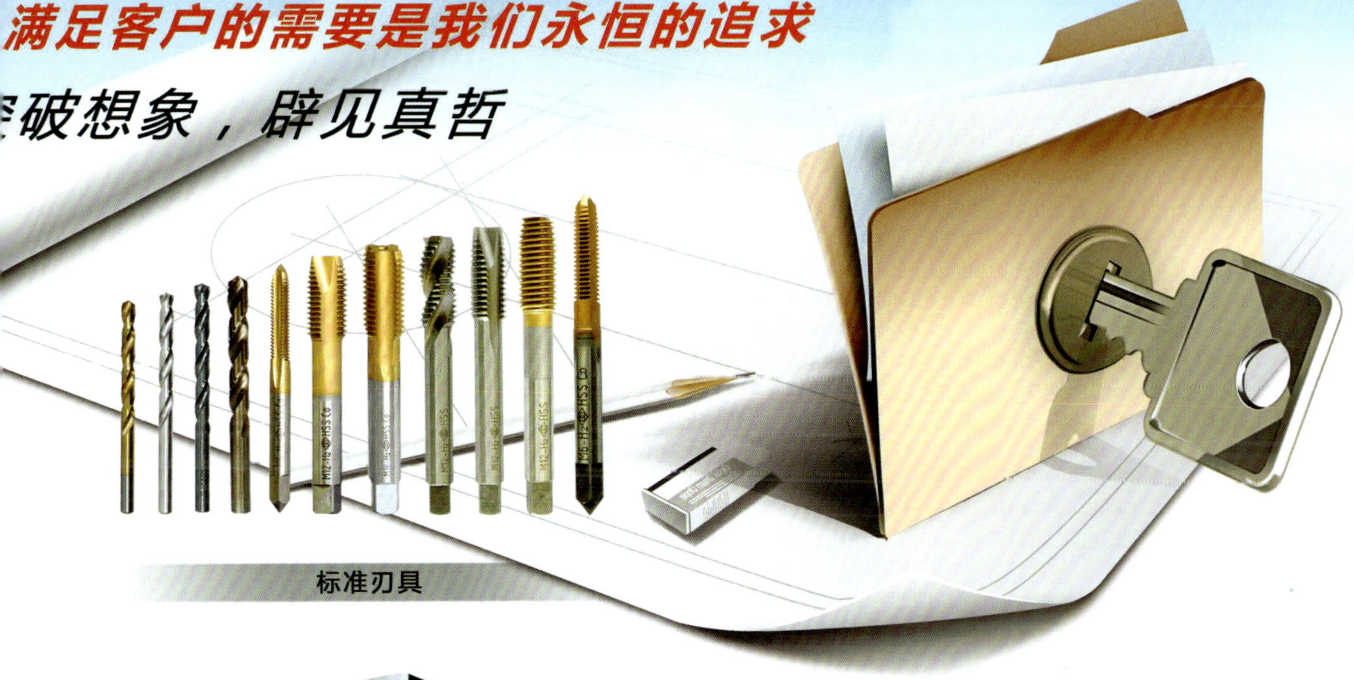

标准刃具

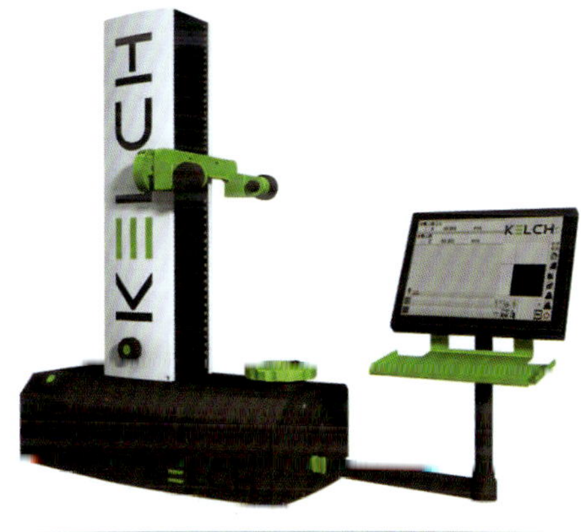

刀具预调仪系列

H350G弧齿锥齿轮数控磨齿机

哈尔滨量具刃具集团有限责任公司(原哈尔滨量具刃具厂)始建于1952年，经过60多年几代人坚持不懈的努力奋斗，依靠科技创新与发展，已建设成为以通用量具、标准刃具为代表的基础产品，以精密量仪、数控刀具、数控机床及功能部件为主体的高端技术产品等五大类产品体系，是国家大型科工贸一体化、产学研相结合的精密工量具制造龙头企业。“十二五”期间，哈量集团积极探索科学发展新路径，稳步推进转型升级新战略，瞄准国际前沿高端制造技术，不断拓宽新技术产品开发合作空间和产业化道路，为振兴国家装备制造业再立新功。

YHMC-V系列立式加工中心

YHMC-G系列龙门加工中心

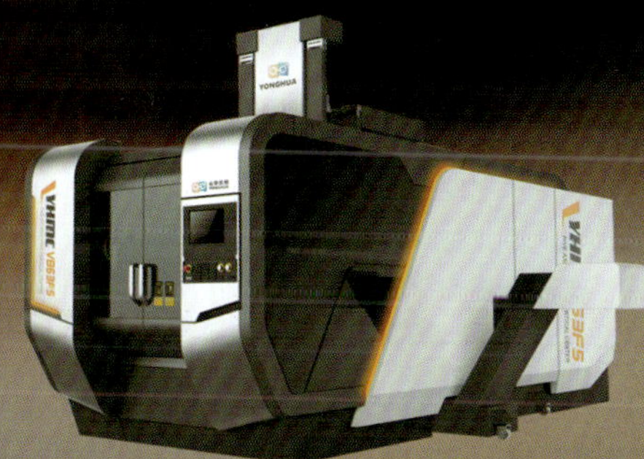

YHMC-VB系列五轴加工中心

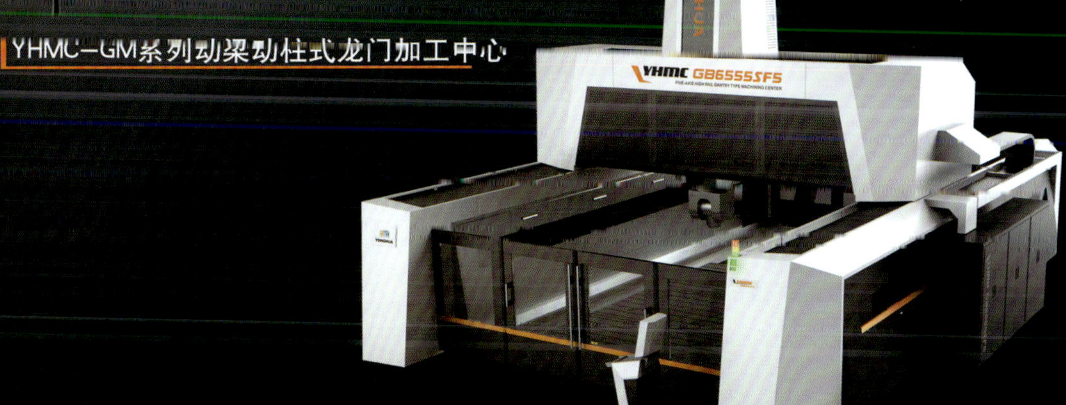

YHMC-GM系列动梁动柱式龙门加工中心

YHMC-GB系列桥式五轴加工中心

公司简介 COMPANY SDFKESDFCS

中航工业

保定向阳航空精密机械有限公司

Baoding Xiangyang Aviation Precision Machinery Co.,Ltd.

保定向阳航空精密机械有限公司隶属于中国航空工业集团公司，始建于1964年，位于保定市区，国家大二型、高新技术企业，国内大型的精密组合工艺装备研制生产厂家，中航工业系统专业生产组合工艺装备的企业和精密数控机床修理改造技术归口单位。"中航工业柔性智能工艺装备研制中心"和"中航工业数控机床再制造及备件中心"就设在公司。

公司通过了ISO9001:2008国际质量体系认证、武器装备科研生产许可、国家安全标准化二级企业核准、国防计量三级技术机构认可和中国设备管理协会设备维修企业I级资质认证。

公司主要产品有柔性智能工艺装备、精密数控机床再制造及备件服务、金属带锯床、骨科医疗器械、功能部件和航空产品六大系列。产品覆盖航空、航天、机械、铁路及船舶等行业，并远销欧美等国家和地区。

产品展示

Products

齿轮箱体保压夹具

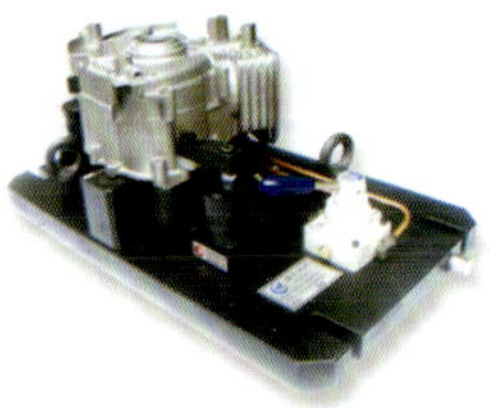

缸头气动夹具

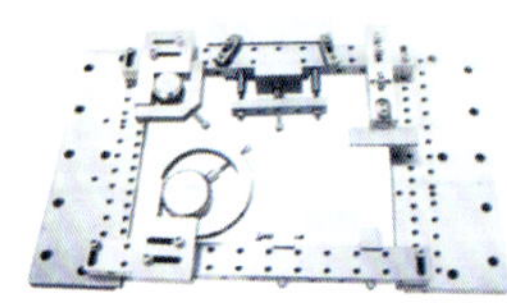

电加工夹具

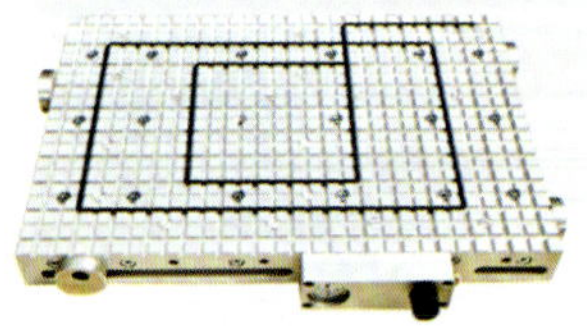

真空夹具

孔系组合夹具

槽系组合夹具

精密机床修理改造

电永磁夹具

锥孔定位机床托板

光面夹具

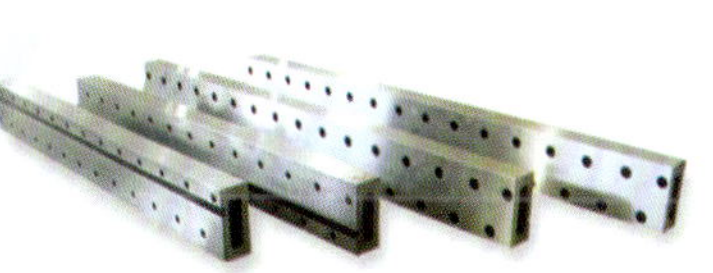
机床导轨

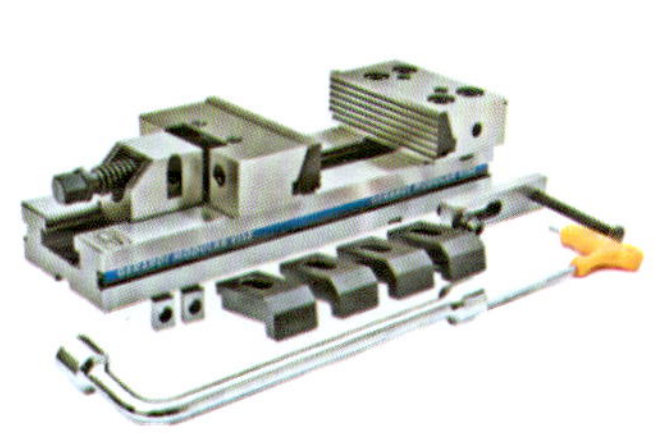
系列平口钳

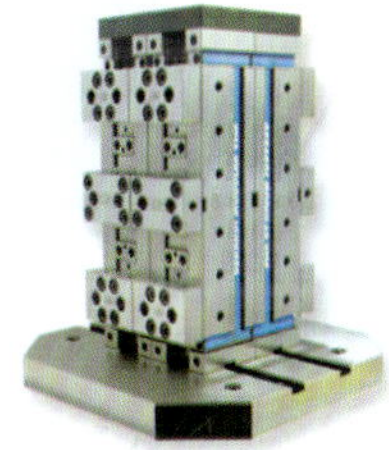
精密平口钳系列

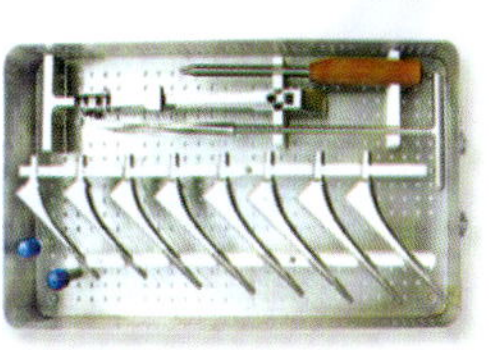
髋关节手术器械

CZ4225B金属带锯床

地址：河北省保定市向阳北大街88号
邮编：071051
电话：0312－3099898 3099818
传真：0312－3099999
http://www.xiangyang.com.cn

Add：No.88 Xiangyang North Road,
Baoding,Hebei,China
P.C：071051
Tel：0312－3099898 3099818
Fax：0312－3099999
E-mail：hyl_9999@126.com

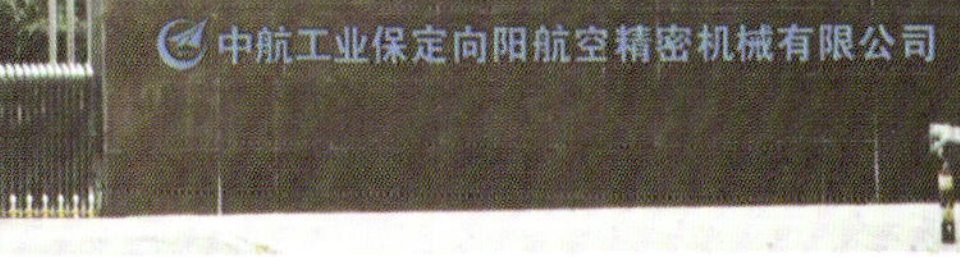

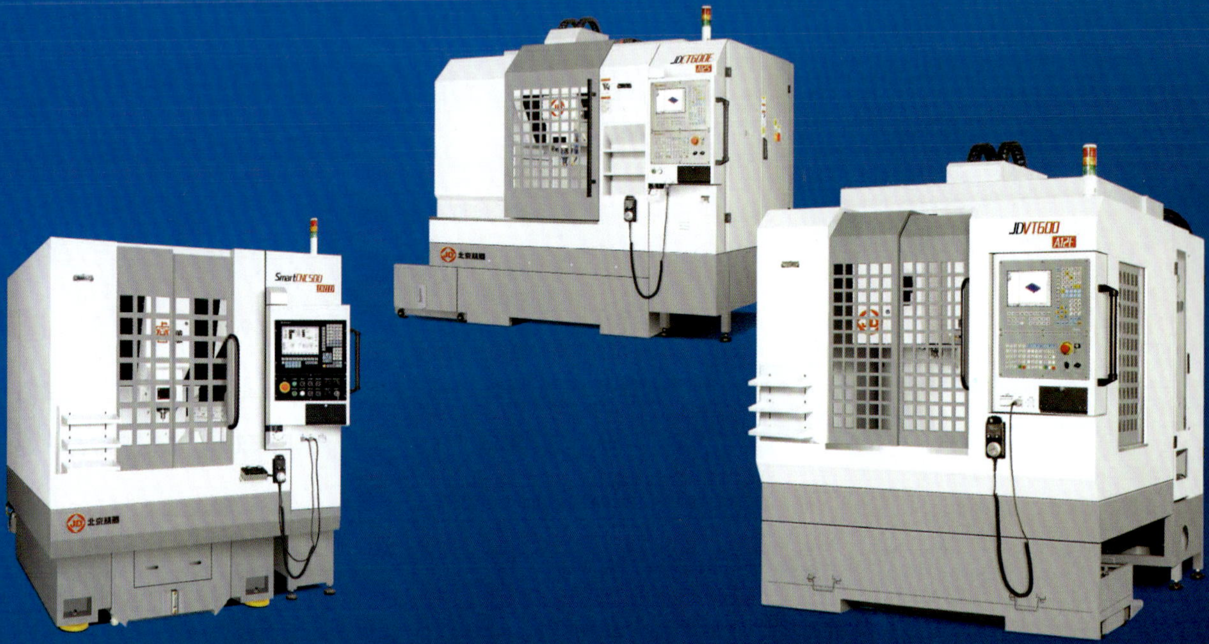

GONA 大连光洋 | KD 大连科德

大连光洋科技集团有限公司成立于1993年。公司主营光纤总线开放式高档数控系统（含总线式全数字同步伺服电机和驱动装置）和直驱式关键功能部件（包括：直驱式力矩电机和驱动装置、直驱式单/双轴转台电主轴），以及电主轴编码器、细分器、实时核、软PLC等数控产品。公司主持制订了数控系统现场总线国家标准；通过了ISO9001:2000、CMMIL3、CE等国际认证；具备从数控系统的角度去规划、设计、制造、优化各种高档数控机床的能力，有国家批建的博士后工作站。2011年组建了“开放式高档数控系统及伺服驱动国家地方联合工程研究中心”。2012年承担了国家**“高档数控机床与基础制造装备”**科技重大专项。2014年成立了**“高档数控机床控制集成技术国家工程实验室”**。

系列化主轴驱动电机

力矩电机

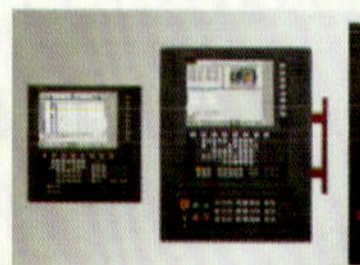
GNC61数控系统

主轴编码器

直驱式双摆铣头

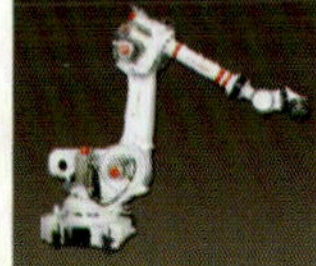
GONA工业机器人

主轴旋转接头

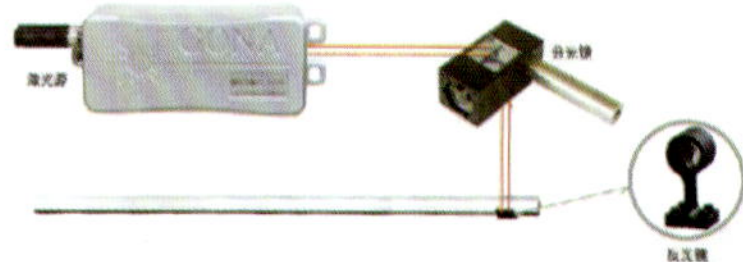
激光光栅尺

无线电测头

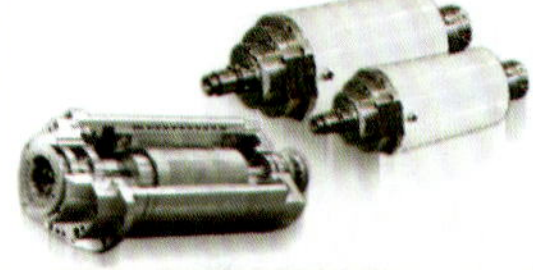
车铣复合电主轴

大连科德数控有限公司为大连光洋科技集团有限公司的全资子公司，拥有亚洲超大的恒温恒湿地下车间以提供优质的机械加工、装配环境及多种类型国外高端先进设备作为加工母机，是专业配套自主化高档数控系统和关键功能部件的高档数控机床制造商。公司主营高速高精度三轴立式加工中心、五轴联动立式车铣磨复合加工中心、五轴联动卧式铣车复合加工中心、五轴工具磨床等高端机床产品，机床配套的高档数控系统和关键执行部件全部自主化，目前累计有1 000余台全国产高档数控机床产品推向市场。公司自主研发的五轴立式加工中心和五轴卧式车铣复合加工中心已销售到国内部分典型机械、军工企业。其中KMC400系列加工中心出口到德国，开创了国产高档五轴数控机床出口发达国家的先河。

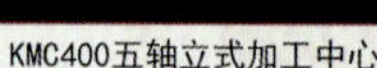
KMC400五轴立式加工中心

KMC800五轴立式加工中心

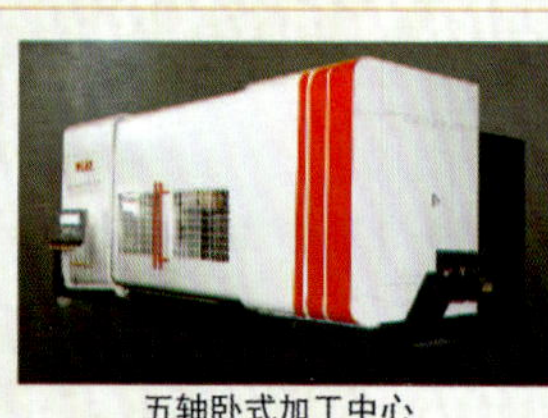
五轴卧式加工中心

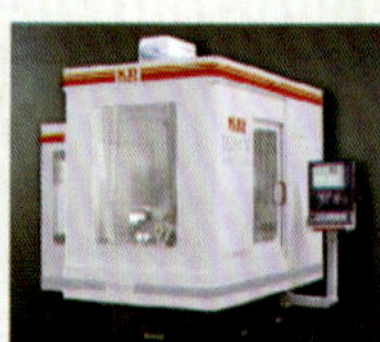
五轴工具磨床

三维激光加工机

人造理石床身

大连光洋科技集团有限公司
Dalian Guangyang Science Technology Co., Ltd.

地址：中国大连经济技术开发区龙泉街6号　邮编：116600
总机：0411-82179333　传真：0411-87615548　82179332
http://www.dlgona.com

KD
大连科德数控有限公司
Dalian Kede Numerical Control Co., Ltd.

地址：中国大连经济技术开发区哈尔滨路27号　编码：116600
销售热线：0411-62783333-6009/6010
售后服务热线：0411-62783333-6002/6003
传真：0411-62783111　http://www.dlkede.com

优秀企业风采

JFY 江苏金方圆数控机床有限公司

HFC数控光纤激光切割机

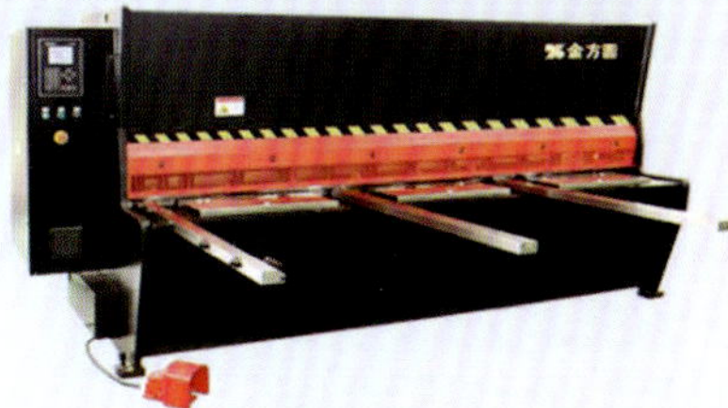
VR液压数控剪板机

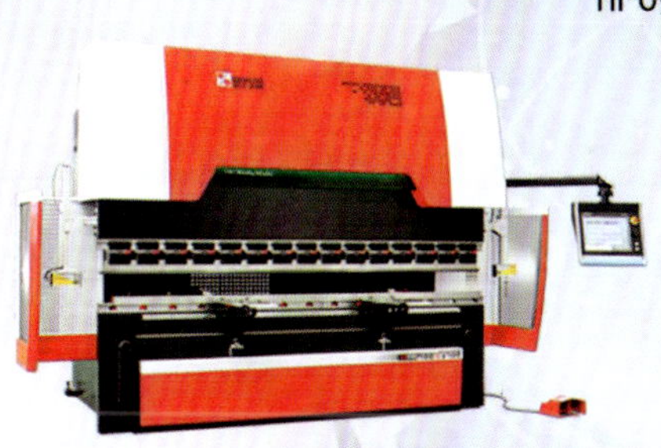
HPR数控折弯机

MT电伺服数控转塔冲床

HVT液压数控转塔冲床

www.jinfangyuan.com

江苏金方圆数控机床有限公司是国家高新技术企业，公司地址位于扬州市邗江工业园区。公司产品通过ISO 9001质量体系及CE认证。

公司于20世纪90年代开始生产机械式及液压式数控转塔冲床，2002年开始生产汽车大梁生产线；2003年生产电液伺服数控折弯机、全数控液压闸式剪板机和APSS冲剪复合柔性生产线；2007年生产激光切割机；2008年开始生产电伺服转塔冲床，从而成为中国较早能够规模生产数控冲床、折弯机、剪板机、激光切割机和柔性生产线的企业。

公司生产的主要产品有：DMT/MT系列电伺服式、HVT/VT系列液压式、ET系列机械式数控转塔冲床，HFC/FC系列光纤式、HC系列二氧化碳式激光切割机，MC/MZ系列母线加工机，HPR/PR系列液压式、PE系列电伺服式数控折弯机，VR、VRZ系列数控液压闸式剪板机，HML系列冲激复合机，APSS/EPSS数控冲剪复合柔性加工生产线，AMCP系列汽车纵梁生产线和PB系列数控汽车平板冲孔机等钣金加工产品。

2013年，金方圆数控机床有限公司正式与德国通快集团合资，成为战略合作伙伴。自此，金方圆的技术水平与产品质量提升到了更高的水平，为使金方圆成为更加强大的企业增添了新的动力。

地址：江苏省扬州市邗江工业园区银柏路19号
电话：0514-87871337　87873787
传真：0514-87871336
E-mail：sale@jinfangyuan.com

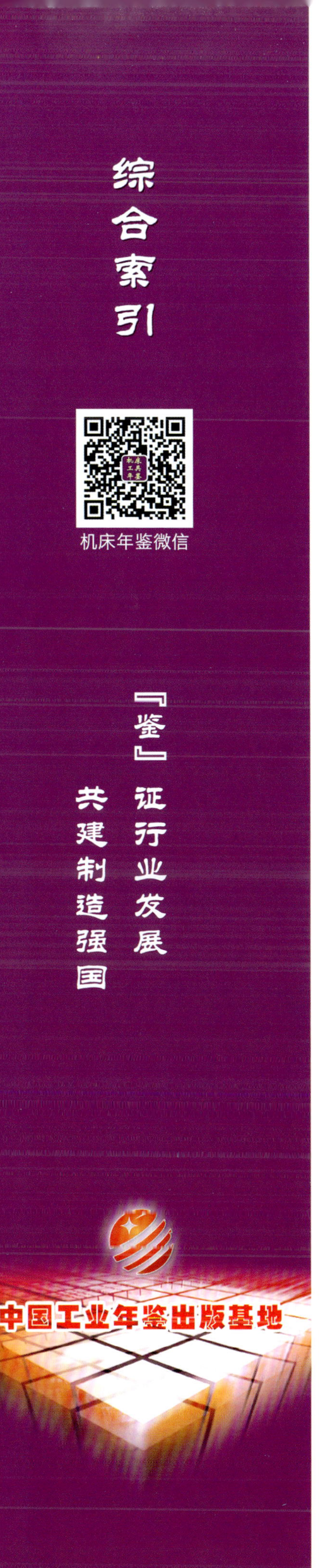
综合索引
机床年鉴微信
『鉴』证行业发展
共建制造强国
中国工业年鉴出版基地

中国机械工业年鉴系列

《中国机械工业年鉴》

《中国电器工业年鉴》

《中国工程机械工业年鉴》

《中国机床工具工业年鉴》

《中国通用机械工业年鉴》

《中国机械通用零部件工业年鉴》

《中国模具工业年鉴》

《中国液压气动密封工业年鉴》

《中国重型机械工业年鉴》

《中国农业机械工业年鉴》

《中国石油石化设备工业年鉴》

《中国塑料机械工业年鉴》

《中国齿轮工业年鉴》

《中国磨料磨具工业年鉴》

《中国机电产品市场年鉴》

《中国热处理行业年鉴》

编辑说明

一、《中国机械工业年鉴》是由中国机械工业联合会主管、机械工业信息研究院主办、机械工业出版社出版的大型资料性、工具性年刊，创刊于 1984 年。

二、根据行业需要，1998 年中国机械工业年鉴编辑委员会开始出版分行业年鉴，逐渐形成了中国机械工业年鉴系列。该系列现已出版了《中国电器工业年鉴》《中国工程机械工业年鉴》《中国机床工具工业年鉴》《中国通用机械工业年鉴》《中国机械通用零部件工业年鉴》《中国模具工业年鉴》《中国液压气动密封工业年鉴》《中国重型机械工业年鉴》《中国农业机械工业年鉴》《中国石油石化设备工业年鉴》《中国塑料机械工业年鉴》《中国齿轮工业年鉴》《中国磨料磨具工业年鉴》《中国机电产品市场年鉴》和《中国热处理行业年鉴》。

三、《中国机床工具工业年鉴》于 2002 年创刊，2014 年为第 13 期。该年鉴由综述、专文、行业概况、市场概况、企业专题、统计资料、大事记及附录内容构成，集中反映了机床工具行业的产品状况、技术水平、产销情况及发展趋势，全面系统地提供了机床工具行业的主要经济指标。

四、统计资料中的数据由中国机床工具工业协会提供，数据截止到 2013 年 12 月 31 日。

五、《中国机床工具工业年鉴》主要发行对象为政府决策机构、机械工业相关企业决策者和从事市场分析、企业规划的中高层管理人员以及国内外投资机构、贸易公司、银行、证券、咨询服务部门和科研单位的机电项目管理人员等。

六、在编纂过程中得到了中国机床工具工业协会及多年从事机床工具工业研究的专家、学者和企业的大力支持和帮助，在此表示衷心感谢。

八、由于水平有限，难免出现错误及疏漏，敬请批评指正。

中国机械工业年鉴编辑部

2014 年 12 月

目　　录

综　　述

专　　文

行业概况

市场概况

企业专题

统计资料

大事记

附录

Contents

Summary

Feature

General

General Markets Situation

Special Topic of Enterprises

Statistic Information

Major Events

Appendix

中国机床工具工业年鉴2014

综述

回顾总结2013年机床工具行业发展情况，分析现状、展望未来

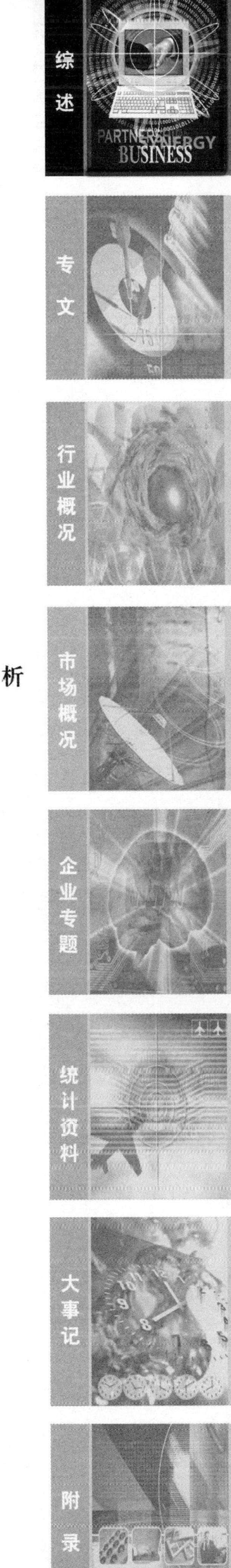

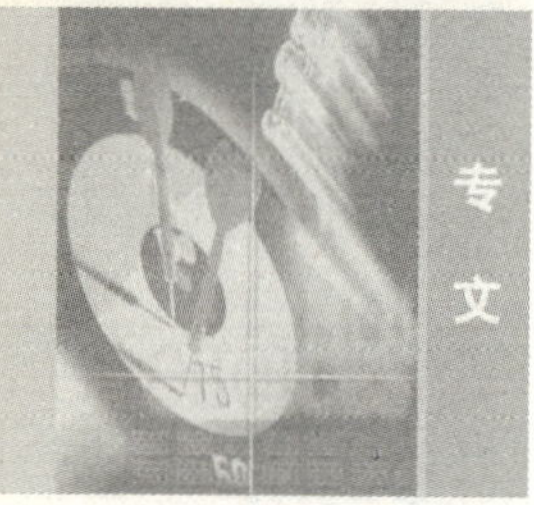

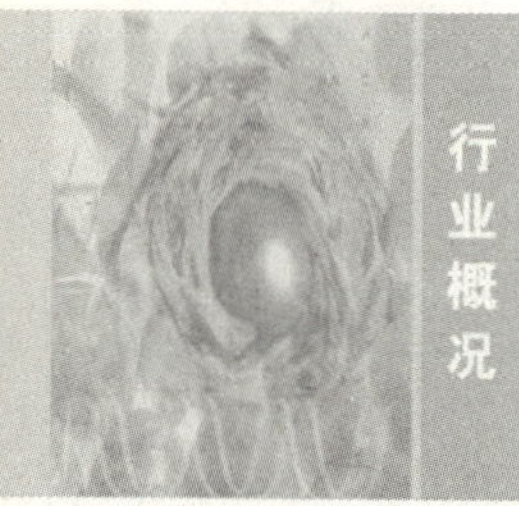

综述

2013 年机床工具行业发展综述

2013 年，我国机床工具行业市场规模整体萎缩，市场竞争激烈，长期保持增长的进口也出现大幅下降。在激烈的市场环境中，行业产业结构、产品结构与市场需求矛盾更加突出，低端产品需求明显减少，行业产能利用率低，销售利润率下降，流动资金紧张，部分企业经营困难，亏损企业面扩大。

一、2013 年世界机床工具行业基本情况

2013 年，全球 27 个主要国家和地区机床生产总值为 848.89 亿美元，同比下降 9.90%；机床消费总额为 755.15 亿美元，同比下降 11.97%；各国出口机床总额 449.40 亿美元，同比下降 9.67%，占全球机床生产总值的 52.94%。

2013 年，有 10 个国家和地区的机床生产总值超过 10 亿美元。这 10 个国家和地区的机床生产总值合计 779.46 亿美元，占全球机床总产值的 91.8%。其中前 5 名依次是中国、德国、日本、意大利和韩国，其机床生产总值合计为 630.11 亿美元，占全球机床总产值的 74.2%。有 15 个国家和地区机床消费超过 10 亿美元，其机床消费合计 716.05 亿美元。其中机床消费前 5 名依次是中国、美国、德国、韩国和日本，其消费额合计 562.47 亿美元，占全球机床消费总额的 74.49%。有 8 个国家和地区的机床进口额超过 10 亿美元，合计进口总额为 260.87 亿美元，占全球机床进口总额的 73.35%。其中前 5 位依次是中国、美国、德国、墨西哥和俄罗斯，其机床进口总额合计 220.51 亿美元，占全球机床进口总额的 62.0%。有 9 个国家和地区机床出口额超过 10 亿美元，合计出口金额 385.29 亿美元，占全球机床出口总额的 85.73%。其中前 5 位依次为德国、日本、意大利、中国台湾和瑞士。其机床出口额合计 302.12 亿美元，占全球机床出口总额的 67.23%。中国机床出口额 28.10 亿美元，占全球机床出口总额的 6.25%。

在 15 个机床消费额超过 10 亿美元的国家和地区中，日本、德国、意大利、中国台湾、瑞士和韩国都是机床净出口国家和地区。其余的机床净进口消费大国依次为中国、美国、墨西哥、俄罗斯、巴西、印度、土耳其、加拿大和法国。

如果一个国家和地区生产的机床全部用于国内市场，还不能满足国内市场的需求，需要依靠进口机床来填补，并将这部分机床进口额占该国家和地区的机床消费总额的比率，定义为对外依存度。2013 年全球机床净进口消费大国对外依存度见表 1。

表 1　2013 年全球机床净进口消费大国对外依存度

国别	对外依存度（%）	2013 年消费排名
中国	23.1	1
美国	38.4	2
墨西哥	83.3	6
俄罗斯	87.7	8
巴西	74.9	9
印度	54.3	11
土耳其	49.3	12
加拿大	26.9	13
法国	31.3	15

从对外依存度来看，我们需要重点关注墨西哥、俄罗斯、巴西、印度、土耳其这几个机床市场。当然，除了中国作为我们的本土市场外，美国作为全球第二大机床消费市场、第二大机床进口国，同样也需要重点关注。

2013 年，美国机床生产总值 49.56 亿美元，同比下降 1%；机床消费 80.40 亿美元，同比下降 9%；机床进口 52.62 亿美元，同比下降 11%；机床出口 21.79 亿美元，同比增长 3%；机床进出口贸易逆差 30.84 亿美元；人均机床消费 2.53 万美元。

墨西哥机床生产总值 3.74 亿美元，同比下降 4%；机床消费 22.46 亿美元，同比增长 9%；机床进口 20.02 亿美元，同比增长 12%；机床出口 1.31 亿美元，同比增长 12%；机床进出口贸易逆差 18.71 亿美元；人均机床消费 1.92 万美元。

俄罗斯机床生产总值 2.11 亿美元，同比下降 20%；机床消费 17.12 亿美元，同比下降 12%；机床进口 16.18 亿美元，同比下降 8%；机床出口 1.17 亿美元，同比增长 11%；机床进出口贸易逆差 15.01 亿美元；人均机床消费 1.19 万美元。

巴西机床生产总值 4.20 亿美元，同比下降 35%；机床消费 16.74 亿美元，同比下降 11%；机床进口 14.88 亿美元，同比增长 4%；机床出口 2.34 亿美元，同比增长 11%；机床进出口贸易逆差 12.54 亿美元；人均机床消费 0.86 万美元。

印度机床生产总值 6.58 亿美元，同比下降 18%；机床消费 14.41 亿美元，同比下降 33%；机床进口 8.22 亿美元，同比下降 41%；机床出口 0.39 亿美元，同比增长 6%；机床进出口贸易逆差 7.83 亿美元；人均机床消费 0.12 万美元。

土耳其机床生产总值 7.09 亿美元，同比增长 10%；机床消费 14.00 亿美元，同比增长 5%；机床进口 11.62 亿美

元，同比增长4%；机床出口4.71亿美元，同比增长6%；机床进出口贸易逆差6.91亿美元；人均机床消费1.85万美元。

二、2013年中国机床工具行业基本情况

（一）概况

根据国家统计局数据，2013年，机床工具行业金属切削机床、金属成形机床、铸造机械、木工机械、机床附件、工量具及量仪、磨料磨具、其他金属加工机械8个小行业的规模以上企业都比上年有所增加。2013年，机床工具行业共有规模以上企业5 283家，比上年增加304家；实现主营业务收入8 026.3亿元，同比增长13.7%。2013年机床工具行业各分行业企业分布情况见表2。2013年机床工具行业各分行业主营业务收入情况见表3。

表2 2013年机床工具行业各分行业企业分布情况

行业名称	企业数（家）	占比（%）	上年企业数（家）	变化数（家）
合计	5 283	100	4 883	400
金属切削机床	743	14.1	678	65
金属成形机床	545	10.3	509	36
铸造机械	616	11.7	538	78
木工机械	160	3.0	148	12
机床附件	371	7.0	309	62
工量具及量仪	666	12.6	623	43
磨料磨具	1 541	29.2	1 461	80
其他金属加工机械	641	12.1	617	24

表3 2013年机床工具行业各分行业主营业务收入情况

行业名称	主营业务收入（亿元）	同比增长（%）	占比（%）
合计	8 026.3	13.7	100
金属切削机床	1 502.7	0.8	18.7
金属成形机床	755.2	16.1	9.4
铸造机械	888.1	17.1	11.1
木工机械	183.2	12.8	2.3
机床附件	519.0	21.9	6.5
工量具及量仪	810.9	13.3	10.1
磨料磨具	2 380.9	18.7	29.6
其他金属加工机械	987.0	16.3	12.3

注：由于四舍五入，表中合计数有微小出入。

从表3中数据可以看出，2013年8个分行业的主营业务收入都为正增长，除金属切削机床行业外，其他7个分行业都快速增长。磨料磨具行业主营业务收入居全行业首位，而且依然快速增长。金属切削机床行业主营业务收入位居第二，但增长速度远低于其他行业，在全行业中的占比继续下降。

按照企业所有制性质来划分，5 283家规模以上企业中，国有控股企业共212家，占全行业规模以上企业总数的4.0%，实现主营业务收入717.45亿元，占全行业主营业务收入的8.9%；集体控股企业126家，占全行业规模以上企业总数的2.4%，实现主营业务收入206.26亿元，占全行业主营业务收入的2.6%；私人控股企业4 163家，占全行业规模以上企业总数的78.8%，实现主营业务收入6 099.01亿元，占全行业主营业务收入的76.0%；港澳台商控股企业220家，占比4.2%，实现主营业务收入270.80亿元，占全行业主营业务收入的3.4%；外商控股企业363家，占比6.9%，实现主营业务收入501.60亿元，占全行业主营业务收入的6.2%；其他所有制规模以上企业199家，占比3.7%，实现主营业务收入231.15亿元，占全行业主营业务收入的2.9%。2013年机床工具行业按所有制结构分主营收入情况见表4。

表4 2013年机床工具行业按所有制结构分主营业务收入情况

所有制类别	企业数		主营业务收入		
	数量（家）	占比（%）	实际完成（万元）	占比（%）	同比增长（%）
合计	5 283	100	8 026.3	100	13.7
国有控股	212	4.0	717.4	8.9	-3.2
集体控股	126	2.4	206.3	2.6	9.9
私人控股	4 163	78.8	6 099.0	76.0	17.8
港澳台商控股	220	4.2	270.8	3.4	11.4
外商控股	363	6.9	501.6	6.2	-1.7
其他	199	3.7	231.2	2.9	17.7

注：由于四舍五入，表中合计数有微小出入。

（二）全行业经济运行情况

1. 2013年机床工具行业主要经济指标完成情况

根据国家统计局统计数据，2013年中国机床工具行业实现主营业务收入8 026.3亿元，同比增长13.7%；实现利润495.9亿元，同比增长8.8%；完成固定资产投资3 292.83亿元，同比增长21.2%，比上年减少1.6个百分点，但高出全社会2013年固定资产投资增长速度1.6个百分点。全年金属加工机床产量95.90万台，同比下降1.1%，其中数控金属切削机床20.93万台，同比增长2.2%；铸造机械产量94.42万台，同比下降8.1%；金属切削刀具产量739 860万件，同比增长9.6%。

根据海关数据，2013年机床工具产品进口额160.9亿美元，同比下降20.2%。其中金属加工机床进口额101.0亿美元，同比下降26.0%；金属加工机床中数控机床进口82.1亿美元，同比下降26.5%。在金属加工机床中，金属切削机床进口额 79.9 亿美元,同比下降 28.4%,其中数控金属切削机床进口 70.3 亿美元,同比下降 28.3%;成形机床进口 21.1 亿美元,同比下降 15.5%,其中数控成形机床进口 11.8 亿美元,同比下降 13.9%。

2013 年,机床工具产品出口 95.3 亿美元,同比增长 3.2%。其中金属加工机床出口 28.6 亿美元,同比增长 4.4%;金属加工机床中数控机床出口 11.4 亿美元,同比增长 5.8%。在金属加工机床中,金属切削机床出口 18.8 亿美元,同比增长 1.3%,其中数控金属切削机床出口 9.2 亿美元,同比增长 3.2%;成形机床出口 9.8 亿美元,同比增长 10.7%,其中数控成形机床出口 2.1 亿美元,同比增长 18.4%。

2013 年全年,机床工具产品累计进出口额 256.2 亿美元,进出口逆差 65.6 亿美元,同比下降 40.1%。其中金属加工机床进出口逆差 72.4 亿美元。

2. 各分行业主要经济指标完成情况

按照国家统计局数据,2013 年中国机床工具行业 8 个分行业均实现了正增长。金属切削机床行业主营业务收入增速仅有 0.8%,远远低于其他几个行业;其他 7 个行业主营业务收入均实现了两位数增长。机床附件行业主营业务收入增长速度超过了 20%,成为机床工具行业中增长速度最快的分行业,但相对全行业以及金属切削机床和金属成形机床行业来说,其规模较小,在全行业中的占比仅有 6.5%,比上年提高 1.1 个百分点。磨具磨料行业依然是全行业中第一大分行业,无论是主营业务收入还是企业数,都位居全行业第一,占比近 3 成。金属切削机床行业主营业务收入保持第二的位置,但增长速度却属最低,而且还是全行业中唯一一个利润总额负增长的分行业。2013 年机床工具行业各分行业主要财务指标完成情况见表 5。

表 5　2013 年机床工具行业各分行业主要财务指标完成情况

行业类别	企业数（家）	主营业务收入		利润总额		产成品库存	
		实际完成（亿元）	同比增长（%）	实际完成（亿元）	同比增长（%）	实际完成（亿元）	同比增长（%）
合计	5 283	8 026.3	13.7	495.9	8.8	367.8	7.7
金属切削机床	743	1 502.7	0.8	53.0	-15.8	134.3	5.5
金属成形机床	545	755.2	16.1	50.0	10.5	34.3	-3.6
铸造机械	616	888.1	17.1	56.3	9.9	26.7	9.6
木工机械	160	183.2	12.8	13.2	10.5	8.5	5.2
机床附件	371	519.0	21.9	38.1	27.9	15.2	21.7
工量具及量仪	666	810.9	13.3	60.4	16.0	50.9	12.3
磨料磨具	1 541	2 380.9	18.7	162.7	12.1	73.1	32.8
其他金属加工机械	641	987.0	16.3	62.0	8.0	24.7	5.1

注:由于四舍五入,表中合计数有微小出入。

2013 年,金属切削机床产量 72.59 万台,同比下降了 1.5%,其中数控金属切削机床 20.93 万台,同比增长 2.2%。金属成形机床产量 23.34 万台,同比增长 0.1%。

3. 我国机床工业在世界机床工业中的地位

2013 年,我国机床产品生产总值为 249.8 亿美元,位居世界第一,占全球机床总产值的 29.4%。这是我国机床产品产值连续第 5 年居世界机床产值首位。

我国已经连续十多年位居全球机床进口第一位、消费第一位。2013 年,我国机床进口 101.0 亿美元,在全球机床进口总额中的占比为 28.4%;机床市场消费 324.7 亿美元,占全球机床消费总额的 43.0%。

2013 年,我国机床产品出口 28.6 亿美元,在全球机床出口总额中的占比为 6.4%;在全球 27 个主要机床制造国家和地区中,排位第 5。

(三)重点联系企业经济运行情况

2013 年,中国机床工具工业协会 8 个分行业(金属切削机床、锻压机械、机床电器、机床附件、量刃具、滚动功能部件、数控系统、超硬材料)重点联系企业 215 家企业,共完成工业总产值 1 128.61 亿元,同比下降 4.51%;完成产品销售产值 1 111.71 亿元,同比下降 3.01%;实现销售收入 1 123.85亿元,同比下降 5.3%;实现利润 39.93 亿元,同比下降 33.4%;销售收入利润率为 3.6%,同比减少 1.5 个百分点。2013 年机床工具行业重点联系企业产值及产量完成情况见表 6。2013 年重点联系企业销售收入及利润总额情况见表 7。

表6　2013年机床工具行业重点联系企业产值及产量完成情况

行业名称		合计	金属切削机床	锻压机械	机床电器	机床附件	量刃具	滚动功能部件	数控系统	超硬材料
工业总产值	实际完成(亿元)	1 128.61	644.75	138.14	13.24	13.64	110.79	4.15	14.08	189.82
	同比增长(%)	-4.51	-9.4	-0.7	-8.7	-8.7	-6.4	-14.3	33.9	13.0
金属切削机床产值	实际完成(亿元)	523.85	521.26	2.43		0.08	0.08			
	同比增长(%)	-11.7	-11.7	-19.1		-0.6	102.9			
数控金属切削机床产值	实际完成(亿元)	394.29	391.73	2.40		0.08	0.08			
	同比增长(%)	-13.8	-13.8	-15.3		30.7	113.2			
金属切削机床产量	实际完成(台)	253 222	253 057	113		10	42			
	同比增长(%)	-14.2	-14.2	-8.1		-23.1	13.5			
数控金属切削机床产量	实际完成(台)	121 051	120 895	109		10	37			
	同比增长(%)	-2.5	-2.5	3.8		25.0	19.4			
金属成形机床产值	实际完成(亿元)	133.7	4.20	129.50						
	同比增长(%)	-0.6	-14.2	-0.1						
数控金属成形机床产值	实际完成(亿元)	71.33	1.91	69.42						
	同比增长(%)	-0.7	-24.4	0.2						
金属成形机床产量	实际完成(台)	57 221	3 376	53 845						
	同比增长(%)	-14.5	30.5	-16.3						
数控金属成形机床产量	实际完成(台)	6 981	192	6 789						
	同比增长(%)	6.5	-14.3	7.2						
主控单元产量(套)									109 557	
主轴伺服驱动单元产量(套)									432	
主轴电动机产量(套/台)									111	
进给伺服驱动单元产量(套)									81 608	
伺服电动机产量(台)									106 958	
金刚石产值(万元)										227 998.7
金刚石产量(万克拉)										823 139.9
金刚石砂轮产值(万元)										5 051.6
金刚石砂轮产量(万片)										7.9
锯切钻进工具产值(万元)										49 115.6
锯切钻进工具产量(万件)										6 243.0

表7　2013年重点联系企业销售收入及利润总额情况

行业名称	产品销售收入实际完成(亿元)	同比增长(%)	利润总额实际完成(亿元)	同比增长(%)
合计	1 123.85	-5.3	39.93	-33.4
金属切削机床	654.52	-11.1	4.56	-80.0
锻压机械	135.44	2.9	11.67	-1.8
机床电器	12.60	-12.9	0.71	-4.3
机床附件	13.23	-3.2	0.64	9.9
量刃具	103.65	-4.4	7.51	-18.1
滚动功能部件	4.57	-3.4	-0.12	
数控系统	14.06	15.3	0.49	12.4
超硬材料	185.78	12.3	14.47	2.4

2013年，重点联系企业8个小行业中，仅有超硬材料及数控系统2个小行业的工业总产值、销售产值、销售收入及利润均实现了正增长。金属切削机床、机床电器2个小行业的销售收入负增长幅度超过10%。金属切削机床、量刃具2个小行业的利润负增长幅度超过10%，尤其是金属切屑机床小行业的利润负增长幅度达到80%。锻压机械小行业销售收入小幅增长，利润小幅减少。机床附件小行业完成工业总产值同比下降8.7%，销售收入同比下降3.2%，利润同比增长了9.9%。滚动功能部件小行业完成工业总产值同比下降了14.3%，销售收入同比下降了3.4%，利润为负；即使不考虑个别企业出现负利润的因素，小行业中其他企业的利润同比也下降了55%～98%。2013年全年，重点联系企业月度工业总产值基本为振荡下行走势。2012年12月至2013年12月机床工具行业重点联系企业月度工业总产值及增长情况见表8。

表8　2012年12月至2013年12月机床工具行业重点联系企业月度工业总产值及增长情况

月份	月度工业总产值（亿元）	同比增长（%）	环比增长（%）
2012年12月	123.5	-12.5	20.6
2013年1月	80.1	3.0	-35.1
2013年2月	65.6	-19.8	-18.1
2013年3月	97.3	-0.6	48.3
2013年4月	99.9	-4.7	2.7
2013年5月	94.8	7.0	-5.1
2013年6月	118.9	-11.6	25.4
2013年7月	83.3	-14.9	-29.9
2013年8月	77.8	-10.2	-6.6
2013年9月	99.4	6.1	27.8
2013年10月	97.7	-4.9	-1.7
2013年11月	93.3	-1.1	-4.5
2013年12月	120.5	-1.1	29.2

注：1. 由于统计对象有所变动，表中所列月度同比增长不是与表中所列上年同期实际完成值的比较。

2. 表中2012年所列月度工业总产值、同比增长、环比增长均不含超硬材料企业数据。

2013年，重点联系企业金属切削机床产量25 322台，其中数控金属切削机床121 051台，同比分别下降14.22%和2.47%；金属切削机床产值523.86亿元，其中数控金属切削机床产值394.29亿元，同比分别下降11.68%和13.80%。数控金属切削机床产值的降幅大于金属切削机床的降幅，也远大于数控金属切削机床产量的降幅。这表明企业面对低迷的市场环境，更多地采用了降价销售的市场策略，同时也导致了企业利润的大幅下降。这种现象对于金属切削机床行业的健康发展很不利。2013年金属切削机床产值前10名企业见表9。2013年金属切削机床产值前10名企业见表10。

表9　2013年金属切削机床产值前10名企业

序号	企业名称	金属切削机床产值（亿元）	同比增长（%）
1	沈阳机床（集团）有限责任公司	165.22	-6.7
2	大连机床集团有限责任公司	120.97	-8.5
3	北京北一机床股份有限公司	19.05	-7.5
4	陕西秦川机床工具集团有限公司	18.73	-15.4
5	天水星火机床有限责任公司	16.10	7.0
6	云南正成工（昆明台工、台成）精密机械有限公司	12.68	30.9
7	浙江瑞远机床集团有限公司	11.73	1.2
8	北京精雕科技有限公司	10.31	-46.3
9	宁波海天精工股份有限公司	9.91	-12.7
10	杭州友佳精密机械有限公司	8.24	0.1

表10　2013年数控金属切削机床产值前10名企业

序号	企业名称	数控金属切削机床产值（亿元）	同比增长（%）
1	沈阳机床（集团）有限责任公司	111.30	2.7
2	大连机床集团有限责任公司	110.82	-2.5
3	陕西秦川机床工具集团有限公司	18.01	3.3
4	北京北一机床股份有限公司	16.30	-3.6
5	浙江瑞远机床集团有限公司	11.73	1.2
6	云南正成工（昆明台工、台成）精密机械有限公司	10.76	33.5
7	北京精雕科技有限公司	10.31	-46.3
8	宁波海天精工股份有限公司	9.91	-12.7
9	杭州友佳精密机械有限公司	8.24	0.1
10	北京阿奇夏米尔工业电子有限公司	5.33	12.3

从月度工业总产值情况看，除个别月份出现异常跳动外，金属切削机床行业仍处于下降通道，但降幅有所收窄，到12月份，同比增长实现了正增长。2013年金属切削机床小行业重点联系企业月度工业总产值及增长情况见表11。

表11　2013年金属切削机床小行业重点联系企业月度工业总产值及增长情况

月份	工业总产值（亿元）	同比增长（%）	环比增长（%）
2012年12月	88.2	-18.0	24.4
2013年1月	43.9	-5.2	-50.2
2013年2月	35.9	-26.1	-18.2
2013年3月	56.4	-5.6	57.1
2013年4月	54.1	-7.4	-4.1
2013年5月	54.5	5.4	0.7
2013年6月	75.8	-18.2	39.1
2013年7月	46.1	25.4	-39.2
2013年8月	40.3	-23.9	-12.6
2013年9月	58.7	11.8	45.7
2013年10月	54.7	-11.0	-6.8
2013年11月	54.2	-2.6	-0.9
2013年12月	70.2	0.6	29.5

注：由于统计对象有所变动，故表中所列月度同比增长不是与表中所列上年同期实际完成值的比较。

2013年，重点联系企业金属成形机床产量57 221台，产值133.70亿元，同比分别下降14.49%和0.61%；其中数控金属成形机床产量6 981台，产值71.33亿元，同比分别增长6.47%和下降0.67%。2013年金属成形机床产值前10名企业见表12。2013年数控金属成形机床产值前10名企业见表13。

表12　2013年金属成形机床产值前10名企业

序号	企业名称	金属成形机床产值（亿元）	同比增长（%）
1	济南二机床集团有限公司	27.96	-7.2
2	江苏扬力集团有限公司	26.93	3.0
3	扬州锻压机床集团有限公司	10.05	-5.7
4	江苏亚威机床股份有限公司	8.92	19.1
5	江苏金方圆数控机床有限公司	7.05	16.9
6	天津市天锻压力机有限公司	6.16	-9.9
7	泰安华鲁锻压机床有限公司	5.21	6.3
8	合肥合锻机床股份有限公司	4.77	5.7
9	江苏省徐州锻压机床厂有限公司	4.59	95.4
10	湖北三环锻压机床有限公司	4.08	-11.2

表13　2013年数控金属成形机床产值前10名企业

序号	企业名称	数控金属成形机床产值（亿元）	同比增长（%）
1	济南二机床集团有限公司	27.33	-5.6
2	江苏亚威机床股份有限公司	8.55	24.0
3	江苏金方圆数控机床有限公司	7.05	16.9
4	天津市天锻压力机有限公司	5.62	-13.5
5	合肥合锻机床股份有限公司	4.58	8.6
6	江苏扬力集团有限公司	3.73	4.8
7	山东宏康机械制造有限公司	3.67	7.0
8	天水锻压机床有限公司	2.71	5.8
9	湖北三环锻压机床有限公司	2.38	-23.3
10	泰安华鲁锻压机床有限公司	1.99	1.7

2013年，机床工具行业重点联系企业完成工业总产值1 128.61亿元，完成产品销售产值1 111.71亿元，产品销售率为98.5%，同比提高1.5个百分点。8个小行业中，仅有超硬材料的产品销售率同比降低2个百分点。2013年机床工具行业各小行业重点联系企业产品销售率见表14。

表14　2013年机床工具行业各小行业重点联系企业产品销售率

行业名称	工业总产值（亿元）	销售产值（亿元）	产品销售率（%）	同比增加（百分点）
合计	1 128.61	1 111.71	98.5	1.5
金属切削机床	647.75	637.61	98.9	1.8
锻压机械	138.14	134.92	97.7	2.6
机床电器	13.24	13.22	99.9	1.3
机床附件	13.64	13.51	99.0	2.1
量刃具	110.79	109.58	98.9	3.0
滚动功能部件	4.15	4.42	106.6	9.8
数控系统	14.08	14.43	102.5	7.9
超硬材料	189.81	184.02	97.0	-2.0

注：表中数据由于四舍五入，合计数有微小出入。

2013年，机床工具行业重点联系企业年末产成品库存170.5亿元，同比增长6.5%。其中滚动功能部件行业增长最快，同比增长了25.2%，而超硬材料行业库存同比减少了12.5%。2013年机床工具行业各小行业重点联系企业产成品库存情况见表15。

表15　2013年机床工具行业各小行业重点联系企业产成品库存情况

行业名称	产成品库存额（亿元）	同比增长（%）
合计	170.5	6.5
金属切削机床	99.8	6.6
锻压机械	17.9	1.9
机床电器	2.9	10.1
机床附件	4.6	11.2
量刃具	27.4	19.8
滚动功能部件	1.6	25.2
数控系统	3.6	5.4
超硬材料	12.7	-12.5

2013年，机床工具行业重点联系企业平均税赋为3.3%，同比减少了1个百分点。其中以机床电器小行业的平均税赋最高，同比增加也最多；超硬材料小行业的平均税赋最低，只有1%，同比还减少了0.2个百分点。2013年机床工具行业各小行业重点联系企业平均税赋见表16。

表16　2013年机床工具行业各小行业重点联系企业平均税赋

行业名称	平均税赋（%）	同比增加（百分点）
合计	3.3	-0.1
金属切削机床	3.3	-0.4
锻压机械	4.7	0.4
机床电器	7.6	1.1
机床附件	5.7	0.0
量刃具	4.5	1.0
滚动功能部件	3.6	-2.7
数控系统	3.9	2.4
超硬材料	1.0	-0.2

（四）国内市场消费情况

2013年，我国机床工具行业低位徘徊，市场低迷，低端产品需求明显减少，中端产品单价持续下降，而高端数控产品进口却呈上升趋势。2013年我国金属加工机床消费总额324.7亿美元，同比下降17%，占全球机床消费总额的43.0%。其中金属加工机床进口总额101.0亿美元，同比下降26.0%，占我国金属加工机床消费总额的31.1%。在这种市场环境下，来源于德国的高端机床进口额却逆势同比增长，说明我国市场需求已经向高端产品转变，市场需求结构升级的速度在逐步加快。

金属加工机床进口大幅下滑，使得国产金属加工机床的市场占有率与上年相比有较大幅度的提升。按消费金额计算,2013 年国产金属加工机床的市场占有率为 68.9%,国产数控金属加工机床市场占有率为 62.6%,分别比上年提高了 4.6 个百分点和 7 个百分点。2009—2013 年国产金属加工机床产值市场占有率情况见表 17。

表 17　2009—2013 年国产金属加工机床产值市场占有率

年份	国产金属加工机床产值市场占有率(%)	国产数控金属加工机床产值市场占有率(%)
2009	70.1	62.0
2010	66.9	56.7
2011	66.1	56.6
2012	64.3	55.6
2013	68.9	62.6

国产机床的销售情况同样反映了市场需求结构升级的趋势。在行业低迷、市场萎缩的经济形势下,中低端产品需求大幅下滑,而一些生产“专、精、特”产品以及为用户提供全面解决方案服务的企业取得不错的业绩,有些企业的销售增幅超过 30%。

(五)2013 年机床工具行业进出口贸易情况

1. 出口情况

2013 年,我国机床工具行业产品出口延续了前两年低速增长的趋势,全年累计出口额 95.3 亿美元,同比增长 3.2%。其中金属切削机床出口额增幅回落较大,同比增长由上年的 11.8% 下降至 1.3%;各类金属成形机床出口都有不同程度的增长,特别是济南二机床集团有限公司出口美国的压力机生产线陆续交付,保持了金属成形机床 10% 以上的增速;2012 年出现大幅下滑的磨料磨具,又有所增长;木工机床出口额在下半年稳步提高,同比由上年下降 4.8% 转为提高 18.6%;机床夹具、附件,机床零件、部件和量具量仪同比呈现明显降幅。2013 年机床工具产品出口情况见表 18。

表 18　2013 年我国机床工具产品出口情况

产品类别	出口额(万美元)	同比增长(%)	占比(%)
机床工具	953 242	3.23	100.00
金属加工机床	286 096	4.36	30.01
其中:金属切削机床	188 381	1.34	19.76
金属成形机床	97 715	10.72	10.25
铸造机	8 460	-5.99	0.89
木工机床	88 260	18.62	9.26
机床夹具、附件	24 386	-9.00	2.56
机床零件、部件	62 829	-14.81	6.59
数控装置	56 934	-1.40	5.97
切削刀具	231 864	3.55	24.32
量具、量仪	16 758	-10.80	1.76
磨料磨具	177 655	7.75	18.64

2013 年,我国金属加工机床出口额 28.6 亿美元,同比增长 4.4%,较上年回落 9 个百分点,是除 2009 年负增长外,近十年来首次个位数增长。数控金属加工机床出口额 11.4 亿美元,同比增长 5.8%,在金属加工机床出口额中占比为 39.9%,与上年比微增 0.7 个百分点。其中数控金属切削机床出口额 9.2 亿美元,同比增长 3.2%;数控金属成形机床出口额 2.1 亿美元,同比增长 18.4%。

2013 年,我国金属加工机床前 10 位主要出口市场发生了一些变化。美国依然是我国金属加工机床出口第一大市场,出口额 3.36 亿美元,同比增长 5.3%;出口印度的金属加工机床大幅减少,同比下降 25.15%,将第二的位置让给了日本;对越南的金属加工机床出口额大幅增长 68.03%,从上年的第 10 位跃升到第 5 位;马来西亚挤掉中国香港,进入中国金属加工机床出口市场的前 10 位。2013 年金属加工机床出口去向前 10 位国家(地区)见表 19。

表 19　2013 年金属加工机床出口去向前 10 位国家(地区)

序号	国家或地区	出口额(万美元)	同比增长(%)	占比(%)
1	美国	33 639	5.27	11.76
2	日本	16 554	5.04	5.79
3	印度	15 014	-25.15	5.25
4	德国	13 996	0.11	4.89
5	越南	13 193	68.03	4.61
6	俄罗斯联邦	12 946	2.07	4.53
7	巴西	12 622	15.91	4.41
8	印度尼西亚	12 362	11.38	4.32
9	泰国	12 218	0.95	4.27
10	马来西亚	8 811	24.20	3.08

2013 年,我国数控金属加工机床以一般贸易方式出口额同比增长 11.0%,所占比重继上年提高 5.5 个百分点后,又增加 3.7 个百分点,达到 77.9%;其次是进料加工贸易方式,同比下降 17.9%,占比减少 4.3 个百分点,为 14.9%。

2. 进口情况

2013 年,国内机床市场萎缩,需求下滑,机床工具产品进口大幅下降。全年机床工具产品进口总额 160.9 亿美元,同比下降 20.2%。各月累计进口额同比显示为前高后低逐月下降态势,直到年末仍未有逆转迹象。机床工具行业 10 大类产品中,只有数控装置和切削刀具进口同比略有增长或持平,其他产品均呈不同程度下降。进口额排名第一、占比 50% 的金属切削机床,降幅达 28.4%,比近年降幅最深的 2009 年还低 9 个百分点;机床夹具、附件和机床零件、部件回落幅度同样为近十年最大。2013 年我国机床工具产品进口情况见表 20。

表 20　2013 年我国机床工具产品进口情况

产品类别	进口额（万美元）	同比增长（%）	占比（%）
机床工具	1 609 204	-20.24	100.00
金属加工机床	1 009 782	-26.04	62.75
其中：金属切削机床	799 157	-28.40	49.66
金属成形机床	210 625	-15.49	13.09
铸造机	27 605	-33.22	1.72
木工机床	42 564	-8.64	2.65
机床夹具、附件	65 376	-18.82	4.06
机床零件、部件	101 791	-15.79	6.33
数控装置	159 167	4.75	9.89
切削刀具	127 079	0.91	7.90
量具、量仪	16 414	-24.07	1.02
磨料磨具	59 426	-6.22	3.69

2012 年，我国金属加工机床进口同比增长仅为 3.3%，较前一年大幅回落 37 个百分点，2013 年又回落了 29 个百分点，进口额为 101.0 亿美元，同比下降 26.0%；其中数控金属加工机床进口总额为 82.11 亿美元，同比下降 26.5%。在全球主要机床生产国家和地区中，尽管我国进口机床出现明显下滑，但进口额仍高于第二位近 1 倍。进口机床总体数量、金额大幅下滑，但平均单价却在增长，反映出国内机床市场需求继续升级的态势。

我国金属加工机床进口主要来源地中，上年排名第一的日本，2013 年进口额大降 50.99%，被德国超越。德国成为 2013 年我国金属加工机床进口第一来源地。英国挤掉新加坡，进入了我国金属加工机床主要来源地前 10 位。2013 年，我国进口金属加工机床平均单价 13.35 万美元，较上年增长了 7.7%；其中金属切削机床进口平均单价 13.15 万美元，金属成形机床进口平均单价 13.44 万美元。德国、日本、中国台湾是我国金属加工机床主要来源地前 3 位。2013 年我国进口德国、日本、中国台湾地区金属加工机床平均单价见表 21。

表 21　2013 年我国进口德国、日本、中国台湾地区金属加工机床平均单价

国家或地区	金属加工机床平均单价（万美元）	金属切削机床平均单价（万美元）	金属成形机床平均单价（万美元）
进口平均	13.35	13.15	13.44
德国	29.94	30.01	25.23
日本	13.90	13.44	16.68
中国台湾	6.29	6.22	6.59

2013 年，在德国、日本、中国台湾三个进口来源中，只有来自德国的金属加工机床进口总额同比微增 2.46%，来自日本、中国台湾地区的金属加工机床进口总额同比分别下降了 50.99% 和 19.74%。这也反映了我国金属加工机床市场的结构性转变，中低端需求下降，高端需求增长。进口数据显示，加工中心是进口金属加工机床中数量最多、金额最大的产品，进口量占金属加工机床进口总量的 49.28%，进口额占 33.45%。2013 年金属加工机床进口来源地前 10 位国家（地区）见表 22。

表 22　2013 年金属加工机床进口来源地前 10 位国家（地区）

序号	国家或地区	进口额（万美元）	同比增长（%）	占比（%）
1	德国	290 910	2.46	28.81
2	日本	274 384	-50.99	27.17
3	中国台湾	117 048	-19.74	11.59
4	意大利	69 573	10.18	6.89
5	韩国	67 265	-18.10	6.66
6	美国	52 756	-16.84	5.22
7	瑞士	34 199	-27.65	3.39
8	西班牙	16 643	-2.80	1.65
9	英国	14 228	12.01	1.41
10	法国	11 698	-23.86	1.16

（六）机床工具行业固定资产投资情况

1. 固定资产投资概况

2013 年，机床工具行业固定资产投资总计划 6 343.8 亿元，同比增长 17.7%，增速继上年下滑 23.3 个百分点之后，再次回落 7.4 个百分点。完成固定投资额 3 292.8 亿元，同比增长 21.2%，增幅较上年回落 1.6 个百分点。新增固定资产 2 325.7 亿元，同比增长 15.9%，增速比上年降低 25.6 个百分点。

2013 年，机床工具行业的固定资产投资增长速度稍高于国家全社会固定资产投资的增长速度。但与上年相比，固定资产投资各项指标的增速都大幅下滑。这说明在国民经济增速放缓、市场需求向高端产品升级的形势下，机床工具行业固定资产投资热潮不再高涨，从规模扩张向注重质量和效益转变。

2. 小行业固定资产投资情况

（1）金属切削机床行业。2013 年，金属切削机床行业固定资产投资总计划 855.7 亿元，同比下降 8.3%；新开工项目计划总投资 651.8 亿元，同比下降 6.6%；累计完成固定资产投资 465.5 亿元，同比增长 6.2%；完成固定资产投资中设备购置投资 177.9 亿元，同比增长 3.2%；累计新增固定资产 338.7 亿元，同比增长 1.9%。

（2）金属成形机床行业。2013 年，金属成形机床行业固定资产投资总计划 483.5 亿元，同比增长 4.9%；新开工项目计划总投资 400.2 亿元，同比增长 19.6%；累计完成固定资产投资 268.3 亿元，同比增长 17.0%；完成固定资产投资中设备购置投资 123.0 亿元，同比增长 34.2%；累计新增固定资产 200.0 亿元，同比增长 23.4%。

（3）铸造机械行业。2013 年，铸造机械行业固定资产投资总计划 819.6 亿元，同比增长 9.4%；新开工项目计划总

投资668.4亿元,同比增长15.2%;累计完成固定资产投资514.2亿元,同比增长15.9%;完成固定资产投资中设备购置投资212.9亿元,同比增长25.7%;累计新增固定资产369.5亿元,同比增长6.1%。

(4)木工机械行业。2013年,木工机械行业固定资产投资总计划127.1亿元,同比下降8.2%;新开工项目计划总投资93.1亿元,同比下降19.6%;累计完成固定资产投资77.3亿元,同比增长0.1%;完成固定资产投资中设备购置投资31.5亿元,同比下降12.5%;累计新增固定资产58.4亿元,同比下降31.9%。

(5)机床附件行业。2013年,机床附件行业固定资产投资总计划379.1亿元,同比增长49.2%;新开工项目计划总投资292.8亿元,同比增长51.6%;累计完成固定资产投资244.4亿元,同比增长55.3%;完成固定资产投资中设备购置投资95.0亿元,同比增长30.6%;累计新增固定资产184.7亿元,同比增长44.4%。

(6)切削工具行业。2013年,切削工具行业固定资产投资总计划317.8亿元,同比增长19.4%;新开工项目计划总投资228.7亿元,同比增长24.2%;累计完成固定资产投资178.6亿元,同比增长23.4%;完成固定资产投资中设备购置投资81.0亿元,同比增长24.7%;累计新增固定资产117.3亿元,同比增长12.5%。

(7)量具量仪行业。2013年,量具量仪行业固定资产投资总计划71.4亿元,同比增长37.5%;新开工项目计划总投资46.6亿元,同比增长5.2%;累计完成固定资产投资39.0亿元,同比增长20.6%;完成固定资产投资中设备购置投资14.8亿元,同比增长34.4%;累计新增固定资产27.2亿元,同比下降4.7%。

(8)磨料磨具行业。2013年,磨料磨具行业固定资产投资总计划2 027.8亿元,同比增长20.1%;新开工项目计划总投资1 186.7亿元,同比增长13.9%;累计完成固定资产投资751.0亿元,同比增长8.1%;完成固定资产投资中设备购置投资316.8亿元,同比增长3.5%;累计新增固定资产504.1亿元,同比增长17.1%。

(9)其他加工机械行业。2013年,其他加工机械行业固定资产投资总计划1 261.8亿元,同比增长49.1%;新开工项目计划总投资933.0亿元,同比增长39.8%;累计完成固定资产投资754.5亿元,同比增长51.2%;完成固定资产投资中设备购置投资284.6亿元,同比增长29.6%;累计新增固定资产525.8亿元,同比增长35.6%。

9个小行业中,机床附件行业固定资产投资增长最快,磨料磨具行业固定资产投资规模最大,量具量仪行业固定资产投资规模最小,金属切削机床行业和木工机械行业固定资产投资则出现负增长。

机床附件行业的发展一直滞后于主机行业,成为制约我国机床工具行业发展的一个瓶颈。2013年,该行业成为机床工具行业固定资产投资增长最快的行业,这对于整个大行业来说是件好事。但是机床附件行业规模较小,增速虽快,投资金额总体还是偏小。

近几年来,磨料磨具行业固定资产投资规模居高不下,行业主营业务收入和企业数量快速增长。2013年,磨料磨具行业主营业务收入和企业数量均占整个机床工具行业的近3成;产品出口金额占整个行业出口金额的近2成。然而,磨料磨具行业中相当一部分企业的产品是资源性产品,少数企业还是高污染企业,行业产品的同质化现象同样严重。大规模的固定资产投资更多的还是用于扩大生产规模,并不是都用来提高产品技术水平和制造工艺水平。持续多年的大规模固定资产投资,需要在投资方向上把握好,才有可能促进行业的健康发展。

量具量仪行业的投资规模在全行业中一直最小。令人欣喜的是,2013年该行业的固定资产投资规模快速增长,尤其是其中设备购置投资增长速度居全行业之首。这对提升产品质量和技术水平是非常有利的。

2013年,金属切削机床和木工机械行业固定资产投资负增长,应该是这两个行业前几年固定资产投资快速增长的一种反思。

(七)省、市、自治区机床工具行业生产情况

2013年,全国(不含台湾省)机床工具行业金属切削机床产量72.59万台,同比下降1.5%。全国有8个省份的金属切削机床产量实现了正增长,其中贵州、山东、安徽和江西4个省份金属切削机床产量的增长速度超过10%,最为显著的是贵州省,增长速度59.5%。但贵州、江西两地的增长对整个行业的影响有限,他们在全国金属切削机床产量中的占比仅有0.2%和0.8%。下降比较严重的地方有青海、北京、甘肃、天津、上海、山西、河北和吉林。金属切削机床产量前6名依次是山东、浙江、辽宁、江苏、安徽和云南,与上年相比,仅是浙江和安徽两地互换了位置。山东、安徽金属切削机床产量分别增长23.3%和19.6%,占全国金属切削机床产量的比率分别为19.9%和9.9%。辽宁、云南金属切削机床产量分别下降12.4%和17.3%,占全国金属切削机床产量的比率分别为14.4%和7.7%。浙江、江苏两地的金属切削机床产量分别微弱增长了1.7%和2.6%,占全国金属切削机床产量的比率分别为17.5%和13.3%。这6个省份金属切削机床产量合计60.02万台,占全国产量的82.69%。山东、浙江、辽宁3地的金属切削机床产量之和为37.58万台,占全国产量的51.78%。

2013年,全国数控金属切削机床产量20.93万台,同比增长2.2%。全国有10个省份实现了数控金属切削机床产量的正增长,其中福建、贵州的增长速度竟然达到了594.3%和315.8%。但是这两地的数控金属切削机床产量基数低,在全国产量的占比仅有0.5%和0.6%,对整体的影响不大。全国有16个省份数控金属切削机床产量下降。下降速度较快的有吉林、北京和黑龙江,下滑速度分别为52.2%、48.0%和37.3%。其中,北京数控金属切削机床产量在全国产量中的占比为3.3%,对整体有些许影响。数控金属切削机床产量前6名依次是辽宁、浙江、山东、江苏、云

南和广东。上年排名第5位的北京，由于下滑速度过快，数控金属切削机床的产量从上年的1.34万台减少到2013年的0.70万台，不仅丢掉了第5位的位置，还被挤出前6位，仅排在第8位。山东、云南两地的数控金属切削机床产量分别增长26.9%和41.4%，对全国数控金属切削机床产量的正增长贡献突出。排名前6位省份的数控金属切削机床产量合计17.49万台，占全国产量的83.58%。排名前3位的省份数控金属切削机床产量之和12.54万台，占全国产量的59.91%。

2013年全国各地区金属切削机床产量情况见表23。

表23　2013年全国各地区金属切削机床产量情况

地区名称	金属切削机床			其中:数控机床			产量数控化率(%)
	企业数(家)	产量(台)	产量占比(%)	企业数(家)	产量(台)	产量占比(%)	
北京	15	11 283	1.6	13	6 973	3.3	61.8
天津	7	893	0.1	6	554	0.3	62.0
河北	6	1 231	0.2	1	0		
山西	2	466	0.1	1	108	0.1	23.2
辽宁	30	104 469	14.4	6	45 994	22.0	44.0
吉林	4	2 046	0.3	1	11	0.0	0.5
黑龙江	7	3 980	0.5	4	234	0.1	5.9
上海	19	19 051	2.6	15	2 689	1.3	14.1
江苏	80	96 866	13.3	32	23 482	11.2	24.2
浙江	85	126 993	17.5	53	44 976	21.5	35.4
安徽	22	71 846	9.9	6	1 118	0.5	1.6
福建	16	6 018	0.8	5	972	0.5	16.2
江西	11	5 452	0.8	5	1 391	0.7	25.5
山东	66	144 364	19.9	29	34 408	16.4	23.8
河南	12	9 223	1.3	7	3 040	1.5	33.0
湖北	20	2 462	0.3	10	886	0.4	36.0
湖南	9	3 381	0.5	5	324	0.2	9.6
广东	35	22 946	3.2	20	8 898	4.3	38.8
广西	5	3 765	0.5	4	98	0.0	2.6
重庆	9	3 543	0.5	6	2 133	1.0	60.2
四川	10	5 292	0.7	6	1 330	0.6	25.1
贵州	6	1 715	0.2	4	1 318	0.6	76.9
云南	23	55 680	7.7	13	17 168	8.2	30.8
陕西	12	16 271	2.2	8	8 161	3.9	50.2
甘肃	2	2 935	0.4	1	371	0.2	12.6
青海	2	458	0.1	2	321	0.2	70.1
宁夏	4	3 222	0.4	4	2 329	1.1	72.3
合计	519	725 851	100.0	267	209 287	100.0	28.8

注:表中数据由于四舍五入,合计数有微小出入;因新疆产品为0,故表中未列出。

2013年，全国(不含台湾省)机床工具行业金属成形机床产量23.34万台，同比增长0.1%。金属成形机床产量正增长和负增长的地方各约占一半。其中，产量增速较快的地方有云南(61.1%)和辽宁(32.0%)，下降较快的地方有湖南(-80.1%)、山西(-80.0%)、黑龙江(-75.5%)和贵州(-48.8%)。金属成形机床产量排名前6位的依次是江苏、安徽、浙江、山东、云南和河北。其中，云南金属成形机床产量高速增长，排名第5位，将上年排名第6位的山西排除在前6位之外。排名前3位省份的金属成形机床产量之和14.44万台，占全国产量的61.84%。排名前6位省份的金属成形机床产量合计19.13万台，占全国产量的81.94%。

2013年全国各地区金属成形机床产量情况见表24。

表24　2013年全国各地区金属成形机床产量

地区名称	企业数(家)	产量(台)	产量占比(%)
北京	1	396	0.2
天津	3	503	0.2
河北	5	13 253	5.7
山西	2	1 451	0.6
辽宁	7	1 364	0.6
黑龙江	3	35	0.0
上海	9	2 656	1.1
江苏	38	73 362	31.4
浙江	25	24 018	10.3

（续）

地区名称	企业数(家)	产量(台)	产量占比(%)
安徽	37	46 978	20.1
福建	5	1 392	0.6
山东	33	20 352	8.7
河南	3	8 753	3.7
湖北	11	2 969	1.3
湖南	4	166	0.1
广东	12	7 123	3.1
广西	1	582	0.2
重庆	4	2 207	0.9
四川	2	7 451	3.2
贵州	2	108	0.0
云南	3	13 311	5.7
陕西	7	4 671	2.0
甘肃	2	337	0.1
合计	219	233 438	100.0

注:表中数据由于四舍五入,合计数有微小出入。

三、科技成果和知识产权

(一)新产品开发试制情况

2013年,机床工具行业共有142家企业呈报了664项新产品。这些企业大都是行业骨干企业,基本能够反映行业新产品的开发水平。这664项新产品中,行业新产品181项,企业新产品345项;达到国际水平的有102项,占15.4%,其中达到国际领先水平的8项,达到国际先进水平的91项;处于国内水平的417项,占62.8%,其中达到国内领先水平的181项,达到国内先进水平的222项。

按照行业细分,金属切削机床行业87家企业完成新产品试制项目401项,占呈报项目总数的60.4%。其中车床行业9家企业上报40项,铣床行业19家企业上报75项,钻镗床行业9家企业上报41项,磨床行业18家企业上报98项,齿轮加工机床行业8家企业上报42项,插拉刨床行业4家企业上报16项,锯床行业6家企业上报24项,特种加工机床行业3家企业上报了11项,组合机床行业2家企业上报6项,小型机床行业4家企业上报36项,重型机床行业5家企业上报12项。

在金属切削机床行业中,磨床行业在完成新产品开发试制项目方面非常突出,不仅完成的项目总数最多,而且企业平均完成新产品开发试制项目也是最多的,每家企业平均开发试制5.4个新产品。自2011年以来,磨床行业连续多年在研发新产品方面保持良好的势头。这也反映了磨床行业在产业升级、产品调整方面走在了前列。

金属成形机床行业16家企业呈报新产品112项,平均每家企业完成7项,是机床工具行业中完成新产品开发试制项目最多的行业,也是在整个行业中企业平均完成新产品开发试制项目最多的行业。

机床电器行业3家企业完成新产品开发试制15项,机床附件行业(含主轴功能部件)9家企业完成新产品36项,量刃具行业5家企业完成新产品13项,数控系统(含数显装置)行业15家企业完成新产品53项,滚动功能部件行业7家企业完成36项新产品的研发试制。

(二)科技学技术奖评选

2013年,机床工具行业17个项目荣获“中国机械工业科学技术奖”。其中一等奖2项、二等奖6项、三等奖9项。与2012年相比,申报项目数虽减少了27%,获奖率却高出了6个百分点,说明申报项目的质量有所提高。

2013年度机床工具行业“中国机械工业科学技术奖”获奖项目呈现以下几个特点。

(1) 获奖面较为均衡。17个获奖项目涵盖了多个小行业,如金属切削机床、成形机床、特种加工机床、铸造机械、量仪、滚动功能部件以及磨料磨具等。在一定程度上反映了行业的均衡发展。

(2) 产学研结合项目获奖比例大。17个获奖项目中,产学研项目占6项,占比为35%。这说明产学研相结合是提升机床工具行业产品技术水平的有效途径。

(3) 工艺技术与机床结合更为紧密。17个获奖项目中,有一半以上是工艺与机床直接紧密结合的产物,反映了全行业服务观念的转变。当好用户的工艺师、为用户提供全面解决方案、交钥匙工程、个性化服务等理念正在日益得到深化。

(4) 在国民经济和国防建设中具有重要作用。如大型C/E复合材料构件高质高效加工关键技术及其工艺装备项目,对航空、航天、兵器等C/E复合材料零件的高质量加工具有重要作用;钛合金喷注器盘喷注孔数控电火花加工机床项目,对液体火箭发动机关键零件的加工具有重要意义;μ2000/5SS—800H五轴摆头加工中心是加工航空发动机典型零件的关键装备;ST－THP11G－5000高铁AT型尖轨成套装备数控生产线项目,对我国高铁线路的建设发挥了重要作用;高精密气缸套超微珩磨技术研究与应用项目,对批量生产符合欧V标准的汽车发动机缸套具有重要作用。

四、标准化和质量工作

(一)标准化工作

1. 标准制修订完成情况

2013年,机床工具行业各标准化技术委员会完成标准制修订共计230项。其中,国家标准59项,行业标准171项。全行业10个小行业标准化技术委员会全部按计划完成了标准制修订任务。

2013年,机床工具行业拥有国家标准和行业标准共计2 114项。其中国家标准763项,包括强制性标准63项、推荐性标准700项;行业标准1 351项,包括强制性标准1项,推荐性标准1 350项。

2. 参与国际标准化工作

2013年,机床工具行业有4个标准化技术委员会具有国际标准投票资格，共计完成国际标准投票26票，投票率达到100%。

磨料磨具标委会于2013年9月制定了《提交金刚石微粉国际标准提案工作计划》，在调研和了解国内外金刚石微粉产业现状和技术水平的基础上，于2014年提交《超硬磨料 金刚石微粉》国际标准提案。

3. 标准信息和咨询服务工作

及时了解国家、行业及国际标准方面的发展动态和信息，为社会和企业提供国内外标准化信息服务，是标委会的日常工作之一。2013年，各标准化技术委员会都为企业提供了大量的标准技术咨询工作。木工机床标委会还急企业所需，收集、翻译了多项国际和国外先进国家的标准，帮助企业提高标准化能力和水平。特种机床标委会长期与中国机床工具工业协会特种加工机床分会合作开展“达标认定产品”活动，进行特种机床的达标认定检测，并颁发“达标认定优等产品”证书，而且在证书有效期内将进行质量跟踪。刀具标委会秘书处组织行业内孔加工刀具专家编写了现代切削刀具实用技术丛书——《常用孔加工刀具》和《高效高精度孔加工刀具》。量具标委会秘书处配合机械工业出版社编辑出版《量具量仪机械工业标准汇编》。磨料磨具标委会帮助行业单位起草、审查多项企业标准。

4. 标准化科研工作

2013年，金属切削标委会完成了国家质检公益项目《五轴联动加工中心检验方法的研究》课题研究工作。特种机床标委会完成了特种机床部分标准体系的编制，包括标准体系框架、标准体系表。锻压机械标委会按计划完成重大专项课题“高档数控机床与基础制造装备技术规范与标准研究——数控、高速冲压设备可靠性研究”中有关可靠性技术标准的研究项目；完成重大专项课题：压力机关键技术标准研究子课题，对大型伺服压力机、数控旋压机等4项标准进行研究；完成质检公益专项课题：数控闭式多连杆压力机技术标准研究课题。木工机床标委会与台湾各木工机床制造企业积极交流研讨，完成与台湾木工机床与刀具术语和产品性能的比对，并与台湾木业协会就板式家具机械的自动裁板锯及实木家具机械的自动木工双面刨床的产品性能、精度、参数等进行检测对比。量具标委会承担了“十一五”国家科技支撑项目课题“高性能切削刀具共性技术”中的研究工作，完成了《高速切削工具柄用锥度量规量值传递技术研究报告》和《工具柄测量平台报告》两份课题报告，参与课题7/24和HSK工具圆锥柄的试验比对工作，组织编写7/24和HSK工具圆锥量规检测方法标准。电气标委会承担了重大专项课题《伺服驱动及电机测试规范、标准研究与测试平台》中的《伺服驱动及电机测试技术范围及标准研究》。数控系统标委会开展了机床数控系统行业领域中外标准对比研究，参与国标委关于“战略性新兴产业标准化发展规划”活动，并提交了相应的研究报告。刀具标委会正在开展《复杂数控刀具创新能力平台建设》《汽车、航空航天和发电设备用高效精密数控刀具高可靠性设计制造与切削性能评价》和《高性能刀具检测技术标准研究与测试平台建设》等研究工作。

（二）质量工作

1. 行业产品质量评比

为促进企业重视产品质量，提高行业产品水平，2013年，中国机床工具工业协会按照修订后的产品质量十佳评比方式，评选出了2013年“产品质量十佳”产品。这些产品分别是成都普瑞斯数控机床有限公司的PL700A立式加工中心、广州数控设备有限公司的GSK218MC加工中心数控系统、南京工艺装备制造有限公司的GGB45精密滚动导轨副、山东普利森集团有限公司的T2120G深孔钻镗床、深圳大族激光科技股份有限公司的G3015F光纤激光切割机、沈机集团昆明机床股份有限公司的TK6920数控落地铣镗床、宜昌长机科技有限责任公司的YK5150D数控插齿机、宇环数控机床股份有限公司的YH2M8192立式单面研磨（抛光）机、浙江海德曼机床制造有限公司的HCL300数控车床和中南钻石股份有限公司高品级金刚石聚晶复合片。

2. 机床工具产品抽查情况

2013年，国家质量监督检验检疫总局对机床工具行业的磨床、电加工机床、数控系统以及砂轮类产品进行了监督抽查。共计抽检了169家企业的169批次产品，合格产品142个批次，抽查总量平均合格率为84.02%；不合格产品27批次。不合格产品的主要问题集中在磨床的电源开关、电击防护，电加工机床的电击防护、保护联结电路，数控系统的静电放电抗扰度、电快速瞬变脉冲群抗扰度和浪涌（冲击）抗扰度，砂轮孔径、回转强度。

（1）磨床类产品。共抽查了北京、天津、吉林、上海、江苏、浙江、湖北和陕西8个省、直辖市30家企业生产的30批次磨床产品。检查项目包括缠绕与卷入危险、挤压与剪切危险、限位装置、防松装置、联锁装置、夹持装置、防护罩壁厚、磨削区开口角度、起动、停止、紧急停止、飞溅、电源开关、保护联结电路、绝缘电阻试验、耐压试验、过电流保护、电动机过热保护、电击防护、液压系统、温度及温升、渗漏、精度、噪声和动作试验共25个项目。检查发现有4个批次的产品不符合标准规定，抽查合格率为86.67%。不合格项目主要涉及电源开关、电击防护、紧急停止、保护联结电路强度性能。

（2）电加工类产品。共抽查了北京、上海、江苏和浙江4个省、直辖市29家企业生产的29批次电加工机床产品。检查项目包括产品的稳定性、限位装置、运动危险、夹持装置、安全防护装置、控制系统可靠性、停止与急停器件、模式选择、电击防护、防火与防爆措施、排气装置、工作液系统、噪声、局部照明装置、电源开关、过电流保护、电动机过热保护、控制电路电源、插头/插座组合、保护联结电路、绝缘电阻试验、耐压试验、几何精度、负荷试验、动作试验共25个项目。抽查发现有4个批次品不符合标准的规定，合格率86.21%。不合格项目涉及电击防护、限位装置、排气装置、控制电路电源、插头/插座组合和保护联结电路。

(3)数控系统类产品。共抽查了北京、辽宁、上海、江苏、湖北、广东、四川和贵州8个省、直辖市20家企业生产的20批次数控系统和数显装置产品。检查项目包括数控系统和数显装置产品的保护联结电路、电击防护、电快速瞬变脉冲群抗扰度试验、电压暂降和短时中断抗扰度试验、电源适应能力、防护、功能检查、接线、静电放电抗扰度试验、绝缘电阻试验、浪涌(冲击)抗扰度试验、耐压试验、射频场传导抗扰度试验和颜色共14个项目。抽检产品中有3个批次的产品不符合标准规定，抽查合格率为85%。不合格项目主要涉及静电放电抗扰度试验、电快速瞬变脉冲群抗扰度试验、浪涌(冲击)抗扰度试验和颜色。

(4)砂轮类产品。共抽查了天津、河北、上海、江苏、浙江、安徽、福建、江西、山东、河南、广东和陕西12个省、直辖市90家企业生产的90批次砂轮产品。检查项目包括砂轮产品的黑心、裂纹、哑声、硬度、静不平衡、回转强度、孔径和标志共8个项目。抽检发现16个批次产品不符合标准的规定，合格率为82.22%。不合格项目涉及孔径、回转强度、标志和喷砂硬度。

五、2014年行业发展展望

2014年，世界经济仍将缓慢复苏，发达经济体形势向好，新兴经济体依旧困难。根据美国Gardner公司的预测，2014年全球机床消费将增长7%左右，欧美日等机床制造强国的机床消费增长将超过10%，而俄罗斯、印度等新兴经济体国家的机床消费将出现不同程度的负增长。

全球机床消费市场的增长，必然给我国机床工具产品的出口带来利好。尽管一些新兴经济体的机床消费下降将给我国机床工具产品出口带来负面影响，但作为我国机床工具产品主要出口国的美国、日本、德国机床消费增长，将促进我国机床工具产品的出口。预计2014年，我国机床工具产品出口有望结束连续几年的个位数低速增长的趋势，增长幅度将大于10%。

机床工具发展的主要拉动力是固定资产投资。2014年中央经济工作会议的主基调是稳中求进，工业领域的重点任务是着力抓好化解产能过剩和实施创新驱动发展，因此可以预期固定资产投入增量不会很大。虽然航天、航空、军工和轨道交通等重点领域会有一定的机床装备投资，但其他行业投资力度不会很大。因此基本可以判定，机床行业的上升动力不足。

从中国机床工具工业协会重点联系企业2013年底的在手订单情况来看，到2013年12月，重点联系企业在手订单已经连续24个月同比下降。由于在手订单持续下降时间长，降幅大，企业的在手订单已经不多，企业发展面临很大的压力。积极的一点是从2013年下半年开始，在手订单降幅逐月收窄，到2013年底，收于2.2%。

中国宏观经济基本面依旧向好，在这个大经济形势下，我国机床工具行业经济走势会逐步回升。2014年，国内机床市场需求升级趋势将进一步加快，企业应该积极紧跟用户需求的变化，调整产品结构，提升为用户服务的能力，赢得用户的信任。

预计2014年机床工具行业主营业务收入将保持10%以上的增长，进口将再次增长，出口增长速度将大于10%。

〔撰稿人：中国机床工具工业协会符祚钢〕

2013年机床工具行业固定资产投资情况分析

2013年，全国完成固定资产投资额(不含农户)436 527.70亿元，同比增长19.6%，较2012年增幅回落1个百分点。其中，制造业完成投资额147 369.74亿元，同比增长18.5%，较2012年增幅回落3.5个百分点。机械工业固定资产投资39 863.04亿元，同比增长17.16%，较2012年增幅回落7.7个百分点，增速趋缓，分别低于全国和制造业增速2.44和1.34个百分点，投资额占制造业的比重为27.05%，较2012年缩小0.77个百分点。机床工具行业固定资产投资3 292.8亿元，同比增长21.2%，较2012年增幅回落1.6个百分点，占机械工业固定资产投资额的8.26%。

一、2013年机床工具行业固定资产投资情况

2013年机床工具行业的固定资产投资各项指标与2012年相比，其增长幅度多继续呈现大幅下滑，这是对市场需求变化的必然反应，也是对前几年行业盲目投资和重复投资的反应。

固定资产投资主要包括固定资产计划总投资、自开始建设至本年底累计完成投资、累计完成固定资产投资、完成固定资产中设备购置投资、累计新增固定资产5项指标。在全行业投资的各项指标中，固定资产计划总投资较上年同期增长17.7%；自开始建设累计完成投资较上年同期增长16.7%；本年累计固定资产完成额较上年同期增长

21.2%，完成固定资产中设备购置投资较上年同期增长16.9%；累计新增固定资产较上年同期增长15.9%。机床工具行业的固定资产投资增长速度稍高于国家全社会固定资产投资的增长速度。

1. 固定资产计划总投资

固定资产计划总投资是指报告期内，基本建设项目按照总体设计规定的全部建成计划需要的总投资。随着市场需求形势的持续下滑，2013年1－7月行业固定资产计划总投资也随之下滑，由年初的增速18.2%下滑至10.7%；但从8月份开始反弹，至年末增速达到17.7%，较上年增速减少7.4个百分点。

在2013年机床工具行业的固定资产计划总投资中，磨料磨具行业仍然连续高居榜首，计划总投资额达到2 027.76亿元，在2012年增速仅为3.2%的基础上，增速又一次高达20.1%；其次为其他金属加工机械行业，计划总投资额为1 281.83亿元，增速为49.1%；计划总投资增速最快的行业依次为机床附件、其他金属加工机械、量具及量仪，增速分别为49.2%、49.1%和37.5%，其中，机床附件增速较快的原因是2012年是负增长，计划总投资额仅为254.11亿元。值得注意的是金属切削机床行业计划总投资为负增长，同比下降8.3%。

2. 自开始建设至本年底累计完成投资

自开始建设至本年底累计完成投资是指报告期内，建设项目从开始建设到报告期内止累计完成的全部投资，包括报告期以前已建成投产或停、缓建工程完成的投资以及拆除、报废工程的投资。由于2013年仍然呈现市场疲软之势，因此，该项指标增幅从年初始也一直呈递减状态，由年初的增长13.9%，到6月份增速达到全年最低点9.1%；从7月份开始受宏观经济和“十二五”投资计划资金到位的影响，全年增速收于16.7%，较2012年降低了14.9个百分点。

机床工具行业自开始建设至本年底累计完成投资中，仍是磨料磨具行业名列第一，累计完成投资额达到1 186.69亿元，说明该行业仍被看好，企业自有资金充足，且得到金融机构支持；增速较快的行业依次为机床附件、其他金属加工机械和切削工具，增速分别为51.6%、39.8%和24.2%。

3. 累计完成固定资产投资

累计完成固定资产投资是指建设项目从开始建设到报告期止累计完成的全部投资。累计完成固定资产投资是投资中最重要的指标，属于国家社会固定资产投资的一部分，代表行业固定资产投资的总体水平。2013年，机床工具行业累计完成固定资产投资3 292.83亿元，同比增长21.2%，高出全社会固定资产投资增长速度1.6个百分点。

在全行业累计完成固定资产投资中，其他金属加工机械行业雄居高位，达到754.49亿元，磨具磨料略次之，也高达751.03亿元，但增速仅为8.1%，这与其上年基数较高密切相关；增长速度较快的行业依次为机床附件、其他金属加工机械和切削工具，增速分别为55.3%、51.2%和23.4%。在市场需求不断萎缩的情况下，其产品主要是低值易耗品的磨具磨料和切削工具行业虽然受到一定影响，但相对较小，故仍保持了较大的投资额和较高的增长幅度。

4. 完成固定资产投资中设备工具购置投资

完成固定资产投资中设备工具购置投资是指在已完成、验收的固定资产中企业购置或自制达到固定资产标准的设备、工具、器具的价值。该指标主要是分析行业固定资产投资的构成，是判定侧重于土建工程还是侧重于工艺装备增加的重要指标。2013年，机床工具行业用于设备工具购置的金额为1 337.53亿元，同比增长16.9%，占全年完成固定资产投资金额的40.62%，较上年同期占比降低了1.7个百分点。

在当前经济形势下，中低档产品的产能已经严重过剩，不少企业生产能力放空近50%，少数企业则已近80%。因此，企业固定资产的投资方向应更侧重于工艺手段的提高，也就是设备的购置和改造，在基本建设方面决不能再搞产能的简单扩张，而应该将有限的财力放在工艺环境的改善上。在设备工具购置投资中，同比增长最快的是量具量仪行业，增速为34.4%；其次是金属成形机床行业，增速也达到34.2%。令人堪忧的是金属切削机床行业，其增速仅为3.2%，且设备工具购置金额占全年累计完成固定资产投资额的占比为38.21%，低于全行业占比2.41个百分点，显示出由于前期投资的误差，导致固定资产结构的不合理现状未得到缓解。

5. 本年累计新增固定资产

本年累计新增固定资产是指已经完成建造和购置过程，并已交付使用的固定资产的价值。新增固定资产是表示固定资产投资成果的价值指标，也是反映建设进度，计算固定资产投资效果的重要依据。2013年机床工具行业新增固定资产2 325.70亿元，同比增长15.9%。增长速度急剧下滑，较上年同期降低25.6个百分点，反映出随着“十二五”规划接近尾声，前期投入的固定资产已有相当部分通过验收投入使用。在全行业累计新增固定资产中，同比增长最快的是机床附件行业，达到44.4%，这是一个可喜的现象。机床附件一直是机床行业产业链中最薄弱的环节，其新增固定资产的增长，意味着制造能力的提高，将有利于机床行业产业链的合理布局。

二、各分行业固定资产投资情况分析

2013年，机床工具行业各分行业固定资产投资5项指标的投资强度和增长速度均有很大差别。投资强度的差别既与行业间固有的体量相关，也显示出行业间发展的不平衡，增长速度的差别则更多地体现了市场需求的变化。2013年机床工具行业各分行业固定资产投资情况见表1。

表1　2013 年机床工具行业各分行业固定资产投资情况

行业名称	固定资产计划总投资		自开始建设至本年底累计完成投资		本年累计完成固定资产投资		本年完成固定资产投资中设备工具购置投资		本年累计新增固定资产	
	累计（亿元）	同比增长（%）	累计（亿元）	同比增长（%）	累计（亿元）	同比增长（%）	累计（亿元）	同比增长（%）	累计（亿元）	同比增长（%）
金属切削机床	855.7	-8.3	651.8	-6.6	465.5	6.2	177.9	3.2	338.7	1.9
金属成形机床	483.5	4.9	400.2	19.6	268.3	17.0	123.0	34.2	200.0	23.4
铸造机械	819.6	9.4	668.4	15.2	514.2	15.9	212.9	25.7	369.5	6.1
木工机械	127.1	-8.2	93.1	-19.6	77.3	0.1	31.5	-12.5	58.4	-31.9
机床附件	379.1	49.2	292.8	51.6	244.4	55.3	95.0	30.6	184.7	44.4
切削工具	317.8	19.4	228.7	24.2	178.6	23.4	81.0	24.7	117.3	12.5
量具量仪	71.4	37.5	46.6	5.2	39.0	20.6	14.8	34.4	27.2	-4.7
磨料磨具	2 027.8	20.1	1186.7	13.9	751.0	8.1	316.8	3.5	504.1	17.4
其他金属加工机械	1 261.8	49.1	933.0	39.8	754.5	51.2	284.6	29.6	525.8	35.6
行业合计	6 343.8	17.7	4501.3	16.7	3292.8	21.2	133.8	16.9	2325.7	15.9

注:1. 根据国家统计局数据资料整理,固定资产投资的5项指标由国家统计局设置的统一标准。

2. 表中数据由于四舍五入,合计数有微小出入。

1. 金属加工机床

金属加工机床包括了金属切削机床行业和金属成形机床行业。从体量上看,金属切削机床几乎比成形机床大一倍,以2013年两个行业的主营业务收入为例,两个行业主营业务收入共计2 257.9亿元,其中金属切削机床占比为66.6%。两者固定资产投资额比例也基本相同,但就增长速度而言,两者反差极大。在5项指标中金属切削机床行业的同比增速分别为-8.3%、-6.6%、6.2%、3.2%和1.9%,在9个小行业增速排名则依次为第九、第八、第八、第八、第七;而成形机床行业的5项指标增速分别为4.9%、19.6%、17.0%、34.2%和23.4%,在9个小行业增速排名则依次为第七、第四、第五、第二和第三。分析其原因,两者增速的差异和两个小行业近两年的运营形势是一致的,2012年金属切削机床行业的主营业务收入同比下降5.5%,2013年同比增长0.8%,而成形机床同比增速则分别为4.7%和16.1%。也就是说,由于成形机床的市场需求形势要比金属切削机床好得多,有需求、也有能力进行固定资产投入;金属切削机床的市场需求疲软,而且是9个行业中运营形势下滑最快的行业,故其固定资产投资增速大幅下滑也成为必然。当然,由于前几年金属切削机床行业的大量投入,5项指标中的后3项相对滞后,故后3项指标还有小幅度增长。

2. 机床附件行业

机床附件行业包括机床附件(含功能部件)、滚动部件等制造企业。我国机床附件(含功能部件)、滚动部件的发展速度滞后于主机,一直是机床行业产业链的瓶颈,处于弱势地位,缺乏核心竞争力。其形成的原因是多方面的——有历史上重主机轻附件的产业政策,有地方政府政策支持力度的乏力,其中很重要的原因之一是缺少固定资产的投入。没有或极少对高档功能部件产业化的投入,购置、增添关键制造设备,从而提高生产关键功能部件的能力,机床附件(含功能部件)、滚动部件等与主机发展速度的差距,只能越拉越大。"十一五"期间,机床附件行业在5项投资指标中,除新开工项目计划投资额年均增速达到42.3%,列全行业第三位,累计新增固定资产列行业第六位,其余各项指标年均增速均列全行业第七位,机床附件的固定资产投资明显与其应有的地位不相符。"十二五"以来,该行业投资增速一直处于中低水平,2011年,5项指标中后3项分列全行业的第六、第五和第七;2012年总体上仍处于中下水平,只是设备工具购置额增速列全行业第二,这表明机床附件行业的工艺手段得到一定的加强。可喜的是2013年,机床附件的固定资产投资增速列各小行业之首。5项指标增速分别为49.2%、51.6%、55.3%、30.6%和44.4%,除设备工具购置额增速列全行业第三外,其余4项均列第一。必须看到,机床附件行业增速虽然得到长足的进步,但由于其原规模较小,所以投资金额仍然较小。

3. 磨料磨具行业

近几年以来,磨具磨料行业的投资规模,即投资金额,一直在全行业中名列前茅。2013年仍然基本保持这种状态,5项指标中,除累计完成固定资产投资额和累计新增固定资产名列第二外,其余仍居行业之首。与上年度不同的是,其增速也有所提高,其中2项增速名列第四,1项列第六,2项列第七。在投资规模最大的情况下,还保持着一定增速,显示出该行业的投资规模又开始了新的扩张。

磨具磨料行业投资规模的遥遥领先，与其企业数量和主营业务收入的快速增长是分不开的。磨具磨料行业分为涂附磨具和超硬材料两大部分。2005 年该行业共有企业487 家(年销售收入 500 万元以上)，占全行业企业总数的24.3%;2011 年国家统计局提高统计门槛(年销售收入2 000万元以上)时，该行业企业数量已达到 1 290 家，至2013 年其企业数量达 1 541 家，占全行业企业总数的29.1%。其产值(或销售收入)增长速度也高于全行业平均水平:2011 年其产值占全行业的 27.2%，是占比最大的行业;2013 年其主营业务收入占全行业的 29.7%。良好的市场需求，决定了该行业的投资规模居高不下。但值得警惕的是，磨具磨料行业中的相当一部分企业的产品是资源性产品，少数企业还是高污染企业，因此企业投资一定要慎重;还有一点非常重要，行业企业固定资产投资并不是全部用来提高产品技术水平和制造工艺水平，更多的是用扩大生产规模，甚至有一部分用于扩大低档产品的生产规模。磨具磨料行业的同质化生产同样严重，产能过剩的现象普遍存在，因此固定资产的投资方向要把握住，投资规模要控制好，避免一哄而上的投资行为，才有可能使该行业健康发展。

4. 量具量仪行业

与磨具磨料行业相反，量具量仪行业的固定资产投资规模一直是全行业中最小的。在 2013 年行业固定资产投资中，其 5 项指标的投资额均列全行业第九。投资规模的大小与该行业本身的规模有关，并不反映行业发展是否健康，但是固定资产投资增速却能够反映出该行业的发展水平。前几年该行业的投资增速基本处于全行业中等偏下的位置，例如 2012 年，除设备工具购置额增速列全行业第五外，其余均列第七、第八，增速相对较慢。2013 年，这种现象有了很大改观，3 项重要的固定资产投资指标中，设备工具购置额同比增速列行业第一，累计完成固定资产投资额增速列行业第四，这无疑是个好现象。在日趋激烈的市场竞争中，质量的地位更为突显，对高水平的量具、量仪提出了更高的要求。量具量仪行业如果不加大创新研发和技术改造的步伐，与国外先进水平的差距将越来越大，高端市场甚至中端市场都将失守。

5. 木工机械行业

2012 年，木工机械行业固定资产投资发展速度都位居全行业之首，其中 4 项指标发展速度超过 100%，其后果是2013 年的 5 项指标中有 4 项增速位于全行业之末，仅计划总投资增速列全行业第八。这也是正常现象，大幅投资后总有一个消化期，并不能说明木工机械行业投资后劲不足。首先，木工机械行业近几年发展势头不错，保持了相对稳定的增长速度，国家统计局数据表明，2013 年其主营业务收入同比增长 12.8%;其次，该行业出口形势不错，其主营业务收入仅占全行业的 2.2%，但其出口额却占到全行业的9.3%，随着全球经济的复苏，其出口量还会有所增长;再者，与机床产品不同的是，木工机械不完全依靠固定资产投资拉动，市场需求的增加对其拉动亦不可小视。因此，木工机械行业的固定资产投资情况比较乐观，还会有一定的增长空间。

6. 铸造机械、切削工具行业

铸造机械与切削工具行业在固定资产投资方面有一个共同点，即:在 9 个小行业中始终保持中等的投资额和中等的发展速度。就切削工具行业分析，其原因是明显的，该行业产品大部分是低值易耗品，企业的盈利能力和固定资产投入能力，虽然与市场环境也有一定关系，但没有其他小行业那么密切，因此在市场或技术方面没有根本性变化的情况下，其固定资产投资是相对平衡和平稳的。而就铸造机械行业而言，其原因就复杂得多，铸造机械既和社会固定资产投资密切相关，又和环境污染治理密切相关。从总体上说，国家固定资产投资的放缓，必然影响机械行业的发展，而环境污染治理力度的不断加大，又促进了铸造机械的发展，要求铸造机械行业加大固定资产投入，生产出低污染或无污染的产品。因此该行业固定资产投入也保持了相对平稳和平衡的发展。

7. 其他金属加工机械行业

该行业的产品较为复杂，很难进行具体分析，但近两年该行业固定资产投资力度很大，2012 年行业 5 项固定资产投入指标中，本年累计完成固定资产投资、完成固定资产中设备工具购置额、累计新增固定资产 3 项指标均全行业第二，其他 2 项也居行业第三。其增速有 1 项位居第二，1 项位居第四，其他 3 项均居第五。2013 年，其他金属加工机械行业的投资力度不减，在 5 项投资指标额度中，有 2 项列第一，3 项列第二;在发展速度方面，有 4 项列第二，1 项列第四(且距第三仅差 1 个百分点)，是全行业中发展速度又快又均衡的行业。所以今后应加大对其他金属加工行业的关注度。

三、机床工具行业固定资产投资资金来源分析

2013 年，机床工具全行业固定资产投资来源为 3 475.1亿元，共分为两大部分，一是上年末结余资金，共 48.7 亿元;一部分为本年资金来源，为 3 426.4 亿元。本文仅就 2013年当年资金来源进行分析。

机床工具行业本年固定资产投资资金来源由以下部分组成:国家预算内资金、国内贷款、债券、利用外资、自筹资金和其他资金来源。其中:“债券”一项全年仅有 860 万元(较上年减少 340 万元)，占比很小，故不再进行分析。2013年机床工具行业固定资产投资资金来源见表 2。

表 2　2013 年机床工具行业固定资产投资资金来源

行业名称	资金来源小计		(1)国家预算内资金			(2)国内贷款			(3)利用外资			(4)自筹资金			(5)其他资金来源		
	全年累计	同比增长(%)	全年累计	同比增长(%)	占比(%)	全年累计	同比增长(%)	占比(%)	全年累计	同比增长(%)	占比(%)	全年累计	同比增长(%)	占比(%)	全年累计	同比增长(%)	占比(%)
行业合计	3 426.4	21.9	1.5	-86.6	0.04	300.8	24.7	8.8	38.3	-8.3	1.1	3 033.5	22.2	88.5	52.3	53.9	1.5
金属切削机床	504.3	13.2	0.07	-83.8	0.01	52.3	24.3	10.4	14.7	45.3	2.9	429.3	10.9	85.1	7.9	37.5	1.8
金属成形机床	268.0	9.3	0	-100	0	27.7	14.3	10.3	5.1	22.4	1.9	230.3	8.4	85.9	4.9	19.7	0.9
铸造机械	527.6	9.3	0.2	-95.5	0.04	39.2	10.3	7.4	6.6	49.2	1.3	477.3	10.3	90.5	4.3	-13	0.8
木工机械	81.2	3.2	0	0	0	6.7	-28.9	8.3	0.6	0	0.7	71.5	4.6	88.1	2.5	148	3.1
机床附件	250.6	57.0	0.01	0	0	16.2	98.2	6.5	0.7	-15.6	0.3	229.1	55.3	91.4	4.6	48.4	1.8
切削工具	189.6	27.3	0.2	0	0.1	13.5	7.7	7.1	2.9	-15.2	1.5	169.3	27.8	89.3	3.7	539	2.0
量具量仪	40.8	19.6	0.01	-100	0	3.4	-39.7	8.3	0	-100	0	36.0	53.1	88.2	1.3	1 019	3.2
磨具磨料	781.8	10.6	0.6	118.2	0	89.6	95.8	11.6	2.2	-82.4	0.3	675.1	10.3	86.4	8.2	-11	1.0
其他金属加工机械	782.5	53.7	0.4	-64.4	0	46.0	50.0	5.9	5.6	-9.6	0.7	715.5	53.6	91.4	15.0	182	1.9

注：年度固定资产来源包括上年末结余资金和本年资金来源两部分，本表仅为本年资金来源部分。表中数据由于四舍五入，合计数有微小出入。

从表 2 中可以看出，继 2012 年固定资产投资资金来源增速的大幅下滑之后，预算内资金和利用外资出现了负增长，但由于两项资金在总来源中占比不大，故对资金来源总额的增长没有产生根本性影响。2013 年全行业资金来源同比增长 21.9%，比 2012 年增加了 1.9 个百分点；其次，资金来源各组成部分的增长率变化也非常大。2012—2013 年机床工具行业固定资产投资各项资金来源增长及占比情况见表 3。

表 3　2012—2013 年机床工具行业固定资产投资各项资金来源增长及占比情况

年份	预算内资金		国内贷款		利用外资		自筹资金		其他资金来源	
	同比增长(%)	占比(%)	同比增长(%)	占比(%)	同比增长(%)	占比(%)	同比增长(%)	占比(%)	同比增长(%)	占比(%)
2012	61.4	0.4	17.7	8.3	2.5	1.5	21.9	88.5	-33.9	1.3
2013	-86.8	0.04	24.7	8.8	-8.3	1.1	22.2	88.5	53.9	1.5

从表 3 可以看出，虽然机床工具行业固定资产投资资金来源还在增长，但增速已经明显放缓。2013 年，国家预算内资金增长幅度大幅下滑，说明国家对固定资产的投入仍然采取严格控制的政策，也显示出国家对机床行业产能过剩的担忧。外资投入的负增长，也显示出外资对我国市场容量的评估发生变化。

从固定资产投资资金来源看，企业自筹资金已成为资金来源的主体，占比与上一年度一样，仍然高达 88.5%，说明企业自我完善、自我扩大再生产的能力继续提高；显示出企业不断进取，不断进行技术改造，坚持技术进步的愿望仍然强烈；也说明经过 30 多年的改革开放，我国机床工具企业已经真正成为市场经济的主体。但同时也向企业提出警示，作为投资主体，企业必须建立科学的投资决策程序，要设立规范的投资监督机制，谨慎分析市场需求，防止盲目扩大产能，特别是同质竞争激烈的生产能力，尽可能规避和减少投资风险。

四、机床工具行业固定资产投资增长原因的综合分析

2013 年，我国机床工具行业延续了 2012 年的下行趋势，增速缓慢回落，产品出口也处于低位增长状态。行业产业结构、产品结构缺陷凸显。

机床工具行业的固定资产投资力度随着市场需求的不断转弱，也在不断降温。2013 年 5 项固定资产投资指标，计划总投资、自开始建设至本年底累计完成投资、本年累计完成固定资产投资、本年完成固定资产中设备工具购置额、本年累计新增固定资产增长速度分别为：17.7%、16.7%、21.2%、16.9% 和 15.9%，分别比 2012 年同比增速降低了 6.4、14.9、1.6、4.9 和 25.6 个百分点，即增速全部下降，且个别指标的降幅相当大。分析其原因主要受到以下几个方面的影响：

(1) 市场不景气度不断加强，投资方看淡机床工具市场前景，投资相对谨慎，国家支持力度锐减，虽说资金占比不大，但起到了风向标的作用。

(2) 由于"十二五"规划还在执行中，部分项目还在执行中，故 2013 年仍维持了一定的增长幅度。

(3) 产业西移，农村城市化建设，以及一些机床工具企业进行土地置换，取得了搬迁资金，从而加大了固定资产投资。

(4) 机床工具企业的数量不断增加，至 2013 年末全行业共有企业5 283家,较2012年又增加了8.2%,企业的增加必然形成固定资产投入的增加。

2013年,机床工具行业固定资产投资继续保持了一定的增长速度,为行业产品结构调整和发展提供了可靠基础,但同时也存在着生产能力过剩和同质化生产严重的现象。当前,我国正处于调整产品结构、转变经济发展方式的关键时期,机床工具行业固定资产投资必须掌控好以下几个方面:

(1)把握投资原则。作为装备制造业重要的基础装备产业,机床工具行业的投资应该先于国民经济的增长,并高于国民经济的增长速度。当前机床工具行业低端产品的产能严重过剩,据业内人士估计,2013年至少有50%的产能跑空。但在高端产品方面,我国机床工具行业制造能力与发达国家相比还有很大差距,又迫切需要固定资产的投入。所以投资的原则是要牢牢把握住有利于中高端产品研发的提高,有利于中高端产品制造装备和产业化的加强,有利于中高端产品制造环境的改善。要坚决防止落后产能的更加过剩,也要防止同质化产品的无序竞争。

(2)注重投资效益。固定资产投资要追求最佳投资回收期。机床工具行业的固定资产的投资,关键是要加速产品结构调整,提高产品质量,提高中高端产品尽早实现商品化和产业化的能力,从而达到满足市场需求,提高企业经济效益的目的。

(3)严格控制新上项目。企业固定资产投资必须应用高新技术和先进适用技术,改造和提升传统产业,不断突破关键技术,推进中、高档产品产业化,切实针对企业自主创新、工艺环节、产品质量、"两化融合"、节能降耗、环境保护以及安全生产等企业发展的薄弱环节。固定资产投资既要坚决抑制低水平产能扩张,也要防止"高水平"产能的一哄而上,更要杜绝"两高一资"的固定资产投资。

上述分析主要是根据国家统计局年度统计数据为依据,并没有对机床工具行业的固定资产投资情况进行具体调研,很难得出完全切合实际的结论,这种分析也更难做到能符合所有企业的实际投资情况。

〔撰稿人:中国机床工具工业协会屠景先〕

2013年机床工具行业标准化工作

2013年,机床工具行业标准化工作在国家标准委的指导下,各标委会克服重重困难,坚持为行业服务、为企业技术进步服务,较圆满地完成了国标、行标制修订计划及各标委会所承担的标准咨询、宣贯等工作。

一、标准制修订完成情况

各标委会完成标准制修订情况见表1。机床工具行业现有标准数量见表2。

表1　各标委会完成标准制修订情况

序号	标委会名称	国标制修订数目	行标制修订数目
1	全国金属切削机床标准化技术委员会(简称:金切标委会)	10	41
2	特种加工机床标准化技术委员会(简称:特种机床标委会)	4	2
3	全国木工机床与刀具标准化技术委员会(简称:木工机床标委会)		18
4	全国铸造机械标准化技术委员会(简称:铸造机械标委会)	3	10
5	全国锻压机械标准化技术委员会(简称:锻压机械标委会)	5	63
6	全国刀具标准化技术委员会(简称:刀具标委会)	10	10
7	全国量具量仪标准化技术委员会(简称量标委)	17	3
8	全国磨料磨具标准化技术委员会(简称:磨料磨具标委会)	6	19
9	全国工业机械电气系统标准化技术委员会(简称:电气标委会)	3	4
10	全国机床数控系统标准化技术委员会(简称:数控标委会)	1	1
	总计	59	171

表 2　机床工具行业现有标准数量

序号	标委会名称	国标(强制/推荐)	行标(强制/推荐)
1	全国金属切削机床标准化技术委员会	150(9/141)	549(1/548)
2	全国特种加工机床标准化技术委员会	30(5/25)	38(0/38)
3	全国木工机床与刀具标准化技术委员会	62(12/50)	123(0/123)
4	全国铸造机械标准化技术委员会	29(9/20)	145(0/145)
5	全国锻压机械标准化技术委员会	45(17/28)	175(0/175)
6	全国刀具标准化技术委员会	251(0/251)	126(0/126)
7	全国量具量仪标准化技术委员会	77(0/77)	84(0/84)
8	全国磨料磨具标准化技术委员会	71(0/71)	98(0/98)
9	全国工业机械电气系统标准化技术委员会	41(11/30)	11(0/11)
10	全国机床数控系统标准化技术委员会	7(0/7)	2(0/2)
	小计	763(63/700)	1 351(1/1 350)
	总计	2 114	

注:现有国标共计 763 项,其中强制性国标 63 项,推荐性国标 700 项;行业标准共计 1 351 项,其中强制性行标 1 项,推荐性行标 1 350 项;现有标准共计2 114 项。

二、国际标准化工作

1. 国际标准投票工作

机床工具行业中,目前有 4 个标委会具有国际标准投票资格,这些标委会对每一项国际标准认真审阅,广泛征求行业意见并汇总意见后进行投票。具有国际标准投票资格的标委会见表 3。

表 3　具有国际标准投票资格的标委会

序号	标委会名称	完成国际标准投票数量
1	全国金属切削机床标准化技术委员会	5
2	全国磨料磨具标准化技术委员会	2
3	全国刀具标准化技术委员会	12
4	全国工业机械电气系统标准化技术委员会	7
	总计	26

2. 参与国际标准制修订工作

金切标委会分别于 2013 年 5 月和 10 月组团出席了 ISO/TC39/SC2 金属切削机床检验条件分技术委员会的第七十五和第七十六次国际会议。两次会议主要讨论了 ISO/WD 230—7. 2"机床检验通则　第 7 部分:回转轴线几何精度"、ISO/WDR 230—11. 4"机床检验通则　第 11 部分:测量工具及其在机床几何精度检验中的应用"、ISO/WD 3070—2 "卧式镗铣床精度检验　第 2 部分:工作台固定立柱移动式机床"、ISO/WD16907"机床几何误差的数字补偿"等国际标准草案。

特种机床标委会在 2008—2013 年期间,参与 ISO 28881《机床　安全　电火花加工机床》国际标准的制定工作,现已完成了该标准最终草案的投票。ISO 已正式发布 ISO 28881:2013《机床　安全　电火花加工机床》。另外,特种机床标委会完成了关于 ISO DTR 17529《机床　电火花加工机床危险分析》技术报告版本形式选择的投票。该 ISO 技术报告在制定中。

木工机床标委会组织行业专家对 ISO 19085—1《木工机床 安全 共同性要求》、ISO 19085—2《木工机床　安全　卧式锯板机》、ISO 19085—3《木工机床　安全　数控钻床和数控镂铣机》标准草案进行了认真研讨并投票。

2013 年磨料磨具标委会开展了大量的前期工作,对超硬磨料及制品行业的产业现状和技术水平进行了详细分析,在连续两次参加国际标准化会议的基础上,结合国际标准的侧重点和现有国际标准的情况,于 2013 年 9 月制定了《提交金刚石微粉国际标准提案工作计划》,并于 2013 年 9—11 月进行了大量的资料收集和行业调研工作,共收集到了美国、俄罗斯、日本、FEPA 的金刚石微粉标准及其他相关资料,调研了 8 家国内主要和有代表性的金刚石微粉生产厂家,基本了解了目前国内外金刚石微粉的产业现状和技术水平,计划于 2014 年提交《超硬磨料　金刚石微粉》国际标准提案。2013 年磨料磨具标委会秘书处组团参加了于 2013 年 6 月 5 日在德国柏林召开的第 38 次国际磨料磨具标准化会议,进一步加强了我国与 ISO 及世界各国的沟通和了解,扩宽了我国磨料磨具行业参与 ISO 活动的深度和广度。此次参会,我国参会代表就拟提交国际标准提案的方向和领域与 ISO 秘书处和参会各国进行了沟通和交流,得到了众多参会代表的积极响应,为我国尽早争取到国际话语权打下了坚实基础。

ISO/TC29 第 24 次会议于 2013 年 5 月 17 日在德国柏林 DIN 总部召开,受 ISO/TC29 秘书处以及会议组委会的邀请和中国国家标准化管理委员会的委派,由刀具标委会组织的中国刀具标准代表团代表中国参加了会议,取得了良好的效果。

2013 年 6 月，电气标委会组织中国专家代表参加了 IEC/MT60204—1 第 17 次工作组会议；2013 年 10 月中国专家赴德国法兰克福参加了 ISO/TC39/SC10 年会；2013 年 10 月，电气标委会组织中国专家及特邀代表参加了在意大利举行的 IEC/MT 第 18 次工作组会议。电气标委会秘书长黄祖广被国际电工委员会（IEC）任命为 IEC 60204—34 国际标准工作组组长。

数控标委会组织标委会委员参加 2013 欧洲国际机床展并参观数控企业，就机床数控系统标准化工作开展了技术交流。

三、标准信息和咨询服务工作

行业标准化技术咨询服务工作是金切机床标委会的一项日常工作。2013 年金切机床标准委会为企业提供标准技术咨询 32 次，得到企业的好评。

特种机床标委会长期与中国机床工具工业协会特种加工机床分会合作开展达标认定产品活动。近期对行业内 2 家企业申请的 4 台机床进行了达标认定检测，颁发了达标认定优等产品证书，在证书有效期内将进行质量跟踪。多年“达标认定产品”的组织实施，不但有力地推动了企业产品质量的提高，促进了企业的自主贯标，而且创建了品牌，促进了产品销售，具有明显的效果。特种机床标委会的标准资料收集、归档的完好是特种机床标委会秘书处的一个鲜明特色，有专人负责这方面工作。所归口的标准及相关标准资料齐全，很好地满足了行业所需。2013 年继续为特种机床标委会成员单位和其他企业提供标准及信息资料服务，并做好标准咨询和解释工作。

铸造机械标委会 2013 年为企业提供标准技术咨询共 20 余次，对企业提出的标准条文进行解释，为贸易、司法鉴定提供技术指导，并为相关企业提供近 500 余项标准文本。同时秘书处还收集到欧盟等有关铸造机械方面标准 2 项，并组织专门人员进行了翻译，为本专业的标准制定、采用国外先进标准、提高产品质量和技术水平提供了参考依据。

锻压机械标委会加强标准宣贯培训工作，努力提高行业标准化工作水平。加强新标准及相关的机械安全基础标准的宣贯，对 GB27607—2011 机械压力机安全要求、GB28243—2012 板料折弯机安全要求、GB28241—2012 液压机安全要求、GB28240—2012 剪板机安全要求进行了宣贯，召开各类宣贯会议 5 次。标委会秘书处及时掌握国家、行业及国际标准方面的发展动态和信息，及时为社会和企业提供国内外标准化信息服务。标委会会秘书处为企业提供所需的标准信息服和标准咨询，满足企业对标准的需求。在调查企业对标准特殊需求的基础上，积极、主动向社会、行业企业、质检机构提供标准化咨询技术服务，及时为社会、企业、质检机构提供所需的新标准文本，为 120 多个企业提供标准咨询 180 多次，包括锻压机械安全标准的咨询。为企业提供 300 多项标准文本服务。

木工机床标委会为企业收集、翻译了多项国际及国外先进国家标准，并为企业提供标准化技术咨询服务，致力于提高企业的标准化能力和水平。组织行业相关企业对 2013 年实施发布的行业标准 JB/T6555.3《台式木工多用机床 第 3 部分：技术条件》、JB/T9945.3《木工自动万能磨锯机 第 3 部分：技术条件》JB/T8343.3《 卧式木工带锯机 第 3 部分：技术条件》标准进行了宣贯，并对木工带锯机、数控锯板机、木工平刨床等行业量大面广的一些产品进行安全标准的贯标情况调研和检测，并对其中部分企业存在的安全问题进行了标准宣贯。

刀具标委会通过网络、电话、信件等手段，做好标准咨询和资料服务工作，服务次数达 150 多次。刀标委秘书处组织行业内孔加工刀具专家编写的现代切削刀具实用技术丛书——《常用孔加工刀具》和《高效高精度孔加工刀具》，经过专家们的努力和多次的协调，书稿已经完成，待编审委审查后提交出版。

量标委秘书处配合机械工业出版社编辑出版《量具量仪机械工业标准汇编》，收集了截至 2010 年底的现行标准共 80 个，其中，国家标准 8 个，机械行业标准 72 个。另外，量标委与机械工业量具量仪质检中心同在成都工具检测所内，结合产品检测业务，量标委还为部分企业的产品检验提供技术咨询、帮助，指导其起草、完善企业的检验标准。

磨料磨具标委会 2013 年共帮助行业单位起草并备案企业标准 5 项，受各方委托审查了 10 多项企业标准，为 10 多家企业提供了标准技术咨询服务。并于 2013 年 12 月 19—21 日召开换届和年会期间举办了一次培训班，对 110 余名新委员和行业标准化工作者进行了标准化专业知识培训。

数控标委会负责牵头制定的国家标准《机床数控系统 NCUC-Bus 现场总线协议规范》第 1 部分 ~ 第 4 部分实施以后，已在国内主要几家机床数控系统企业（武汉华中数控股份有限公司、广州数控设备有限公司等）开展了应用，随后将逐步扩大应用范围。机床数控系统可靠性设计将在 2014 年 1 月份正式实施，标委会目前正在做标准宣贯准备工作，届时将根据需要在行业内逐步进行宣贯。

四、标准化科研情况

金切标委会完成了国家质检公益项目：五轴联动加工中心检验方法的研究课题研究工作。并与 2013 年 5 月向国家质检总局提出申请验收。

特种机床标委会开展了“十二五”技术标准体系建设工作，在前期工作的基础上，2013 年完成了特种机床部分标准体系的编制，包括标准体系框架、标准体系表。标准体系表中三年内新制定标准项目将成为今后几年标准申报计划的依据和基础。

锻压机械标委会按计划完成重大专项课题高档数控机床与基础制造装备技术规范与标准研究——数控、高速冲压设备可靠性研究中有关可靠性技术标准的研究项目。完成 2011 重大专项课题：压力机关键技术标准研究子课题，对大型伺服压力机、数控旋压机等 4 项标准进行研究。完成质检公益专项课题：数控闭式多连杆压力机技术标准研究课题。

木工机床标委会与台湾各木工机床制造企业积极交流研讨，完成与台湾木工机床与刀具术语和产品性能的比对，并与台湾木业协会就板式家具机械的自动裁板锯及实木家具机械的自动木工双面刨床的产品性能、精度、参数等进行检测对比。

刀具标委会秘书处主动与重大专项负责单位联系、协调，并通过标准项目申报程序进行立项，进行标准项目制定过程的协调，目前有16项标准已经完成。

量标委为配合数字化切削加工技术和高档数控机床的发展，该TC秘书处承担了“十一五”国家科技支撑项目课题高性能切削刀具共性技术中的研究工作，完成《高速切削工具柄用锥度量规量值传递技术研究报告》和《工具柄测量平台报告》两份课题报告，参与课题7/24和HSK工具圆锥柄的试验比对工作。为继续进一步完成上述项目的配套研究，又参与申报课题机床工具高精度锥度传递系统的研究并获批准，将工具圆锥量规检验方法的标准列入了其中的重要内容。组织编写7/24和HSK工具圆锥量规检测方法标准，并已通过了审查。

2013年，电气标委会组织各联合申报单位召开多次数控系统关键技术标准与综合测试体系研究国家科技重大专项课题项目研讨会，该项目将于2015年12月结题，部分研究成果为数控系统的关键技术标准，目前课题正在按计划执行。2013年，电气标委会参加了哈尔滨工业大学牵头的高档数控机床与基础制造装备科技重大专项课题伺服驱动及电机测试规范、标准研究与测试平台，该课题于2013年8月启动，结题时间是2015年12月。电气标委会承担课题部分的题目是“伺服驱动及电机测试技术范围及标准研究”，目前该课题需要研究制定的20多项标准正处于立项申请阶段。2013年，电气标委会联合沈阳高精数控技术有限公司申报了高档数控机床与基础制造装备科技重大专项课题数控系统功能安全技术研究，该课题的研究成果将为《IEC/TS 60204—34 机床电气设备及控制系统安全》国际标准的研制起到积极推进的作用。

数控标委会根据国标委要求，开展了机床数控系统行业领域中外标准对比研究，提交了研究报告。参与国标委关于战略性新兴产业标准化发展规划活动，提交了高端装备制造产业各领域标准化发展规划(机床数控系统产业)和标准综合体目录(机床数控系统产业)。

五、行业标准化组织管理工作及会议情况

1. 标委会组织机构管理情况

2013年度根据《全国专业技术委员会章程》，特种机床标委会、铸造机械标委会、电气标委会、磨料磨具标委会4个标委会圆满完成该届标委会的工作期限，经过严谨、认真的酝酿筹备及委员征集、考核等工作，上报申请换届函。

各标委会根据工作需要及企业改革的变化，及时调整标委会的人员组成结构，共计16人增补为各标委会委员，为标委会的工作提供了新动力。

2. 会议情况简介

2013年6月，由刀具标委会秘书处组织在重庆召开了刀具标准联合工作组会，会议讨论了10项国家标准草案和10项行业标准草案。2013年10月，由刀具标委会秘书处组织在福建武夷山召开了通用刀具、硬材料刀具、螺纹刀具3个分会的年会，会议对2013年应完成的10项国家标准和10项行业标准进行了审查。2013年12月，由刀具标委会秘书处和工具协会秘书处共同组织，在浙江台州联合召开2013年年会，总结汇报秘书处一年来的工作，探讨和交流工具行业未来发展，研讨2014年标准化工作。

量标委2013年10月20—24日于成都，该TC及3个SC召开2013年年会暨六项标准讨论会，到会委员、专家及标准起草工作组成员共86人，会议上秘书长代表标委会就2013年的标准化工作作了汇报，会议对2014年的标准化工作计划也作了安排。

磨料磨具标委会于2013年12月19—21日在海南省三亚市召开了换届大会暨2013年标准化工作会议。审议第五届全国磨料磨具标准化技术委员会工作总结，表彰第五届全国磨料磨具标准化技术委员会先进委员单位和先进个人，讨论通过第六届标委会章程、秘书处工作细则，表决通过《全国磨料磨具标准化技术委员会标准制修订项目管理办法》《全国磨料磨具标准化技术委员会标准制修订计划项目立项建议工作实施细则(试行)》，商讨第六届标委会工作计划。

全国工业机械电气系统标准化技术委员会暨2013年度大会暨标准审查会于2013年4月11—14日在贵阳举行。来自全国工业机械电气系统专业领域的企业、科研院所、高校、检测机构等单位委员、专家共计75名代表参加了本次会议，其中总会委员及代表39名，占委员总数45名的86.7%。会议听取了《机械电气安全　机械电气设备　第33部分：半导体设备技术条件(送审稿)》(国标计划号：20111071—Q—604)等8项标准起草组关于标准制修订工作情况(含编制说明和征求意见汇总处理)的报告，并对8项标准送审稿进行了认真审查。会议提出了8项标准的审查结论。最后，会议一致同意通过了8项标准的审查，并责成标准起草组，在要求的时间内，按照会议审查意见修改形成报批稿，备齐标准报批文件按有关规定上报。

数控标委会2013年1月份召开全国机床数控系统标准化技术委员会一届五次会议暨国家标准审查会，审查国家标准《机床数控系统　NCUC－Bus现场总线协议规范　第5部分：一致性测试》(国标计划号：20091721—T—604)、行业标准《机床数控系统 术语与定义》(行标计划号：2010—1191T—JB)。

〔撰稿人：中国机床工具工业协会孙涓〕

(本文编辑：王亚水)

2013年机床工具行业“中国机械工业科学技术奖”获奖情况分析

一、机床工具行业“中国机械工业科学技术奖”获奖情况

2013年，机床工具行业有30个项目申报“中国机械工业科学技术奖”。经中国机械工业科学技术奖评审委员会机床工具专业评审组评审，并报中国机械工业科学技术奖管理委员会批准，有17个项目获奖，其中，一等奖2项、二等奖6项、三等奖9项，获奖率为57%。与2012年相比，申报项目数量虽下降了27%，获奖率却高出近6个百分点，说明申报项目的质量有所提高。2013年机床工具行业“中国机械工业科学技术奖”获奖情况见表1。

表1　2013年机床工具行业“中国机械工业科学技术奖”获奖情况

序号	获奖项目	完成单位	获奖等级
1	大型C/E复合材料构件高质高效加工关键技术及其工艺装备	大连理工大学、航天材料及工艺研究所、沈阳飞机工业(集团)有限公司	一等奖
2	μ2000/5SS—800H五轴摆头加工中心	北京工研精机股份有限公司	一等奖
3	HTM40100h卧式铣车复合加工中心	沈阳机床(集团)有限责任公司	二等奖
4	钛合金喷注器盘喷注孔数控电火花加工机床	苏州电加工机床研究所有限公司	二等奖
5	多通道高效五主机数控三面冲孔生产线	济南铸造锻压机械研究所有限公司、东风汽车有限公司商用车车架厂	二等奖
6	滚动花键副	南京工艺装备制造有限公司	二等奖
7	细长曲面柔性砂带数控抛光技术及装备	沈阳工业大学、沈阳工大科技开发有限公司	二等奖
8	高速数控龙门系列——铝锭复合加工生产线	齐齐哈尔二机床(集团)有限责任公司	二等奖
9	精密高效双端面磨削用超硬材料磨盘关键技术的开发	郑州磨料磨具磨削研究所	三等奖
10	数控卧式滚齿机YK3610II	四川普什宁江机床有限公司	三等奖
11	L100型齿轮测量中心	哈尔滨量具刃具集团有限责任公司	三等奖
12	ST—THP11G—5000高铁AT型尖轨成套装备数控生产线	天津市天锻压力机有限公司	三等奖
13	SKGYH—50/1 422×12200数控钢管预焊机	天水锻压机床(集团)有限公司	三等奖
14	高精度长轴管筒在线自动矫正设备开发与应用	长春机械科学研究院有限公司	三等奖
15	JL75G—60型数控高速超精密压力机	江苏省徐州锻压机床厂集团有限公司、南京农业大学	三等奖
16	高精密气缸套超微珩磨技术研究与应用	河南工业大学、河南省中原内配股份有限公司	三等奖
17	3 000t大型数控卧式压铸装备	深圳领威科技有限公司、清华大学	三等奖

二、获奖情况分析

2013年是机床工具行业进行产业和产品结构调整，实现转型升级继续取得进展的一年，所取得的进步和成就在获奖项目上也得到了较为充分的体现。2013年，机床工具行业“中国机械工业科学技术奖”获奖情况呈现以下几个特点。

1. 获奖面较为均衡

17个获奖项目涵盖了多个小行业，如金属切削机床、成形机床、特种加工机床、铸造机械、量仪、滚动功能部件以及磨料磨具等，在一定程度上反映了行业的均衡发展。

2. 产学研结合项目获奖比例大

17个获奖项目中，产学研项目占6项，占比为35%，分别是大连理工大学、航天材料及工艺研究所和沈阳飞机工业(集团)有限公司的大型C/E复合材料构件高质高效加工关键技术及其工艺装备；济南铸造锻压机械研究所有限公司和东风汽车有限公司商用车车架厂的多通道高效五主机数控三面冲孔生产线；沈阳工业大学和沈阳工大科技开发有限公司的细长曲面柔性砂带数控抛光技术及装备；江苏省徐州锻压机床厂集团有限公司和南京农业大学的JL75G—60型数控高速超精密压力机；河南工业大学和河南省中原内配股份有限公司的高精密气缸套超微珩磨技术研究与应用；以及深圳领威科技有限公司和清华大学的3 000t大型数控卧式压铸装备。说明产学研相结合是提升机床工具行业产品技术水平的有效途径。

3. 工艺技术与机床结合更为紧密

17个获奖项目中，有一半以上是工艺与机床直接紧密结合的产物。如大型C/E复合材料构件高质高效加工关键技术及其工艺装备项目，提供了防止C/E复合材料加工过程产生毛刺、撕裂、分层、刀具磨损严重等缺陷的技术及装备；钛合金喷注器盘喷注孔数控电火花加工机床项目，解决了钛合金喷注盘喷注孔的技术及装备；高速数控龙门系

列——铝锭复合加工生产线项目,解决了自动高效加工六面体铝锭的技术及装备;细长曲面柔性砂带数控抛光技术及装备项目,提供了采用包络法高精高效抛光螺杆曲面的技术及设备等。反映了全行业服务观念的转变:当好用户的工艺师、为用户提供全面解决方案、交钥匙工程、个性化服务等理念正在日益得到深化。

4. 在国民经济和国防建设中具有重要作用

如大型C/E复合材料构件高质高效加工关键技术及其工艺装备项目,对航空、航天、兵器等C/E复合材料零件的高质量加工具有重要作用;钛合金喷注器盘喷注孔数控电火花加工机床项目,对液体火箭发动机关键零件的加工具有重要意义;μ2000/5SS—800H五轴摆头加工中心是加工航空发动机典型零件的关键装备;ST—THP11G—5 000高铁AT型尖轨成套装备数控生产线项目,对我国高铁线路的建设发挥了重要作用;高精密气缸套超微珩磨技术研究与应用项目,对批量生产符合欧V标准的汽车发动机缸套具有重要作用。

三、部分获奖项目介绍

1. 大型C/E复合材料构件高质高效加工关键技术及其工艺装备

荣获一等奖,由大连理工大学、航天材料及工艺研究所、沈阳飞机工业(集团)有限公司合作完成。主要创新点如下:

(1)揭示了材料加工损伤的产生机理和加工工具失效机制。揭示了C/E复合材料切削过程材料纤维方向对加工损伤的影响规律和力热耦合作用导致材料加工损伤的机理,阐明了加工刀具的磨损规律和失效机制,给出了加工过程中产生毛刺和分层损伤的判别准则。

(2)开发了C/E复合材料高质高效加工新工艺。提出了基于多刃微切削原理的复合材料构件装配孔、窗口、装配面、轮廓、窄缝等特征表面的高质高效加工新工艺,找到了控制进给速度消减加工损伤的方法,提出了叠层结构的“变工艺参数”加工控制策略,优化了典型特征表面的数控加工工艺参数,构建了C/E复合材料加工工艺数据库。

(3)获取了C/E复合材料加工工具创新设计方法和制造技术。提出了基于多刃微切削原理和采用切刃可控排布及多工序组合设计理念的C/E复合材料加工工具设计方法和准则,发明和研制出钻磨组合制孔工具、锪孔工具、自风冷套料磨孔工具、整体硬质合金鱼鳞铣刀、磨粒可控排布金刚石砂轮、超薄齿形金刚石磨料工具6类长寿命系列专用工具,满足了C/E复合材料高质高效加工需求。

(4)研制出大型C/E复合材料构件高质高效数控加工工艺装备。针对大型构件局部区域高精度加工难题,开发出工件在位、设备随动的数控加工工艺;针对大型构件的批量加工和特殊加工要求,开发出测量加工一体化数控加工工艺,累计研制出9种国内首创、具有自主知识产权的数控加工专用设备,突破了重点型号产品研制和批产中复合材料构件加工的技术瓶颈。

该项成果在我国航空航天大型企业得到推广应用,确保了国家重点型号产品关键C/E复合材料构件的研制周期和批产能力,为C/E复合材料构件的高质高效数控加工提供了成功经验和示范,起到了重要引领作用。

2. μ2000/5SS—800H五轴摆头加工中心

荣获一等奖,由北京工研精机股份有限公司完成。主要创新点如下:

(1)动柱式整体结构设计技术。在综合考虑机床功能、性能、速度及精度特性的基础上,在总体布局上使功能分区化、结构对称化、体积空间紧凑化和操作的安全方便化。

(2)摆动A轴设计技术。对称结构设计,左右分布双力矩电动机串联驱动,高刚度过定位约束支撑,精准的定位、制动设计,保证了摆动*A*轴的高加速、高动态响应特性、无背隙、无磨损和精度保持性。

(3)主轴部件多管路传递内置设计技术。众多的气、水、油、电管线集约内置设计,保证了主轴部件工作的可靠性,外观整洁和维修的方便性。

(4)五轴精度调整及测试技术。在当前国内还没有与该机型一致的检测规范的情况下,摸索出两项五轴精度关键检验项目的检验方法,即摆动*A*轴轴线对*YZ*平面的垂直度检测及主轴旋转轴线与*A*轴摆动轴线的重合度检测技术,为国产五轴机床的制造积累了宝贵经验。

“μ2000/5SS—800H五轴摆头加工中心”是根据当前大飞机、核电、船舶等国家重点项目实施需求及市场需求,自主研制的主轴头可摆动的新型五轴加工中心产品。该项目的研制成功,为五轴高档数控装备在航空航天业特殊零件的加工应用奠定了技术基础。

3. HTM40100h卧式铣车复合加工中心

荣获二等奖,由沈阳机床(集团)有限责任公司完成。主要创新点如下:

(1)新型铣车复合加工高速动力主轴技术。采用高灵敏度轴承预紧力自适应调整、主轴轴承卸荷以及主轴轴承同轴度调整等项技术,实现高速主轴单元的高刚性与高精度。

(2)高刚性高定位精度的B轴技术。采用力矩电动机直接驱动、固定角度和任意位置锁紧以及铣削阻尼等项技术,实现B轴的高刚性和高定位精度。

(3)在线三维防碰撞技术。开发了三维防碰撞系统模块及专用数控系统通信接口,通过外部CAM预处理平台与数控系统的信息实时交互,实现加工中心的防碰撞在线预警及控制。

(4)新型高动态特性直线进给机构。应用新型直接驱动技术消除导轨附加载荷;采用专有技术实现丝杠温升的有效控制。

(5)刀具在线匹配及参数跟踪技术。开发刀具在线识别系统,并与数控系统整合,实现刀具与工艺参数的自动匹配,并根据刀具使用情况进行实时跟踪与预警。

HTM40100h卧式铣车复合加工中心是沈阳机床集团

2011年研发完成的新产品，融合了车削中心与卧式加工中心的优点，体现了当今数控机床高效、高精、复合化的发展趋势，适用于军工、航天、航空、船舶、铁路等行业对高精度、高刚度、形状复杂零件的加工。

4. 钛合金喷注器盘喷注孔数控电火花加工机床

荣获二等奖，由苏州电加工机床研究所有限公司完成。主要创新点如下：

（1）钛合金喷注器盘喷注孔数控精密电火花加工机床整体结构设计技术。通过对 X、Y、Z、A、B、W 六轴及部件的合理布局以及多功能精密微孔加工头（含 Z 轴）的特殊设计，满足了该零件复杂空间位置的精密喷孔加工要求。

（2）微细电极的高频微振动与伺服进给耦合技术。解决了电火花微孔加工过程的冷却及蚀除产物的排出难题，避免烧弧，提高电火花微细加工的稳定性和效率。

（3）微细电极精密宝石组合式导向器专有技术。具有导向精度高、阻尼小、适应性强、容屑性好、寿命长等特点。

（4）钛合金材料微孔电火花加工纳秒级数字化脉冲电源、放电状态高速检测及适应控制技术。实现了钛合金材料精密微孔顺利、稳定、高效电火花加工。

（5）六轴数控专用数控系统硬件、软件设计技术。具有结构紧凑，集成度高、存储容量大、抗干扰能力强、稳定、可靠、安全等特点，满足了钛合金喷注盘喷注孔精密电火花加工要求。

（6）钛合金材料喷注器盘喷注孔加工工艺技术。实现钛合金材料喷注器盘喷注孔高精度电火花加工，64对液流空间相交撞击符合要求。

5. 多通道高效五主机数控三面冲孔生产线

荣获二等奖，由济南铸造锻压机械研究所有限公司和东风汽车有限公司商用车车架厂合作完成。主要创新点如下：

（1）研发了数控多通道控制技术。上料、下料、腹面冲孔、翼面冲孔4通道控制互不干扰，实现生产线上同时3根梁在线，2根纵梁同时加工，216个孔最短加工时间3.4min，缩短生产节拍约1倍，与进口设备相当。

（2）开发了多主机适配模具软件技术。采用动态适配纵梁孔位加工的模具编排优化技术，冲孔次数减少约25%；同时采用了提前到位技术，实现了3台主机同时冲孔。

（3）发明了单次冲压双孔的双冲模具结构。协调用户孔位布置形式，实现单机一次冲压双孔，充分提高设备冲孔节拍，效率提升约30%。

（4）研发了翼面冲孔主机升降的外置装置。既提高了3倍主机升降速度，又增强了床身及主机升降装置的抗偏载能力，并保证了冲孔精度的稳定性。

（5）研发了数据快速处理技术。采用预处理冲压补偿值，节省了冲压定位时间，提高了加工效率。

该项目成果有效解决了原有三主机、四主机三面冲孔生产线生产效率低下的难题，成为汽车U型纵梁加工的重要加工设备。项目成果已在多家用户得到应用，具有良好的社会经济效益。

6. 滚动花键副

荣获二等奖，由南京工艺装备制造有限公司完成。主要创新点如下：

（1）将滑动转化为滚动，用弹性变形小的滚柱或滚珠作为滚动体，相对传统花键副，具有减磨、降耗、运动灵活、平稳、使用寿命长等优点。

（2）采用UG三维设计软件和有限元先进设计方法，结构与参数得到优化。

（3）滚动体、返向器、密封垫与花键套组成一体，可方便从花键轴上卸下而不会散落。

（4）采用独特的圆弧滚道设计，可以方便地通过调整滚动体直径的大小实现无间隙运动，提高机械系统的运动刚度，减少高速转动时的噪声。

（5）独特的滚柱承载滚道设计，相同外形尺寸的滚动花键副比普通花键副具有更高的承载能力。

（6）以先进的快速成形工艺制作返向系统，大幅度缩短了试制时间，降低了研制开发成本，提高了研制成功率。

（7）采用数控中、高频感应淬火机床对花键轴淬火层深及变形量进行精确控制。

（8）可用脂润滑，不需要经常补充润滑油，环保易保养。

（9）主持制定了JB/T 11655—2013《滚动花键副》行业标准。

该项成果具有自主知识产权，属国内首创。当前广泛应用于各种数控机床、光伏产业、精密机器人、化工设备、印刷机械、医疗器械、轻工产品等，并已经出口到欧洲。

7. 细长曲面柔性砂带数控抛光技术及装备

荣获二等奖，由沈阳工业大学和沈阳工大科技开发有限公司合作完成。主要创新点如下：

（1）将砂带手工柔性抛光技术与数控技术相结合，创新地提出细长螺旋曲面类零件的数控自动抛光加工工艺新方法。研究了砂带在自动控制轨迹条件下精密抛光螺旋曲面工艺过程中的全部技术理论问题，其中包括空间包络理论、抛光轨迹计算、精度分析、干涉判定等，并达到了实用水平。

（2）提出了确定和优化工艺参数的方法。包括砂带宽度选择、抛光正压力确定、进给速度变化规律等。

（3）研发了集曲面抛光重要工艺参数优化、抛光轨迹自动编程、机床轨迹控制等多功能于一体，并具有“任意位置抬压”和“任意位置反向重复运动轨迹”特殊控制功能的砂带数控抛光集成数控系统。

（4）数控抛光设备具有高效节水、环保除尘功能的全封闭水处理系统。

（5）采用双砂带连续轨迹数控抛光螺旋曲面工艺，较单砂带抛光大大提升了抛光效率。

该项成果已在石油、化工、军工、机械等多个国民经济重要领域的各式新型螺杆机械中得到广泛推广和应用，并取得了良好的社会与经济效益。

〔撰稿人：中国机床工具工业协会周敏森〕

2013 年中国机床工具行业要闻回顾

▲中国机床工具行业发展更加突出转型升级特征

2013 年，中国机床工具行业延续了两年来的总体下行趋势，市场需求结构发生巨大变化。全球经济再平衡和中国经济增速放缓的大环境，对机床工具行业产生了全面而深刻的影响，过去 10 余年赖以高速发展的增长要素发生了深刻变化。特别是 2013 年以来，行业发展在结构调整、转型升级方面的特征愈加明显，一批企业通过在创新和服务等方面的扎实努力取得了阶段性成果。

▲国家高度重视实体经济，习近平等国家领导人视察机床工具企业

党的十八大召开以后，国家更加重视实体经济的发展，习近平等国家领导人多次视察机床工具企业。2013 年 7 月 21 日，中共中央总书记、国家主席、中央军委主席习近平莅临中国兵器武重集团视察，强调工业作为立国之本，要坚持独立自主、自力更生、自主研发、自己创新，形成科技竞争力，承担起实现中华民族伟大复兴的中国梦的重任。8 月 30 日，习近平到沈阳机床集团时，提出老企业要敢于搞新技术，创新品牌，闯新市场；要志存高远，更上一层楼，引领潮流，争创第一。2013 年 4 月 17 日，中央政治局常委、全国人大常委会委员长张德江到济南二机床视察，对企业的发展成就给予了充分赞许。

▲中国机床工具工业协会成功换届并提出新的升级目标

2013 年 7 月，中国机床工具工业协会成功换届，新的领导集体提出，要按照建设现代社会组织的目标，围绕“提供服务，反映诉求，规范行为”三大任务，紧密结合行业发展的新要求，切实加强协会自身建设，努力实现协会建设的版本升级，并将升级目标落实到各项业务工作中。

▲2013 年国产数控机床应用长效合作机制走向深入

为进一步推动由国家发展改革委、工业和信息化部、国家能源局、国家国防科技工业局四部委倡导的国产数控机床应用长效合作机制向纵深发展，在 2013 年 4 月召开军工行业与能源装备领域国产数控机床应用座谈会前后，共连续组织了六次高端用户与机床制造企业的供需对接与工艺交流活动，涉及能源装备企业 50 余家、军工企业 90 余家、机床工具企业 80 余家。

▲着力打造机床工具产业展览业务升级版

2013 年，第十三届中国国际机床展览会（CIMT2013）成功举办，展会规模创历届之最，展品水平大大提升。展会主办方中国机床工具工业协会，凭借多年成功举办 CIMT 展会和中国数控机床展览会（CCMT）的强大优势，并以 CCMT2014 重回上海举办为契机，提出打造中国机床工具产业展览业务升级版的目标，着力提升展会的国际化、专业化和信息化水平，为广大参展商提供周到的服务和全新体验。

▲外资企业加紧在中国市场布局

在全球经济复苏乏力，中国机床工具行业处于缓慢下行的大背景中，众多外资企业却加紧了在中国市场的布局。

2013 年，山崎马扎克大连新工厂竣工投产，森精机公司天津工厂开业，德国通快集团以 72% 的大股份收购了我国锻压行业知名企业江苏金方圆公司。这些现象一方面说明外企对未来中国市场更加重视，另一方面也预示着国内中高端机床市场将面临更为激烈的竞争。

▲机床工具进口额 10 年来首度出现两位数下滑

进入 2013 年后，中国机床工具产品进口额出现两位数下滑。前三季度，机床工具产品累计进口额同比下降 19.3%，其中金属加工机床进口额同比下降 24.0%。金属加工机床中，金属切削机床进口额同比下降 25.7%。这是除受全球金融危机影响的 2009 年外，机床工具进口额近 10 来年首次出现两位数大幅下降。同时，近两年来我国进口机床工具产品的结构也发生诸多明显变化，对高精、高速、高效、智能型中高档数控机床的需求明显增加。

▲济南二机床赢得第 6 条福特生产线订单

济南二机床集团有限公司于 2013 年 7 月启动了福特汽车美国本土第三家工厂冲压线项目，这是继 2011 年囊括福特汽车美国本土两家工厂共计 5 条大型冲压生产线订单之后，再次赢得的第 6 条大型冲压线项目，实现了进军国际高端市场的连续突破，彰显了济二机床国际竞争力的不断提升和国产冲压设备快速发展的强劲势头。

▲刘海旺荣膺第十四届经济年度人物特别奖

2013 年岁末，北京北一机床股份有限公司重型制造部高级技师、部件工部主任带班刘海旺和上海电气集团的刘霞、中国北车集团的苏健 3 人，代表中国技术工人登上了经济年度人物的最高领奖台，荣膺 2013 年度第十四届中国经济年度人物特别奖。这不仅是他们个人的殊荣，更是对中国技术工人默默奉献的肯定。

〔供稿单位：中国机床工具工业协会传媒部〕

分析机床工具行业及分行业在转型升级过程中面临的问题及解决方法，为推动行业持续发展提出指导意见

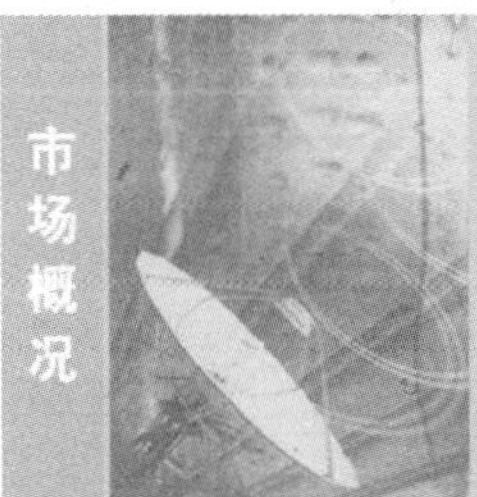

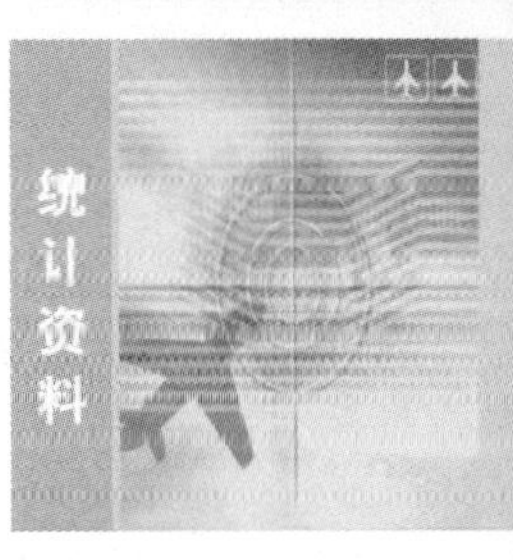

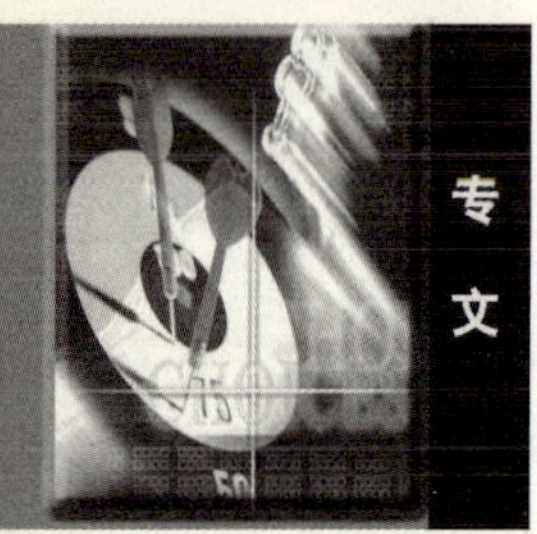

专文

中国机床工具工业协会第六届理事会工作报告（摘要）

一、四年来行业发展简要情况

中国机床工具工业协会第六届理事会任职的四年间，全行业工业总产值从2008年的3 472亿元提高到2012年的7 210亿元，同时在科技创新和结构调整方面也取得了长足进步。这期间，我国机床工具行业也经历了发展阶段的历史性转折。

本轮市场的变化不是周期性下行，而是经济发展阶段的转换。我国机床工具行业正进入调整转型的攻坚期。这既是对当前企业经营的新挑战，也是行业转型升级与可持续发展的一个新机遇。

二、四年来协会的主要工作和成效

1. 始终以行业发展为重心，凝聚行业共识，把握正确方向

从编制《"十二五"期间机床工具行业发展规划》《"十二五"期间机床工具行业工作要点》到每次的常务理事（扩大）会议工作报告，都集中了行业智慧，对当时行业关键问题进行了深入分析论证，提出了行业发展的前瞻性观点，在行业中产生了广泛的共识。

2. 完成政府交办工作，为行业发展争取政策支持

（1）受工信部等政府部门委托，完成了《"十二五"期间机床工具行业发展规划》《机床工具行业首台（套）重大技术装备试验、示范项目管理办法实施细则》《中国机床工具行业"十二五"出口计划》等重要文件的起草工作。

（2）中国机床工具工业（协会）高度重视和全力支持"高档数控机床与基础制造装备"科技重大专项工作，从领导到专家为专项工作投入了大量的时间和精力。在协会主办的展会上已承办了3届重大专项成果展。

智能制造专项实施后，协会在辅导行业企业项目申报和项目评审中做了大量工作。协会还积极参与每年一度的国债技改项目评审等工作。

（3）四年间，协会每年都承接并较好地完成了政府有关部门下达的软课题研究任务，如"数控机床产业发展政策研究""数控机床国际先进技术及我国对策研究"等。

（4）协助商务部开展产业损害预警工作；从有利于行业发展角度，对国家进出口税收政策多次提出建议；协会在中日韩自由贸易区、中瑞自由贸易区、ITA等国家间贸易谈判过程中，配合提供有关情况，反映行业诉求；ECFA协议签订之前与之后，协会多次向政府有关部门反映该协议对行业的影响和企业的诉求。

（5）四年来共参与评审多个高档数控机床的进口项目，国内已能满足要求的高档数控机床均建议国内采购，并将需求情况反馈给相关企业。

3. 深入开展行业工作，推动行业健康可持续发展

（1）围绕行业中心工作，持续深入开展行业调研。比较全面和敏锐地掌握了行业的发展情况与变化趋势，并把掌握的行业信息及时反馈给行业企业，向政府相关部门提出政策建议。

（2）代表行业做好用户领域的工作，深入开拓行业市场。不断深化与军工能源行业的长效合作机制。每年在展会期间协助四部委召开国产机床应用座谈会；逐年召开用户联络网年会；在展会上组织用户采购团；并逐年编制《国产数控机床汇编》；为各领域用户长年提供咨询。

（3）启动重点用户典型工艺培训工作。到目前为止已举办汽车发动机、飞机结构件、航空发动机三个培训班。

（4）成功举办中国国际机床展览会和中国数控机床展览会。规模和水平每一届都有明显提高。

（5）大力开展国际交流合作。与国外同业协会及相关机构、企业保持密切交往；成功举办三届世界各国和地区机床协会领导人联席会；组织多次世界著名机床展览会及知名机床企业考察；逐年举办海外并购企业座谈会。

（6）通过表彰奖励，引导企业发展。每年开展"十佳会员"的评选和表彰。在中国数控机床展览会期间进行"春燕奖"评审表彰。每年组织中国机械工业科学技术奖机床工具部分评审。

（7）不断改进工作，提高协会常设机构的信息统计和运行分析服务质量。

（8）利用协会媒体，做好行业宣传工作。

4. 不断加强协会自身建设

（1）充分发挥理事会和常务理事会的领导作用，定期召开会议，理事、常务理事认真履行职责，充分发表意见，集体审议和决定重大事项。

（2）2010年协会参与民政部"全国性行业协会商会、基金会和民办非企业单位评估"活动。经民政部评审，协会被评为4A级社会组织。

（3）为提高服务行业的能力和水平，启动了品牌业务建设活动，即行业经济运行统计和分析、用户工艺培训、行业展览会、国际行业信息、《中国机床工具》报和协会文化建设等工作。

（4）扎实做好分会建设工作。把好分会换届关；支持指导各分会积极发展新会员；每年部署分会的重点工作，同时

鼓励和支持各分会结合各自特点开展行业活动；每年召开两次秘书长会议，部署和总结工作，表彰先进分会；制定并严格执行分会管理制度，定期开展财务检查，及时纠正问题。

三、关于换届审计和财务状况

2012 年 4 月由民政部指定的审计单位对协会进行了换届审计。审计报告的结论概括为三句话：

财务报表依规编制，公允反映了协会在第六届理事会期间的财务状况以及业务活动情况。

对理事会、常设机构和各分会的工作都给予了充分的肯定。

第六届理事会任职期内实现了国有资产的保值增值。

四、工作中的不足

(1)在为行业企业和用户服务方面，在深度、广度和有效性方面还需进一步加强。

(2)调研工作还应不断深化，特别是应加强对调研情况的深入研究和分析。

(3)协会常设机构的人才队伍建设步伐还应进一步加快，特别是专家团队的规模和层次急需提升。

(4)分会工作还不够平衡。

五、对第七届理事会的工作建议

中国机床工具工业协会成立至今已经 25 周年，在几代人的不懈追求与艰苦努力之下，形成了优良的传统和很好的工作基础。

由于形势的变化，协会也面临着改革与创新。在行业发展的关键时期，协会理应肩负起历史的责任。为此，谨代表六届理事会对新一届理事会的工作提出如下建议：

(1)团结会员，凝聚共识，推动行业转型升级。

(2)集聚人才，打造品牌，提高为会员和用户服务水平。

(3)深化调研，反映诉求，为行业发展争取更多政策支持。

(4)进一步加强协会自身建设。

过去的四年，在我国机床工具行业发展的历史进程中，是不寻常的四年，协会为行业的发展做出了自己的努力和贡献。四年中，协会工作的点滴进步，都离不开上级领导的关怀和指导，离不开理事会的正确领导，离不开全体会员单位的支持和帮助。为此，我代表第六届理事会领导班子和常设机构的全体员工，向大家表示衷心的感谢。感谢你们多年来的热情关怀和大力支持！展望未来，协会工作使命光荣，任重道远。我们相信，在即将选举产生的新一届理事会领导下，在全体会员企业的鼎力支持下，协会工作一定会不断创新和提高，不负会员企业的重望，为行业的发展发挥应有作用。

让我们为推进中国机床工具工业的可持续发展和开创协会工作的新局面做出新的、更大的贡献！

〔撰稿人：中国机床工具工业协会吴柏林〕

主动适应转型要求　自觉加强协会自身建设

一、为什么要加强协会自身建设

1. 协会自身可持续发展的要求

中国机床工具工业协会成立 25 年了，经过几代人的努力，打下了很好的工作和发展基础。但协会工作与广大会员企业的要求、政府的要求，特别是不断变化的改革形势的要求还有不少差距，还有很大的努力空间。概括起来讲就是一句话，协会基础很好，发展空间很大。协会也有可持续发展的问题，虽然基础很好，但我们不能躺在好的基础上睡懒觉、吃老本、享清福，更不能骄傲自满、封闭僵化、故步自封、停滞不前，否则肯定要出问题，要居安思危。所以，我们必须主动变革，要有新的视野、新的思路、新的作为，开辟新的局面，因此必须通过不断加强协会自身建设，适应新的要求。

2. 协会所处行业发展新阶段的要求

机床工具行业已经进入了一个新的发展阶段。协会成立 20 多年来，特别是近 10 多年来，行业发生了很大的变化，这个变化可以说是全面而深刻的，行业已经今非昔比。近两年来，行业又开始发生新的变化。伴随着中国经济增长放缓，市场需求的显著变化，连续 10 多年以规模扩张为主要特征的发展阶段已经基本结束，行业开始进入以转型升级为主要特征的发展新阶段，这是机床工具行业最新的变化。机床工具行业正处在发展阶段的转换期，转型升级的阵痛期，这是现阶段的突出特点。行业的新变化、新特点，对行业协会的工作提出了新的要求、新的挑战。

3. 国家改革发展新阶段的要求

中国共产党第十八次代表大会(简称十八大)及第十二届全国人民代表大会、中国人民政治协商会议第十二届全国委员会(简称两会)之后，改革的声音越来越强，这是全国和全世界人民的共同感受。可以肯定地说，30 多年前启动的改革使中国进入了一个新的发展阶段。两会上，除了国家机关和政府换届选举这第一件大事之外，第二件大事就是国务院机构改革和职能转变方案。

这次机构改革在提法上跟以前有很大的区别。第一个区别是把政府职能转变作为核心任务，不仅仅是机构拆了并、并了再拆；第二点区别就是决心很大，李克强总理提出要壮士断腕，自我削权；还有一个重要区别就是措施非常具体。国务院职能转变措施共有10条，10条当中有5条是“减少”，即减少项目审批，减少资质认定，减少职能交叉等；还有2条是改革，其中有一条改革就直接涉及协会，即改革社会组织管理制度；还有3条是加强。10条措施非常具体，总的原则是“放”，当然还有“收”，收放结合，但主要是“放”。“放”的方向第一是向市场“放”；第二是向社会“放”；第三是向地方“放”。向社会“放”就涉及协会，因为协会是社会组织。关于社会组织管理制度改革提得很明确，首先是目标和方向提得很明确，要政社分开，即政府和社会组织要分开，权责明确，依法自治。这就是现代社会组织体制。

行业协会的职能和任务是什么呢？这也在改革方案中明确提出来了。有三条，一是提供服务，二是反映诉求，三是规范行为，以前叫行业自律，现在的含义更丰富一些。这个方案还明确提出社会组织发展的重点，指出要重点培育、优先发展行业协会和商会类社会组织，也就是说，协会是属于重点培育和优先发展的社会组织。这些信息告诉我们，改革的逐步到位和不断深入会给协会带来新的发展机遇。可以肯定的是，协会的发展环境将更加规范，作为空间将更为广阔，发展前景将更为乐观。当然前提是协会能够主动适应自觉变革。必须十分清醒的是，改革一方面提供了新的机遇，同时也提出了新的要求、新的挑战，因此我们必须主动适应新的变化，自觉做出新的调整。这是加强协会自身建设的另一个重要理由。

二、加强协会自身建设的着力点

1. 要厘清角色，找准定位

厘清角色并找准定位是搞好协会自身建设的一个基本前提。协会是干什么的？应该扮演什么角色？需要发挥什么作用？该做什么？不该做什么？只有搞清楚了这些最基本的问题，才能在工作中做到清醒自觉，否则就会跑偏方向。国务院的方案在大的方向上做了明确界定，剩下的就是要结合行业的实际情况、实际特点进一步厘清协会的角色，找准定位。起码要明白协会不是政府，也不是“二”政府，协会也不是企业，是一个社会组织，变革和努力方向是建设现代社会组织。如果搞不清角色，弄不准方向，就有可能费力不讨好，事与愿违或者事倍功半。

2. 坚持改革创新的进取精神

任何一个组织，要想始终保持生机和活力，只有一条途径，那就是改革和创新，而且是持续不断地改革创新。协会当然也不例外。我们有幸生活在一个大变革的时代，尤其是近30多年来的改革开放，经济社会变化可谓全面而深刻。如果不坚持改革创新，停在那里以不变应万变，就跟不上时代进步的节奏；如若封闭僵化，故步自封，则必然被快速发展的时代所淘汰。为了协会事业的持续发展，我们必须选择主动变革，不断创新，要在协会内部营造激励创新的氛围，要自觉培育富于创新精神、积极进取的协会组织文化。

3. 坚持求真务实的优良作风

习近平总书记讲到，空谈误国，实干兴邦；李克强总理强调，喊破嗓子，不如甩开膀子。我们要加强协会自身建设，需要在协会内部大力提倡和弘扬求真务实的优良传统和作风。要说实话，做实事，求实效，切忌空谈议论，切忌旁观指责，切忌抱怨牢骚，切忌形式主义走过场，要把我们有限的资源和精力更多地放在为行业、为会员做实事，做有用的事情上来。最近协会搞的“十佳会员”评比就充分体现了求真务实的作风。围绕会员企业申报的资料信息，行业部和研究室的同志们用了10多天的时间，集中跑了50余家用户企业，开展现场情况核实工作，收集和掌握了大量第一手宝贵资料。据此得出的评比结果更真实、更可靠，公信力更强。要大力提倡类似的工作作风，并要努力培育和引导，使求真务实成为协会组织文化的核心特征。

4. 努力建设学习型组织

我们所处的时代是一个快速变革的时代。改革开放30多年来，我们国家发生了很大的变化，机床工具行业也发生了巨大的变化。尤其是近10余年的行业发展变化是令人瞩目的。由于市场环境和其他发展要素的显著变化，行业又面临新的也许是更加深刻的变化。事实上，行业已经进入一个新的历史发展阶段，一个以转型升级为主要特征的历史发展阶段。准确地讲，行业正处于发展阶段的转换期，同时也是转型升级的阵痛期。如何跟上社会和行业的不断变革和快速进步，没有别的办法，只有学习。要建设一个学习型组织，大家都要学习，要不断地开阔视野，要长于学习、善于学习。不仅要及时学习党和国家的方针政策，学习新知识，掌握新信息，还要善于向会员企业学习，向分会学习，向外国学习，向别的行业学习，借鉴和吸收一切有益于协会事业发展的先进经验和积极成果，这样才能保证我们这个组织始终站在行业发展主流的前列，始终代表行业发展的正确方向。

5. 系统规划协会自身建设和发展

我们要围绕现代社会组织三大功能和任务，结合行业自身特点，科学地规划协会的自身建设和发展，对协会未来的组织建设、制度建设、业务建设、队伍建设和文化建设，做出系统的安排，这是新形势提出的新要求，是摆在我们面前的紧迫任务。如在提供服务方面，我们现在能提供哪些服务？哪些服务是提供得比较好的？哪些服务提供得还不够好？根据变化了的情况，我们还应该提供哪些新的服务？要根据实际要求，开动脑筋，给出答案。再如，反映诉求方面，协会历史上曾经有过几次成功反映行业诉求的案例。在新的形势下，协会如何把行业共性的、主流的、关乎行业全局发展的诉求进行去伪存真地梳理归纳和科学地概括总结,向有关政府部门反映,这是摆在我们面前的新任务。为个别企业提供个别服务固然是必要的,但这属于较低层次的服务,而为行业企业提供公共发展服务才是更高层次和水平的服务。在规范行为方面,时至今日协会在这方面的探索和实践较少,这是下一步要重点探索和实践的领域。这也是政府对我们提出的新要求,要求行业组织要有行业自律能力,有行业自我规范的能力;这同时也是行业自身发展的需求,是行业发展新阶段对协会提出的新要求。必须要承认,我们在这方面的工作基础确实很薄弱,根本谈不上经验,基本上是一个全新的课题,因此我们必须积极探索和实践。除此之外,我们需要谋划的工作还有很多,包括协会的组织建设、组织规划等。协会的25个分会大部分是在协会刚成立的时候建立的,现在看来结构明显有问题,已经远远落后于行业的发展变化,对此我们不能视而不见。在协会的人才队伍建设方面,当前协会人才队伍的年龄结构、知识结构和专业结构等不能完全适应新的工作要求,所以,协会将采取措施,吸引更多的优秀人才加盟协会事业,开创协会工作的新局面。

概括地讲,在不断变化的新形势面前,我们必须主动适应,自觉转型,按照现代社会组织的功能要求,不断加强协会的自身建设,更好地发挥行业组织在行业发展新阶段的作用。

〔撰稿人:中国机床工具工业协会陈惠仁〕

行业转型升级的重中之重是提升中高档数控机床的市场竞争力

一、转型升级的关键是提升中高档数控机床的市场竞争力

现在大家都在谈转型升级,但是转型升级到底应该怎么转型,向哪个方向转型?根据现阶段的宏观形势和行业现状,提升中高档数控机床的市场竞争力才是转型升级的重中之重。

我国机床工具行业一直处于发展进步和转型升级中,并且取得了长足进步。近10年,我国机床工具行业走过了一个注重规模扩张、品种扩大的时期。我国机床工具行业的企业规模和GDP增加了,企业的厂房扩大了,设备改造了,人员增加了,生产力提升了。对于很多产品种类和产品完成了从无到有的进程,也就是从“不会做”“不能做”到“做得出”“做得到”。在这期间,我国机床工具行业填补了众多产品空白,市场也大体处于供不应求的状态。但是,随着国家经济结构的调整,必须重新反思,现在的转型升级到底该何去何从?必须看到,相对于发达国家的先进企业,我国企业仍然处于世界产业链的低端,高档产品的市场占有率很低。这主要是因为我国的产品缺乏足够的市场竞争力,尤其是在稳定性和可靠性方面,与先进国家同类产品相比还有不小的差距。所以我国现阶段转型升级的主要目标之一,就是要在已有规模和品种基础上,把更多精力集中于“做好”上,实现从“能做”到“做好”的跨越。必须承认,要完成这个进程需要经过艰苦的努力,企业必须转变观念,克服浮躁情绪,脚踏实地,扎实做好基础工作。否则中高端产品的市场竞争力很难提升,转型升级也难免流于空谈。

二、转型升级任务艰巨,但需保持坚定信心

可以说,2012年成为了行业发展的一个分水岭。连续10余年的高速增长,使我国机床工具行业站在了全球第一大机床制造国的高位,并稳居世界第一大机床消费国的“宝座”。但随着全球金融危机和中国宏观经济增速放缓,这种连续多年市场供不应求的状况将一去不复返。市场需求总量在大幅度缩减,而需求结构却在迅速提升。由此导致我国生产的大量中低端产品订单急剧下滑,而重点用户急需的高档数控机床进口却有增无减。行业转型升级成了刻不容缓的历史使命,提高中高档产品竞争力便成为现阶段转型升级的当务之急。

面对转型升级的艰巨任务和当前的困境,我国机床工具行业应保持应有的信心。经过多年的发展,行业整体实力已经显著增强,综合素质明显提升,具备了实施全面转型升级的必要基础。2012年,行业企业通过加大国外市场开拓,金属加工机床出口额实现了27亿美元,比2011年增长了13.4%。更值得一提的是,2012年,济南二机床集团在与世界一流企业国际竞标中,一举囊括福特汽车美国两个工厂全部五条大型快速智能冲压生产线订货合同,合同额高达2亿多美元。这是福特汽车近20年来首次采购非德国生产的成套冲压装备,也是我国机床企业赢得的当今国际最高水平的成套冲压装备订单,这说明拥有完全自主知识产权的国产冲压装备技术水平实现了重大突破。以往,我国国产机床产品很难进入世界一流汽车企业的关键工序,即使被选用了,也常常用在非主流生产线或非关键工序上,济南二机床集团取得的成就是我国机床行业国际竞争力显著提升的真实写照,也为我国机床行业企业转型升级提供了一个样板。

三、转型升级需要多方转变形成合力

行业转型升级成效不显著的原因是多方面的。其中之一是跟我国过去的做法有关。过去，我国机床工具行业注重产品开发，不重视研究市场，不重视完成产业化。我国的产品表面上看很好，很先进，先进的功能和性能指标都能实现，但是用户用不了多久就出问题。或者产品本身能用，但是制造成本很高，缺乏市场竞争实力。很多企业注重追求科研成果，而没有投入精力做艰苦、细致的基础工作，这样的投入再多，都是事倍功半的。

当然这种情况的出现，与我国的政策导向也不无关系。一直以来我国更注重成果、论文和专利的数量，先解决了有和无的问题，填补了许多空白，却不重视将成果推向市场，形成产业化。同时，企业不是以市场为导向，而是更关心自己能不能评上科技进步奖，能不能拿到政府补贴。虽然科技是第一生产力，但如果长此以往，有些科技成果恐怕永远也变不成生产力，行业的转型升级也无从实现。

因此，需要多方共同努力，尽快走上推动行业可持续发展的转型升级之路。

〔撰稿人：中国机床工具工业协会吴柏林〕

努力开创行业发展和协会建设的新局面

中国机床工具工业协会（简称协会）自1988年创立以来，已走过了25年的发展历程。在此期间，梁训瑄、于成廷、吴柏林三位同志先后担任协会常设机构负责人和法人代表，数十位行业企业负责人先后担任过协会的领导职务，近二百位行业专家和同仁曾在协会工作。经过几代人的艰苦创业和不懈努力，协会逐步发展成为在国内外业界享有一定声誉和影响力的行业组织。

在此，我代表协会新一届常设机构领导集体，向为协会的创立和发展做出重要历史贡献的梁训瑄、于成廷、吴柏林三位老领导表示衷心的感谢并致以崇高的敬意！向为协会辛勤工作过的其他老同志表示衷心的感谢并致以崇高的敬意！向为协会发展提供有力支持并做出重要贡献的广大会员企业表示衷心的感谢并致以崇高的敬意！

在协会发展过程中，我们始终得到了国务院国资委、国家民政部和中机联党委的关心、指导和大力支持，我们始终得到了工信部、国家发改委等政府部门的帮助、指导和大力支持。我代表协会和全体会员，对此表示衷心的感谢！

回顾协会25年的发展历程，协会紧密团结和依靠广大会员，始终坚持为广大会员企业提供服务的基本宗旨，实事求是，求真务实，积极进取，扎实工作，为推动行业发展发挥了应有的作用，赢得了广大会员企业和全行业的信任和支持，同时也逐步形成扎实的工作基础和优良的传统和作风。新一届协会领导班子有责任全面总结协会发展的宝贵经验，继承和发扬业已形成的优良传统和作风，在现有的良好工作基础上，把协会工作继续推向前进。

协会发展到今天，我们所处的发展环境已经发生并还在继续发生全面而深刻的变化，协会发展也已经站在新的历史起点上。

全球政治经济再平衡和中国经济增速放缓的大环境，已经对中国机床工具行业产生了深刻的影响。在经历了连续10余年的高速增长后，由于市场环境和其他增长要素的显著变化，行业正面临和经受调整转型的严峻考验。事实上，行业已经步入一个新的历史发展阶段，一个以结构调整和转型升级为主要特征的历史发展阶段。准确地讲，行业正处于发展阶段的转换期，同时也是调整转型的阵痛期。行业发展的新变化和新特点，已经对行业协会的建设和发展提出新的要求和挑战。

中华人民共和国第十二届全国人民代表大会第一次会议通过的《国务院机构改革和职能转变方案》提出了改革社会组织管理制度的任务。方案规定，要“加快形成政社分开、权责明确，依法自治的现代社会组织体制”。方案还要求，要使行业协会“真正成为提供服务，反映诉求，规范行为的主体”。按照这一改革任务的要求，行业协会的建设方向、职能任务和业务重点都必须做出相应变革和调整。这是摆在我们面前新的紧迫任务。

无论是行业步入发展新阶段还是国家改革发展的新要求，都对协会的建设和发展提出了新的历史任务。我们必须自觉适应，主动变革，积极转型。要以新的视野、新的观念和新的作为，推动协会的可持续发展，不断开辟协会发展的新局面。

为了适应新的发展要求，我们首先要厘清协会功能角色，找准协会职能定位，这是搞好协会建设的基本前提。我们必须围绕“提供服务，反映诉求，规范行为”的定位要求，紧密结合行业调整转型提出的新要求，确立协会调整转型的正确方向。

为了适应新的发展要求，我们要坚持改革创新的进取精神，反对任何形式的因循守旧和封闭僵化。在行业转型升级的关键时期，行业和协会都需要新一轮的思想解放和观念变革。针对协会当前的实际情况，我们尤其要进一步强化市场意识、会员意识和服务意识。要在协会内部努力营造激励创新的良好氛围，要自觉培育富于创新精神、积极进取的协会组织文化，使协会组织始终保持生机和活力。

为了适应新的发展要求，我们要在协会内部大力提倡和弘扬求真务实的优良传统和作风，要说实话，做实事，求实效；切忌空谈议论，切忌粉饰浮夸，切忌旁观指责，切忌抱怨牢骚，切忌脱离实际纸上谈兵，切忌形式主义花拳绣腿，要把我们有限的资源和精力真正地放在为行业进步、为会员发展做实事、做正确的事、做有用的事情上来，要通过长期坚持，使求真务实真正成为协会组织文化的核心特征。

为了适应新的发展要求，我们要努力建设学习型组织。培育长于学习、善于学习的开放型组织文化，反对自满自足和故步自封。我们不仅要及时学习党和国家的路线、方针和政策，还要不断更新知识，及时掌握新信息；我们不但要努力学习发达国家同类行业组织的建设和发展经验，还要善于向会员企业学习，向分会组织学习，虚心向其他先进行业组织学习，要借鉴和吸收一切有益于协会事业发展的先进经验和积极成果，保证我们这个组织始终站在行业发展主流的前列，始终代表行业发展的正确方向。

为了适应新的发展要求，我们要对协会的未来发展进行系统的规划，做出科学的安排。要按照建设现代社会组织的目标，围绕"提供服务，反映诉求，规范行为"三大任务，紧密结合行业发展的新要求，切实加强协会自身建设。具体地讲，就是要对协会的业务建设、队伍建设、组织建设、制度建设和文化建设做出系统科学的规划和安排，实现协会建设的版本升级。

我们要对协会业务进行结构调整，要实现协会业务的全面升级；我们要吸纳更多优秀人才加盟协会事业，进一步优化协会人才队伍结构；我们要建立与协会重点业务相适应的协会组织结构，为协会业务升级提供保障；我们还要不断加强协会制度建设，自觉培育积极健康的协会组织文化，为协会建设发展提供制度保障和文化支撑。

习近平主席视察了我国机床工具行业排头兵企业——武汉重型机床集团有限责任公司（简称武重），对武重的自主创新成果给予了充分肯定，并强调，国家强大要靠实体经济，自力更生任何时候都不能少。习近平主席还勉励武重，要发扬自力更生精神，勇担历史重任，在振兴民族工业发展这个艰巨而光荣的任务中发挥作用。

习近平主席对武重的勉励，表达了党中央对我国机床工具行业的殷切期望，同时也指明了行业的发展方向和历史任务。那就是发扬自力更生精神，依靠自主创新和扎扎实实的努力奋斗，承担起振兴民族工业发展的历史任务。

我们一定不辱使命，不负重托，卧薪尝胆，踏实奋斗，真正承担起这一历史重任。

尽管市场环境和其他增长要素的变化使得行业普遍经营困难，但从机床工具行业长远发展的角度看，这是行业必须承受的转型之痛，也是行业必须付出的转型代价。从这个意义上讲，发展环境的变化并不完全是坏事，它为行业提供了转型升级的切入点和契机，它所形成的倒逼机制将为行业调整转型提供强大动力。

让我们以结构调整、转型升级的最新成果迎接行业发展和协会建设的新未来。

〔撰稿人：中国机床工具工业协会陈惠仁〕

企业参展活动也必须努力实现转型升级

我国机床工具行业经过10余年的连续高速增长后，由于受到全球经济再平衡和我国经济增长放缓的影响，自2011年下半年以来，我国机床工具市场环境发生了显著的变化。变化的主要特征是，需求总量显著下降和需求结构加速升级。为适应市场环境的变化，寻求可持续发展的道路，中国机床工具行业的广大企业普遍加快了发展方式转变和结构调整的步伐，行业已经开始进入以转型升级为主要特征的发展新阶段。为此，将CIMT2013展览会的主题确定为"创新·可持续发展"，意为中国机床工具产业在新的历史发展阶段要走出一条创新驱动、转型升级的可持续发展道路。

转型升级意味着行业整体素质的全面提升，它涵盖了行业进步的方方面面。展览会是企业非常重要的商业经营活动，也是企业市场拓展的重要形式和手段，因此，展览会也需要努力实现转型升级。

展商是展览会的主体，展商的表现决定展会的品质档次。从展会主办方和行业协会的角度，就广大国内展商如何在参加展览会的商业活动中实现转型升级谈几点看法和建议。

大家都经常参加展览会，也经常参观展览会；不但参加和参观在国内举办的展览会，很多企业还经常参加和参观在国外举办的展览会。无论是在国内还是在国外举办的展览会上，相信大家都会不同程度地感受到国内展商与发达国家展商之间存在的明显差距。这些差距不仅表现在展品本身的功能、性能、设计宜人性和制造水平方面，还表现在展商的现代经营理念、市场用户意识、企业综合素质和工业文明水平等方面。前者是表面的、显性的差距，而后者则是相对隐性的差距，这些差距很容易被人感受到，却往往说不清差距究竟在哪里。

必须承认，我国机床工具制造商为缩短与发达国家制造商的差距做了大量工作，取得了显著的成效，在某些方面，差距已经明显缩短，尤其在产品的功能配置、外观设计和制造水平方面进步显著。对国内展商而言，具备多轴联动、多工序复合等先进功能的机床工具展品已经相当普及，仅从总体外观形象而言，相当多的国内展商已经能够提供与发达国家展商相差不多的展品。尽管这样，我们仍然会明显感受到我国产品与国外的差距。

经过在展会现场的深入观察，仔细感受和全面对比，我认为国内展商与发达国家展商的差距更多地表现在以下几个方面：

1. 面向自身和面向用户

通过仔细观察发现，多数国内展商策划的展览主要是面向企业自身的，即主要着眼点是宣传和展示企业自身。比如：有多大规模、有强大的制造能力、有几大系列产品、有强大研发团队、产品畅销多个国家和地区等，不一而足，唯恐遗漏了某些方面而不能全面展示自己的企业。相对而言，在回应用户关切问题，为用户解决问题，致力于用户方向等面向用户的展示和宣传内容却较少，甚至根本没有。而发达国家展商则恰恰相反，他们的宣传和展示更多的是面向用户的，是围绕着用户关切的内容而展开的，因而能直接抓住用户的眼球，吸引用户的关注，这与国内展商的表现形成了鲜明的对比。

2. 展示产品和展示解决方案

通过认真对比我们还发现，多数国内展商的展览方案主要展示展品本身，展场布局也多采用机群式布局，即按照展品类型进行布局。国内展商重点向用户宣传和展示的是展品的功能如何完整，性能如何先进，部件配置如何高档等体现展品本身水平的内容，至于该展品能为用户解决哪些问题则语焉不详，往往以“该产品广泛适用于×××、×××、……领域”来笼统表述。值得注意的是，一些展商罗列的产品适用领域极其广泛，似乎产品适用的范围越广泛越能代表产品水平及其先进性。我们还注意到一种现象，国内展商较少通过用户样件的展示来直观表达为用户提供服务的能力。这恰恰反映了我们的观念和思维还停留在展产品、卖产品的初级发展阶段上，也即停留在主要服务于低端市场领域的阶段上，完全不符合中高端用户，尤其是高端细分市场用户对完整解决方案的需求。在芝加哥制造技术展览会上，马扎克（MAZAK）、牧野（MAKINO）、大隈（OKUMA）、德马吉/森精机（DMG/MORI SEIKI）等世界一流展商，都精心策划了鲜明的展览主题，针对不同的服务领域推出有针对性的解决方案，对用户的吸引力极强，因而展览效果极佳。相比之下，一些国内展商尽管展览阵容毫不逊色，但展览内涵则相差甚远，展览效果有限也就不足为奇了。

3. 表面光鲜和品质精良

与世界优秀展商相比，国内展商的差距更多表现在各方面的细节上。近年来，国内展商在产品的外观设计和制造水平方面进步较快，一些国内展商提供的展品从外观上甚至可以与世界一流展商的展品相媲美，但展品和展场一般经不起深入考察。就展品而言，远看不错，近看往往不行；从外面看还可以，往里面看则是另外一回事；从前面看挺好，到后面看有时则看不得。就展场而言，在整体光鲜的背后，往往不同程度地存在一些被遮掩起来的死角等。需要指出的是，绝不能把这些现象看成是微不足道的小事情，事实上，正是这些细节反映了我国企业与国外企业的差距，正是这些细节给用户留下了不可信赖的坏印象。在南京举办的 CCMT2012 上，有一家国内展商打出了一块醒目的牌子，上书“欢迎到后面参观”。这块牌子给我留下很深的印象，这至少说明该展商认识到了上述细节方面反映出的差距绝非小事情。

4. 其他方面存在的差距

（1）与世界一流展商相比，国内展商的参展人员在精神风貌、文明水平和职业素养方面还存在差距。同时，国内展商还需加强对用户的尊重和敬畏意识等。

（2）宣传策划方面的差距。

宣传文字：夸大其词，动辄使用“最大”“行业排头兵”等词语，有吹牛之嫌。要懂得，低调和谦虚可以赢得更多的尊重和信赖。

广告策划：主题不突出，多个主题同时宣传，往往造成用户抓不着重点，效果适得其反。

图片、视频内容：国内展商在图片、视频等宣传中往往过多地突出领导人视察、企业负责人讲话、获得的奖牌荣誉等内容，而这些并不是用户所关心的。

（3）展场布局方面的差距。国内展商在展场布局方面普遍存在着设计太过花哨、空间相对封闭、展台色彩凌乱、音响声音过大等现象。实际上，简约、精致、开放才是最流行的，也是最贴合精密制造文化特质的，这才是我国展商应该追求的最高境界。

以上所列差距包括展品本身存在的差距，但更多的是展品之外的差距。我认为，体现在展品上的差距是显性的、容易看到的，因而是容易建立起缩短差距的目标，属于硬差距。而在展品之外普遍存在的差距则是隐性的、不容易意识到和看清楚的，并且是极易被忽视的差距，属于软差距。而着力缩短软差距对于国内展商而言难度更大，需要走的路更长，因而也更具本质意义。让我们从认识差距、缩短差距着手，逐步实现展览活动的转型升级。

〔撰稿人：中国机床工具工业协会陈惠仁〕

我国电加工机床行业现状及发展综述

一、2013年电加工行业经营情况及近期走势

1. 2013年产品销售情况

根据中国机床工具工业协会特种加工机床分会对全国28家重点电加工机床生产企业的不完全统计，2013年，各类电加工机床的销售量为13 201台，比2012年的13 450台减少249台，降幅为1.85%；销售额为15.85亿元，比2012年的17.45亿元减少1.60亿元，降幅为9.17%。2012年和2013年电加工机床销售情况见图1。

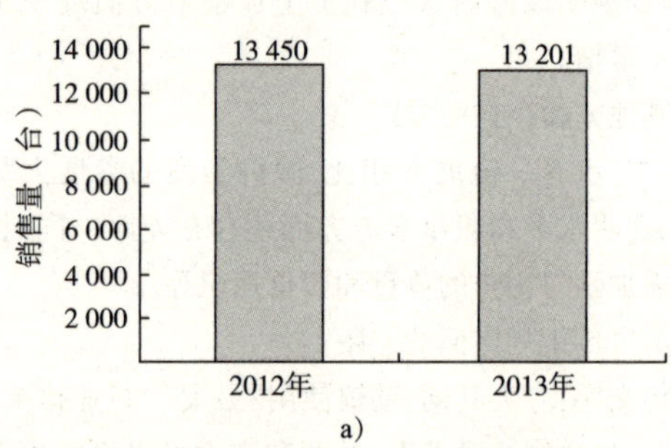

a)

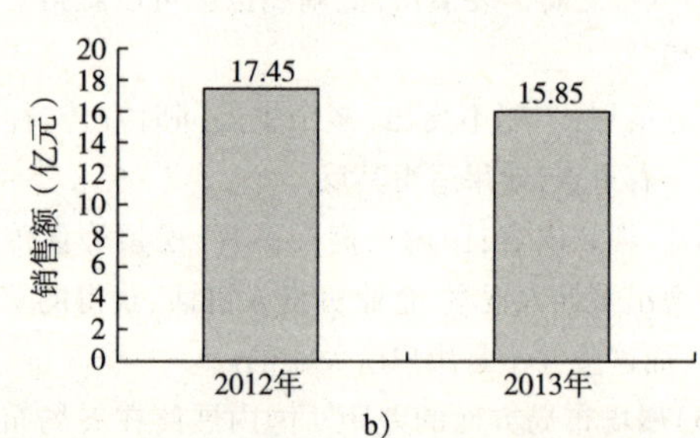

b)

图1　2012年和2013年电加工机床销售情况

a）销售量　b）销售额

2. 2013年销售量和销售额季度环比

从销售量数据环比来看，一季度为2 855台；二季度为3 656台，比一季度增长28.06%；三季度为3 438台，比二季度下降5.96%；四季度为3 252台，比三季度下降5.41%。从销售额数据环比来看，一季度为3.44亿元；二季度为4.44亿元，比一季度增长29.07%；三季度为4.26亿元，比二季度下降4.05%；四季度为3.71亿元，比三季度下降12.91%。2013年电加工机床季度销售情况环比见图2。

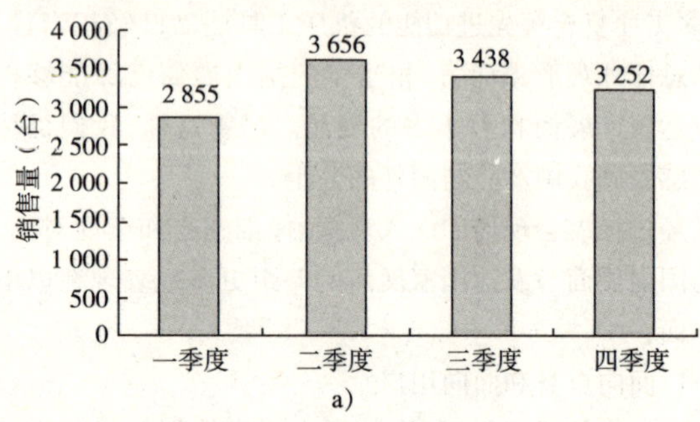

a)

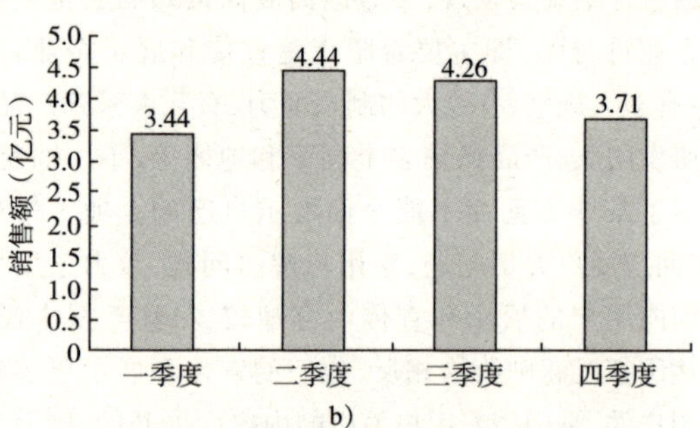

b)

图2　2013年电加工机床季度销售情况环比

a）销售量　b）销售额

3. 近几年电加工机床产品销售总体走向

2007—2013年我国电加工机床总体销售走向见图3。

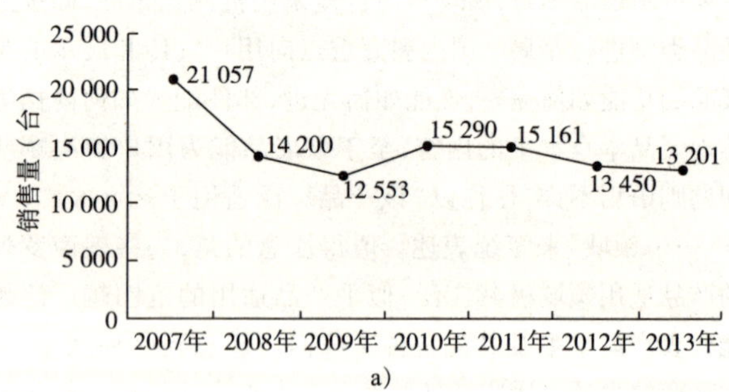

a)

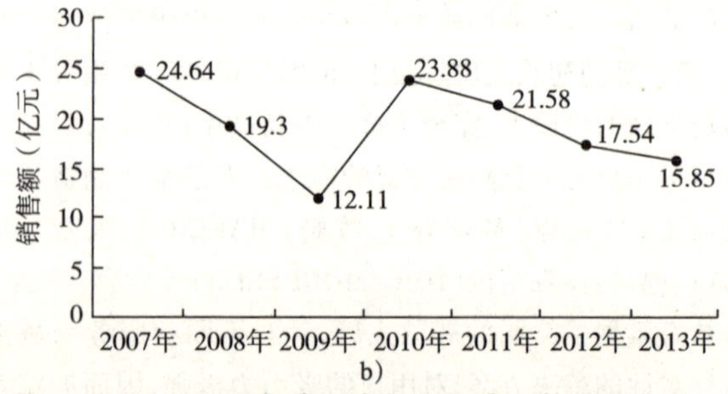

b)

图3　2007—2013年我国电加工机床总体销售走向

a）销售量　b）销售额

从图3可以看出,28家行业主要骨干企业的产品销售业绩在2007年处于最好水平。2008年由于受到全球金融危机的严重冲击,销售业绩一路下滑至原来的50%左右。2010年虽然出现了恢复性增长,但仍未达到金融危机前的水平。从2011年第三季度开始,受严峻宏观经济形势的影响,又出现了较大幅度的下跌,2012年、2013年继续下跌。目前我国电加工机床行业整体经营形势不容乐观。

二、电加工机床产业现状及产品结构调整所取得的成果

1. 行业地位

电加工技术是先进制造技术的重要组成部分。电加工机床是集各种高端技术为一体的高技术产品,如能量精准可控电源、智能化控制技术、专用数控技术、专门化工艺技术、加工状态检测技术及精密机械等。这些先进技术能解决其他加工技术难以解决的加工难题,如精密复杂型面、微细结构、特殊难加工材料的加工。

电加工技术在航空航天、军工、模具及汽车等相关制造领域发挥着不可替代的作用,占据极其重要的地位。在钛合金网孔加工、机匣高效放电铣加工、整体叶盘电火花成形加工、发动机零件封严槽加工、特殊材料阳极机械切割、蜂窝环件电火花磨削、燃油喷注器精密微孔加工、发动机叶盘电解加工、发动机鼠笼线切割加工及叶片气膜孔加工等方面应用广泛。在单晶硅镜体蜂窝加工、舰载设备环形通道加工、炮管来福线电解加工、喷油嘴微孔加工、轧辊电火花毛化、泵体电化学去飞边及轮胎模电火花加工等方面独具优势。据不完全统计,年产值500万元以上的模具企业平均拥有5~10台电加工机床,而年产值1 000万元以上的模具企业平均拥有15~20台电加工机床,还有的模具企业拥有几十台甚至数百台电加工机床。

我国的电加工机床产量不仅远大于世界上主要电加工机床生产国(地区),而且比世界上其他国家(地区)产量的总和还要多;生产的电加工机床种类也是全世界最多,涵盖了电加工机床20多个种类。目前,我国的电加工机床拥有量约为50万台,已成为世界上电加工机床拥有量最多的国家。同时,我国又是世界上最大的电加工机床进口国,近年来,每年进口的电加工机床在2 000台左右,进口额约3亿美元。因此,我国是世界最大的电加工机床消费市场。

2. 产业结构和产品结构现状

(1)企业数量众多,但内资企业多而不强。我国电加工机床生产企业较多,主要集中在江苏(苏州20家、泰州70家)、浙江(20家)、广东(20家)、北京及其他(40家)地区。粗略估计,我国电加工机床生产企业数量超过170家,从事电加工机床行业的职工人数约1.2万~1.3万人。国内170家电加工机床生产企业的销售额约36亿元,企业平均销售收入仅0.2亿元;而日本企业的平均销售收入约9亿元,瑞士1家企业的销售收入约27亿元。

(2)产品种类多,但内资企业的产品以中低档为主。我国电加工机床生产企业研发生产的电加工机床种类是目前国际上最多的,主导产品中的往复走丝电火花线切割机床为我国独有,一些电加工专用机床国外也没有生产。但机床总体水平仍以中低档为主。我国电加工机床主要产品结构图见图4。

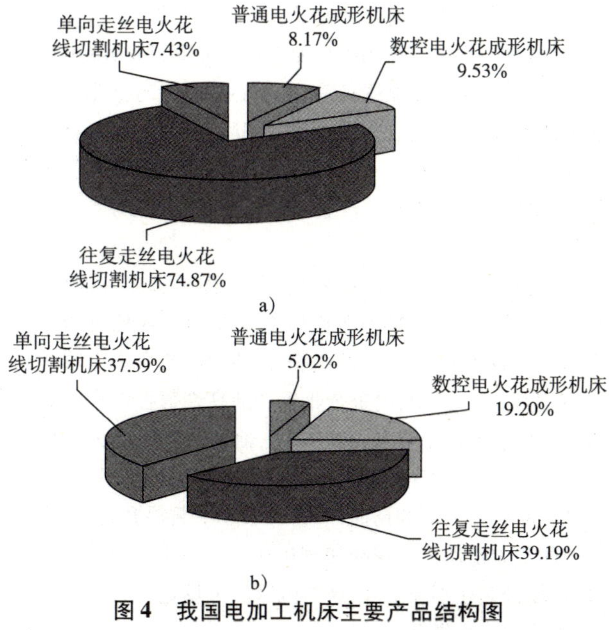

图4 我国电加工机床主要产品结构图

a)产量 b)产值

从图4可看出,单向走丝电火花线切割机床产量仅占电加工机床总产量的7.43%,却能产出37.59%的产值;而中低档次的往复走丝电火花线切割机床产量占比虽高达74.87%,但其39.19%的产值占比,却只能与高档电火花线切割机床持平。

(3)配套件生产已有一定规模,但高端配套能力有待加强。目前,电加工机床所需的功能部件、基础配套件、易耗品已形成基本的配套能力和一定的生产规模,一般水平的功能部件(如平动头、旋转头、数控转台、运丝筒及自动穿丝系统)、基础件(如导轨、丝杆、电动机、工作液泵、轴承、导向器、导轮及进电块等)、易耗品(如专用钼丝、铜丝、电极管、铜和石墨电极、专用油和水工作液、滤芯等)基本能满足中低端电加工机床的需求。但高端电加工机床所需的高水平功能部件(如精密专用数控转台、电极自动交换系统)、基础件(如高精密导轨、丝杆、轴承、导向器、高性能伺服电动机、高压工作液泵等)、易耗品(如复合电极丝、小于0.05mm电极丝、高性能石墨电极材料等),还需要进口或由外企生产,且价格较昂贵。有些内资企业也能自主研发生产各类电加工机床专用数控系统,量大面广的往复走丝电火花线切割机床专用数控系统已能实现专业化配套生产,但高端电加工机床专用数控系统与国际先进水平相比,在性能、功能及可靠性方面还有一定差距。

3. 产业结构和产品结构调整取得的成果

(1)产业结构。

1)电加工机床经过几十年的发展,已逐渐形成了具有一定规模、区域性较明显的产业集群,以江浙沪、北京、广东等地区为主,这三大板块的集中度较高。

2)通用电加工机床专业化生产水平在不断提高,主机、电控柜、附配件生产,都有一定的专业化分工。尤其是往复走丝电火花线切割机床,目前已具备了较完善的专业化生产体系,提高了资源的合理配置和专业化水平。

3)目前,许多企业为模具加工提供成套设备,除生产电加工机床外,还生产雕铣机、加工中心等。有的企业发挥电加工技术特长,承接航空航天、军工等领域的难加工材料和特殊零件的加工业务,不断加强技术服务,为用户提供多方位、多层次的解决方案。产业链延伸趋势更加明显。

(2)产品结构。

1)面对跨国电加工企业在高端电加工机床方面性能、品质优良的产品,近期有关内资企业在国家数控机床重大专项成果的支撑下,在与跨国企业(集团)的竞争中艰难前行,有喜有忧。其中,内资企业生产的高端数控电火花成形机床在性能质量上有明显提高,三轴以上数控电火花成形机床达到了中端机的水平,有的逼近国际先进水平,打破了国外产品一统天下的局面,市场份额在不断提升;内资企业生产的单向走丝电火花线切割机床,自2008年金融危机以来,市场份额在不断下降,这类机床的市场竞争力还明显不足,亟待进一步提升。

2)量大面广的往复走丝电火花线切割机床属低端电加工机床产品,近几年开发的多次切割加工技术,使该类产品加工精度、表面质量及相关性能得到明显提高,获得了突破性的进展,推动了该类机床由低端产品向中端产品的发展。

3)高端的多轴数控微小孔电火花加工机床,由于技术提升较快,内资企业生产的产品占据了90%以上的市场份额。为航空航天领域研制的七轴数控电火花高速小孔加工机床也基本满足了用户的要求。

4)细分市场专用数控电加工机床的开发是产品结构调整的亮点。其中,内资企业生产的多轴数控微孔加工机床,不仅能满足国Ⅲ排放标准的汽车发动机喷油嘴精密喷油孔的加工要求,而且开发的具有倒锥孔加工功能的产品也得到了应用,加工化纤喷丝板精密微孔的机床性能也有明显提升,更好地满足了用户新型产品的加工要求。此外,高效、数控、放电铣加工技术及设备是“863”计划项目,完全由我国自主原创;特种材料复杂型面电解加工技术及设备是“863”计划项目,该机床可进行七轴分组联动加工,最大加工效率为4 000mm^3/min,可用于航空航天的高温合金、钛合金等材料的整体叶盘、叶片的精密加工,其加工精度为±0.025mm,型面表面粗糙度$Ra\leq0.63\mu m$。该加工技术和设备达到或接近国际先进水平;蜂窝环数控电火花磨床主要用于飞机、燃气轮机蜂窝环的磨削加工;超硬材料电火花工具磨床配备7个传动轴,具备三轴数控、三轴联动功能,可满足多刃超硬刀具电火花加工的各项要求,可实现表面粗糙度$Ra<0.2\mu m$的PCD、PCBN刀具刃磨加工;五轴数控电火花轮胎模加工机床用于精密子午线轮胎模具花纹块加工;电解成形加工机床用于航空发动机整体叶轮加工;大型阳极机械切割设备用于特殊材料高效低成本切割。

三、我国电加工机床产品关键技术的发展建议

(1)更窄脉宽纳秒级微精电源。

——研究更为先进的电路设计和高水平先进器件的应用技术。

——研究更微小能量传输的抗干扰、高保真技术。

——放电状态侦测技术及微观适应控制技术。

——完成10ns级超窄脉宽微精电火花加工脉冲电源的研制(目前水平为50ns)。

(2)更高效的脉冲电源。

——主要研究更大更优质脉冲能量的产生及传输技术。

——更先进的高效、低损耗电压及电流波形。

——放电过程中更快速的单脉冲检测,对间隙污染智能化的微观、宏观控制技术等。

——电火花成形机最大稳定加工效率500mm^3/min(50A),并实现低损耗,电火花线切割机床最大加工效率达到500mm^2/min。

(3)更高水平的加工状态检测控制技术。

——单放电脉冲、探测脉冲的微观检测及放电间隙电压、电流的宏观检测。

——实现更高水平的放电状态实时、快速、高保真的信号反馈传输技术。

——对脉冲电源参数、电极运动方式,伺服轴运动参数及模式,工作液的流量、压力、温度、电导率等工艺参数进行智能化调整,实现更高水平的放电状态检测及智能化控制。

(4)更优良的加工表面质量。

——突破超窄脉宽电源技术。

——加工状态检测及间隙控制。

——机械结构的刚性及电极运动方法研究。

——特殊材料加工表面质量研究。

——研究电极材料特性与最佳表面加工粗糙度的关系。

——工作液种类及加工区冷却方式对加工表面质量的影响。

(5)开放式可二次开发的数控系统。

——建立共性软硬件平台。

——开发专用应用软件模块。

——性能及可靠性验证。

——更高水平自动编程序系统开发。

(6)智能化技术。

——实现加工过程脉冲电源参数、电极运动、数控轴运动、工作液参数等系统性优化调节,达到更高的电加工过程智能化控制水平。

——配合自动穿丝、电极和工件自动交换技术,远程监控技术,实现无人化加工。

——提取3D模型轮廓进行形状分析,根据当前的加工高度、加工面积或拐角状况,对诸多工艺参数实现智能化控制。

(7)难加工材料的高效精密加工技术。

——更高水平地满足钛合金、高温合金加工要求的专用脉冲电源、检测及自适应控制技术的研究，更好地实现特殊材料稳定、高效的精密加工。

——不同电极材料、不同工作液、电源参数、电流密度与加工效率、放电间隙、电极损耗、表面粗糙度的影响工艺技术的研究，形成特殊难加工材料的工艺数据库。

——特殊难加工材料加工表面微裂纹、重熔层厚度的影响因素及降低方法的研究。

——窄缝、窄槽、精密微孔、深小孔等微细结构的加工技术研究。

(8)绿色、安全技术。

——无电阻数字化脉冲电源的研制。

——深入研究电加工产品设备的电磁兼容技术，从电磁辐射、高次谐波、波形畸变等方面着手，降低或减少产品对输电网络、人体安全及环境的影响。

——研究工作液使用后的分离与解析，加强工作液的循环利用，达到零排放。

(9)直线电动机驱动在电加工机床中的应用技术。

——直线电动机驱动性能的研究。

——直线电动机与电加工机床的低速加工特性和高速抬刀要求的匹配研究。

——直线电动机的散热和机床的热平衡研究，磁屏蔽及防尘处理的研究。

——直线电动机驱动技术在单向走丝电火花线切割机床和电火花成形机床中的应用。

(10)热平衡技术研究。

——研究试验检测方法，建立实验平台。

——机床小环境内的热均衡循环温度检测及恒温控制技术。

——电极热变形的实验研究。

(11)可靠性评价标准。

——研究制定相关的可靠性评价体系。

——对各类电加工机床可靠性检测的验证。

——提出可靠性的控制方法。

〔撰稿人：中国机床工具工业协会特种加工机床分会叶军〕

重型机床行业转型升级已刻不容缓

我国重型机床行业历经了10年高速发展期，行业企业由粗放型经营向技术集约型发展，逐步向现代化企业迈进。产品从低水平简单数控发展到多功能复合化，产品门类、品种、产业规模、市场占有率不断扩大，特别是技术水平实现了跨越式发展，竞争力不断增强，令世人瞩目。

我国重型机床产品发展的技术路径：20世纪80年代引进、消化、吸收国外先进技术与合作生产，主要体现在产品向数控化升级，市场标志是填补空白；90年代二次开发与自主研发并举，主要体现在向多品种、多功能数控型和个性化产品发展，市场份额逐步扩大；进入21世纪以来，以自主创新为主要技术发展途径，以基础共性技术攻关为突破口，实现产品技术全面升级，市场目标是参与国际市场竞争。重型机床历经了这三个重要发展阶段，其中，近10年是我国重型机床发展最快的时期，技术水平明显提升，国际竞争力不断增强，产业规模不断扩大。2013年我国重型机床国内市场占有率达85%以上，市场品种满足度达90%以上，有效抑制了进口，出口产品越来越多，特别是出口产品档次越来越高，甚至出口至西方发达国家。

我国重型机床行业近10年的跨越式发展和长足进步值得肯定。但是，客观地说，这是在国家宏观经济拉动下取得的。值得注意的是，我国重型机床行业尽管高速发展，但仍然存在着一些问题和不足。首先，要看到重型机床进入市场的产品多为中档、低档水平的产品，企业普遍以低成本扩张获取经济效益，而在这种经营模式的主导下，导致一些企业重市场，追求效益最大化，轻技术创新，技术发展相对滞后，形成了以低水平、高能耗为代价换取市场的局面。

因此，我们必须清醒地认识到转变当前生产经营模式，实现转型升级，是适应市场的需要，是企业自身发展的必然。应该利用市场疲软期，尽快转变生产经营模式，加快行业技术升级，以自主创新为突破口，实现重型机床行业转型升级。

一、重型机床行业现状

以前国内生产重型机床的传统专业厂家只有10多家，而现在涉足重型机床产品生产的企业几十家，这在世界上是绝无仅有的。我国重型机床生产企业所生产的产品基本涵盖了重型机床产品的所有门类品种，中低档水平产品占可供品种的60%以上，而中高档水平的产品仅占30%，进口产品占10%。

据不完全统计，国内重型机床行业主要产品的年生产能力为：立式车床(≥1 250mm)约1 500台，重型卧式车床(≥1 200mm)约500台，卧式镗床(≥130mm)和落地铣镗床(≥160mm)约1 200台，重型龙门镗铣床(2 000mm)1 500台，滚齿机(≥2 000mm)100台，轧辊磨床(≥1 200mm)200台。生产能力已严重过剩，市场将面临更加残酷的激烈竞争。

根据国内市场需求量和保有量分析预测，在当前国内外经济不景气，市场持续萎缩的背景下，市场形势不容乐观。市场是企业发展的风向标，市场需求对企业是刚性要求，用户是企业的衣食父母，企业必须遵循市场规律，按市场规律办事，才能健康发展，赢得市场。

我国重型机床行业生产厂家由原来的十几家发展到现在的几十家，生产能力已严重超出市场需要量。值得注意的是，中档、低档水平的产品占市场一半以上，形成了低水平不计成本的恶性竞争态势，严重扰乱了公平竞争的市场环境，也不利于满足国内市场对高档重型机床的需要，对行业的发展极为不利。同时，给国外机床进入我国市场提供了市场机会，我国重型机床生产企业失去参与国际市场竞争的能力和条件。

要改变目前这种状况，必须从行业现状分析入手，找准存在的问题和症结，提出有效解决办法和措施，才能使我国重型机床行业保持持续、健康、稳定的发展。

二、国内外产品水平比较

经过10多年的高速发展，我国重型机床行业收获了市场带来的经济效益，技术进步成效显著，企业竞争力得到了全方位提升，尤其是产品技术水平提高有目共睹，在产品结构、性能，甚至精度方面与国外差距逐步缩小。但是，主要精度、速度、可靠性以及制造工艺等与国外先进水平相比还有较大差距和不足，主要体现在以下几方面。

1. 创新理念

创新理念的差异主要是指技术的各个环节，体现在设计制造全过程。创新不局限于全新的发明和结构上的大改进，而应体现在设计与制造的各个环节之中，这是国内企业与国外企业在创新理念上最大的不同。国内企业一般忽略细节上的创新，这是国内企业产品质量和技术水平与国外企业差距加大的根本所在。

2. 机床可靠性

可靠性是体现机床水平的重要标志之一，连续工作时间是判定产品可靠性的重要指标。国外产品连续工作时间一般可达2 000h，而国产机床一般也就几百小时，有的甚至更短，故障频率远超国外产品。这是国内与国外产品最大差距，也是最难解决的问题。可靠性不仅是主机制造厂家需要解决的问题，还取决于功能部件和配套件。

主机涉及：①设计结构的科学性、合理性、精确性、实用性及可靠性问题。②制造过程精细化贯穿整个制造环节。③国产主机的水平与功能部件和配套件密切相关，功能部件和配套件的水平、质量与可靠性在很大程度上制约了国产主机的可靠性及稳定性。应从主机和功能部件同时入手，攻克制约机床发展的大难题。

3. 制造工艺

制造工艺是体现产品质量水平的主要因素。尽管国产产品的质量已有了很大改观，特别是外观质量进步较大，但与国外产品相比差距仍然较大，尤其是内在质量差距尤为明显，主要是选材、加工、装配等各工艺环节存在严重的粗制现象。国外质量理念已超出传统机床的制造概念。国外企业把机床制造作为消费品，甚至工艺品制作，给人以美的享受，作为艺术品欣赏，这一点确实值得国内企业学习和借鉴。

4. 速度和精度

国产机床的运行速度和精度至少要比国外产品低一个等级。国外重型机床在中小规格的产品上多采用高速传感元器件，如导轨多采用直线导轨或滚珠丝杠副作传动元件，通过直线电动机直接驱动，而作为核心部件的主轴驱动系统普遍采用电主轴系统，大大提高了主轴运转速度。由于国外采用的功能部件的精度级别较高，同时，所有关键传动件的加工精度指标的控制也非常严格，为产品的高速、高精度提供了保障。国内尽管也相继采用这些新技术，但应用还不太成熟，有待进一步完善。关键传动件的加工精度得不到保证，特别是国产功能部件的稳定性及精度难以保证，影响了主机的转速和精度。

尽管如此，国内重型机床行业发展还是值得肯定的，超重型机床的制造能力在世界上处于领先地位，这是不容置疑的，其精度和性能与国外相比也具有比较优势。国外现在具有超重型机床生产能力的厂家已不多见，国产产品具有一定的领先优势。值得一提的是国内重型机床在极限制造方面已屡屡创下世界之最，如：加工直径28m、承重800t超重型数控立式车床，加工直径5m、承重500t数控超重型卧式车床，加工宽度10m、长度67m超重型数控龙门镗铣床，主轴直径320mm的超重型数控落地式铣镗床等已成为世界重型机床的标志性产品。

三、市场面临重新洗牌

当前，市场需求和市场环境已经发生了很大变化。其需求特点是中档、高档数控机床的需求比例不断增大，主要以集高速、高精度、智能化、环保于一体的复合化加工机床为主。同时，市场已释放出明确的信号，技术服务需求更为迫切，显示出一种新的需求态势，即设备与工艺配套、软件设计与远程服务并重的一体化交钥匙工程。这就要求主机生产厂家不但要提供硬件，还要能提供软件、工艺技术服务，标志着未来市场将更加注重技术服务，以技术为核心的营销模式取代传统的产品营销模式。

就重型机床而言，除少数高档高精密产品国内尚不能满足市场需要外，国产重型机床基本能满足市场需要，无论产品品种、水平档次、市场满足度、功能和工艺性能等与国外相差不大。但是，机床的精度、制造工艺水平和可靠性还亟待提高，这是国产重型机床在市场竞争中处于被动的最主要原因。

总之，未来市场技术含量要求越来越高，净化市场的呼声也愈加强烈，意味着只有在技术上能满足市场的产品才会赢得市场，低水平产品必遭淘汰，而那种以量取胜、以劣充优、鱼目混珠的市场局面将一去不复返。因此，市场将面临重新洗牌，优胜劣汰不可避免，新的市场格局即将来临。

四、转型升级刻不容缓

在当前国际金融危机和国内经济疲软的大环境下，机床市场转型升级在所难免，市场需求在悄然变化。无论从我国重型机床行业的发展现状，还是未来的市场需求来看，行业转型升级已迫在眉睫，刻不容缓。当务之急要从以下几方面做好转型升级工作。

1. 转变经营理念

我国重型机床行业经过10多年的高速发展，一些从不生产重型机床的厂家转为生产重型机床产品，导致生产严重过剩，低水平重复建设和恶性竞争的不良局面形成。因此，行业未来的发展必须重新定位，发展思路需要做调整，企业应坚持有所为、有所不为的原则，不断创新经营理念，忌短期行为，重长远发展，这样企业才能健康、稳定、可持续发展。

2. 转变经营方式

转变经营方式要与时俱进，顺应市场潮流，以市场为导向，改变以往规模化的粗放型经营模式，建立以创新为主导的创新型经营模式。应由粗放型向技术密集型转变，加强企业创新能力建设，提高创新能力，增强国际竞争力。

3. 加快产品技术升级

产品技术升级的实质就是全面技术创新，包括产品结构设计优化、功能完善、精度提升、制造工艺优化、精益化生产、材料和功能部件及配套件的优选等。因此，重型机床行业面临的转型升级任务非常繁重，应着重从三个方面抓落实：一是市场定位要准确，按市场需求确定产品发展方向；二是产品技术要满足市场需要，全面提高产品技术水平，在竞争中立于不败之地；三是尽快提高机床的可靠性，缩小与国外差距，这是当前与国外竞争的最大劣势，必须从根本上改变这种被动局面。

技术升级是适应市场、满足市场的需要，要紧紧围绕航空、航天、军工，船舶、能源、铁路及轨道交通等重点行业领域，这些行业对重型机床要求高，特别是对中高档数控机床需求量最大，这些行业也是需要进口产品最多的行业，应将这些行业作为重型机床产品技术升级的重点对象和行业领域。

综上所述，转型升级是一项长期而艰巨的任务，要赶超世界先进水平还有相当长的路要走，应该引起行业和企业的高度重视。受国内外经济不景气的影响，重型机床市场将长期处于低迷状态，要充分利用当前市场疲软期，抓住机会转型升级，从管理、创新、调整产品结构入手，针对市场采取切实可行的措施，加大技术创新力度，敢于投入资金，花大力气，下真功夫，把企业转型、技术升级落到实处。

〔撰稿人：中国机床工具工业协会重型机床分会徐宁安〕

加大技术创新力度 推动木工机床行业转型升级

2012年，木工机床行业度过了艰难的一年。产销水平持续下滑，产品库存逐月增加，全行业只有不到20%的企业营业额实现了同比增加，其余企业均出现了不同程度的下滑，下滑幅度最大的甚至超过了50%。

分析木工机床行业经济效益下滑的原因，除了受国际金融危机和国内客观经济形势走低等大环境影响之外，企业产品结构不合理、中低档产品产能过剩、高档产品不能满足用户需求等是造成经济效益下滑的主要原因。出现大幅下滑企业的共同特点是，产品自动化程度不高、技术含量低、产品同质化等，大多是生产中低水平普通木工机床的企业。许多企业“以销定产”，没有订单就停车、待产，一旦生产受限，产品大量积压，又不得不降价销售，因而造成利润锐减。同时，由于市场需求减少，造成竞争激烈，最终导致企业的利润空间受到不断挤压。

部分企业已经注意到上述问题，开始注重发挥企业技术优势，加大在产品研发方面的投入，建立足够强大的研发体系，根据用户的不同需求更新产品。与此同时，企业开始不断完善产品服务能力，打造产品品牌，树立企业形象，通过各自的重点服务领域实现增长。

如南兴家具装备制造股份有限公司，提出了“南兴家具装备，装备家具行业”的口号。加大研发资金投入，吸引和聘请国外专家来公司工作或做指导，与高等院校联合开发高速木材复合加工中心、后送料数控往复裁板锯、数控多排钻和全自动重型封边机等。该公司还不断丰富产品系列，完善产品性能，为用户提供定制化服务，努力成为用户工艺师，从而赢得了用户的订单。山东木工机械制造企业坚定走自主创新、科学管理的道路，在产业结构调整上，集中人、财、物力，重点研发高附加值、高利润的大型木工机械产品和胶合板生产线，在后金融危机环境下，研发生产了一批自主创新产品：BQK1813型数控无卡轴旋切机、BD1308/26B型机械三点定心上木机、旋切单板生产线成套设备、BQK1626/8型数控液压双卡轴旋切机、BJG1326型数控滚切单板剪板机、BQK1913/4型数控有卡无卡一体旋切机等。其中，BQK1626/8型数控液压双卡轴旋切机属“国内首台（套）”项目，具有自主知识产权，创新程度高，主要技术性能指标取得标志性突破，可替代同类产品进口，同时出口到欧洲、亚洲及美洲等地一些国家和地区，对加快我国木工机械领域的自动化、数控化、智能化进程具有积极的促进作用。牡丹江木工机械(厂)有限公司，抢抓市场机遇，发挥设计制造技术优势，开发了大幅面科技木刨切机，为企业创造了效益，2013 年 1—4 月销售收入超过历史最好水平。上海跃通木工机械设备有限公司研发的具有中国特色的木门加工设备，完全摆脱了国外木门生产线的结构束缚，创出了新品牌，在国际上堪称最优。此外，山东工友集团、四川省青城机械有限公司、广东锐亚机械有限公司和新马木工机械设备有限公司等，注重发挥技术优势，加大产品研发力度，推动转型升级，根据市场需求调整产品结构，充分展现了企业的实力，体现了木工机床行业迎难而上、转型升级的决心。

2013 年，木工机床行业运营情况出现明显好转，许多企业的库存已经消化，产量、产值、销售水平都好于 2012 年同期，普遍实现同比两位数增长，不少企业实现超历史最好水平。

面对 2013 年形势和经营现状，针对转型升级等诸多问题，中国机床工具工业协会常务副理事长吴柏林强调：“行业转型升级的重中之重，是提升中高档数控机床的市场竞争力”。要求企业必须首先转变观念，克服浮躁情绪，脚踏实地扎实做好基础工作。面对转型升级的艰巨任务，应坚定信心，多方共同努力，尽快走上推动行业可持续发展的转型升级之路。

〔供稿单位：中国机床工具工业协会木工机床分会〕

磨料磨具行业转型升级的努力方向

2012 年，国内外形势复杂多变，磨料磨具行业企业按照中央稳增长的总基调，适时调整产品结构，加大新产品的研发力度，加快生产自动化步伐，企业转型升级稳步推进。

一、行业发展存在的问题

2012 年行业总体发展比较平稳，但行业发展的现状与国家经济发展的要求相比相距甚远，还有很多问题影响着行业的健康发展，主要有以下几个问题。

(1)研发力量薄弱，创新成果少。研发力量薄弱与行业企业规模小，科研人员少有关，但更重要的是企业领导需要有改革创新的意识。目前，企业领导自身能力受到了制约，急需有所突破，加强学习，创新观念，才能有创新成果。

(2)产能过剩问题突出。棕刚玉目前产能 430 万 t 左右，产能利用率不足 30%。据中国机床工具工业协会磨料磨具分会掌握的情况，我国还有在建、扩建产能 25 万 t 左右，必将进一步加剧过剩产能的产生。绿碳化硅产能 200 万 t左右，产能利用率约 15%，落后产能还大量存在，企业在调整产品结构，淘汰落后产能方面动作迟缓。产品同质化严重，高档产品少，在电价、人力成本、原材料成本不断上升的情况下，磨料磨具企业只能用降低价格来摊低成本，这也是磨料磨具价格一直上不去的重要原因。进出口价格比较：棕刚玉进口价格 1 310 美元/t，出口价格 670 ~ 680 美元/t；碳化硅进口价格 3 130 美元/t，出口价格 1 664.8 美元/t；磨具进口价格 19 053 美元/t，出口价格 1 790 美元/t。

(3)清洁生产方面还存在突出问题，尤其是冶炼、磨料加工过程中废水、废气、粉尘等污染物的排放缺乏治理。

二、2013 年的展望

2013 年，国际环境仍然充满复杂性和不确定性。欧美日等主要发达国家和地区经济增长乏力，大部分新兴经济体增速放缓。产品出口不会有大幅增长。国内情况，2013 年是新一届政府工作的开局之年，促进经济增长的政策陆续出台，传递出正能量，十八大和十二届人大确定了国内生产总值的增长目标是 7.5% 左右，经济增长速度放缓，但中央明确了经济发展的中心是提高经济增长质量和效益，这为企业发展提出了明确目标，必须围绕国家的经济发展中心，做好企业发展规划，调整产品结构，加快整合。十八大和全国两会为今后经济发展谋好了大局，各行业都会有新的动作，对磨料磨具行业有直接拉动作用的有：加快城镇化建设，会带动房地产的发展；预计钢铁产量 2013 年达到 7.5 亿 t，高于 2012 年的 7.17 亿 t；建材工业随着工业化、城镇化、信息化、农业现代化同步发展，2013 年将保持较快发展势头；据有色金属行业预测，2013 年有色金属工业生产、消费、投资仍呈小幅增长态势；随着金太阳示范工程项目的实施，光伏行业会稳步发展。相关行业的发展，对磨料磨具行业的拉动作用会越来越明显，对行业加快发展是极好的机会，磨料磨具行业应在加快行业发展方面加强如下工作：

(1)加快行业整合，淘汰落后产能。工信部已经正式委托协会对棕刚玉、白刚玉、碳化硅企业准入门槛进行调研；工信部《关于促进耐火材料行业健康可持续发展的若干意见》里也明确提出“及时修订耐火材料行业准入条件，规范行业准入。”2012 年要见到明显成效。

(2)加大行业间横向联合的力度。促进产、学、研、用之间紧密合作，推动产品研发，不断推出新产品。在横向联合方面，磨料磨具分会做了多项工作：征求磨具企业对磨料产品使用中的意见，综合意见后召开了棕刚玉重点生产企业座谈会，一起研讨出现问题的原因及解决办法；2012年3月13号，磨料磨具分会与河南省耐火材料协会，耐火材料战略联盟一起召开了耐火材料用棕刚玉生产应用技术交流座谈会，磨料磨具分会15家重点棕刚玉企业、设计单位、耐火材料行业重点企业的领导和技术人员，耐火材料研究院和多所高校的专家学者出席座谈会并进行了交流，两个协会商定：下一步将在耐火材料用白刚玉、碳化硅等领域进行交流，一起研究修订耐火材料标准，以推动行业发展。这种跨行业的合作使资源得到很好的整合，今后还会与其他相关行业进行交流，不断提高产品生产的针对性，多生产“新、特、精、专”产品，为行业产品广泛进入相关行业搭好桥，做好推手。

（3）加强清洁生产检查。2013年影响中国的雾霾天气，对生产提出更高环保要求。不少冶炼企业、加工企业也做了“贡献”。分会在行业准入门槛中对粉尘排放、废水废气排放等方面进行标准量化。从自身做起，为营造山清水秀，发达富裕的社会贡献力量。

（4）加强品牌建设。从统计结果不难看出，在国内有影响的品牌产品，市场销售情况就好。现在不少企业已经认识到品牌的重要性，在努力打造行业知名品牌，乃至全世界知名的品牌。在与相关行业交流过程中，把行业著名产品推荐给他们、提高著名产品市场占有率是分会近期的重点工作。

（5）加强企业领导干部和员工的培训。领导干部不但要提高政策水平、开拓能力，还要不断了解技术发展的动向，主动到高校、研究单位学习，拓宽思路。对职工，不但要进行厂规厂纪的培训，也要进行专业技术培训，以提高生产技能。可采取走出去、请进来、院校培训、院校直接到企业组织培训等方式。经过培训，企业的经营、管理、技术创新将上一个新的台阶。

每个人都有梦想，每个企业都有梦想，就像习近平主席在十二届全国人大一次会议闭幕式上所讲的，有梦想、有机会、有奋斗，一切美好的东西都能创造出来。李克强总理讲：“喊破嗓子不如甩开膀子。”只要心怀梦想，甩开膀子大干，个人梦想、企业的美好前程一定能够实现。

〔撰稿人：中国机床工具工业协会磨料磨具分会周金龙〕

（栏目编辑：张珂玲）

中国机床工具行业

“春燕奖”专栏

宇环数控机床

宇环数控机床股份有限公司（原湖南宇环同心数控机床有限公司）成立于2004年，是专业研发、生产精密、高效数控磨床系列产品及工业机器人的国家重点高新技术企业。近几年，公司在激烈的市场竞争中，通过加强技术创新、实现转型升级，在自动化、信息化、集成化方面，形成了自己的核心技术优势，实现了跨越式发展。现为长沙市数控装备产业技术创新战略联盟理事长单位，是湖南省数控机床行业标杆企业和国内行业知名企业。

宇环数控秉承“责任为本、创新为谋、发展为恒、奉献为荣”的经营宗旨，致力于成为全球数控磨削技术方案的专业提供商。

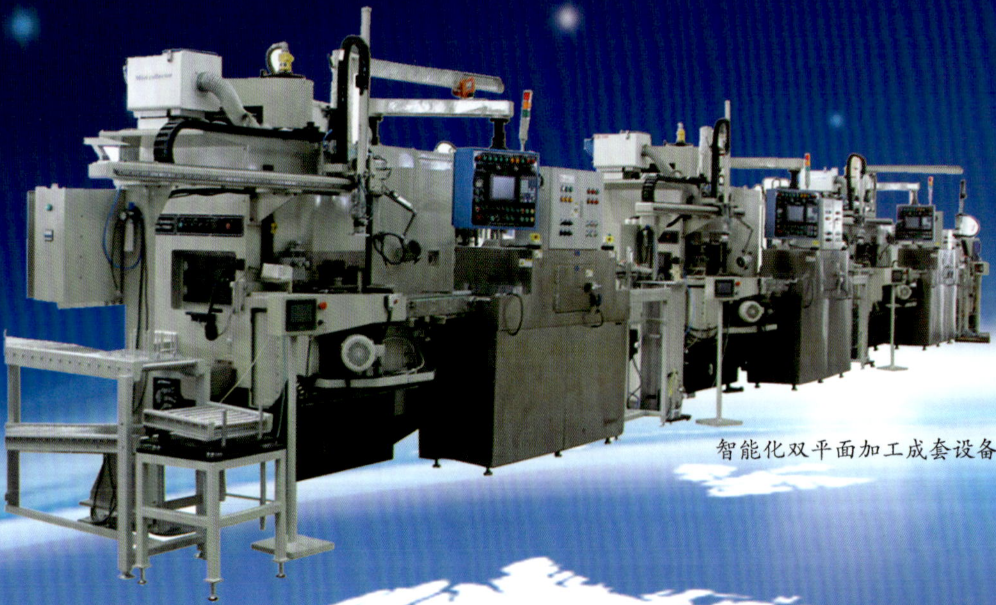

智能化双平面加工成套设备

股份有限公司

公司建立了完善的现代企业制度，通过了ISO9001:2008国际质量管理体系认证，建立、健全了产品质量保证体系，并被评为湖南省机械（汽车）工业质量管理成果先进企业和湖南省产品质量信得过AAA级企业。产品质量和企业效益在同行业中处于领先水平。

公司主导产品包括数控双端面磨床、数控凸轮轴磨床、数控研磨抛光机、复合车铣组合机床、数控外圆磨床、数控气门磨床、活塞环专用设备、自动化系列产品；多项新技术、新产品都填补了国内空白，整体技术水平达到国际领先或先进水平及国内领先水平，完全可以替代进口产品。产品广泛应用于汽车、内燃机、IT电子、轴承、电器、密封件、船舶和航空航天等行业。

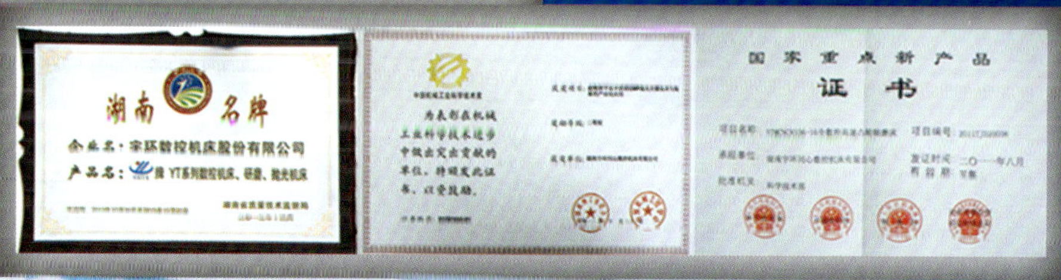

地址：湖南省浏阳制造产业基地永阳路9号　　邮编：401323
电话：0731-83201588　　传真：0731-83201588
E-mail:yxb@yh-cn.com　　http://www.yh-cn.com

全球精密磨削智能

全伺服塑料瓶灌装封口智能成套设备

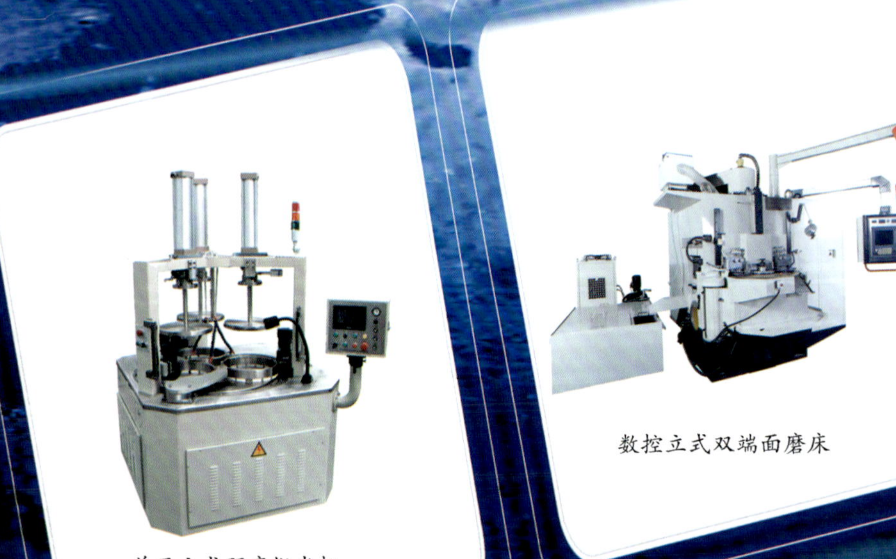
单面立式研磨抛光机

数控立式双端面磨床

高精度立式双面磨床

装备技术方案提供商

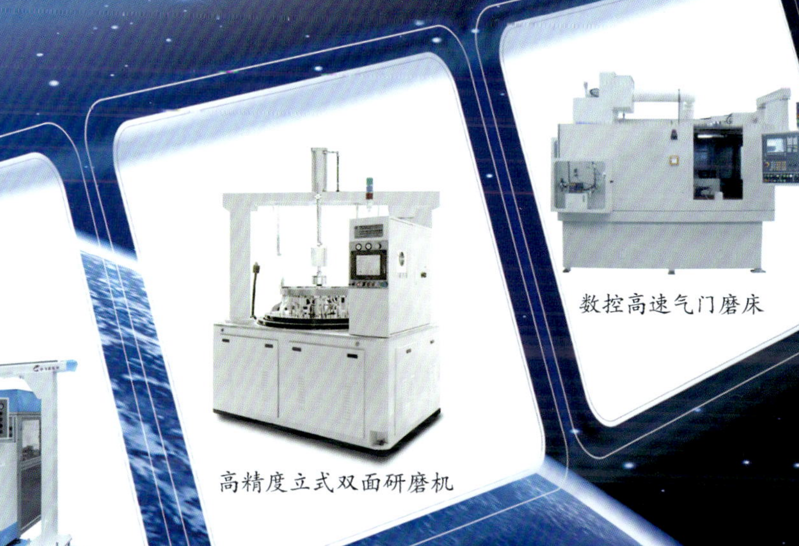

宇环数控机床股份有限公司

地址：湖南省浏阳制造产业基地永阳路9号　　邮编：401323
电话：0731-83201588　　传真：0731-83201588
E-mail:yxb@yh-cn.com　　http://www.yh-cn.com

济南铸造

JINAN FOUNDRY &

济南铸造锻压机械研究所始建于1956年，是机械工业部门直属的专业从事铸造机械、锻压机械、液压技术等多专业综合性应用技术研究、开发和行业归口管理的一类科研机构。

1999年7月转制为科技型企业，成为中国机械工业集团有限公司的成员单位。

2009年12月，由中国机械工业集团有限公司和宝钢集团有限公司、中国重型机械研究院有限公司、中国浦发机械工业股份有限公司、机械工业第三设计研究院共同发起，以增资扩股方式，将济南铸造锻压机械研究所改制为济南锻压机械研究所有限公司。

公司现有员工1 000余人。其中，从事研发设计、工艺研究人员240余人，具有高级专业技术职务的人员90余人，拥有一批享受国家特殊津贴的专家和学科带头人。

公司主要从事铸造机械及铸造工程机械化、自动化成套技术及装备，锻压机械及锻压工程机械化、自动化成套技术及装备，数控锻压和激光加工技术及设备、数控板材加工成套设备，各种大型闭式通用和专用机械压力机、液压机及自动化生产线，液压元件及系统的新技术和新产品开发、设计、制造；铸造锻压机械产品质量检测；相关技术的咨询服务。

锻压机械研究所有限公司

ETALFORMING MACHINERY RESEARCH INSTITUTE CO.,LTD.

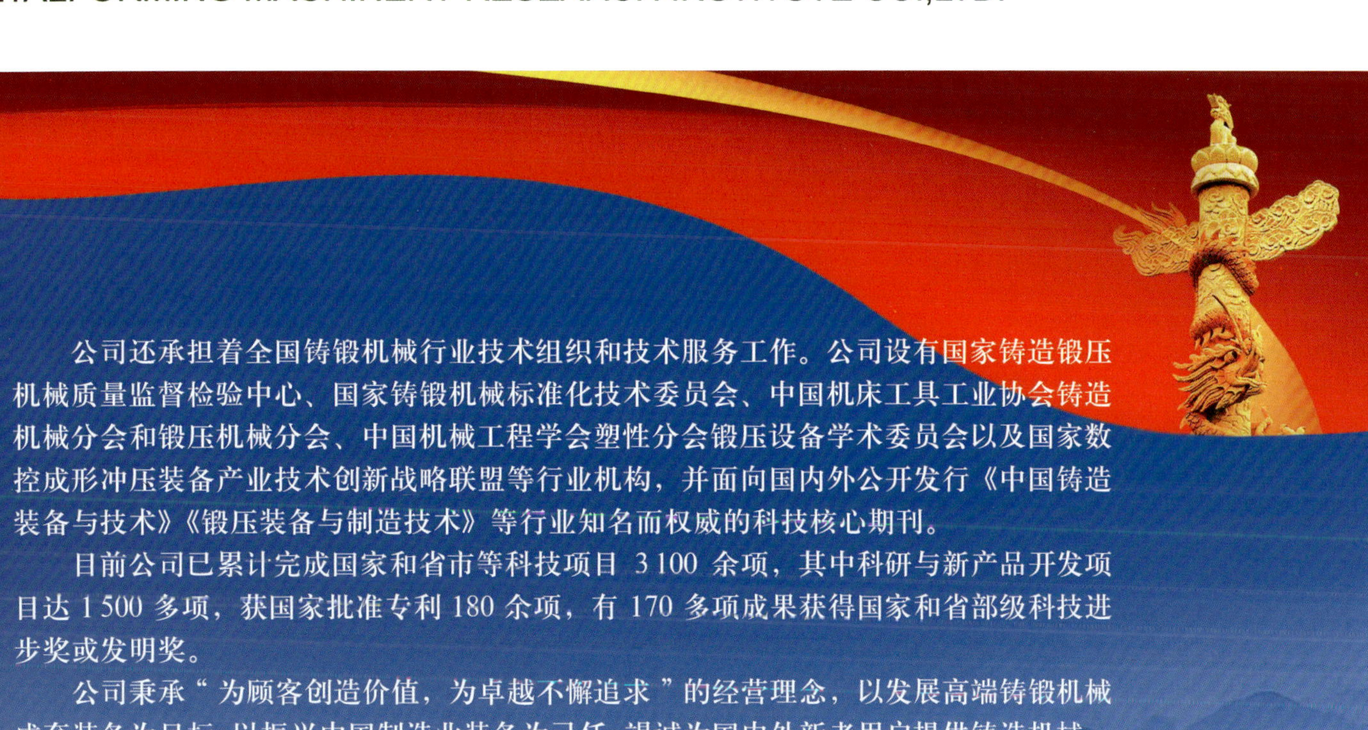

公司还承担着全国铸锻机械行业技术组织和技术服务工作。公司设有国家铸造锻压机械质量监督检验中心、国家铸锻机械标准化技术委员会、中国机床工具工业协会铸造机械分会和锻压机械分会、中国机械工程学会塑性分会锻压设备学术委员会以及国家数控成形冲压装备产业技术创新战略联盟等行业机构，并面向国内外公开发行《中国铸造装备与技术》《锻压装备与制造技术》等行业知名而权威的科技核心期刊。

目前公司已累计完成国家和省市等科技项目 3100 余项，其中科研与新产品开发项目达 1500 多项，获国家批准专利 180 余项，有 170 多项成果获得国家和省部级科技进步奖或发明奖。

公司秉承“为顾客创造价值，为卓越不懈追求”的经营理念，以发展高端铸锻机械成套装备为目标，以振兴中国制造业装备为己任，竭诚为国内外新老用户提供铸造机械、数控锻压机械和板材加工领域完整的解决方案及成套加工装备，致力于绿色环保、节能降耗和铸锻机械行业可持续发展。

济南铸造

JINAN FOUNDRY &

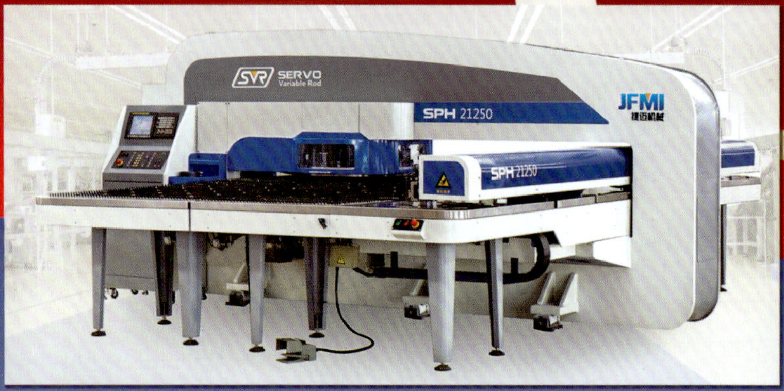

CCMT2014
中国数控机床展览会
CHINA CNC MACHINE TOOL FAIR
春燕奖
SPRING SWALLOW AWARD
中国机床工具工业协会
CHINA MACHINE TOOL & TOOL BUILDERS' ASSOCIATION
2014年2月中国上海
APRIL 2012 NANJING, CHINA

数控转塔冲床

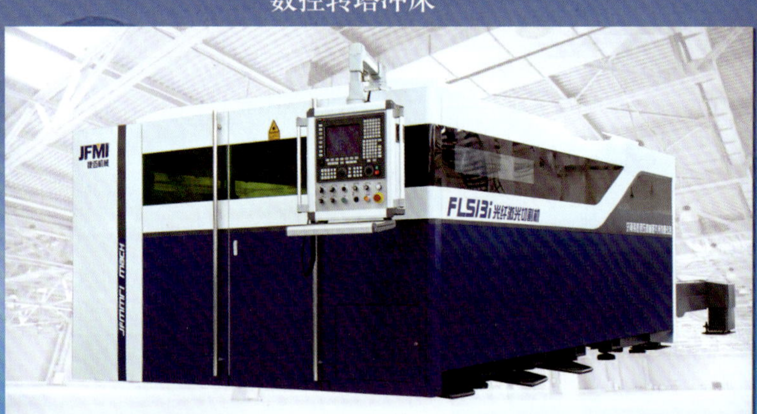

数控激光切割机

高档中大型冲（锻）压设备

数控冲剪折设备

锻压机械研究所有限公司

ETALFORMING MACHINERY RESEARCH INSTITUTE CO.,LTD.

清洁高效绿色铸造成套装备

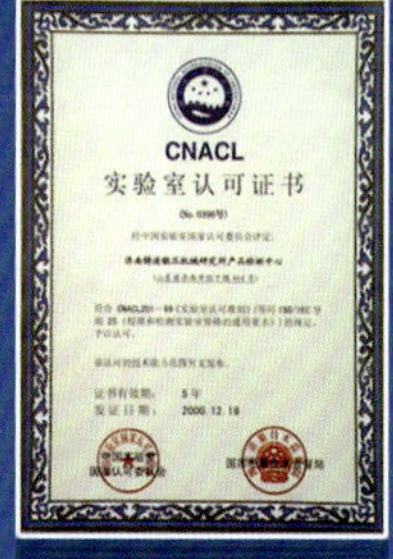

地址：山东省济南市长清区凤凰路500号

邮编：250306

电话：0531-87979108

传真：0531-87964055

http://www.zds.com.cn

高档数控开卷校平生产线

数控激光加工设备

高端汽车纵梁成套装备

春燕奖专栏

CCMT2014“春燕奖”展品展示了我国机床工具行业企业科技创新、自主开发的优秀成果，鼓励行业企业更加重视自主创新与技术进步，生产出更多重点行业核心制造领域急需的各种数控机床及数控机床配套产品。相信通过全行业的共同努力，我国数控机床的发展会像春天一样，生机盎然、蓬勃发展。

《中国机床工具工业年鉴》作为行业的宣传窗口，将继续记录企业创新发展的历程，展示更多的优秀创新成果。

高端访谈
高端视角 审视行业

民营数控机床企业的奋发之路

——山东永华机械有限公司

2014年，市场的持续低迷给各厂商带来了巨大的生存压力。长期需求不振、中低端市场竞争白热化、高端市场竞争乏力的现状已成为国内各大机床厂商面临的严峻问题。如何调整状态、破冰突围，如何长期生存发展成为各企业深入思考的关键。山东永华机械有限公司（简称永华机械）作为近年来新发展起来的机床制造企业，从零起步，坚持走技术引领的创新之路，自主研发与跨国技术合作并重。在即将到来的CIMT2015展览会上，永华机械将携两款高速五轴加工中心和一台高精度刨台式数控铣镗加工中心登陆国际舞台，展示中国机床工具行业民营企业的实力与竞争力。

永华机械成立于2007年，总部位于山东兖州。公司占地面积13.3万m^2(200亩)，总资产逾7亿元，是山东省高端装备制造业重点企业之一，国家高新技术企业。公司自成立以来，即致力于中高档数控机床的研发制造，主要产品为高速立式加工中心，大型龙门加工中心，高精密立式和桥式五轴加工中心及五轴铣镗床等。近年来持续为航空航天、军工、船舶、汽车、风电及核电等重要工业领域提供可靠的加工解决方案。凭借良好的发展势头，公司先后荣获“山东创新型民营企业”、省级“工程技术研究中心”等称号；产品也被评为“山东名牌”。

回顾企业的发展之路，技术创新和自我变革是两个必不可少的驱动因素。

一、适时而动，快速布局

2008年，永华机械经过多番研究论证、周密筹划后，毅然投资机床制造领域。作为国家战略重点支持的朝阳产业，数控机床行业素来以“技术密集、资金密集”而著称，对于民营企业存在较高的进入壁垒。因此，在发展初期，永华选择了一种能快速启动的运营模式——加工中心整机组装。

2008年年中，公司一期项目进入密集施工阶段，在克服国际金融危机的严重影响和北京奥运会期间限水限电的重重困难后，用5个月时间完成了一期加工中心装配车间的主体建设。同年12月，第一台永华立式加工中心顺利下线，给后续数控机床业务发展打下了坚实的基础。2009年，伴随着国家四万亿元经济刺激政策的推进，国内机床市场需求空前高涨，公司产品订单量也随之大幅增加。应发展需要，公司在全国重点省市设立了销售服务机构，共设置了华东、华北、中南、西北、西南和东北6个销售大区，完成全国营销团队的组建，各类加工中心月产销量也迅速突破了50台。

当时，整个机床市场如火如荼，永华机械却只能扮演“代工组装基地”的角色，谈不上真正意义上的机床制造。由于采用整机组装的生产模式，包括机床床身、数控系统、钣金防护罩在内的所有重要部件全部依赖于外部供应，产品同质化严重，价格战进入白热化。为摆脱在低端市场恶性竞争的不利局面，

公司毅然决然开始走自主化研发、转型升级之道路。

二、自主研发，转型升级

2010年，永华机械大力推行"转方式，调结构"的战略方针，着手投资二期项目，全速组织产品自主研发，规划中高档立式、卧式、龙门加工中心三大类12个系列产品的设计制造。公司组建了一支由国内外资深专家和技术骨干50多人组成的专业研发团队，通过大力开发和持续创新，不断实现关键技术突破和产品升级。为满足高精密机床的加工、装配条件，公司先后斥巨资建设国内先进的15 000m^{2}恒温无尘生产车间，引进瑞士、德国、日本高精密导轨磨床、镗铣床、坐标镗床、高精密三坐标测量仪等国际一流的加工和检测设备。为达到最佳的稳定性和精度保持性，公司同时设计建造了铸件二次回火时效炉对机床结构件进行时效处理。至2011年，永华机械已陆续完成立式加工中心线轨、硬轨全规格机型，卧式加工中心H50和H63，定梁龙门加工中心G12、G18、G24、G28、G32系列机型的自主研制和市场推广。全新的设计理念和全新的外观，严格的内控质量标准，永华自主机型一经推出就受到客户的充分肯定，迅速取代了原有组装机型。至此，永华机械初步完成了从整机组装到自主研发制造的转型升级，成为真正意义上的机床制造企业。同年，公司获得"国家高新技术企业""省级工程技术研究中心""山东名牌"等荣誉称号。

三、创新驱动，突破跨越

近几年来，通过在科技创新方面持续的高投入，公司新产品开发制造能力不断加强。为促进企业在中高档机床市场持续提升竞争力，永华机械加快了向更高层次研究探索的步伐。CCMT2012展会后，永华机械提出了向高速、多轴、复合、大型，专攻镗铣加工系列产品方向发展的战略规划，再次投资建设三期超重型龙门镗铣床研发生产项目，加速新产品的研制和产业化。一方面，公司与山东大学、西安理工大学建立了紧密型产学研合作关系，校企双方合作共建了山大－永华高档数控机床研究中心、大学生实践基地，以推动机床共性技术

研究、技术成果转化和技术人才培养，并在2013年共同承担了山东省自主创新重大专项"高精度重心驱动桥式五轴镗铣加工中心"项目；另一方面，公司积极寻求与国外先进机床制造企业的技术合作，在欧洲设立研发中心。2013年与意大利公司联合开发具有国际领先水平的"高速立式五轴联动加工中心"，产品加工精度、动态响应性能、综合性价比均高于市场同类产品。

2014年，永华机械与德国知名机床制造企业ROTTLER公司达成全面战略合作关系，共建"ROTTLER YONGHUA"品牌，打造中德"ROTTLER YONGHUA"精密机床（中国）制造基地，联合开发、生产面向高端制造业的高速精密型镗削、铣削类加工机床。首款合作机型高速桥式五轴加工中心采用箱中箱、内置C轴、力矩电动机等先进结构设计，兼顾高速、大转矩、高精度的加工需求，推出后将成为航空航天等领域的加工利器。

总体来讲，自主创新和跨国合作推动了产品的创新、技术的转型升级，给企业带来了新的机遇和更大的发展空间。在当前市场整体低迷的经济形势下，永华机械逐步完成了追赶、超越国内外同行的原始技术积累。

山东永华机械有限公司建设发展的六年，是坚强奋斗的六年，是孜孜追求的六年，是充满期待的六年。在中国成为世界第一机床消费大国的今天，永华机械的成长是中国成百上千民营机床企业奋发崛起的代表，这也预示着中国机床制造格局正在重新被确立。相信不久的将来，在这批年轻的富有赶超精神的新兴机床企业里，定将能够涌现出值得我们骄傲的世界一流机床品牌。

创新引领未来

——宇环数控机床股份有限公司

宇环数控机床股份有限公司（原湖南宇环同心数控机床股份有限公司，以下简称宇环数控）始建于2004年，是专业研发生产精密、高效数控磨床及精密研磨抛光机系列产品及工业机器人的国家重点高新技术企业，为国内精密数控磨削装备、研磨抛光装备的产业化基地。公司自成立以来，为我国汽车、内燃机、IT电子、密封件、轴承、船舶及航空航天等行业的发展作出了较大贡献，被誉为内燃机行业的“明星企业”。

宇环数控拥有省级数控精密磨床工程技术研究中心和省级企业技术研究中心。公司依托国内外专家队伍和湖南大学、大连理工大学在国内外磨削领域的前瞻优势，锐意进取，通过品质管理、技术创新等手段，形成了自已的核心优势，每年的技术开发费用都占销售收入的5%以上。几年来，通过不断加强创新能力建设，陆续开发了30多种高新技术产品。多项新技术、新产品填补了国内空白，整体技术水平达到国际领先或先进水平，完全可以替代进口产品。多项产品荣获中国机械工业科学技术奖二等奖、国家重点新产品奖、中国机床工具工业协会“质量十佳”奖、中国国际机床展（CCMT）“春燕奖”、中国内燃机百年成就奖、湖南省科技进步奖、湖南省新产品金奖及湖南省名牌产品等奖项。公司现拥有自主知识产权的专利80项，企业标准19项，注册商标6个。

近几年，宇环数控产品与世界著名公司同台竞争连连胜出，充分展示出其在技术和品牌效应上的实力。问渠哪得清如许？为有源头活水来。坚持自主创新是宇环数控在激烈的市场竞争中实现快速发展的制胜法宝。

管理创新 多措并举

管理创新是企业发展的保证。宇环数控制定和完善了一整套旨在以“创新”为中心的企业运行模式和管理体制，以制度激发和鼓励技术创新，为企业的不断提升和高速发展奠定了良好的基础。公司鼓励员工在工作岗位上开展多种形式的创新活动；并通过各种方式推行创新文化，营造良好的创新氛围，形成了“人人参与创新”的企业文化。

宇环数控早在2007年8月，就通过了ISO9001质量体系认证，建立、健全了质量保证体系，同时采取多项措施，保证质量体系的有效性。2012年，全面导入ERP管理系统，营销、研发、采购、生产、品质、物流和财务等各部门严格按照各自业务流程进行运作，对产品质量层层把关、层层监控，并持续开展PDCA活动，不断提高职工的参与意识。“我为公司，公司为我”成为企业核心文化之一。

知识就是生产力，创新离不开人才。宇环数控将人才的经营放在首位，坚持以人为本，贯彻“事业吸引人、感情留住人、政策激励人、岗位造就人、培训提高人”的人才方针；“人才辈出、人尽其才、人尽其用”是公司近几年保持稳健发展的制胜绝招。2013年，公司从知名日资企业引进自动化开发设计团队，实现了当年引进、当年见效。该团队开发的YHZD001智能化双平面加工成套设备、YHCX43全自动显示屏玻璃擦洗机、二轴工业机械手、三轴工业机械手等多项自动化产品填补了国内空白，部分产品达到国际先进水平，并已经赢得了市场的认可。团队带头人朱先生表示，宇环数控为自己提供了实现梦想、走向成功的舞台。2013年公司从知名企业引进的另一团队，当年研发成功面向药品包装行业的YHSGF160全伺服塑料瓶灌装封口智能成套设备。该成套设备亮相武汉第47届“药机展”，博得了业界专家的众多好评。

宇环数控采用横向跨部门的项目管理模式，各部门功能得到快捷、高效发挥，部门间相互协调、相互促进，企业资源得到最佳利用。面对行业激烈的市场竞争，宇环数控未雨绸缪，以市场为导向，及时把握“十二五规划”中智能制造装备这一先进技术发展方向，向智能装备制造升级转型。2014年，公司成立了智能装备制造子公司，为智能装备制造的科技创新提供组织保障，促进智能装备的深度研发，将智能化关键技术拓展应用到多种行业。

科技创新 打造品牌

宇环数控拥有全国唯一一家省级数控精密磨床工程技术研究中心，下设精密磨削研究所、精密研磨抛光研究所、自动化研究所、检测中心、工艺技术研究所、研制试验中心以及综合办。现有科技人员92人，专业涵盖机械设计制造及自动化控制、电子工程、计算机等领域，其中博士3人，硕士23人，具有高级技术职称的8人，该技术研发团队在职称结构、专业结构和学历结构方面具有较强的优势。公司坚持以企业为主体、市场为导向的科技创新原则，不断加强创新能力建设，以创新为驱动，实现特色化产品与服务，向精细化管理要效益，保证业务领域的领先优势。

宇环数控主导产品包括数控双端面磨床、数控凸轮轴磨床、数控研磨抛光机、复合车铣组合机床、数控外圆磨床、数控气门磨床、活塞环专用设备及自动化系列产品。公司研发的产品拥有自主知识产权，其科技含量高、性价比高、市场竞争力强、市场占有率高，在行业内具有较高的品牌优势；多项新技术、新产品填补了国内空白，整体技术水平达到国际领先或先进水平，完全可以替代进口产品。

(1) “YHDM-580高精度立式双端面磨床”“YTMK750A-CNC/CBN数控双端面磨床”被科技部列为国家重点新产品，并荣获2007年度湖南省优秀技术创新项目。

(2) 2009年“CNC/CBN高效高精度数控双端面磨床”荣获湖南省机械工业科学技术进步奖二等奖；“高精度、高效率双端面磨削技术开发和设备研制”项目荣获湖南省科学技术进步奖三等奖。

(3) “YTMCNC8336-16全数控高速凸轮轴磨床”被科技部评为国家重点新产品、科技型中小企业技术创新基金重点项目，并荣获2012年度湖南省科学技术进步奖三等奖。

(4) 2012年，8个新产品通过了由湖南省机械行业管理办公室组织的新产品鉴定，鉴定意见为整体技术达到国际先进水平。

(5) 2012年，在中国机床工具行业最具影响力的十大品牌评选活动中，宇环数控被评为“十大新锐企业”，“YTDM580CNC/CBN数控立式双端面磨床”在“第七届中国数控机床展览会（CCMT）”上荣获“春燕奖”。

(6) 2012年，参加美国A公司设备采购竞标，主导产品高精度单面、双面研磨抛光机，在与德国皮特－沃特等多家著名公司的竞争中，获得了1 100多台的订单，约占A公司该项总采购量的80%，充分说明宇环数控产品已达到国际先进水平，完全可以替代进口。当年，宇环数控研磨抛光机销售量占国内市场份额跃升至第1位，销售收入为湖南省其他数控机床企业的总和，奠定了在湖南省数控装备行业的龙头企业地位。

(7) 2012年，美国A公司将宇环数控列入全球合格设备供应商名录，成为湖南省机床行业内唯一一家进入该名录的企业。

(8) 2012年，“超精密平面半固着CMP抛光关键技术与装备的产业化应用”荣获中国机械工业科技进步奖二等奖；“YT系列数控机床、研磨、抛光机床”荣获湖南省名牌产品；YH2M8192立式单面研磨（抛光）机荣获中国机床工具工业协会2013年度“质量十佳”奖。

(9) 2013年，YHZD001智能化双平面加工成套设备及YHCX43全自动显示屏玻璃擦洗机等7项科技成果及新产品通过由中国机械工业联合会组织的鉴定会，鉴定意见为“鉴定产品填补了国内空白，整体技术水平达到国际先进水平”。YHZD001智能化双平面加工成套设备在“第八届中国数控机床展览会（CCMT）”上荣获“春燕奖”。

(10) 2014年，“难加工材料镜面抛光关键技术与装备的产业化应用”获湖南省科技进步奖二等奖；新一代高精度立式双面磨削抛光机床YHM77115、YHM7710系列产品，突破了超硬脆性难加工材料研磨抛光的技术瓶颈，解决了国内外企业的加工难题。该设备的开发成功，表明宇环数控产品精度已进入纳米级领域。

和谐发展 共创未来

在2012年完成股份制改造后，宇环数控管理实现了跳跃式发展，由初期的人治化管理、制度化管理发展为规范化管理，实现了一年一台阶的管理提升，初步形成了具有宇环数控特色的规范化管理模式。其核心在于充分尊重人的价值，强调通过确立一套共同的价值观念体系来引导和规范员工的意志行为，提高公司整体的执行力。公司建立了完备科学的激励制度，充分调动了职工的积极性、主动性和创造性，营造出企业与职工“双赢”的企业文化；同时，努力营造个人价值实现的优良环境，提供个人价值实现的事业舞台，使个人与组织共同成长，实现个人与企业共同和谐发展。

在宇环数控，员工的人格尊严、人身权利得到充分尊重，并能经常感受到来自企业大家庭的理解、关怀和帮助。员工对企业产生了真切的认同感、安全感和归属感。

宇环数控将“共筑一个梦，共建一个家”落到实处。公司为每位职工缴纳了“五险一金”，解决了员工的后顾之忧；新建了职工住宿楼、职工活动中心；以改善职工生活。大家庭的观念深入人心，增强了公司的凝聚力；人员稳定，为企业腾飞打下了坚实的基础。

未来宇环数控将根据企业自身特点，继续坚持创新，实现企业经营管理优化升级和产品结构优化升级，完善人才培育、引进体系，实现由“单台产品供应商”向“智能成套设备供应商”“服务供应商”全面转型，从“规模扩张型”向“创新效益型”“国际竞争型”转型，逐步形成差异化核心竞争优势。坚持市场引导企业，产业服务市场。面向国际国内两个市场，以满足市场需求为产品结构调整的基本方向，以创造市场需求为技术结构优化的努力方向，进一步提升企业、产品在国际国内市场的知名度，扩大产品市场份额。继续坚持以创新引领未来，做全球精密磨削智能装备技术方案提供商。

高端访谈

高端视角 审视行业

全球经济再平衡和中国经济结构调整的大背景，继续对产业发展环境产生着深刻影响，市场环境和其他增长要素也将继续发生显著的变化。我国机床工具行业已进入以结构调整和转型升级为主要特征的新的历史发展阶段。今后，全行业企业将以市场为导向，继续走创新发展之路，适应经济发展的新常态。

《中国机床工具工业年鉴》以“高端访谈”专栏，关注中国机床工具行业发展的新变化，见证行业企业转型升级、持续创新的发展历程！

行业概况

从生产发展、市场及销售、产品进出口、科技成果及新产品等方面阐述机床工具各分行业及企业2013年发展情况

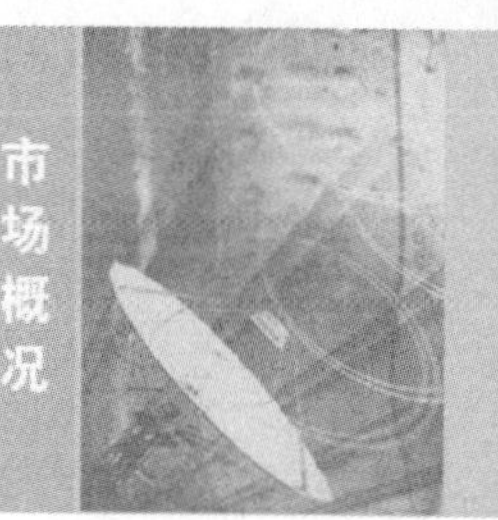

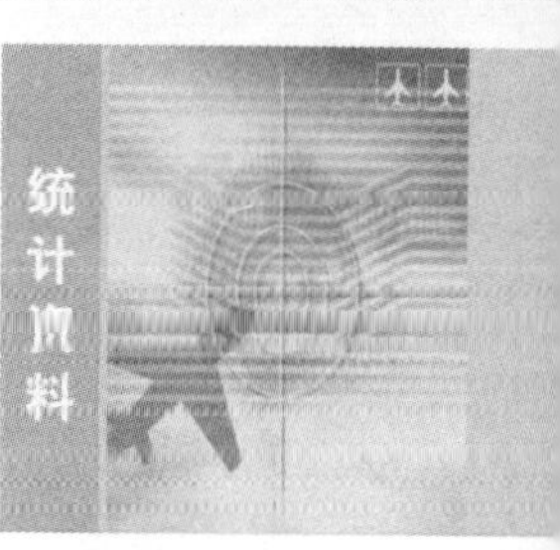

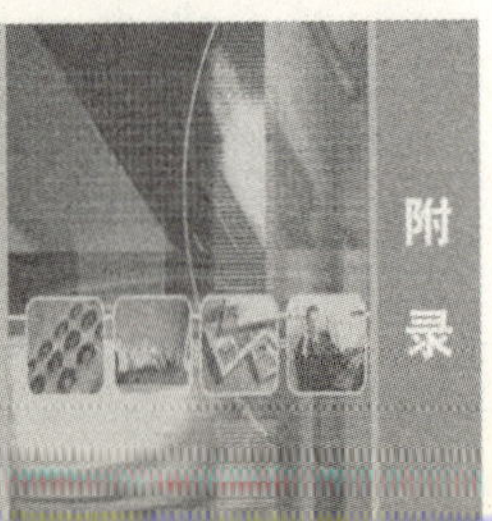

金属切削机床

金属切削机床行业包括车床行业、铣床行业、钻镗床行业、磨床行业、齿轮加工机床行业、特种加工机床行业、插拉刨床行业、锯床行业、组合机床行业、重型机床行业以及小型机床行业。

一、行业基本情况

根据国家统计局数据,2013 年,金属切削机床行业规模以上企业 743 家,比上年增加 65 家;实现主营业务收入 1 502.7亿元,同比增长 0.8%;利润总额 53.0 亿元,同比下降 15.8%;资产总计 1 864.0 亿元,同比增长 9.1%。

2013 年,参加本年鉴统计的金属切削机床行业企业 202 家,比上年减少 25 家,占全行业企业总数的 27.2%。实现工业总产值 910 亿元,同比下降 3.3%;工业销售产值 906.9 亿元,同比下降 1.2%;利税 45.2 亿元,同比下降 30.9%;行业从业人数 15.86 万人,比上年减少 7 398 人;资产总计 1 364.6亿元,同比减少 0.79%。

市场经济环境下,行业企业产品结构呈现多元化。2013 年,参加本年鉴统计的 202 家金属切削机床行业企业的机床工具类产品产值为 686.5 亿元,占工业总产值的 75.4%,与上年相比,减少了 10.7 个百分点。各小行业机床工具类产品产值所占工业总产值的比重各异,占比最高的铣床行业,其占比超过 90%,最低的齿轮加工机床行业,占比仅有 4 成多。

2013 年金属切削机床行业 11 个小行业(202 家企业)基本情况见表 1。

表 1 2013 年金属切削机床行业 11 个小行业(202 家企业)基本情况

行业名称	企业数(家)	工业总产值(万元)	其中:机床工具类产品产值(万元)	工业销售产值(万元)	其中:机床工具类产品销售产值(万元)	工业增加值(万元)	实现利税(万元)	从业人员平均人数(人)	资产总计(万元)	流动资产平均余额(万元)	固定资产净值余额(万元)
车床	24	2 643 986	2 272 948	2 578 645	2 578 645	834 531	14 430	41 566	4 044 152	2 680 884	636 124
铣床	26	834 541	768 076	870 599	797 101	299 845	89 310	19 889	2 155 181	1 450 293	422 361
钻镗床	19	1 619 341	1 106 347	1 596 830	1 080 517	2 610 872	66 470	16 998	1 961 720	1 292 541	278 125
磨床	28	433 799	305 193	487 314	340 717	117 541	24 719	12 835	1 027 874	575 794	274 788
齿轮加工机床	14	718 145	313 103	699 298	314 328	161 369	19 666	21 782	1 220 101	715 823	192 200
特种加工机床	27	632 430	304 248	641 941	276 784	518 390	95 034	11 657	931 079	574 444	300 067
插拉刨床	10	47 540	28 138	48 295	46 325	23 079	-811	2 526	127 537	72 653	41 266
锯床	25	195 054	173 189	190 382	147 164	67 730	30 116	4 354	255 596	140 027	73 752
组合机床	16	1 724 797	1 382 257	1 687 737	1 317 039	325 127	111 552	11 109	1 783 807	1 337 064	314 651
重型机床	7	186 505	156 937	203 450				13 159	34 421	1 785 354	
小型机床	6	63 770	54 020	61 216	61 216	10 787	1 621	2 633	104 920	66 256	42 645
合计	202	9 099 906	6 864 764	9 068 736	6 962 865	4 978 272	452 107	158 508	13 646 387	10 691 134	2 575 977

二、行业生产情况

根据国家统计局数据,2013 年,生产金属切削机床的企业共计 519 家,比上年增加 34 家,共生产金属切削机床 725 851台,比上年减少 8.9%。其中生产数控金属切削机床的企业 267 家,比上年增加 23 家,生产数控金属切削机床 209 287 台,同比增长 1.7%。

2013 年,参加本年鉴统计的 202 家金属切削机床行业企业,共生产金属切削机床 324 041 台,比上年减少 15.4%,占全国金属切削机床总产量的 44.6%;生产数控金属切削机床 155 505 台,比上年减少 3.8%,占全国数控金属切削机床总产量的 74.3%。金属切削机床产值 669.9 亿元,比上年下降 12.1%;数控金属切削机床产值 487.1 亿元,比上年下降 9.1%。金属切削机床产值数控化率 72.7%,比上年提高了 2 个百分点。

各种金属切削产品中,产量前 5 名的依次是:车床占 40.6%,钻床占 12.2%,锯床占 11.4%,铣床占 11.1%,加工中心占 8.7%。产值前 5 名的依次是:车床占 28.3%,其他金属切削机床占 19.9%,加工中心占 19.0%,铣床占 5.9%,钻床占 5.6%。数控金属切削机床产量前 5 名的依次是:车床占 47.8%,加工中心占 17.8%,铣床占 13.3%,特种加工机床占 8.2%，锯床占 3.9%。数控金属切削机床产值前 5 名依次是：车床占 28.1%，加工中心占 23.7%，其他金属切削机床占 17.5%，镗床占 6.5%，组合机床占 6.0%。

2013 年金属切削机床行业（202 家企业）生产情况见表 2。

表 2　2013 年金属切削机床行业（202 家企业）生产情况

产品名称	实际完成		其中：数控	
	产量（台）	产值（万元）	产量（台）	产值（万元）
金属切削机床总计	324 041	6 698 889	155 505	4 871 357
总计中：大型机床	4 056	276 877	296	10 748
其中：重型机床	367	79 903	11	3 584
总计中：高精度机床	1 925	32 358	1 209	16 808
加工中心	28 127	1 272 732	27 711	1 156 254
立式加工中心	24 068	651 683	23 811	603 191
卧式加工中心	1 410	267 449	1 357	236 988
龙门式加工中心	1 625	300 944	1 566	291 375
其他加工中心	2	300	2	300
车床	131 673	1 894 995	74 286	1 368 848
钻床	39 630	287 467	3 134	31 756
镗床	4 069	374 294	1 207	316 627
磨床	16 144	264 848	2 853	118 678
齿轮加工机床	3 688	184 650	1 926	144 514
螺纹加工机床	166	14 502	50	8 425
铣床	35 794	395 407	20 671	311 123
插床	409	2 812	21	317
拉床	256	8 981	87	5 990
刨床	528	2 225		
特种加工机床	14 065	271 086	12 718	244 963
锯床	36 871	87 706	6 021	17 978
组合机床	1 893	300 864	1 500	292 104
仪表车床	2 832	2 288	286	605
其他金属切削机床	7 896	1 334 036	3 034	853 176
台钻	205 329	35 522		

三、行业出口情况

根据海关总署统计数据，2013 年，全国金属切削机床出口额 18.84 亿美元，比上年增长 1.3%，占机床工具行业产品出口总额的 19.8%。其中数控金属切削机床出口 9.22 亿美元，同比增长 3.2%，占金属切削机床出口额的 48.9%。

参加本年鉴统计的企业，2013 年金属切削机床产品出口量 35 790 台，出口额 6.24 亿美元，同比增长 13.6%；其中数控金属切削机床出口量 7 036 台，出口额 3.30 亿美元，同比增长 2.18%。

2013 年金属切削机床行业（202 家企业）产品出口情况见表 3。

表 3　2013 年金属切削机床行业产品出口情况

产品名称	实际完成		其中：数控	
	出口量（台）	出口额（万美元）	出口量（台）	出口额（万美元）
金属切削机床总计	35 790	62 409.6	7 036	33 022.5
总计中：大型机床	83	281.8	0	0.0
总计中：高精度机床	2	6.4	2	6.4
加工中心	571	15 305.4	570	15 279.0
立式加工中心	460	2 418.8	459	2 392.4
卧式加工中心	17	384.7	17	384.7
龙门式加工中心	94	12 501.9	94	12 501.9
车床	11 329	24 029.8	3 809	7 994.4
钻床	931	797.5	4	34.8
镗床	134	864.2	15	106.8
磨床	2 065	2 710.3	166	1 117.6
齿轮加工机床	83	691.1	46	429.9
螺纹加工机床	3	28.9	3	28.9
铣床	8 221	8 129.1	886	1 178.6
插床	15	15.7	0	0.0
拉床	6	14.6	4	9.1
特种加工机床	1 464	6 622.4	1 464	6 622.4
锯床	10 490	2 615.5	0	0.0
其他金属切削机床	478	485.0	69	120.9
台钻	39 201	729.4	0	0.0

四、新产品开发

参加本年鉴统计的202 家金属切削机床行业企业中，有87 家企业上报了新产品开发情况，共开发新产品 401 种。与上年相比，上报新产品开发的企业数以及开发新产品的数量都有所减少。新产品中，属于全新设计的产品 215 种，改型设计的 121 种；属于行业新产品的 90 种，属于企业新产品的 132 种。经过鉴定的新产品 199 种，占全部新产品的 49.6%。金属切削机床 384 种，占全部新产品的 95.8%；数控金属切削机床 309 种，占金属切削机床新产品的 80.5%。金属切削机床新产品中，磨床新产品最多，有 103 种；加工中心数量次之，有 95 种；排第三位的是齿轮加工机床，有 44 种。这 3 类新产品在金属切削机床新产品中的占比分别为 25.7%、23.7%、11.0%。数控金属切削机床新产品中，加工中心新产品数量最多，有 95 种；数控磨床新产品 68 种，位列第二，数控齿轮加工机床新产品 38 种，排第三。其在数控金属切削机床新产品中的占比分别为 30.7%、22.0% 和 12.3%。2013 年金属切削机床行业新产品完成情况见表 4。

表 4　2013 年金属切削机床行业新产品开发情况

产品分类	新产品		其中：数控	
	数量（种）	占比（%）	数量（种）	占比（%）
金属切削机床	384	100	309	100
加工中心	95	24.7	95	30.7

（续）

产品分类	新产品		其中:数控	
	数量（种）	占比（%）	数量（种）	占比（%）
立式加工中心	44		44	
卧式加工中心	20		20	
龙门式加工中心	24		24	
其他加工中心	7		7	
车床	43	11.2	36	11.7
钻床	18	4.7	18	5.8
镗床	12	3.1	12	3.9
磨床	103	26.8	68	22.0
齿轮加工机床	44	11.5	38	12.3
螺纹加工机床	1	0.3	1	0.3
铣床	12	3.1	7	2.3
插床	0	0.0	0	0.0
拉床	9	2.3	4	1.3
特种加工机床	8	2.1	8	2.6
锯床	22	5.7	9	2.9
专机	2	0.5	1	0.3
生产线	8	2.1	8	2.6
其他金属切削机床	7	1.8	4	1.3

注:表中数据由于四舍五入,占比合计数有微小出入。

五、专利发明情况

2013 年,金属切削机床行业 11 个小行业 72 家企业申报的授权专利总共623 项。其中实用新型专利 461 项,数量最多,占申请专利总数的 74.0%。2013 年金属切削机床行业授权专利情况见表 5。

表 5　2013 年金属切削机床行业授权专利情况(单位:项)

行业名称	专利数量	按专利类型统计		
		发明	实用新型	外观设计
金属切削机床	623	111	461	51
车床	85	10	73	2
钻镗床	63	14	45	4
磨床	84	22	48	14
齿轮加工机床	123	23	97	3
铣床	78	3	60	15
插拉刨床	24	2	22	
特种加工机床	20	1	19	
锯床	51	9	32	10
组合机床	43	15	28	
重型机床	45	8	35	2
小型机床	7	4	2	1

六、科研项目

2013 年,金属切削机床行业有 66 家企业上报科研项目 284 项,比上年下降 34.0%;投入科研经费 19.87 亿元,比上年下降 14.0%。其中,国家级科研项目 57 项,属于高档数控机床与基础制造装备科技重大专项的 29 项,省市级科研项目 45 项。284 项科研项目中,处于研制阶段的有 127 项,自行应用的有 133 项。

2013 年,金属切削机床行业报送获奖科研项目 56 项。其中,获国家级奖项的科研项目 5 项,省市级奖项 41 项,行业奖项 11 项。

金属切削机床行业中 11 个小行业的详细情况参见各分行业篇。

〔撰稿人:中国机床工具工业协会符祚钢〕

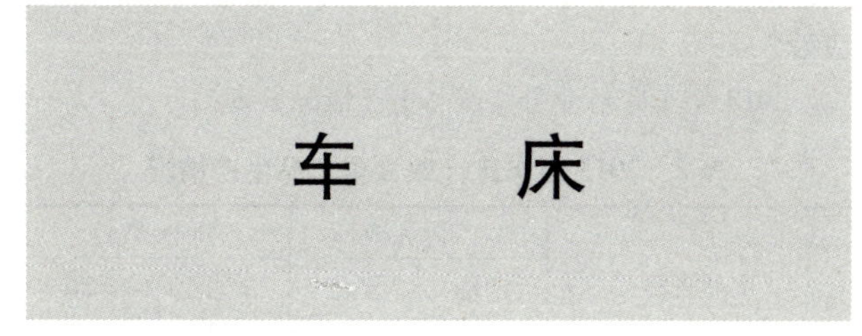

车　床

2013 年我国机床工具市场受国际国内经济发展低迷的影响,行业仍然延续着低位徘徊的运行状态。面对激烈的市场竞争环境,行业中各单位积极进行结构调整,转型升级,以求更好地适应日益变化的市场环境。

2013 年,在机床工具行业中,车床行业市场规模小幅萎缩,产业结构、产品结构与市场需求矛盾尚未有效缓解;低端产能过剩、高端能力不足的问题仍然突出;企业利润持续下降,同质化竞争依然激烈。

一、基本情况

车床分会生产企业在册会员单位 46 家,其中国有企业 15 家,国有公司制企业 16 家,民营企业 15 家。

2013 年,车床行业参加年鉴汇总的 24 家骨干会员单位共完成工业总产值 2 643 986 万元,其中机床工具类产品产值 2 272 948 万元;工业销售产值 2 578 645 万元,其中机床工具类产品销售产值 2 578 645 万元,实现利税 14 430 万元;工业增加值 834 531 万元。与 2012 年相比,工业总产值增长 1%,工业销售产值下降 0.1%,工业增加值下降 1.4%。

2013 年车床行业主要经济指标完成情况见表 1。

表 1　2013 年车床行业主要经济指标完成情况

指标名称	单位	年度累计
工业总产值	万元	2 643 986
其中:机床工具类产品产值	万元	2 272 948
工业销售产值	万元	2 578 645
其中:机床工具类产品销售产值	万元	2 578 645
工业增加值	万元	834 531
实现利税	万元	14 430
从业人员平均人数	人	41 566
资产总计	万元	4 044 152
流动资产平均余额	万元	2 680 885
固定资产净值平均余额	万元	636 124

二、生产情况

2013 年，车床分会 24 家主要会员企业共生产金属切削机床 99 626 台，比上年下降 5.6%。生产车床 75 096 台，比上年下降 3.4%，其中数控车床 37 549 台，比上年增长 7.5%。车床产量数控化率 50.0%，同比上升 5.0 个百分点。完成车床产值 1 089 509 万元，比上年下降 4.5%；其中数控车床产值 714 010 万元，比上年增长 5.6%。车床产值数控化率 65.5%，同比上升 5.5 个百分点。从以上数据看出，2013 年的产量和产值数控化率较 2012 年都有较大的提升，说明行业产业结构调整、产品结构调整初见成效。

2013 年车床行业分类产品生产情况见表 2。

表 2　2013 年车床行业分类产品生产情况

产品名称	实际完成		其中：数控	
	产量（台）	产值（万元）	产量（台）	产值（万元）
金属切削机床	99 626	2 290 717	44 890	1 489 537
加工中心	5 042	269 577	5 042	269 577
立式加工中心	4 520	135 711	4 520	135 711
卧式加工中心	244	58 296	244	58 296
龙门式加工中心	278	75 570	278	75 570
车床	75 096	1 089 509	37 549	714 010
钻床	12 721	100 713	86	5 067
镗床	1 874	163 346	495	140 580
磨床	23	2 684	9	1 408
铣床	133	1 620	126	1 105
其他金属切削机床	4 737	663 268	1 583	357 789

注：表中车床产品不包括仪表车床，磨床产品不包括砂轮机、抛光机。

三、出口情况

2013 年，车床行业出口金属切削机床 7 746 台，出口额 25 469.3 万美元。其中车床出口 6 740 台，同比下降 6.7%，出口额 16 700.2 万美元，同比增长 137%；数控车床出口 702 台，同比增长 12%，出口额 2 052.7 万美元，同比增长 24.8%。

2013 年车床行业分类产品出口情况见表 3。

表 3　2013 年车床行业分类产品出口情况

产品名称	实际完成		其中：数控	
	出口量（台）	出口额（万美元）	出口量（台）	出口额（万美元）
金属切削机床	7 746	25 469.3	1 014	9 482.9
加工中心	245	7 267.6	245	7 267.6
立式加工中心	196	942.9	196	942.9
卧式加工中心	4	115.9	4	115.9
龙门式加工中心	45	6 208.8	45	6 208.8
车床	6 740	16 700.2	702	2 052.7
钻床	225	275.7	1	17.5
镗床	65	439.8	2	23.3
磨床	20	353.0	2	15.8
铣床	1	1.7		
其他金属切削机床	450	431.4	62	106.0

注：表中车床产品不包括仪表车床，磨床产品不包括砂轮机、抛光机。

四、新产品开发

2013 年，参加本年鉴汇总的车床分会会员企业开发新产品 40 种，包括数控车床、加工中心、生产线以及其他数控机床。

2013 年车床行业新产品开发情况见表 4。

表 4　2013 年车床行业新产品开发情况

产品名称	型号	主要技术参数	产品性质	产品属性	产品水平
南京第一机床厂					
数控车床	CK14125/L	床身上最大回转直径：1 250mm，最大车削直径：1 020mm，最大加工长度：3 000mm	全新设计	行业新产品	国内领先
数控车削中心	CKH1463—Y/L	床身上最大车削直径：630mm，最大加工长度：1 500mm，纵向行程：1 550mm，横向行程：400mm，四轴联动	改进设计	行业新产品	国内领先
高效专用数控车床	N—099	最大切削直径：280mm，最大加工长度：1 000mm，主轴输出转矩：4 800N·m，可完成工件的多刀同时切削	改进设计	行业新产品	国内领先
数控车床	CK1463/LG	床身上最大车削直径：630mm，最大加工长度 3 000mm	改进设计	行业新产品	国内领先
浙江凯达机床股份有限公司					
钻攻中心	KDZ500H	工作台面尺寸：400mm×650mm	全新设计	企业新产品	国内领先
数控车床	CK61100CY	ϕ620mm×3 000mm	全新设计	企业新产品	国内领先
卧式加工中心	KDHM500	工作台面尺寸：500mm×500mm	全新设计	企业新产品	国内领先

（续）

产品名称	型号	主要技术参数	产品性质	产品属性	产品水平
沈阳机床集团有限责任公司					
卧式数控车床	Viva Turn 2	最大回转直径：560mm，最大加工直径：360mm，最大加工长度：500mm，两轴快速移动速度：30m/min，主轴功率：11kW/15kW，主轴最高转速：4 500r/min，主轴最大转矩：235N·m	全新设计	企业新产品	没进行鉴定
立式数控车床	V2	最大回转直径：500mm，最大加工直径：360mm，最大加工高度：400mm，两轴快速移动速度：30m/min，主轴功率：11kW/15kW，主轴最高转速：3 500r/min，主轴最大转矩：235N·m	全新设计	企业新产品	没进行鉴定
多功能车削中心	MTC 系列	最大回转直径：240mm/300mm /330mm，最大加工直径：160mm/230mm /250mm，最大加工长度：120mm，快速移动速度（X/Z）：（20m/min）/（24m/min），主轴功率：3. 7kW/5. 5kW/7. 5kW，主轴最高转速：4 500r/min，主轴最大转矩：32N·m/48N·m/105N·m	全新设计	企业新产品	没进行鉴定
卧式数控车床	Viva Turn 4	最大加工直径：500mm，最大加工长度：1 000mm，两轴快速移动速度：30m/min，主轴功率：22kW/30kW，主轴最高转速：3 000r/min，主轴最大转矩：760N·m，精度（X/Z）：0. 01mm/0. 012mm，重复定位精度（X/Z）：0. 005mm/0. 007mm	全新设计	企业新产品	没进行鉴定
自动化加工单元	A 系列	机械手运送工件重量范围：5～50kg，主机各轴快速移动速度（X/Z）：20m/min，机械手各轴快速移动速度（X_1/Z_1）：120m/min，机械手各轴加速度：5m/s^2	全新设计	企业新产品	没进行鉴定
自动生产线	TURNKEY32jcyc	机械手运送工件重量范围：5～50kg，各轴快速移动速度（X_1/Z_1）：120m/min，机械手各轴加速度：5m/s^2	全新设计	企业新产品	没进行鉴定
中驱数控车床	STC22250nz	床身上最大回转直径：600mm，中间驱动最大回转直径：500mm，最大车削外圆直径：320mm，最小车削外圆直径：40mm，最大工件长度：2 600mm，主轴通孔直径：230mm，主轴转速：90～800r/min，主电动机功率：30kW	全新设计	企业新产品	没进行鉴定
数控管螺纹加工机床	STG6120	最大加工管子直径：610mm，最大加工管接箍直径：650mm，最大加工长度：220mm，主轴转速：50～200r/min，主电动机功率 37kW/45kW，数控平旋盘直径：700mm，零件长度：8～13m	全新设计	企业新产品	没进行鉴定
安阳鑫盛机床股份有限公司					
数控球面车床	CK6550	刀架最大回转直径：500mm	改进设计	企业新产品	没进行鉴定
数控管螺纹车床	QKP1223	回转直径：800mm	改进设计	企业新产品	没进行鉴定
数控排刀车床	AP20	回转直径：500mm	改进设计	企业新产品	没进行鉴定
山东普利森集团有限公司					
数控深孔强力珩磨机	2MK2110	珩孔直径：28～100mm，珩孔深度：2 000～10 000mm，夹持工件直径：33～120mm，主轴转速：30～300r/min（无级）	全新设计	行业新产品	国内领先
高速数控车床	CKG6150	床身上最大回转直径：500mm，车削轴类件最大直径：260mm，加工工件最大长度：500mm，车削轴类件最小辊径：20mm	全新设计	行业新产品	国内领先

（续）

产品名称	型号	主要技术参数	产品性质	产品属性	产品水平
数控车磨复合加工中心	CMK61200	加工工件最大长度:6 000mm，加工工件最大直径:2 000mm，最大工件重量20 000kg，砂轮直径:600～750mm	全新设计	行业新产品	国内领先
重型超长数控深孔钻镗床	TK21100	钻孔直径:50～150mm，镗孔直径:50～1 000mm，最大钻镗孔深度:4m、5m、18m(按订货规格)，主轴转速:0.6～125r/min(两档无级)	全新设计	行业新产品	国际先进
智能化油缸加工生产线		镗孔直径:63～200mm，镗孔深度:300～2 000mm，车床最大夹持油缸外径:320mm，车床最大车削油缸长度:2 000mm，机器人最大抓取重量:210kg，机器人移动速度:30m/min	全新设计	行业新产品	国际先进
数控管螺纹车床	QKH1327	机床最大回转直径:840mm，最大加工直径(盘件):360mm，最大加工直径(管螺纹件):280mm，机床最大车削长度:2 000mm	全新设计	行业新产品	国内领先
三坐标数控深孔钻床	ZKF2108/BTA	钻孔直径:25～80mm，钻孔最大深度:1 000mm，X向快速移动速度:3 000mm/min，Z向快速移动速度:5 000mm/min	全新设计	行业新产品	国内领先
数控深孔刮滚机床	TZK63×12m	镗孔直径:160～630mm，钻孔直径:60～150mm，套料钻孔直径:120～400mm，钻镗孔深度2 000～12 000mm，机床导轨宽度:1 000mm	全新设计	行业新产品	国际先进
宝鸡机床集团有限公司					
数控珩磨机	2MK2218D	最大珩孔直径:80～180mm，最大珩孔深度:400mm，主轴最大行程:800mm，主轴转速:25～250r/min	改进设计	企业新产品	国内领先
数控车床	CB45	快速移动速度(X/Z):30m/min；主轴转速:4 000r/min，棒料直径:45mm	全新设计	企业新产品	国内领先
数控立式轮毂车床	BDVL28	最大车削直径:770mm，最大车削高度:650mm，最高转速:1 600r/min	全新设计	行业新产品	国内领先
数控车床	TK50	最大车削直径:500mm，最大车削长度:1 000mm，最高转速:2 500r/min	全新设计	企业新产品	国内领先
数控管螺纹车床	QK1212	最大管子直径:120mm，最大接箍直径:340mm，主轴转速:100～1 000r/min；	全新设计	行业新产品	国内领先
钻削加工中心	ZH7120G	工作台面尺寸:650mm×400mm，行程:($X/Y/Z$):550mm/400mm/360mm；转速:10 000r/min；快速移动速度:(48m/min)/(48m/min)/(60m/min)	全新设计	行业新产品	国内领先
天水星火机床有限责任公司					
数控摩擦式车轮车床	CK8015	标准轨距:1 435mm，车轮踏面直径:950mm～1 350mm	全新设计	行业新产品	国际先进
油田工具磨床	MKY13110	过床身最大回转直径:1 100mm，最大工件长度:2 700mm，床身总长:2 700mm，两顶尖间工件最大重量:5 000kg，主轴孔径:318mm	全新设计	行业新产品	国际领先
数控深孔钻镗床	TK2140	镗孔直径:80～400mm，最大钻孔直径:155mm	全新设计	行业新产品	国内领先
长沙金岭机床有限责任公司					
卧式车床	CW61200×3000	床身上最大回转直径:2 000mm，最大工件长度3 000mm	改进设计	企业新产品	省内先进
胶辊磨床	MJ61103×3000	最大磨削直径:500mm，最大磨削长度:2 800mm	改进设计	行业新产品	国内先进

（续）

产品名称	型号	主要技术参数	产品性质	产品属性	产品水平
车磨床	CM61103×4500	最大车削直径:700mm,最大车削长度4 400mm,最大磨削直径:500mm,最大磨削长度:3 700mm。	改进设计	行业新产品	国内先进
卧式车床	CW6183D×4500	床身上最大回转直径:830mm,最大工件长度:4 500mm,刀架上最大回转直径:500mm	改进设计	企业新产品	省内先进
数控车床	CKD6193×2000	床身上最大回转直径:930mm,最大工件长度:2 000mm,刀架上最大回转直径:490mm	改进设计	企业新产品	省内先进

五、科研项目

2013 年参加本年鉴汇总的车床分会会员企业科研项目有 22 种,项目来源包括企业自主研发、市场需求和专项等。

2013 年车床行业科研项目情况见表 5。

表 5　2013 年车床行业科研项目情况

科研项目名称	主要内容	应用状况	项目来源
南京第一机床厂			
江苏省精密复合数控机床工程技术研究中心—大规格精密数控车床和数控车铣复合加工机床研发	对大规格精密数控车床和数控车铣复合加工机床关键技术开展研究,形成大规格精密数控车床、双主轴双刀架大规格精密数控车铣复合加工机床、大规格精密数控车铣复合加工机床三个系列的数控机床产品,整机达国内同类产品领先水平	自行应用	南京市科技计划项目
大规格精密数控车床和车削中心系列化产品研究与应用（课题编号:2010ZX04001－052）	开展精密高速电主轴系统设计制造技术、精密数控机床加工技术、车铣复合加工技术、功能部件整合技术等研究,开发 CKH1463S 型精密数控车削中心,铣削主轴最高转速 10 000r/min,车削主轴最高转速 5 000r/min,快速进给速度 36m/min,主轴径向跳动 0. 5μm,主轴轴向跳动 1μm,重复定位精度 3μm,并在此基础上开发加工直径 800mm、1 000mm 和 1 250mm系列精密数控车削中心	研制阶段	国家重大科技专项
大型高效精密数控车铣复合加工中心系列化产品研究与应用（课题编号:2010ZX04001－071）	开展大孔径精密主轴设计制造技术、双主轴双刀架设计制造技术、精密数控机床加工技术、车铣复合加工技术、功能部件整合技术等研究,开发 CKW1480S 型双主轴双刀架精密数控车铣复合加工中心,铣削主轴最高转速8 000r/min,车削主轴最高转速 3 500r/min,主轴径向跳动 1μm,重复定位精度 3μm,*C* 轴回转重复定位精度 10″,并在此基础上研发加工直径 1 250mm 系列精密数控车铣复合加工中心	研制阶段	国家重大科技专项
沈阳机床集团有限责任公司			
智能化高速车削中心及生产线成套设备	基于现有机床原型,通过对机床运行状态和环境的感知与识别技术、热变形误差补偿技术、振动自抑制技术、智能化防碰撞技术、智能化诊断技术、自动编程序技术等技术难点进行攻关和关键技术应用进行深入研究,同时完成 3 台以上智能化高速车削中心及相关设备组成的盘(轴)类零件生产线智能化成套装备的研制,其中高速车削中心的参数为:主轴加工直径 200～400mm,加工长度 500～1 500mm,主轴转速 4 000～6 000r/min,快速移动速度≥50m/min,并进行示范应用,形成批量生产	研制阶段	辽宁省科技创新重大专项项目(课题)
安阳鑫盛机床股份有限公司			
CK9555 大功率船用柴油机活塞加工用变椭圆车床	国家"高档数控机床与基础制造装备"2011 年科技重大专项,主要研制大型船舶、重型机车、工程机械等领域高档活塞加工行业急需的大功率船用柴油机活塞加工用变椭圆车床产品	自行应用	国拨经费、地方配套和企业自筹共同承担
ADGM 系列高速精密数控车床及车削中心	国家"高档数控机床与基础制造装备"2012 年科技重大专项,主要研制航空航天、火车、汽车、工程机械等领域精密零件加工所需的高速精密数控车床和车削中心产品	研制阶段	国拨经费、地方配套和企业自筹共同承担
国产数控系统在车床企业应用示范工程	国家"高档数控机床与基础制造装备"2012 年科技重大专项,主要开展国产数控系统和功能部件的性能、功能、可靠性的应用验证和评测,为国产数控系统和功能部件技术升级和攻关提供基础数据和理论依据	研制阶段	国拨经费、地方配套和企业自筹共同承担

（续）

科研项目名称	主要内容	应用状况	项目来源
山东普利森集团有限公司			
汽车用前置液压油缸智能数字化车间自动生产线	针对汽车用前置油缸生产的实际需要，产学研用相结合，由山东大学、山东普利森集团、十堰佳恒科技有限公司共同研发建设机械加工智能数字化车间，研发一套由MES功能系统、数字控制系统、机床设备、物流传送系统、机械手、检测系统等组成的油缸生产线系统，实现机械加工及检测的智能化、数字化。在汽车油缸机械加工自动化程度、效率、质量、成本等方面体现出生产企业的综合能力，提升我国制造业机械加工水平	其他	2012年智能制造装备发展专项
机床箱体类零件智能生产线的研发与应用	为提高公司机床产品关键部件箱体类零件加工生产效率，减少人工，实现智能化生产，提高制造工业的柔性和生产率，计划应用箱体柔性制造系统完成机床箱体类零件加工	自行应用	自主研发
高档数控车床主轴自动化生产线	机床主轴在粗加工和调质完成以后，进入该生产线。在生产线上，高档数控车床主轴自动定位、加工、转序，并且每个工位都配有检测装置，以便随时发现加工中的缺陷	自行应用	自主研发
宝鸡机床集团有限公司			
万台数控机床配套国产数控系统应用工程	按照国家“高档数控机床与基础制造装备”科技重大专项2013年课题（编号：2013ZX04012－012）的审批，公司开发万台数控机床配套国产数控系统应用工程。组织实施方式：该项目按照国家重大专项课题要求研制开发，根据公司与重大专项办签订的任务合同书组织实施	研制阶段	国家“高档数控机床与基础制造装备”科技重大专项2013年课题
国产中高档数控转塔刀架系列产品开发及批量应用示范	以公司当前生产的系列车削中心、数控车床和数控立式车床为基础，通过对数控转塔刀架及伺服动力刀架可靠性系列实用技术进行研究，开展新产品的综合性能测试和对比测试，通过大量的试验和改进，完善产品的功能与性能，提高质量稳定性，形成结构成熟、功能可靠的系列化转塔刀架产品；通过开展刀架和主机的适应性等应用技术研究，实现国产数控转塔刀架在国产中高档数控车床上的批量配套应用 通过该课题的实施：在批量中高档机床上实现多种结构刀架的配套应用；主机企业建立完善的可靠性保障体系 按照国家“高档数控机床与基础制造装备”科技重大专项2013年课题（编号：2013ZX04012－031）的审批，公司进行“国产中高档数控转塔刀架系列产品开发及批量应用示范”课题研究。组织实施方式：该项目按照国家重大专项课题要求研制开发，根据公司与重大专项办签订的任务合同书组织实施	研制阶段	国家“高档数控机床与基础制造装备”科技重大专项2013年度课题
天水星火机床有限责任公司			
航空精密加工数控车床研发	主要研究以机床定位精度为目标函数，对单轴伺服系统的比例、积分和微分增益，以及影响其跟随特性的速度和加速度前馈参数进行优化	其他	国家“高档数控机床与基础制造装备”课题
CXK61125大型精密车铣复合加工中心	解决和掌握精密主轴设计制造技术，微量进给技术，减隔振技术，对机床进行虚拟性能仿真分析，伺服参数优化设计及分析，机床振动特性分析和减隔振效果分析，进行床身热传导和热变形分析，提出热变形控制和补偿技术方案	研制阶段	国家“高档数控机床与基础制造装备”课题
CK5833大型立式微结构超精密加工设备	研究改变传统菲涅尔透镜模板环形槽为阿基米德螺旋线槽，研究超精密立式机床主轴的高精度与高刚性技术及其在线精密动平衡技术，研究龙门结构中机床溜板的低摩擦与高减振技术，研究垂直运动轴的高分辨率驱动与保持技术，研究机床的微结构超精密加工的亚干式金刚石刀具技术，研究刀具补偿和刀具管理数据的动态处理技术	研制阶段	国家“高档数控机床与基础制造装备”课题
CCK61630×120×150高精度数控转子车床	对百万千瓦汽轮机转子精加工工艺技术的研究；对高精度、重载型主轴箱的设计及工艺制造技术的研究；对刀架进给轴精准进给的设计及工艺制造技术的研究；对自动更换刀具及刀夹系统的研究；对汽轮机转子精加工后，转子叶片尖的非接触在线测量技术的研究	研制阶段	国家“高档数控机床与基础制造装备”课题

（续）

科研项目名称	主要内容	应用状况	项目来源
精密机床基础件用矿物铸件的关键技术研发	研究矿物铸件中胶粘和脱模关键材料及其成型技术，考察铸件组分、成型性和性能的作用关系，掌握矿物铸件的低成本关键制造技术，提升公司精密机床的技术水平	研制阶段	甘肃省科技重大专项计划项目
长沙金岭机床有限责任公司			
卧式车床 CW61200×3000	将 CW61105×3000 卧式车床主轴箱及尾座加高，重新设计床鞍刀架及挂轮、电气等部件	其他	客户要求
胶辊磨床 MJ61103×3000	卧式车床 CW61103×3000 去掉刀架转盘及刀架部件，在该处安装磨头对工件进行磨削加工	其他	客户要求
车磨床 CM61103×4500	卧式车床 CW61103×4500 床鞍后部加装磨头机构，对工件分别进行车削及磨削加工	研制阶段	客户要求
卧式车床 CW6183D×4500	床头箱部分进行改型设计，将原主轴孔 ϕ105mm 加大至 ϕ160mm	其他	客户要求
数控车床 CKD6193×2000	将原机床床身改为整体床身	其他	客户要求

六、获奖科研项目

2013 年参加本年鉴汇总的车床分会会员企业获奖科研项目有 9 个，分别为科技进步奖、科学技术奖等。

2013 年车床行业获奖科研项目情况见表 6。

表 6　2013 年车床行业获奖科研项目情况

项目名称	主要内容及应用范围	获奖名称	获奖等级	主要完成单位
轴承外圈自动加工机与数控端面车床的研发与产业化	KDCK－25Z 轴承外圈自动加工机采用了“轴承外圈自动加工机”（ZL201110119423.1）发明专利和“轴承外圈自动进料机构”（ZL201120145937.X）实用新型专利，能够全自动加工轴承外圈；通过更改弹簧夹头的夹紧形式，从外夹改为内撑，可以加工相近规格的轴承内圈	绍兴市科学技术奖	三等奖	浙江凯达机床股份有限公司研发中心
HTC3250μn 精密车削中心	该精密车削中心是集公司多年生产高精车的经验，为满足车床行业加工零件精度日益提高的要求而开发设计的数控高精度机床；体现了当今数控机床高效、高精的发展趋势，具有国际领先水平，是针对国内航空航天、汽车、军工、电子、光学仪器等行业对高档精密数控机床的需求而研制开发的	沈阳市科技进步奖 2013 年度自主创新十佳	二等奖	沈阳第一机床厂
HTM40100h 卧式车铣复合加工中心	该卧式车铣复合加工中心是公司自主研发的复合型机床，具有自己鲜明的技术特点，市场前景广阔。该类机床打破了同类机床国外厂商垄断的局面，使我国机床制造业在高技术设备领域取得进一步的发展，缩短了我国机床制造业与国外竞争对手的差距，提高了我国数控产品的国际竞争力，降低了国内厂商设备引进成本、设备维修维护费用，并将促进为汽车、军工、航空、能源等行业的快速发展，为国防制造装备业提供有力保障	中国机械工业科学技术奖	二等奖	沈阳第一机床厂
煤炭机械液压支柱成套加工设备	该设备是一套由高效率、高精度加工设备组成的加工群，用于解决液压支柱的液压缸、活塞杆、导向套的成套加工。设备加工群主要由以下设备组成的子群组成：TZK25－Z 全自动数控深孔刮滚机床，用于液压缸内孔精密加工群；ZK2103YG 数控深孔钻床，同轴孔、偏心孔加工群；用于加工超长深孔群；CK6171YG－2×2 液压缸加工双刀架数控车床，用于车削外圆、止口、沟槽、坡口加工群	山东省科学技术奖	二等奖	山东普利森集团有限公司

（续）

项目名称	主要内容及应用范围	获奖名称	获奖等级	主要完成单位
CK61350F 数控重型卧式车床	该机床为数控重型卧式车床，具有以下特点：床身采用刀架床身、工件床身分离形式，地脚螺栓每500mm一个，能够长期保持机床的几何精度；主轴箱采用穿轴形式，两支承，最高转速达100r/min；大刀架与进给箱为整体结构，进给箱立轴分布，刀架采用双牙棒消隙结构，大走台和悬挂式按钮站，操作十分方便。该机床适合采用硬质合金、陶瓷等刀具，对黑色金属、有色金属及部分非金属零件的圆柱面、圆锥面、端面回转曲面、切槽、螺纹、钻孔等进行粗精加工	德州市科学技术奖	三等奖	山东普利森集团有限公司
MK5330 数控导轨磨床	该数控龙门导轨磨床是一种高精度、高效率的磨削加工设备，龙门式框架定梁结构，滚动—滑动复合直线导轨。适用于各种材料加工，可自动磨削平面、斜面、立面、下滑面；可应用于装备制造业、航空、航天、造船、军工、核电新能源等领域大型基础工件的精密加工；开创了当前国内超长超重型数控导轨磨床的先例，是当前国内生产的最大规格的龙门导轨磨床，可替代进口	德州市科学技术奖	二等奖	山东普利森集团有限公司
ZKE2103 七轴数控深孔钻床	该机床是为模具和大型柴油机行业开发的七轴数控深孔钻床，工件一次装夹可完成直孔、斜孔、多个面上孔、坐标孔的加工，还可用于核电、石油、化工、氯碱、冶金、焦化、制冷、锅炉、轻工、制盐、电力、海水淡化等行业的深孔加工	山东省机械工业科学技术奖	一等奖	山东普利森集团有限公司
TZK25—Z 全自动数控深孔镗削－刮滚机床	该机床为一种数控深孔镗削—刮滚机床，镗孔直径60～250mm。它采用数控系统控制，主轴箱采用主轴电动机控制，授油器和进给拖板往复运动均采用伺服电动机控制；采用高精度滚珠丝杠传动，保证了运动中进给传动的精度和刚性要求；配高精度自动涨缩刀，大大提高了机床的加工效率；床体两侧安装防护，是一种环保高效的数控深孔加工机床。主要应用于工程机械、煤炭机械等行业	山东省机械工业科学技术奖	二等奖	山东普利森集团有限公司
CH61220 车铣复合加工机床研发	该机床具有车削、铣削、钻销等多种切削加工功能，不仅具有高速精铣、精车铣的精加工功能，而且也具有径向任意位置以及转轴端面铣槽等工序的加工功能，具有精度高、功率大、刚性强、精度保持性好的特点，同时，该机还具有独特的一种特性：既可满足高精度加工又可适应强力切削。该机床的设计引入了一些新观念及新技术，对传统结构做了优化及调整，保证其主要的技术性能较国内同类产品有较大的提高	天水市科技进步奖 甘肃省科技进步奖	一等奖 一等奖	天水星火机床有限责任公司

七、专利发明情况

2013 年参加本年鉴汇总的车床分会会员企业获授权专利 85 项，包括发明专利、实用新型专利和外观设计专利。2013 年车床行业专利情况见表 7。

表 7　2013 年车床行业专利情况

专利名称	专利号	专利类型	授权日期
南京第一机床厂			
一种气缸拖动装置	ZL201220266070.8	实用新型	2013.01.23
一种自动升降工作台装置	ZL201220266101.X	实用新型	2013.01.23
一种数控机床用成型刀具刀夹装置	ZL201220266069.5	实用新型	2013.01.23
一种用于数控车床卡盘上的可调卡爪夹紧装置	ZL201220318094.3	实用新型	2013.01.23

（续）

专利名称	专利号	专利类型	授权日期
一种可任意移动位置的托料机构	ZL201220333064. X	实用新型	2013. 01. 23
一种立式加工中心用细长工件夹具夹紧切断装置	ZL201220333217. 0	实用新型	2013. 01. 23
一种用于调节冷却箱高低的装置	ZL201220333063. 5	实用新型	2013. 01. 23
一种车床尾架与主轴同轴调整装置	ZL201220395279. 4	实用新型	2013. 01. 23
一种塞规兼心棒一体装置	ZL201220395255. 9	实用新型	2013. 01. 23
一种装镗孔刀具的刀夹	ZL201220395641. 8	实用新型	2013. 01. 23
一种斜床身滑动导轨车床用丝杆防护装置	ZL201220159318. 0	实用新型	2012. 12. 05
一种内孔插槽刀	ZL201320132910. 6	实用新型	2013. 12. 25
一种车用夹具	ZL201320132249. 9	实用新型	2013. 08. 14
一种液压卡盘镶块卡爪装置	ZL201320131539. 1	实用新型	2013. 12. 25
一种车用可调定位装置	ZL201320295179. 9	实用新型	2013. 11. 06
一种随行机构	ZL201320291187. 6	实用新型	2013. 11. 06
一种旋转式外置操纵装置	ZL201320410055. 0	实用新型	2013. 12. 25
一种手摇式辅助支撑装置	ZL201320410060. 1	实用新型	2013. 12. 25
一种单移动门锁紧装置	ZL201320411327. 9	实用新型	2013. 12. 25
一种手动尾架装置	ZL201320408101. 3	实用新型	2013. 12. 25
一种内藏式尾架气密封装置	ZL201320410059. 9	实用新型	2013. 12. 25
一种移动防护导轨装置	ZL201320439010. 6	实用新型	2013. 12. 25
一种主轴箱轴线调整装置	ZL201320439009. 3	实用新型	2013. 12. 25
一种手动滑移平台装置	ZL201320439008. 9	实用新型	2013. 12. 25
沈阳机床(集团)有限责任公司			
加工外圆、R 面及端面的滚光工具	ZL201010160017. 5	发明	2013. 05. 29
一种机床车磨中心	ZL201210016702. X	发明	2013. 11. 20
加工第三代汽车轮毂轴承轮毂圈和外圈的自动化生产线	ZL201220632075. 8	实用新型	2013. 05. 29
双主轴的卧式数控车床	ZL201320244840. 3	实用新型	2013. 11. 20
双主轴数控车床	ZL201320244851. 1	实用新型	2013. 11. 20
用于车桥加工的液压自动浮动夹具	ZL201320244852. 6	实用新型	2013. 11. 20
立柱滑板式外置 Y 轴的锁紧机构	ZL201320244854. 5	实用新型	2013. 11. 20
数控机床的反包容闭式静压导轨结构	ZL201110048218. 0	发明	2013. 02. 27
浙江凯达机床股份有限公司			
一种汽车空调活塞球坑加工装置和加工方法	ZL201210094159. 5	发明	2014. 01. 08
机床主轴箱	ZL201320447068. 5	实用新型	2014. 01. 29
安阳鑫盛机床股份有限公司			
力矩电机直接驱动的高精密回转工作台	ZL201010285164. 5	发明	2013. 06. 26
一种车床滑板与床鞍结合面研具装置	ZL201010543780. 6	发明	2013. 10. 02
修整砂轮的装置	ZL201220243754. 6	实用新型	2013. 05. 08
数控浮动支撑装置	ZL201220243770. 5	实用新型	2013. 05. 08
用于滚珠丝杠的浮动托架	ZL201220243768. 8	实用新型	2013. 05. 08
一种用于狭窄空间的牵引工具	ZL201320057313. 1	实用新型	2013. 07. 31
一种立式大功率船用活塞加工车床用液压旋转尾架	ZL201320057315. 0	实用新型	2013. 07. 31
宝鸡机床集团有限公司			
卧式数控车床	ZL 201230520002. 5	外观设计	2013. 04. 03
数控车床	ZL 201230520023. 7	外观设计	2013. 04. 03
新型数控车床人造花岗岩床身	ZL 201220611020. 9	实用新型	2013. 07. 10
数控车床大规格精密直驱主轴结构	ZL 201320445643. 8	实用新型	2014. 02. 12
一种高速车削中心内外冷却电主轴	ZL 201320165678. 6	实用新型	2014. 04. 09

（续）

专利名称	专利号	专利类型	授权日期
天水星火机床有限责任公司			
一种用于机床的液压阻尼装置	ZL201320035923.1	实用新型	2013.07.24
一种主轴制动装置	ZL201320035877.5	实用新型	2013.07.24
一种电加热装置	ZL201320035911.9	实用新型	2013.07.24
一种工频磁感应加热器	ZL201320035504.8	实用新型	2013.07.24
大孔径可调浮动铰刀板	ZL201320035532.X	实用新型	2013.07.24
摇篮式圆锥体磨削装置	ZL201320035735.9	实用新型	2013.07.24
机床主轴定位内锥孔自磨机	ZL201320044369.3	实用新型	2013.07.24
机床中心架定位装置	ZL201320044393.7	实用新型	2013.07.24
板件花键孔拉削定位装置	ZL201320035426.1	实用新型	2013.07.24
铣削扇形齿的定位装置	ZL201320035768.3	实用新型	2013.07.24
一种重型数控轧辊磨头架主传动系统	ZL201320037862.2	实用新型	2013.07.24
一种轧辊磨床中凸进给系统	ZL201320037776.1	实用新型	2013.07.24
长沙金岭机床有限责任公司			
一种数控钻铣床变速箱主轴结构	ZL201220471967.4	实用新型	2013.02.13
一种数控钻铣床	ZL201220471913.8	实用新型	2013.02.14
一种数控车铣复合机床	ZL201220472410.2	实用新型	2013.02.15
山东普利森集团有限公司			
自动涨缩刮滚组合深孔刀具	ZL201010611007.90	发明	2013.01.23
大导程螺母车削装置	ZL201110106215.80	发明	2013.01.23
镶钢导轨的热处理工艺	ZL201110438359.30	发明	2013.12.18
深孔加工刀具	ZL201210069750.50	发明	2013.11.13
数控车磨床尾轴自动夹紧装置	ZL201220300549.90	实用新型	2013.01.09
电机后置式枪钻钻杆箱	ZL201220507693.X	实用新型	2013.03.06
车铣中心C轴制动结构	ZL201220507957.10	实用新型	2013.03.06
多功能枪钻床头箱	ZL201220507956.70	实用新型	2013.03.06
自动消隙型导向架	ZL201220501622.90	实用新型	2013.03.06
敞开式枪钻钻杆支架	ZL201220501763.00	实用新型	2013.03.20
冲屑型导向架	ZL201220501789.50	实用新型	2013.03.06
多级缸缸筒加工机床	ZL201220503454.70	实用新型	2013.03.06
轴承双定位用隔套	ZL201220543358.50	实用新型	2013.05.08
一种伺服中心架	ZL201220602976.20	实用新型	2013.05.08
大孔剖面镗刀装置	ZL201320121087.90	实用新型	2013.07.31
直孔端面钻模装置	ZL201320122034.90	实用新型	2013.07.31
曲轴偏心夹具	ZL201320122033.40	实用新型	2013.07.31
磨前齿轮滚刀	ZL201320122073.90	实用新型	2013.09.11
减振镗杆	ZL201320122009.00	实用新型	2013.09.18
管螺纹车床主轴结构	ZL201320121903.60	实用新型	2013.07.31
冲天炉供风系统及供风调节结构	ZL201320123695.30	实用新型	2013.08.14
一种用于铸造模型制作的结构	ZL201320123704.90	实用新型	2013.08.14
油缸自动加工装置	ZL201320427167.70	实用新型	2013.12.18
机器人上料基准料架	ZL201320427103.70	实用新型	2013.12.18

八、企业简介

浙江凯达机床股份有限公司 前身是诸暨机床厂，创建于1952年，企业法人代表骆一峰。企业已有40多年生产机床的历史，系浙江省机床行业的重点骨干企业，国家重点支持的高新技术企业。公司原为国有企业，1997年通过改制，现为股份制民营企业。

企业近年来主要生产数控卧式车床、数控立式车床、大孔径马鞍车床、数控立式铣床、数控龙门铣床、车削中心、立式加工中心和卧式加工中心。这些产品彰显高速、精密、高效、复合、智能化的特点，充分体现节能和绿色环保的理念。企业2013年实现销售收入2.37亿元，从业人员890人。产品出口美国、日本及欧盟、东盟、中东、非洲等地70多个国家和地区，2013年出口创汇达1 407万美元。

公司现有诸暨城西、浣东和双桥三个厂区，总占地面积约32万m^2，拥有锻造、金属加工、热处理、钣金、装配、油漆等全套工艺装备生产线，具有年产10 000台车床和其他机床的生产能力。公司拥有具有国际先进水平的日本产卧式加工中心、英国产激光切割机、美国产龙门铣床以及高精度主轴外圆磨床、蜗杆砂轮磨齿机、龙门式导轨磨床、数控龙门铣床等精密高效设备。为了提高检测能力，公司添置了英国产三坐标测量机、主轴动平衡试验机和激光干涉仪等精密仪器。

2013年是机床行业经历严峻考验的一年，为使企业主动转型升级，公司董事长骆一峰提出了企业产品发展的"五品"战略，即"新品、精品、多品（种）、终端产品和专用产品"。在"五品"战略思想的指导下，公司2013年开发了12项新产品。产品经专家鉴定，在国内同类产品中处于领先水平。

企业"十二五"经营和发展战略是"多品培育，高端制造；技术创新，精益生产；体现专业，保持诚信；严格管理，责任担当；全球经营，科学发展。"

荆州荷花机床有限公司 2002年由原湖北省荆州机床厂改制成立的一家民营企业，位于三国文化古城荆州经济技术开发区，系湖北省金属切削机床制造领头企业。

公司以数控机床研发及生产、销售为主导产业，兼营汽车配件、塑管建材销售。主要产品有C6132/60型普通车床系列、高精数控卧式车床系列、床身数控铣床、潜艇用活塞泵、汽配、管材。产品涵盖五大类，60多个品种，100多个规格。产品广泛用于机床、汽车、军工、农机等重点行业，畅销全国各地，并出口到美国、意大利、阿根廷、日本、泰国等20多个国家及地区，深受用户好评。

公司占地总面积12万m^2，建筑面积6万m^2；现有员工460人，其中各类专业技术人员有138人；有各种生产设备410台，资产总额约2亿元；具有年产3 000台普通车床、数控车床、立式加工中心和卧式加工中心等机床的生产能力。2013年公司完成工业总产值14 109万元，实现销售收入12 729万元，利税总额978万元。

公司于1987年获得出口产品质量许可证书，1992年获准为自营出口企业，1999年通过ISO9001:2008产品质量体系认证及多次复审换证，2001年通过CE认证，2006年通过ISO14001环境管理体系认证，2007年通过省级计量检测体系确认，具有完善的质量、安全和环境保证体系。"荷花"牌普通车床、数控车床系列曾多次获市优、省优、部优产品称号，2008年被湖北省科技厅认定为"高新技术企业"。

公司长期致力于数控机床的研发与制造。2013年自主研发生产的CKX36斜导轨数控加工中心，以高速、高精、功能创新的设计，得到用户认可。新产品投放市场后新增销售收入4 385万元，取得了良好的经济效益。

公司以优质的产品、一流的服务，满足市场需求，回报国内外客户。

广州机床厂有限公司 国有全资企业。主导产品有：32A1/750（40A1）、32A1/1000（40A1）、350/750（350H）、350/1000（350H）、160P（250）、160T（250）、210/300、210/500等。产品品种规格达94种，其中主导产品产值占52.1%。公司设备的主要加工产能可以达到年产值1.5亿元，其中数控设计产能超过65%，斜床身设计产能超过30%以上。

2013年公司进行的项目：中小型机床再制造生产技术开发及产业化应用示范课题（国家科技支撑计划课题），核电产业专用高端大型精密车铣加工中心研发及产业化（广东省部省产学研项目），数控机床电主轴、直线伺服系统的研制与应用（广东省科技计划项目），广州市数控机床工程技术研究开发中心（广州市科技计划项目）。创新考核激励制度制订了《广州机床厂有限公司专利管理制度》和《技术中心合同完成情况考核暂行办法》；规范政府项目专项经费的使用制订了《广州机床厂有限公司科技计划项目专项经费管理办法》。2013年，8个系列产品被认定为广东省高新技术产品，基本涵盖了公司当前所有数控机床产品；新增申请专利7项，均为实用新型专利；获得专利授权6项，其中发明专利1项，实用新型专利2项，外观设计专利3项。

公司2013年大事记：销售部的平洲店开张，罗发进同志荣获广东省五一劳动奖章称号，海珠区广播电视大学与广州机床厂有限公司合作办学首届数控、行政管理大专班毕业典礼，劳模技师授牌仪式。

〔撰稿人：中国机床工具工业协会车床分会陈洪军〕

铣　床

2013年，机床工具行业延续了2012年的低迷状态。在国内外宏观经济低位徘徊、行业整体下滑、市场竞争加剧的形势下，铣床行业大部分企业新增订单严重不足，产能过剩、成本上升、企业利润率下降，企业经营困难明显增多，转变增长方式的压力急剧加大，行业企业经受了巨大的考验。在市场倒逼机制作用下，行业企业结构调整和转型升级的要求日渐紧迫，许多企业依托各自优势和特点纷纷在新产品开发、新模式建立上寻求突破，力争在日益激烈的市场竞争中抢占制高点，在整体下行趋势中保持平稳发展。

一、基本情况

2013年，铣床分会在册统计会员单位55家，其中国有企业11家，集体控股企业6家，私人控股企业34家，台商控股企业1家，港商控股企业2家，外商控股企业1家。参加本年鉴统计汇总的铣床分会会员单位有26家。

根据铣床分会26家会员单位的统计数据,2013年铣床行业的经济运行状况继续呈现了下滑的态势。全年完成工业总产值83.45亿元,比上年下降17.78%;工业销售产值87.06亿元,比上年下降13.03%;实现利税8.93亿元,比上年下降35.12%;从业人员平均人数19 889人,比上年下降2.85%。2013年铣床行业主要经济指标完成情况见表1。

表1　2013年铣床行业主要经济指标完成情况

指标名称	单位	实际完成
工业总产值	万元	834 541
其中:机床工具类产品产值	万元	768 076
工业销售产值	万元	870 599
其中:机床工具类产品销售产值	万元	797 101
工业增加值	万元	299 845
实现利税	万元	89 310
从业人员平均人数	人	19 889
资产总计	万元	2 155 181
平均流动资产总计	万元	1 450 293
固定资产净值余额	万元	422 361

二、生产情况

从生产情况看,2013年铣床行业生产各种金属切削机床30 332台,比上年下降24.8%。其中,普通机床15 683台,比上年下降17%;数控机床14 649台,比上年下降31.6%。金属切削机床产量数控化率达48.3%。金属切削机床总产值74.5亿元,比上年下降17.5%;其中数控机床产值64.2亿元,比上年下降17.1%。金属切削机床产值数控化率达86.1%。在数控机床中,加工中心产量6 196台,比上年下降10.8%。其中,立式加工中心产量5 206台,比上年下降8.7%;卧式加工中心产量328台,比上年下降10.9%;龙门式加工中心产量660台,比上年下降24.3%。加工中心产值34.5亿元,比上年下降1.9%。其中立式加工中心产值比上年增长4.2%,卧式加工中心产值比上年增长4.5%,龙门式加工中心产值比上年下降12.2%。在加工中心产品中,龙门式加工中心产量和产值均有较大幅度的下降,反映出大型、重型机床市场处于持续低迷的状况较为严重。2013年铣床行业分类产品生产情况见表2。

表2　2013年铣床行业分类产品生产情况

产品名称	实际完成		其中:数控	
	产量(台)	产值(万元)	产量(台)	产值(万元)
金属切削机床总计	30 332	745 244	14 649	641 586
在总计中:大型机床	51	6 894	2	1 690
其中:重型机床	24	5 816	2	1 690
在总计中:高精度机床	258	3 891	258	3 891
在总计中:加工中心	6 196	344 917	6 196	344 917
立式加工中心	5 206	194 869	5 206	194 869
卧式加工中心	328	35 350	328	35 350
龙门式加工中心	660	114 397	660	114 397
其他加工中心	2	300	2	300
车床	820	46 639	764	46 111
镗床	12	375	12	375
磨床	861	17 958	203	12 027
铣床	22 035	327 412	7 455	237 473
其他金属切削机床	408	7 944	19	685

三、出口情况

2013年,铣床行业产品整体出口情况持续了上年的下滑态势。从出口交货值看,各类金属切削机床出口额7 483.7万美元,比上年下降14.8%。其中,数控机床出口额1 235.9万美元,比上年下降52.6%;立式加工中心出口额317.1万美元,比上年下降17.3%;数控铣床出口额764.1万美元,比上年下降64.6%。从出口量看,2013年出口金属切削机床5 713台,比上年下降9.4%。其中,数控机床出口305台,比上年下降49.8%;立式加工中心出口28台,比上年增长33.3%;数控铣床出口250台,比上年下降56.2%。

2013年铣床行业分类产品出口情况见表3。

表3　2013年铣床行业分类产品出口情况

产品名称	实际完成		其中:数控	
	出口量(台)	出口额(万美元)	出口量(台)	出口额(万美元)
金属切削机床总计	5 713	7 483.7	305	1 235.9
在总计中:大型机床	1	7	0	0
在总计中:高精度机床	2	6	2	6

（续）

产品名称	实际完成		其中：数控	
	出口量（台）	出口额（万美元）	出口量（台）	出口额（万美元）
在总计中：加工中心	32	409	32	409
立式加工中心	28	317	28	317
卧式加工中心	1	18	1	18
龙门加工中心	3	74	3	74
车床	13	43	12	43
钻床	1	0.6	0	0
磨床	24	89	4	5
铣床	5 636	6 926	250	764
其他金属切削机床	7	15	7	15

2013 年铣床行业数控机床产品出口下滑较为严重，尤其数控铣床的出口额和出口量均下降了一半以上。

四、新产品开发情况

2013 年，铣床行业部分企业共完成新产品开发项目 75 项。其中，加工中心类新产品 37 项，占比 49.3%；大型、重型类产品 14 项，占比 18.7%。2013 年铣床行业新产品开发情况见表 4。

表 4　2013 年铣床行业新产品开发情况

产品名称	型号	主要技术参数	产品性质	产品属性	产品水平
北京北一机床股份有限公司					
动梁龙门柔性加工单元	XRAN2125	主轴转速（标准）：0 ~ 6 000r/min，主轴转速（高转矩）：0 ~ 3 000r/min，最大快速移动速度（X/Y）：≥18 000mm/min，最大快速移动速度（Z）：≥12 000mm/min	全新设计	行业新产品	国内领先
高精度小孔珩磨机	B3 - HM039	珩孔直径：3 ~ 20mm，最大珩孔深度：150mm，主轴最大转速：3 000r/min，主轴最大行程：260mm，主轴最大往复速度：30m/min，工作台面到地面的距离：1 000mm	全新设计	行业新产品	国内领先
立式加工中心（五轴）	XKR50A	行程（$X/Y/Z$）：650mm/650mm/460mm，A 轴：+30°/ -110°，C 轴：360°，工作台直径：500mm	全新设计	企业新产品	国内先进
立式加工中心（五轴）	XKH800Z	行程（$X/Y/Z$）：1 350mm/400mm/500mm，A 轴：360°，B 轴：±45°，工件最大装夹长度：800mm，工件最大回转直径：200mm	全新设计	企业新产品	国内先进
车轴专用数控高速外圆磨床	B2 - K1020	回转直径：630mm，顶尖间安装工件长度：3 000mm，最小分辨率（X、Z）：0.001mm，进给速度（X、Z）：0.05 ~ 5 000mm/min，加工精度：圆度 0.002 5mm，纵截面内直径的一致性：0.008mm，表面粗糙度 Ra ≤ 0.32μm，砂轮规格：ϕ750mm × 300mm × ϕ305mm，工件重量：1 000kg，重复定位精度：0.005mm，数控系统/生产厂家：FANUC、西门子，控制轴/联动轴数：3/2，机床净重：18 000kg，占地面积：9 600mm × 5 500mm	全新设计	行业新产品	国内领先
车轴专用数控高速端面外圆磨床	B2 - K1022	回转直径：630mm，顶尖间安装工件长度：3 000mm，最小分辨力（X、Z）：0.001mm，进给速度（X、Z）：0.05 ~ 5 000mm/min，加工精度：圆度 0.002 5mm，纵截面内直径的一致性：0.008mm，表面粗糙度：Ra ≤ 0.32μm，砂轮规格：ϕ750mm × 350mm × ϕ305mm，工件重量：1 000kg，重复定位精度：0.005mm，	全新设计	行业新产品	国内领先

（续）

产品名称	型号	主要技术参数	产品性质	产品属性	产品水平
		数控系统/生产厂家：FANUC、西门子；控制轴/联动轴数：3/2，机床净重：18 000kg，占地面积：9 600mm ×5 500mm			
北京精雕科技有限公司					
精雕数控雕刻机	JDLGC16T_DZ	工作台面尺寸：640mm ×640mm	改型设计	企业新产品	国内一流
精雕数控雕刻机	Carver400TE _A10E	工作台面尺寸：490mm ×430mm	全新设计	企业新产品	国内一流
精雕数控雕刻机	Carver800T _ A12 _DRTD	工作台面尺寸：850mm ×850mm	全新设计	企业新产品	国内一流
精雕数控雕刻机	JDVT700	工作台面尺寸：730mm ×500mm	全新设计	企业新产品	国内一流
精雕数控雕刻机	Carver600TE _A12E	工作台面尺寸：650mm ×650mm	改型设计	企业新产品	国内一流
精雕数控雕刻机	Carver1200TE_A12	工作台面尺寸：1 250mm ×850mm	改型设计	企业新产品	国内一流
精雕数控雕刻机	JDWGM2000_A12	工作台面尺寸：1 300mm ×2 680mm	全新设计	企业新产品	国内一流
精雕数控雕刻机	JDLVM1200 _ A12 _RT	工作台面尺寸：1 220mm ×580mm	全新设计	企业新产品	国内一流
精雕数控雕刻机	JDAVG400	工作台面尺寸：420mm ×420mm	全新设计	企业新产品	国内一流
精雕数控雕刻机	JDCNC600	工作台面尺寸：650mm ×650mm	全新设计	企业新产品	国内一流
宁波海天精工股份有限公司					
高架桥式高速五轴模具铣削中心	HTM -32DF15	快速移动速度（$X/Y/Z$）：20m/min，最大加速度：2. 5m/s^2；主轴转速：100 ~24 000r/min 主电动机功率：43kW/52kW，转矩：67N · m/83N · m，A 轴回转范围：±105°，C 轴回转范围：±360°	全新设计	行业新产品	国内先进
双交换台定梁龙门加工中心	2028GII ×20DT	主轴转速：30 ~4 500r/min，主轴额定/最大转矩：1 860N · m/2 295N · m，行程（$X/Y/Z$）：2 200mm/2 800mm/1 000mm，快速进给速度（$X/Y/Z$）：（12m/min）/（15m/min）/（12m/min），工作台面尺寸：2 000mm ×2 000mm，切削进给速度：1 ~6m/min，交换工作台的定位精度：0. 032mm，交换工作台的重复定位精度：0. 016mm，工作台交换时间：30s	全新设计	行业新产品	国内先进
动柱系列龙门加工中心	HTM -25KM80	工作台面尺寸：2 500mm ×8 000mm；工作台面承重 5t 龙门有效通过宽度：3 600mm；行程（$X/Y/Z$）：（8 500mm +500mm 换刀行程）/3 600mm/1 000mm；主轴功率：30kW/41kW；主轴转速：30 ~6 000r/min；主轴最大转矩：765N · m/1 045 N · m；切削速度（$X/Y/Z$）：（20m/min）/（10m/min）/（10m/min）；快速移动速度（$X/Y/Z$）：（30m/min）/（20m/min）/（15m/min）	全新设计	行业新产品	国内先进
南通国盛机电集团有限公司					
龙门加工中心	GMF2015	工作台面尺寸：1 300mm ×2 200mm，行程（$X/Y/Z$）：2 000mm/1 500mm/900mm，主轴转速：10 ~6 000r/min	改型设计	企业新产品	行业中等水平
龙门加工中心	GMF2515	工作台面尺寸：1 300mm ×2 700mm，行程（$X/Y/Z$）：2 500mm/1 500mm/900mm，主轴转速：10 ~6 000r/min	改型设计	企业新产品	行业中等水平
龙门加工中心	GMF3015	工作台面尺寸：1 300mm ×3 200mm，行程（$X/Y/Z$）：3 000mm/1 500mm/800mm，主轴转速：10 ~6 000r/min	改型设计	企业新产品	行业中等水平

（续）

产品名称	型号	主要技术参数	产品性质	产品属性	产品水平
立式加工中心（齿轮主传动）	MV1690G	工作台面尺寸：900mm×1 800mm，行程（*X/Y/Z*）：1 600mm/900mm/750mm，主轴转速：10～6 000r/min	改型设计	企业新产品	行业中等水平
立式加工中心（齿轮主传动）	MV1890G	工作台面尺寸：900mm×2 000mm，行程（*X/Y/Z*）：1 800mm/900mm/750mm，主轴转速：10～6 000r/min	改型设计	企业新产品	行业中等水平
立式加工中心（线轨机）	VMC855E	工作台面尺寸：520mm×1 050mm，行程（*X/Y/Z*）：850mm/550mm/600mm，主轴转速：10～8 000r/min	全新设计	企业新产品	行业中等水平
立式加工中心（线轨机）	VMC1270	工作台面尺寸：700mm×1 400mm，行程（*X/Y/Z*）：1 200mm/700mm/650mm，主轴转速：10～8 000r/min	全新设计	企业新产品	行业中等水平
立式加工中心（高速机）	GV800－S	工作台面尺寸：500mm×1 050mm，行程（*X/Y/Z*）：800mm/500mm/600mm，主轴转速：10～12 000r/min	全新设计	企业新产品	行业中等水平
立式加工中心（高速机）	GV800－H	工作台面尺寸：500mm×1 050mm，行程（*X/Y/Z*）：800mm/500mm/600mm，主轴转速：10～18 000r/min	改型设计	企业新产品	行业中等水平
山东威达重工股份有限公司					
龙门式加工中心	XHM2420	工作台面尺寸：2 000mm×3 000mm，行程（*X/Y/Z*）：3 200mm/2 600mm/1 000mm，快速移动速度：10m/min，主轴转速：30～6 000r/min	改型设计	企业新产品	国内领先
XH718 立式加工中心	XH718	工作台面尺寸：1 700mm×800mm，行程（*X/Y/Z*）：1 500mm/800mm/700mm，快速移动速度：18m/min，主轴转速：30～6 000r/min	改型设计	企业新产品	国内先进
卧式加工中心	TH63100	工作台面尺寸：1 000mm×1 000mm，行程（*X/Y/Z*）：2 100mm/1 350mm/1 400mm，快速移动速度：40m/min，主轴转速：30～6 000r/min	改型设计	企业新产品	国内先进
数控立式钻铣床	XZK7150	工作台面尺寸：1 525mm×320mm，行程（*X/Y/Z*）：950mm/320mm/450mm，快速移动速度：3m/min，主轴转速：94～2 256r/min	改型设计	企业新产品	国内先进
数控龙门镗铣床	XK2130S	工作台面尺寸：3 000mm×12 000mm，行程（*X/Y/Z*）：12 500mm/3 500mm/1 000mm，快速移动速度：10m/min，主轴转速：30～4 500r/min	改型设计	企业新产品	国际先进
龙门式加工中心	XH2416	工作台面尺寸：3 000mm×1 600mm，行程（*X/Y/Z*）：3 200mm/2 000mm/1 000mm，快速移动速度：12m/min，主轴转速：30～3 200r/min	改型设计	企业新产品	国内先进
四川长征机床集团有限公司					
动梁龙门加工中心	GSC3100	工作台面尺寸：3 000mm×6 000mm，主轴功率：30kW/37kW，行程（*X/Y/Z/W*）：6 200mm/3 800mm/1 000mm/1 250mm，定位精度：0.02mm，重复定位精度：0.015mm	全新设计	企业新产品	国内领先
高速立式加工中心	AVC600H	工作台面尺寸：450mm×750mm，主轴功率：7.5kW/11kW，行程（*X/Y/Z*）：600mm/450mm/500mm，快速移动速度：（48m/min）/（48m/min）/（36m/min），数控系统：FANUC，定位精度：0.006mm，重复定位精度：0.004mm	全新设计	企业新产品	国内领先

（续）

产品名称	型号	主要技术参数	产品性质	产品属性	产品水平
高速立式加工中心	AVC850H	工作台面尺寸：550mm × 1 000mm，主轴功率：7.5kW/11kW，行程（$X/Y/Z$）：800mm/550mm/550mm，快速移动速度：（48m/min）/（48m/min）/（36m/min），数控系统：FANUC，定位精度：0.006mm，重复定位精度：0.004mm	全新设计	企业新产品	国内领先
钻铣中心	TVC310 和 TVC310A	工作台面尺寸：400mm × 510mm，主轴功率：5.5kW/7.5kW，行程（$X/Y/Z$）：310mm/400mm/350mm，快速移动速度：60m/min，数控系统：MITSUBISHI，定位精度：0.005mm，重复定位精度：0.003mm	全新设计	企业新产品	国内领先
钻铣中心	TVC510 和 TVC510A	工作台面尺寸：400mm × 610mm，主轴功率：5.5kW/7.5kW；行程（$X/Y/Z$）：510mm/400mm/350mm，快速移动速度：60m/min，数控系统：MITSUBISHI，定位精度：0.006mm，重复定位精度：0.003 5mm	全新设计	企业新产品	国内领先
钻铣中心	TVC710 和 TVC710A	工作台面尺寸：400mm × 710mm，主轴功率：5.5kW/7.5kW，行程（$X/Y/Z$）：710mm/400mm/350mm，快速移动速度：60m/min，数控系统：MITSUBISHI，定位/重复定位精度：0.008mm/0.004mm	全新设计	企业新产品	国内领先
动柱式立式加工中心	XH734 ×60	工作台面尺寸：500mm × 6 000 mm，主轴功率：11kW/15kW，行程（$X/Y/Z$）：6 000 mm/500mm/500mm，数控系统：FANUC	全新设计	企业新产品	国内领先
山东永华机械有限公司					
立式加工中心	YHMC－V10Z	行程（$X/Y/Z$）：1 000mm/600mm/650mm	全新设计	企业新产品	国内领先
立式加工中心	YHMC－V16L	行程（$X/Y/Z$）：1 600mm/900mm/750mm	全新设计	企业新产品	国内领先
立式加工中心	YHMC－V10LE	行程（$X/Y/Z$）：1 000mm/510mm/510mm	全新设计	企业新产品	国内领先
龙门加工中心	YHMC－G6230Z	行程（$X/Y/Z$）：6 200mm/3 000mm/1 250mm	全新设计	企业新产品	国内领先
南通科技投资集团股份有限公司					
龙门式立式加工中心	VGC2000	工作台面尺寸：1 200mm × 2 000mm，行程（$X/Y/Z$）：2 000mm/1 400mm/900mm，龙门跨度：1 500mm	全新设计	企业新产品	国内先进
五面体龙门加工中心	GMC2560－5M	工作台面尺寸：2 500mm × 6 000mm，行程（$X/Y/Z$）：6 500 mm/3 300 mm/1 250 mm，过龙门宽度：3 200mm	全新设计	企业新产品	国内先进
龙门式五轴联动立式加工中心	5DGBC 32	工作台面尺寸：ϕ320mm，行程（$X/Y/Z$）：450mm/320mm/400mm，B 轴回转角度：+110 ~ －110°，C 轴回转角度：360°	全新设计	行业新产品	国内领先
黄山皖南机床有限公司					
立式加工中心	VMC1165	工作台面尺寸：650mm × 1 400mm，主轴锥度：BT50，主轴转速：0 ~ 6 000 r/min，行程（$X/Y/Z$）：1 100mm/650mm/600mm，最高进给速度：5 000mm/min，快速移动速度：12m/min，主电动机功率：18.5kW，定位精度：±0.012mm，重复定位精度：±0.008mm	全新设计	企业新产品	国内先进
五轴联动立式加工中心	VMC850－5A	工作台面尺寸：510mm × 1 050mm，主轴锥度：BT50，主轴转速：8 000r/min，行程（$X/Y/Z$）：820mm/510mm/650mm，最高进给速度6 000mm/min，快速移动速度：（18m/min）/（18m/min）/（15m/min），主电动机功率：5.5kW/7.5kW，定位精度：±0.012mm，重复定位精度：±0.008mm	全新设计	企业新产品	国内先进

（续）

产品名称	型号	主要技术参数	产品性质	产品属性	产品水平
卧式加工中心	HMC500	工作台面尺寸：500mm × 500mm，主轴锥度：BT40，主轴转速：0～8 000r/min，行程（X/Y/Z）：700mm/580mm/580mm，工作台分度：1° ×360°，主电动机功率：11kW/15kW，B轴分度精度：±10″，B轴重复分度精度：±5″，快速移动速度：24m/min，定位精度：±0.004mm，重复定位精度：±0.002 5mm	全新设计	企业新产品	国内先进
滕州市喜力机床有限责任公司					
万能升降台铣床	XL6130	工作台面尺寸：1 270mm ×300mm；行程（X/Y/Z）：720mm/300mm/400mm；主轴转速范围（12级）：35～1 500r/min，工作台最大回转角度：±45°，主传动电动机功率：3kW，进给伺服电动机转矩（X、Y、Z）：7.7N · m	改型设计	企业新产品	国内先进
多功能铣床	XL6436W	工作台面尺寸：1 325mm ×360mm，行程（X/Y/Z）：750mm/360mm/460mm，滑枕行程：550mm，主轴端面至工作台面距离：200～660mm，卧轴端面至工作台面距离：20～480mm，主轴孔中心至悬梁平面距离：200mm，主轴转速（12级）：60～1 750r/min	改型设计	企业新产品	国内先进
数控床身铣床	XK7130	工作台面尺寸：1 370mm ×300mm，行程（X/Y/Z）：770mm/490mm/440mm，快速移动速度（X/Y/Z）：（4 000mm/min）/（4 000mm/min）/（3 000mm/min），主轴转速范围（50Hz）：43～3 225r/min（无级变速）/65～4 660r/min［有级变速（16级）］	改型设计	企业新产品	国内先进
立式升降台铣床	XL5032	工作台面尺寸：320mm ×1 325mm，行程（X/Y/Z）：750mm/320mm/460mm，进给速度（X/Y/Z）：（30～750mm/min）/（20～500mm/min）/（15～375mm/min），快移速度（X/Y/Z）：（1 200mm/min）/（800mm/min）/（600mm/min），主轴转速：50～1 475r/min，立铣头最大回转角度：±30°	改型设计	行业新产品	国内领先
多功能铣床	XL6332C	工作台面尺寸：1 325mm ×320mm；行程（X/Y/Z）：1 100mm/320mm/450mm；进给速度（X/Y/Z）：（30～750mm/min）/（20～500mm/min）/（15～375mm/min）；主轴转速：（12级60～1 800r/min）（卧式）/（16级80～5 440r/min）（立式）；悬梁行程：550mm；主传动电动机功率：5.5kW（卧式）/3.7kW（立式）；三项进给交流伺服电动机转矩：10N · m；外形尺寸：2 245mm ×2 100mm ×2 500mm	改型设计	企业新产品	国内先进
卧式升降台铣床	XL6032	主轴转速范围（12级）：60～1 800r/min；工作台面尺寸：1 325mm ×320mm；行程（X/Y/Z）：750mm/320mm/460mm；悬梁行程：500mm；主传动电动机功率：5.5kW，三向进给交流伺服电动机转矩：10N · m；机床外形尺寸：1 800mm ×2 100mm ×1 870mm	改型设计	行业新产品	国内领先
滑枕铣床	X5750	工作台面尺寸：500mm ×1 600mm，行程（X/Y/Z）：1 200mm/700mm/500mm，主轴转速：30～2 050r/min，进给速度（X/Y/Z）：（10～1 000mm/min）/（10～1 000mm/min）/（5～500mm/min），快速进给速度（X/Y/Z）：（2 200mm/min）/（2 200mm/min）/（1 100mm/min），主传动电动机功率：7.5kW	改型设计	企业新产品	国内先进

（续）

产品名称	型号	主要技术参数	产品性质	产品属性	产品水平
数控铣钻加工中心	XZH7550	工作台面尺寸：1 000mm×545mm，行程（X/Y/Z）：850mm/500mm/600mm，最大钻孔直径：50mm，快速移动速度（X/Y/Z）：（15m/min）/（15m/min）/（10m/min），切削进给速度：1 600mm/min，工作台最大承重：300kg，主轴转速（两档/无级）：（5～500r/min）/（20～2 000r/min），主轴最大转矩：320N·m；主轴电动机功率：5.5kW，刀库容量：12把/16把，定位精度：±0.025mm，重复定位精度：±0.015mm，进给伺服电动机转矩（X/Y/Z）：10N·m/10N·m/18 N·m	改型设计	企业新产品	国内先进
成都普瑞斯数控机床有限公司					
卧式加工中心	PH400	行程（X/Y/Z）：420mm/560mm/550mm，工作台面尺寸：400mm×400mm，主轴锥度：BT40，主轴转速：8 000r/min，快速移动速度（X/Y/Z）：40m/min	全新设计	企业新产品	国内先进、行业领先
立式加工中心	PL1200As	行程（X/Y/Z）：1 220mm/650mm/650mm，工作台面尺寸：650mm×1 400mm，主轴锥度：BT50，主轴转速：6 000 r/min，快速移动速度（X/Y/Z）：（32m/min）/（32m/min）/（24m/min）	改型设计	企业新产品	国内先进、行业领先
青海一机数控机床有限责任公司					
龙门加工中心	XKD2316	工作台面尺寸：1 600mm×3 000mm，过龙门宽度：1 980mm，行程（X/Y/Z）：3 200mm×1 700mm×720mm，主轴转速：20～8 000r/min，快速移动速度：20m/min，定位精度（X/Y/Z）：0.025mm/0.03mm/0.012mm，重复定位精度（X/Y/Z）：0.016mm/0.02mm/0.008mm	全新设计	企业新产品	国内领先
龙门加工中心	XKD2312	工作台面尺寸：1 200mm×2 000mm，过龙门宽度：1 500mm，行程（X/Y/Z）：2 200mm×1 500mm×850mm，主轴转速：20～8 000r/min，快速移动速度：20m/min，定位精度（X/Y/Z）：0.02mm/0.02mm/0.02mm，重复定位精度（X/Y/Z）：0.016mm/0.016mm/0.016mm	全新设计	企业新产品	国内领先
宁波天瑞精工机械有限公司					
龙门高速机	VF1615	三轴行程：1 600mm/1 300mm/700mm；主轴转速：15 000r/min，三轴快速移动速度：30 000mm/min	全新设计	行业新产品	国内领先
龙门数控铣床	VM4225	三轴行程：4 200mm/3 000mm/800mm，主轴转速：6 000r/min，三轴快速移动速度：（12 000mm/min）/（18 000mm/min）/（10 000mm/min）	全新设计	企业新产品	国内领先
二轴全闭环立式加工中心	VL700	三轴行程：700mm/420mm/500mm，主轴转速：10 000r/min，三轴快速移动速度：36 000mm/min	全新设计	企业新产品	国内领先
三轴全闭环立式加工中心	VL1100	三轴行程：1 100mm/600mm/600mm，主轴转速：10 000r/min，三轴快速移动速度：（30 000mm/min）/（30 000mm/min）/（24 000mm/min）	全新设计	企业新产品	国内领先
福建省金浦机械工业有限公司					
立式加工中心	VMC1270	行程（X/Y/Z）：1 200mm/700mm/700mm	改型设计	企业新产品	国内领先
山东义信重机制造有限公司					
新式多向数控镗铣床	TK6320－X型	工作台面尺寸：2 000mm×1 500mm，最大加工高度：2 500mm，工作台左右行程：2 300mm，工作台前后行程：1 300mm，最大加工件重量：20t，最大加工孔深：1 500mm，最大加工件长度：4 000mm	全新设计	行业新产品	国内先进

（续）

产品名称	型号	主要技术参数	产品性质	产品属性	产品水平
双面铣镗龙门数控机床	TXK2－X 型	*X* 轴（龙门架）行程：20 000mm，*Y* 轴（滑枕滑座）行程：6 000mm，*Z* 轴（滑枕）行程：1 500mm，W 轴（横梁/钻臂）行程：2 000mm，最大工件高度：3 000mm，主轴直径：160mm，主轴最大转矩：8 000N·m	全新设计	行业新产品	国内先进
山东万户数控设备有限公司					
高速加工中心	VMC6540L	行程：650mm/400mm	改型设计	行业新产品	国内领先
钻攻中心	BVD600	行程：600mm/400mm，换刀 1.4s	改型设计	行业新产品	国内领先
广东领航数控机床股份有限公司					
XK2735/H－180 型定梁门动式五面体数控龙门镗铣床	XK2735/H－180	工作台面尺寸：3 500mm×18 200mm；*X* 轴行程：18 000mm；*Y* 轴行程：5 500mm＋600mm（换头行程）；*Z* 轴行程：1 500mm；龙门框架通过工件最大宽度：4 500mm；主轴转速：10 ～ 4 000r/min；快速移动速度（*X/Y/Z*）：（8m/min）/（10m/min）/（8m/min）；定位精度：0.015mm/1 000mm，*X* 轴全长 0.086mm，*Y* 轴全长 0.036mm，*Z* 轴全长 0.020mm；重复定位精度（*X/Y/Z*）：0.030mm/0.020mm/0.015mm	全新设计	企业新产品	国内领先
万全京仪机床有限公司					
数控万能工具铣床	XK8132	行程（*X/Y/Z*）：360mm/280mm/340mm，定位精度：0.03mm，重复定位精度：0.015mm，主轴转速：2 000r/min	改型设计	企业新产品	国内领先
长春数控机床有限公司					
摩擦焊机	C－4E	最大顶锻力：40kN；主轴摩擦转速：3 000r/mm；焊接件直径（碳素钢、棒料）：6～12mm；旋转夹具装夹焊件长度：20～200mm；移动夹具夹料长度：50～200mm；工作台最大工作行程：300mm；主电动机功率：7.5kW	全新设计	企业新产品	国内先进

五、科研项目及获奖情况

2013 年，铣床行业部分企业共开展科研项目 45 项，其中国家科技重大专项 7 项；科研项目投资约 2.51 亿元。在这些科研项目中，有 25 个项目企业已自行应用，有 17 个项目还在研制阶段，还有 1 项为重点用户领域新产品研制，2 项为共性技术软课题。2013 年铣床行业科研项目情况见表 5。

2013 年铣床行业共有 8 项科研项目获奖。2013 年铣床行业获奖科研项目见表 6。

表 5　2013 年铣床行业科研项目情况

科研项目名称	主要内容	应用状况	项目来源
北京北一机床股份有限公司			
重型数控机床关键共性技术创新能力平台	在北一等 4 个龙头企业建立重型数控机床关键共性技术创新能力平台，同时建立重型数控机床地基—基础、静压、热变形、可靠性、伺服拖动与精度等关键共性技术应用验证环境，企业与 5 所高校合作建立 6 个研发平台进行关键共性技术研究	研制阶段	国家重大科技专项
基于工艺优化的高效五轴联动叶片数控加工中心研制	针对叶片加工需求，引进意大利 C.B. 法拉利公司先进的叶片加工技术，开发具有自主知识产权的新一代国产叶片五轴联动加工中心，大幅提高加工效率，并完成相应配套技术	研制阶段	北京市科技计划项目
国产数控不落轮轮对车床研制	针对高速铁路，城市轨道交通机车轮对修复加工的工艺特点，在引进、消化与吸收意大利萨福普公司国际最新技术的基础上进行自主集成创新，完成高效国产数控不落轮轮对车床的设计、制造与商品化	研制阶段	北京市科技计划项目

（续）

科研项目名称	主要内容	应用状况	项目来源
北京精雕科技有限公司			
触控玻璃智能化全自动数控机床的研发	触控玻璃专用加工设备及加工工艺	自行应用	企业自立项目
高光加工专用设备的研发	高光专用加工设备及加工工艺研究	自行应用	企业自立项目
正余弦编码器高倍率细分技术	正余弦编码器高倍率细分技术的研发	自行应用	企业自立项目
OGS 玻璃加工工艺的研究	OGS 玻璃加工工艺的研究	自行应用	企业自立项目
双轴直驱转台的研发	力矩电动机直接驱动双轴转台结构设计	自行应用	企业自立项目
宁波海天精工股份有限公司			
HMT-63HA 柔性制造单元	(1)25 个工作台与 5 个工作母机如何达到互换的一致性：由于工作台交换定位采用弹簧夹紧、油压松开的 4 个定位销定位，定位精度要求很高，对加工装配的要求非常高。此问题通过灌胶工艺得到很好的解决。(2)采用特殊的大刀盘直径刀具，并实现快速换刀也是该生产线的一个难点，此刀库采用定点换刀，增加一个机械手，设计了换刀待机位，并实现定点换刀。(3)柔性线的微机控制：柔性线计算机控制是其最大的难点，此难点通过与专家合作来解决，并达到后续能自己进行控制的目的。(4)小车 X 向运行速度如何达到设计速度 40m/min 是一个关键技术，从设计上采用高强度的精密冷拔型材，在装配上调整水平来保证导轨平直	自行应用	企业自立项目
V300L、V350L、V400L 数控立式车铣复合中心	300L、V350L、V400L 数控立式车铣复合中心是根据公司现有的龙门系列机床，吸收加拿大菲利普—奥林匹亚公司数控立式车铣中心的设计，通过对龙门架、横梁等主要大件的受力分析、有限元分析，根据龙门铣床和立式车床加工工件性质的不同，将龙门铣床和立式车床的主要大件和零件设计为通用，从而实现龙门铣床和立式车床主要零件和关键零件的通用，实现零件和部件的系列化、模块化、通用化，降低设计成本、加工制造成本和维护成本，大大提高了生产效率，保证了机床的高精度、高效率、高刚性及高效复合加工，也为带 Y 轴的立式车床设计奠定了基础。该系列机床将立柱、连接梁、横梁等部件设计为龙门铣床和立式车床通用，刀架和床身部分分别设计。该机型的推出是龙门铣床和立式车床设计及制造上全新的尝试，对将来机床机型开发具有一定的意义	自行应用	企业自立项目
南通国盛机电集团有限公司			
HMC50 新型高速高精卧式加工中心的研制	机床开发、制造	研制阶段	自有技术
TV500 高速精密钻铣加工中心的研制	机床开发、制造	研制阶段	自有技术
GMF13 系列重切削龙门加工中心的研制	机床开发、制造	研制阶段	自有技术
四川长征机床集团有限公司			
超重型核电转子专用数控轴向轮槽铣	课题编号：2011ZX04002-080。研究内容：根据发电设备转子制造工艺，完成 2 台样机研制，产品性能达到国外同类产品技术水平，完成百万等级核电转子轴向轮槽加工	其他	国家科技重大专项
南通科技投资集团股份有限公司			
标准型数控系统对比测试与配套应用验证	通过在本单位的示范配套应用，从实际应用角度对课题研究的标准型数控系统进行功能、性能、可靠性等全面的测试与验证，提交应用验证报告和数控系统功能、性能测试企业标准	其他	国家科技重大专项

（续）

科研项目名称	主要内容	应用状况	项目来源
轿车发动机缸体、缸盖柔性精密制造单元	由公司与上海通用汽车有限公司合作研发，适用于轿车发动机缸体、缸盖柔性加工；由带 *A* 轴和 *B* 轴功能的高档专用加工中心组成的精密柔性制造单元，旨在提高国产轿车制造设备的开发和集成能力，并进行批量应用、验证与考核	研制阶段	国家科技重大专项
高速精密数控机床绿色制造关键技术开发及应用示范	完成低温微量润滑装置在高速立式加工中心的配套集成；完成低温微量润滑技术在典型材料上的应用示范，并形成应用示范研究报告	其他	国家科技支撑计划
黄山皖南机床有限公司			
VMC1165 立式加工中心	产品研发试制	自行应用	自主研发
VMC850 - 5A 五轴联动立式加工中心	产品研发试制	自行应用	自主研发
HMC500 卧式加工中心	产品研发试制	自行应用	自主研发
滕州市喜力机床有限责任公司			
单臂铣床升降进给结构	一种既可实现铣头快速升降，又可实现铣头升降工作进给的单臂铣床升降进给结构	自行应用	企业自选
龙门铣床工作台进给机构	一种能实现无级调速、节能降耗的龙门铣床工作台进给机构	自行应用	企业自选
龙门铣床工作台进给箱	一种结构简单、操作方便、成本低的龙门铣床工作台进给箱	自行应用	企业自选
卧式铣床主传动机构	一种调速范围宽、润滑效果好的卧式铣床主传动机构	自行应用	企业自选
立式铣床主传动装置	一种调速范围宽、可实现轴向进给、润滑效果好的立式铣床主传动装置	自行应用	企业自选
成都普瑞斯数控机床有限公司			
PL600 高速立式加工中心	通过高刚性整机优化设计、机床热变形抑制及其补偿等技术的研究和应用，使得项目精度性能指标达到国际先进水平	研制阶段	四川省重大技术装备创新研制项目
青海一机数控机床有限责任公司			
高档数控机床动态综合补偿技术	数控机床的热误差动态建模及预测补偿技术，高档数控机床动力学建模及加工稳定性控制技术，切削负荷波动的实时监测与补偿，综合动态误差实时补偿技术的实验与应用研究	研制阶段	地方科技项目
高速立式、卧式加工中心产业化	数控机床可靠性快速试验技术研究，综合动态误差实时补偿技术的实验和应用研究，高速加工中心过程力学/动力学的数控加工切削参数优化选择，关键零件机械加工中的生产工艺瓶颈问题研究	研制阶段	地方科技项目
高档数控机床设计及生产管理信息化示范与应用	数字化产品创新技术管理体系建设，产品开发软件工具的专业化开发与应用，仿真分析及优化，面向企业的业务过程协同管理平台开发，面向全生命周期的产品协同开发平台	研制阶段	地方科技项目
直驱回转工作台及其关键技术研究	开展直驱回转工作台结构、控制等关键技术的试验研究，为直驱技术的基础理论和工程应用提供良好的试验研究平台	研制阶段	地方科技项目
整体床身式精密卧式加工中心	开展精密加工中心系列产品设计技术研究，低应力制造与装配质量监控技术研究，核心部件动静热特性监控技术研究，设计知识库、模型库、制造工艺数据库及其管理系统开发，精密卧式加工中心的热误差动态建模及预测补偿技术，模拟工况下的可靠性试验技术研究	研制阶段	国家科技项目
宁波天瑞精工机械有限公司			
VF1616 龙门高速机	研发试制	自行应用	自筹
VM4225 龙门数控铣床	研发试制	自行应用	自筹
VL700 三轴全闭环立式加工中心	研发试制	自行应用	自筹

（续）

科研项目名称	主要内容	应用状况	项目来源
VL1100 三轴全闭环立式加工中心	研发试制	自行应用	自筹
福建省金浦机械工业有限公司			
六轴车铣复合加工中心	新产品研发试制	自行应用	福建省重大专项
VMC1060 高速精密型加工中心	新产品研发试制	自行应用	福建省经贸委创新资金项目
高速精密型 CNCM6 数控铣床	新产品研发试制	自行应用	福建省中小企业创新资金项目
山东义信重机制造有限公司			
TK6320－X 型新式多向数控镗铣床	主要用于加工大型金属零件的平面、内孔、端面以及内外弧面、圆锥面、螺纹等零件结构要素	自行应用	临沂市科技创新基金项目
SCX2660 型双龙门移动钻镗复合加工机床	该项目可达到大型船用低速柴油机机座、机架和气缸体等关键部件的钻孔及镗铣加工工艺需要，还具有平面、斜面、曲面、沟槽的铣削加工等功能	自行应用	山东省科技发展计划项目
山东万户数控设备有限公司			
一种数控机床摆动旋转卡具	主壳体和摆动壳体	自行应用	自选
广东领航数控机床股份有限公司			
大型数控龙门式镗铣床技术研发项目	项目建设标准厂房及公用辅助设施，包括综合楼、主厂房、辅助车间、工作间和仓库等；购置卧式镗铣加工中心、高精度外圆磨床、三坐标检测仪等先进加工和检测设备，形成大型数控龙门式镗铣床150台的规模化生产能力	研制阶段	政府立项
五面体大型数控龙门式加工中心研发项目	项目利用现有厂房及公用辅助设施，购置卧式镗铣加工中心、高精度外圆磨床、大型落地镗铣床等先进加工设备，对数控机床结构和生产工艺进行改革优化，形成年产20台五面体大型数控龙门加工中心的生产能力，填补广东省空白	研制阶段	政府立项
微V槽光纤连接器的超精密加工专用机床开发	系统地研究V型微沟槽超精密机床结构、关键零部件、加工工艺和在线监测技术等。主要内容包括：①床身及超精密静压导轨研制。研究具有高刚度、隔振功能的机床床身，具有高精度、高刚度、高衰减性和高稳定性等特性的超精密导轨。②高精度、高平稳、高刚度轴系与进给驱动系统研制。超精密直线电动机纳米精度进给驱动技术研究，*X* 轴、*Z* 轴直线电动机纳米精度进给驱动系统（高刚度油静压直线导轨、光栅反馈系统、高分辨力伺服系统）研制。③超精密V型微沟槽磨削工艺技术研究。超精密V型沟槽加工过程的刀具形状、进给速度、切削量、冷却、温控和误差补偿等加工工艺和加工参数对加工精度、表面质量、光学表面损伤的影响。④加工过程与加工质量检测。金刚石切刀的加工位置自动检测，金刚石切刀磨损在线检测，零件微V槽形位与表面粗糙度检测。⑤进行样机试制和产业化生产。双方联合建立超精密机床研发基地，进行微V槽超精密加工机床和加工工艺研究。在样机成熟后，建立装备年产能20台的生产基地，并建立微V槽加工服务公司	研制阶段	政府立项
长春数控机床有限公司			
相位摩擦焊机	先进的全电气控制方法，采用高精度增量编码器和绝对式编码器，配合高速脉冲输出模块，结合先进的计算机控制技术，控制主轴电动机的加速特性和减速特性实现精确的相位控制，相位控制精度±0.5°	研制阶段	自行研发

表 6　2013 年铣床行业获奖科研项目

项目名称	主要内容及应用范围	获奖名称	获奖等级	主要完成单位
重型龙门数控机床大型结合面关键技术研究与应用	获奖成果以国家科技重大专项课题“数字化设计—重型龙门数控机床大型结合面实验研究与应用”为依托，对重型机床大型结合面动静态特性进行研究。研究成果应用于北一机床的三台重型复合机床，使重型龙门从 8m 跨越至 13m 以上，并开发出跨度超过 10m 的重型立式车床新产品	北京市科学技术奖	二等奖	北京北一机床股份有限公司、北京工业大学
GMF 系列高速高精齿轮式重切削龙门加工中心产品	龙门加工中心的研发投产，适用于汽车、军工、模具加工等行业	江苏省科学技术奖	二等奖	南通国盛机电集团有限公司
GMF 全齿式精密龙门加工中心产品	龙门加工中心的研发投产，适用于汽车、军工、模具加工等行业	南通市科技进步奖	二等奖	南通国盛机电集团有限公司
YHMC－F63 五轴联动立式加工中心	该项目是公司在结合国外先进技术的基础上自主创新研发的高速度、高精度、高档五轴联动数控机床，可广泛应用于航空、航天、军事、科研、精密器械、高精医疗设备等行业	第二届中国创新创业大赛山东赛区三等奖	三等奖	山东永华机械有限公司
5DGBC50 五轴联动立式加工中心	该机床具有 *X*、*Y*、*Z* 三个直线运动的数控坐标轴和 *A*、*C* 两个旋转运动的数控坐标轴，可实现五轴联动。各坐标轴可自动定位，工件在一次装夹后，可自动完成铣、钻、镗、铰和攻螺纹等多种工序的加工	江苏省高新技术产品	无	南通科技投资集团股份有限公司
LG24 轮毂车床	该轮毂数控车床是根据轮毂加工的特性要求而精细研制，并充分考虑轮毂车床加工的恶劣环境和现场操作的安全性，具有高强度、高刚性、高抗震性等良好性能，可用于 24 寸以内汽车轮毂内外圆、端面、割槽、倒角等粗精车削、镗削加工，并具有高精度、高稳定性的亮面车削性能	南通市首台套重大装备产品	无	南通科技投资集团股份有限公司
高速直驱主轴单元的结构优化设计及润滑技术	集成高速轴承技术、油气润滑技术、循环冷却技术、刀具内冷技术及位置控制技术，开发交流内装式直驱电动机和主轴一体化的高速直驱主轴单元，并建立具有自主知识产权的电主轴单元空间矢量误差动态检测分析、动态性能测试平台，应用于配套的 HMC63/HMC80/HMC100S 高速卧式加工中心	青海省科学技术进步奖	二等奖	青海一机数控责任有限公司
XK2735/H－180 型定梁门动式五面体数控龙门镗铣床	项目 *X* 轴驱动采用预加负载消隙的双齿轮驱动齿条传动，提高了进给运动的精度；*Y* 轴横梁通过有限元分析和优化设计，采用重载滚柱直线导轨作为 *Y* 轴导轨副，提高了 *Y* 轴承载能力和运动精度；*Z* 轴采用方滑枕镶钢导轨和滚子块加贴塑的滑轨，提高了机床的承载能力和切削抗震性能，从而提高了机床的精度。该机床适用于各种板件、盘件、壳体件、模具等复杂零件的多品种中小批量生产，可用于制冷、石化、锅炉、印刷、包装等行业的多种管板、壳体等的加工	揭阳市科学技术进步奖	一等奖	广东领航数控机床股份有限公司

六、专利发明情况

据不完全统计，2013 年铣床行业部分企业有 77 项创新技术已获国家专利授权。其中，发明专利 3 项，外观设计专利 14 项，其余 60 项均为实用新型专利。2013 年铣床行业专利发明情况见表 7。

表 7　2013 年铣床行业专利发明情况

序号	企业名称	专利名称	专利类型	授权日期
1	一种切削液的三级过滤系统	北京精雕科技有限公司	实用新型	2013.03.13
2	一种机床防护罩的防护门互锁器	北京精雕科技有限公司	实用新型	2013.03.13

（续）

序号	企业名称	专利名称	专利类型	授权日期
3	一种数控机床在机接触式测量用的测针	北京精雕科技有限公司	实用新型	2013.03.13
4	一种机床加工用的CCD定位装置	北京精雕科技有限公司	实用新型	2013.04.03
5	一种侧立式D－SUB插座	北京精雕科技有限公司	实用新型	2013.04.03
6	一种采用侧立式D－SUB插座的控制装置	北京精雕科技有限公司	实用新型	2013.04.03
7	一种带有十字滑台工作台的单柱式数控机床	北京精雕科技有限公司	实用新型	2013.07.24
8	一种数控机床的平推内摆式防护门	北京精雕科技有限公司	实用新型	2013.07.24
9	机床(850系列)	南通国盛机电集团有限公司	外观设计	2013.11.20
10	机床(13/15系列龙门)	南通国盛机电集团有限公司	外观设计	2013.11.20
11	机床(22/27系列龙门)	南通国盛机电集团有限公司	外观设计	2013.11.20
12	数控龙门加工中心(GMF3022C)	南通国盛机电集团有限公司	外观设计	2013.11.20
13	机床(HMC110)	南通国盛机电集团有限公司	外观设计	2013.11.20
14	机床(MV1060B)	南通国盛机电集团有限公司	外观设计	2013.11.20
15	机床(MV1060D)	南通国盛机电集团有限公司	外观设计	2013.11.20
16	机床机头防护罩	南通国盛机电集团有限公司	外观设计	2013.11.20
17	机床(MV1580)	南通国盛机电集团有限公司	外观设计	2013.11.20
18	多功能立铣头	山东威达重工股份有限公司	实用新型	2013.07.31
19	滚动、滑动复合丝杠副	山东威达重工股份有限公司	实用新型	2013.02.19
20	立式加工中心	山东威达重工股份有限公司	外观设计	2013.10.23
21	双输出主轴立铣头	山东威达重工股份有限公司	实用新型	2013.02.05
22	钻铣床	山东威达重工股份有限公司	外观设计	2013.10.23
23	齿轮驱动旋转机构	四川长征机床集团有限公司	实用新型	2013.03.13
24	一种大型核电转子分度加工的静压支撑装置	四川长征机床集团有限公司	实用新型	2013.09.11
25	一种大型核电转子的分度加工装置	四川长征机床集团有限公司	实用新型	2013.09.11
26	一种大型核电转子的分度装置	四川长征机床集团有限公司	实用新型	2013.09.11
27	机床位置环热变形的补偿方法及装置	四川长征机床集团有限公司	发明	2013.04.17
28	数控铣床螺旋排屑杆的传动机构	山东永华机械有限公司	实用新型	2013.07.10
29	自动升降丝杆支撑结构	山东永华机械有限公司	实用新型	2013.07.10
30	机床主轴旁路出水装置	山东永华机械有限公司	实用新型	2013.07.10
31	斜契增压锁紧装置	山东永华机械有限公司	实用新型	2013.07.10
32	数控铣床配重块结构	山东永华机械有限公司	实用新型	2013.07.10
33	铣磨复合机床	山东永华机械有限公司	实用新型	2013.07.17
34	驱动丝杆冷却装置	山东永华机械有限公司	实用新型	2013.08.21
35	数控铣床Z轴螺母座的固定装置	山东永华机械有限公司	实用新型	2013.08.21
36	数控铣床出货吊装装置	山东永华机械有限公司	实用新型	2013.08.21
37	数控铣床的斜楔调整装置	山东永华机械有限公司	实用新型	2013.08.21
38	数控铣床刀库固定装置	山东永华机械有限公司	实用新型	2013.08.21
39	数控铣床刀库出货支撑装置	山东永华机械有限公司	实用新型	2013.08.21
40	大型定梁龙门双工作台	山东永华机械有限公司	实用新型	2013.08.21
41	数控铣床的斜楔调整装置	山东永华机械有限公司	实用新型	2013.08.21
42	数控龙门铣床	山东永华机械有限公司	外观设计	2013.02.20
43	立式数控机床	山东永华机械有限公司	外观设计	2013.02.20
44	数控定梁龙门移动式镗铣床	山东永华机械有限公司	外观设计	2013.02.20
45	龙门式五轴联动立式加工中心的双回转工作台	南通科技投资集团股份有限公司	实用新型	2014.01.08
46	槽轮机构四工位自动换头装置	南通科技投资集团股份有限公司	实用新型	2014.01.08
47	一种铣床冷却液回流系统	黄山皖南机床有限公司	发明	2013.09.18

（续）

序号	企业名称	专利名称	专利类型	授权日期
48	龙门铣床用驱动机构	黄山皖南机床有限公司	实用新型	2013.02.06
49	螺旋传动副侧隙调整装置	黄山皖南机床有限公司	实用新型	2013.03.27
50	多功能龙门铣床	黄山皖南机床有限公司	实用新型	2013.03.27
51	恒温式强力伺服动力头	黄山皖南机床有限公司	实用新型	2013.03.27
52	液压调整式工作台	黄山皖南机床有限公司	实用新型	2013.03.27
53	主轴箱油压气压平衡式数控镗铣床	黄山皖南机床有限公司	实用新型	2013.03.27
54	便于龙门铣床维护的伸缩护罩机构	黄山皖南机床有限公司	实用新型	2013.04.24
55	单臂铣床升降进给结构	滕州市喜力机床有限责任公司	实用新型	2013.02.20
56	龙门铣床工作台进给机构	滕州市喜力机床有限责任公司	实用新型	2013.02.20
57	龙门铣床工作台进给箱	滕州市喜力机床有限责任公司	实用新型	2013.02.20
58	数控铣床	滕州市喜力机床有限责任公司	实用新型	2013.02.20
59	卧式铣床主传动机构	滕州市喜力机床有限责任公司	实用新型	2013.02.20
60	铣床夹具	滕州市喜力机床有限责任公司	实用新型	2013.02.20
61	立式铣床主传动装置	滕州市喜力机床有限责任公司	实用新型	2013.02.20
62	高速加工中心电主轴前后轴承温度测试系统	青海一机数控机床有限责任公司	实用新型	2013.06.12
63	一种机床主轴振动测试传感器固定装置	青海一机数控机床有限责任公司	实用新型	2013.06.12
64	一种数控机床的丝母机构	宁波天瑞精工机械有限公司	实用新型	2013.08.07
65	一种数控机床的丝杠机构	宁波天瑞精工机械有限公司	实用新型	2013.06.26
66	一种机床铣头的手动交换定位机构	宁波天瑞精工机械有限公司	实用新型	2013.06.26
67	一种机床润滑油的分路装置	宁波天瑞精工机械有限公司	实用新型	2013.06.26
68	一种龙门镗铣床平衡装置	山东义信重机制造有限公司	实用新型	2013.07.31
69	一种夹心式龙门数控镗铣床	山东义信重机制造有限公司	实用新型	2013.08.07
70	一种龙门镗铣床横梁	山东义信重机制造有限公司	实用新型	2013.08.28
71	跳汰选煤机数控风阀的驱动装置	山东万户数控设备有限公司	发明	2013.01.09
72	一种数控机床摆动旋转卡具	山东万户数控设备有限公司	实用新型	2013.11.06
73	高速五轴联动龙门镗铣床液压平衡装置	广东领航数控机床股份有限公司	实用新型	2013.12.04
74	五轴联动龙门镗铣床 Z 轴复合导轨	广东领航数控机床股份有限公司	实用新型	2013.12.04
75	一种摩擦焊机	长春数控机床有限公司	实用新型	2013.01.09
76	一种双头摩擦焊机	长春数控机床有限公司	实用新型	2013.01.09
77	一种后桥壳体与轴头焊接用夹具	长春数控机床有限公司	实用新型	2013.01.09

七、企业简介

南通科技投资集团股份有限公司　前身南通机床厂成立于1956年；1988年12月组建南通机床股份有限公司；1994年5月在上交所上市，成为江苏机床行业第一家、全国机床行业第二家上市公司；2000年更名为南通纵横国际股份有限公司；2006年12月由南通市政府重组，成为国资控股的上市公司；2007年2月更名为南通科技投资集团股份有限公司。

在南通市委、市政府的高度重视和扶持下，重组后南通科技确立了以机床、房地产、风险投资“两业一平台”的发展战略，秉持“以人为本、科技报国”的治企思想，以“精细制造、差异竞争、持续创新”为战略实施手段，研制高端数控产品，以替代进口为市场和产品定位，打造先进装备制造业基地。

公司现有员工2 000余人，其中工程技术人员400多人，中高级技工1 300多人。公司在立足本部通科研究院研发力量的基础上，通过市场化运作，整合全国的信息及行业人才资源，先后成立了常州通泰科研究院、北京通边科数控技术研究院，并与清华大学联合设立了产品实验室，形成了数控机床前沿尖端技术及应用研究、大型高档数控机床研发、现有产品改型升级试制、资源共享、分工合作的全新开发模式，新品研发呈现出前所未有的生机与活力。近几年，公司成功开发了VCL系列加工中心、VH系列高速立式加工中心、CFV550高速精密立式加工中心、LG24轮毂车床、MCH50\63精密卧式加工中心、5D系列五轴精密立卧式加工中心、SGM系列精密卧式加工中心以及动梁式龙门五面体镗铣加工中心等。其中MCH63精密卧式加工中心多项关键技术填补了国内空白。公司连续多次被江苏省科技厅授予“高新技术企业”。产品广泛应用于模具制造、汽车零件、风能核电、海洋船舶、军工航天和高校教学等领域。

为适应机床主业发展、同时为江苏机械工业及沿江船舶企业配套服务，公司投资新建了全资子公司南通通能精机热加工有限责任公司，该公司占地面积 32 万 m^2（480 亩），总投资 10 亿元，具备年产铸件 10 万 t、锻件 3.5 万 t、钢结构件 3.5 万 t、热处理件 1.5 万 t 的生产和加工能力。2007 年 3 月，公司成立了江苏致豪房地产开发有限公司，经营范围涉及房地产开发、房屋买卖、置换、租赁，建筑安装工程施工，物业管理等。作为国有控股上市企业旗下第一家大型的房地产开发公司，致豪地产倡导“创新、创业、创造”的企业精神，坚持“以人为本、和谐生态”的开发理念，以“追求品质、服务民生”为经营理念，积极打造民生地产。

投资业务初见成效。至 2013 年，公司参股的三家创投公司中，成都新兴投资的 6 家公司已有 5 家成功上市；成都亚新投资的 8 家公司已有 1 家成功上市，另有 2 家报送了上市申请材料；南通红土创投投资的 7 家公司，有 1 家成功上市，3 家报送了上市申请材料。投资业务的成功开展为公司提供了稳定的利润流和现金流。

在各级领导的关怀下，经过全体员工的共同努力，南通科技步入了健康发展的轨道。通过一段时间的努力，公司力争成为引领行业发展的标杆，成为主业强、业绩优、市值高的综合性上市公司。

成都普瑞斯数控机床有限公司 位于成都高新区西部园区内，建筑面积 20 500m^2，与成都高新综合保税区、电子科技大学、西华大学、成都工业学院、富士康公司、联想集团、戴尔公司等众多高校和企业相邻，具有良好的生产经营条件，环境优美，人才丰富。

普瑞斯公司所处行业属于国家七大战略性新兴产业中的高端装备制造和四川省“7＋3”产业中的装备制造业，也是成都高新区重点支柱产业之一。公司自主研发的高品质、高性价比及与良好的售后服务相结合的“普瑞斯”品牌，已得到市场和用户的充分认可，其良好的性能和卓越的品质已受到各行业用户的赞誉，并具有了相当的知名度，在全国各地具有广泛的用户群。加工中心整机及成套生产线出口到意大利、英国等国家及中东地区。

公司高度重视技术中心建设和新产品研发，加大生产研发设施设备、计量检测仪器仪表的投入，加强人才培养和引进。公司与四川大学、电子科技大学、西华大学、成都工业学院和中国工程物理研究院工学院等大专院校进行“产、学、研”及人才培养校企合作，引进高学历、高技能的技术人才，同时，紧密结合国家、省、市及成都高新区的发展规划和市场需求，研发高端数控机床产品，不断深入了解和挖掘市场及客户的需求，以优质的产品和服务迎接市场的挑战，为市场和客户提供更高效的数控机床和加工中心，为客户创造更高的价值。

2013 年，普瑞斯公司被认定为成都市高端装备制造企业，公司商标“”被评为成都市著名商标，公司 PL700A 立式加工中心产品荣获中国机床工具工业协会“产品质量十佳”称号。公司将不断开拓创新、科学发展，充分利用自身优势进行产业结构调整和升级转型，向社会奉献最能体现自身能力和独具特色的“普瑞斯”数控机床，努力开辟精密机械制造新天地，为我国机床工业的发展贡献一份力量！

南通国盛机电集团有限公司 国家高新技术企业集团，拥有省市两级工程技术研究中心，是江苏省名优企业、南通市民营企业 500 强、江苏省优秀民营企业。旗下拥有南通国盛机电集团有限公司、南通国盛精密机械有限公司、南通国盛铸造有限公司、苏州中谷机电有限公司、江苏大卫精工科技有限公司等多家全资子公司。专注于为市场提供性能领先、品质优良的先进数控机床、精密钣金、专业焊接件、高品质铸件等高端制造装备及配件。借助于强大的技术支持、精密的加工设备、管理有素的员工队伍和行业领先的服务理念，公司不断为顾客提供系统的产品解决方案、高品质的产品及快速响应的无忧服务。

2013 年，国盛集团实现持续增长，在行业环境普遍低迷的市场条件下，国盛依靠品质为先的经营策略，实现了销售产值 6.5 亿元，同比增长 35% 的目标，并实现了市场区域扩大和经营利润的同步增长。

集团公司作为国内重要的数控机床制造商，注重产品研发，拥有完善的质量管理体系，现有多项发明专利及具有自主知识产权的“国盛”牌高端精密数控机床系列产品，是江苏省名牌产品、江苏省高新技术产品。在市场上拥有良好的口碑并获得了机械加工、模具加工、航天航空等行业的认可。国盛的成长是中国民营装备业发展的一个缩影，它已成为德国德马吉、德国宝马格、瑞典山特维克、日本东芝机械、加拿大赫斯基等国际著名企业的长期合作伙伴。

集团公司将秉承“诚信、品质、勤奋、创新”的企业核心价值观，以“产业兴国，事业强盛”为企业使命，与员工、客户、社会共享发展，共赢未来。

滕州市喜力机床有限责任公司 成立于 1999 年，是一家民营股份制高新技术企业，拥有省级技术中心一个，专业从事铣床的研制与开发。公司通过吸引国内外先进技术与自主研发相结合，不断创新。主要生产龙门式、立式、卧式加工中心系列，数控铣床系列，升降台铣床系列，龙门式铣床系列，单臂滑台铣系列，钻铣床系列和立式钻床系列七大系列六十余个品种。2013 年实现总产值 15 000 万元，公司现有员工 389 人，拥有各类工程技术人员 105 人，中高级工程师 20 余人，外聘高级技术专家 5 人。滕州市喜力机床有限责任公司实施高于国标、接近德日的企业产品内控标准，自有大型加工、检测、试验设备 200 余台（套），产品机加工、装配、试验能力和产业化及服务能力雄厚。近年来，公司始终坚持转方式，调结构；实施品牌战略，积极拓展国内外市场；持续加大技术创新力度，提升公司装备制造水平。2013 年以来，公司申报了“国家火炬计划产业化项目”“山东省中小企业发展专项资金”“2013 年产业振兴和技术改造项目”，为公司的进一步发展奠定了基础。

〔撰稿人：中国机床工具工业协会铣床分会胡瑞琳〕

钻 镗 床

2013年，我国机床工具行业仍处于低位徘徊运行状态，市场低迷，国产低端产品需求明显减少，中端产品单价持续下降，而高端数控产品进口却呈上升趋势。在如此背景下，多数企业不具备开发、研制高端数控产品的能力，产品竞争力不强，造成企业生产经营难度加大，利润下滑。钻镗床行业多数企业加快了转型升级的步伐，转变发展方式，建立新型的经营模式，积极进行产品结构的调整，开发适用市场需要的产品，满足各类用户的需求。2013年，钻镗床行业经济运行基本平稳，主要经济运行指标与上年基本持平。

一、基本情况

2013年，钻镗床分会在册会员单位49家，其中，国有控股企业12家、集体控股企业9家、私人控股企业25家、与外商合资企业2家、台资企业1家；职工人数2万余人。参加本次年鉴统计的钻镗床企业共19家。

根据钻镗床分会19家骨干会员单位的统计数据，2013年，钻镗床行业完成工业总产值161.93亿元，比上年增长2.21%；工业销售产值159.68亿元，比上年增长2.31%；实现利税6.65亿元，比上年下降49.0%；从业人员平均人数16 998人，比上年下降12.48%。2013年钻镗床行业主要经济指标完成情况见表1。

表1 2013年钻镗床行业主要经济指标完成情况

指标名称	单位	年度累计
工业总产值	万元	1 619 341
其中：机床工具类产品产值	万元	1 106 347
工业销售产值	万元	1 596 830
其中：机床工具类产品销售产值	万元	1 080 517
工业增加值	万元	2 610 872
实现利税	万元	66 470
从业人员平均人数	人	16 998
资产总计	万元	1 961 720
流动资产平均余额	万元	1 292 541
固定资产净值平均余额	万元	278 125

二、生产情况

2013年，参加年鉴统计的钻镗床分会19家会员企业共生产各种金属切削机床54 380台（不包括台式钻床，以下数据均同），比上年下降15.97%，其中普通型机床26 001台，比上年下降27.8%；数控机床28 379台，比上年下降1.14%。金属切削机床产量数控化率52.19%，比上年高出7.83个百分点。金属切削机床总产值107.11亿元，比上年下降28.98%，其中数控机床产值73.56亿元，比上年下降17.37%。金属切削机床产值数控化率68.68%，比上年高出6.15个百分点。在数控机床产品中，加工中心产量11 665台，比上年增长1.66%，加工中心产值34.10亿元，比上年下降47.83%；数控钻床产量3 048台，比上年增长135.73%，数控钻床产值2.67亿元，比上年增长71.15%；数控镗床产量642台，比上年下降33.0%，数控镗床产值15.12亿元，比上年增长7.54%。

从以上数据可以看出，加工中心产量相比上年略有增长，但其产值却大幅下降，说明加工中心中，重大型、高端产品所占比重相对减少。数控镗床产量相比上年也有较大幅度下降，但其产值比上年略有增长。数控钻床的产值、产量均比上年有较大幅度的增长。2013年钻镗床行业分类产品生产情况见表2。

表2 2013年钻镗床行业分类产品生产情况

产品名称	实际完成		其中：数控	
	产量（台）	产值（万元）	产量（台）	产值（万元）
金属切削机床总计	54 380	1 071 051	28 379	735 599
其中：大型机床	2 812	148 908		
加工中心	11 665	340 966	11 665	340 966
立式加工中心	10 655	171 029	10 655	171 029
卧式加工中心	422	69 398	422	69 398
龙门式加工中心	588	100 539	588	100 539
车床	548	4 911	483	2 058
钻床	26 905	186 299	3 048	26 689
镗床	2 100	176 010	642	151 177
磨床	53	2 862	50	2 817
铣床	11 954	38 140	11 954	38 140
特种加工机床	14	180	14	180
组合机床	35	1 250	35	1 250
其他金属切削机床	1 106	320 433	488	172 322
台钻	204 513	35 296		

三、出口情况

2013年，钻镗床行业出口金属切削机床959台，比上年下降61.79%，出口额8 010.99万美元，比上年下降9.35%。出口数控机床201台，比上年增长11.05%；出口额7 166.18万美元，比上年下降6.65%。在数控机床出口中，加工中心出口186台，比上年增长13.41%，出口额7 062.91万美元，比上年下降6.7%；数控镗床出口13台，比上年下降18.75%，出口额83.53美元，比上年下降19.61%。

从统计数据上看出，金属切削机床出口总量大幅下降，出口额下降幅度相对不大；数控机床出口量相对上年有所增长。数控机床中，加工中心出口量比上年增长了两位数，但其出口额比上年略有下降。这是由于加工中心出口档次及产品单价下降所致。2013年钻镗床行业分类产品出口情况见表3。

表3　2013 年钻镗床行业分类产品出口情况

产品名称	实际完成		其中:数控	
	出口量（台）	出口额（万美元）	出口量（台）	出口额（万美元）
金属切削机床总计	959	8 011	201	7 166
其中:大型机床	82	275		
加工中心	186	7 063	186	7 063
立式加工中心	136	728	136	728
卧式加工中心	4	116	4	116
龙门式加工中心	46	6 219	46	6 219
钻床	702	504		
镗床	69	424	13	84
铣床	2	20	2	20
台钻	39 201	729		

四、新产品开发情况

2013 年，钻镗床行业参与年鉴统计的 19 家企业，共完成了新产品开发 41 种，比上年下降 36.92%。其中，汉川数控机床股份公司开发了 10 种不同规格的立式加工中心、卧式加工中心、桥式五轴联动龙门加工中心等中高端数控产品；宁夏银川大河数控机床有限公司研制开发了 8 种数控钻铣床、立式加工中心、数控珩磨机等；沈机集团昆明机床股份有限公司研制多种精密卧式加工中心、高精度卧式加工中心；中捷机床有限公司研制了高速动梁龙门加工中心、数控动梁龙门移动式车铣复合机床等中高端数控龙门加工设备。2013 年钻镗床行业新产品开发情况见表 4。

表4　2013 年钻镗床行业新产品开发情况

产品名称	型号	主要技术参数	产品性质	产品属性	产品水平
汉川数控机床股份公司					
刨台式铣镗加工中心	HPBC1620	主轴直径：160mm，坐标行程（X/Y/Z/W）：4 000mm/2 000mm/2 000mm/1 000mm，主轴转速：1 600r/min，定位精度（X/Y/Z/W）：0.024mm/0.018mm//0.018mm/0.014mm，重复定位精度（X/Y/Z/W）：0.015mm/0.013mm/0.013mm/0.012mm	改型设计	企业新产品	行业领先
卧式加工中心	HMC500	工作台面尺寸（宽×长）：500mm×600mm，坐标行程（X/Y/Z）：880mm/650mm/650mm，快速移动速度：36m/min，定位精度（X/Y/Z）：0.016mm/0.013mm/0.013mm，重复定位精度（X/Y/Z）：0.010mm/0.008mm/0.008mm	改型设计	企业新产品	行业领先
卧式加工中心	HMC630	工作台面尺寸（宽×长）：630mm×630mm，坐标行程（X/Y/Z）：1 050mm/750mm/700mm，快速移动速度：36m/min，定位精度（X/Y/Z）：0.016mm/0.013mm/0.013mm，重复定位精度（X/Y/Z）：0.011mm/0.010mm/0.010mm	改型设计	企业新产品	行业领先
卧式加工中心	HMC400	工作台面尺寸（宽×长）：400mm×400mm，坐标行程（X/Y/Z）：630mm/550mm/550mm，快速移动速度：36m/min，定位精度：0.013mm，重复定位精度：0.010mm	改型设计	企业新产品	行业领先
立式加工中心	XH714D/36M	工作台面尺寸（宽×长）：400mm×900mm，坐标行程（X/Y/Z）：630mm/400mm/500mm，快速移动速度：36m/min；定位精度（X/Y/Z）：0.013mm/0.010mm/0.010mm，重复定位精度（X/Y/Z）：0.010mm/0.008mm/0.008mm	改型设计	企业新产品	行业领先
桥式五轴联动龙门加工中心	HBMC1540F5	工作台面尺寸：1 500mm×4 000mm，直线坐标行程(X/Y/Z)：4 400mm×1 600mm×750mm，主轴最高转速：24 000r/min，快速移动速度（X/Y/Z）：(30m/min)/(30m/min)/(24m/min)，定位精度（X/Y/Z）：(0.01mm/1 000mm)/(0.01mm/1 000mm)/(0.015mm/全行程)，重复定位精度（X/Y/Z）：0.03mm/0.018mm/0.012mm，A、C 轴最大转矩：1 500N·m，A、C 轴最高转速：10r/min，A 轴摆角范围：+95°～-110°，C 轴摆角范围：±200°（±360°可选）	全新设计	企业新产品	国内领先

（续）

产品名称	型号	主要技术参数	产品性质	产品属性	产品水平
高速五轴联动立式加工中心	HVMC500F5	工作台面尺寸：φ500mm；行程（$X/Y/Z$）：4 400mm/1 600mm/750mm，主轴最高转速：24 000r/min，快速移动速度（$X/Y/Z$）：48m/min，定位精度（$X/Y/Z$）：0.01mm/0.01mm/0.008mm，重复定位精度（$X/Y/Z$）：0.008mm，A 轴最高转速：50r/min，C 轴最高转速：100r/min，连续回转，A 轴摆角范围：-110°～+110°，A、C 轴定位精度：±4″，A、C 轴重复定位精度：±4″	全新设计	企业新产品	国内先进
刨台式铣镗加工中心	TH(K)6516E	镗轴直径：160mm，主轴转速：10～1 000r/min，主轴最大转矩：3 000N·m，工作台面尺寸：1 600mm×1 800mm，工作台最大承重：12 000kg，坐标轴行程（$X/Y/Z/W$）：2 400mm/2 000mm/1 600mm/850mm，快速移动速度（$X/Y/Z/W$）：（8 000mm/min）/（8 000mm/min）/（6 000 mm/min）/（6 000 mm/min），工作台回转速度：4r/min，定位精度（$X/Y/Z/W$）：0.032mm/0.03mm/0.03mm/0.026mm，重复定位精度（$X/Y/Z/W$）：0.020mm/0.018mm/0.018mm/0.016mm	改型设计	企业新产品	国内先进
卧式加工中心	HMC800	工作台面尺寸：800mm×800mm，工作台最大承重：3 000kg，主轴转速：50～6 000r/min，行程（$X/Y/Z$）：1 300mm/850mm/1 000mm，快速移动速度：20m/min，定位精度（$X/Y/Z$）：0.020mm/0.016mm/0.016mm，重复定位精度（$X/Y/Z$）：0.013mm/0.011mm/0.011mm	全新设计	企业新产品	国内先进
五轴联动铣头	H21	最大功率：55kW（6 000r/min 时），最大转矩：88N·m（6 000r/min 时），最高转速：24 000r/min，主轴锥孔：HSK-A63，A、C 轴最大转矩：1 500N·m，A、C 轴最大速度：10r/min，A、C 轴定位精度：6″，A、C 轴重复定位精度：4″，A 轴摆角范围：+95°～110°，C 轴摆角范围：±200°（±360°可选）	全新设计	企业新产品	国际先进
杭州西湖台钻有限公司					
加工中心	ZXH－32A	工作台面尺寸：700mm×320mm，主轴转速：8 000r/min，刀库形式/刀位数量：斗笠式/8（把），控制轴/联动轴数：4/4	改型设计	企业新产品	行业先进
加工中心	ZXH－32B	工作台面尺寸：700mm×250mm，主轴转速：8 000r/min，刀库形式/刀位数量：排刀/3（把），控制轴/联动轴数：3/3	改型设计	行业新产品	行业先进
单轴数控台钻	ZK－12	最大钻孔直径：12mm，主轴行程：80mm，主轴锥孔：B16，主轴转速：480～4 100r/min，主轴端面至工作台面距离：315mm，跨距：193mm，快速移动速度：1.5m/min	全新设计	企业新产品	行业先进
单轴数控台钻	ZK－16	工作台面尺寸：700mm×250mm，主轴转速：8 000r/min，刀库形式/刀位数量：排刀/3（把），控制轴/联动轴数：3/3	全新设计	企业新产品	行业先进
安徽省黄山台钻有限公司					
数控钻床	ZK－45(L)(J)	最大钻孔直径：45mm/40mm，快速进给速度：2m/min，定位精度：0.06mm，重复定位精度：0.03mm	改型设计	企业新产品	行业领先

（续）

产品名称	型号	主要技术参数	产品性质	产品属性	产品水平
立式钻床	Z5025C(L)	最大钻孔直径:25mm,主轴最大行程:110mm,主轴变速级数:6级,主轴转速:125~2 825r/min,工作台面尺寸:330mm×400mm,机床外形尺寸(长×宽×高):880mm×526mm×1 800mm	改型设计	企业新产品	行业领先
自动攻丝机	SB6532L	最大钻孔直径:32mm,主轴转速:50~200r/min,最高攻丝次数:30次/mm,机床外形尺寸(长×宽×高):920mm×920mm×1 970mm	改型设计	企业新产品	行业领先
江苏新瑞重工科技有限公司					
龙门加工中心	GF1320	工作台面尺寸:1 300mm×2 000mm,主轴最高转速:6 000 r/min,快速移动速度:20m/min,位置精度: 0.025mm/0.015mm(全行程)	改型设计	企业新产品	国内先进
落地式镗铣加工中心	TH6913-60	镗轴直径:130mm,工作台面尺寸:2 000mm×6 000mm,主轴最高转速:1 500r/min,定位精度:0.015mm,重复定位精度:0.012mm	全新设计	企业新产品	国内先进
龙门加工中心	XH2420-30	工作台面尺寸:2 000mm×3 000mm,主轴最高转速:3 000r/min,主轴最大转矩:1 000N·m,定位精度:0.025mm,重复定位精度:0.02mm	全新设计	企业新产品	国内先进
卧式加工中心	H80	工作台面尺寸:800mm×800mm,承载:2 000kg,托盘交换时间:25s,行程(*X/Y/Z/B*):1 200mm/1 100mm/1 200mm/360°,主轴最高转速:6 000 r/min,快速移动速度:20m/min,定位精度(*X/Y/Z*):0.020mm/0.012mm,定位精度(*B*轴):4″/2″	全新设计	企业新产品	国内先进
天通吉成机器技术有限公司					
数控可转位刀片周边磨床	CPG250	主轴砂轮直径:250mm,伺服主轴电动机功率:4.7kW,主轴转速:0~5 000r/min,行程(*X/Y*):120mm/145mm,切屑进给速度(*X/Y/B/C*):(0.06~60mm/s)/(0.06~100mm/s)/(0.1~60°/s)/(0.1~100°/s),快速进给速度(*X/Y/B/C*):(166mm/s)/(166mm/s)/(360°/s)/(90°/s),*B*轴360°回转,*C*轴回转范围:-45°~+35°,砂轮修整器砂轮直径:80mm	全新设计	行业新产品	没鉴定
双面精密研磨机	DPL160	上下磨盘尺寸(外径×内径×厚度):1 590mm×560mm×70mm,加工件最大尺寸:ϕ550mm;加工精度:整盘工件厚度差≤10μm,单片厚度差≤5μm,底盘跳动≤2μm,上下盘平行度≤10μm,气源压力:6MPa,整机尺寸(长×宽×高):2 540mm×2 000mm×2 550mm	技术引进	企业新产品	没鉴定
双面精密抛光机	DPP120	上下磨盘尺寸(外径×内径×厚度):1 140mm×370mm×50mm,加工件最大尺寸:ϕ332mm,加工精度:整盘工件厚度差≤6μm,单片厚度差≤3μm,底盘跳动≤2μm,上下盘平行度≤5μm,气源压力:6MPa,整机尺寸(长×宽×高):1 800mm×1 400mm×2 200mm	技术引进	企业新产品	没鉴定
单面精密抛光机	SPP140	定盘尺寸(外径×厚度):1 440mm×36mm,陶瓷盘尺寸(外径×厚度):576mm×20mm,抛光头个数:4个,加压方式:双层加压,整机尺寸:1 800mm×2 900mm×3 000mm,主电动机功率:30kW	技术引进	企业新产品	没鉴定

（续）

产品名称	型号	主要技术参数	产品性质	产品属性	产品水平
沈阳机床股份有限公司中捷立式加工中心事业部					
锐捷铣	BM850t	工作台面尺寸:500mm×1 000mm,行程(X/Y/Z):850mm/500mm/540mm,主轴转速:6 000r/min,主电动机功率/转矩:7.5kW/47.8N·m,快速移动速度(X/Y/Z):24m/min,刀库:16 把斗笠刀库或者24 把圆盘机械手刀库,系统:西门子 808D	全新设计	企业新产品	没鉴定
锐捷铣	BM650t	工作台面尺寸:420mm×900mm,行程(X/Y/Z):650mm/400mm/500mm,主轴转速:6 000 r/min,主电动机功率/转矩:7.5kW/47.8N·m,快速移动速度(X/Y/Z):24m/min,刀库:16 把斗笠刀库或者 24 把圆盘机械手刀库,系统:西门子 808D	改型设计	企业新产品	没鉴定
宁夏银川大河数控机床有限公司					
数控钻铣床	ZXK50A	最大钻孔直径:50mm,工作台面尺寸:1 000mm×545mm,主轴转速:30～2 000r/min,刀库容量:12 把(或 16 把)	改型设计	企业新产品	国内领先
立式加工中心	TH5656L	工作台面尺寸:1 500mm×780mm,坐标行程(X/Y/Z):1 200mm/600mm/710mm,主轴转速:15～4 000r/min,刀库容量:24 把	改型设计	企业新产品	国内领先
龙门数控钻铣床	ZXK50L1524	最大钻孔直径:50mm,工作台面尺寸:2 400mm×1 500mm,坐标行程(X/Y/Z):2 400mm/1 500mm/600mm,主轴转速:30～2 000r/min,刀库容量:16 把	全新设计	企业新产品	国内领先
数控钻床	ZK5180C	最大钻孔直径:80mm,主轴圆锥孔:莫氏 6 号,主轴转速(9 级):40～570r/min,工作台面尺寸:850mm×400mm,工作台行程(X/Y):850mm/400mm,定位精度(X/Y):±0.025mm	改型设计	企业新产品	国内领先
立式数控珩磨机	2MK2218×50YS	珩孔直径:50～180mm,最大珩孔深度:500mm,主轴往复速度:3～30m/min,主轴旋转转速:30～300r/min,主轴往复上下点换向精度:≤0.5mm	全新设计	行业新产品	国内领先 国际先进
立式数控珩磨机	2MK2210×20YSG	珩孔直径:30～100mm,最大珩孔深度:200mm,主轴往复速度:3～30m/min,主轴旋转转速:10～600r/min,主轴直径:70mm	全新设计	企业新产品	国内领先
双主轴立式数控珩磨机	2MK2210×2YS	珩孔直径:30～100mm,最大珩孔深度:200mm,主轴往复速度:3～30m/min,主轴旋转转速:10～600r/min,三工位旋转工作台直径:900mm,主轴直径:70mm	全新设计	企业新产品	国内领先
立式数控珩磨机	2MK2250×150	工作台面积:1 000mm×2 000mm,最大珩孔直径:500mm,最大珩孔深度:1 500mm,主轴往复速度:5～20m/min,主轴往复换向精度:≤0.2mm,主轴旋转速度:30～200r/min,主轴锥孔:莫氏 6 号	全新设计	行业新产品	国内领先
沈机集团昆明机床股份有限公司					
高精度卧式加工中心	THM46100	工作台面尺寸(长×宽):1 000mm×1 000mm	全新设计	企业新产品	国内领先、国际先进
精密卧式加工中心	KHC63	工作台面尺寸(长×宽):630mm×630mm,行程(X/Y/Z):1 000mm/900mm/900mm	全新设计	企业新产品	没鉴定
精密卧式加工中心	KHC100U	工作台面尺寸(长×宽):1 000mm×1 000mm,行程(X/Y/Z):1 600mm/1 200mm/1 600mm	全新设计	企业新产品	没鉴定

（续）

产品名称	型号	主要技术参数	产品性质	产品属性	产品水平
中捷机床有限公司					
高速动梁龙门加工中心	T－2560w	工作台面尺寸：2 500mm×6 000mm，载重：30t，行程（*X/Y/Z/W*）：6 800mm/3 800mm/1 500mm/1 800mm，最高转速：6 000 r/min，主电动机功率：38kW，快速移动速度（*X/Y/Z*）：25m/min	技术引进	企业新产品	国内领先、国际先进
数控动梁龙门移动式镗铣床	G－60240wmh	工作台宽度：6 000mm，载重：15t/m²，行程（*X/Y/Z/W*）：25 000mm/8 000mm/2 000mm/3 000mm，最高转速：3 000r/min，主轴最大功率：72kW，最大转矩：6 000N·m，快速移动速度（*X/Y/Z*）：15m/min	技术引进	企业新产品	国内领先、国际先进
数控动梁龙门移动式车铣复合机床	G－60120wmh－ps	工作台面宽度：6 000mm，载重：15t/m²，行程（*X/Y/Z/W*）：13 000mm/8 000mm/2 000mm/3 000mm，最高转速：3 000r/min，主轴最大功率：72kW，最大转矩：6 000 N·m，快速移动速度（*X/Y/Z*）：15m/min，转台直径：5 000mm，最高转速：40r/min	技术引进	企业新产品	国内领先、国际先进

五、合资合作情况

2013 年，钻镗床行业合资企业昆明道斯机床有限公司共销售合资合作产品数控机床 19 台，销售额 7 927 万元。

2013 年钻镗床行业合资合作情况见表 5。

表 5　2013 年钻镗床行业合资合作情况

项目名称	合资合作内容	合资金额（万美元）	外方企业名称	外方占股金比例（%）	中方企业名称	中方占股金比例（%）	合资年限	合同签订日期
昆明道斯机床有限公司	开发、设计、生产与销售机床及配件	625	道斯凡斯多夫公司	50%	沈机集团昆明机床股份有限公司	50%	12	2005. 1. 27

六、科研项目

2013 年，钻镗床行业部分企业上报科研项目 22 项，报获奖项目 3 项。2013 年钻镗床行业部分企业科研项目见表 6，2013 年钻镗床行业获奖科研项目见表 7。

表 6　2013 年钻镗床行业部分企业科研项目

科研项目名称	主要内容	应用状况	项目来源
宁夏银川大河数控机床有限公司			
汽油发动机裂解式连杆珩磨加工机床研制	针对国内轿车发动机连杆高效、高精度和柔性化加工制造要求，采用双通道数控系统、珩磨主轴往复随动控制装置与珩磨头油石进给压力伺服驱动控制技术，实现高往复速度和高往复换向加速度指标；满足连杆孔尺寸精度、公差等级及形位公差的精密要求。研发具有自主知识产权汽油发动机裂解式连杆孔珩磨加工机床，并在北京北内发动机零部件有限公司“汽油发动机裂解式连杆加工”生产线上实际上线示范应用	研制阶段	“高档数控机床与基础制造装备”科技重大专项
沈机集团昆明机床股份有限公司			
TGK46100 高精度数控卧式坐标镗床研发	设计制造 TGK46100 高精度数控卧式坐标镗床，并突破其关键技术	自行应用	国家
THM－μ 系列精密卧式加工中心研发	设计制造 THM－μ 系列精密卧式加工中心并突破其关键技术	研制阶段	国家
精密立卧式加工中心技术创新平台	建设精密立卧式加工中心技术创新平台，为突破精密立卧式加工中心关键技术奠定基础	研制阶段	国家
精密数控坐标镗床设计制造关键技术研究	研究精密数控坐标镗床设计制造关键技术	研制阶段	国家
KHC100/2 双工位精密卧式加工中心	设计制造 KHC100/2 双工位精密卧式加工中心，并突破其关键技术	研制阶段	国家

（续）

科研项目名称	主要内容	应用状况	项目来源
高效、精密齿轮齿圈磨齿机研发	参与高效、精密齿轮齿圈磨齿机应用示范	研制阶段	国家
五轴联动加工中心性能测试技术与检验方法研究	研究五轴联动加工中心性能测试技术与检验方法	研制阶段	国家
数控机床设计技术研究和数字化工具开发	数控机床设计技术研究和数字化工具开发研究	研制阶段	国家
箱体类精密工作母机共性前沿技术平台研究	研究并搭建箱体类精密工作母机共性前沿技术	研制阶段	国家
箱体类精密工作母机性能检测标准与技术研究	研究箱体类精密工作母机性能检测标准与技术	研制阶段	国家
高速精密数控机床绿色制造关键技术开发	研究并突破高速精密数控机床制造关键技术，并实现环保制造	研制阶段	国家
高端智能装备“FMS 柔性制造系统”开发	开展“FMS 柔性制造系统”研究开发，并突破其关键技术，取代进口	研制阶段	国家
XK2850 数控龙门镗铣床研究开发	研究并制造 XK2850 数控龙门镗铣床	研制阶段	地方
CXH700 数控龙门车铣复合加工中心研究开发	研究并制造 CXH700 数控龙门车铣复合加工中心，并突破其关键技术	研制阶段	地方
引进德国希斯大型精密数控龙门镗铣床等高新技术、产品研发	引进并消化吸收德国希斯大型精密数控龙门镗铣床等高新技术，填补国内空白	研制阶段	地方
RT160 精密重载数控回转工作台研发	设计制造 RT160 精密重载数控回转工作台	自行应用	地方
KHB110 自动卧式镗床研究开发	设计制造 KHB110 自动卧式镗床	研制阶段	企业
KHC63－5A 精密卧式加工中心研究开发	设计制造 KHC63－5A 精密卧式加工中心	研制阶段	企业
汉川数控机床股份公司			
大型桥式五轴联动龙门数控铣床 HBMM25120F5 产品研究与开发	大型桥式五轴联动龙门数控铣床涵盖了当前机床设计制造的最高技术，产品的研发关键主要是大型基础结构件的有限元分析优化设计，大行程坐标轴的双驱动同步控制，坐标轴的快速驱动控制及高速五轴联动铣头的应用及高速加工技术	研制阶段	市场需求
高速五轴联动立式加工中心 HVMC800F5 产品的研制	研制当前中小型航空精密复杂曲面零件所需要的高速五轴加工设备不仅是市场对高档立式加工中心的需求，也是机床技术升级的要求。该项目重点研究解决高速驱动与数控系统的动态性能匹配设计，A、C 回转轴工作台采用摇篮式两轴转台的结构和精密传动设计，高速丝杠驱动的中空冷却技术，高速主轴设计应用技术及加工区域强制冷却安全防护技术	研制阶段	自行应用
大规格五轴联动铣头 H30 的研发设计	该项目的研发核心主要是主轴及 A、C 回转轴的大转矩精密传动及控制，紧凑型主体叉形摆动结构的强度分析设计，高速主轴设计及各回转摆动轴的全闭环控制技术	自行应用	自行应用

表 7　2013 年钻镗床行业获奖科研项目

项目名称	主要内容及应用范围	获奖名称	获奖等级
天通吉成机器技术有限公司			
大型数控落地铣镗床的开发	该项目产品是采用当代机械、电气、液压等新技术设计制造的一种性能优良、工艺范围广泛、精度及生产效率高的重型精密加工机床，主要用于对大型、重型、超重型复杂零件进行精密镗孔和铣平面加工，或进行钻孔、铰孔、切螺纹、切沟槽、二维曲面等复杂工序加工	嘉兴市科学技术进步奖	一等奖

（续）

项目名称	主要内容及应用范围	获奖名称	获奖等级
沈机集团昆明机床股份有限公司			
精密卧式加工中心系列产品关键技术研究及其应用	项目针对中大规格精密卧式加工中心的精度提升、性能稳定、运行可靠性等难题，在企业原有技术的基础上，进一步深入开展精密卧式加工中心的设计、制造、控制、检测及可靠性等相关技术的攻关研究，切实突破精密卧式加工中心发展的技术瓶颈，将研究成果应用于精密卧式加工中心新产品的研发和已有系列产品的改进提升，并通过新产品的测试试验进行验证，确保新研发的精密卧式加工中心的精度及性能指标达到国外同类产品的先进水平。通过产品的研发和关键技术攻关相结合，实现精密卧式加工中心整体性能提升和关键技术的突破，促进产品性能升级，实现产品的系列化和产业化研发制造，满足国内各重点领域对该类型设备的需求	云南省科技进步奖	一等奖
中捷机床有限公司			
T-2560W 高速动梁龙门加工中心	具有高精、高速、高效的综合加工特性，能够满足模具制造、通用结构件加工等各行业的综合需求，在航天、汽车、风电、能源、模具制造等精密制造行业应用广泛	沈阳市科技进步奖	一等奖

七、专利发明情况

据不完全统计，2013 年钻镗床行业部分企业获得授权专利63 项，比上年增长了 73%。其中，发明专利 14 项，实用新型专利 45 项，外观设计专利 4 项。2012 年，钻镗床行业部分企业授权专利情况见表 8。

表 8　2013 年钻镗床行业部分企业授权专利情况

序号	专利名称	专利号	专利类型	授权日期
天通吉成机器技术有限公司				
1	落地铣镗床的重心随动平衡补偿装置	ZL201010558541.8	发明	2013.09.11
2	一种干法刻蚀坚硬无机材料基板等离子体刻蚀机的电极	ZL201110279593.6	发明	2013.11.27
3	一种适用于重载机械的平移驱动组	ZL201320183337.1	实用新型	2013.09.04
4	一种产品夹持翻转装置	ZL201220713591.3	实用新型	2013.07.17
5	一种粉末成型产品处理装置	ZL201220713555.7	实用新型	2013.06.12
6	一种预加载锁定防撞装置	ZL201220726796.5	实用新型	2013.06.12
7	一种等离子体刻蚀机的传片系统	ZL201320177870.7	实用新型	2013.09.18
8	等离子体刻蚀机的装载系统	ZL201320177981.8	实用新型	2013.09.18
安徽省黄山台钻有限公司				
9	一种单轴数控系统控制的主轴进刀机构	ZL201220257921.2	实用新型	2013.01.02
10	钻床主轴箱的调整机构	ZL201220258163.6	实用新型	2013.01.02
11	一种齿轮传动的台式钻床	ZL201220257922.7	实用新型	2013.01.02
12	车床加工立柱方形缺口、镗孔夹具	ZL201220257899.1	实用新型	2013.01.02
13	自动进刀钻床主轴箱多工位镗模	ZL201220257900.0	实用新型	2013.01.02
14	一种铣床自动走刀机构	ZL201320162209.9	实用新型	2013.10.30
15	一种铣垂直托板燕尾槽的夹具	ZL201320176846.1	实用新型	2013.10.30
16	一种铣台钻弧形槽钻制夹具	ZL201320162207.X	实用新型	2013.10.30
17	一种钻床钻孔定深装置	ZL201320162202.7	实用新型	2013.10.30
18	一种铣床进刀过载保护装置	ZL201320162201.2	实用新型	2013.11.06
19	一种主轴松刀机构	ZL201320162208.4	实用新型	2013.11.06
浙江西菱股份有限公司				
20	一种深孔钻床	ZL201110142388.5	发明	2013.10.02
21	一种深孔钻床的冷却润滑液循环系统	ZL201110142486.9	发明	2013.03.12
22	一种主轴升降卧式组合机床	ZL201110455451.0	发明	2013.12.25

（续）

序号	专利名称	专利号	专利类型	授权日期
23	一种棒料工件端面加工机床	ZL201210124754.9	发明	2013.12.25
24	一种棒料工件端面加工机床的自动上料装置	ZL201220181571.6	实用新型	2013.02.13
25	一种钻床主轴箱升降驱动机构	ZL201320203775.X	实用新型	2013.10.02
26	一种数控机床的前置式切屑槽	ZL201320420804.8	实用新型	2013.12.25
27	一种数控机床的冷却过滤装置	ZL201320418194.8	实用新型	2013.12.25
28	数控攻丝机	ZL201330136840.7	外观设计	2013.09.04
29	数控高速钻床	ZL201330135476.2	外观设计	2013.09.04
30	数控立式钻床	ZL201330135343.5	外观设计	2013.09.04
杭州西湖台钻有限公司				
31	一种数控钻床进刀装置	ZL201320029444.9	实用新型	2013.09.11
32	一种数控钻床进刀装置	ZL201320320581.8	实用新型	2013.12.18
33	数控钻床	ZL201320825766.4	实用新型	已受理尚未授权
沈阳机床股份有限公司				
34	外观设计专利	ZL201230575509.0	外观设计	2013.06.05
宁夏银川大河数控机床有限公司				
35	珩磨机主轴往复随动控制装置	ZL201110070014.7	发明	2013.06.12
36	珩磨机主轴往复随动控制齿形带驱动装置	ZL201110070012.8	发明	2013.06.12
37	珩磨机主轴往复随动控制直线电机驱动装置	ZL201110070011.3	发明	2013.06.12
38	卧式加工中心可移动刀库	ZL201220359042.0	实用新型	2013.01.30
39	无间隙齿轮传动装置	ZL201220359041.6	实用新型	2013.01.30
沈机集团昆明机床股份有限公司				
40	大型数控落地铣镗床滑枕挠度补偿装置	ZL201110307711.X	发明	2013.10.16
中捷机床有限公司				
41	一种数控机床的滑枕热变形补偿机构	ZL201220591323.9	实用新型	2013.04.28
42	带B轴自动旋转的高刚性万能铣头	ZL201220593575.5	实用新型	2013.05.29
43	滑板与滑枕外壳分体可调式结构	ZL201220591305.0	实用新型	2013.05.29
44	带侧向定位的横梁液压锁紧装置	ZL201220591304.6	实用新型	2013.07.10
45	用于龙门式数控镗铣床的内置式无级分度滑枕	ZL201220591526.8	实用新型	2013.07.10
46	由交流永磁同步内转子力矩电机驱动的双摆铣头	ZL201010542003.X	发明	2013.03.27
47	一种铣头可交换直驱式高速龙门五轴加工中心	ZL201010541983.1	发明	2013.03.13
48	大型数控可倾回转工作台及其定位斜铁自动装卸夹紧机构	ZL201110148342.4	发明	2013.07.10
汉川机床集团有限公司				
49	随动式排屑装置	ZL201220265159.2	实用新型	2013.01.16
50	龙门移动式机床的自适应龙门框架	ZL201110139194.X	发明	2013.03.06
51	工位器具柜中多层抽屉的连杆式锁具	ZL201220265160.5	实用新型	2013.01.02
52	大跨度龙门机床卸荷横梁	ZL201220264725.8	实用新型	2013.01.16
江苏新瑞重工科技有限公司				
53	轴承套装置	ZL201220520862.3	实用新型	2013.04.17
54	可调耐磨式活塞加工气动夹具	ZL201220520867.6	实用新型	2013.04.17
55	组合沉钻装置	ZL201220520864.2	实用新型	2013.04.17
56	大型卧式镗铣床主轴锥孔自磨装置	ZL201220520861.9	实用新型	2013.04.17
57	机床主传动中心出水结构	ZL201220520901.X	实用新型	2013.04.17
58	手动精确分度直角铣头	ZL201220520869.5	实用新型	2013.04.17
59	丝杠传动用径向卸荷结构	ZL201220520830.3	实用新型	2013.04.17
60	自动拉刀的ISO50锥孔转换ISO40锥孔的变径套机构	ZL201220520891.X	实用新型	2013.04.17
61	多点换刀机构	ZL201220520936.3	实用新型	2013.04.17
62	复合变速箱	ZL201220520865.7	实用新型	2013.04.17
63	强力高速传动主轴	ZL201220520899.6	实用新型	2013.04.17

九、企业简介

宁夏银川大河数控机床有限公司 是改制后成立的股份制企业，公司主导产品有“大河”牌立式、卧式加工中心，立式内圆珩磨机床，立式钻床及专用组合机床四大类产品。2013年实现工业总产值4 741万元，销售收入3 755万元，从业人员195人。

2013年，银川大河参加科技重大专项“汽油发动机裂解式连杆加工技术与成套设备研制及产业”课题中的“连杆孔高精度珩磨机床”研制。公司连续三次承担国家科技重大专项科研课题任务，充分显示出企业珩磨机床产品开发的基础能力与技术水平。

2013年，公司继续在珩磨机上加大投入，使珩磨机床拥有品种、数控化技术和国产化三大优势。

首先是珩磨机床品种的优势。从珩磨种类讲，银川大河积40多年设计、生产、销售珩磨机床的能力、精湛的工艺技术和培养造就的数控人才，为我国珩磨技术的发展做出了巨大贡献，研究与开发出了许多珩磨机床产品，其中有大批量生产用缸套珩磨机、缸体珩磨机、自动测量珩磨机、平顶珩磨机、盲孔珩磨机、自适应珩磨机、多轴珩磨机、高精度珩磨机、数控珩磨机、制动毂珩磨机等几十种系列珩磨机床和专用珩磨机床。从珩磨机床规格讲，工件加工内孔直径10～500mm，加工长度最大达到1 600mm，形成了比较完整的珩磨机床品种系列。

第二是珩磨机床数控化技术的优势。当前，从国内到国外，由于受制造成本的限制，量大面广的普通型珩磨机床的主轴往复控制很难实现数控化。2010年年底，宁夏银川大河数控机床有限公司在实施国家科技重大专项“高档数控珩磨机”课题攻关的过程中，通过原理上的原始创新，成功将数控系统的数字控制轴与线性机械液压伺服系统相结合，构成一种全新的珩磨机床主轴往复运动数字控制装置。此创新已经申报4项发明专利、6项实用新型专利和2项国际PCT专利。与国外知名厂商的电液伺服比例阀加伺服缸及缸位移传感器的数控方式相比，该珩磨机床主轴往复运动数字控制装置不需要价格昂贵且对使用条件要求较苛刻的电液伺服比例阀，将机床驱动系统的电液分离。机械液压伺服系统强大的抗污染能力，大大提高了工作的可靠性；维护保养的方便性，又降低了系统的组成成本。针对高档数控珩磨机主轴往复换向的加速度很大对液压驱动系统提出的要求，创新性地开发研制了一种珩磨机专用机液伺服阀，实现了机床核心元件创新。数控珩磨机硬件核心技术取得突破后，银川大河数控机床有限公司适时停产了普通珩磨机床，改为全部生产数控珩磨机床，并将数控珩磨机床分为三个档次，即普通数控珩磨机床、中档数控珩磨机床和高档数控珩磨机床，以满足不同客户对机床的需求。

第三是全面实现国产化的优势。目前，银川大河在完成机液伺服核心元件原始创新的基础上，寻求国内数控系统厂家按其工艺特性参数的需要研制了专用数控系统，这样，从液压伺服驱动系统到数控系统均实现了国产化。

安徽省黄山台钻有限公司 是国内专业生产钻床系列产品的企业，具有40多年的生产历史，是中国机床工具工业协会钻镗床分会理事单位。

公司一贯注重产品质量及新产品的开发研制，始终坚持“创新求精，追求完美”的生产理念，不断引进、吸收先进的技术和设备，积极探索现代化管理模式。公司已通过ISO 9001:2008国际质量管理体系认证，使用的“黄山”牌注册商标是安徽省著名商标。公司生产的台钻系列产品被认定为安徽省名牌产品，并荣获原机械工业部“部优产品”称号。公司已通过高新技术企业认定。

公司生产的主要产品有：台式钻床、立式钻床、钻攻两用机、攻丝机、铣钻床、摇臂钻床、数控钻床、数控铣床、立式加工中心、手动压轴机和万能工具磨床等十多个系列90多个品种，年产量超过2万台(套)。

公司具有出口自营权，销售网络覆盖全国20多个省市、自治区，并远销欧美、东南亚等地。“质量第一、用户至上”是公司的经营宗旨，“制造精品钻床，不断满足客户需求”是公司永恒的目标。

浙江西菱股份有限公司 成立于2000年，于2012年12月31日由浙江西菱台钻制造有限公司完成股份制改造整体变更，是专注于高效精密钻床系列机床制造的高新技术企业。公司拥有员工760人，拥有温岭市牧屿机电工业园区和上马工业园区两大生产基地，总占地面积11万多平方米，总建筑面积9万多平方米。公司荣获浙江省工商局颁发的“浙江省知名商号”“浙江省著名商标”及浙江省技术监督局颁发的“浙江省名牌产品”等殊荣。2013年，实现工业总产值2.08亿元，销售收入1.81亿元。

公司主导产品包括精密立式加工中心、数控钻铣床、高效复合机床、摇臂钻床、立式钻床、台式钻床、机床附件等130多种产品，已形成多品种、多规格、系列化覆盖同行业同类产品的格局，构建了全球采购和营销网络，与世界上100多个国家和地区建立了稳定的贸易合作关系，为国内外众多企业提供各种安全、高效、精密的通用型或专用型机床。

公司坚持以创新求发展，建立了高新技术产品研发中心，拥有一批高素质的专业人才。公司技术中心获得“浙江省省级企业技术中心”称号，公司已获得包括国家发明专利、实用新型专利、软件著作权等各项专利版权100多项。公司将加大数控钻床和高效复合机床及无人化加工设备等项目的研发投入，以进一步提升公司在钻床行业的领先地位，满足下游产业对中高端数控机床的需求，进一步提高公司的盈利能力。

汉川数控机床股份公司 始建于1966年，是当时国家重点立式、卧式铣镗床研发制造企业，被誉为我国金属切削机床制造业十八罗汉企业之一。2006年企业改制成立汉川机床有限责任公司，发展成为国内金属切削机床研发生产的大型重点骨干企业。2012 年 11 月，根据企业经营发展需要，公司变更企业组织形式，由有限责任公司整体更名为汉川数控机床股份公司，为企业未来的发展创造了条件。

公司在保持原有 H1 工厂生产规模和立式、卧式加工中心及卧式铣镗床系列产品的技术优势下，于2010 年6 月投资 8. 15 亿元建成并投产了现代化的新工厂 H2 一期工程。H2 工厂重点研发制造大、重型精密龙门式加工中心、落地式铣镗加工中心和刨台式铣镗加工中心系列产品。新添高精度加工工艺设备和检测仪器 380 多台(套)，拥有的加工设备数控化率超过 95%，集成了从产品零件制造到整机装配完成过程为一体的数字“五化”建设，实现“一流技术、一流制造和一流管理”的数字化制造工厂的目标。

企业以振兴装备制造业为己任，以科技创新为依托，以技术创新升级为先导，秉承研发、制造金属切削机床 40 多年的经验和技术积累，已获得国家发明专利 14 项，承担着两项国家科技重大专项和多项陕西省科研项目。2013 年在数控平旋盘、五轴联动铣头和电主轴等关键核心功能部件的研制上有了重大突破，为国产高端数控机床的技术升级奠定了基础。

〔撰稿人：中国机床工具工业协会钻镗床分会许立亭〕

磨　床

一、行业概况

2013 年，磨床分会共有会员单位 54 家，其中磨床制造企业有 47 家，砂轮机制造企业 5 家，磨床零配件生产及磨料磨具生产企业 2 家。磨床分会 54 家企业中，国有控股企业 16 家，集体控股企业 1 家，私人控股企业 37 家，从业人员 12 835 人 。参加本次年鉴统计的磨床企业共 28 家，占磨床分会会员单位的 51. 9%。

2013 年，磨床分会 28 家会员企业完成工业总产值 433 799 万元，比上年下降 15. 8%。其中机床工具类产品总产值 305 193 万元，比上年下降 23. 9%；机床工具类产品总产值占工业总产值的 70. 4%，比上年下降 7. 5 个百分点。工业销售产值 487 314 万元，比上年下降 2. 1%；其中机床工具类产品销售产值 340 717 万元，比上年下降 17. 6%。工业增加值 117 541 万元，比上年下降 25. 2%；实现利税总额 24 719万元，比上年下降 48. 4%；资产总计 1 027 874 万元，比上年增长 7. 0%；流动资产平均余额 575 794 万元，比上年增长 2. 8%；固定资产净值平均余额 274 788 万元，比上年下降 1. 6%；2013 年磨床行业主要经济指标完成情况见表 1。

表 1　2013 年磨床行业主要经济指标完成情况

指示名称	单位	实际完成
工业总产值	万元	433 799
其中：机床工具类产品产值	万元	305 193
工业销售产值	万元	487 314
其中：机床工具类产品销售产值	万元	340 717
工业增加值	万元	117 541
实现利税	万元	24 719
从业人员平均数	人	12 835
资产总计	万元	1 027 874
流动资产平均余额	万元	575 794
固定资产净值平均余额	万元	274 788

2013 年，磨床行业工业总产值超过亿元的企业有 12 家，上海机床厂有限公司 10. 07 亿元，无锡机床股份有限公司 5. 85 亿元，陕西汉江机床有限公司 3. 86 亿元，威海华东数控股份有限公司 3. 53 亿元，杭州杭机股份有限公司 2. 69 亿元，新乡日升数控轴承装备股份有限公司 2. 43 亿元，宇环数控机床股份有限公司 1. 92 亿元，桂林桂北机器有限责任公司 1. 62 亿元，北京第二机床厂有限公司 1. 47 亿元，营口冠华机床有限公司 1. 27 亿元，济南四机数控机床有限公司 1. 20 亿元，江西杰克机床有限公司 1. 03 亿元。

2013 年，磨床行业工业销售产值超过亿元的企业有 13 家：上海机床厂有限公司 10. 3 亿元，无锡明鑫机床有限公司 6. 5 亿元，无锡机床股份有限公司 6. 24 亿元，陕西汉江机床有限公司 3. 56 亿元，威海华东数控股份有限公司 3. 37 亿元，新乡日升数控轴承装备股份有限公司 2. 43 亿元，杭州杭机股份有限公司 2. 36 亿元，宇环数控机床股份有限公司 1. 87 亿元，北京第二机床厂有限公司 1. 72 亿元，桂林桂北机器有限责任公司 1. 62 亿元，济南四机数控机床有限公司 1. 25 亿元，营口冠华机床有限公司 1. 13 亿元，上海第三机床厂 1. 01 亿元。

二、生产销售情况

2013 年，磨床行业 28 家企业共生产金属切削机床 15 389台，比上年下降 35. 3%；产值 274 906 万元，比上年下降 30. 3%。其中，数控机床产量 2 943 台，比上年下降 40. 8%；数控机床产值 140 229 万元，比上年下降 32. 0%。

2013 年，生产磨床 13 958 台，比上年下降 29. 2%；产值为 221 515 万元，比上年下降 34. 0%。其中，数控磨床 2 508 台，比上年下降 45. 2%，数控磨床产值 96 271 万元，比上年下降 42. 3%。

磨床产量占金属切削机床产量的 90. 7%，产值占金属切削机床产值的 80. 6%。磨床产量数控化率为 18. 0%，比上年下降 5 个百分点；产值数控化率为 43. 5%，比上年下降 6. 2 个百分点。

磨床产品产值超过亿元的企业有 7 家，分别为上海机床厂有限公司 6. 61 亿元，无锡机床股份有限公司 3. 10 亿元，杭州杭机股份有限公司 2. 69 亿元，桂林桂北机器有限责任公司 1. 62 亿元，北京第二机床厂有限公司 1. 54 亿元，新乡日升数控轴承装备股份有限公司 1.29 亿元，济南四机数控机床有限公司 1.16 亿元。

磨床产量超过 1 000 台的企业有 5 家，分别为上海机床厂有限公司 2 401 台，杭州杭机股份有限公司 1 623 台，无锡机床股份有限公司 1 519 台，桂林桂北机器有限责任公司 1 460台，新乡日升数控轴承装备股份有限公司 1 176 台。

2013 年，数控磨床产值超过亿元的企业有 2 家，分别为无锡机床股份有限公司 2.02 亿元，上海机床厂有限公司 1.50 亿元。

2013 年磨床产值数控化率超 50% 的企业见表 2。2013 年磨床行业分类产品生产情况见表 3。

表 2　2013 年磨床行业产值数控化率超 50% 的企业

序号	企业名称	磨床产值数控化率（%）
1	金华市纳百川机械有限公司	100.0
2	湖南海捷精密工业有限公司	100.0
3	宇环数控机床股份有限公司	100.0
4	新乡亿威数控设备有限公司	100.0
5	安徽省尚美精密机械科技有限公司	69.0

表 3　2013 年磨床行业分类产品生产情况

产品名称	实际完成		其中：数控	
	产量（台）	产值（万元）	产量（台）	产值（万元）
金属切削机床	15 389	274 906	2 943	140 229
其中：大型机床	489	34 148	114	7 639
重型机床	32	13 947	9	1 894
其中：高精度机床	837	22 831	153	9 070
加工中心	175	11 389	175	11 389
立式加工中心	51	1 554	51	1 554
卧式加工中心	52	2 730	52	2 730
龙门式加工中心	72	7 105	72	7 105
车床	4	252	3	184
镗床	15	5 416	14	5 400
磨床	13 958	221 515	2 508	96 271
齿轮加工机床	484	26 461	110	16 000
螺纹加工机床	83	6 683	25	3 882
铣床	541	1 845	39	6 274
仪表车床	119	886	64	589
其他金属切削机床	10	459	5	241
台钻	816	226		

注：由于台州北平机床有限公司、台州美日机床有限公司生产的磨床为超小型、简易机床，且数量大，因此没有计入金属切削机床合计。

三、出口情况

2013 年，磨床行业参加统计的 28 家企业中出口金属切削机床的企业有 11 家，共出口金属切削机床 3 971 台，比上年增长 40.0%；出口额为 3 013.0 万美元，比上年下降 7.1%。出口数控机床 153 台，比上年下降 37.8%；出口额 997.6 万美元，比上年增长 16.4%。出口磨床 1 965 台，比上年增长 14.4%；出口额 1 933.3 万美元，比上年下降 8.4%。出口数控磨床 104 台，比上年下降 49.5%；出口额 761.9 万美元，比上年增长 8.3%。在全球经济复苏缓慢的情况下，我国数控机床和数控磨床的出口量受到了一定的影响。2013 年磨床行业分类产品出口情况见表 4。

表 4　2013 年磨床行业分类产品出口情况

产品名称	实际完成		其中：数控	
	出口量（台）	出口额（万美元）	出口量（台）	出口额（万美元）
金属切削机床	3 971	3 013.3	153	997.6
加工中心	1	26.4	1	26.4
立式加工中心	1	26.4	1	26.4
磨床	1 965	1 933.3	104	761.9
齿轮加工机床	30	181.1	20	120.0
铣床	1 975	872.5	28	89.3

四、新产品开发

2013 年，磨床行业 28 家企业共开发新产品 97 种，比上年增长 3.2%。其中，磨床类新产品 84 种，比上年下降 6.7%；数控磨床新产品 57 种，比上年下降 6.6%。部分新产品技术达到国际先进水平。2013 年磨床行业新产品开发情况见表 5。

表 5　2013 年磨床行业新产品开发情况

序号	企业及产品名称	型号	主要技术参数	产品性质	产品属性	产品水平
一、上海机床厂有限公司						
1	数控曲轴磨床	MK82100/H	最大回转直径：1 000mm，最大工件长度：4 000mm（顶尖间），最大工件重量：3 000kg	全新设计	行业新产品	国内先进
2	数控轧辊磨床	MK84300	最大磨削直径：3 000mm，最大磨削长度：18 000mm，最大工件重量：250 000kg	全新设计	行业新产品	国际先进
3	数控专用外圆磨床	H235×3000D	最大磨削直径：500mm，最大磨削长度：1 000mm，最大工件重量：1 500kg	改型设计	企业新产品	国内先进

（续）

序号	企业及产品名称	型号	主要技术参数	产品性质	产品属性	产品水平
4	数控立式内外圆磨床	2MK9750/H	最大磨削直径:500mm,最大磨削深度:350mm,最大工件重量:350kg	全新设计	行业新产品	国内先进
5	数控万能外圆磨床	MK1432×1500	最大磨削直径:320mm,最大磨削长度:1 500mm,最大工件重量:150kg	改型设计	企业新产品	国内先进
6	数控外圆磨床	MKD1380×5000	最大磨削直径:800mm,最大工件长度:5 000mm,最大工件重量:6 000kg	改型设计	企业新产品	国内先进
7	深孔内圆磨床	M2663	最大磨削孔径:630mm,最大磨削深度:2 000mm,最大工件重量:2 000kg	全新设计	行业新产品	国内先进
8	专用内外圆磨床	H341	最大磨削直径:500mm,最大磨削长度:1 500mm,最大工件重量:500kg	全新设计	行业新产品	国内先进
9	数控外圆磨床	MKA13100×3000	最大磨削直径:1 000mm,最大磨削长度:3 000mm,最大工件重量:10 000kg	改型设计	行业新产品	国内先进
10	数控外圆磨床	MK1363×2000	最大磨削直径:500mm,最大磨削长度:2 000mm,最大工件重量:1 000kg	全新设计	企业新产品	国内先进
11	专用内外圆磨床	H342	最大磨削直径:800mm,最大磨削长度:2 000mm,最大工件重量:2 200kg	全新设计	行业新产品	国内先进
12	数控外圆磨床	MK1320×500	最大磨削直径:200mm,最大磨削长度:500mm,最大工件重量:50kg	改型设计	企业新产品	国内先进
13	数控外圆磨床	MK1320×750	最大磨削直径:500mm,最大磨削长度:2 000mm,最大工件重量:1 000kg	全新设计	企业新产品	国内先进
14	数控外圆磨床	MK1380×4000	最大磨削直径:800mm,最大磨削长度:4 000mm,最大工件重量:5 000kg	全新设计	企业新产品	国内先进
15	数控端面外圆磨床	H234×1000/DM	最大磨削直径:320mm,最大磨削长度:1 000mm,最大工件重量:150kg	改型设计	企业新产品	国内先进
16	数控端面外圆磨床	MK16100×4000D	最大磨削直径:850mm,最大磨削长度:3 000mm,最大工件重量:5 000kg	全新设计	行业新产品	国内先进
17	数控万能外圆磨床	MKC1432×1500	最大磨削直径:320mm,最大磨削长度:1 500mm,最大工件重量:500kg	改型设计	企业新产品	国内先进
18	数控轧辊磨床	MK8440	最大磨削直径:400mm,最大工件长度:3 000mm,最大工件重量:1 000kg	全新设计	企业新产品	国内先进
19	万能外圆磨床	MQ1463×1000	最大磨削直径:630mm,最大磨削长度:1 000mm,最大工件重量:1 200kg	改型设计	企业新产品	国内先进
20	外圆磨床	MA1380×4000	最大磨削直径:800mm,最大磨削长度:4 000mm,最大工件重量:6 000kg	改型设计	企业新产品	国内先进
21	专用外圆磨床	H310×1500	最大磨削直径:320mm,最大磨削长度:1 500mm,最大工件重量:150kg	改型设计	企业新产品	国内先进
22	专用外圆磨床	H345	最大磨削直径:630mm,最大磨削长度:2 000mm,最大工件重量:1 000kg	改型设计	企业新产品	国内先进
23	外圆磨床	MCA1 332	最大磨削直径:320mm,最大磨削长度:3 000mm,最大工件重量:500kg	改型设计	企业新产品	国内先进
24	数控专用端面外圆磨床	H235×3000D/DM	最大磨削直径:500mm,最大磨削长度:1 000mm,最大工件重量:1 500kg	改型设计	企业新产品	国内先进
25	万能外圆磨床	MC1432/3000－H	最大磨削直径:320mm,最大磨削长度:3 000mm,最大工件重量:500kg	改型设计	企业新产品	国内先进
26	数控主轴颈磨床	MK8 180	最大回转直径:800mm,最大磨削长度:5 000mm,最大工件重量:5 000kg	全新设计	企业新产品	国内先进
27	半自动万能外圆磨床	MB1450×1500	最大磨削直径:500mm,最大磨削长度:1 500mm,最大工件重量:1 000kg	改型设计	企业新产品	国内先进

（续）

序号	企业及产品名称	型号	主要技术参数	产品性质	产品属性	产品水平
二、杭州杭机股份有限公司						
28	光学元件数控加工中心	HZ－098CNC	最大磨削直径:3 000mm,最大磨削高度:700mm	全新设计	企业新产品	国内领先
29	磁流变抛光机精密机械与控制系统	HZ－099CNC	最大磨削直径:3 000mm,最大磨削高度:700mm	全新设计	企业新产品	国内领先
30	摆线轮数控强力成形磨床	MKL7132×8/18	工作台面尺寸(宽×长):320mm×800mm,工作台安装面尺寸(宽×长):320mm×1 200mm,机床外形尺寸(长×宽×高):3 634mm×2 590mm×2 443mm,定位精度(*X/Y/Z*):0.008mm/0.005mm/0.005mm,重复定位精度(*X/Y/Z*):0.005mm/0.003mm/0.003mm	改型设计	企业新产品	国内领先
31	数控动梁式龙门导轨磨床	HZ－KD6520×16/1	最大磨削工件尺寸:6 500mm×2 000mm×1 600mm,立柱间距离:2 300mm,工作台纵向移动速度:3～30m/min,工作台最大承载重量:20 000kg,平面度(工作台面6 500mm×2 000mm)全长:0.04mm,加工直线度:局部1 000:0.005mm,全长6 000:0.02mm;表面粗糙度:周边磨头*Ra*0.63μm,万能磨头*Ra*0.63μm	改型设计	企业新产品	国内先进
32	数控滑块及线轨磨床	HZ－087CNC/1	工作台面尺寸(长×宽):800mm×400mm,加工范围:最大磨削宽度140mm、最大磨削长度800mm;*X*轴(纵向运动)工作台纵向最大行程:1 140mm,测量系统:光栅,进给速度:100～20 000mm/min;*Y*轴(垂直运动)磨头垂直最大行程:500mm,工作台到主轴中心距:700mm,测量系统:光栅,进给速度:50～5 000mm/min;*Z*轴(横向运动)工作台横向最大行程:410mm,测量系统:光栅,进给速度:10～5 000mm/min;SP轴(磨头主轴)主轴转速:36 000r/min,功率(进口):13.5kW	改型设计	行业新产品	国内先进
33	转向齿条数控强力成形磨床	MKL7150×10/17	工作台面尺寸(宽×长):500mm×1 000mm,工作台安装面尺寸(宽×长):500mm×1 250mm,机床外形尺寸(长×宽×高):6 500mm×5 000mm×3 500mm,定位精度(*X/Y/Z*):0.008mm/0.004mm/0.005mm,重复定位精度(*X/Y/Z*):0.005mm/0.003mm/0.004mm	改型设计	行业新产品	国内先进
34	数控精密卧轴矩台平面磨床	EL1507/2－HZ	工作台面尺寸(长×宽):1 500mm×600mm,最大磨削高度:600mm,主轴中心线到电磁吸盘台面的最大距离:800mm,工作台纵向最大行程:1 800mm,工作台纵向移动速度:0～25 000mm/min,拖板横向最大行程:580mm,自动进给速度(最大):5 000mm/min	改型设计	企业新产品	国内先进

（续）

序号	企业及产品名称	型号	主要技术参数	产品性质	产品属性	产品水平
35	卧轴矩台平面磨床	HZ－630	工作台尺寸（宽×长×高）：630mm×1 250mm×400mm，工作台行程（最大）：1 250mm，工作台纵向移动速度（无级调速）（测量时横向运动应停止）：3～27m/min，主轴中心线到工作台面的距离（最大）：600mm，磨头的最大行程（横向/垂直）：630mm/400mm	全新设计	企业新产品	国内先进
36	数控立轴双端面磨床	MKY7750A/202	砂轮转速：970r/min，磨头电动机功率：2×15kW，两磨头移动最大行程（下磨头/上磨头）：70mm/130mm，机床外形尺寸（长×宽×高）：3 000mm×2 100mm×2 400mm	改型设计	企业新产品	国内先进
三、上海第三机床厂						
37	立式加工中心	XHA716A	行程（X/Y/Z）：1 500mm/660mm/760mm，转速：6 000r/min，最大转矩：470N·m	改型设计	企业新产品	行业先进
四、无锡机床股份有限公司						
38	数控内圆复合磨床	WX－2021	工件安装长度：1 100mm，工件磨削深度：1 100mm，磨削孔径：200mm，磨削外廓直径：240mm	改型设计	企业新产品	国内先进
39	高速无心磨床	MS1040	磨削直径：2～40mm，最大磨削长度：140mm	全新设计	企业新产品	国内先进
40	数控轧辊磨床	MK8430×20	最大旋转直径：530mm，最大磨削长度：2 200mm	全新设计	企业新产品	国内先进
41	专用数控轴承外圈沟磨床	WX－3019	磨削外径：100～200mm，工件宽度：15～50mm	改型设计	企业新产品	国内先进
42	专用数控轴承内圈沟磨床	WX－3020	磨削孔径：30～50mm，工件宽度：15～30mm	改型设计	企业新产品	国内先进
五、新乡日升数控轴承装备股份有限公司						
43	圆锥滚子超精机	3M6130	圆度：0.2μm，粗糙度：Ra0.05μm	全新设计	企业新产品	国内先进
44	数控立轴双端面磨床	MK7735	最大加工工件（直径×高）：20×8mm，平行度：1μm，平面度：1μm	技术引进	企业新产品	国内先进
45	数控球轴承内圈沟组合磨床	3MK136SB	圆度：0.8μm，沟侧摆：3μm，沟位置：±5μm，粗糙度：Ra0.32μm	全新设计	企业新产品	国内先进
46	数控立式复合磨削中心	MD300－2A	行程（X/Y/Z）：350mm/600mm/100mm，主轴转速：60 000r/min，主轴接口：气动换刀	全新设计	行业新产品	国内先进
47	数控立式中心孔磨床	2MK8015	中心孔圆跳动：0.002mm，中心孔类型：A、B、C，工件长度：1 000mm，工件直径：150mm	全新设计	行业新产品	国内领先
六、桂林桂北机器有限责任公司						
48	数控龙门直线导轨成形磨床	GM－KZ4010	立式磨头（宽×长）：（15～100mm）×4 000mm，表面粗糙度 Ra≤0.63μm；定位精度：0.003mm，垂直定位精度：0.001 5mm	全新设计	企业新产品	国内先进
49	数控龙门平面磨床	GM－K3016/LD	立式磨头（宽×长×高）：1 000mm×4 000mm×600mm，表面粗糙度 Ra≤0.63μm，定位精度：0.02mm，垂直定位精度：0.01mm	全新设计	行业新产品	国内先进

（续）

序号	企业及产品名称	型号	主要技术参数	产品性质	产品属性	产品水平
七、武汉机床有限责任公司						
50	铜板铣刀磨床	TBX－250	最大加工工件直径：250mm	改型设计	企业新产品	国内领先
51	数控弧齿锥齿轮铣刀盘刃磨床	MK6760	最大加工工件直径：24in	全新设计	企业新产品	国内领先
八、宇环数控机床股份有限公司						
52	智能化双平面加工成套设备	YHZD001	①成套设备——生产节拍：5s/件。 ②立式磨床——平行度：0.009mm，表面粗糙度：*Ra*0.8μm，尺寸公差±0.004mm。 ③机械手——全周期：7s，重复定位精度：0.08mm。 ④码垛机——全周期：4.5s。 ⑤清洗烘干——清洗节拍：4s/件，喷淋压力：5kg，过滤精度：50μm。 ⑥传送带——线速度：5～15m/s	全新设计	企业新产品	国际先进
53	单面研磨（抛光）机	YH2M81180	抛光压力（气压）：0～0.4MPa（反压） 下抛光盘转速：5～68r/min（无级调速） 上抛光盘转速：5～120r/min（无级调速）	全新设计	企业新产品	国际先进
54	单面研磨（抛光）机	YH2M8164B	研磨件最高平面度：0.003mm（ϕ80mm），抛光件最高平面度：0.005mm（ϕ80mm），研磨件表面粗糙度：*Ra*0.15μm，抛光件表面粗糙度：*Ra*0.125μm，研磨盘转速：5～90r/min（无级调速）	全新设计	行业新产品	国际先进
55	高精度数控立式双端面磨床	YHDM580C1	磨头最小进给量：0.001mm，加工两端面的平面度、平行度：0.03mm，加工件表面粗糙度：*Ra*0.16μm	改型设计	企业新产品	国际先进
56	高精度数控立式双端面磨床	YHM7745CNC/CBN	磨头最小进给量：0.001mm，加工两端面的平面度、平行度：0.003mm，加工件表面粗糙度：*Ra*0.2μm	改型设计	企业新产品	国际先进
57	单面研磨（抛光）机	YH2M8192C3	下抛光盘转速：0～150r/min（无级调速），上工件盘转速：5～200r/min（无级调速），下抛光磨盘电动机功率：7.5kW，下抛光磨盘电动机额定转速5～90r/min，下工件盘电动机功率：1.5kW，下工件盘电动机额定转速1 440r/min	全新设计	行业新产品	国际先进
58	全自动玻璃双面擦洗机	YHCX43	擦洗机构转速：0～56r/min（可调），换布机构转速：0～112r/min（可调），擦洗电动机功率：200W，换布电动机功率：200W，最大加工件尺寸：17in	全新设计	行业新产品	国际先进
59	高精度立式双面磨床	YHM77110	加工件平面度：≤0.005mm，加工件平行度：≤0.006mm（研磨时）、≤0.008mm（抛光时）；整盘工件厚度偏差：≤0.01mm，加工件表面粗糙度：≤0.05mm（研磨时）、≤0.02mm（抛光时）	全新设计	行业新产品	国际先进

（续）

序号	企业及产品名称	型号	主要技术参数	产品性质	产品属性	产品水平
九、济南四机数控机床有限公司						
60	高速半自动胶辊外圆磨床	J4－110	最大磨削直径：5～125mm，最大磨削长度：500mm，圆度：≤0.002 5mm，圆柱度：≤0.005mm	改型设计	企业新产品	国内领先
61	数控硬质合金专用磨床	J4K－087	磨削工件直径范围：40～150mm，最大磨削长度：80mm，圆度：≤0.001 5mm，圆柱度：≤0.003mm	全新设计	企业新产品	国内领先
62	数控外圆磨床集成工业机器人	MK1320/3×500	最大磨削直径：5～200mm，最大磨削长度：500mm，圆度：≤0.001 5mm，圆柱度：≤0.003mm	全新设计	企业新产品	国内领先
63	数控端面外圆磨床	MK1620×500/T1	最大磨削直径：10～200mm，最大磨削长度：500mm，圆度：≤0.001 5mm，圆柱度：≤0.003mm	全新设计	企业新产品	国内领先
十、营口冠华机床有限公司						
64	数控插齿机	YKS5122－3	最大加工工件直径：外齿 ϕ220mm、内齿（ϕ140＋d 刀）mm，最大加工工件模数：6mm，最大加工齿宽：70mm，插齿刀最大冲程长度：80mm，插齿刀主轴冲程数：100～1 500次/min，插齿刀行程位置调整量：50mm，工作台圆周进给量：0～2mm/次，立柱径向进给速度：0～1 000mm/min，立柱径向进给行程（X 轴）：330mm，插齿刀让刀量：≥0.35mm，插齿刀安装轴颈直径：31.743mm，刀具主轴直径：85mm，工作台直径：340mm，工作台中心孔直径：100mm，工作台极限转速（C 轴）：8r/min，插齿刀轴心线至工作台轴心线距离：－70～260mm，插齿刀安装端面至工作台面距离：190～300mm，数控轴最小编程量：0.001mm，主电动机功率：5.5kW，总功率：24kW，机床净重：8 000kg，机床尺寸（长×宽×高）：3 400mm×3 200mm×2 400mm	全新设计	企业新产品	国内领先
65	数控插齿机	YKS5132－3	最大加工工件直径：外齿 ϕ320mm、内齿（ϕ240＋d 刀）mm，最大加工工件模数：8mm，最大加工齿宽：110mm，插齿刀最大冲程长度：120mm，插齿刀主轴冲程数：100～1 000 次/min，插齿刀行程位置调整量：40mm，工作台圆周进给量：0～2mm/str，立柱径向进给速度：0～1 000 mm/min，立柱径向进给行程（X 轴）：420mm，插齿刀让刀量：≥0.35mm，插齿刀安装轴颈直径：31.743mm，刀具主轴直径：85mm 工作台直径：420mm，工作台中心孔直径：120mm，工作台极限转速（C 轴）：3.5r/min，插齿刀轴心线至工作台轴心线距离：－120～300mm，插齿刀安装端面至工作台面距离：155～315mm，数控轴最小编程量：0.001mm，主电动机功率：7.5kW，总功率：29kW	全新设计	企业新产品	国内领先

（续）

序号	企业及产品名称	型号	主要技术参数	产品性质	产品属性	产品水平
66	插齿机	Y5163K	最大加工工件直径：外齿630mm、内齿730mm，最大加工工件模数：10mm，最大加工齿宽：180mm，插齿刀最大冲程长度：200mm，插齿刀主轴冲程数：30～280次/min，插齿刀行程位置调整量：50mm，工作台圆周进给量：0.1～0.56mm/次，工作台径向进给量：0.01～0.20mm/次，工作台径向进给行程：660mm，插齿刀安装轴颈直径：31.743mm，刀具主轴直径：100mm，工作台直径：620mm，工作台中心孔直径：150mm，工作台极限转速：6r/min，插齿刀轴心线至工作台轴心线距离：-240～+420mm，插齿刀安装端面至工作台面距离：260～480mm，主电动机功率：3.3kW/4.0kW/5.5kW，总功率：7.5kW	全新设计	企业新产品	国内领先
67	数控滚齿机	KY3140	最大加工工件直径：400mm，最大加工工件模数：10mm，加工齿数：5～100，最大加工齿宽：400mm，径向行程（X轴）：280mm，刀架滑板行程（Z轴）：450mm，刀架最大回转角度：±45°，滚刀最大安装直径：170mm，滚刀最大安装长度：210mm，滚刀最大切向移动量（Y轴）：190mm，滚刀中心与工作台中心距离：40～320mm，滚刀中心至工作台面距离：163～613mm，后立柱尾架臂端面至工作台距离：426～982mm，滚刀转速：37.5～375r/min（变频），工作台极限转速：30r/min，工作台直径：420mm，工作台中心孔直径：120mm，轴向进给（快速移动）速度（Z轴）：（0～1 000mm/min）/（1 000mm/min），径向进给（快速移动）速度（X轴）：（2～1 000mm/min）/（1 800mm/min），切向移动速度（Y轴）：1 000mm/min，数控轴最小编程量：0.001mm，主电动机功率：11kW	全新设计	企业新产品	国内领先
68	滚齿机	Y31160A	最大加工工件直径：1 600mm，最大加工工件模数：24mm，最大工件螺旋角：±45°，最大加工齿宽：1 100mm，工作台直径：1 450mm，工作台最大负荷：10t，允许安装的最大滚刀直径：325mm，允许安装的最大滚刀长度：360mm，主轴轴孔锥度：莫氏6号刀架，最大垂直行程：1 150mm，主电动机（直流）功率：22kW	全新设计	企业新产品	国内领先
十一、金华市纳百川机械有限公司						
69	数控滚刀刃磨床	NHS300CNC5	联动轴数：五轴五联动，磨头电动机最大转速：12 000r/min，磨头电动机功率：10kW，磨头部件随立柱左右运动（数控X轴）行程：880mm，磨头部件随立柱前后运动（数控Y轴）行程：350mm，磨头上下	全新设计	行业新产品	国内领先

（续）

序号	企业及产品名称	型号	主要技术参数	产品性质	产品属性	产品水平
70	数控拉刀刃磨床	NBS2000CNC5	运动（数控 Z 轴）行程：300mm，工件回转（数控 A 轴）转速：35r/min，磨头回转角度：±45°，加工滚刀容屑槽数：1～99，滚刀容屑槽导程：150～∞mm，最大滚刀容屑槽螺旋角：±45°，滚刀最大长度：400mm，可磨削滚刀最大直径：300mm，加工滚刀最大齿深：80mm，最大砂轮线速度：刚玉 35m/s、CBN60m/s 磨头主轴转速：12 000r/min，磨头部件随立柱前后运动（数控 Y 轴）行程：350mm，磨头部件随立柱左右运动（数控 X 轴）行程：2 000mm，磨头上下运动（数控 Z 轴）行程：300mm，磨头回转（数控 A 轴）转速：180r/min，磨头回转（数控 B 轴）角度：0～90°，磨头回转（手动 C 轴）角度：±45°，可磨圆拉刀的最大长度：2 000mm，可磨圆拉刀的最大直径：200mm，中心高：200mm，磨头功率：4kW	全新设计	行业新产品	国内领先
十二、台州北平机床有限公司						
71	数控外圆磨床	BP5	最大磨削长度：200mm，行程（$X/Y/Z$）：300mm/30mm/100mm，分辨力：0.000 1mm，电动机功率：0.85kW，工件最大长度：30～300mm	全新设计	企业新产品	国内先进
72	数控平头倒角机	PDX	行程（X/Y）：300mm/150mm，最大进给速度：10m/min，电动机输出转矩：6N·m，机械磨头转速（4 200r/min）/（7 000r/min），直线轴分辨力：0.001mm	全新设计	企业新产品	国内先进
十三、安徽省尚美精密机械科技有限公司						
73	仓储式数控高效精密纺织胶辊磨削系统	SM25CNC－H	中心高：≤160mm，顶尖距：≤500mm，最大磨削直径：100mm，砂轮主轴转速：6 000r/min	全新设计	企业新产品	国内领先
74	四轴联动高线速全自动辊筒研磨机	SM25CNC－I	中心高：≤125mm，顶尖距：≤500mm，最大磨削直径：80mm，砂轮主轴转速：5 000r/min	全新设计	企业新产品	国内领先
75	全自动胶辊磨削系统	SM25CNC－J	中心高：≤160mm，顶尖距：≤450mm，最大磨削直径：100mm，砂轮主轴转速：3 000r/min	改型设计	企业新产品	国内领先
十四、朝阳博文机床有限公司						
76	立轴圆台平面磨床	MK7475F	工作台直径：750mm	改型设计	企业新产品	国内先进
77	立轴圆台平面磨床	MK74125F	工作台直径：1 250mm	改型设计	企业新产品	国内先进
78	立轴圆台平面磨床	MK74250F	工作台直径：2 500mm	改型设计	企业新产品	国内先进
79	立轴圆台平面磨床	M74225F	工作台直径：2 250mm	改型设计	企业新产品	国内先进
80	立轴圆台平面磨床	M74125F	工作台直径：1 250mm	改型设计	企业新产品	国内先进
81	立轴圆台平面磨床	M74140F	工作台直径：1 400mm	改型设计	企业新产品	国内先进
十五、安庆机床有限公司						
82	高速钢球冷镦机	ZC32－8	冷镦钢球规格：$\phi6$～8mm，钢球速度：650 个/min，主电动机功率：11kW，外形尺寸：2 650mm×1 300mm×1 750mm	全新设计	行业新产品	国内先进

（续）

序号	企业及产品名称	型号	主要技术参数	产品性质	产品属性	产品水平
83	钢球磨床	3M4680D	钢球加工直径：3～25.4mm；磨球板尺寸：ϕ800mm×ϕ360mm×100mm；最大装球量：450kg	改型设计	企业新产品	国内先进
84	卧轴无磁圆锥滚子球基面磨床	3MZ4325	滚子直径：15～25mm，滚子球基面半径：200～350mm，滚子长度：30mm，滚子圆锥角：2°～8°40′，砂轮规格（外经×内径×宽）：250mm×70mm×125mm、300mm×85mm×125mm，机床总功率：7.5kW；机床外形尺寸：2 200mm×3 420mm×2 250mm	全新设计	行业新产品	国内先进
85	数控铣削加工中心	XK3628	刀盘最大直径：280mm，工件最大夹紧力：150kN，主轴功率：12kW/18kW，机床外形尺寸：3 800mm×3 300mm×2 200mm	全新设计	行业新产品	国内先进
十六、四川省富临集团成都机床有限公司						
86	高精度数控专用磨床	MKG2105	磨削精度：圆度≤0.000 8mm，圆柱度≤0.001mm，同轴度≤0.003mm，粗糙度 Ra≤0.1μm，加工节拍（含上下料及修整时间）：55s，行程（X/Z）：200mm/250mm，快速移动速度（X/Z）：0～20m/min，输入/输出分辨力：0.000 1mm，重复定位精度（X/Z）：0.001mm（闭环），工件主轴功率：1.5kW，工件主轴转速：0～3 000r/min，磨具主轴功率：1.1kW，磨具主轴转速：0～120 000r/min，外形尺寸（长×宽×高）：2 200mm×1 300mm×1 500mm，总重量：3t	全新设计	企业新产品	国内先进
87	四轴四联动数控刀片周边磨床	2MK7135/4L	行程（X、Y）：160mm，输入/输出分辨力（X、Y）：0.001mm，B 轴旋转范围：$-\infty$～$+\infty$，B 轴输入/输出分辨力：0.001°，C 轴旋转范围：−45°～+20°，C 轴输入/输出分辨力：0.001°，直线重复定位精度：0.002mm，旋转重复定位精度：0.001°，磨削工件厚度：3.18～9.525mm，可磨刀片IC 圆厚度：6.35～35mm，砂轮直径：350mm，砂轮主轴最大转速：3 000r/min（无极可调），砂轮主轴功率：10kW，机床尺寸：约 2 000mm×1 600mm×2 035mm	全新设计	企业新产品	国内先进
88	五轴联动数控工具磨床	2MK6020/5L	行程（X、Y、Z）：300mm/220mm/140mm，数控系统分辨力（X、Y、Z）：0.001mm，进给分辨力（X、Y、Z）：0.001mm，数控系统分辨力（A、C）：0.001°，进给分辨力（A、C）0.01°，快速移动速度（X、Y、Z）：10m/min，A 轴快速旋转速度（A、C）：30r/min，C 轴旋转速度：90°/s，重复定位精度（X、Y、Z）：0.002mm，重复定位精度（A、C）：0.01°，工件直径：3～20mm，刃部长度：0～150mm，最大工件长度：300mm，砂轮直径：100～150mm，砂轮最大转速：8 000r/min（无级可调），主轴功率：12kW	全新设计	企业新产品	国内先进

（续）

序号	企业及产品名称	型号	主要技术参数	产品性质	产品属性	产品水平
89	高精度内圆磨床	MKG2110	磨削内孔直径：2～100mm，磨削内孔最大长度：150mm，小孔长径比（ϕ3～50mm）：3∶1，罩内最大旋径：450mm，工件箱回转角度：±2°，工件转速（无级调整）：0～1 000r/min，砂轮线速度：35～65m/s，电主轴转速：75 000r/min，砂轮工作台最大行程（Z向）：520mm，进给工作台最大行程（X向）：240mm，工作台速度（Z向）：0～10m/min，磨架进给速度（X向）：0～10m/min，进给分辨力（X、Z）：0.001mm，重复定位精度（X、Z）：0.002mm，工件冷却流量：50L/min，机床总功率：约30kW，机床重量：约5t	全新设计	企业新产品	国内先进
90	高精度数控珩磨机	2MK2218	珩磨往复最大行程：800mm，驱动：伺服液压系统、CNC控制，最大珩磨长度：500mm，珩磨经济孔径范围：60～180mm，珩磨往复速度：2～30m/min，调整：无级变速，轴数量：1，主轴转速：40～250r/min，调整：无级变速，旋转工作台工位数：2，旋转工作台旋转角度：180°，主轴驱动电动机功率：11kW，液压驱动电动机功率：7.5kW，测量系统：气动主动测量	全新设计	行业新产品	国内先进
十七、无锡市明鑫机床有限公司						
91	数控内孔、外圆端面复合磨床	MK2710	加工直径：10～100mm，最大深度：150mm	全新设计	行业新产品	国内领先
92	高精度立式数控磨床	MGW2880	加工直径：200～800mm，最大深度：500mm	全新设计	行业新产品	国内领先
93	数控深孔内圆磨床	MK250AXL1000	加工直径：150～500mm，最大深度：1 000mm	改型设计	行业新产品	国内领先
十八、天津市津机磨床有限公司						
94	高精度数控卧轴圆台平面磨床	MGK73100	工件平面度：0.005mm，表面粗糙度：Ra≤0.08μm	改型设计	企业新产品	国内先进
95	高精度数控卧轴圆台平面磨床	MGK7340	工件平面度：0.003mm，表面粗糙度：Ra≤0.08μm	改型设计	企业新产品	国内先进
96	数控卧轴圆台平面磨床	MK7340B	工件平面度：0.01mm，表面粗糙度：Ra≤0.63μm	改型设计	企业新产品	国内先进
97	数控卧轴圆台平面磨床	MK73350Z	工件平面度：0.01mm，表面粗糙度：Ra≤0.4μm	全新设计	行业新产品	国内领先
98	高精度数控卧轴圆台平面磨床	MGK7363/3	工件平面度：0.003mm，表面粗糙度：Ra≤0.08μm	改型设计	企业新产品	国内先进

五、合资合作产品销售情况

无锡光洋机床有限公司与日本光洋株式会社继续合资合作生产数控无心磨床。2013年磨床行业合资合作产品销售情况见表6。

表6　2013年磨床行业合资合作产品销售情况

合资合作产品名称	数量（台）	销售额（万元）	生产企业
数控无心磨床	41	4 810	无锡光洋机床有限公司

六、科研项目

2013 年，磨床行业上报科研项目共有 66 项，比上年下降 16.5%。投入科研经费 32 849.14 万元，比上年下降 2.7%。

2013 年磨床行业部分企业完成科研项目见表 7。2013 年磨床行业获奖科研项目见表 8。

表 7　2013 年磨床行业部分企业完成科研项目

序号	科研项目名称	主要内容	应用状况	投入资金（万元）	项目来源
杭州杭机股份有限公司					
1	HZ－630 卧轴矩台平面磨床系列研发	开发普通磨床系列产品，用于磨削钢、铁以及有色金属制成的工件	自行应用	162	自主开发
2	HZ－800 卧轴矩台平面磨床系列研发	开发普通磨床系列产品，用于磨削钢、铁以及有色金属制成的工件	自行应用	155	自主开发
3	MKL 数控成形磨床系列研发	开发成形磨削产品，主要用于航空、汽车行业	自行应用	178	自主开发
4	HZ－KD 系列龙门导轨磨床研发	开发定梁和动梁龙门平面（导轨）磨床，用于大型磨件加工	自行应用	110	自主开发
5	HZ－091/092 光学元件数控加工磨床研发	开发非球面光学元件加工设备	自行应用	298	自主开发
6	精密磨床系列产品研发	研制开发精密和高精度平面磨床	自行应用	120	地方科技项目
武汉机床有限责任公司					
7	直线电机在工具磨床上的应用	采用直线电动机控制机床工作台的往复运动	自行应用	20	自主开发
8	编制几种特殊刀具的磨削软件	在数控工具磨床上磨削扁钻、钻铰刀、三面刃成形铣刀等 7 种特殊刀具	技术转让	8	用户
无锡机床股份有限公司					
9	同步电主轴科研开发	开发 9 000r/min、48kW 同步电主轴，19 000 r/min、23.9kW 同步电主轴	自行应用		
10	异步电主轴科研开发	开发 51 000r/min、9kW 异步电主轴，24 000 r/min，20kW 异步电主轴	自行应用		
11	内圆磨床主轴科研开发	开发高精度内圆磨床专用工件主轴	研制阶段		
12	120 000r/min 高性能空气轴承电主轴的开发	针对高压共轨燃油喷油嘴体的精密制造装备，项目提出研发 120 000r/min 高性能空气轴承电主轴，在柴油机喷油嘴中孔座面磨床获得应用	研制阶段	500	省科技支撑计划
13	高速磨削试验	3MKS133 机床高速磨削试验	研制阶段		
14	无心磨床高精度修整器科研开发	针对 100mm 以上气门杆的高精度磨削科研	研制阶段		
15	高精度轴承双轴插补修整器科研开发	开发针对灵敏度 0.3μm、直线度 $<2\mu m$ 的高精度插补轴科研开发	研制阶段		
北京第二机床厂有限公司					
16	汽车曲轴加工柔性、敏捷、高效、精密、自动化生产线示范工程	研制汽车发动机曲轴加工成套装备	自行应用	30	国家科技项目
17	纤维增韧增强树脂矿物复合材料及其精密机床床身精度稳定性技术	纤维增强、增韧技术及机理研究；纤维增韧增强树脂矿物复合材料配方及制备工艺优化；精密机床床身导轨面复印成型、结构优化设计以及局部强化技术研究等	自行应用	761	国家科技项目
18	高档数控机床、数控系统及功能部件关键技术标准与测试平台研究	对影响数控机床整机、数控系统和关键功能部件的综合性能、可靠性及精度保持性的关键问题进行深入研究，开发和实验相关的测试评价装置，构建完整的测试平台和测试评价体系	自行应用	1 100	国家科技项目

（续）

序号	科研项目名称	主要内容	应用状况	投入资金（万元）	项目来源
19	（华中数控）板材加工专用数控系统开发与应用	研制 0.5μm 级主轴类零件精密磨削设备——专用高精度数控磨床，在柔性自动化的数控加工条件下，实现复杂形状工件的高效精密复合加工	研制阶段	72	国家科技项目
20	装配式凸轮轴精密高效自动化生产成套技术与装备开发及产业化	研制装配式凸轮轴成套磨削设备	研制阶段	2 350	国家科技项目
21	精密数控外圆磨床	研发针对大直径晶圆减薄机高速空气静压电主轴的精密磨削设备	研制阶段	100	地方科技项目
22	数控切点跟踪曲轴磨床	针对数控切点跟踪曲轴磨床研制高速静压/动静压电主轴系统，开展主轴回转精度、刚度、动静态特性测试研究，搭建相应测试平台，研究实验手段，制定有关技术规范	研制阶段	50	地方科技项目
23	0.5μm 级主轴类零件精密磨削设备外观设计	课题针对公司承担的“精机工程”项目系列产品——0.5μm 级主轴类零件精密磨削设备进行机床布局及外观设计，通过工业设计提升产品外观形象，解决机床布局及管线凌乱，提高产品的视觉识别能力，把“精机工程”做成“精品工程”	研制阶段	20	地方科技项目
24	精密数控磨削智能监控与诊断集成系统	课题主要任务是针对“北一”和“北二”的典型数控切削机床和数控磨削机床——轻型数控龙门铣床（北一高端数控机床）、数控倒立车床（北一经济型数控机床）、直进给数控外圆磨床（北二经济型数控磨床）、凸轮轴数控切点跟踪磨床（北二高端数控磨床）进行智能化升级技术研发，开发相应的“过程监控”与“智能评估与诊断”模块，并与现有装备相集成，实现加工过程状态可观、可靠性评估、工艺诊断与预报的功能	研制阶段	450	地方科技项目
25	中高档国产数控磨床可靠性规模化提升工程	开发数控磨床全生命周期的可靠性系列实用技术，研究开发可靠性分析与基于多学科优化理论的可靠性综合优化设计技术、可靠性试验与早期故障排除技术、制造过程的可靠性保障技术，制定技术规范和标准；开发可靠性动态数据库、知识库、评价分析软件和交流平台；研究数控磨床的一致性控制技术、产品质量一致性制造技术，建立中高档数控磨床一致性驱动的装配工艺；建立企业的产品可靠性保障体系；建立数控磨床可靠性的人才培养基地	研制阶段	5 440	国家科技项目
26	汽车发动机生产线用数控曲轴磨床、凸轮轴磨床	针对汽车发动机生产线对数控磨床的需求，利用前期数控专项课题成果，开展汽车发动机曲轴、凸轮轴磨床可靠性研究及关键部件使用寿命研究，开发相关磨削用户工艺软件、磨削技术支持软件、异型轮廓磨削软件。研制 3 台数控曲轴磨床、2 台数控凸轮轴磨床，在具有国际先进水平的汽车发动机曲轴、凸轮轴至少各一条生产线中并线生产，实现示范应用	研制阶段	181	国家科技项目

（续）

序号	科研项目名称	主要内容	应用状况	投入资金（万元）	项目来源
27	精密机床主轴高效柔性生产线	针对精密车床主轴类零件的加工需求，充分利用专项支持的相关课题前期研究成果，研制以高精度数控外圆磨床、高精度数控主轴锥孔磨床等为核心的加工装备，实现车床精密主轴类零件的外圆、内圆、端面、锥面、螺纹等结构特征的加工，为机床制造行业的关键零件——精密车床主轴类零件提供整体解决方案。掌握加工精密车床主轴零件核心装备的设计制造技术以及成套装备生产线技术，开发出具有国际先进水平的精密、高效、柔性生产线	研制阶段	4 427	国家科技项目
28	无级自动变速器（CVT）及其关键零部件制造成套装备	研发CVT变速器锥轮盘类零件磨削工艺和磨削设备	研制阶段	221	国家科技项目
陕西汉江机床有限公司					
29	汉江滚动功能部件产业化关键技术开发与应用	针对市场需求量大的中高档滚动功能部件产品类型，掌握设计和制造环节的关键工艺技术，研究产品静动态性能测试和试验技术及装置，突破关键零件加工瓶颈，形成稳定加工工艺，实现产业化，满足主机配套要求	研制阶段	614	国家科技项目
30	大型、精密、高效、数控螺纹加工设备	针对大型滚珠丝杠副高效螺纹铣削和精密螺纹磨削加工需求，研制开发大型高效数控旋风铣床、大型数控螺纹磨床和与之配套的螺纹动态检测仪器；解决国内大型、精密、高效、数控螺纹加工设备设计理论与工艺基础问题，关键部件设计与制造技术问题，螺纹磨削、硬铣削加工精度控制与动态补偿技术问题，关键部件设计与制造技术问题，大型滚珠丝杠、梯形丝杠精度动态检测问题；掌握具有自主知识产权的高效螺纹硬铣削和精密螺纹磨削加工机床制造技术。课题完成后，实现大型、高速、重载、精密滚珠丝杠国产化加工；同时将课题成果应用于蜗杆、螺杆加工，实现新的增长点	研制阶段	2 277	国家科技项目
31	五轴联动高速、精密可转位刀片周边和双端面刃磨数控工具磨床	针对超细硬质合金、陶瓷可转位刀片制造，研发超硬材料可转位刀片周边和双端面刃磨机床，适应多种形状可转位刀片的周边、端面高效高质量磨削，掌握核心技术与批量制造技术，并得到应用验证 重点解决可转位刀片磨削加工工艺和刀尖及刃口结构优化技术，五轴联动、高速、精密、可转位刀片周边和双端面刃磨数控工具磨床整机及关键部件设计与制造技术，突破可转位刀片精密高效磨削若干关键技术难题，建立可转位刀片磨削技术应用基地，研制出五轴联动、高速、精密可转位刀片周边和双端面刃磨数控工具磨床及相关应用软件，产品质量性能方面将达到国际同类机床先进水平	研制阶段	1 097	国家科技项目

（续）

序号	科研项目名称	主要内容	应用状况	投入资金（万元）	项目来源
32	高精度螺纹加工技术及设备	针对多种型式进给丝杠副、分度蜗杆、螺杆转子的精密磨削加工，研制高精度数控螺纹磨床、精密数控螺母磨床各1台。同期开展相关关键技术的研究，开发相关关键技术试验平台，掌握具有自主知识产权的精密螺纹磨削加工机床制造技术，建立行业技术标准，并以“产、学、研、用”相结合的方式攻克技术瓶颈，填补国内相关技术及产品空白，打破国外异型螺杆转子精密加工技术垄断和封锁	研制阶段	92	国家科技项目
33	高效精密数控磨齿机滚动功能部件研发	研发达到国际先进水平的高效精密数控磨齿机用高端滚动功能部件成套技术和产品，满足陕西省磨齿机行业及国内数控机床行业对滚动功能部件的需求，并批量配套；开展为数控磨齿机配套的滚动功能部件关键技术研究，包括直线导轨副、滚珠丝杠副性能检测装置，迅速提升陕西省高效精密数控磨齿机及高档数控机床用滚动功能部件的自主研发能力，同时带动我国高档数控机床制造水平，使我国机床和滚动功能部件产品进入国际先进行列，实现产业化目标	研制阶段	100	地方科技项目
宇环数控机床股份有限公司					
34	YHZD001智能化双平面加工成套设备	产品研发、试制	自行应用	393	自主研发
35	YH2M81180单面研磨（抛光）机	产品研发、试制	自行应用	87	自主研发
36	YH2M8164B单面研磨（抛光）机	产品研发、试制	自行应用	131	自主研发
37	YHDM580C1高精度数控立式双端面磨床	产品研发、试制	自行应用	158	自主研发
38	YHM7745CNC/CBN高精度数控立式双端面磨床	产品研发、试制	自行应用	179	自主研发
39	YH2M8192C3单面研磨（抛光）机	产品研发、试制	自行应用	120	自主研发
40	YHCX43全自动玻璃双面擦洗机	产品研发、试制	自行应用	55	自主研发
41	YHM77110高精度立式双面磨床	产品研发、试制	自行应用	120	自主研发
新乡日升机床有限公司					
42	数控精密双端面研磨机床	该系列设备采用630mm、700mm、1 000mm的CBN砂轮研磨盘；工作压力靠气动控制实现初研、精研、超精加工的三段压力自动转换；工件的研磨尺寸控制采用在线测量，工件高度差在0.002mm以内；配置半自动上、下料工作台，提高加工效率；工作精度为：直径150mm轴承套圈的平行度、平面度在0.0 015mm以内，高度差0.002mm	其他	5 200	2012年重大科技成果转化项目
桂林桂北机器有限责任公司					
43	数控龙门磨床产业化	批量试制长度2 000～10 000mm、宽度1 000～2 500mm、高度800～1 250mm等近三十种规格的数控龙门平面磨床产品	自行应用	2 500	自治区科技项目

（续）

序号	科研项目名称	主要内容	应用状况	投入资金（万元）	项目来源
44	数控龙门直线导轨成形磨床研制	开展关键共性技术的攻关，建立以企业为主体、市场为导向、产学研相结合的技术创新体系，大幅度提升企业自主创新能力和综合竞争力，将企业建设成为拥有自主知识产权的核心技术、知名名牌和持续创新能力的创新型企业	自行应用	650	自治区科技项目
金华市纳百川机械有限公司					
45	数控拉刀刃磨床	自动测量及磨削工艺优化	自行应用	110	自主研发
46	数控五轴滚刀刃磨床	砂轮干涉修形	自行应用	95	自主研发
济南四机数控机床有限公司					
47	J4－110高速半自动胶辊外圆磨床	设备采用液压驱动方式，分别控制砂轮架的进给、移动和工作台的移动。能在一次安装工件条件下，完成工件的磨削，具有较高的技术含量，专门用于办公自动化产品用胶辊的外圆磨削	自行应用	180	企业自有技术
48	J4K－087型数控硬质合金专用磨床	该设备采用两轴数控系统，采用气检测等先进技术控制零件是否装夹到位；具有较高的技术含量，主要用于涨夹各种硬质合金行业的各种套、盘类零件加工	自行应用	200	企业自有技术
49	MK1320A/3×500型数控外圆磨床集成工业机器人	对现有的数控外圆磨床进行二次设计与开发，实现与工业机器人的集成应用，在方便地更换加工零件的前提下，实现数控外圆磨床的全自动加工	自行应用	200	企业自有技术
50	MK1620A×500/T1型数控端面外圆磨床	对机床进行全新设计，使机床具有高刚性及无渗漏的特点。机床采用前置金钢笔快速修整自动补偿技术、性能高度稳定的多油楔动静压主轴技术、高性能闭环在线尺寸检测技术等一系列先进的技术，提高机床性能，实现进口机床的替代	自行应用	200	企业自有技术
上海第三机床厂					
51	XHA716A型立式加工中心研制	XHA716A型立式加工中心研制（重负荷系列）	自行应用	80	自主开发
52	高速数控外圆磨床研制	MKA1320系列采用CBN砂轮实现80m/s或以上高速磨削	研制阶段	60	自主开发
53	五轴五联动立式加工中心研制	配置二轴数控转台的XHB715型五轴五联动立式加工中心	研制阶段	75	自主开发
54	XHB716型立式加工中心研制	采用直线导轨的立式加工中心	研制阶段	55	自主开发
55	MKC1320数控外圆磨床（暂定）	经济型数控外圆磨床	其他	10	自主开发
湖南海捷精密工业有限公司					
56	汽车发动机生产线用数控曲轴磨床、凸轮轴磨床	数控凸轮轴磨床机床可靠性及精度稳定性试验验证	研制阶段	143	国家科技项目
57	基于二次开发平台的专用数控系统开发与应用	国产数控系统应用软件开发、配套应用及工艺试验技术研究	研制阶段	255	国家科技项目
58	中高档数控磨床可靠性提升工程	参与制订课题总体方案、技术路线；负责数控凸轮轴磨床、数控外圆磨床等中高档磨床全生命周期的可靠性系列实用技术，研发数	研制阶段	175	国家科技项目

（续）

序号	科研项目名称	主要内容	应用状况	投入资金（万元）	项目来源
		控凸轮轴磨床等可靠性动态数据库，开发数控凸轮轴磨床等一致性制造技术，研究建立企业的机床产品可靠性保障体系以及主机和关键功能部件产品示范应用			
安徽省尚美精密机械科技有限公司					
59	仓储式数控高效精密纺织胶辊磨削系统	高线速，数控	自行应用	85	自主研发
60	四轴联动高线速全自动辊筒研磨机	锯片式砂轮，高线速	自行应用	90	自主研发
61	全自动胶辊磨削系统	自动上下料，宽砂轮	研制阶段	75	自主研发
安庆机床有限公司					
62	ZG32－8 高速钢球冷镦机	主要用于常温下对 ϕ5～8mm 钢球毛坯的高精度冷镦成形，也可用于紧固件生产	研制阶段	34	轴承装备“十二五”规划
63	3MM7780 精密卧式钢球研球机	专供钢球生产厂对 ϕ3～25.4mm 钢球作最终加工的研磨和超精研磨设备，常用于研Ⅰ和研Ⅱ工序，是稳定、高效生产 G5～G10 级 Z2～Z3 组中小钢球的理想设备	自行应用	20	科技型中小企业技术创新基金
无锡市明鑫机床有限公司					
64	数控内圆磨床	机床配自动上下料机器人	研制阶段	40	自主研发
65	高精度无心磨床	自动上下料	自行应用	80	客户要求，企业研发
66	高精度无心磨床	最大加工直径：250mm	自行应用	60	自主研发

表 8 2013 磨床行业获奖科研项目

序号	项目名称	主要内容及应用范围	获奖名称	获奖等级	主要完成单位
1	MKS1 620 数控（端面）外圆磨床	应用于轴类零件的加工	2012 年度产品质量十佳		北京第二机床厂有限公司
2	汽车发动机曲轴高效精密加工成套设备	研制汽车发动机曲轴加工成套装备，主要应用于汽车发动机曲轴精加工生产线	2013 年北京市职工优秀技术创新成果	二等奖	北京第二机床厂有限公司
3	MGK1 320×7 高精度数控外圆磨床	应用于军工行业轴类零件的加工	国产数控机床优秀合作项目		北京第二机床厂有限公司
4	大型直线滚动导轨精密曲面成形数控磨床	用于直线导轨成形磨削	浙江省机械工业科学技术奖		杭州杭机股份有限公司
5	HZ 088CNC 大型直线滚动导轨精密曲面成形数控磨床	用于直线导轨成形磨削	浙江省装备制造业重点领域国内首台套产品	一等奖	杭州杭机股份有限公司
6	MKH450 磨削加工中心	主要用于表面成形磨削	国产数控机床优秀合作项目		杭州杭机股份有限公司
7	SK7032 数控螺杆转子磨床	主要用于磨削精密螺杆转子零件及其他各种异形齿面的螺纹类零件，以及 ZA、ZN、ZI、ZK 型圆柱形蜗杆和各种齿形的丝杠。广泛应用于矿山、化工、动力、冶金、机械、建筑、制冷、轻工等行业	2013 年度自主创新十佳		陕西汉江机床有限公司
8	GM－KD10020 大型数控龙门导轨磨床研发与关键技术攻关	通过企业间的合作，组织对数控龙门磨床设计、生产的关键技术、工艺及关键部件的攻关，在此基础上研制开发出市场适销对	桂林市科技进步奖	三等奖	桂林桂北机器有限责任公司

（续）

序号	项目名称	主要内容及应用范围	获奖名称	获奖等级	主要完成单位
		路、具有高技术含量的GM－KD10020大型数控龙门导轨磨床,带动国内同类产品在精度、性能上的较大飞跃,推动产业发展。 项目产品主要应用于机械制造业、汽车行业、模具制造业等领域超大型零件的导轨磨削与平面磨削			
9	单面研磨(抛光)机	用于阀片、阀板、摩擦片、刚性密封圈、气缸活塞环、液压泵叶片等金属零件和硅、锗、石英晶体、玻璃、陶瓷、蓝宝石、砷化碳、铁氧体、铌酸锂等非金属硬脆性材料制作的薄片零件的单面研磨和抛光,如平板电脑显示屏的研磨与抛光 研究了薄形不锈钢零件、大型玻璃零件和2.5D玻璃零件的磨削机理,设计并优化了工艺参数;研发了超薄形零件的装夹工艺方法;开发了薄形不锈钢零件夹持安装平台、蜡熔粘贴、校平与冷却机构,解决了工件在上盘夹持过程中的装夹难题	长沙市科技进步奖	二等奖	宇环数控机床股份有限公司
10	难加工材料镜面抛光关键技术与装备的产业化应用	适用于对蓝宝石等硬脆材料各种外形的薄型零件上下两平行端面同时进行磨削或抛光。项目产品采用了专家工艺数据库、工艺参数精确控制、静压轴承主轴及齿圈的精密升降机构等一系列新技术,在加工精度、加工质量、加工效率等主要性能和技术指标上均超过同类先进产品。在抛光成品率、抛光效率、绿色环保、节省人工、性价比等方面具有明显优势。加工出的高精度平面零件已广泛应用到电子产品、光学器件、半导体器件、精密机械等产品中	湖南省科技进步奖	二等奖	宇环数控机床股份有限公司
11	全自动宽砂轮四轴四联动数控高效精密胶辊研磨机的研发	磨削打印机走纸轮、充电辊、显影辊、橡胶滚轮等高端胶辊	2013年安徽省首台套重大技术装备		安徽省尚美精密机械科技有限公司
12	ZG32－8高速钢球冷镦机及高速精密重载轴承滚动体智能化制造成套装备产业化项目	机床用于在常温下对$\phi5\sim8$mm钢球毛坯的高精度冷镦成形,也可用于紧固件生产。该本机既可单机自动化,也可形成高速精密重载轴承滚动体智能化制造成套装备	安庆市科技进步奖	三等奖	安庆机床有限公司

七、专利发明情况

2013磨床行业部分企业获得授权的专利有85项,其中发明专利22项,实用新型专利49项,外观设计专利14项。2013年磨床行业部分企业授权专利情况见表9。

表9　2013年磨床行业部分企业授权专利情况

序号	专利名称	专利类型	授权日期	企业名称
1	凸轮轴磨床的定相位装置	发明	2013.04.07	北京第二机床厂有限公司
2	曲轴工件回转测速及相位准停控制系统	发明	2013.07.19	北京第二机床厂有限公司
3	尾架液动锁紧机构	发明	2013.05.01	北京第二机床厂有限公司
4	数控外圆磨床(B2－K3000)	外观设计	2013.06.05	北京第二机床厂有限公司
5	数控外圆磨床(MK1632×1500)	外观设计	2013.05.01	北京第二机床厂有限公司
6	数控外圆磨床(MK1320×750)	外观设计	2013.06.05	北京第二机床厂有限公司

（续）

序号	专利名称	专利类型	授权日期	企业名称
7	数控外圆磨床(MK1350×2500)	外观设计	2013.05.08	北京第二机床厂有限公司
8	数控外圆磨床(MK1320×500)	外观设计	2013.06.05	北京第二机床厂有限公司
9	数控外圆磨床(MK1332×1000)	外观设计	2013.06.12	北京第二机床厂有限公司
10	数控外圆磨床(MK1620×320)	外观设计	2013.05.08	北京第二机床厂有限公司
11	数控外圆磨床(MK1332×1500)	外观设计	2013.04.03	北京第二机床厂有限公司
12	数控外圆磨床(MK1332×750)	外观设计	2013.05.01	北京第二机床厂有限公司
13	数控外圆磨床(MK1363×2500)	外观设计	2013.06.12	北京第二机床厂有限公司
14	立柱下置式磨床	发明	2013.03.06	杭州杭机股份有限公司
15	立轴式锥度磨削装置	发明	2013.07.10	杭州杭机股份有限公司
16	大型工件液压支承调平夹紧装置	发明	2013.07.31	杭州杭机股份有限公司
17	集成式可变螺旋节流器	外观设计	2013.08.21	杭州杭机股份有限公司
18	一种数控立式万能磨床	发明	2013.04.24	无锡机床股份有限公司
19	多线切割机的进给机构	发明	2013.05.29	无锡机床股份有限公司
20	多线切割机的收放线结构	发明	2013.06.05	无锡机床股份有限公司
21	金刚滚轮修整器的冷却喷嘴结构	发明	2013.06.05	无锡机床股份有限公司
22	无心磨床的长棒料送进送出机构	发明	2013.01.02	无锡机床股份有限公司
23	加工油嘴类工件的专用定位工装	发明	2013.04.03	无锡机床股份有限公司
24	无心磨床的磨削偏心轴的自动上下料系统	发明	2013.11.20	无锡机床股份有限公司
25	一种用于磨削铁路轴承的电主轴的电机安装结构	实用新型	2013.11.06	无锡机床股份有限公司
26	一种内螺纹磨削整机	实用新型	2013.01.30	陕西汉江机床有限公司
27	旋风铣削高精度定位刀盘	实用新型	2013.02.20	陕西汉江机床有限公司
28	一种螺杆转子磨床大转角砂轮架	实用新型	2013.03.27	陕西汉江机床有限公司
29	高精度数控转子磨床	实用新型	2013.03.27	陕西汉江机床有限公司
30	一种内螺纹磨床工件安装定位夹具	实用新型	2013.05.08	陕西汉江机床有限公司
31	全自动可转位刀片周边磨床(汉江机床)	外观设计	2013.05.08	陕西汉江机床有限公司
32	数控外螺纹磨床自动对刀装置	发明	2013.08.07	陕西汉江机床有限公司
33	滚珠丝杠副内循环螺母检测装置	发明	2014.04.01	陕西汉江机床有限公司
34	精密数控多工位宝石磨削机	发明	2013.03.20	桂林桂北机器有限责任公司
35	一种卡盘控制装置	实用新型	2013.01.16	新乡日升数控轴承装备股份有限公司
36	一种钢球研球机调心装置	实用新型	2013.02.20	新乡日升数控轴承装备股份有限公司
37	钢球研球机上的高精度主轴结构	实用新型	2013.02.20	新乡日升数控轴承装备股份有限公司
38	一种超精机床上下料装置	实用新型	2013.02.20	新乡日升数控轴承装备股份有限公司
39	一种圆锥滚子数控磨床	实用新型	2013.03.13	新乡日升数控轴承装备股份有限公司
40	一种卧式钢球光球机的无泄漏阀	实用新型	2013.03.13	新乡日升数控轴承装备股份有限公司
41	一种研磨中心孔的研磨装置	实用新型	2013.04.03	新乡日升数控轴承装备股份有限公司
42	一种镗铣加工中心旋转工作台上的支撑机构	实用新型	2013.04.03	新乡日升数控轴承装备股份有限公司
43	立式磨床工作台上的偏心机构	实用新型	2013.04.03	新乡日升数控轴承装备股份有限公司
44	一种高强度镗铣主轴机构	实用新型	2013.04.03	新乡日升数控轴承装备股份有限公司
45	立式连续循环抛光机构	实用新型	2013.08.14	新乡日升数控轴承装备股份有限公司
46	一种立式钢球研磨机上的自动卸球装置	实用新型	2013.10.16	新乡日升数控轴承装备股份有限公司
47	一种钢球加工设备的防撞机构	实用新型	2013.10.16	新乡日升数控轴承装备股份有限公司
48	立式磨床磨头上的分度支撑机构	实用新型	2013.10.30	新乡日升数控轴承装备股份有限公司
49	一种砂轮在线监控与修整方法	发明	2013.04.03	宇环数控机床股份有限公司
50	一种滚齿机	实用新型	2013.09.18	营口冠华机床有限公司
51	一种六轴数控滚齿机	实用新型	2013.09.18	营口冠华机床有限公司
52	一种插齿机	实用新型	2013.09.18	营口冠华机床有限公司

（续）

序号	专利名称	专利类型	授权日期	企业名称
53	一种二轴滚齿机	实用新型	2013.10.30	营口冠华机床有限公司
54	一种滚刀刃磨机床	实用新型	2013.12.18	营口冠华机床有限公司
55	一种剃齿机	实用新型	2013.09.18	营口冠华机床有限公司
56	一种用于薄壁零件偏心内圆加工的夹具	实用新型	2013.02.27	济南四机数控机床有限公司
57	一种磨齿轮锥面专用弹性夹具	实用新型	2013.02.27	济南四机数控机床有限公司
58	一种机床尾架	实用新型	2013.04.10	湖南海捷精密工业有限公司
59	一种旋挖式在线测量机构	实用新型	2013.03.13	湖南海捷精密工业有限公司
60	钢轨铣磨车实验台	实用新型	2013.02.6	湖南海捷精密工业有限公司
61	一种钢轨铣磨车纵向进给自适应装置	实用新型	2013.02.13	湖南海捷精密工业有限公司
62	高速磨防水装置	实用新型	2013.01.16	湖南海捷精密工业有限公司
63	数控磨床用高精度丝杆进给系统	实用新型	2013.01.16	湖南海捷精密工业有限公司
64	移动装置液压平衡回路	实用新型	2013.01.16	湖南海捷精密工业有限公司
65	一种可调节的砂轮防护罩	实用新型	2013.02.13	湖南海捷精密工业有限公司
66	一种磨床床身	实用新型	2013.02.13	湖南海捷精密工业有限公司
67	适应于钢轨修磨的移动式数控磨削装置	实用新型	2013.04.10	湖南海捷精密工业有限公司
68	一种用于修磨球头铣刀的磨床	实用新型	2013.07.24	台州北平机床有限公司
69	一种丝锥数控磨床中的送料机构	实用新型	2013.07.24	台州北平机床有限公司
70	一种用于修磨立铣刀的磨床	实用新型	2013.07.24	台州北平机床有限公司
71	一种套料钻的磨床	实用新型	2013.07.24	台州北平机床有限公司
72	多功能刀具修磨机	发明	2013.05.01	台州北平机床有限公司
73	刀具沟槽的磨削装置	发明	2013.05.01	台州北平机床有限公司
74	一种全自动打印机充电辊研磨机	发明	2013.05.08	安徽省尚美精密机械科技有限公司
75	立轴圆台平面磨床进给机构	实用新型	2013.08	朝阳博文机床有限公司
76	立轴圆台平面磨床	实用新型	2013.07	朝阳博文机床有限公司
77	磨头移动式立轴矩台平面磨床	实用新型	2013.08	朝阳博文机床有限公司
78	一种双端面卧式铣床	发明	2013.09.25	安庆机床有限公司
79	汽车挺杆体端面磨削设备	实用新型	2013.10.02	四川富临集团成都机床有限公司
80	铰珩机外观(数控铰珩机立式)	外观设计	2014.06.02	四川富临集团成都机床有限公司
81	回转支承装配检测一体机及其检测方法	发明	2013.01.02	无锡市明鑫机床有限公司
82	无心磨床主进给机构	实用新型	2013.02.27	无锡市明鑫机床有限公司
83	无心磨床床身	外观设计	2013.02.27	无锡市明鑫机床有限公司
84	一种磨床砂轮安装结构	实用新型	2014.04.24	天津市津机磨床有限公司
85	一种数控磨床水循环系统	实用新型	受理	天津市津机磨床有限公司

八、企业简介

北京第二机床厂有限公司 是在始建于1953年的原北京第二机床厂的基础上改制组建的一家中国机床行业国有骨干企业，是中国机床工具行业“十八罗汉厂”之一，占地面积10余万 m^2。公司通过ISO 9001:2000质量管理体系认证，是国家二级计量单位。拥有“北二”品牌系列产品，是中国机床工具工业协会常务理事单位、磨床分会副理事长单位、中国机床工具行业“精心创品牌优秀会员企业”“国家高新技术企业”“首都文明单位”。

公司主要经营业务包括：研发、生产、销售高精度外圆磨床、数控磨床、普通外圆磨床、专用磨床、超精加工机床、成套设备、功能部件等。产品广泛应用于航空航天、军工、汽车、船舶、能源、纺织、电子、轴承、冶金、机床工具、工程机械等行业，在广大用户中享有盛誉。2013年完成主营业务收入17 196.15万元，从业人员674人。

当前公司拥有五面体加工中心、六工位卧式加工中心、数控龙门导轨磨床、超高精度磨床、箱体类零件柔性生产线、STUDER高精度复合磨床、精密平面磨床等现代化加工设备；配置有英国LK三坐标测量仪，泰勒高精度圆度仪、Renishaw双频激光干涉仪等检测仪器。拥有制造、装配厂房建筑面积超过19 000m^2，其中控温面积7 000m^2。

2013年，公司新产品开发取得较好成果，承担国家重大专项9项，承担北京市科技计划项目4项，研发出了汽车发动机曲轴精加工成套设备、数控切点跟踪曲轴磨床、数控车轴磨床、数控凸轮轴磨床等行业新产品，并实现销售，取得较好成效，初步具备了“提供成线成套智能化装备”的能力。

公司进一步拓展海外市场，中标并成功交付青岛方正机械公司缅甸数控磨床成套项目（合同金额325万元），为北二机床历史上单笔金额最大的出口订单。企业产品先后荣获中国机床工具工业协会机床产品质量十佳、国产数控机床优秀合作项目、北京市职工优秀技术创新成果等荣誉奖项。公司致力于成为高精度外圆磨床、数控外圆磨床及超精加工机床的中国第一品牌制造及服务供应商。

桂林桂北机器有限责任公司 位于广西桂林市中山路12号，占地面积86.7万m^2。现有员工478人，其中科技人员147人；拥有总资产2.3亿元，固定资产5 153万元。公司属装备制造业，是国家磨床骨干重点企业，中南地区唯一一家专业生产磨床的企业；是国家高新技术企业、自治区企业技术中心、工程技术研究中心。

2013年，公司完成了工业总产值1.6亿元，实现销售收入1.5亿元，利税总额704万元。

公司拥有立式、卧式加工中心、精密导轨磨床、精密螺纹磨床、精密外圆磨床、数控仿形铣床等各类先进设备400余台，具有年生产平面磨床3 000台的能力。

公司产品有：普通卧轴矩台平面磨床系列、精密数控平面磨床系列、数控龙门平面磨床系列、数控龙门导轨磨床系列及数控专用机床系列等。

公司注重产品应用创新，产品技术水平持续提升。2013年，公司研发了数控龙门直线导轨成形磨床（GM－KZ4010）、数控龙门平面磨床（GM－K3016/LD）等新产品；获得7项国家专利，其中有1项发明专利；承担并完成了2项广西壮族自治区科研项目；与湖南大学“国家高效磨削工程技术研究中心”合作建立了“国家高效磨削工程技术研究中心桂林分中心”。

当前，公司已在桂林灵川、浙江、湖南、广东开建了生产基地。外延式扩张的推进将成为桂北机器新的效益增长点。

金华市纳百川机械有限公司 是一家生产国内一流精密数控工、刃具磨床的实体厂商，专业致力于研究、设计、生产工具、刃具制造所需的高新技术设备，是中国机床工具工业协会磨床分会会员单位。

公司技术研发中心、营销中心及生产基地设在九省通衢的湖北省武汉市。公司机床事业部门的人员，是一支从事机床工具制造二三十年、具有丰富研发和制造经验的团队，其中专业技术研究人员11人，高级技师12人。公司致力于技术竞争和核心竞争力的提升，坚持以数控技术改造提升传统工、刃具磨床水平。经潜心研制，成功推出数控拉刀刃磨床、数控滚刀刃磨床等产品，达到国内领先水平，成功填补国内空白。

公司机床事业部门可提供的产品有：数控滚刀铲齿车床系列，数控滚刀铲背磨床，数控滚刀刃磨床系列，数控拉刀刃磨床，数控工具磨床，工、刃具磨床等。其新产品NBS1700CNC数控拉刀刃磨床荣获“CCMT2010第六届中国数控机床展览会”春燕奖。在CIMT2011第十二届中国国际机床展览会上，纳百川机械以“自主创新”为出展主题，所展出的NHS300CNC5数控滚刀刃磨床为自行研发，主要攻克蜗轮滚刀螺旋线干涉问题，展示了纳百川机械高端工、刃具磨床品牌形象。

公司奉行“进取、诚信、严谨、创新”的理念，以人为本，不断开拓创新，以技术为核心，视质量为生命，竭诚为用户提供高性价比的产品和诚挚的服务。

新乡亿威数控设备有限公司 系专业从事数控精密轴承专用磨床及超精设备研发与制造的高新技术企业，公司创建于2005年，地处新乡经济开发区太行北路，占地面积2.5万m^2，建筑面积5 000m^2。自公司成立以来，已成功开发生产出矿山轧机轴承设备系列、铁路轴承设备系列、汽车轴承设备系列、航天军工轴承设备系列、精密机床主轴轴承设备系列等十大系列100多个品种的数控机床产品，同时为汽车零部件生产厂家提供了多款高精度、高可靠性的特种数控磨床。

新乡亿威数控设备有限公司技术力量雄厚，拥有国内优秀的专业数控机床设计制造技术团队、优秀的学术带头人和市级数控精密轴承工艺装备工程技术研究中心。自主研发的产品具有独立知识产权，技术水平国内领先，多项专利技术为国内首创，填补了国内空白，产品可替代进口。其中，外径400～800mm的各种系列轴承套圈数控磨床设备、推力调心内圈滚道磨床、外径60～120mm的球面滚子外径磨床均属国内首创，公司开发的森吉米尔轴承专用数控磨超生产线（单机）使国内同类轴承的精度达到国际水平。凭借突出的技术领先优势和可靠稳定的产品质量，亿威产品在国内外市场上得到了广大客户的认可，亿威品牌也被轴承界所接受，在行业内享有较高的知名度，取得了较好的社会效益与经济效益。2011年7月，公司组建了新乡市数控精密轴承工艺装备工程技术研究中心。2007年11月，公司被中国轴承工业协会命名为“向全国轴承生产企业推荐轴承工艺装备企业”。

公司国内外主要用户有瓦房店轴承股份有限公司、洛阳LYC轴承有限公司、哈尔滨轴承有限公司、西北轴承股份有限公司、大连冶金轴承有限公司、瓦房店光阳轴承集团、杭州人本轴承股份有限公司、天马轴承股份有限公司、印度ABC轴承有限公司和俄罗斯轴承公司等知名企业。

安徽省尚美精密机械科技有限公司 成立于2000年，专业从事纺织胶辊研磨机、IT产品柔性生产线的设计、生产和销售。属于国内最早开发数控人机对话界面胶辊研磨机的高新技术企业，具有很强的机械加工、设计、非标机械设备及橡胶制品研发、制造能力。现产品包括几大系列：金属切削设备系列、高速工具钢校直切断系列、胶辊研磨机系列、新型纺织机械辅助设备、打印机充电辊（滚筒类）及生产线等。公司现有员工60人，占地面积15 000m^2，年产非标设备500余台。

尚美多年来不断加大自主研发力度，并与国内外多家权威科研机构、知名学府紧密合作。公司自2006年以来，先后与中国航天科工晨光集团、上海理工大学等科研院所建立了合作关系，极大地推动了尚美公司的设计研发能力。通过多年的积累和发展，公司成功研制上市的产品有5大系列30多个品种，发明专利5项，实用新型专利20多项，计算机软件著作权2项；获得多项殊荣：国家高新技术企业、国家科技型中小企业创新基金立项资助项目、国家重点新产品、省级科技进步奖和市级技术中心等。公司是中国机床工具工业协会成员企业，被天长市政府评为2011年度"专利工作先进单位"，是为国内IT制造业提供先进加工母机的科技型企业。

公司坚持"创新发展、求真务实，以人为本、共创价值"的企业核心价值观，始终把科技创新放在首要位置，诚信经营、互惠双赢、追求卓越、服务真诚是公司一向遵循的经营宗旨。公司贯彻"以人为本"的管理思想，创建学习创新型企业，营造"用心做事，创新思维"的企业文化氛围，建立"学习、创新"的人才发展观，采取招聘和培养相结合的人才管理模式，引入人才的激励机制和约束机制，促进人才的全面成长和企业的快速发展。公司积极筹划创业板上市工作，计划在2015年实现创业板的上市。

新乡日升数控轴承装备股份有限公司　股份制民营企业，是当前国内轴承装备行业能够批量提供轴承套圈、滚动体等"三大件"成套数控轴承装备、品种齐全的制造商和供应商，以数控球轴承套圈磨系列、数控滚子轴承套圈磨系列、立式和卧式钢球"光、磨、研"系列、高精度数控立式车床、精密平面研磨机床等为代表的系列产品，产品多达150余种。

公司主要生产设备100余台(套)，包括加工中心、数控镗铣床、精密平面磨床、导轨磨床及激光干涉仪(英国产)、粗糙度轮廓仪、圆度仪等检测仪器及设备；年生产数控机床2 000余台。

2013年公司实现工业总产值24 261万元，销售收入24 261万元，从业人员600人。

公司是河南省高新技术企业、省科技企业、省级企业技术中心和河南省轴承装备工程技术研究中心，拥有近百项发明和实用新型专利。新产品"以车代磨高精度数控立车"项目获得国家重点新产品证书。"车磨复合加工中心"项目为国家"高档数控机床与基础制造装备"科技重大专项。2011—2013年"数控立式复合磨床"和"数控精密双端面研磨机床"获得国家重大科技成果转化资金支持。2012年精密钢球光、磨、研生产线设备和2MM8470精密双面研磨机获得河南省科学技术成果。公司被中国产学研合作促进会授予"2011年中国产学研合作创新奖"。

南通第二机床有限公司　成立于1965年，为全国最早的四大平面磨床生产基地之一，是中国机床工具工业协会磨床分会会员单位，生产平面磨床已有50年的历史。"十二五"期间，公司确定了"专用、高效、精密、数控"为重点的产品开发方向，主导产品有：M71系列、NT系列及FS系列等普通级、精密级、高精度级专用、数控卧轴矩台平面磨床，M74等系列普通级、精密级专用、数控立轴圆台平面磨床，品种多、规格全、质量好。产品远销欧美多个国家和地区，分别获得国家及省市优秀新产品奖、科技成果奖和南通名牌产品等荣誉称号。

2013年来，公司积极推进科技创新，开发了具有市场竞争力的MK7140×30数控卧轴矩台平面磨床、M7180×40等宽台面卧轴矩台平面磨床、精密数控卧轴矩台平面磨床和MK7480精密数控立轴圆台平面磨床等新产品。公司始终坚持质量取胜、诚信经营的企业理念，以适应市场为目标，服务用户为宗旨，为广大用户提供最好的产品、最优的服务。公司获ISO 9001:2000质量体系认证证书、出口产品质量许可证，获国家知识产权局授予的发明、实用新型和外观专利10多项。

公司拥有一支技术过硬、营销经验丰富的三包服务队伍，承诺省内24h、省外48h上门服务。用户反馈必须在第一时间内做出满意的答复，这些承诺和措施均获得用户的好评。

当前，公司发展势头良好。为进一步增强竞争力，公司拟加大技改力度，提高装备水平，加快技术创新，加速开发具有自主知识产权的新产品，实施名牌战略，进一步提高企业经济效益。公司将创新思路、创新精神、创新技术、创新管理，为我国数控平面磨床的发展，为中国"NATEL牌"平面磨床走向世界努力拼搏。

〔撰稿人：中国机床工具工业协会磨床分会戴蓉　审稿人：中国机床工具工业协会磨床分会夏萍〕

齿轮加工机床

中国机床工具行业在经历了连续10多年的快速增长后，步入了转型发展的关键时期，受国际、国内经济的影响，齿轮加工机床行业已连续两年处于发展下行通道。行业总体呈现为当前有效订单不足，低端机床需求减少，高端机床依靠进口的局面，大部分会员单位陷入产能放空、收入下降、利润亏损、存货及应收账款持续高位的困局。

面对国内外错综复杂的经济环境，各会员单位积极进取，控制产出规模、调整产品结构、适应市场需求、稳定市场份额；加强技术创新、提升核心竞争力、争抢高端市场、创造新的盈利点。

一、基本情况

2013年，齿轮加工机床分会共有18家会员单位，其中国有企业8家，其余为民营企业。纳入年鉴统计的会员单位共14家。这14家企业占全国齿轮机床产值和销售收入的比例超过80%，基本能代表中国齿轮加工机床行业的总体情况。会员单位主要产品有:齿轮加工机床、加工中心、车床、磨床、螺纹加工机床、铣床及其他金属切削机床。

2013 年,国内国际环境仍未出现较大好转,齿轮加工机床行业主要经济指标已持续 3 年呈下滑态势。全年实现工业总产值 718 145 万元,比上年下降 10.2%;工业增加值 161 369万元,比上年下降 28.9%。2013 年齿轮加工机床行业主要经济指标完成情况见表 1。

表 1 2013 年齿轮加工机床行业主要经济指标完成情况

指标名称	单位	实际完成
工业总产值(当年价)	万元	718 145
其中:机床工具类产品产值	万元	313 103
工业销售产值(当年价)	万元	699 298
其中:机床工具类产品销售产值	万元	314 328
工业增加值	万元	161 369
实现利税	万元	19 666
从业人员平均人数	人	21 782
资产总计	万元	1 220 101
流动资产平均余额	万元	715 823
固定资产净值平均余额	万元	192 200

二、生产情况

2013 年,齿轮加工机床分会 14 家会员单位实现金属切削机床产量 14 724 台,比上年下降 23.7%;金属切削机床产值 313 103 万元,机床产值数控化率达到 79.8%。其中,齿轮加工机床产量 2 888 台,比上年下降 39%;齿轮加工机床产值 151 329 万元,比上年下降 38.8%;齿轮加工机床产值数控化率为 81.4%,比上年提高 4 个百分点。

按机床产值计算,各分类机床占金属切削机床产值的比例分别是,齿轮加工机床占 48.3%,车床占 31.6%,磨床占 6.3%,加工中心占 9.8%,螺纹加工机床占 2.5%,铣床占 0.7%,其他金属切削机床占 0.7%。2013 年齿轮加工机床行业分类产品生产情况见表 2。

表 2 2013 年齿轮加工机床行业分类产品生产情况

产品名称	实际完成		其中:数控	
	产量(台)	产值(万元)	产量(台)	产值(万元)
金属切削机床	14 724	313 103	8 819	249 916
加工中心	1 103	30 778	1 103	30 778
车床	9 163	99 049	5 790	76 752
磨床	1 237	19 643	82	6 002
齿轮加工机床	2 888	151 329	1 658	123 257
螺纹加工机床	83	7 819	25	4 542
铣床	75	2 284	49	6 877
其他金属切削机床	175	2 200	112	1 709

三、销售及出口情况

1. 销售情况

2013 年,齿轮加工机床分会 14 家会员单位实现金属切削机床销量 15 642 台,比上年下降 19%;销售额 300 481 万元,比上年下降 30%;机床销售额数控化率达到 77.1%,同比提高 4 个百分点。其中,齿轮加工机床销量 3 003 台,比上年下降 30.6%;齿轮加工机床销售额达到 138 801 万元,比上年下降 29.0%;齿轮加工机床销售额数控化率为 77.9%,比上年提高 1 个百分点。

按机床销售额计算,各分类机床占金属切削机床销售额的比例分别是,齿轮加工机床占 46.2%,车床占 33.7%,磨床占 6.8%,加工中心占 10.0%,螺纹加工机床占 1.9%,铣床占 0.8%,其他金属切削机床占 0.6%。2013 年齿轮加工机床行业产品销售情况见表 3。

表 3 2013 年齿轮加工机床行业产品销售情况

产品名称	实际完成		其中:数控	
	销售量(台)	销售额(万元)	销售量(台)	销售额(万元)
金属切削机床	15 642	300 481	9 382	231 528
加工中心	1 106	30 120	1 106	30 120
车床	9 814	101 235	6 379	81 052
磨床	1 321	20 456	109	7 250
齿轮加工机床	3 003	138 801	1 540	108 120
螺纹加工机床	73	5 605	14	2 378
铣床	74	2 385	43	1 182
其他金属切削机床	251	1 879	191	1 425

2. 出口情况

2013 年,齿轮加工机床分会 14 家会员单位实现金属切削机床出口 1 754 台,比上年下降 3.1%;出口额 2 509 万美元,比上年下降 16.2%;出口机床均价 1.43 万美元,比上年下降 13.3%。其中,数控机床出口量 260 台,出口额 995 万美元,比上年分别下降 12.8% 和 39.2%。2013 年齿轮加工机床行业产品出口情况见表 4。

表 4 2013 年齿轮加工机床行业产品出口情况

产品名称	实际完成		其中:数控	
	出口量(台)	出口额(万美元)	出口量(台)	出口额(万美元)
金属切削机床	1 754	2 509	260	995
加工中心	23	82	23	82
车床	1 625	1 594	158	280
磨床	56	335	56	335
齿轮加工机床	47	469	20	269
螺纹加工机床	3	29	3	29

3. 国内外市场情况

2013 年,国内外市场环境仍无明显好转迹象,但下降幅度均有所减缓。发达国家经济总体趋于好转,进入缓慢复苏阶段,为谋得新的经济增长点,将大步进入新兴国家经济市场,对新兴国家发展造成危机的同时也带来机遇。国内市场高端机床仍被进口机床占据,低端机床需求急剧减少,造成市场整体需求不足，对企业复苏造成一定困难。但国内企业加快了转型升级步伐，加大了高新技术产品的研发和推广，在未来市场中同样也有很大的竞争力。

四、新产品开发情况

齿轮加工机床行业企业为适应市场的发展，整体向全数控化、高精度化、高速高效化、绿色化、自动化、智能化及多种功能复合化方向发展。

重庆机床（集团）有限责任公司开发的YD3126CNC6数控直驱干切滚齿机，YDZ3126CNC—CDF数控直驱干切复合滚齿机，YA3132CNC5、YS3136CNC6中等模数高速干切滚齿机等产品都处于国内领先、国际先进水平；新产品磨齿机正式开始量产销售。

南京第二机床厂有限公司开发的YS3118CNC数控滚齿机、YT5180CNC数控插齿机、YAN4232CNC数控剃齿机达到国际先进水平。

天津第一机床总厂开发的YK58—3数控插齿机、YKW2075数控螺旋锥齿轮磨齿机等达到国际先进水平。

青海第二机床制造有限责任公司开发的QH2—M15高速数控螺旋转子磨床、QH2—XK150数控螺旋转子铣床达到国内先进水平。

上海第三机床厂开发的XHA716A立式加工中心达到行业先进水平。

南京工大数控科技有限公司开发的SKMC—3000数控成形磨齿机达到国内先进水平。

湖南中大创远数控设备有限公司开发的YKF2035全数控螺旋锥齿轮磨齿机、YKF2235全数控螺旋锥齿轮铣齿机达到国内先进水平。

宜昌长机科技有限责任公司开发的YKW5165数控插齿机、YK83160数控铣齿机达到国际先进水平。

2013年齿轮加工机床行业新产品开发情况见表5。

表5　2013年齿轮加工机床行业新产品开发情况

产品名称	型号	主要技术参数	产品水平
重庆机床（集团）有限责任公司			
数控直驱干切滚齿机	YD3126CNC6	最大加工模数:6mm，最大加工直径:260mm，主轴最高转速:3 500r/min，工作台最高转速:500r/min	未鉴定
数控直驱干切复合滚齿机	YDZ3126CNC－CDF	最大加工模数:6mm，最大加工直径:260mm，主轴最高转速:3 500r/min，工作台最高转速:500r/min，最大倒棱齿宽:40mm	未鉴定
数控滚齿机	YA3132CNC5	最大加工直径:320mm，最大加工模数:8mm	未鉴定
中等模数高速干切滚齿机	YS3136CNC6	最大加工模数:7mm，最大加工直径:360mm，主轴最高转速:1 200r/min，工作台最高转速:100r/min	未鉴定
高精度蜗轮副装备	YG37125CNC	蜗轮最大加工直径:1 250mm，加工精度:GB10089—1988的3级，最大加工模数:12mm	未鉴定
数控剃齿机	YX4230CNC5	轴数:5轴，最大加工模数:8mm，最大加工直径:300mm（可扩展到400mm），可万能剃齿，中心距:115～280mm（可扩展到115～320mm）	未鉴定
小立柱带单机自动上下料单元	TSL220、TSL320		未鉴定
典型标准化料仓	ZLC020、ZLC030		未鉴定
滚齿机	YA31160A	最大加工直径:1 600mm，最大加工模数:铸铁20mm、钢16mm	未鉴定
滚齿机	YA31200HA	最大加工直径:取消小立柱2 000mm、不取消小立柱1 500mm，最大加工模数:铸铁24mm、钢20mm	未鉴定
轿车变速箱齿轮加工自动生产线	ZDX100	齿轮加工精度:GB10095—2001 6级，整体线的工序能力指数$C_{pk}\geqslant1.33$，节拍:≤60s，平均无故障时间:900h	未鉴定
卡车变速箱齿轮加工自动生产线	ZDX200	齿轮加工精度GB10095—2001 6级，整体线的工序能力指数$C_{pk}\geqslant1.33$，节拍≤150s；平均无故障时间:900h	未鉴定
数控滚齿机	YS3118CNC	加工直径:180mm，加工模数4mm，滑板行程（Z）:285mm，切向串刀行程（Y）:150mm，滚刀中心至工作台面距离:200～485mm，滚刀中心至工作台回转中心距离:25～195mm，滚刀直径×长度:110mm×180mm，主轴转速（B）:1 000r/min，工作台转速（C）:200r/min，主电动机功率:7kW，工作精度:GB/T10095—2001 7级，数控系统:SIEMENS 840DSL，控制轴/联动轴数:5/4	未鉴定

（续）

产品名称	型号	主要技术参数	产品水平
滚齿机	YB3120B	最大加工直径:200mm,最大加工模数:6mm、滚刀主轴转速:77～488r/min(9级)	未鉴定
滚齿机	YBS3120A	最大加工直径:200mm,最大加工模数:4mm、滚刀主轴转速:63～330r/min(8级)	国内先进
滚齿机	YA31125A	最大加工直径:取消小立柱1 250mm、不取消小立柱1 000mm,最大加工模数:铸铁16mm、钢12mm	未鉴定
滚齿机	Y3132CNC5	最大加工直径:320mm,最大加工模数:8mm	国内领先
滚齿机	YA3132CNC5	最大加工直径:320mm,最大加工模数:8mm	未鉴定
滚齿机	Y3140CNC5	最大加工直径:400mm,最大加工模数:12mm	国内领先
滚齿机	YA3180CNC4	最大加工模数:12mm,最大加工直径:800mm,主轴最高转速:400r/min,工作台最高转速:16r/min	未鉴定
南京二机齿轮机床有限公司			
数控滚齿机	YS3118CNC	加工直径:180mm,加工模数:4mm,轴向行程:250mm	未鉴定
数控插齿机	YT5180CNC	加工直径:800mm,加工模数:12mm,冲程长度:240mm	未鉴定
数控剃齿机	YAN4232CNC	加工直径:320mm,加工模数:12mm,冲程长度:240mm	未鉴定
天津第一机床总厂			
数控插齿机	YK58－3	最大加工直径:800mm,最大加工模数:12mm,最大加工齿宽:190mm	国内先进
数控插齿机	YK51125B	最大加工直径:1 250mm,最大加工模数:12mm	国内先进
数控螺旋锥齿轮磨齿机	YKW2075	最大加工直径:750mm,最大加工模数:12mm,具有磨削软件包	国际水平
数控插齿机	YK5132B－K3	采用静压刀架,最大加工模数:8mm,最大加工直径:320mm,加工精度可以达到6级	国内先进
滚动检查机	YW95160	被检齿轮最大直径:1 600mm(1:10～1:2),两主轴轴线间夹角:45°～90°	国内先进
滚动检查机	YW95200	被检齿轮最大直径:2 000mm(1:10),两主轴轴线间夹角:45°～90°	国内先进
数控插齿机	YK5115	最大加工直径:150mm,最大加工模数:4mm,最大加工齿宽:32mm	国内先进
数控研齿机	YKD2550	从动轮最大工件直径:500mm,主动轮最大工件直径:250mm,最大偏置距:±76mm	国内先进
数控插齿机	YK51125A	最大加工直径:1 250mm,最大加工模数:12mm,最大加工齿宽:200mm,插齿刀冲程最大行程长度:300mm	国内先进
青海第二机床制造有限责任公司			
高速数控螺旋转子磨床	QH2－M15	加工直径(最小/最大):30mm/130mm,安装长度(最小/最大):150mm/650mm,最大磨削长度:500mm,最大工件导程角度:+60°	国内领先
数控螺旋转子铣床	QH2－XK150	最大加工直径:150mm,最大加工长度:400mm,工件最大安装长度:650mm,加工工件导程范围:任意	国内领先
上海第三机床厂			
立式加工中心	XHA716A	行程($X/Y/Z$):1 500mm/660mm/760mm,转速:6 000r/min,最大转矩:470N·m	行业先进
南京工大数控科技有限公司			
数控成形磨齿机	SKMC－3000	加工直径:3 000mm	国内先进
湖南中大创远数控设备有限公司			
全数控螺旋锥齿轮磨齿机	YKF2035	最大工件直径:圆350mm、砂轮2.7～9in	未鉴定

（续）

产品名称	型号	主要技术参数	产品水平
全数控螺旋锥齿轮铣齿机	YKF2235	最大工件直径：圆 350mm、刀盘 2.7 ~9in	未鉴定
螺旋锥齿轮装刀机	YK9860	测量范围：3.25 ~18in	未鉴定
宜昌长机科技有限责任公司			
数控插齿机	YKW5165	加工模数：12mm，加工直径：650mm，加工齿宽：200mm	国际先进水平
数控铣齿机	YK83160	加工模数：20mm，加工直径：1 600mm，加工齿宽：370mm	国际先进水平
数控滚齿机	YK31350	加工模数：32mm，加工径：3 500mm，加工齿宽：1 800mm	未鉴定

五、科研项目及成果情况

2013 年，齿轮加工机床分会 14 家统计会员单位科研项目共 47 项，投入资金约 7 亿元，其中国家科技项目 5 项，其他科技项目 42 项。获奖科研项目共 6 项。2013 年齿轮加工机床行业科研项目见表 6。2013 年齿轮加工机床行业获奖科研项目见表 7。

表 6　2013 年齿轮加工机床行业科研项目

序号	科研项目名称	主要内容	应用状况	项目来源	完成企业名称
1	高精度数控齿轮加工机床箱体类零件柔性制造系统核心技术研究及应用示范工程	研制高精度齿轮加工机床箱体柔性制造系统，在机床制造企业形成示范应用	研制阶段	863 项目	重庆机床（集团）有限责任公司
2	数控精密高效剃齿机关键技术与装备产业化	突破产业化技术难题，创造产业化条件，形成高档剃齿机产业化基地	自行应用	企业项目	重庆机床（集团）有限责任公司
3	轿车变速箱齿轮加工自动生产线	建立 6 类、8 条轿车齿轮自动加工生产线	自行应用	企业项目	重庆机床（集团）有限责任公司
4	引进英国 PTG 磨削加工技术合作项目	突破磨削加工控制技术，共同开发系列磨齿机	自行应用	重庆市国际科技合作基地项目	重庆机床（集团）有限责任公司
5	数控高效制齿机床成套技术产业化工程	依托国家科技进步奖二等奖技术研究成果，通过完善产业化设备及设施，促进数控高效制齿技术，形成产业化应用基地	自行应用	企业项目	重庆机床（集团）有限责任公司
6	机床再制造成套技术及产业化	研究机床再制造各项关键技术，形成重型机床、精密机床和通用机床再制造成套技术及产业化应用基地	自行应用	企业项目	重庆机床（集团）有限责任公司
7	中小型机床再制造生产技术开发及产业化应用示范	研究机床再制造各项关键技术，形成重型机床、精密机床和通用机床再制造成套技术及产业化应用基地	自行应用	企业项目	重庆机床（集团）有限责任公司
8	制齿机床智能化关键技术及智能滚齿机	制齿机床智能化关键技术的研究、提升系统研发、采用制齿机床智能化成套技术对传统制齿机床进行智能化改造，形成应用示范	研制阶段	企业项目	重庆机床（集团）有限责任公司
9	YD3132CNC 型数控干式滚齿机	该机床定位为中档数控滚齿机，采用六轴数控，可同时实现四轴联动控制。X 轴、Y 轴和 Z 轴均由独立的交流伺服电动机直接控制，具有传动链短、传动刚性好、传动精度高等特性。主运动由安装在刀架上的交流主轴电动机经过三对高精度圆柱齿轮传至滚刀主轴，能承受较大的切削力，可使用多头滚刀进行大进给量滚齿。C 轴由独立的交流伺服电动机直接控制。采用工作台固定、立柱移动的方式实现径向进给运动。最大加工直径 320mm，最大切削模数 8mm，轴向移动距离 300mm，滚刀最大直径 × 长度：130mm × 230mm。机床的控制部分使用进口带电子齿轮箱功能的高档系列数控系统，大转矩的伺服电动机及相应伺服系统；滚珠丝杆、	研制阶段	本企业处选科技项目	南京二机齿轮机床有限公司

（续）

序号	科研项目名称	主要内容	应用状况	项目来源	完成企业名称
		成组轴承、液压件等重要部件，均考虑选用进口件，以保证机床的技术性能和可靠性。该机床将成为国内同规格滚齿机性价比较高的数控滚齿机			
10	Y7232CNC 型数控蜗杆砂轮磨齿机外观美学设计	在满足功能的前提下，对外观部件进行形态优化设计。提供4款外观设计多角度效果图供选择，在选择一款外观设计的基础上，进行外观件结构设计细化工作，最终提供2D加工图纸。结合机床内部部件，监督罩壳加工工作，最终保证提供给需方的外观罩壳物符合设计及使用要求，外观造型新颖、美观，钣金件平整无变形及其他外观缺陷，并代表南二机床独特的形象；延续公司的配色体系，并进行升级处理。考虑到各部件的强度要求，机床护罩应易于装配、拆卸以及运输，防护门开启及关闭应轻松自如；罩壳具有防油飞溅、渗漏功能；油漆面采用喷塑工艺并达到相关标准要求	研制阶段	本企业处选科技项目	南京二机齿轮机床有限公司
11	Y7236CNC 型数控蜗杆砂轮磨齿机	该机床为九轴五联动高精度数控蜗杆砂轮磨齿机，采用砂轮与工件高速精密同步电子展成运动的控制技术，着重解决系统电子齿轮箱的二次优化软件开发技术，研发具有自主知识产权的齿轮齿形及齿向智能化修形控制软件，采用高速精密主轴在线自动平衡技术及声控自动磨齿余量均衡技术，为国内工程机械变速箱行业提供高水平的齿轮硬面加工设备。机床最大加工直径360mm，最大加工齿宽280mm；最大加工模数6mm，最大加工工件螺旋角±45°；砂轮主轴最高转速7 000r/min；加工齿轮精度可达到GB/T 10095.1—2008标准4级。产品达到国内领先水平，可替代进口，满足市场需求	研制阶段	本企业处选科技项目	南京二机齿轮机床有限公司
12	YS3118CNC 型数控滚齿机	该机床定位为中小规格数控滚齿机，采用五轴数控，可同时实现四轴联动控制。X轴、Y轴和Z轴均由独立的交流伺服电动机直接控制，具有传动链短、传动刚性好、传动精度高等特性。主运动由安装在刀架上的交流主轴电动机经过三对高精度圆柱齿轮传至滚刀主轴，能承受较大的切削力，可使用多头滚刀进行大进给量滚齿。C轴由独立的交流伺服电动机直接控制，改变了传统的工作台由蜗轮、蜗杆传动的形式，提高了加工效率，采用了高精度、高刚度滚动轴承支承，使得工作台最高转速可达300r/min。机床采用工作台固定、立柱移动的方式实现径向进给运动。最大加工直径180mm，最大切削模数4mm，轴向移动距离250mm，滚刀最大直径×长度：110mm×150mm。机床的控制部分使用进口带电子齿轮箱功能的高档系列数控系统，大转矩的伺服电动机及相应伺服系统；滚珠丝杆、成组轴承、液压件等重要部件均选用进口件，以保证机床的技术性能和可靠性。该机床将成为国内同规格滚齿机性价比较高的数控滚齿机	研制阶段	本企业处选科技项目	南京二机齿轮机床有限公司

（续）

序号	科研项目名称	主要内容	应用状况	项目来源	完成企业名称
13	Y4830CNC 型数控内齿珩轮强力珩齿机	项目研究的关键技术和相关性技术：采用高速高精度回转珩轮架，机床整体结构动态优化设计，高速高精度工件主轴直驱技术，强力珩削加工工艺及自动余量均衡技术，金刚石修整轮修整珩轮工艺，珩轮特性技术研究，机床热变形控制及补偿技术，珩轮珩削力自适应技术及自动对齿技术，关键件加工制造技术和整机装配调试技术，机床智能化软件开发。该项目将完成的机床功能参数如下：加工直径≥300mm，加工模数 0.5～4mm，最大加工齿宽≥60mm，珩轮最高转速≥1 500r/min，工件最高转速≥5 000r/min，加工精度 4 级及齿面粗糙度 *Ra*0.4μm以上，能实现径向、轴向、摆动强力珩削加工方式，具备七轴五联动功能	研制阶段	国家科技项目	南京二机齿轮机床有限公司
14	YD3120CNC 型数控干式滚齿机	该机床定位为中档数控滚齿机，采用六轴数控，可同时实现四轴联动控制。*X* 轴、*Y* 轴和 *Z* 轴均由独立的交流伺服电动机直接控制，具有传动链短、传动刚性好、传动精度高等特性。主运动由安装在刀架上的交流主轴电动机经过三对高精度圆柱齿轮传至滚刀主轴，能承受较大的切削力，可使用多头滚刀进行大进给量滚齿。*C* 轴由独立的交流伺服电动机直接控制。采用工作台固定、立柱移动的方式实现径向进给运动。最大加工直径 200mm，最大切削模数 6mm，轴向移动距离 225mm，滚刀最大直径×长度：130mm×230mm。机床的控制部分使用进口带电子齿轮箱功能的高档系列数控系统，大转矩的伺服电动机及相应伺服系统；滚珠丝杆、成组轴承、液压件等重要部件均选用进口件，以保证机床的技术性能和可靠性。该机床将成为国内同规格滚齿机性价比较高的数控滚齿机	研制阶段	本企业处选科技项目	南京二机齿轮机床有限公司
15	YKW51250 数控插齿机	大型高效精密六轴数控插齿机，最大加工零件外齿轮直径 ϕ2 500mm，内齿轮直径 ϕ3 200mm，最大齿宽 550mm，最大模数 30mm，加工精度 6 级；最大螺旋角 ±35°，工作台回转定位精度 6″，回转重复定位精度 3″；行程长度和行程位置可自动调整	研制阶段	国家科技项目	天津第一机床总厂、天津大学、重庆理工大学
16	YKW2075 数控螺旋锥齿轮磨齿机	ϕ750mm 数控螺旋锥齿轮磨齿机，最大加工直径 750mm，最大加工模数 12mm，具有磨削软件包，可实现成形法及展成法磨齿，磨齿的齿轮精度稳定达到五级，机床的整体技术水平达到国外同类产品水平	研制阶段	国家科技项目	天津第一机床总厂、天津大学、重庆理工大学
17	汽车驱动桥螺旋锥齿轮干切加工成套技术与装备	七轴六联动数控螺旋锥齿轮铣齿机，最大加工直径 350mm，最大加工模数 10mm，可湿切也可干切，可用全工序法加工 Gleason 齿制，也可用刀倾全展成和刀倾半展成法加工 Oerlikon 齿制。机床配置在线测量系统，可实现自动对刀及齿轮分度精度、齿形误差的在线测量，整体技术水平达到国外同类产品的先进水平	研制阶段	国家科技项目	湖南中大创远设备有限公司、天津第一机床总厂、天津大学、重庆理工大学

（续）

序号	科研项目名称	主要内容	应用状况	项目来源	完成企业名称
18	金属切削机床类产品族可适应创新设计平台及应用	建立一个自主创新、优化设计的平台。该平台采用有限元分析软件，结合国内外实际经验，瞄准国外先进水平，创新地设计达到国际先进水平的产品；在结构优化创新的基础上，将立卧式加工中心、立式磨床产品及测漏产品等纳入可适应设计平台；自主编制平台操作软件并用于产品设计，实现快速响应市场需求，符合高效能制造、可持续发展，实现企业设计技术知识的共享并用和再发展，符合可重构、再制造，实现两化融合	研制阶段	地方科技项目	天津市第二机床有限公司、天津第一机床厂、天津大学、津伦（天津）精密机械股份有限公司
19	XHA716A 型立式加工中心研制	XHA716A 型立式加工中心研制（重负荷系列）	其他	自主开发	上海第三机床厂
20	高速数控外圆磨床研制	MKA1320 系列采用 CBN 砂轮实现 80m/s 或以上高速磨削	研制阶段	自主开发	上海第三机床厂
21	五轴五联动立式加工中心研制	配置二轴数控转台的 XHB715 型五轴五联动立式加工中心	研制阶段	自主开发	上海第三机床厂
22	XHB716 型立式加工中心研制	采用直线导轨的立式加工中心	研制阶段	自主开发	上海第三机床厂
23	MKC1320 数控外圆磨床（暂定）	经济型数控外圆磨床	其他	自主开发	上海第三机床厂
24	SKMC－3000 数控成形磨齿机研发	数控磨齿机研发	自行应用	自主研究	南京工大数控科技有限公司
25	大型高效数控成形铣磨齿成套装备研发与产业化	齿轮加工解决方案	自行应用	江苏省六大人才高峰	南京工大数控科技有限公司
26	动臂式数控贴片机关键技术研究及其应用	设计气浮平台机械结构，通过静力学与动力学分析，校核气浮平台机械结构刚度与强度；开发贴片机软件；研制具有自主知识产权的国产贴片机，可达到 12 000 粒/h	研制阶段	自主研究	南京工大数控科技有限公司
27	机电液系统动态性能测试平台	开发机电液系统动态性能测试平台，可对各类机械传动装置、液压元件及控制系统、电器系统的动态性能进行测试，主要包括机械传动装置、液压系统、电气控制系统、各种类型传感器、数据采集和处理系统组成	自行应用	自主研究	南京工大数控科技有限公司
28	智能转盘轴承的关键技术研究及产品开发与应用	确定转盘轴承损伤类型，开展损伤机理研究；构建嵌入式监测系统；建立融多特征参量在生命周期不同阶段的损伤发展检测模型；根据监测模型和评估标准，确定寿命评估与预测模型，探寻运行状态修复或调整的驱动方法，开发智能转盘轴承	自行应用	自主研究	南京工大数控科技有限公司
29	SKXCF－2000/16 数控精密人字齿铣齿机研发	研发数控精密人字齿铣齿机，完成人字齿的盘铣刀和指形铣刀加工，提高加工效率，满足锻压等机械行业的需求，同时降低人字齿的加工成本，有利于提高江苏省重型装备制造的整体竞争力	研制阶段	自主研究	南京工大数控科技有限公司
30	智能机械研发平台建设项目	该项目为南京工大数控科技有限公司未来三年以产学研用的合作方式实现成果转化的主体项目，集成了新产品新技术研究、创新平台建设、人才培养、创业孵化与投资等四大板块内容	研制阶段	自主研究	南京工大数控科技有限公司
31	高效精密多重复合可重构数控机床关键技术研究与产品开发	对高效精密多重复合可重构数控机床关键技术进行深入研究，解决高效精密加工原理、加工误差等问题，实现回转轴类和箱体类零件的高效精密加工，并促进产业化	研制阶段	自主研究	南京工大数控科技有限公司

（续）

序号	科研项目名称	主要内容	应用状况	项目来源	完成企业名称
32	汽车驱动桥螺旋锥齿轮绿色制造成套技术与装备	研制具有自主知识产权的成套螺旋锥齿轮数控加工装备，包括干切铣齿机、磨刀机、条形刀齿装刀机、测量中心和用于干切与湿切的条形刀齿新结构刀盘等；研究圆弧齿锥齿轮全工序法加工成套工艺技术和摆线齿锥齿轮刀倾展成法和刀倾半展成法加工成套工艺技术、开发软件；掌握螺旋锥齿轮成套加工装备的关键技术以及螺旋锥齿轮数字化闭环干切制造技术，采用课题研制数控装备，在用户单位构建汽车驱动桥螺旋锥齿轮数字化闭环加工示范生产线	研制阶段	自主研究	湖南中大创远数控设备有限公司
33	高速数控插齿机研发	高速插齿机的研发	自行应用	企业自选项目	宜昌长机科技有限责任公司
34	YKY51160 数控插齿机研发	液压冲程数控插齿机的研发	自行应用	企业自选项目	宜昌长机科技有限责任公司
35	YK51250E 数控插齿机研发	数控插齿机的研发	自行应用	企业自选项目	宜昌长机科技有限责任公司
36	磨齿机的研发	磨齿机的研发	研制阶段	企业自选项目	宜昌长机科技有限责任公司
37	YK31350 滚齿机研发	大型滚齿机的研发	研制阶段	企业自选项目	宜昌长机科技有限责任公司
38	YKS5132J 数控插齿机研发	数控插齿机的研发	研制阶段	企业自选项目	宜昌长机科技有限责任公司
39	YKW5165 万能数控插齿机研发	万能数控插齿机的研发	研制阶段	企业自选项目	宜昌长机科技有限责任公司
40	YKG5112 高精度小模数数控插齿机研发	小型数控插齿机的研发	研制阶段	企业自选项目	宜昌长机科技有限责任公司
41	YK85200 齿条铣齿机研发	齿条铣齿机的研发	研制阶段	企业自选项目	宜昌长机科技有限责任公司
42	YK83160 数控铣齿机的研发	数控铣齿机的研发	研制阶段	企业自选项目	宜昌长机科技有限责任公司
43	数控编程研究	学习 mastercam 数控加工编程，实操试验各种加工方法的加工，掌握了各种加工方法的加工效果和用途，为公司的数字化复杂型面零件加工做技术准备	自行应用	自行研制	陕西秦川机械发展股份有限公司
44	HH300 换网器	实现换网器不同规格、不同使用条件下的系列化生产	自行应用	自行研制	陕西秦川机械发展股份有限公司
45	新型高啮合重叠系数齿轮及传动装置研究	研究一种新的齿轮齿形，用以提高传动齿轮副啮合重叠系数	研制阶段	自行研制	陕西秦川机械发展股份有限公司
46	车铣复合加工中心工作台设计分析及优化	以 VTM260 为平台，主要研究机床工作台 C 轴驱动系统的结构优化设计以及工作台静压系统油膜压力在高速车削时的稳定性设计优化	自行应用	自行研制	陕西秦川机械发展股份有限公司
47	VMT 系列 5 轴加工机床运动精度检测及提升	对 VMT80/100 机床运动精度进行检测，在测量过程中通过对机床电气系统参数的调整，使机床联动运动精度得到提高	自行应用	自行研制	陕西秦川机械发展股份有限公司

表7　2013年齿轮加工机床行业部分企业获奖科研项目

序号	项目名称	主要内容及应用范围	奖项名称	获奖等级	主要完成单位
1	高能效、高功效、低排放高速干切滚齿机床	绿色高速干式滚切机床数字化样机开发，研制开发出新一代绿色高速干切式滚切机床	绿色制造科学技术进步奖	三等奖	重庆机床（集团）有限责任公司
2	ϕ2 000mm 系列大型、精密数控滚齿机	研制大型、精密六轴四联动数控滚齿机，具有高精度多联动控制及智能技术	重庆市技术发明奖	一等奖	重庆机床（集团）有限责任公司
3	螺旋锥齿轮数控加工关键技术与成套装备	ϕ750mm 六轴联动智能化铣齿机可采用各种加工方法实现渐缩齿螺旋锥齿轮及等高齿螺旋锥齿轮的加工，可加工成形法大轮、刀倾法小轮，加工大轮时生产效率等同于普通拉齿机，切齿精度稳定在6级 GB/T 11365—1989	中国科学技术进步奖	二等奖	天津大学、天津第一机床总厂、重庆理工大学、天津精诚机床股份有限公司
4	YKW5132 数控插齿机	多轴设计提高了机床的柔性，操作简单，机床控制采用西门子840D控制系统，其7个数控轴中，5个为联动轴，2个为机床调整轴	天津市科学技术进步奖	三等奖	天津第一机床总厂、天津大学
5	回转支承新型制造装备及工业应用	产品开发	2013年度中国产学研合作创新成果奖	创新成果奖	南京工业大学、南京工大数控科技有限公司
6	数控齿扇插齿机	数控扇形齿轮插齿机模数12mm，最大加工直径120mm，切削角0～10°，最大齿宽80mm。适用于汽车转向器行业中，加工定速比、变速比及动力转向器中标准直变厚渐开线齿轮和圆－非圆直变厚渐开线齿轮	宜昌市科技进步奖金	二等奖	宜昌长机科技有限责任公司

六、专利发明情况

2013年，齿轮加工机床行业14家统计会员单位发明专利共123项，其中发明专利23项，外观设计专利3项，其余均为实用新型专利。2013年齿轮加工机床行业专利发明见表8。

表8　2013年齿轮加工机床行业部分企业授权专利情况

序号	专利名称	专利号	专利类型	授权日期
重庆机床（集团）有限责任公司				
1	数控滚齿机热变形误差补偿方法	ZL200910250885.X	发明	2013.10.30
2	一种热误差差动螺旋补偿装置及其使用方法	ZL200910250884.5	发明	2013.08.07
3	一种机床热平衡系统	ZL201110443331.9	发明	2013.07.17
4	一种机床上下料送料装置	ZL201110443057.7	发明	2013.10.16
5	一种刀架小滑座锁紧微调装置	ZL201110444102.9	发明	2013.07.17
6	一种可旋转的送料机构	ZL201110444116.0	发明	2013.10.16
7	一种盘齿滚齿快换夹具	ZL201110444874.2	发明	2013.07.17
8	一种磨齿机砂轮修整装置	ZL201110444891.6	发明	2013.10.16
9	一种分段变速淬火冷却方法	ZL201110450507.3	发明	2013.09.04
10	一种差动壳体多轴孔系的加工方法	ZL201110450508.8	发明	2013.05.29
11	液压自动消隙镶条机构	ZL201110450558.6	发明	2013.07.30
12	一种剃齿机用工件自动夹具快换装置	ZL201210020383.X	发明	2013.10.16
13	用于加工长轴类零件的辅助支撑	ZL201220723975.3	实用新型	2013.07.17
14	用于滚齿机的对刀机构	ZL201220723987.6	实用新型	2013.07.17
15	滚齿机小立柱顶尖支架回转机构	ZL201220723989.5	实用新型	2013.07.17
16	适用于轴齿类零件的滚齿夹具	ZL201220724062.3	实用新型	2013.07.17
17	机床转盘定位机构	ZL201220724111.3	实用新型	2013.07.17
18	干切式滚齿机上下料机构的防护机构	ZL201220724114.7	实用新型	2013.07.17

（续）

序号	专利名称	专利号	专利类型	授权日期
19	干切式滚齿机床身的快速排屑结构	ZL201220724188.0	实用新型	2013.07.17
20	剃齿机仿形机构	ZL201220725519.2	实用新型	2013.07.17
21	剃齿机刀架转角机构	ZL201220725556.3	实用新型	2013.07.17
22	盘齿加工夹具的胀套定位机构	ZL201220725557.8	实用新型	2013.07.17
23	机床顶尖与顶尖轴的安装结构	ZL201220725679.7	实用新型	2013.07.17
24	剃齿机剃刀与主轴的安装结构	ZL201220725701.8	实用新型	2013.07.17
25	机床刀架锁紧机构	ZL201220725704.1	实用新型	2013.07.17
26	滚齿刀架导轨锁紧机构	ZL201220727156.6	实用新型	2013.07.10
27	一种带阻尼的机床滑板转角机构	ZL201220727193.7	实用新型	2013.06.05
28	一种内孔壁对称键槽定位装置	ZL201220727274.7	实用新型	2013.06.05
29	铣齿刀架齿轮传动消除间隙机构	ZL201220727359.5	实用新型	2013.07.31
30	一种大直径孔用胀紧滚齿夹具	ZL201220727360.8	实用新型	2013.07.31
31	一种V型导轨的支撑装置	ZL201220727383.9	实用新型	2013.06.05
32	立柱精度调节注塑机构	ZL201220727397.0	实用新型	2013.07.31
33	静压轴承耐磨层注塑装置	ZL201220727463.4	实用新型	2013.07.31
34	一种滚齿机工作台结构	ZL201220728302.7	实用新型	2013.07.17
35	外凸式滚齿刀架	ZL201220728311.6	实用新型	2013.07.31
36	一种机床液动毛刺机构	ZL201220728353.X	实用新型	2013.07.17
37	一种滚齿机刀架传动机构	ZL201220728361.4	实用新型	2013.07.31
38	一种滚齿机床身排屑结构	ZL201220728365.2	实用新型	2013.07.17
39	滚齿机旋转外支架	ZL201220728380.7	实用新型	2013.07.17
40	便于装、卸工件的滚齿机夹具	ZL201220728394.9	实用新型	2013.07.17
41	静压轴承	ZL201220731208.7	实用新型	2013.07.31
42	单工位90°回摆机械手	ZL201220732539.2	实用新型	2013.06.05
43	轴类工件用气封夹具	ZL201220732553.2	实用新型	2013.06.05
44	浮动夹具夹紧柱加工工装	ZL201220732570.6	实用新型	2013.06.05
45	空心蜗杆装炉渗碳淬火的工装	ZL201220732629.1	实用新型	2013.07.31
46	可拆卸式防夹伤机械手夹爪	ZL201220732645.0	实用新型	2013.06.05
47	轴类齿轮复合加工机床	ZL201220732655.4	实用新型	2013.06.05
48	螺杆端部带圆弧头类零件的加工工装	ZL201220732694.4	实用新型	2013.06.05
49	非通孔零件加工夹具	ZL201220732732.6	实用新型	2013.07.31
50	锥孔内键槽拉削工装	ZL201220732733.0	实用新型	2013.07.31
51	通孔零件加工夹具	ZL201220732738.3	实用新型	2013.07.31
52	可收放的工具箱	ZL201220732739.8	实用新型	2013.07.31
53	平行串孔加工工装	ZL201220732758.0	实用新型	2013.06.05
54	镗床深长孔加工辅助装置	ZL201220732802.8	实用新型	2013.06.05
55	车床加工夹具	ZL201220732803.2	实用新型	2013.06.05
56	机床冷却液排屑管	ZL201220732814.0	实用新型	2013.06.05
57	长距离工件传送装置	ZL201220732815.5	实用新型	2013.07.10
58	一种自动上下料装置	ZL201220732867.2	实用新型	2013.06.05
59	具有端面装夹到位检测机构的工装	ZL201220732868.7	实用新型	2013.07.03
60	手动滚齿夹具压盖	ZL201220733085.0	实用新型	2013.07.17
61	倒棱机用去毛刺车刀安装座	ZL201220733098.8	实用新型	2013.07.31
62	双工位行程碰块	ZL201220733258.9	实用新型	2013.07.17
63	倒棱机用去毛刺车刀快换机构	ZL201220733901.8	实用新型	2013.07.17

（续）

序号	专利名称	专利号	专利类型	授权日期
64	滚齿机滑板组合导轨机构	ZL201220734018.0	实用新型	2013.07.31
65	滚齿机工作台旋转运动消隙机构	ZL201220737173.8	实用新型	2013.06.05
66	滚齿机小托座自动夹紧放松机构	ZL201220737208.8	实用新型	2013.07.10
67	蜗杆离子氮化均温装置	ZL201220737209.2	实用新型	2013.07.31
68	滚齿机用静压工作台	ZL201220737210.5	实用新型	2013.07.10
69	滚齿机用滑板转盘机构	ZL201220737212.4	实用新型	2013.07.31
70	滚齿机托座静压支撑结构	ZL201220737213.9	实用新型	2013.07.10
71	工件上下运输装置	ZL201220737264.1	实用新型	2013.07.31
72	滚齿机小托座自动转角机构	ZL201220737460.9	实用新型	2013.07.17
73	一种带阻尼的滚齿机工作台	ZL201220737462.8	实用新型	2013.07.31
74	滚齿机后立柱外支架机构	ZL201220737463.2	实用新型	2013.07.31
75	滚齿机自动开合外支架总成	ZL201220737464.7	实用新型	2013.07.17
76	精确定位料仓	ZL201220737465.1	实用新型	2013.07.17
77	滚齿机用滑板转盘锁紧机构	ZL201220737466.6	实用新型	2013.07.31
78	磁力电缆定位卡	ZL201320102727.1	实用新型	2013.07.31
79	可调式工件夹爪机构	ZL201320197174.2	实用新型	2013.09.04
80	滚齿机可移动后立柱	ZL201320197273.0	实用新型	2013.09.04
81	齿轮机床刀架转角锁紧装置	ZL201320197274.5	实用新型	2013.09.04
82	用于滚齿机上的自动送料装置	ZL201320197275.X	实用新型	2013.09.04
天津第一机床总厂				
83	伺服电机驱动的数控插齿机让刀机构	ZL201010559648.4	发明	2013.01.16
84	大型插齿机刀轴的蜗杆齿形的加工方法	ZL201110231446.1	发明	2013.02.27
85	底模套圈的加工方法	ZL201110295375.1	发明	2013.06.05
86	典型曲体零件镗孔夹具	ZL201110294964.8	发明	2013.06.05
87	典型曲体零件铣夹具	ZL201110295374.7	发明	2013.09.28
88	数控大型弧齿锥齿轮拉齿机	ZL201110353914.2	发明	2013.06.05
89	数控大型弧齿锥齿轮拉齿机横梁夹紧装置	ZL201110354174.4	发明	2013.07.03
90	锥齿轮滚动检查机两主轴非90°夹角及安装距的调整装置	ZL201210039719.7	发明	2013.08.07
91	一种基于等切削面积的插齿加工方法	ZL201210072452.1	发明	2013.10.16
92	插齿机凸轮轴的凸轮曲面粗加工装置和加工方法	ZL201210114965.4	发明	2013.09.04
93	大型铣齿机大锥孔主轴外圆精加工装置	ZL201220166317.9	实用新型	2013.01.16
94	数控螺旋锥齿轮磨齿机	ZL201210185872.0	发明	2013.11.27
95	大型圆柱齿轮数控开齿机(托)	ZL201220361909.6	实用新型	2013.01.23
96	大型圆柱齿轮数控开齿机回转工作台	ZL201220361966.4	实用新型	2013.01.23
97	大型圆柱齿轮数控开齿机刀架机构	ZL201220361931.0	实用新型	2013.01.23
98	齿轮机床缸套齿形加工用工磨夹具	ZL201320276752.1	实用新型	2013.11.27
南京工大数控科技有限公司				
99	一种大重型数控静压回转台	ZL201010556116.5	发明	2013.02.13
100	一种小样本转盘轴承滚动接触疲劳测试方法	ZL201110386694.3	发明	2013.11.06
101	一种错齿铣刀盘加工精度的微进给包络检测方法	ZL201210051727.3	发明	2013.11.06
102	XY两坐标气浮定位平台	ZL201220278159.6	实用新型	2013.01.30
103	一种用于盘铣刀刀片刃磨的数控工具磨床	ZL201220278398.1	实用新型	2013.02.13
104	力矩电机直驱铣齿主轴箱	ZL201220278036.2	实用新型	2013.02.13
105	极坐标成形砂轮修整器	ZL201220278037.7	实用新型	2013.02.13

（续）

序号	专利名称	专利号	专利类型	授权日期
106	超大规格齿圈数控成形铣齿机	ZL201220278902.8	实用新型	2013.04.10
107	一种模拟工况的数控转台试验台载荷加载控制系统	ZL201320203072.7	实用新型	2013.09.18
108	一种模拟工况的数控转台试验台测试装置	ZL201320205623.3	实用新型	2013.12.25
湖南中大创远数控设备有限公司				
109	一种齿轮加工机床	ZL201320160943.1	实用新型	2013.09.11
110	扇形静压回转工作台及齿轮加工机床	ZL201320160640.X	实用新型	2013.10.23
111	一种切削加工刀具	ZL201320201657.5	实用新型	2013.09.11
宜昌长机科技有限责任公司				
112	一种自动调节插齿机立柱角度的装置	ZL201220488862.X	实用新型	2013.12.30
113	插齿机侧向精度调节装置	ZL201220489045.6	实用新型	2013.12.30
114	一种插齿机定量调节让刀量的装置	ZL201220488917.7	实用新型	2013.12.30
115	一种多轴同步误差检测装置与检验方法	ZL201110242147.8	发明	2013.12.30
116	一种插齿机换刀机构	ZL201210405277.3	实用新型	2013.12.30
117	齿条插齿机	ZL201230652309.0	外观设计	2013.12.30
118	插齿机	ZL201230652264.7	外观设计	2013.12.30
119	一种回转机构的自动夹紧松开装置	ZL201320156617.3	实用新型	2013.12.30
120	插齿机双向让刀自动转换机构	ZL201320420111.9	实用新型	2013.12.30
121	滚齿机	ZL201230652255.8	外观设计	2013.12.30
122	一种双蜗轮双蜗杆与齿轮组合消隙机构	ZL201320389854.4	实用新型	2013.12.30
123	一种自动润滑冷却式插齿机主轴结构	ZL201320345379.0	实用新型	2013.12.30

七、质量及标准

(1)2013 年，齿轮加工机床分会各会员单位荣获了多种奖项。其中，重庆机床(集团)有限责任公司获中国机床工具工业协会“自主创新十佳”、工信部“品牌培育示范企业”；陕西秦川机床工具集团有限公司获中国机床工具工业协会“产品质量十佳”“数控产品销售收入十佳”。

(2)国家标准制修订及实施情况。

1)完成了 2013 年度 2 项行业标准《数控挤齿机　第 1 部分：精度检验》(计划号 2012—1923T—JB)和《数控挤齿机　第 2 部分：技术条件》(计划号 2012—1924T—JB)的制定工作和《数控滚齿机可靠性试验规范》草案的拟定。

2)参加完成了下列 6 项行业标准：

《数控滑板式弧齿锥齿轮磨齿机　第 1 部分：精度检验》(计划号 2011—1788T—JB)，《数控滑板式弧齿锥齿轮磨齿机　第 2 部分：技术条件》(计划号 2011—1789T—JB)，《数控高速插齿机　第 1 部分：精度检验》(计划号 2012—1928T—JB)，《数控高速插齿机　第 2 部分：技术条件》(计划号 2012—1929T—JB)，《齿条插齿机　第 1 部分：精度检验》(计划号 2012—1932T—JB)，《齿条插齿机　第 2 部分：技术条件》(计划号 2012—1933T—JB)。

3)成功组织了 2013 全国金属切削机床标准化技术委员会齿轮机床分会秘书组会、年会暨标准审查会议，并审查通过了分会 8 项行业标准。

4)按全国金属切削机床标准化技术委员会[2013]床标技字第 06 号文的要求，齿轮机床分技术委员会根据换届原则认真组织、协调，按时完成了第 3 届齿轮机床分技术委员会的换届工作，并按要求报送材料。

八、企业简介

浙江劳伦斯机床有限公司　成立于 2010 年，是飞亚集团旗下独资子公司，主要生产各种规格数控高速插齿机、数控剃齿机等齿轮加工机床产品。公司生产的各种规格数控插齿机，吸收日本先进的静压技术并改进、创新，获得国内静压导轨相关领域唯一专利技术。产品具有高速度、高精度、高稳定性等特点，深受用户的青睐，市场前景广阔。

飞亚集团创建于 1998 年，位于浙江省台州市，是一家专业生产电脑绣花机及其零配件的高科技企业。公司占地面积超过 10 万 m^2，固定资产 1.8 亿元，拥有员工 1 500 人，技术力量雄厚。公司成功开发了“飞亚”牌 GG748、CT、毛巾绣、金片绣、高速机、绗缝机、单头机等八大系列电脑绣花机上百个品种，年产量 7 000 多台。公司产品畅销全国，并建立了遍布全球包括欧洲、美洲、东南亚、中东等 60 多个国家、地区在内的营销网络。公司建立了完善的质量管理体系，是 ISO9001 质量体系认证企业。公司是中国同行业中规模最大、实力最强的三家企业之一，享有较高的评价和知名度，现被确认为台州市重点出口企业。金融危机后，国内绣花机出口势头减慢。面对危机，集团总部成立了浙江劳伦斯机床有限公司。

〔撰稿人：中国机床工具工业协会齿轮加工机床分会刘欢
审稿人：中国机床工具工业协会齿轮加工机床分会周玉红〕

特种加工机床

一、综述

在我国经济增速放缓的大背景下，特种加工机床行业也由高速增长转入中、低速增长阶段，市场发生了深刻的变化。针对这种形势的变化和行业现状，2013 年特种加工机床行业积极调整发展战略，寻求可持续发展的新思路。与此同时，为了准确把握机床工具行业发展现状，推动转型升级，中国机床工具工业协会（总会）承担了工信部装备工业司下达的数控机床国家重大专项软课题研究任务。由总会组织有关分会统一安排各专业行业的产业升级研究工作，特种加工机床分会（分会）承担了“数控电加工机床产业升级研究”软课题的研究任务，于 2013 年 6 月底按课题计划任务书的要求完成全部研究工作并上报总会。由于特种加工机床分会领导的高度重视，各会员单位的积极配合，使得分会负责的特种加工行业科研研究成果得到总会好评。

2013 年，特种加工机床分会共有整机生产统计会员单位 43 家（其中 2 家企业产品分属于跨行业分会，为避免重复统计，未列入本分会资料中）。参加本年鉴统计的会员单位有 27 家，统计面为 63%，基本涵盖了特种加工行业规模以上重点骨干企业，总产值已经达到了国内全行业总产值的 70% 以上，所以本次统计资料能够反映出全行业基本的经济运行现况。

根据参加本年鉴统计的会员单位汇总情况，2013 年特种加工机床行业完成工业总产值 63.24 亿元，比上年下降 3.94%；工业销售产值 64.19 亿元，比上年下降 1.76%。2013 年特种加工机床行业主要经济指标完成情况见表 1。

表 1　2013 年特种加工机床行业主要经济指标完成情况

指标名称	单位	年度累计
工业总产值	万元	632 430
其中：机床工具类产品产值	万元	304 248
工业销售产值	万元	641 941
其中：机床工具类产品销售产值	万元	276 784
工业增加值	万元	518 390
实现利税	万元	95 034
从业人员平均人数	人	11 657
资产总计	万元	931 079
流动资产平均余额	万元	574 444
固定资产净值平均余额	万元	300 067

二、生产情况

在经济疲软的大环境影响下，2013 年特种加工机床行业经济发展仍没有出现明显复苏迹象，特别是电加工类机床生产更是持续下滑。以生产电加工机床为主的企业，根据不断变化的形势需要，纷纷拓宽市场，按照用户的需求调整企业的生产品种，以期获得更大的生存空间。例如企业接受富士通订单，调整产品品种，加大生产加工中心及数控铣床，取得了明显的效果。2013 年特种加工机床行业分类产品生产情况见表 2。

表 2　2013 年特种加工机床行业分类产品生产情况

产品名称	实际完成		其中：数控	
	产量（台）	产值（万元）	产量（台）	产值（万元）
金属切削机床总计	15 466	304 248	14 119	278 126
加工中心	975	24 409	975	24 409
车床	18	150	18	150
铣床	422	8 784	422	8 784
特种加工机床	14 051	270 906	12 704	244 783

三、出口情况

2013 年，全行业特种加工机床出口情况呈继续下滑趋势，全年出口量比 2012 年下降 16.4%，出口额下降 13%。2013 年特种加工机床行业分类产品出口情况见表 3。

表 3　2013 年特种加工机床行业分类产品出口情况

产品名称	实际完成		其中：数控	
	出口量（台）	出口额（万美元）	出口量（台）	出口额（万美元）
金属切削机床总计	1 466	66 317	1 466	66 317
加工中心	2	93	2	93
特种加工机床	1 464	66 224	1 464	66 224

四、新产品开发情况

2013 年，特种加工机床行业开发的新产品有两类：电加工类和激光加工类。在电加工设备新产品中，有往复走丝电火花线切割机床、羊毛剪刀片齿形数控电解机械复合加工机床、线切割数控电控柜、石油测井信号型槽四轴数控电火花加工专机等。在激光加工设备新产品中，有激光切割机自动上下料系统、全自动激光切管机、大幅面三维五轴联动高功率高精度激光焊接技术与装备、三维五轴激光切割机床、机器人激光焊接工作站、光纤激光切割机等。可以看出，2013 年特种加工机床行业新产品研发项目品种丰富，技术先进，拓宽了行业发展空间。2013 年特种加工机床行业新产品开发情况见表 4。

表4 2013年特种加工机床行业新产品开发情况

产品名称	型号	主要技术参数	产品性质	产品属性	产品水平
深圳市大族激光科技股份有限公司					
激光切割机自动上下料系统	ALU4020	主电动机功率:7.5kW,水平方向行程:≥17 000mm,上下方向行程:最大900mm,水平方向行程速度:35m/min,主龙门架的跨距:4 600mm	全新设计	行业新产品	国际领先
全自动激光切管机	P6018D	加工管材:ϕ(20~180)mm×6 200mm、方形边长(20~130)mm×6 200mm、或外接圆不超过ϕ180mm的其他管型,定位精度(*X/Y/U*):±0.03mm/1 000mm,重复定位精度(*X/Y/U*):±0.05mm,最大加速度(*X/Y*):1*g*,快速移动速度(*X/Y/U*):100m/min	改型设计	行业新产品	国际领先
大幅面三维五轴联动高功率高精度激光焊接技术与装备	HWF60	行程(*X/Y/Z*):4 000mm/2 000mm/1 000mm,*A*轴旋转范围:*n*×360°,*B*轴摆动范围:±135°,定位精度(*X/Y/Z*):±0.05mm/1 000mm,重复定位精度(*X/Y/Z*):≤0.03mm,*A*、*C*轴定位精度:≤±0.015°,*A*、*C*轴重复定位精度:≤0.005°,最大定位速度(*X/Y/Z*):50m/min,*A*、*C*轴最大定位速度:60r/min,加速度(*X/Y/Z*):0.5*g*	全新设计	行业新产品	国际领先
三维五轴激光切割机床	W4020D	三维加工幅面(L×W×H):3 500mm×1 500mm×750mm,平板加工幅面(L×W):4 000mm×2 000mm,*C*轴(旋转轴):*n*×360°,*A*轴(摆动轴):±135°,定位速度(*X/Y/Z*):50m/min,定位速度(*C/A*):60r/min,最大加速度(*X/Y/Z*):5m/s^2(0.5*g*),最大加速度(*C/A*):60r/s^2,随动轴(*W*)行程:±10mm,随动轴(*W*)加速度:2*g*,定位精度(*X/Y/Z*):±0.05mm/m,重复定位精度(*X/Y/Z*):0.03mm,定位精度(*C/A*):±0.015°,重复定位精度(*C/A*):0.005°	全新设计	行业新产品	国际领先
机器人激光焊接工作站	HWF40	激光功率:4 000W,应用于汽车车门、侧围、天窗、地板、前仓、后仓、行李箱盖等车身覆盖件组焊及汽车总成	全新设计	企业新产品	国际领先
光纤激光切割机	G6020F-A	加工幅面(L×W):6 000mm×2 000mm,定位精度(*X/Y*):±0.03mm/1 000mm,重复定位精度(*X/Y*):±0.02mm,最大定位速度:140m/min,最大加速度(*X/Y*):1*g*	改型设计	企业新产品	国际领先
杭州华方数控机床有限公司					
往复走丝电火花线切割机床	HF1200ZQ-G13	最大长时间连续切割效率:≥10 000mm^2/h,工作台行程:1 200mm×1 500mm,最大加工厚度:1 000mm可调(可预订),加工锥度:±6°,八方切割精度:≤0.015mm(直体),最佳表面粗糙度(直体):一次切割*Ra*≤2.5μm、三次切割*Ra*≤1.0μm,钼丝损耗:≤0.01mm(110mm^2/min速度时,连续切割40万mm^2),最大承载重量:5 000kg,电消耗功率:≤0.5kW	全新设计	企业新产品	国内领先
线切割数控电控柜	G13	采用公司专利技术,利用电器件本身热量为动力,实现无风扇散热,节能、无噪声,提高电控柜使用寿命。最大实际切割电流:8A	全新设计	行业新产品	国内领先
线切割数控电控柜	G13T	采用公司专利技术,利用电器件本身热量为动力,实现无风扇散热,节能、无噪声,提高电控柜使用寿命。可进行多次切割	全新设计	行业新产品	国内领先

（续）

产品名称	型号	主要技术参数	产品性质	产品属性	产品水平
苏州电加工机床研究所有限公司					
羊毛剪刀片齿形数控电解机械复合加工机床	MJ002	行程(X/Y/Z):500mm/250mm/450mm,定位精度(X/Y/Z):0.018mm,重复定位精度(X/Y/Z):0.012mm,电解加工最大输出电流:300A	全新设计	行业新产品	国内空白
石油测井信号型槽四轴数控电火花加工专机	ZT033	行程(X/Y/Z):1 500mm/400mm/300mm,A轴行程:0~3600,定位精度(X/Y/Z):0.015mm,重复定位精度(X/Y/Z):0.010mm,最大加工电流:100A	全新设计	行业新产品	国内空白

五、机床合资合作产品销售情况

2013年,特种加工机床行业合资合作企业苏州沙迪克特种设备有限公司销售数控电火花加工机床680台,销售额26 271.3万元。

六、科研情况

2013年,特种加工机床行业科研项目来源有:国家专项、北京市自然科学基金、企业委托、校企合作、合作研发、企业自拟等。2013年特种加工机床行业部分企业科研项目见表5。2013年特种加工机床行业获奖科研项目见表6。

七、专利情况

据不完全统计,2013年特种加工机床行业获授权专利情况为:获得发明专利1项,实用新型专利19项。2013年特种加工机床行业部分企业获授权专利情况见表7。

表5 2013年特种加工机床行业部分企业科研项目

科研项目名称	主要内容	应用状况	项目来源
深圳市大族激光科技股份有限公司			
大尺寸三维多层曲面高功率高精度激光焊接技术与装备	涵盖大尺寸三维多层曲面筒体与箱体合金材料结构件、异形件零部件激光焊接加工机床的多项顶级技术。 该课题项目以高架龙门大幅面三维焊接机床主机为龙头,以明确的工艺实现为对象目标,通过应用示范工程,逐步突破核心技术,实现掌握研发技术、提升能力转变;研发国产数控系统和功能部件,并进行应用与验证研究,落实到主机,通过产学研用的合作把共性技术研究融入产品的研制,保持专项研究内容的继承性,并对机床产品开展有针对性的可靠性研究	其他	国家04专项
北京市电加工研究所			
浓缩采样头电火花加工工艺研究	浓缩采样头电火花加工工艺研究	自行应用	企业委托
无磁硬质合金电火花加工技术研究	无磁硬质合金电火花加工技术研究	自行应用	企业委托
作动器关键部件微细结构电火花加工技术研究	作动器关键部件微细结构电火花加工技术研究	自行应用	企业委托
SIC复合材料产品小孔电火花加工工艺研究	SIC复合材料产品小孔电火花加工工艺研究	自行应用	企业委托
准直器组件电火花加工技术研究	准直器组件电火花加工技术研究	自行应用	企业委托
分配板电火花加工技术研究	分配板电火花加工技术研究	自行应用	企业委托
精密硅片电火花加工工艺技术	精密硅片电火花加工工艺技术	自行应用	企业委托
超高温陶瓷特殊结构电火花加工技术研究	超高温陶瓷特殊结构电火花加工技术研究	自行应用	企业委托
磁钢转子、铝合金转子电火花加工技术研究	磁钢转子、铝合金转子电火花加工技术研究	自行应用	企业委托
叶轮电火花加工技术研究	叶轮电火花加工技术研究	自行应用	企业委托
稳定器组件电火花加工技术研究	稳定器组件电火花加工技术研究	自行应用	企业委托
排气支板电火花加工工艺技术	排气支板电火花加工工艺技术	自行应用	企业委托
铝合金转子电火花加工工艺研究	铝合金转子电火花加工工艺研究	自行应用	企业委托
叶轮电火花加工技术研究	叶轮电火花加工技术研究	自行应用	企业委托

（续）

科研项目名称	主要内容	应用状况	项目来源
难加工材料微细电火花加工特性研究及微细电火花加工系统性能优化技术研究	难加工材料微细电火花加工特性研究及微细电火花加工系统性能优化技术研究	自行应用	企业委托
超硬刀具电火花放电加工表面变质层形成机理及其影响因素的研究	研究超硬刀具加工后表面微观形貌、组织结构及力学性能，探索超硬刀具放电加工机理、研究变质层形成规律，总结变质层成分结构中影响超硬刀具使用寿命及加工质量的主要因素，建立放电加工参数与变质层中影响刀具性能主要因素之间的数学模型，并进行放电参数优化，改善变质层中的成分结构，完善放电加工工艺	自行应用	北京市自然科学基金
超高温陶瓷喷管电火花加工技术研究	超高温陶瓷喷管电火花加工技术研究	自行应用	企业委托
冲头加工工艺技术研究	冲头加工工艺技术研究	自行应用	企业委托
喷油嘴夹持夹具加工工艺技术研究	喷油嘴夹持夹具加工工艺技术研究	自行应用	企业委托
细窄槽试验件加工工艺技术研究	细窄槽试验件加工工艺技术研究	自行应用	企业委托
增压机五级叶轮加工工艺技术研究	增压机五级叶轮加工工艺技术研究	自行应用	企业委托
喷注面板对撞小孔加工工艺技术研究	喷注面板对撞小孔加工工艺技术研究	自行应用	企业委托
齿轮模具电火花加工工艺技术研究	齿轮模具电火花加工工艺技术研究	自行应用	企业委托
硬质合金准直器小孔零件电火花加工工艺研究	硬质合金准直器小孔零件电火花加工工艺研究	自行应用	企业委托
杭州华方数控机床有限公司			
异速切割	储丝筒正反转差速转动来消除正反向走丝电极丝所受张力的差值，消除“单边松丝”现象，进而改善加工精度、表面粗糙度，延长电极丝使用寿命	研制阶段	校企合作
一体式电火花线切割机床电气控制柜	采用公司专利技术，利用电器件本身热量为动力，实现无风扇散热，节能、无噪声，提高电控柜使用寿命	自行应用	公司自拟
清洁切割	通过改变工作液配方、改进机床结构等方法，使机床长时间切割无明显浮渣、无大量泡沫，无明显沉积物，易于机床的清洗和再加工	研制阶段	校企合作
高效切割	通过对工作液、机床机械结构、控制系统等的优化，显著提高切割效率，使其明显高于市场主流同型产品	自行应用	合作研发

表6　2013年特种加工机床行业获奖科研项目

项目名称	主要内容及应用范围	获奖名称	获奖等级	主要完成单位
G3015F光纤激光切割机	广泛运用于钢铁、汽车、石油、化工、冶金、电子、电气、轨道交通、工程机械、食品机械、纺织机械、空调制造、电梯、建筑机械、环保机械、广告装饰等各行各业，拥有徐工集团、中国一汽、宇通客车、苏州金龙、日立电梯、中集集团、时风集团等知名企业客户。 自大族激光于2009年推出国内第一台高功率光纤激光切割机以来，现已在全球累计安装运行1 000余台，占有国内市场80%以上份额。在高功率激光切割领域，大族激光推动了整个激光切割产业的发展和革命，开创钣金加工新时代，引领光纤激光切割产品与技术的世界潮流	优秀新产品奖	优	深圳市大族激光科技股份有限公司钣金装备事业部
P6012T全自动激光切管机	主要用于碳钢管、不锈钢管、铝合金管（方管、圆管、腰圆管、椭圆管）等金属管材的切割，具有专业、高速、高精度、高效率、高性价比等特点，是金属管材加工的首选加工机型，可替代锯切、冲孔等传统工艺，是全新的管材加工新工艺。应用于健身器材、石油管道、工程机械、客车制造、机车制造、农林机械、特种汽车、家用电器制造、激光对外加工服务等各种机械制造管材加工行业	推荐优秀新产品奖	优	深圳市大族激光科技股份有限公司钣金装备事业部

表7　2013年特种加工机床行业部分企业获授权专利情况

企业及专利名称	专利号	专利类型	授权日期
深圳市大族激光科技股份有限公司			
具有上下双工位的分拣设备	ZL201320002922.7	实用新型	2013.07.03
一种电源水冷散热器的冷却水路畅通检测装置及系统	ZL201320009950.1	实用新型	2013.08.14
一种大幅面平板切割机的抽风除尘装置	ZL201320014037.0	实用新型	2013.08.14
一种龙门激光切割机自动送料装置	ZL201320019465.2	实用新型	2013.09.04
用于光纤激光聚焦的聚焦镜组件	ZL201320026700.9	实用新型	2013.08.14
自驱式行走升降装置	ZL201320032162.4	实用新型	2013.08.14
三维激光切割机	ZL201320039554.3	实用新型	2013.08.14
机器人三维光纤激光切割机	ZL201320039657.X	实用新型	2013.08.14
激光电源输出电流调节电路	ZL201320063529.9	实用新型	2013.08.14
全桥拓扑模块的过流保护电路	ZL201320063201.7	实用新型	2013.08.14
控制激光器油箱放电的电路	ZL201320063379.1	实用新型	2013.08.14
铜管散热器及具有该铜管散热器的激光器电源变压器的油箱	ZL201320078899.X	实用新型	2013.08.14
板料传送装卸系统及具有该系统的激光切割机加工生产线	ZL201320137060.9	实用新型	2013.10.23
一种用于悬臂激光切割机与卷板校直共线装置	ZL201320145148.5	实用新型	2013.10.23
激光切管除尘装置及激光切割机	ZL201320205183.1	实用新型	2013.12.11
一种高功率高压激光器电源箱	ZL201320303251.8	实用新型	2013.12.11
北京市电加工研究所			
分体电极	ZL201320001344.5	实用新型	2013.07.03
机械结构件转角自由度频响函数测定系统	ZL201320419139.0	实用新型	2013.12.11
杭州华方数控机床有限公司			
一体式电火花线切割机床电气控制柜	ZL201220694371.0	实用新型	2013.07.31
北京迪蒙斯巴克科技股份有限公司			
四轴四联动精密电火花成形机床数控系统 V1.0	ZL2013SR090576.0	发明	2013.08.27

八、标准工作

1. 标准计划申报

根据本行业产业发展需求及上级部门的要求，在“十二五”技术标准体系表中，选取申报了4项行业标准计划项目，于2013年5月底完成立项论证会答辩。现4项标准计划已下达，将于2014年完成。2013年申报并获批准的行业标准计划项目见表8。

表8　2013年申报并获批准的行业标准计划项目

序号	项目名称	标准性质	制定、修订	主要起草单位
1	电火花金刚石砂轮修整机床　第1部分：精度检验	推荐	制定	苏州电加工机床研究所有限公司
2	电火花金刚石砂轮修整机床　第2部分：技术条件	推荐	制定	苏州电加工机床研究所有限公司
3	精密数控电火花超硬刀具磨床　第1部分：精度检验	推荐	制定	北京市电加工研究所、北京迪蒙特佳工模具技术有限公司、苏州电加工机床研究所有限公司、北京凝华科技有限公司、北京安德建奇数字设备有限公司
4	精密数控电火花超硬刀具磨床　第2部分：技术条件	推荐	制定	北京市电加工研究所、北京迪蒙特佳工模具技术有限公司、苏州电加工机床研究所有限公司、北京凝华科技有限公司、北京安德建奇数字设备有限公司

2. 标准制修订

（1）2013年完成标准计划项目。2013年完成6项标准的制修订，其中国家标准4项（修订），行业标准2项（制定）。2013年完成的标准计划项目见表9。

表9　2013年完成的标准计划项目

序号	项目名称	标准性质	标准级别	主要起草单位
1	特种加工机床　术语　第5部分:复合加工机床	推荐	国家标准	南京航空航天大学、苏州电加工机床研究所有限公司、中国机械工程学会特种加工分会
2	特种加工机床　术语　第6部分:其他特种加工机床	推荐	国家标准	南京航空航天大学、苏州电加工机床研究所有限公司、中国机械工程学会特种加工分会
3	特种加工机床　术语　第7部分:增材制造机床	推荐	国家标准	清华大学、苏州电加工机床研究所有限公司、西安交通大学、华中科技大学、中国机械工程学会特种加工分会、上海富奇凡机电科技有限公司、北京隆源自动成型系统有限公司
4	数控往复走丝电火花线切割机床　精度检验	推荐	国家标准	苏州电加工机床研究所有限公司、苏州三光科技股份有限公司
5	刚性基板喷印成形机床　第1部分:精度检验	推荐	行业标准	江苏汉印机电科技发展有限公司、上海富奇凡机电科技有限公司、苏州电加工机床研究所有限公司
6	刚性基板喷印成形机床　第2部分:技术条件	推荐	行业标准	江苏汉印机电科技发展有限公司、上海富奇凡机电科技有限公司、苏州电加工机床研究所有限公司

(2)其他标准制修订工作。除了完成上述标准草案外，还对计划于2014年完成的4项行业标准计划项目开展了阶段性工作。

3. 国际标准化工作

(1)参加国际标准制定1项。2008—2013年期间，参与ISO 28881《机床　安全　电火花加工机床》国际标准的制定工作，现已完成了该标准最终草案的投票。ISO已正式发布ISO 28881: 2013《机床　安全　电火花加工机床》。

(2)ISO技术报告投票1项。完成了关于ISO DTR 17529《机床　电火花加工机床危险分析》技术报告版本形式选择的投票。该ISO技术报告在制定中。

4.“十二五”技术标准体系建设工作

根据工业和信息化部和中国机械工业联合会的部署，2012年，在整个机械行业开展了“十二五”技术标准体系建设工作。在前期工作的基础上，2013年完成了特种加工机床部分标准体系的编制，包括标准体系框架、标准体系表。标准体系表中三年内新制定标准项目将成为今后几年标准申报计划的依据和基础。

5. 标准宣贯工作

(1)“达标认定产品”活动。特标委长期与中国机床工具工业协会特种加工机床分会合作开展“达标认定产品”活动。2013年对行业内2家企业申请的4台机床进行了达标认定检测，颁发了“达标认定优等产品”证书，在证书有效期内将进行质量跟踪。多年“达标认定产品”的组织实施，不但有力地推动了企业产品质量的提高，促进了企业的自主贯标，而且创建了品牌，促进了产品销售，具有明显的效果。2014年拟申报国家、行业标准制修订计划项目见表10。

表10　2014年拟申报国家、行业标准制修订计划项目

序号	项目名称	标准级别	标准性质	制定、修订	主要起草单位	完成年限
1	电火花加工机床　安全防护技术要求	国家标准	强制	修订	苏州电加工机床研究所有限公司	2015
2	特种加工机床　术语　第9部分:激光加工机床	国家标准	推荐	制定	研究所、高校、中国机械工程学会特种加工分会、主要生产厂	2016
3	数控整体叶盘型面电解加工机床　第1部分:精度检验	行业标准	推荐	制定	南京航空航天大学等	2015
4	数控整体叶盘型面电解加工机床　第2部分:技术条件	行业标准	推荐	制定	南京航空航天大学等	2015
5	立体光固化成形机床　第2部分:精度检验	行业标准	推荐	制定	西安交通大学等	2015
6	带式阳极切割机床　第1部分:精度检验	行业标准	推荐	制定	苏州电加工机床研究所有限公司等	2015
7	带式阳极切割机床　第2部分:技术条件	行业标准	推荐	制定	苏州电加工机床研究所有限公司等	2015

（续）

序号	项目名称	标准级别	标准性质	制修订	主要起草单位	完成年限
8	激光切割机床　第 1 部分:精度检验	行业标准	推荐	制定	苏州电加工机床研究所有限公司、深圳市大族激光科技股份有限公司、武汉华工激光工程有限责任公司等	2016
9	激光切割机床　第 2 部分:技术条件	行业标准	推荐	制定	苏州电加工机床研究所有限公司、深圳市大族激光科技股份有限公司、武汉华工激光工程有限责任公司等	2016
10	电解多磨料线切割机床　第 1 部分:精度检验	行业标准	推荐	制定	南京航空航天大学等	2016
11	电解多磨料线切割机床　第 2 部分:技术条件	行业标准	推荐	制定	南京航空航天大学等	2016

九、企业介绍

北京市电加工研究所　是集科研、开发、生产于一体的高新技术企业,是北京市重点研究所之一。该所自 1978 年成立以来,始终致力于电火花加工、超声波加工、激光加工、电化学加工等技术领域的创新研究与开发,具有坚实的理论和实践基础,已形成了具有一定规模的“一特二精”(一特即特殊材料特种加工技术,二精即精密数控电加工机床和精密工模具制造技术)特色的高科技产业。目前拥有北京精密特种加工技术研究中心、北京市科学技术研究特种加工技术重点实验室(下设三个实验室)和七家股份制公司。

该所在中关村高新技术产业开发区拥有 7 000m^2 的科研办公大楼,在北京市北郊北苑、北京市永丰科技产业园以及北京市昌平区沙河镇技术综合产业园拥有 21 000m^2 的生产基地。拥有一批国内一流的精密加工与检测检验仪器设备,具备良好的科研开发与生产制造条件。

电加工所将继续秉承“忠诚勤奋、敬业报国”的所训,以振兴民族制造业为己任,坚持创新,科学发展,为实现由“中国制造”向“中国创造”的转变做出努力和贡献!

杭州华方数控机床有限公司　秉承做好中国自主技术才是企业发展的根本宗旨,明确企业只有靠技术和管理创新升级才能长足发展。从 2008 年全球经济危机后的反思中,杭州华方认识到所谓“市场形势依然严峻”,就是产能大于需求,产品技术低于需求,只有技术创新,才是唯一发展之路。公司从 2009 年确立了企业走“品牌战略”的发展道路,转型升级。在取得初步成效后,从 2011 年起,加速实施公司战略转型和重点发展方向的转变。

一是开展基础技术、工艺的研究。公司与南京航空航天大学合作成立了“电火花线切割加工技术联合实验室”,共同培养研究生,开展了针对往复走丝电火花线切割的基础技术、工艺研究,把研究成果再应用于新产品的设计,使新产品有新科技而不只有新“面目”。二是加速新产品开发,每年推出新产品。依靠基础技术研究的成果,将新技术应用到新产品设计开发中。三是提高制造工艺水平,严格配套控制。为满足部件更高精度要求,不断加速加工母机技术升级,采购各型包括进口多面体龙门加工中心在内的高精度数控加工机床。对外协配套厂家进行严格的筛选和质量监控,提出质量第一,价格第二。四是注重人才队伍建设。实现“品牌战略”,人才第一,不断完善公司人力资源体系,积极调整人员结构,提高队伍高素质人才比例,并和大专院校和职业学院进行深度合作,保证了人才的输送和储备。五是营销战略转型。不以短期市场份额为销售目标,而是面向未来,满足客户的需求和挖掘客户的潜在需求;不断提高产品的性能质量、人机体验,提供更全面的服务,提升品牌形象,提高客户的美誉度和忠诚度,以品质,以信誉,赢得持续发展。

从 2011 年来,在严峻的市场形势下,公司销售收入仍保持了稳定。尽管收入没有大的增长,但公司年科技投入却增长了 300%,达到销售收入的 12%。通过转型,提升了核心竞争力,为今后的发展打下了更好的基础。

深圳市大族激光科技股份有限公司　创立于 1996 年,现已成为全球知名、亚洲最大的激光加工设备制造商,拥有激光行业最大的研发、生产基地,覆盖全球的营销和服务网络,科研和制造实力雄厚,是激光行业产品品种与系列最齐全、极具影响力和竞争力的高科技上市公司。2013 年实现营业总收入 43.3 亿元,市值等多项指标稳居全球第二。

大族激光现有员工 8 221 人,注册资本 104 439.66 万元。可为国内外客户提供激光加工成套解决方案,主要包括激光切割机、激光焊接机等多个系列 300 余种工业激光设备及其配套产品。

2013 年,大族激光高端客户业务开拓取得进展。受益于激光微加工及自动化需求提升,海外市场拓展取得重大突破,独立组建的三星项目组全面切入三星公司相关业务,2013 年海外业务实现销售同比增长约 50%。通过与消费电子领域客户合作开发,蓝宝石加工设备各项技术指标已获客户认可,该设备有望成为公司未来业务新的增长点。

大功率激光设备实现销售收入 74 525.50 万元,同比增长 71.86%。随着国内制造业的转型升级,大功率激光设备在工业领域替代传统切削焊接设备的优势越发明显。

公司通过深化“夯实基础,深耕市场”的战略,行业市场占有率快速提升,部分行业市场占有率超过 90%,光纤激光切割机产销量稳居全球第一。设备已成功出口欧美等发达国家。

〔撰稿人:中国机床工具工业协会特种加工机床分会孙洁〕

插拉刨床

一、基本情况

插拉刨床分会现有会员单位10家，其中，国有企业6家，占行业的50%；民营企业3家、中外合资企业1家。职工人数2 500余人。参加本年鉴统计的插拉刨床分会会员单位10家，占本行业的100%。

根据插拉刨床分会10家会员单位的资料统计，2013年完成工业总产值4.75亿元，比上年下降13.0%，其中机床工具类产品总产值2.81亿元；工业销售产值4.83亿元，比上年下降8.2%。2013年插拉刨床行业（10家会员企业）基本情况见表1。

表1 2013年插拉刨床行业（10家会员企业）基本情况

指标名称	单位	实际完成
工业总产值	万元	47 539.6
其中：机床工具类产品总产值	万元	28 137.8
工业销售产值	万元	48 294.5
其中：机床工具类产品销售产值	万元	46 324.7
工业增加值	万元	23 079.0
实现利税	万元	-810.7
从业人员平均人数	人	2 526
资产合计	万元	127 537.1
流动资产平均余额	万元	72 652.6
固定资产净值平均余额	万元	41 265.6

二、生产情况、产品产量、销售及出口情况

2013年插拉刨床行业10家企业机床产品产量为2 476台、产值26 829.2万元。其中，金属切削机床产量1 707台，产值18 432万元（数控机床125台、产值为6 534万元）；金属成形机床产量769台、产值为8 397万元；另外铸铁件、锻钢件等其他产品产量173件、产值为1 561万元。2013年插拉刨床行业分类产品生产情况见表2。

表2 2013年插拉刨床行业分类产品生产情况

产品名称	产量单位	实际完成		其中：数控	
		产量（台）	产值（万元）	产量（台）	产值（万元）
金属切削机床	台	1 707	18 431.9	125	6 534.1
刨床	台	528	2 224.7		
插床	台	409	2 812.1	21	316.7
拉床	台	256	8 980.5	87	5 990.0
钻床	台	4	454.5		
其他金切机床	台	329	3 036.8	17	227.4
锯床	台	180	859.2		
齿轮加工机床	台	1	64.1		
金属成形机床（总计）	台	769	8 397.3		
其他金属成形机床	台	589	5 766.0		
机械式压力机	台	180	2 631.3		
木工机床总计	台	386	5 570.5		
其他产品	件	173	1 561.1		

金属切削机床中本行业主导产品插床、拉床、刨床产量1 193台，占本行业全部金属切削机床产量的69.9%；插床、拉床、刨床产值14 017万元，占本行业全部金属切削机床产值的76.0%。

2013年插拉刨床行业机床出口额为302.9万美元，其中金属切削机床出口额为69.0万美元，占本行业总出口额的22.8%；金属成形机床产品出口额99.2万美元，占本行业总出口额的32.8%。2013年插拉刨床行业分类产品出口情况见表3。

表3 2013年插拉刨床行业分类产品出口情况

产品名称	实际完成		其中：数控	
	出口量（台）	出口额（万美元）	出口量（台）	出口额（万美元）
金属切削机床	42	69.0	4	9.1
拉床	6	14.6	4	9.1
插床	15	15.7		
其他金属切削机床	21	38.7		
金属成形机床	57	99.2		
机械式压力机	57	99.2		
木工机床总计	81	134.7		
其他木工机床	81	134.7		

三、新产品、新技术、新工艺发展情况

2013年插拉刨床行业企业共开发新产品16种。2013年插拉刨床行业新产品开发情况见表4。

表4　2013年插拉刨床行业新产品开发情况

企业及产品名称	型号	主要技术参数	产品性质	产品属性	产品水平
长沙机床有限责任公司					
数控剐齿机床	YK1035A	最大加工直径:350mm,最大装夹长度:100mm	全新设计	企业新产品	填补国内空白
立式双缸数控拉床	SKL5540S	额定拉力:600kN,最大行程:2 000mm	改型设计	企业新产品	国内先进
立式下拉式四工位专用拉床	CS－5089	额定拉力:100kN,最大行程:1 250mm	改型设计	企业新产品	国内先进
数控机械拉床	SKLJ5710D	额定拉力:100kN,最大行程:1 250mm			国内先进
卧式三工位专用拉床	CS－6037	额定拉力:600kN,最大行程:2 000mm			国内先进
山东省青岛生建机械厂					
数控花键冷搓机	LCK915	最大加工直径:500mm,最大加工模数:1.27mm	全新设计	企业新产品	国际先进
数控挤齿机	JCK260	最大滚压力:100kN,滚轧工件模数:6mm	全新设计	企业新产品	国内领先
罗拉滚轧机	QSZ－167	最大滚压力:200kN,滚压螺纹最大直径:径向80mm、轴向50mm	改型设计	企业新产品	国内领先
专用滚丝机	QSZ－166	最大滚压力:125kN,滚压螺纹最大直径:径向60mm、轴向40mm	改型设计	企业新产品	国内领先
倒锥齿滚轧机	QSZ－162	最大滚压力:120kN,滚轧工件模数:6mm	改型设计	企业新产品	国内领先
长沙插拉刨机电设备制造有限公司					
数控螺旋拉床	LK8820	额定拉力:100kN,行程:1 250mm	全新设计	行业新产品	国内领先
高速数控硬拉床	LSK5705	额定拉力:50kN,行程:800mm	全新设计	行业新产品	国内领先
三槽内拉床	L9310	额定拉力:100kN,行程:2 000mm	全新设计	行业新产品	国内领先
五槽五工位拉床	CLB－7029	额定拉力:100kN,行程:1 250mm	全新设计	行业新产品	国内领先
缙云县高新机械制造有限公司					
电伺服驱动高效拉床	LG57DS	主溜板最大行程:1600mm,拉削速度:0～40m/min,返程速度:0～40m/min,噪声:≤75dB	全新设计	行业新产品	国内领先
自动化挤光拉削专用机床	G－001	最大挤光行程:60mm,最大拉削行程:1 000mm,产品加工节拍:10s/2件,噪声:≤83dB	全新设计	行业新产品	国内领先

四、科研成果及其应用情况

2013年,插拉刨床行业共完成10项科研成果。2013年插拉刨床行业科研项目情况见表5。

表5　2013年插拉刨床行业科研项目情况

科研项目名称	主要内容	应用状况	投入资金(万元)	项目来源
山东省青岛生建机械厂				
LCK915数控花键冷搓机	进行全新结构的数控花键冷搓机设计,满足冷搓工艺要求,达到加工高精度花键零件的要求。加工花键最大模数:1.27mm;花键最大长度:90mm;花键精度:6级	自行应用	100	本企业自选
JCK260数控挤齿机	该机主要用于汽车同步器变速齿套倒锥齿和外齿倒锥齿的加工。主要采用数控系统完成对主要执行机构的精确控制,实现进给速度和位移的精确控制,采用柔性对刀关键技术	自行应用	150	本企业自选
QSZ－167罗拉滚轧机	借用ZA28－20作为主机,夹具采用伺服电动机驱动丝杠作为进给动力,推进精度高、性能稳定	自行应用	15	本企业自选
QSZ－166专用滚丝机	ZA28－12.5作为主机,设计专用夹具及支架,采用气动系统实现三种异种工件的自动上下料滚丝	自行应用	15	本企业自选

（续）

科研项目名称	主要内容	应用状况	投入资金（万元）	项目来源
QSZ－162倒锥齿滚轧机	该机主机为QS－015D，主要用于汽车同步器变速齿套倒锥齿和外齿倒锥齿的加工。最大滚轧力：120kN，最大加工工件外径：235mm，最大加工模数：6mm	自行应用	15	本企业自选
长沙插拉刨机电设备制造有限公司				
LJ5710上拉式机械内拉床	额定拉力：100kN、行程：1 250mm、全自动数控拉床	研制阶段	100	营销市场
缙云县高新机械制造有限公司				
高性能电液伺服同步驱动系统研制及其产业化应用	①建立实际驱动系统的数学模型；②研究有效的同步控制策略及其仿真应用；③研制高效的同步控制器；④对比各种控制器的实际应用效果，进行同步驱动机构和控制器的优化设计	自行应用	238	浙江省重大科技专项
高性能立式拉床多领域优化设计平台开发	①高性能立式拉床系统建模技术；②设计仿真数据管理技术；③高性能立式拉床优化设计平台开发技术；④应用优化设计平台对某型拉床进行设计开发	研制阶段	310	浙江省工业设计项目
自动化挤光拉削机床研发	①挤光拉削一体化工作原理研究；②新型机床结构研究；③智能化系统设计开发	自行应用	197	缙云县科技项目
基于机器人操作的智能化拉床研发	①基于机器人操作的自动拉削工艺研究及控制系统开发；②主溜板与刀具安装面气密检测装置及检测反馈系统研究；③工件毛坯起牙装置设计及数据采集和反馈系统研究	研制阶段	195	缙云县科技项目

五、获奖科研项目情况

2013年，插拉刨床行业共有5项科研成果获奖。2013年插拉刨床行业获奖科研项目情况见表6。

表6　2013年插拉刨床行业获奖科研项目情况

项目名称	主要内容及应用范围	获奖名称	获奖等级
长沙插拉刨机电设备制造有限公司			
程控上拉式内拉床	程序控制加工工件，主要适用于汽车零部件和齿轮加工，具有效率高、精度高、操作方便等优点	2013年度长沙县科技进步奖	二等奖
链轨节专用拉床	专用于加工工程履带轨节螺栓面的液压专用机床，具有效率高、专用性强、操作方便等优点	省2013年首台套重大技术装备奖励	一等奖
南通茂溢机床有限公司			
带跑车木工带锯机	MJ3212型产品编号130621G0070N	高新技术产品认定书	
开式可倾压力机	新型J23－63	高新技术产品认定书	
缙云县高新机械制造有限公司			
直角双立柱立式外拉床研发	①国内首创90°直角双立柱新型机床结构设计，加工效率大幅度提升，较传统立式外拉床提高近4～5倍；②精度提高，工件通过一次装夹固定，进行多次拉削，尺寸精度C_{PK}值≥1.67，达到国际先进水平；③面向大切削余量加工工件的拉削工艺创新；④可靠性提高，产品加载了在线监测装置、远程监控装置及具有二次连续拉削控制功能的拉床数控系统	国家重点新产品 浙江省机械工业科学技术奖 浙江省优秀成果奖 丽水市科技进步奖	 三等奖 一等奖

六、企业专利发明情况

2013年，插拉刨床行业共获授权专利24项。2013年插拉刨床行业获授权专利情况见表7。

表 7　2013 年插拉刨床行业获授权专利情况

专利名称	专 利号	专利类型	授权日期
长沙插拉刨机电设备制造有限公司			
高速数控硬拉床	ZL201320211716.7	实用新型	2013.10.02
一种齿形法兰检测器具	ZL201220434889.0	实用新型	2013.02.20
缙云县高新机械制造有限公司			
一种机械立式内拉床	ZL201110191773.9	发明	2013.06.05
一种立式内拉床的工作台结构	ZL201110191764.X	发明	2013.07.10
拉床上导向结构	ZL201220284935.3	实用新型	2013.01.02
一种拉床排屑斗	ZL201220280176.3	实用新型	2013.01.09
一种拉床上工件防错检测装置	ZL201220280584.9	实用新型	2013.01.09
由电机驱动的拉床	ZL201220443541.8	实用新型	2013.03.13
拉床拉刀冲屑结构	ZL201220535580.0	实用新型	2013.04.10
拉刀护送机构	ZL201220534908.7	实用新型	2013.04.10
立式内拉床拉刀夹持结构	ZL201220535010.1	实用新型	2013.04.10
一种可正面近距离装卸的新型移动回转工作台	ZL201220534998.X	实用新型	2013.04.10
一种上拉式内拉床防撞机构	ZL201220534918.0	实用新型	2013.04.10
内拉床工件定位装置	ZL201220442269.1	实用新型	2013.04.24
一种用于冲床的自动上下料结构	ZL201220658357.5	实用新型	2013.05.08
种内螺旋花键拉削的工件夹持装置	ZL201220658473.7	实用新型	2013.05.08
一种锅盆类旋压机旋轮机构	ZL201220658477.5	实用新型	2013.05.08
一种圆拉刀拉削平面装置	ZL201220658481.1	实用新型	2013.05.08
一种立式外拉床的移动回转式工作台	ZL201220658480.7	实用新型	2013.05.08
一种锅盆类旋压机旋轮机构	ZL201220658478.X	实用新型	2013.05.08
一种用于圆管加工的自动上料机构	ZL201220658475.6	实用新型	2013.05.22
一种挤光拉削组合机床	ZL201220658479.4	实用新型	2013.06.05
一种工件拉削加工的自动上下料机构	ZL201220658474.1	实用新型	2013.07.10
一种用于机床的托盘	ZL201220658476.0	实用新型	2013.07.17

七、企业简况

长沙机床有限责任公司　公司迁入长沙高技术产业开发园区后，新增了大批高精尖加工和检测设备。2013 年公司在稳定主导产品专用拉床、枪钻机床等产品市场占有率的基础上，凭借百年机床制造经验和成熟技术，依托开发园区内众多科研单位和院校，开展产学研相合作，提升了传统拉削装备的技术水平，走出一条新工艺、新装备的自主创新道路。

依据 3 项发明专利在与天津大学、天津同步器有限公司合作，成功研制 Y5105 数控剐齿机的基础上，开展齿轮剐削的大模数、高精度的研发工作，开发出 YK1035 产品，并制定出数控剐齿机的技术条件、参数、精度检验 3 项行业标准，开始数控剐齿机系统产品产业化。数控剐齿机能够定点解决非贯通孔齿轮、无退刀槽齿轮、谐波齿轮的加工难题，打破了传统齿轮加工工艺，创造了独特的剐削加工方式。世界上仅有德国的 WEKA 公司拥有该项技术，而且其产品只在极少数国家销售。数控剐齿机的产业化，使我国齿轮的制造水平达到国际先进水平，高难度齿轮加工不再依赖国外技术和设备，可广泛应用于车辆自动变速箱、风能齿轮、航空航天齿轮、机器人制造等行业。2013 年公司与中南大学联合研制的“端面齿轮五轴联动磨齿机”，既可制造面齿轮又可制造端齿盘，主要用于直升机和能源动力装置用轴端联结的端齿盘（v-toothdisk）精密磨削加工，该项目获“2013 年湖南省发展战略性新兴产业”资助，目前该项目正处于样机试制阶段。公司与园区内科研单位湖南楚翰智能科技有限公司联合制造 2MMK7140 数控周边磨床一台，用于硬质合金刀片加工，替代瑞士进口阿斯顿数控磨床，交用户使用后效果良好。

公司作为我国机床行业拉削技术、刨削技术、剐齿技术的领航者，本着提高、发展传统产业技术水平，努力开发高、精、尖产品的宗旨，企业产品结构有了质的突破，使百年老厂再现辉煌。

山东省青岛生建机械厂　主要生产牛头刨床和滚丝机，牛头刨床曾获国优、银质奖章。拥有主要生产设备车床、铣床、刨床、磨床、钻床等 750 余台，年生产能力 2 000 余台（套）。技术力量雄厚，设备精良，是一所集研发、加工、装配、检测、销售、服务为一体的现代化企业。

2013 年完成工业总产值 7 204 万元、产品销售收入

7 046万元，实现利润299万元、工业增加值3 700万元、生产总量876台、销售总量862台，年末从业人员822人。

企业技术创新体系完善，建有国内唯一专门从事冷成形技术研究的省级企业技术中心，具有为军工、交通、能源等行业设计、研发、制造专用设备的能力。实施“自主创新、科技强企”战略，全面加大新产品开发步伐，成为国内唯一拥有冷搓、冷敲、花键滚轧三种先进冷成形技术的企业。近几年先后开发出冷辗扩机、三轴系列滚丝机、数控滚轧机、花键滚轧机、花键冷搓机、花键冷敲机等数十种冷成形产品，填补了国内技术空白，产品性能达到国际同类产品先进水平。

长沙插拉刨机电设备制造有限公司 随着研发的新产品不断增加，公司产品市场占有率明显上升。为了满足市场，扩大产能，公司新增了用地、厂房、办公楼，新添了加工中心和数控车床、铣床、磨床等30多台仪器及设备，现已完全具备生产主导产品1亿元以上的产能。

公司以同行中世界顶尖技术为目标，广纳既拥有沉淀技术又具有开拓创新精神的人才，一直与多所高等院校进行多方面合作。坚持产品在质量稳定的基础上朝着高精、高效、智能化的方向转型升级，先后研发了程控上拉式内拉床、数控螺旋上拉式内拉床、上拉式外三槽专用拉床、链轨节立式专用拉床、空调转子槽五轴专用拉床、大吨位双油缸上拉式内拉床、高速数控硬拉床等十多个系列的新品种，拥有近二十项自主知识产权，其中多项填补了国内空白，可替代进口。产品远销巴西及东南亚等地多个国家和地区。

公司技术实力不断壮大，先后承担了省市十几个科研项目，两次参与了国家“04”科技重大专项，多次获得省市各级科技进步奖，荣获湖南省名牌、省机械装备工业质量管理优秀企业、中国机床工具工业协会产品质量十佳等名誉称号。

经过多年的历练，公司现已成为长沙市级企业技术中心、长沙市拉削技术研究中心，已完全具备专业研发、制造和产业化生产高精度、高效率、全自动拉床的基本条件。公司正沿着个性化、高端数控化、单元全自动化、与自动化生产线连线配套生产等全方位服务的路径发展产品。以打破发达国家的技术封锁、替代进口、振兴民族装备工业为己任，发扬“插拉刨人”百折不挠的精神。

辽宁抚顺机床制造有限公司 成立于2006年1月。其前身抚顺机床厂于1957年开始生产机床，1960年开始批量生产插床，年产销量最高时达到1 500台。公司占地面积20万m^2，建筑面积5万m^2；生产加工设备齐全，从铸造到装配有连贯的生产链条，工艺加工能力较强，可生产加工各种大、中、小型零件。公司有悠久的生产装配插床、刨床等各种机床的历史，市场信誉良好，有较好的客户群，并有一支经验丰富、有战斗力的科技队伍和训练有素的生产经营队伍。主要产品是系列插床和牛头刨床。

凭借多年的发展史，公司积累了丰富的实践经验，具有雄厚的技术、先进的工艺装备、精良的设备及完善的检测手段和管理体系，已成为一个现代化的机床生产厂。面对飞速变化的市场环境，公司积极引进新技术，在原有产品基础上开发了数控、数显产品，使产品形成系列化，并于2007年通过了ISO9000质量认证。同时加强产品质量管理和售后服务，赢得信誉。

2013年，公司实现工业总产值4 221万元、销售产值4 526万元、产品收入4 772万元。2014年，公司将以崭新的面貌回馈广大用户，以一流的服务为广大用户服务。

缙云县高新机械制造有限公司 创建于2003年，是一家专业从事拉削等高端装备研发、制造、销售及服务的国家高新技术企业，系“浙江省科技型中小企业”“浙江省创新型示范中小企业”和“浙江省知识产权培育优势企业”。

公司自创立以来，一直秉承与时俱进、开拓进取的理念，始终瞄准拉削装备制造业前端科技领域的发展，跟踪及获取新的高端技术资源，致力于各种高速、高性能、智能型高端装备的开发生产。公司产品广泛应用于汽车、航空航天、船舶舰艇、军工等领域，是国内知名企业及跨国公司尤其是汽车零部件制造企业的重要合作伙伴。

公司拥有“拉削装备省级研发中心”及“博士工作站”，设备、设施完善。先后承担省级以上项目15项，获市级以上科技奖8项，并创造了国内最大吨位拉床制造纪录，开发了国内首台直角双立柱拉床、首台配置工业机器人拉床及首套智能化成套拉削装备。如企业研发的“LG72SS直角双立柱立式外拉床”荣获2013年度“国家重点新产品”殊荣。

企业一直将技术创新研发作为工作的重中之重，近几年来更是不断发展硬件设施。2012年，企业研发中心入驻浙江国家大学科技园，紧密加强与浙江大学、浙江工业大学、浙江理工大学、杭州电子科技大学等高等院校的产学研合作，提升了拉削等高端装备的研发能力。企业在原有厂房基础上新建的现代化1号厂房已投产使用，生产制造能力得到大幅提升，为提高企业竞争力奠定了坚实的基础。

甘肃省天水机床有限责任公司 是国家金属切削机床定点生产企业，具有40多年专业从事机床研发、设计、制造和销售的历史。公司奉行“严格管理、稳定提高、持续改进、满足顾客”的方针，“以不断提高科技含量，致力满足客户需求”的经营理念，坚持“以质量求生存、以品种求发展、以服务求市场、以管理求效益”的发展之路。

公司生产设备齐全，拥有铸造、锻造、焊接、金属材料热处理、高中频感应淬火及氮化表面处理、机械加工、产品装配、涂装、包装等整套生产能力，并有功能齐全的省二级理化实验室和计量室，工序齐全，工艺出众，并已通过ISO9001:2000质量体系认证。

近年来，公司根据市场需求研制生产的标准型及非标系列液压牛头刨床、数控牛头刨床，扩大了原有牛头刨床的加工范围和功能，适用于单件和批量生产。机床采用液压传动，可无级变速，具有过载保护装置，速度平稳、切削力大、精度运行稳定，刀架具有自动抬刀装置，进刀准确可靠、整机设计合理、外形美观。其中 BYT60100C 液压牛头刨床可替代龙门刨床的部分功能，性价比高。

公司产品以"技术高、质量优、服务好"赢得了市场，成为广大客户心目中的名牌。产品畅销国内市场，深受广大客户的欢迎。公司营销网络遍及全国，并在国内 20 多个主要城市设立了办事处，为广大用户提供快捷的产品售前及售后服务。

长沙星沙机床有限公司 公司创建于 1998 年 6 月，拥有一流的管理、设计、研发、销售人员，以优质的产品和服务赢得了客户和社会的高度评价。

公司占地面积 2.8 万 m^2，拥有职工 400 多人，2006 年通过 ISO9001 质量管理体系认证。公司拥有各类电焊机、自动焊机、氩弧焊机、自动卷板机、探伤机、切削机械、等离子数控切割设备、加工中心等各类设备，专业从事插床及激光加工机床生产已有 10 多年，是国内激光加工机床主要生产厂家。同时对外承揽机械加工及专用设备制作，是三一重工及山河智能等企业的优秀供应商。多次被评为"市文明示范单位""遵合同守信用"单位。

公司将一如既往不断奋进，为锻造一流的企业而勇往向前。

长沙机床厂机械刨床厂 地处古城长沙南城，是湖南省环保科技产业园内的一家集体企业。

2013 年长沙机床厂机械刨床厂完成工业总产值 2 500 万元，销售收入 1 900 万元；从业人员 180 余人，其中高中级技术人员 80 余人，高级工程师 6 人。工厂积几十年专业生产经验，技术力量雄厚，具有较强的科研开发能力、先进的设计技术、精良的 CNC 机床和工艺装备、完善的检测手段、严密的管理体系和周到的技术服务。

企业在不断消化吸收国内外知名厂家先进技术的同时，结合国内实际，于 20 世纪 90 年代末开发、研制了数控刨床、数控龙门刨床、数控液压插床系列，填补了国内空白，现已进入生产阶段。

工厂具有完善的制造加工手段，桥式起重机、剪、折、冲、压、车、铣、刨、磨、钻等加工制造设备齐全；实现了办公管理网络化，拥有 CAD 设计研发中心，具备大型项目多人开发条件。

主要产品有：机械牛头刨床、液压牛头刨床、数控牛头刨床、数控龙门刨床、机械插床、液压插床、数控液压插床、液压联合冲剪机、数控镗铣床、罗茨鼓风机等。

在"言必行，行必果"的企业文化氛围中，工厂遵循"诚信为本、顾客至上"的宗旨，恪守"你忧即我忧，我优为你优"的管理方针，凭借人才优势和先进的行业技术，不断创新，积极谋求企业和社会的可持续发展。

〔撰稿人：中国机床工具工业协会插拉刨床分会朱炜娜 审稿人：中国机床工具工业协会插拉刨床分会郭俊〕

锯　　床

2013 年，我国锯床行业各主要企业面对严峻艰难的国内外经济环境，坚决贯彻党的"十八大"精神，落实行业"十二五"发展规划和工作要点，坚定不移地走转型升级和可持续发展的道路，走以内涵式发展为主、以技术进步创新推动、不断提升企业自身综合素质的发展道路，为行业发展战略注入了强大的正能量，并取得了较好的成效。

一、基本情况

金属锯床是我国机械工业装备的重要组成部分，形成产业化生产的主要有金属锯床和金属带锯条两个产业。

我国锯床行业是一个以民营企业、中小型企业为主体的产业集群。锯床分会会员企业 45 家。2013 年，参加年鉴统计的锯床行业企业 25 家，其中金属锯床生产企业 23 家，双金属带锯条生产企业 2 家。锯床行业中主要骨干生产企业都提供了有关统计资料，因此能够反映 2013 年我国锯床行业的基本情况。

2013 年，25 家企业共实现工业总产值 19.51 亿元，工业销售产值 17.32 亿元，分别比上年下降 2.2% 和 4.7%。其中，机床工具类产品产值 19.04 亿元，机床工具类产品销售产值 14.72 亿元，分别比上年下降 2.1% 和 15.2%。完成工业增加值 6.77 亿元，比上年增长 19%；实现利税 3.01 亿元，比上年下降 5.7%；从业人员平均人数 4 354 人，比上年下降 7.0%；人均产值 44.80 万元，比上年 43.94 万元增长 2.0%；人均利税 6.92 万元，比上年 6.82 万元增长 1.5%；资产总值 25.56 亿元，比上年增长 17.0%；流动资产平均余额 14.00 亿元，比上年增长 10.3%；固定资产净值平均余额 7.38 亿元，比上年增长 12.7%。

以上数据反映，锯床行业企业的工业总产值、工业销售产值、机床工具类产品产值、机床工具销售产值、实现利税等主要经济指标比上年均有回落，经济效益有明显下降。说明 2013 年我国锯床行业各主要企业生产营销都面临诸多困难和压力，但通过不懈努力，整体经济运行状态基本保持了平稳发展。2013 年锯床行业主要经济指标完成情况见表 1。

表 1　2013 年锯床行业主要经济指标完成情况

指标名称	单位	实际完成
工业总产值	万元	195 054
其中：机床工具类产品产值	万元	173 189
工业销售产值	万元	190 382
其中：机床工具类产品销售产值	万元	147 164
工业增加值	万元	67 730

（续）

指标名称	单位	实际完成
实现利税	万元	30 116
从业人员平均人数	人	4 354
资产总计	万元	255 596
流动资产平均余额	万元	140 027
固定资产净值平均余额	万元	73 752

二、生产及出口情况

1. 生产情况

2013 年，23 家金属锯床生产企业共生产各类金属锯床 36 691 台，比上年的 49 028 台下降 25.2%；锯床产值 8.68 亿元，比上年的 10.76 亿元下降 19.3%；生产数控锯床6 021 台，比上年下降 33.2%；数控锯床产值 1.80 亿元，比上年下降 42.7%；数控锯床产量占锯床总产量的 16.4%，比上年的 18.4% 降低 2.0 个百分点。

2 家双金属带锯条生产企业共生产各类双金属带锯条 1 987 万 m，复合带材料 4 986t，分别比上年增长 20.3% 和 12.8%；带锯条产值 6.44 亿元，复合带材料产值 2.03 亿元，分别比上年增长 12.8% 和 21.0%。

2. 出口情况

2013 年，锯床出口量 10 490 台，比上年增长 13.3%；出口额 2 615.5 万美元，比上年增长 44.9%；出口双金属带锯条 163 万 m，出口额 597 万美元，分别比上年增长 3.2% 和 3.1%。

三、新产品、新技术、新工艺发展情况

2013 年，参加本年鉴汇总的部分会员企业设计开发主要新产品 25 种。2013 年锯床行业新产品开发情况见表 2。

表 2　2013 年锯床行业新产品开发情况

产品名称	型号	主要技术参数	产品性质	产品属性	产品水平
湖南湖机国际机床制造有限公司					
数控硬质合金圆锯床	GKT607	圆锯片：ϕ710mm × 6.5mm，锯切规格：钢管 ϕ240mm，锯切速度：30 ~ 135m/min，进给速度：0 ~ 300mm/min，返回速度：3 000mm/min，主电动机功率：15kW（变频）	全新设计	企业新产品	国内先进
铜排强力硬质合金圆锯床	HN－060A	圆锯片：ϕ610mm × 6.5mm，锯切规格（宽 × 高）：1 500mm × 120mm，锯切速度：30 ~ 135m/min，返回速度：3m/min，定尺精度：±0.5mm，主电动机功率：37.5kW（变频）	全新设计	行业新产品	国内先进
数控摆式圆锯床	GKT624	圆锯片：ϕ460mm × 2.7mm，锯切规格：ϕ50 ~ 150mm、钢坯 50 ~ 110mm，锯切速度：20 ~ 120m/min，送料长度：600 ± 0.05mm，主电动机功率：11kW，液压马达功率：2.2kW	全新设计	行业新产品	国内先进
旋转切镁两轮立式带锯床	GL53200	锯切规格：2 000mm（高），锯切速度：400 ~ 1 200m/min（干式），进给速度：30 ~ 1 000mm/min，主电动机功率：11kW（变频），液压马达功率：3kW	改型设计	企业新产品	国内先进
多工位轮毂卧式带锯床	HN－068	锯切规格：ϕ500mm，锯切速度：20 ~ 75m/min，进给速度：0 ~ 300mm/min，主电动机功率：5.5kW（变频）	全新设计	企业新产品	国内先进
螺旋桨平板卧式带锯床	G42160LX	锯切规格：ϕ1 600mm，锯切速度：20 ~ 80m/min，进给速度：0 ~ 500mm/min，主电动机功率：30kW（变频）	全新设计	企业新产品	国内先进
浙江锯力煌锯床股份有限公司					
大型管道多角度锯切带锯床	G53350 × 350X	锯切规格：ϕ3 500mm，旋转角度：0° ~ 45°，锯断件端面对素线的垂直度：0.40mm/100mm，锯切速度：100 ~ 600m/min	全新设计	行业新产品	国内先进
高速数控圆盘锯床	S－70	最大加工尺寸：ϕ70mm，加工精度：0.10mm/min，锯切速度：18 ~ 200m/min，锯切效率：210cm²/min	全新设计	行业新产品	国内先进
高效大型带锯床	GB42400H	最大加工管道尺寸：ϕ4 000mm（壁厚 ≤ 800mm），锯切速度：30 ~ 100m/min，工作台旋转速度：2 ~ 10r/h，工作台进给速度：0 ~ 10mm/min，锯断件端面对其素线的垂直度：0.40/100mm	全新设计	企业新产品	国内先进

（续）

产品名称	型号	主要技术参数	产品性质	产品属性	产品水平
龙门倾斜带锯床	GB4260×80Q	锯切规格：600mm×800mm，锯带与工作台面倾斜度：≥7°，锯切速度：25～100m/min，锯断件端面对基准面的垂直度：0.20/100mm，锯断件端面纵向的垂直度：0.20/100mm	全新设计	企业新产品	国内先进
浙江晨龙锯床股份制造有限公司					
铝合金铸棒立式裁切机组	G5230	锯切规格：ϕ350mm，锯切速度：500～3 000m/min，主电动机功率：37kW，锯条规格（宽×厚）：41mm×1.25mm，单次锯切棒料根数：4 根	全新设计	行业新产品	国内先进
卧式铝锭锯切机组	G4280A	锯切规格：800mm，锯切速度：500 ～2 000m/min，锯条规格（宽×厚）：41mm×1.25mm 主电动机功率：45kW	全新设计	企业新产品	国内先进
高速圆锯机组	G6010	最大圆锯片直径：1 000mm，最大锯切直径：300mm，锯片线速度：300～2 500m/min，主电动机功率：45kW	全新设计	企业新产品	国内先进
滕州三合机械股份有限公司					
数控金属带锯床	BSK460K	锯切规格：矩型材 460×250mm、圆型材 ϕ330mm，工作台高度：970mm，回转角度：±30°，送料行程：2 000mm，电动机功率：4kW	全新设计	行业新产品	国内先进
数控金属带锯床	BSK850G	锯切规格：矩型材 850mm × 600mm、圆型材 600mm，回转角度：45°，送料行程：600mm，电动机功率：5.5kW	全新设计	企业新产品	国内先进
数控金属带锯床	BSK460GS	锯切规格：矩型材 460mm × 250mm、圆型材 330mm，回转角度：±30°，送料行程：500mm，电动机功率：2.2kW	全新设计	企业新产品	国内先进
立式金属带锯床	V500	锯切高度：310mm，锯切宽度：500mm，工作台面尺寸：660mm×700mm，工作台旋转：右 30°、左 15°，电动机功率：1.5kW	全新设计	企业新产品	国内先进
等离子弧切割机	PC5′×10′	最大切割速度：12m/min，最大走行速度：15m/min，运行精度（X/Y）：±0.1mm，机器的定位精度：0.15mm，重复定位精度：0.1mm，割炬有效行程：150mm	全新设计	行业新产品	国内先进
液压剪板机	HQ3050×6.5	最大剪切宽度：3 050mm，最大剪切厚度：6.5mm，后挡料最大距离：650mm，剪切角：2°，电动机功率：15kW	全新设计	企业新产品	国内先进
浙江晨雕机械有限公司					
高速铝材切割机床	GBV400	锯切规格（高×宽）：35mm×400mm，锯片规格：ϕ254mm，锯片线速度：2 860m/min，铝板平面度：0.10/100mm，铝板面的垂直度：0.15/100mm	全新设计	行业新产品	国内先进
数控全自动上料金属带锯床	GZK4240	锯切规格：ϕ370mm，锯条规格：4 570mm×1.3mm，锯条线速度：26～72m/min，送料定位精度：≤±0.2mm	改型设计	企业新产品	国内先进
高速水平切割带锯床	GBV4260×130×250	锯切规格：2 500mm×1 300mm×600mm，锯切平面精度：±0.10mm，锯切表面粗糙度：$Ra6.3\mu m$，锯条线速度：800～1500m/min，锯条规格：8 070mm×41mm×1.3mm，总功率：21kW	全新设计	企业新产品	国内先进
石家庄威锋机械制造有限公司					
高速数控型立式带锯床	G54100L	最大锯切高度：1 000mm，喉深：700mm，锯切行程：2 500mm，锯切速度：800～2 500mm/min，主电动机功率：11kW	全新设计	企业新产品	国内先进

（续）

产品名称	型号	主要技术参数	产品性质	产品属性	产品水平
数控龙门卧式双向转角双向接送料金属带锯机组	G423355. ×6	锯切规格:0°时,高 320mm×宽 550mm; ±60°时,高 320mm×宽 280mm,可加工六边形工件。伺服送料长度:9 999.9mm,伺服接料长度:9 999.9mm,储料仓一次储料 20 根,自动翻转上料,实现全无人化作业	全新设计	企业新产品	国内先进

四、科研成果及其应用情况

2013 年,锯床行业参加年鉴统计的单位共上报主要科技研究项目 15 项,投入研究资金总计 1 984 万元。项目来源包括省市级计划科技发展项目和企业自主开发的科技项目。2013 年锯床行业科研项目情况见表 5。2013 年锯床行业获奖科研项目见表 6。

表 5　2013 年锯床行业科研项目情况

序号	科研项目名称	主要内容	应用状况	投入资金（万元）	项目来源
湖南湖机国际机床制造有限公司					
1	GKT6513 数控硬质合金钢管排锯圆锯机组	是一款全新的高速、高效数控硬质合金立式圆锯床,为国内首台(套),已获授权实用新型专利 2 项,发明专利 1 项,采用 ϕ1 250mm/1 360mm 硬质合金切削刃圆锯片,应用 110kW 变频调速系统和伺服进给系统、锯刀箱齿侧间隙消除机构、预紧力自动补偿导轨机构、涡流管空气冷却技术等多项现代科技成果,能够适应高强度、高硬度金属材料(强度 $\sigma_b \leq$1 400N/mm^2)的重载锯切,主机净重 40t,适用于钢管、钢轨、H 型钢等钢铁制造行业在线或离线的钢材排锯自动加工	其他	1 000	湖南省首台(套)重大技术装备
浙江晨龙锯床股份有限公司					
2	G5230 高速锯床的开发研究	高速锯切铝合金铸棒自动成套设备(包含自动上料、锯切、称重、打标、成捆包)	其他	80	自主研发
3	CH330、G4265A 重切割卧式带锯床研发	主要解决难切割材料如钛合金、高温合金、镍铁合金的高效锯切问题	其他	100	自主研发
浙江锯力煌锯床股份有限公司					
4	G5125 系列立式带锯床工业设计	普通的 G5125 系列带锯床尽管技术性能先进,但由于当初在设计时没有较好地考虑人机和谐,因此存在操作不方便、色彩单调和形态不优美等不足之处,给操作者带来了诸多不便。该工业设计在整机设计环节上引入工业设计先进技术,立足人机和谐,在形态、色彩和人机工程学等方面提升 G5125 系列带锯床的品质	自行应用	35	浙江省科技厅
5	高端带锯床检测与控制技术研究及系统开发	①针对带锯床锯带在切削到杂质硬块(或形状大小不一)材料时,易出现过载和锯带异常损坏的技术难题,研制专用的恒功率锯切控制系统。②针对锯带在磨损一定程度后,易出现较大切削轨迹偏离(主要是锯带磨损,刃口两边不对称),从而影响锯切质量的技术难题,研制专用的锯带自动纠偏系统。③针对不规则工件(工件密度一定,锯切截面或长度方向可能非规则)的规定重量锯切技术难题,研制专用的定重锯切自动控制系统。 针对不同锯切工况需要提供不同最优锯切工艺参数的技术难题,研制专用的工艺参数决策优化系统	研制阶段	56	浙江省产业技术创新战略联盟
6	带锯床专用数控系统研制	该项目针对当前国内带锯床缺乏统一专用数控系统的技术难题,研制一三轴联动带锯床专用数控系统。具体项目研究内容包括: ①通过对带锯锯切过程的工艺原理分析,进行带锯床锯切主驱动伺服系统设计。 ②通过对带锯床进给过程的工艺理论分析,进行带锯床电液	研制阶段	63	浙江省产业技术创新战略联盟

（续）

序号	科研项目名称	主要内容	应用状况	投入资金（万元）	项目来源
		伺服驱动进给系统设计。 ③通过对带锯床上下料过程的工艺原理分析，进行带锯床上下料辅助工作伺服系统设计。 ④通过上述技术的结合，进行专用三轴联动数控系统设计。 ⑤带锯床专用数控系统的实际应用及优化			
滕州三合股份有限公司					
7	数控金属带锯床 BSK460K	锯床采用卧式铰链式结构，可左右回转锯切；液压控制锯弓升降；伺服电动机＋两级蜗杆减速器控制锯弓的左右回转；伺服电动机＋同步带和直线导轨控制锯切时的送料距离；人机界面操作系统和机座采用双铰接结构，可根据需要自由转动，方便操作	其他	50	自主研发
8	数控金属带锯床 BSK850G	锯床采用双立柱结构，锯弓可回转锯切而工作台不转，编码器控制和检测回转角度，光栅尺检测和控制送料长度。锯弓回转和锯弓升降、锯切夹紧和送料均采用液压驱动。人机界面操作系统和机座采用双铰接结构，可根据需要自由转动，方便操作	其他	50	自主研发
9	数控金属带锯床 BSK460GS	锯床采用卧式铰链式结构，可左右回转锯切；液压控制锯弓升降；伺服电动机＋两级蜗杆减速器控制锯弓的左右回转；伺服电动机＋滚珠丝杠和直线导轨控制锯切时的送料距离	其他	100	自主研发
10	等离子弧切割机 PC5′×10′	机器的两个纵向导轨和纵向齿条安装在底架上，横向导轨和横向齿条安装在横梁上，采用方管角铁焊接的横梁通过两侧驱动架跨在两个纵向导轨上。PLC 控制横向和纵向的驱动电动机运转，齿轮转动沿着齿条运行；弧压控制割炬的上下移动距离	其他	90	自主研发
11	液压剪板机 HQ3050×6.5	机床采用下传动的结构型式，由液压缸的伸缩运动来完成上刀架的往复运动，结构简单、可靠；机床导轨采用高耐磨的铜塑复合材料，提高机床的使用寿命和运行精度；后挡料采用伺服电动机控制、检测运行速度和精度；整机采用全防护结构，安全美观	其他	80	自主研发
浙江晨雕机械有限公司					
12	一种带锯床锯梁角度及夹紧装置的研发	在锯梁焊接时，角度偏差±1°；锯条下来离固定床身的高度；固定钳口到立柱套的距离	自行应用	26	自主研发
13	带锯床送料行程计数装置研发	安装时，计数器在丝杆的带动下能够轻松转动；使手轮轴同丝杆平行，送料床身在丝杆的驱动下能够精确移动并在计数器上准确显示	自行应用	19	自主研发
14	高速铝材切割机研发 CBV400	项目通过对压紧装置的改进解决了产品不能有伤痕的特殊要求加工难的问题；采用锯片锯架装置的结构设计，提高机床操作使用的安全性；改变了以往在切割时，规格型号众多，需要人工调整外部测量定位的问题，确保测量的准确与实际要加工出产品达到最小切合点。产品可广泛应用于航天、交通运输、家用电器、印刷机械、包装机械等工业的精密铝板材的锯切加工	自行应用	75	自主研发
15	GBV4 260×130×250 高速水平切割带锯床研发	对 10～200mm 不同厚度的型材进行加工，板材板料截面成方形。锯床采用德国技术数控龙门式设计，锯梁固定在龙门柱上，锯架上下由伺服电动机双丝杆传动。锯带线速度由变频控制在 800～1 500m/min 之间。调整所需的加工厚度，龙门柱连接固定在底座上，工作台在底座直线导轨上移动，工作台上有 8 把夹紧装置，导向臂后带有防夹锯条装置，防止锯条进给后工件随着重量夹紧锯条，锯轮采用铝合金，保证工作中的稳定性。冷却采用自动喷雾装置，提高锯条寿命	自行应用	160	自主研发

表6　2013年锯床行业获奖科研项目

序号	项目名称	主要内容及应用范围	获奖名称	获奖等级	主要完成单位
1	GKT6015数控硬质合金龙门圆锯床	GKT6015是一款全新的高速、高效数控硬质合金龙门圆锯床，与国外先进水平的同类产品如以奥地利Linsinger公司的KSA1650、MFI公司的HK1650E等为代表的数控圆锯床相当。采用硬质合金切削刃圆锯片，应用变频调速系统和伺服进给系统、锯刀箱齿侧间隙消除机构、预紧力自动补偿导轨机构、涡流管空气冷却技术等多项现代科技成果，能够适应高强度、高硬度金属材料（强度$\sigma_b \leq 1\,400\text{N/mm}^2$）的重载锯切。锯切生产率（45钢）可达$500\text{cm}^2/\text{min}$，是普通带锯床效率的8～10倍；普通高速钢（HSS）锯片圆锯床效率的5倍。锯削端面表面粗糙度$Ra \leq 25\mu\text{m}$，且端面无毛刺。项目的实施使我国高速、高效数控硬质合金龙门圆锯床制造水平和生产能力跃上了一个新的台阶，对于提高国内产品的市场竞争能力，打破国外产品的市场垄断，实现进口替代，扩大机电产品出口，推动整个行业共同进步，引领中国锯切行业的发展具有重要意义	湖南省重点领域首台套产品	湖南省经济和信息化委员会	湖南湖机国际机床制造有限公司
2	GXK200法兰件锯切数控机床	主要用于锯切大型锻造环件的径向分切，可替代大型立式车床的车削加工	浙江省装备制造业重点领域首台（套）产品	浙江省经济和信息化委员会	浙江晨龙锯床股份有限公司

五、专利情况

2013年，锯床行业25家参加年鉴统计的企业共获得国家授权专利51项，其中发明专利9项，实用新型专利32项，外观设计专利10项，分别占17.6%、62.8%和19.6%。2013年锯床行业部分企业获授权专利情况见表7。

表7　2013年锯床行业部分企业获授权专利情况

序号	专利名称	专利类型	专利号	授权日期	企业名称
1	带锯条对焊机	发明	ZL201110265508.0	2013.07.24	湖南湖机国际机床制造有限公司
2	一种圆锯床整机动态工作性能优化设计方法	发明	ZL201210158583.1	2012.07.18	湖南湖机国际机床制造有限公司
3	一种新型圆锯床工作台	实用新型	ZL201220229431.1	2012.12.26	湖南湖机国际机床制造有限公司
4	大型剪刀式带锯床	发明	ZL201110206047.X	2013.01.09	浙江锯力煌锯床股份有限公司
5	恒锯切力变进给速度的锯架进给系统及其方法	发明	ZL201210157692.1	2013.01.23	浙江锯力煌锯床股份有限公司
6	龙门倾斜带锯床	实用新型	ZL201320258420.0	2013.05.14	浙江锯力煌锯床股份有限公司
7	六面锯铣组合机床	实用新型	ZL201320257990.8	2013.05.14	浙江锯力煌锯床股份有限公司
8	带锯条减震装置	实用新型	ZL201320257989.5	2013.05.14	浙江锯力煌锯床股份有限公司
9	带锯床锯轮	实用新型	ZL201320257986.1	2013.05.14	浙江锯力煌锯床股份有限公司
10	带锯床的大小轮结构	实用新型	ZL201320258421.5	2013.05.14	浙江锯力煌锯床股份有限公司
11	带锯床闭环反馈同步传动装置	实用新型	ZL201320258005.5	2013.05.14	浙江锯力煌锯床股份有限公司
12	一种圆锥形工件高效锯切装置	实用新型	ZL201320320446.3	2013.05.14	浙江锯力煌锯床股份有限公司
13	立式带锯床（G5125×40）	外观设计	ZL201330177344.6	2013.05.14	浙江锯力煌锯床股份有限公司
14	立式带锯床（G5125）	外观设计	ZL201330175827.2	2013.05.14	浙江锯力煌锯床股份有限公司
15	立式带锯床（G53350）	外观设计	ZL201330175830.4	2013.05.14	浙江锯力煌锯床股份有限公司
16	专用带锯床（GB25）	外观设计	ZL201330175838.0	2013.05.14	浙江锯力煌锯床股份有限公司
17	龙门卧式带锯床（GB42200）	外观设计	ZL201330176169.9	2013.05.14	浙江锯力煌锯床股份有限公司
18	龙门倾斜卧式带锯床	外观设计	ZL201330175828.7	2013.05.14	浙江锯力煌锯床股份有限公司
19	龙门上压紧送料装置	外观设计	ZL201330175831.9	2013.05.14	浙江锯力煌锯床股份有限公司
20	双头龙门卧式带锯床	外观设计	ZL201330175836.1	2013.05.14	浙江锯力煌锯床股份有限公司

（续）

序号	专利名称	专利类型	专利号	授权日期	企业名称
21	一种圆棒成捆夹紧机构	实用新型	ZL201220678825.5	2013.06.05	浙江晨龙锯床股份有限公司
22	万能角度锯切卧式带锯床	实用新型	ZL201220638557.4	2013.06.12	浙江晨龙锯床股份有限公司
23	一种多角度型材锯切立式带锯床	实用新型	ZL201320380824.7	2013.12.25	浙江晨龙锯床股份有限公司
24	一种下行式高速圆锯机驱动机构	实用新型	ZL201320380822.8	2013.12.25	浙江晨龙锯床股份有限公司
25	一种锯床用快速进给装置	实用新型	ZL201320380819.6	2013.12.25	浙江晨龙锯床股份有限公司
26	一种环形件数控立式锯切机	实用新型	ZL201320380853.3	2013.12.25	浙江晨龙锯床股份有限公司
27	一种上行式高速圆锯机驱动机构	实用新型	ZL201320380829.X	2013.12.25	浙江晨龙锯床股份有限公司
28	一种料头料尾自动检测装置	实用新型	ZL201320380830.2	2013.12.25	浙江晨龙锯床股份有限公司
29	锯带铣齿机收料系统	发明	ZL201110441285.9	2013.06.26	湖南泰嘉新材料科技股份有限公司
30	激光切割双金属带锯齿无磨削一次成形方法	发明	ZL201110072170.7	2013.08.21	湖南泰嘉新材料科技股份有限公司
31	锯带铣齿机收料搬运系统	实用新型	ZL201222055018.3	2013.12.11	湖南泰嘉新材料科技股份有限公司
32	一种带锯条浸油装置	实用新型	ZL201320370989.6	2013.12.11	湖南泰嘉新材料科技股份有限公司
33	一种带锯条收放料装置	实用新型	ZL201320371717.8	2013.12.11	湖南泰嘉新材料科技股份有限公司
34	一种圆形截面颗粒材料连续热处理装置	实用新型	ZL201320371052.0	2013.12.11	湖南泰嘉新材料科技股份有限公司
35	滚压成型机	发明	ZL200910016136.0	2013.04.10	滕州三合机械股份有限公司
36	数控金属带锯床	发明	ZL201010535403.8	2012.09.04	滕州三合机械股份有限公司
37	磁液复合数控折弯机	发明	ZL201210011625.9	2014.05.07	滕州三合机械股份有限公司
38	数字控制电动剪板机	实用新型	ZL201220295376.6	2013.02.27	滕州三合机械股份有限公司
39	等离子除尘、集渣装置	实用新型	ZL201320195343.9	2013.11.20	滕州三合机械股份有限公司
40	电磁折弯机	外观设计	ZL201230483706.X	2013.05.01	滕州三合机械股份有限公司
41	自动带锯床	外观设计	ZL201330301962.7	2013.12.18	滕州三合机械股份有限公司
42	圆盘锯精密定位装置	实用新型	ZL201320149938.0	2013.08.28	浙江晨雕机械有限公司
43	圆盘锯手动定尺装置	实用新型	ZL201320149925.3	2013.08.29	浙江晨雕机械有限公司
44	带锯床双向夹紧装置	实用新型	ZL201320168327.0	2013.09.18	浙江晨雕机械有限公司
45	带锯床锯条清屑装置	实用新型	ZL201320167416.3	2013.10.16	浙江晨雕机械有限公司
46	带锯床进料操作装置	实用新型	ZL201320168326.6	2013.10.16	浙江晨雕机械有限公司
47	带锯床锯条冷却装置	实用新型	ZL201320168367.5	2013.10.16	浙江晨雕机械有限公司
48	带锯床旋转驱动装置	实用新型	ZL201320149939.5	2013.08.28	浙江晨雕机械有限公司
49	带锯床新型导向头	实用新型	ZL201320357119.5	2013.12.25	浙江晨雕机械有限公司
50	高速水平切割带锯床导向头	实用新型	ZL201320356932.0	2013.12.25	浙江晨雕机械有限公司

六、行业标准化工作情况

根据工业和信息化部行业标准项目计划，2013 年发布实施锯床行业新标准 4 个。2013 年锯床行业标准发布情况见表 8。

表 8　2013 年锯床行业国家行业标准发布情况

序号	标准号	标准名称	发布日期	发布单位
1	JB/T 4318.1—2013	卧式带锯床　第 1 部分：型式与参数	2013.04.25	中华人民共和国工业和信息化部
2	JB/T 4318.2—2013	卧式带锯床　第 2 部分：精度检验	2013.04.25	中华人民共和国工业和信息化部
3	JB/T 4318.3—2013	卧式带锯床　第 3 部分：技术条件	2013.04.25	中华人民共和国工业和信息化部
4	JB/T 9930.1—2013	立式带锯床　第 1 部分：型式与参数	2013.04.25	中华人民共和国工业和信息化部

七、锯床行业新增和改制企业情况简介

湖南泰嘉新材料科技股份有限公司（以下简称“泰嘉新材”） 于 2003 年 10 月落户湖南望城经济开发区，占地面积 10.4 万 m^2（156 亩），注册资金 1.05 亿元，现有员工 400 多人，其中研发人员 55 人。

泰嘉新材专注于双金属带锯条及其相关产品的研发、生产、销售与服务，是当前国内最大的双金属复合钢带、双金属带锯条研发生产企业。公司拥有“泰钜”“嘉鉅”“AA”“飞鉅”及“Bichamp”等品牌，双金属带锯条年产能 1 300 万 m，可生产 200 多种不同规格型号的锯条。营销网络覆盖全

国大部分区域和世界五大洲、40多个国家和地区。产品质量和服务获得国内外客户的一致好评。

泰嘉新材是中国机床工具工业协会常务理事和锯床分会副理事长单位、湖南省机械行业协会副理事长单位和机床工具工业协会理事长单位，承担着双金属带锯条国家标准和行业标准的制定和修订工作，拥有省级企业技术中心和市级工程技术中心。泰嘉新材一直努力打造“引进外国智力+搭建产学研平台+自主创新”的科研模式。截至2013年底，公司已申请专利34项，获批发明专利6项，实用新型专利19项。

2013年，面对经济形势严峻、市场竞争激烈的局面，泰嘉新材克服各种困难，锯条年产量和销量双双突破1 000万m，创收3.2亿元，同比实现10%的增长；创利税8 600万元，实缴各项税款3 200多万元；出口创汇580万美元。

浙江晨龙锯床股份有限公司 创建于1985年。公司现有员工500余名，厂区占地面积66 000m^2，总资产达1.1亿元，是当前最大的锯床生产厂家之一，是中国锯床行业协会副理事长单位。公司具有雄厚的技术力量、精良的生产设备和先进的生产工艺，在行业中首家推行6S管理，通过ISO9001质量体系认证、ISO14001环境管理体系认证和OHSAS18001职业健康安全认证，并在同行业中首家通过中国机械安全认证和欧盟CE认证。2013年，共生产各种类型金属带锯床5 582台，其中重型专用型金属带锯床38台(套)，数控型金属带锯床1 050台(套)；实现工业总产值1.952亿元，销售收入1.65亿元。

2013年是晨龙锯床内部管理体系深入改革的关键一年，是在前两年内部改革的基础上，不断提升的一年。质量是品牌，是企业发展的根本。晨龙锯床注重技术创新，并不断向质量要市场。2013年先后获得38项国家专利，被国家认定为“全国知识产权示范单位”，是2013年度丽水市市长质量奖获得企业。

晨龙锯床注重品牌建设。产品不仅在中国CIMT、中国工博会、深圳机械展等专业展会上精彩亮相，还参加欧洲EMO、美国IMTS等国际展会。“晨龙”注重销售服务，在全国各地有80余个办事处、300余位专业人员为客户提供售前、售后服务。“晨龙”深受客户信赖，产品不仅在中国重汽、上重、武钢、鞍钢、中原特钢、郑煤机以及三一重工等国内大型企业中使用，还远销美国、德国、意大利、印度、泰国、俄罗斯等60多个国家和地区。

滕州市三合机械股份有限公司 是一家拥有自营进出口权的股份制民营企业。公司获得了山东出入境检验检疫局颁发的出口产品质量许可证；通过了ISO9001:2000质量管理体系、OHSAS18001职业健康安全体系、SA8000社会责任、ISO14001环境管理体系认证；被认定为国家高新技术企业、山东省省级企业技术中心、山东省名牌产品、山东省著名商标；荣获了山东省诚信企业、山东省成长型中小企业、山东省机械工业自主创新先进单位、功勋企业等荣誉称号。2010年12月29日在齐鲁股权托管交易中心成功挂牌，成为枣庄市首家进入资本市场融资的企业。

公司现有员工475人，专利技术29项，省级科技成果12项，拥有精密(数控)机床类、锯床类、成形加工机械类3大系列700多种产品，年产各类机械设备36 000余台(套)。①精密(数控)机床类，如TXK系列数控卧式镗铣床、VMC系列立式加工中心、CNC系列数控开槽机、精密立式钻床、铣钻床。②锯床类，如BS系列金属带锯床、BSK系列数控锯床、CS系列圆锯机、木工锯等。③成形加工机械类，如数控、液压钣金加工机床，数控液压电磁复合加工机床及工具机等。产品远销美国、英国、德国、法国、荷兰、丹麦等80多个国家，出口量占生产量的80%以上。

公司将坚持以市场为导向，以科技创新为动力，努力打造国际一流机械企业。

浙江晨雕机械有限公司 地处浙江省丽水市缙云县壶镇工业区，是一家股份制有限责任公司，是专业生产“神雕”牌系列带锯床的专业厂家。公司创建于1995年，注册资本800万元。公司拥有员工100人，拥有一流的生产、检测设备，是集设计、制造、销售、自营进出口于一体的现代化企业。2013年突破工业总产值亿元大关，实现出口额900多万元，创利1 000多万元，实现纳税额200多万元。公司生产的“神雕”牌带锯床是自主研发、拥有独立知识产权的产品，产品通过了机械安全认证。2013年开发和生产的主要产品有GZK数控全自动上料带锯床、高速水平切割带锯床、高速铝材切割机等机型，自投入市场后便备受客户欢迎，客户满意度非常高。公司把“以质量安全立足市场，不断追求客户满意度”为质量方针，在不断发展的同时以履行社会职责为己任，先后荣获守合同重信用单位、纳税信用等级证书、高新技术企业、高新技术企业研究开发中心、浙江科技型企业、省市著名商标、省市名牌产品等称号。公司正以生机勃勃的姿态，勇往直前，迎接充满竞争力的明天！

〔撰稿人：中国机床工具工业协会锯床分会许荪　审稿人：中国机床工具工业协会锯床分会叶钧〕

组合机床

一、基本情况

组合机床行业现有会员62家，其中，国有企业5家、外商合资企业3家、国有和民营混合企业2家，其余52家全部为民营股份制企业，占会员总数84%，可见民营股份制企业在行业中已占主导地位。组合机床分会会员单位在组合机床行业中占绝对的权重地位，代表着组合机床行业的整体水平。随着我国经济增速放缓，组合机床行业同全国的机床工具行业一样，销售收入虽仍然增长，但增速明显趋缓，利润增长同比下滑较多。2013 年，参加统计的 16 家会员企业完成工业总产值近 172.5 亿元，其中机床工具类产品产值 138.2 亿元；产品销售产值 168.8 亿元，其中机床工具类产品销售产值 131.7 亿元；资产总计 178 亿元，同比增长均下滑较多。全年从业人员平均人数 11 109 人，与 2012 年相近。由此可见，受国内经济宏观总体控制影响，行业总体经济增长放缓。2013 年组合机床行业主要经济指标完成情况见表 1。

表 1　2013 年组合机床行业主要经济指标完成情况

指标名称	单位	年度累计
工业总产值(现价)	万元	1 724 797
其中:机床工具类产品产值	万元	1 382 257
工业销售产值(现价)	万元	1 687 737
其中:机床工具类产品销售产值	万元	1 317 039
工业增加值	万元	325 127
实现利税	万元	111 552
从业人员平均人数	人	11 109
资产总计	万元	1 783 807
流动资产平均余额	万元	1 337 064
固定资产净值平均余额	万元	314 651

二、生产、销售及出口情况

2013 年，参加统计的组合机床行业会员企业共生产各类机床 43 432 台，机床类产品产值 138.2 亿元。其中，组合机床及其自动线产量 1 820 台，产值 29.7 亿元，较 2012 年略有增长。组合机床产品数控化率依旧较高。在经济放缓的形势下，金属切削机床出口 3 000 台，出口额 5 995 万美元，同比增长 12%。2013 年组合机床行业分类产品生产情况见表 2。2013 年组合机床行业分类产品出口情况见表 3。

表 2　2013 年组合机床行业分类产品生产情况

产品名称	实际完成		其中:数控	
	产量(台)	产值(万元)	产量(台)	产值(万元)
金属切削机床	43 432	1 382 257	27 692	1 255 049
加工中心	2 649	208 313	2 649	208 313
立式加工中心	2 314	110 692	2 314	110 692
卧式加工中心	335	97 621	335	97 621
车床	37 857	540 208	22 798	437 795
组合机床	1 820	297 228	1 435	288 739
其他金属切削机床	1 106	336 508	810	320 202

表 3　2013 年组合机床行业分类产品出口情况

产品名称	实际完成		其中:数控	
	出口量(台)	出口额(万美元)	出口量(台)	出口额(万美元)
金属切削机床	3 000	5 995	3 000	5 995
加工中心	82	448	82	448
立式加工中心	74	313	74	313
卧式加工中心	8	135	8	135
车床	2 918	5 547	2 918	5 547

三、新产品、新技术、新工艺发展情况

不管在何种情况下，追求技术创新都是企业发展的主题。2013 年组合机床行业企业依然积极组织力量，加快新产品开发，加快产业技术研发工作，提高了行业的整体竞争实力，产品开发取得了丰硕成果。通过技术创新来调整生产工艺和制造技术，加大科学研究的投入力度，逐步形成企业自己的核心技术、核心产品、核心品牌，使企业的数控机床设计和制造水平上一个新台阶。东风汽车有限公司设备制造厂、亿达日平机床有限公司等在新产品、新技术、新工艺方面都取得了可喜的成绩。2013 年组合机床行业新产品开发情况见表 4。

表 4　2013 年组合机床行业新产品开发情况

产品名称	型号	主要技术参数	产品性质	产品属性	产品水平
东风汽车有限公司设备制造厂					
高速加工中心	DH630II	托盘尺寸:630mm×630mm，最大承重:800kg，夹具最大回转直径:900mm，行程(X/Y/Z):900mm/800mm/800mm，快速进给速度:60m/min，加速度:10m/s²	全新设计	企业新产品	国内领先
高速加工中心	DH800II	托盘尺寸:800mm×800mm，最大承重:1 500kg，夹具最大回转直径:1 200mm，行程(X/Y/Z):1 250mm/900mm/1 000mm，快速进给速度:60m/min，加速度:10m/s²	全新设计	企业新产品	国内领先
高速加工中心	DH500II	托盘尺寸:500mm×500mm，最大承重:600kg，夹具最大回转直径:900mm，行程(X/Y/Z):650mm/650mm/650mm，快速进给速度:60m/min，加速度:10m/s²	全新设计	企业新产品	国内领先
亿达日平机床有限公司					
蠕墨铸铁柴油发动机缸盖柔性加工桁架机械手自动线系列产品	YN5H－1086	6.0min/件	全新设计	企业新产品	行业先进

（续）

产品名称	型号	主要技术参数	产品性质	产品属性	产品水平
发动机缸体加工中心的全序加工系列产品	YN5H－1086	6.0min/件	全新设计	企业新产品	行业先进
汽车发动机缸体加工流水线系列产品	YN4Q	5min/件	全新设计	企业新产品	行业先进

四、科研项目及科技成果获奖情况

2013年组合机床行业科研项目情况见表5。2013年组合机床行业获奖科研项目情况见表6。

表5　2013年组合机床行业科研项目情况

科研项目名称	主要内容	应用状况	投入资金（万元）	项目来源
东风汽车有限公司设备制造厂				
DH500I－APC高速加工中心	X轴、Y轴、Z轴结构形式、刀库形式、主轴接口	自行应用	100	企业自选
DH630II高速加工中心	X轴、Y轴、Z轴结构形式、刀库形式、主轴接口	自行应用	70	企业自选
DH800II高速加工中心	X轴、Y轴、Z轴结构形式、刀库形式、主轴接口	自行应用	70	企业自选
DH500II高速加工中心	X轴、Y轴、Z轴结构形式、刀库形式、主轴接口	自行应用	30	企业自选
江苏恒力组合机床有限公司				
FBC200S对置式落地镗铣加工中心	镗铣加工	自行应用	500	
HLX05发动机机体OP30－OP110粗加工自动线	发动机机体粗加工	研制阶段	500	自主设计研发
HLX06发动机机体OP200－OP220半精加工自动线	发动机机体半精加工	研制阶段	350	自主设计研发
HLX07SC4H/SC7H发动机缸盖专机自动线	发动机缸盖加工	研制阶段	250	自主设计研发
HLZJ2619中部槽数控双面镗铣床	零件镗铣加工	研制阶段	250	自主设计研发
HLZJ2668台车对头数控镗铣床	零件镗铣加工	研制阶段	250	自主设计研发
HPC柔性加工单元	发动机机体加工	研制阶段	800	自主设计研发

表6　2013年组合机床行业获奖科研项目情况

序号	项目名称	主要内容及应用范围	获奖名称	获奖等级	主要完成单位
1	多品种变速器中间壳体柔性精加工生产线的研制及应用	该项目属于重型商用车变速器中间壳体精加工领域，用于14档、9档、8档三个品种变速器中间壳体侧面的精铣、侧面孔系的加工、前后端面的精铣、前后端面定位销孔和后端面轴承孔系的精加工	中国汽车工业科学技术进步奖	三等奖	东风汽车有限公司设备制造厂
2	YN4Q汽车发动机下缸体柔性加工生产线系列	汽车发动机零部件加工生产线	科学技术成果鉴定	三等奖	亿达日平机床有限公司技术部
3	VTM300车铣复合中心	车铣复合中心	江苏省科技进步奖	二等奖	江苏恒力组合机床有限公司技术部

五、授权专利情况

2013年组合机床行业授权专利情况见表7。

表7　2013年组合机床行业授权专利情况

序号	专利名称	专利号	专利类型	授权日期
东风汽车有限公司设备制造厂				
1	试验工作运动机摆动装置	ZL201220270442.4	实用新型	2013.01.09
2	一种带回转可自锁夹紧装置	ZL201220298954.1	实用新型	2013.01.02
3	整体拆卸微调多轴头	ZL201220490176.6	实用新型	2013.03.13
4	平衡器试验机	ZL201220269186.7	实用新型	2013.01.09
5	新型分油器	ZL201220546659.3	实用新型	2013.03.27
6	一种吊杆型工件的吊具	ZL201220608756.0	实用新型	2013.04.24
江苏恒力组合机床有限公司				
7	直联主轴打刀吹气机构	ZL201010291067.7	发明	2012.04.18
8	一种动态均衡补偿张紧力的传动带张紧装置	ZL201010291045.0	发明	2012.07.04
9	数控逆向加工组合机床	ZL200810021106.4	发明	2012.07.11
10	一种用于小截面方滑枕的附件头自动拉紧机构	ZL201120526643.1	实用新型	2012.12.12
大连机床集团有限责任公司				
11	机床用多工件柔性夹紧装置	ZL201220168643.3	实用新型	2013.01.09
12	重型工件用缓冲装置	ZL201220168661.1	实用新型	2013.01.09
13	内套双拉杆式主轴结构	ZL201220168664.5	实用新型	2013.01.09
14	活塞杆供油的送进供压油缸	ZL201220168668.3	实用新型	2013.01.09
15	可调式垫铁装置	ZL201220168685.7	实用新型	2013.01.09
16	应用在接近感应开关上的转换与保护装置	ZL201220168686.1	实用新型	2013.01.09
17	自动确定曲轴方向的万能定位装置	ZL201220199612.4	实用新型	2013.01.09
18	弹簧预紧式液压浮动尾座	ZL201010556388.5	发明	2013.01.09
19	具有托链防护结构的平床身数控车床	ZL201010515105.2	发明	2013.03.27
20	用于卧式加工中心的齿轮主轴结构	ZL201010515569.3	发明	2013.06.05
21	双进给珩磨头连接杆	ZL201010556395.5	发明	2013.06.05
22	龙门加工中心机床用刀库	ZL201010556404.0	发明	2013.03.27
23	具有提前预留淬火变形量功能的机加设备	ZL201010560739.X	发明	2013.06.05
24	曲轴轴向自动定位顶尖装置	ZL201220414797.6	实用新型	2013.03.27
25	自动化生产线上的工件识别装置	ZL201220415222.6	实用新型	2013.01.09
26	数控车床用自动下料装置	ZL201220415450.3	实用新型	2013.03.27
27	便于安装调整的高精度滚珠丝杠支撑结构	ZL201220432121.X	实用新型	2013.03.27
28	应用在自动线夹具上的缓冲定位结构	ZL201220439073.7	实用新型	2013.03.27
29	夹具识别机构	ZL201220439520.9	实用新型	2013.03.27
30	带接油部件的车床	ZL201220439772.1	实用新型	2013.03.27
31	具有三副导轨的斜床身数控机床	ZL201220439773.6	实用新型	2013.03.27
32	工件手动挡料装置	ZL201220440403.4	实用新型	2013.03.27
33	工件自动抬起装置	ZL201220450799,0	实用新型	2013.03.27
34	轴承盖夹具定位支撑结构	ZL201220450800.X	实用新型	2013.03.27
35	用于金属切削设备的刀具驱动装置	ZL201010247620.7	发明	2013.07.03
36	甩烘干机	ZL201010247640.4	发明	2013.07.03
37	丝杠螺距检测仪	ZL201010560811.9	发明	2013.07.03
38	机床交换主轴箱手动回转装置	ZL201010562594.7	发明	2013.07.03
39	滑套式铣头自动锁紧机构	ZL201220432074.9	实用新型	2013.07.03
40	具有顶持和镗削复合功能的机床	ZL201010515109.0	发明	2013.09.04
41	用于加工中心的刀具升降机构	ZL201010515541.X	发明	2013.10.23
42	工作台竖直移动式双立柱卧式加工中心	ZL201320216495.2	实用新型	2013.10.23
43	用于金属切削机床上的刀具识别机构	ZL201220439556.7	实用新型	2013.09.11

六、新增加会员企业简介

启东海纳工具有限公司 是一家具有35年数控刀具研发、生产、销售和服务的现代制造型企业。公司引进欧美先进的加工和检测设备，采用国际先进的刀具技术和制造工艺，以科学严谨、精益求精的态度，致力于打造国内一流的数控刀具供应商。

公司主要产品有：可转位铣刀、数控刀具、BAT深孔钻及钻管，还可根据客户需要设计和制作各种非标刀具。公司制作的非标组合刀具被大量应用在汽车、发动机、钢铁及机床等行业中，既为客户提高了加工精度，又大大提高了生产效率，深受广大客户欢迎。

公司拥有一支技术过硬的销售和技术服务队伍，可为客户提供经济合理的加工方案，包括产品加工工艺方案设计、加工刀具配置、工艺节拍计算、加工方案调试等。

公司以生产"高精、高效、高可靠"三高产品为质量宗旨，竭诚为每一位用户提供优质的产品和满意的服务！

大连戈尔清洁化工程技术有限公司 由大连智云自动化装备有限公司和中国汽车工业工程公司共同出资创建。旨在推进中国绿色制造技术的发展，为广大用户提供清洁化生产的解决方案。

公司主导产品为冷却液集中处理系统、单机用过滤装置、机器人清洗机、浸泳式通用清洗机、工业专用清洗机等。

工业清洗机包括机器人清洗机、全自动多工位清洗机、曲轴柔性高压清洗机、浸涌式通用清洗机、双通道清洗机和变速器壳体清洗机等。切削液、切屑处理设备包括切削液、切屑集中处理系统，切屑甩干/压块处理中心，区域过滤单元，切屑甩干机、单机过滤排屑装置、鼓式纸带过滤装置，干式/湿式集中排屑系统和步进排屑装置。机器人清洗机是将工业机器人应用于工业清洗柔性清洗系统，根据整体工艺需要，可以将去毛刺、浪涌清洗、定点清洗、高压清洗、吹干、真空干燥等清洗工艺按需要组合使用。

公司将以现代化的设计理念、先进的工艺装备、完善的检测手段、严谨的质量保证体系，热忱与您相约，以期共同发展。

江苏新贝斯特中传科技有限公司 是从事16年数控国际贸易、生产销售的新贝斯特国际集团与上市公司（HK00658）中国传动成立的合资企业，总投资8亿元，在江宁科学园拥有10万m^2的现代化生产销售基地。

在新贝斯特国际集团不断扩大数控机床国际贸易的基础上，公司旨在扩大数控机床的生产制造销售，扩展与日本大限、三菱重工、德国DMG、德国SW、意大利FPT等世界著名数控机床企业之合作，打造中国基础装备制造业之航母，并筹备上市。

公司集与韩国斗山合作制造生产四年、与日本著名企业合作16年的丰富经验，生产制造的数控车床、立/卧式加工中心及龙门加工中心系列，定位日、韩品质，得到了国内包括上汽集团、一汽集团、奇瑞汽车、吉利汽车、三一重工、徐工集团、金城集团、潍柴动力等数百家知名企业的信赖。

公司成立以来，先后并购了南汽东华装备专机公司、日本兆田齿轮公司、台湾德马品牌及马豪公司，使公司迅速发展成为凝聚世界一流技术、工艺、生产装备的现代化数控机床企业。为公司上汽集团、潍柴动力、潍柴重机、中国重汽、康明斯等知名公司自主设计并制造了多条全自动生产线、加工自动线和大量的专用机床，产品广泛应用于汽车发动机零部件（缸体、缸盖、曲轴箱、曲轴、连杆、正时齿轮室等），汽车前桥、后桥零部件，减速器零部件的加工，受到用户好评。

湖北汇科数控组合机电装备有限公司 成立于2009年，是专门从事数控专用组合机床及柔性自动生产线研发设计制造的专业公司，同时生产加工中心、数控龙门镗铣床及各类组合机床通用部件。

公司通过GB/T19001—2008/ISO9001：2008质量管理体系认证，并获得国家级高新技术企业称号，拥有国家知识产权局授权的实用新型专利12项和发明创造专利5项。八工位数控组合机床获得2013年度国家重点新产品计划项目。公司现已投资6 000余万元，年产值可达1.2亿元，创利税1 000余万元。现有员工126人，其中中高级技术人员32人、高级技工45人，管理人员和技术骨干80%具备大专以上学历，拥有一支高素质专业化的企业团队。

公司拥有先进的生产设备及工艺技术，检测手段完备。拥有以国内最先进龙门式动梁导轨磨床和超音频导轨淬火机床为主导的机床导轨加工系统；以进口双柱坐标镗床构成的恒温车间为主导的孔系加工系统；以三坐标和各类专用检具为主导的检测系统。公司主要产品有专用、数控组合机床及自动线，组合机床通用部件和平面铣床，广泛应用于汽车、发动机、铁路、工程机械、纺织、冶金、船舶、煤矿机械、石油机械、农业机械、五金、军工等行业。公司将继续沿着"专用机床数控化、加工中心专机化"方向，为用户创造更高效率、更柔性化的工艺装备，为用户创造更大的利润空间。

大连元利流体技术有限公司 成立于2004年，一直致力于流体传动与控制领域产品的自主研发、制造、销售及技术服务工作。

十年来，新品开发和技术创新一直贯穿于公司发展的全过程。通过有针对性的产品设计、现代化的加工工艺、严格认真的质量检验和切实的市场分析，形成了以"同轴阀""气液增压泵""气气增压泵""高压夹具及检具动力单元"以及"桁架机械手"为主的五大系列产品。

良好的售前和售中服务是保证客户选好产品的关键，更是用好产品的保证。优秀的产品品质是公司发展的保证，从自身产品研发到走向市场，从代理品牌的筛选到最终达成协议，公司始终坚持品质第一的理念。

公司先后在上海、北京、哈尔滨、长春、沈阳等地设立了办事处，以提供更快捷的服务。目前用户在北京、天津、济南、南京、无锡、上海、杭州、成都、武汉、广州都可就近找到服务机构。

公司的产品在上海大众、一汽大众、上海通用、一汽大柴、广汽本田、东风汽车以及各大轴承厂的项目中已广泛使用，且用户反响良好。

济宁固德数控设备有限公司 公司成立于2007年，是一家以技术研发为主的高新技术企业。占地面积近20 000m²，建筑面积8 000m²。拥有完善的管理体系，通过了ISO9001质量体系认证。公司现有员工50余人，其中高级职称5人，中级职称10人。专业从事数控机床、组合机床、专用机床及非标设备的设计制造，全面应用CAD、CAM、SolidWorks技术，具备为各行业设计制造各类专机的能力。特别是将数控技术应用于组合机床领域，提高了组合机床的柔性和可变性。产品适用于汽车、摩托车、内燃机、拖拉机、工程机械、纺织机械、阀门、电动机等行业。主要加工工序为钻、扩、铰、攻、铣、镗等，并可生产制造装配线、检测设备、焊接工装、机加工工装等。

公司基于强大的技术优势，拥有一批多年从事数控机床、组合机床开发设计的工程技术人员和一大批具有丰富专用机床调试、安装经验的技师，秉承优良传统和严谨工作作风，勇于开拓与创新，近年来向国内大型企业提供了大量的组合机床。

公司的经营理念：塑造品质、关注用户、提升服务、永争第一。公司宗旨：用户的需求是我们的目标。公司致力于高技术产品的开发，努力提高产品的稳定性和可靠性，使产品向数控化、柔性化、模块化发展。大力开拓国内外市场，积极参与国际竞争，以优质的产品和优良的服务为广大用户提供整体解决方案。以振兴国家装备制造业为己任，为我国机械工业的发展做出应有的贡献，同时也期待与同行共同发展！

大连霸力克工业工具有限公司 成立于2001年，是集机床工具、工装设计和制造为一体的综合性非标工具制造企业。公司本着“唯实、人本、求精、创新”的企业理念，以“成为具有国际竞争力的刀具供应商”为企业目标，依靠雄厚的技术实力、先进的加工设备、高素质的员工队伍，为全国的汽车发动机制造业、航空航天、造船、军工及其他机械加工行业提供先进、高品质的切削刀具。

公司专业制造各种整体硬质合金刀具、焊接硬质合金刀具、PCD刀具、数控刀柄、镗杆等非标产品，以及丝锥、刀片、硬质合金材料、量检具等标准产品。公司引进了澳大利亚ANCA公司的TX7+5轴九联动磨削中心，英国COBEN的RG9磨床，德国孚尔默公司生产的5轴五联动QWD760放电加工专机，德国ZOLLE公司生产的5轴CNC测量设备，日本FANUC生产的6轴五联动慢走丝C400IA、立式加工中心、卧式加工中心等国际先进的加工设备，为生产优质刀具提供了雄厚的制造能力。

〔供稿单位：中国机床工具工业协会组合机床分会〕

重型机床

一、基本情况

在世界经济持续低迷不振和国内实施宏观经济调控、国民经济发展增速明显放缓的大环境下，受大形势的影响，重型机床行业的主要经济指标出现了近四年来下降幅度最为明显的一年，各项主要经济指标呈现出全面的大幅下滑，同时重型机床的进出口也出现了较大幅度下滑。经对重型机床分会7家会员企业的统计，2013年销售总收入20.84亿元，扣除统计口径的影响，行业整体销售情况下滑幅度接近45%；亏损5.03亿元，上年同期亏损2.37亿元，行业亏损程度持续加大；工业总产值为18.65亿元，同比下降50.74%；出口交货值较上年下降52.29%。由于要素成本上升较快，同时自2011年后行业连续几年都处于低位运行，重型机床企业的运行质量出现了较大幅度下降，企业经营困难加大，部分企业经营艰难。2013年，行业企业产能利用率很低，由于产品技术趋同，行业产能过剩，市场竞争更加激烈；企业销售利润率大幅下降，盈利能力下降，流动资金很紧张；部分企业经营艰难，亏损企业面扩大。重型机床市场至今尚未能摆脱下行压力，未见企稳回暖趋势，何时能回升有待观察。重型机床行业所面临的形势不容乐观。2013年重型机床行业主要经济指标完成情况见表1。

表1 2013年重型机床行业主要经济指标完成情况

指标名称	单位	实际完成
工业总产值	万元	186 505
其中：机床工具类产品产值	万元	156 937
工业产品销售产值	万元	203 450
从业人员平均人数	人	13 159
资产总计	万元	1 169 496
流动资产平均余额	万元	690 977
固定资产净值平均余额	万元	421 292

值得注意的是，当前涉足生产重型机床产品的企业，已由过去的十几家，发展到了几十家，这在世界上是绝无仅有的。在当前国内外重型机床市场不景气的背景下，我国重型机床企业生产能力已严重超出市场需要量，产能呈现出严重过剩，且产品技术趋同，同质化特征明显，中、低档水平的产品超过80%，制造资源出现了大量闲置。低水平不计成本的恶性竞争，严重扰乱了公平竞争的市场环境和秩序，浪费了资源，对行业的健康发展造成了严重损害。同时，也给国外机床进入中国市场提供了机会。这种情况在今后相当长的一段时期内还将延续。行业企业呼吁尽快实施行业自律，建立起良性的社会信用体系，为企业提供公平竞争的

平台。

在当前形势下，重型机床行业各企业正在加快转变发展方式，实现产品结构的优化调整和转型升级，力争摆脱产能过剩的被动局面。

二、生产情况

2013 年，受国内重型机床主要用户领域固定资产投资增速放缓的影响，重型机床制造企业的经营质量普遍出现了较大幅度下降，工业总产值、销售收入、利润总额等主要经济指标均在 2012 年的基础上继续下降。但是，产品质量却比以往有较大提高，且数控机床产品价值量和中高档产品占比有了提高，国产重型机床市场占有率和满足度在逐步提升。非数控重型机床产量占比较 2012 年略有上升，数控重型机床产品占比不到总量的 39%，说明中低档产品仍有市场，市场需求呈多样化。

从产品的类别统计显示，重型机床产品在市场上占主导地位的依然是立式车床、卧式车床、落地式铣镗床和龙门式镗铣床。近年来，伴随着数控机床与基础制造装备科技重大专项的实施，国产重型机床产品技术水平有了长足的进步，研制出一大批具有完全自主知识产权的高档重型、超重型机床，产品水平接近或达到了国际先进水平，逐步得到了国内重点用户的认可。国产中高档重型、超重型机床产品与国外先进知名企业产品技术水平的差距正逐步缩小。

2013 年，重型机床行业企业完成金属切削机床产量 1 021台，同比下降 7.8%，其中数控机床产量占全部产量的 39.6%，比上年提升 0.6 个百分点；数控机床产值占全部产值的 78.8%，较上年提升 2.3 个百分点。2013 年重型机床行业分类产品生产情况见表 2。

表 2　2013 年重型机床行业分类产品生产情况

产品名称	实际完成		其中：数控	
	产量（台）	产值（万元）	产量（台）	产值（万元）
金属切削机床总计	1 021	177 961	404	140 313
总计中：大型机床	511	85 396		
其中：重型机床	311	60 139		
加工中心	23	69 041	23	69 041
立式加工中心	20	4 019	20	4 019
龙门加工中心	3	2 885	3	2 885
车床	595	86 987	277	66 705
镗床	67	28 935	43	18 884
磨床	305	41 063	41	37 015
齿轮加工机床	2	380		
铣床	28	13 656	20	10 805
其他金属切削机床	1	36		
机床附件总计	88	5 540		

三、出口情况

近年来，国内重型机床企业加快了创新能力方面的建设，产品技术水平与国外先进水平的差距正在缩小。国内外重型机床市场的需求总量，近年来呈现了较大幅度减缩，尤其是重型机床的国内市场需求总量出现了较大幅度萎缩。2013 年，重型机床全年实现出口额 1 613 万美元（仅以重型机床分会参加统计的会员企业统计），比上年下降 8.3%，降幅较上一年度有所放缓；数控机床出口额占机床总出口额的 52.6%。2013 年重型机床行业分类产品出口情况见表 3。

表 3　2013 年重型机床行业分类产品出口情况

产品名称	实际完成		其中：数控	
	出口量（台）	出口额（万美元）	出口量（台）	出口额（万美元）
金属切削机床	27	1 613	12	849
车床	22	1 088	8	357
镗床	3	173	3	173
铣床	2	352	1	319

四、新产品开发

2013 年，重型机床制造企业虽然困难重重，但行业大多数企业积极主动利用市场调整的缓冲期，优化调整产品结构，主动开发适应市场需求的新产品，进军细分市场。企业纷纷加大了自主创新投入力度，研制新产品保持了较强劲的发展势头。全行业共开发 12 项新产品；申请国家专利共 45 项，其中发明专利 8 项、实用新型专利 35 项、外观设计专利 2 项。重型机床行业在自主创新和新产品研发方面取得了可喜成绩，为进一步提高我国重型机床水平做出了新的贡献。2013 年重型机床行业新产品开发情况见表 4。

表 4　2013 年重型机床行业新产品开发情况

产品名称	型号	主要技术参数	主要用途及特点	鉴定或验收单位
上海重型机床厂有限公司				
数控卧式车床	CK6185(III)	回转直径：850mm，车削直径：500mm，车削长度：3 500mm，行程（X/Z）：520mm/3 600mm，卡盘尺寸：ϕ320mm 液压卡盘，刀柄形式：32×32，主轴转速：1～800r/min，主电动机功率：22kW/30kW，刀架刀位数/动力刀位数：8（把），加工精	该机床具有适宜细长轴精密加工的特点，其技术可推广应用到冶金、造船、军工等行业，作为细长轴零件的加工设备。利用多点自动定心支撑系统支架体可实现 Z 向编程定位和自动液压锁紧，对轴工件进行高精度 3 点夹紧定位，同时可根据切削位置变化，夹紧点自动避	用户验收（上海凯士比泵有限公司）

（续）

产品名称	型号	主要技术参数	主要用途及特点	
		度：IT6，表面粗糙度：$Ra1.6\mu m$，定位精度（X/Z）：0.010mm/0.040mm，重复定位精度（X/Z）：0.007mm/0.016mm，数控系统：SIEMENS 840DSL，控制轴/联动轴数：6，机床净重：20 000kg，占地面积：7 800mm×3 400mm	让，以保证机床连续加工。同时，X 向由液压缸驱动，可实现横向移动，方便上下工件。X 向及 Z 向采用液压锁紧。多点自动定心支撑系统有 M 指令或手动按钮实现开启和闭合功能。在多点自动定心支撑系统支架上安装一个手动的支撑装置，以方便工件上下料之用	
专用卧式数控铣床	SHZ1065	回转直径：850mm，铣削直径：50～400mm，车削长度：2 000mm，行程（$X/Z/Y$）：520mm/2 050mm/（－50～＋120）mm，主轴转速：5～100r/min，主电动机功率（$X/Z/Y$）：36kW/27kW/36kW，定位精度（$X/Z/Y$）：0.03mm/0.06mm/0.01mm，重复定位精度（$X/Z/Y$）：0.012mm/0.03mm/0.006mm，C 轴定位精度：20″，C 轴重复定位精度：12″，数控系统：SIEMENS 840DSL，控制轴/联动轴数：4，机床净重：18 000kg，占地面积：6 500mm×2 100mm	该机床适用于汽轮机、发电机、船舶等行业高精度轴类零件表面的平面、槽类等分度铣削加工。机床的进给导轨均采用镶钢导轨，导向面均装有预加载荷的滚动块，无须维护并保证持续的高精度。机床带有铣削装置，由SIEMENS交流伺服电动机经减速箱带动同步齿形带驱动铣削主轴单元，在铣削主轴单元上安装40号刀柄，具有 Y 轴功能，可实现 X、Y、Z、C 四轴联动控制。机床的尾架采用交流电动机减速后实现尾架在床身上的移动，为防止工件发热伸长时产生的变形损坏机床，增加了碟簧保护装置。采用液压装置，供尾座夹紧和放松。机床中心架满足了高精度大型轴类零件对中心架滚轮跳动≤0.01mm的特殊要求	用户验收（中船重工中南装备有限责任公司）
数控重型卧式车床	CK61250T4	床身上回转直径：2 500mm，车削直径：2 000mm，车削长度：10 000mm，两顶尖工件最大重量：63t，快速移动速度（X/Z）：4 000mm/min，卡盘尺寸：ϕ1 600mm，主轴转速：0.4～200r/min，主电动机功率：100kW /147kW，静压中心架支承范围：ϕ320～700mm，中心架支承重量40t，加工精度：IT6，表面粗糙度：$Ra1.6\mu m$，定位精度（X/Z）：0.015mm /0.040mm，重复定位精度（X/Z）：0.008mm /0.012mm，数控系统：SINUMERIK 840DSL，机床净重：200 000kg，占地面积：21 000mm×10 000mm	该机床采用程序控制的方法，能自动完成圆柱面、圆锥面、圆弧面等复杂型面的切削加工，并可进行切槽、各种螺纹加工，适宜多品种、小批量、高精度零件的自动车削。主要用于汽轮机各类转子外圆、轴承档、叶根槽以及相关槽、孔等的车削加工。 主要功能特点：配置静压中心架的主支承圆弧静压块上有四个静压腔，经液压系统流量控制使浮起量保持一致，使工件两个主轴颈与静压块之间产生约0.02～0.07mm的油膜层，可以使工件得到较高的回转精度	用户验收（杭州汽轮机股份有限公司）
齐重数控装备股份有限公司				
双柱立式铣车加工中心	VCM500X31/32L－MC	回转及加工直径：5 000mm，最大加工高度：3 150mm，最大工件重量：32 000kg，工作台转速：1～160r/min，工作台端面径向跳动：0.01mm，数控系统：西门子840DSL	该机床为高速、高精度的双柱立式铣车加工中心，既具有大型立式车床的车削功能，又具有铣削功能，工件一次装夹后可高效率、高精度地连续完成车、铣、钻、镗、攻螺纹等多种工序加工；选用西门子840DSL数控系统，可实现3轴联动功能。适用于航空、航天、冶金等行业	
数控滚齿机	YK311000L	最大标准加工直径：10 000mm，最大可加工直径：12 500mm，最小加工直径：3 600mm，加工齿数：任意，最大模数：45mm（外齿滚切）、50mm（外齿铣切），最大螺旋角：±30°，最大加工齿宽：直齿2 000mm，工作台直径：5 200mm，工作台最大承重：250 000kg，工作台最高转速：1.2r/min，滚刀最大尺寸：ϕ500mm（直径）、700mm（长度），滚刀架回转角度：±30°，滚刀转速：10～100r/min	该产品主要用于加工渐开线齿形的直齿、斜齿、人字齿、蜗轮等。高速、高效地实现粗、精加工的要求，精度可达国标7级	中国有色（沈阳）冶金机械有限公司

（续）

产品名称	型号	主要技术参数	主要用途及特点	
数控单柱移动立式车铣床	SMVTM1800×75/600L－NC（200808059－1004）	最大车削直径：18 000mm，侧刀架行程水平（U）：2 000mm，垂直刀架至中心最大车削直径：11 000mm，垂直（W）：5 000mm，最大工件高度：7 500mm，镗铣电动机功率（异步伺服电动机）：S1－39kW、S2－58kW，最大工件重量：600t，车削主电动机功率：160kW，工作台直径：10 000mm，C轴伺服电动机转矩：125N·m，工作台转速级数：5级，工作台轴向圆跳动：0.02mm，工作台转速：0.14～14r/min，工作台最大切削转矩：800kN·m，垂直刀架行程：水平（X）6 050mm、垂直（Z）4 000mm，垂直刀架滑枕截面尺寸：460mm×460mm，侧刀架滑枕截面尺寸：460mm×460mm	该机床适用于高速钢刀具、硬质合金刀具、陶瓷刀具以及各种性能刀具对黑色金属、有色金属及部分非金属零件的粗、精加工。可以车削内外圆柱面、内外圆锥面、端面、切槽、公英制螺纹、回转曲面，并完成铣、镗、钻、攻螺纹等工序	东方电气集团东方电机有限公司
数控龙门移动双柱立式车床	DMVT1600×60/400L－NC（200909004－1011）	最大加工直径：16 000mm，横梁升降行程：5 000mm，最大加工高度：6 000mm，横梁升降速度：300mm/min，最大工件重量：400t，横梁升降电动机功率：55kW，工作台直径：10 000mm，车削主电动机（伺服电动机）130kW（2套），工作台转速：0.2～20r/min，工作台最大转矩：1 000kN·m，刀架滑枕截面尺寸：400mm×400mm，右刀架最大切削力：125kN，左刀架最大切削力：100kN	该机床适用于高速钢刀具、硬质合金刀具以及各种高性能刀具，对黑色金属、有色金属及部分非金属零件的粗、精加工。可进行内外圆柱面、内外圆锥面、圆弧面、螺纹的车削加工	中信重工机械有限公司
贵阳险峰机床有限责任公司				
数控轧辊磨床	MK8440A×40	磨削直径：50～400mm，顶尖距：4 000mm，托磨工件重量：3 000kg，托磨圆柱表面加工精度：圆度0.001 5mm，圆柱度：0.001 5mm/m，表面粗糙度：Ra0.02μm，定位精度：0.001mm，重复定位精度：0.001mm，电气系统：西门子840DSL，控制轴/联动轴数：5，机床净重：22t，机床外形尺寸（长×宽×高）：11 500mm×6 000mm×1 700mm	该机床用于有色金属、冶金、机械等行业中双零箔、铝箔、PS板、铜箔、板带、不锈钢装饰板轧机工作辊及轴类零件高精度磨削，也具有中小型外圆磨床的磨削功能	浙江天行铜业有限公司、长沙晟通铝业有限公司订购
青海华鼎重型机床有限责任公司				
高精度卧式车铣复合机床	CHG61250×6/40	床身上最大回转直径：2 500mm，过刀架最大工件回转直径：2 000mm，最大工件长度：6 000mm，顶尖间最大工件重量：40t，花盘最大转矩：25kN·m，刀架切削力：32kN，主轴轴向窜动：0.008mm，主轴径向圆跳动：0.008mm，C轴定位精度：12″，C轴重复定位精度：8″	该机床为高精度卧式车铣复合机床，主要用于各种轴类零件外圆柱表面、锥面及螺纹的车削加工，外圆表面的键槽、平面、端面的铣削、钻孔及攻螺纹加工；具有高复合、高精度、高速度的特点	青海省科学技术厅
车轴车床	CK8132C	床身上最大回转直径：600mm，加工工件直径：100～300mm，加工工件长度：1 500～3 000mm，顶尖间所允许工件最大重量：≥1.5t，主轴转速：50～800r/min，精车端面的平面度：0.015mm/300mm，精车螺纹的累积误差：0.006mm/50mm，轴颈对两端中心孔的径向圆跳动：0.06mm	该机床主轴箱主轴结构采用前后支承为角接触球轴承的高速高精度主轴结构，主轴的轴向窜动及径向圆跳动均可达到0.003mm；左、右刀架的纵向移动共用安装在床身上部两条导轨中间的一根滚珠丝杠，采取丝母旋转的结构；刀架配置有电动四工位回转刀台，同时配有测头以确定刀具的位置。纵向、横向滚珠丝	用户验收（马钢晋西轨道交通装备有限公司）

（续）

产品名称	型号	主要技术参数	主要用途及特点	
			杠采用国内知名厂家产品，各主电动机及进给电动机均为德国 SIEMENS（西门子）公司产品，光栅尺采用德国 HEIDENHAIN（海德汉）公司产品	
武汉重型机床集团有限公司				
数控双柱立式车床	CK52100x70/250	最大车削直径：10 000mm，最大工件高度：7 000mm，最大承载重量：250t（5 转以下），80t（全部转速下），工作台直径：8 000mm，工作台转速（无级）：0.25 ~ 25r/min，工作台最大转矩：650kN · m，主电动机功率（DC）：143kW，横梁垂直行程：6 000 mm，横梁升降速度：300mm/min，水平行程：（过中心 300mm）-300 ~ +5 350mm，滑枕垂直行程：4 000mm，滑枕截面尺寸：500mm × 500mm，最大车削力（滑枕伸出≤1 000mm 时）：160kN，车刀杆断面：100mm × 100mm，刀架进给速度（无级）：0.1 ~ 1 000mm/min，刀架快速移动速度：4 000mm/min，定位精度（X/Z）：0.025mm/1 000mm，重复定位精度（X/Z）：0.012mm/1 000mm，反向间隙：0.010mm/1 000mm，工件表面粗糙度：Ra≤1.6μmm（车削）	该机床能高效自动加工各种铁金属及合金、有色金属、非金属材料等工件，具有车削球面、柱面、锥面、螺纹、端面、内外环槽的能力。机床配五工位手动换刀座系统，方便四个特殊订货刀座和一个带连接刀座的 RENISHAW 工件自动测量装置的更换；配自动排屑及冷却系统等。在设计过程中汲取了当代最新的光、机、电、液等先进技术，力求做到结构典型化、部件模块化、零件通用化，可缩短制造周期，降低产品成本	用户验收（沈阳鼓风机集团股份有限公司）
数控龙门镗铣床	XK2130C × 100/MⅣ	工作台面宽度：3 000mm，工作台面长度：10 000m，工作台单位载重量：10t/m²，工作台 T 形槽宽度（横向）：36mm，立柱间距离（龙门）：3 600mm，垂直铣头主轴端面至工作台面距离：2 500mm。 镗铣头技术规格：主电动机功率：60kW，主轴转速（无级）：5 ~ 2 000r/min，主轴锥孔（ISO）：NO60，主轴直径：16mm，主轴最大转矩：4 500N · m，C 轴自动分度，滑枕断面：φ500 × 500mm； 工作行程：龙门移动（X 轴）10 500mm，镗铣头水平移动（Y 轴）4 200mm，镗铣头滑枕垂直移动（Z 轴）1 500mm，横梁进给（W 轴）2 000mm。 进给速度：龙门移动（X 轴）：0 ~ 15 000mm/min，镗铣头水平移动（Y 轴）：0 ~ 10 000mm/min，镗铣头滑枕垂直移动（Z 轴）：0 ~ 5 000mm/min，横梁进给（W 轴）：0 ~ 2 000mm/min。 快速移动速度：龙门移动［X（X_1）轴］：15 000mm/min，镗铣头水平移动（Y 轴）：10 000mm/min，镗铣头滑枕垂直移动（Z 轴）：5 000mm/min，横梁进给（W 轴）：2 000mm/min	该机床最大的技术难点和创新点是 MⅣ数控分度镗铣头，它是介于 MⅡ（高速分度镗铣头）和 MⅢ（重载分度镗铣头）之间的一种最常用的多功能、中载分度镗铣头。主轴直径 160mm，功率 60kW，主轴转速 2 000r/min，转矩 4 500N · m。主轴能自动拉刀，滑枕自动拉附件，C 轴能实现自动分度，并具备通气、通液、通电、附件识别、刀具内外冷等功能。该镗铣头的开发成功将逐步替代现有 4 × 90°转位镗铣头，加快数控龙门镗铣床同高档化发展	用户验收（唐山钢铁）

五、专利发明情况

在2013年第十三届北京中国国际机床展览会上，重型机床行业的展台成为此届展会的一大亮点，吸引了国内外大量的参观者。各类高品质的高档重型机床新品，向世人展示了重型机床行业近年来快速发展并取得的骄人业绩。重型机床新产品近年来获得了许多国家级、省级、市级科技进步奖，技术水平与国际先进水平的差距正在缩小；用户信任度和满意度及市场占有率得到了提高。当前，我国重型机床制造业完全可以承接国内各用户行业绝大多数的重型机床订购任务。全行业将以承担和满足国家重点工程项目的重大技术装备为己任，深入并联合用户，全面向高档重型机床领域进军，为全面提高国产重型机床市场竞争力，为国产数控重型机床全面占领国内市场做出更大贡献。

近年来，随着新产品开发与科学技术的进步，重型机床行业各企业专利发明不断涌现。各企业更加注重专利的发明、应用及知识产权的保护。自主创新、知识产权的观念意识得到很大提高。2013年重型机床行业专利发明情况见表5。

表5　2013年重型机床行业专利发明情况

序号	专利名称	专利类型	授权日期	企业名称
1	镗杆主轴带内冷自动拉刀机构	发明	2013.03.20	武汉重型机床集团有限公司
2	位置检测控制装置	发明	2013.01.23	武汉重型机床集团有限公司
3	轴分度定位结构	发明	2013.09.04	武汉重型机床集团有限公司
4	横梁导轨卸荷装置	发明	2013.08.21	武汉重型机床集团有限公司
5	齿板自动对齿装置	实用新型	2013.02.27	武汉重型机床集团有限公司
6	自适应式恒流静压导轨	外观设计	2013.05.01	武汉重型机床集团有限公司
7	数控机床	实用新型	2013.09.04	武汉重型机床集团有限公司
8	插入式三层垫铁	实用新型	2013.06.26	武汉重型机床集团有限公司
9	齿板止退装置	实用新型	2013.08.21	武汉重型机床集团有限公司
10	一种可调连接件间距的螺纹连接机构	实用新型	2013.06.26	武汉重型机床集团有限公司
11	滑枕主轴内置水冷电机冷凝水控制装置	实用新型	2013.06.26	武汉重型机床集团有限公司
12	升降走台防坠装置	实用新型	2013.06.26	武汉重型机床集团有限公司
13	内藏式测量结构	实用新型	2013.06.26	武汉重型机床集团有限公司
14	滑枕前端密封结构	实用新型	2013.06.26	武汉重型机床集团有限公司
15	滑枕上下进给丝杠端部固定及调整结构	实用新型	2013.06.26	武汉重型机床集团有限公司
16	多层阻尼密封排油结构	实用新型	2013.06.26	武汉重型机床集团有限公司
17	电气控制柜柜门开关检测装置	实用新型	2013.06.26	武汉重型机床集团有限公司
18	一种铝锭车床提升对中机构	实用新型	2013.06.26	上海重型机床厂有限公司
19	细长轴零件自动加工设备及加工方法	发明	2013.06.06	上海重型机床厂有限公司
20	一种机床主轴机械密封装置	实用新型	2013.11.13	上海重型机床厂有限公司
21	一种机床拖板自动匀速进给机构	实用新型	2013.11.13	上海重型机床厂有限公司
22	一种高精度工作台及其加工方法	发明	2013.07.10	齐重数控装备股份有限公司
23	数控滚齿机滚刀架前支架及安装调试方法	发明	2013.01.09	齐重数控装备股份有限公司
24	立式车铣床的刀夹夹紧机构	发明	2013.12.18	齐重数控装备股份有限公司
25	一种重型数控立式车床重载高速刀架	实用新型	2013.06.12	齐重数控装备股份有限公司
26	环形件磨削模具	实用新型	2013.06.12	齐重数控装备股份有限公司
27	加工增力丝杠丝杆套用可调芯轴	实用新型	2013.06.12	齐重数控装备股份有限公司
28	平铣床快速卡紧机构	实用新型	2013.06.12	齐重数控装备股份有限公司
29	小型热处理工件手持夹具	实用新型	2013.06.12	齐重数控装备股份有限公司
30	垂直刀架自动搬度机构	实用新型	2013.06.12	齐重数控装备股份有限公司
31	一种新型高速单柱立车滚动轴承装置	实用新型	2013.06.12	齐重数控装备股份有限公司
32	新型减震传动轴结构	实用新型	2013.06.12	齐重数控装备股份有限公司
33	铣刀架内齿轮消隙装置	实用新型	2013.06.12	齐重数控装备股份有限公司
34	刀夹勾紧装置	实用新型	2013.06.12	齐重数控装备股份有限公司
35	滚齿机滚齿刀架主轴传动箱阻尼机构	实用新型	2013.06.12	齐重数控装备股份有限公司
36	ISO标准接口数控镗床镗刀杆	实用新型	2013.06.12	齐重数控装备股份有限公司
37	新型立式车床断电静压保护装置	实用新型	2013.07.10	齐重数控装备股份有限公司

（续）

序号	专利名称	专利类型	授权日期	企业名称
38	一种高精度、低噪声机床齿轮箱	实用新型	2013.06.12	齐重数控装备股份有限公司
39	机床横梁锁紧装置	实用新型	2013.06.12	齐重数控装备股份有限公司
40	立式车床工作台浮动静压导轨板	实用新型	2013.06.12	齐重数控装备股份有限公司
41	重型立式车床工作台齿圈联接装置	实用新型	2013.06.12	齐重数控装备股份有限公司
42	重型立式车床工作台静压导轨	实用新型	2013.07.10	齐重数控装备股份有限公司
43	卡爪的径向微调机构	实用新型	2013.09.11	齐重数控装备股份有限公司
44	自动排屑冷却液循环系统装置	实用新型	2013.09.11	齐重数控装备股份有限公司
45	一种镗削大型深孔用大型镗杆装置	实用新型	2013.09.11	齐重数控装备股份有限公司
46	镗削大型深孔用径向可调式镗刀盘内孔支撑机构	实用新型	2013.09.11	齐重数控装备股份有限公司
47	一种新型卡爪定位装置	实用新型	2013.09.11	齐重数控装备股份有限公司

六、质量和标准化工作

在世界经济持续低迷、国内经济增速明显放缓的大背景下，市场竞争更加激烈，企业抓好产品质量显得尤为重要。2013 年，重型机床行业企业普遍提高了产品质量意识，加大质量管理力度。多数企业着手抓制造工艺和过程中的质量控制，开始重视制造细节并采取相应措施，抓产品开发、抓制造关键环节、抓用户安装调试和售后服务，保证产品质量满足用户需要。国产重型机床产品的质量正逐渐得到用户认可，在用户心目中的地位不断提高。

全国金属切削机床标准化技术委员会重型机床分会于 2013 年 10 月在湖南省长沙市召开了六届五次扩大会议。

会议协调了 2012 年标准复核中存在的问题以及 2013 年标准制（修）订工作，完成了下列 5 项行业标准送审稿的审查会审并办理完上报审批手续：《数控重型深孔钻镗床检验条件　第 1 部分：精度检验》（计划编号 2012 – 1903T – JB），《数控重型深孔钻镗床检验条件　第 2 部分：技术条件》（计划编号 2012 – 1904T – JB），《数控重型立柱移动式立式车床　第 1 部分：精度检验》（计划编号 2012 – 1939T – JB），《数控重型立柱移动式立式车床　第 2 部分：技术条件》（计划编号 2012 – 1940T – JB），《龙门铣刨床　第 1 部分：精度检验》（计划编号 2012 – 1941T – JB）；起草重型机床分标准化技术委员会换届文件，完成重型机床分标准化技术委员会的换届工作。

由于重型机床产品的品种与种类多，其标准的制定往往会涉及其他行业分会，各行业分会间均需加强沟通与协调。2013 年，重型机床分会在此方面做了大量的协调与配合工作，参加并协助相关分会和总会制修订和完成了多项行业和国家标准：①参加金属切削机床标委会重庆会议，参与 S 试件国际标准的起草工作，审查、确定了由武汉重型机床集团有限公司主持起草的国家标准 GB/T 17421.2《机床检验通则　第 2 部分：数控轴线的定位精度和重复定位精度》等 4 项国家标准。②参加行业标准《包装箱　技术条件》的起草工作，将重型机床包装的要求发送第一起草单位（广州机床研究所）。③参加中国机床工具工业协会在北京召开的标准复审会议，完成了重型机床分技术委员会主持制定的 7 项国家标准的复审和修改工作。④参与全国金属切削机床标准化技术委员会齿轮机床分会扩大会议，参加大型精密滚齿机行业标准的制定工作。⑤参加《数控重型深孔钻镗床检验条件　第 1 部分：精度检验》《数控重型深孔钻镗床检验条件　第 2 部分：技术条件》《龙门铣刨床　第 1 部分：精度检验》标准的起草工作。

〔供稿单位：中国机床工具工业协会重型机床分会〕

小 型 机 床

一、基本情况

1. 产品分类及特点

小型机床产品有十余大类，涵盖了机床中的大部分类别，是多个机床行业的补充，行业产品主要服务于钟表、照相机、光学仪器、电子工业、航空航天、石油化工、视听设备、办公设备、家用电器、家电维修、玩具、五金、汽车、摩托车、IT 行业等，产品范围较广，通过几十年的发展，也有部分产品跨入到中、大等规格，行业主要产品有：

（1）仪表车床（小型车床）。最大加工直径 250mm（变型产品 300mm），包括台式车床、工具车床、小型车床、轴类车床、盘类车床、转塔车床、精整车床。该类产品主要用于小型回转零件的加工，产品结构通常较为简单并简化了制造工艺，因而产品的制造成本很低、附加值低，数控产品有一定附加值。通常一台普通仪表车床的售价在 500 ~ 3 000 元，数控产品售价在 3 万元以内，部分产品售价约 6 万元，在乡镇企业、小型的私营企业及家庭作坊等劳动密集型生产单位使用较多。

（2）台式钻床、钻铣床和小型铣镗床。主要用于小型零件的钻削、攻螺纹、铣削、磨削等加工，多用于精度要求不高的零件的辅助加工，如钻孔攻螺纹、普通维修等，加工零件较小。

(3)卧式车床。最大加工直径500mm的短床身车床、数显车床、数控车床、车削中心、车削柔性单元、车削生产线及专用、专门化车床。该类产品主要用于盘类、轴类零件的加工，与常规的数控车床、普通车床相同。

(4)单轴自动车床。小型自动车床主要有三种结构形式，包括主轴箱移动型(又称瑞士型)的机械凸轮式单轴纵切自动车床和数控型纵切自动车床，采用长棒料为加工原料；主轴箱固定型的单轴自动车床，采用长棒料为加工原料；盘料横切自动车床，采用盘状棒料为加工原料，加工直径较小，通常为数毫米。自动车床主要是采用棒料大批量生产小型轴类零件，加工直径通常在30mm以下，加工效率极高，全功能数控型最多可配置14把刀具(包括动力刀具)，可以实现零件的背加工。

(5)工作台面宽度小于200mm的小型铣床。用于小型零件的铣削加工。

(6)小型磨床。包括：①工作台面宽度小于200mm的平面磨床，主要用于中小规格零件的磨削加工，加工精度较高。②最大磨削外圆直径100mm的外圆磨床，万能外圆磨床。③最大磨孔直径30mm的内圆磨床。④坐标磨床，最大工作台宽800mm，有单柱式和龙门式，主要用于淬火零件的精密磨削，加工内容以精密孔系、精密孔和精密轮廓为主，也可进行精密轻铣；通常用于制造业的工具车间，也用于高硬材料如冲模加工，近年也逐步用于高硬精密零件的批量加工，如印刷机械中凸轮轮廓的精密磨削。

(7)小刀具、小刃具、小工具加工机床。

(8)小模数齿轮加工机床。最大加工直径150mm，机床采用卧式结构，主要用于小型齿轮包括斜齿轮、蜗轮蜗杆等的精密加工和批量加工，有普通型、数控型、全数控型，加工精度最高可以达到5级。还有专门用于轿车蜗杆大批量加工的数控蜗杆铣床等。

(9)镗床。主要有坐标镗床、轴瓦镗床。坐标镗床工作台宽≤450mm，主要用于有精密孔系要求及精密孔要求的模板类零件的精密加工；轴瓦镗床用于轴承行业轴瓦的精密镗削加工。

(10)小型组合机床及自动线、自动装配自动线等专用设备。组合机床及自动线适用于汽车、摩托车、空调压缩机、家电行业各种中小型零件的大批量加工，有回转工作台结构、直线移动型结构及多台组合机床组成生产线等方式，有普通型和数控型。自动装配生产线，通常由数十个装配单元组成，有中央总控装置，主要用于家电组部件的自动装配，生产效率极高。

(11)中小型加工中心及柔性加工单元、多台加工中心组成的柔性生产线，工作台宽≤1 000mm的卧式加工中心系列和工作台宽≤450mm的立式加工中心。主要特色是加工精度高，用于汽车摩托车、航空航天业等中小型箱体类零件的精密加工；五轴联动加工中心主要用于叶片类零件的精密加工。部分企业开发出了工作台宽1 200mm的大型产品以及龙门结构的中等规格立式加工中心，开始进军数控龙门铣床及龙门加工中心等。

(12)多功能工具机。机床结构设计较为巧妙，具有多种功能，通常具有车、钻、铣、攻螺纹等功能，产品70%以上供出口。主要用于家庭维修、制造和小型维修用。

(13)光学冷加工设备。光学玻璃、玛瑙、宝石、石英晶体、硅加工机床，主要是对该类材料进行抛磨、切片等，机床规格较小。

(14)弹簧夹头、转台、机床附件、机床配件及少量的木工机床、小型锻压机床等。

2. 行业结构分析

2013年，小型机床分会会员企业18家，包括四川普什宁江机床有限公司、山东临沂金星机床有限公司、温州仪表机床厂、浙江金火机床有限公司、池州家用机床股份有限公司、广州粤港工程技术有限公司、上海第十二机床厂有限公司、杭州光大机械有限公司、佛山市佛威精密机器有限公司、西安北村精密机械有限公司、杭州川禾机械有限公司等。参加本年鉴统计的企业共计6家。

3. 经济运行情况

2013年行业总体指标均有下降，特别是工业增加值、实现利税下降幅度较大。参加年鉴统计的6家企业，完成工业总产值63 769.6万元，比上年下降19.44%；实现产品销售收入8.14亿元，比上年下降7.81%；出口交货值2 562.3万元，比上年下降1.55%。行业存货增长71.97%，企业库存增幅较大；工业中间投入比上年增长13.41%。

2013年，小型机床产品产量11 421台，同比增长1.34%，改变了连续两年的下降态势，略有增加。其中，车床产量增幅较大，同比增加5 105台，数控车床产量增加5 283台；车床的数控化率达到87.22%，比上年提高近34个百分点。加工中心产量减少139台。仪表机床减少4 538台，已连续三年下降，同比下降62.58%，产量萎缩继续加大；仪表机床的数控化率为8.18%，比上年提高约6个百分点。齿轮加工机床、铣床产量分别增加105台和减少104台。磨床产量同比减少226台。其他金属切削机床产量同比增加10台。金属切削机床产品产值比上年同期下降6.69%。全行业生产数控机床7 658台，比2012年增长198.32%，上升幅度较大，主要体现在数控车床的产量上。数控机床产值38 583.1万元，比上年下降7.84%，产量上涨幅度大，产值却呈下降态势。完成数控机床销售7 594台，其中数控车床销量为6 777台，比上年增长758.94%。2013年小型机床行业主要经济指标完成情况见表1。

表1 2013年小型机床行业主要经济指标完成情况

指标名称	单位	实际完成
工业总产值	万元	63 769.6
其中:机床工具类产品产值	万元	54 328.3
工业销售产值	万元	64 245.6
其中:机床工具类产品销售产值	万元	64 245.6
工业增加值	万元	19 786.9
实现利税	万元	1 621.2
从业人员平均人数	人	2 633
资产总计	万元	104 919.6
流动资产平均余额	万元	66 256.4
固定资产净值平均余额	万元	42 644.8

二、生产、销售及出口情况

2013年,参加年鉴统计的6家企业共生产金属切削机床11 421台,同比略有上升,幅度不大。共销售金属切削机床11 189台,比上年增加739台。出口金属切削机床共计622台,比上年同期减少178台。

(1)仪表车床。2013年,共生产小型仪表车床2 713台,比上年下降62.58%,产值1 402万元。当年销售仪表车床2 148台,没有出口。主要生产厂家为浙江光大机械有限公司。

(2)卧式车床。2013年,共生产卧式车床866台,比上年下降28.31%;产值约3 115.5万元,比上年增长29.28%。产量下降,但产值上升。生产厂家为山东临沂金星机床有限公司。

(3)单轴自动车床。2013年,共生产各种单轴纵切自动车床80台,比上年增加30台;产值429.5万元,比上年增长68.63%。主要生产厂家为四川普什宁江机床有限公司。

(4)铣床。2013年,共生产数控铣床606台。铣床出口605台,主要销往美国、日本。创汇273.6万美元,比上年增长4.13%,变化不大。生产厂家为山东临沂金星机床有限公司。

(5)组合机床及加工自动线、装配自动线等专用设备。2013年,共生产38台(套),比上年减少60.82%;产值2 386.2万元;产量下降幅度较大,市场有所萎缩。销售80台(套),比上年下降12.68%。生产厂家为四川普什宁江机床有限公司。

(6)齿轮加工机床。2013年共生产小型卧式滚齿机313台,比上年增长50.48%;产值6 414.7万元,比上年增长61.57%;销售297台,比上年增加45台。生产小型数控滚齿机158台,比上年增加85台;实现销售135台,比上年增长40.63%。齿轮加工机床出口6台,创汇40.8万美元。生产厂家为四川普什宁江机床有限公司。

(7)加工中心。2013年共生产154台,其中卧式加工中心28台,立式加工中心119台,龙门式加工中心7台;产值7 532.2万元;实现销售39台,比上年同期下降78.69%。生产厂家为四川普什宁江机床有限公司、佛山市佛威精密机器有限公司、山东临沂金星机床有限公司。

(8)多功能工具机。2013年,共生产多功能工具机883台,比上年减少685台;产值1 222.1万元,比上年同期下降24.62%。销售875台,且全部出口,主要出口到欧洲地区。生产厂家为山东临沂金星机床有限公司。

(9)镗床。2013年,共生产镗床1台,比上年减少3台;产值212万元;销售4台,比上年增加1台。生产厂家为四川普什宁江机床有限公司。

2013年小型机床行业分类产品生产情况见表2。

表2 2013年小型机床行业分类产品生产情况

产品名称	实际完成		其中:数控	
	产量(台)	产值(万元)	产量(台)	产值(万元)
金属切削机床总计	11 421	47 240.3	7 658	38 583.1
加工中心	154	7 532.2	36	4 080.1
立式加工中心	119	3 131.1	12	273.6
卧式加工中心	28	3 953.9	24	3 806.5
龙门式加工中心	7	447.2		
车床	7 572	27 289.4	6 604	25 082.9
镗床	1	212.0	1	212.0
磨床	2	185.6	1	153.3
齿轮加工机床	313	6 414.7	158	5 257.3
铣床	606	1 666.5	606	1 666.5
组合机床	38	2 386.2	30	2 115.1
仪表车床	2 713	1 402.0	222	15.9
其他金属切削机床	22	151.7	0	0
系列工具机	883	1 222.1		

三、新产品、新技术、新工艺发展情况

2013年,中国机床工具行业延续2011年下半年开始的下行趋势,增速仍持续缓慢回落,市场需求下降。小型机床分会理事会确定2013年的指导思想为“以调整产品结构和发展方式转型为主线”,加强和引导企业“加强基础管理、练好内功、转型升级”,做好新产品特别是数控机床新产品的开发,大力调整产品结构,不断提高产品的市场竞争力。在2013年整个机床工具行业增长压力很大的环境下,山东临沂金星机床有限公司通过提升出口产品的数控化水平,保持了较好的销售态势;浙江金火机床有限公司通过做专、做精产品,保持了产值和利润的增长;四川普什宁江机床有限公司大力推进产品转型升级和产品结构调整,主导产品精密卧式加工中心和小模数数控滚齿机产品转型升级初见成效,年度新增合同增长1倍以上,在重点用户服务领域和重大工程项目中取得较好的业绩。

2013年,行业企业在科技创新、新产品开发中都取得了一定成效,开发设计新产品36种,同上年持平。其中,全新设计21种,改进设计15种;行业新产品2种,企业新产品34种。四川普什宁江机床有限公司开发专用机床11台、各式数控机床6台,浙江金火机床有限公司开发各式精密数控车床6台、加工中心1台,山东临沂金星机床股份有限公司

开发数控车床及数控磨床各 1 台，佛山市佛威精密机器有限公司开发各式加工中心 5 台、数控卧式车床 4 台、组合机床 1 台。其中通过省级鉴定的产品有 11 种，占新产品开发数量的 30.56%；通过国家级鉴定的 1 种，为行业持续发展奠定了基础。2013 年小型机床行业部分企业新产品开发情况见表 3。

表 3　2013 年小型机床行业部分企业新产品开发情况

产品名称	型号	主要技术参数	产品性质	产品属性	产品水平
四川普什宁江机床有限公司					
多轴复合数控专用装置	NJ－K074	行程（$X_0/X_1/X_2/X_3/X_4$）：600mm/100mm/200mm/100mm/60mm；行程（Y_1/Y_2）：100mm/100mm；行程（$Z_1/Z_2/Z_4$）：200mm/200mm/300mm	全新设计	行业新产品	国内先进
数控立式双柱坐标镗床	NJ－TK4280	行程（$X/Y/Z$）：1 000mm/700mm/500mm	全新设计	企业新产品	国内先进
精密卧式加工中心	HMC500	行程（$X/Y/Z$）：600mm/700mm/900mm	改型设计	企业新产品	国内先进
精密卧式加工中心	HMC630	行程（$X/Y/Z$）：1 000mm/800mm/900mm	改型设计	企业新产品	国内先进
数控卧式三面钻削组合机床	NJ－HK051	行程（$X/Y/Z$）：400mm/400mm/400mm	全新设计	企业新产品	国内先进
发泡橡胶数控切片机	NJ－K075	行程（Y/Z）：300mm/60mm	改型设计		国内先进
管板数控钻孔攻丝机	NJ－K076	行程（$X/Y/Z$）：7 800mm/900mm/450mm	全新设计	企业新产品	国内先进
数控卧式滚齿机	YKJ3610IV	拖板最大行程：150mm；最大切削模数：1.5mm	全新设计	企业新产品	国内先进
支座数控双向镗削组合机床	NJ－HK052	行程（X/Y）：200mm/30mm	全新设计	企业新产品	国内先进
减速器壳体数控双向镗削组合机床	NJ－HK053	行程（X/Y）：400mm/630mm	全新设计	企业新产品	国内先进
后桥包壳体数控双向镗削组合机床	NJ－HK054	行程（X/Y）：630mm/400mm	全新设计	企业新产品	国内先进
后桥壳体数控双向四头镗削组合机床	NJ－HK055	行程（X/Y）：750mm/160mm	全新设计	企业新产品	国内先进
数控滚齿机床	SK6504	行程（X/Z）：45mm/85mm；最大切削模数：2mm	改型设计	企业新产品	国内先进
高精复合数控车削中心	NJ－CH6140	行程（$X_1/X_2/Z_1/Z_2/A$）：180mm/180mm/500mm/400mm/500mm	全新设计	企业新产品	国内先进
数控卧式滚齿机	YK3608	拖板最大行程：150mm，最大切削模数：2mm	全新设计	企业新产品	国内先进
数控立式滚齿机	YK3115	拖板最大行程：200mm，最大切削模数：3mm	全新设计	企业新产品	国内先进
壳体侧面冲孔生产线	NJ－SX020/03	6 联同步机械手，7 工位直线式。加工工件壁厚：2.8～3.5mm	改型设计	企业新产品	国内先进
浙江金火机床有限公司					
数控精密车床	CK20Z	床身上最大回转直径：250mm，拖板最大回转直径：100mm，最大加工长度：150mm，最大棒料直径：20mm，主轴通孔直径：28mm，行程（X/Z）：260mm/250mm，主轴转速：60～4 000r/min	全新设计	企业新产品	国内领先
数控排刀车床	CK45Z	床身上最大回转直径：420mm，刀板上最大车削直径：100mm，行程（X/Z）：360mm/300mm，快速移动速度（X/Z）：（18m/min）/（18m/min）	全新设计	企业新产品	国内先进
铣削加工中心	XH7122	行程（$X/Y/Z$）：460mm×270mm×400mm，工作台尺寸：500mm×230mm，主轴最高转速：8 000r/min，主电动机功率：2.2kW，主轴锥孔：BT30，主轴端面至工作台的距离：70～470mm，X 向电动机转矩：6N·m（110），Y 向电动机转矩：6N·m（110），Z 向电机转矩：7.7N·m（130），主轴轴线至立柱导轨面的距离：345mm；斗笠式刀库：8T；数控系统：锐普德 R8090M；机床尺寸：1 460mm×1 300mm×1 830mm	全新设计	企业新产品	国内先进

（续）

产品名称	型号	主要技术参数	产品性质	产品属性	产品水平
数控双面车床	CK6135SM/A	床身上最大回转直径:400mm,最大加工长度:700mm,最大车削直径:100mm,行程(X/Z):280mm/330mm,快速移动速度(X/Z):(18m/min)/(18m/min),主轴转速:50~2 000r/min,主电动机功率:3.7~5.5kW,进给电动机功率(X/Z):(1.2kW)/(1.8kW),表面粗糙度Ra1.6μm,定位精度:0.01mm/0.012mm,重复定位精度(X/Z):0.006mm/0.007mm,数控系统:新代10B,机床尺寸:2 680mm×1 270mm×1 630mm	全新设计	企业新产品	国内先进
数控车床	CKX35	床身上最大回转直径:350mm,主轴通孔直径:43mm,最大车削直径:140mm,行程(X/Z):320mm/250mm,快速移动速度(X/Z):(18m/min)/(18m/min),主轴转速:100~4 500r/min,主电动机功率:3.7kW,进给电动机功率(X/Z):1.2kW /1.88kW,表面粗糙度Ra0.8μm,定位精度:0.012mm /0.015mm,重复定位精度(X/Z):0.006mm/0.007mm,数控系统:广数928Tea,机床尺寸:1 800mm×1 300mm×1 880mm	全新设计		国内先进
数控车床	CKW50	床身上最大回转直径:550mm,主轴通孔直径:61mm,最大车削直径:330mm,行程(X/Z):190mm/545mm,快速移动速度(X/Z):(24m/min)/(24m/min),主轴转速:60~8 000r/min,主电动机功率:7.5kW/11kW,进给电动机功率(X/Z):1.88kW /1.88kW,表面粗糙度Ra0.8μm,定位精度:0.01mm/0.012mm,重复定位精度(X/Z):0.004mm/0.006mm,数控系统:西门子808D,机床尺寸:2 440mm×1 550mm×1 830mm	全新设计	企业新产品	国内先进
数控机床	CK25Z	床身上最大回转直径:250mm,主轴通孔直径:34mm,最大车削直径:100mm,行程(X/Z):260mm/230mm,快速移动速度(X/Z):(12m/min)/(15m/min),主轴转速:60~3 500r/min,主电动机功率:2.2kW,进给电动机功率(X/Z):1.2kW/1.88kW,表面粗糙度Ra0.8μm;定位精度:0.01mm/0.012mm,重复定位精度(X/Z):0.004mm/0.006mm,数控系统:广数GSK928Tea,机床尺寸:1 480mm×1 200mm×1 600mm	全新设计	企业新产品	国内先进
山东临沂金星机床有限公司					
数控磨床	MK7115	行程(X/Y/Z):170mm/340mm/210mm	合作生产	企业新产品	国内先进
数控车床	CAK6163Z	行程(X/Z):320mm/1 350mm	全新设计	企业新产品	国内先进
佛威精密机器有限公司					
铝型材动柱龙门加工中心	FWG-L560A	行程(X/Y/Z):6 000mm/1 070mm/500mm,带摆轴	改型设计	企业新产品	国内先进
动柱式龙门加工中心	FWG-L540A1	行程(X/Y/Z):5 000mm/500mm/950mm	改型设计	企业新产品	国内先进
双主轴镗铣组合机床	FWHH-M12120	行程(X/Y/Z):1 200mm/1 200mm/2 000mm,双主轴	全新设计	行业新产品	国内先进
立式加工中心	FWV-M1580A	行程(X/Y/Z):1 500mm/800mm/800mm	改型设计	企业新产品	国内先进
卧式加工中心	FWH-M630	行程(X/Y/Z):630mm/630mm/2 000mm	改型设计	企业新产品	国内先进
卧式加工中心	FWH-M630A	行程(X/Y/Z):1 000mm/800mm/800mm	改型设计	企业新产品	国内先进

（续）

产品名称	型号	主要技术参数	产品性质	产品属性	产品水平
卧式车床	FWT－80400	行程（X/Z）：440mm/4 000mm，最大回转直径：800mm	改型设计	企业新产品	国内先进
卧式车床	FWT－80300	行程（X/Z）：440mm/3 000mm，最大回转直径：800mm	改型设计	企业新产品	国内先进
卧式车床	FWT－3550A	行程（X/Z）：220mm/600mm，最大回转直径：450mm	改型设计	企业新产品	国内先进
卧式车床	FWT－5080	行程（X/Z）：220mm/600mm，最大回转直径：650mm	改型设计	企业新产品	国内先进

四、科研成果及其应用

2013 年，小型机床行业经济运行形势严峻，各项经济指标增速均出现急剧下滑，加之进口机床工具产品带来的竞争压力，本年度行业形势不容乐观。小型机床分会各成员单位遵循 2013 年分会的指导思想“以调整产品结构和发展方式转型为主线”，纷纷寻找突破途径，加强基础管理，加大科研力度，探索新模式，实现自我突破，提升整体竞争水平，努力寻找市场商机，力争在逆境中生存，在逆境中壮大。各会员单位积极开展科研项目和技术研究工作，取得较好成绩，为产品发展、质量改进、生产制造提供了有力的技术支持。2013 年，获奖科研项目 3 项，获授权专利 7 项。2013 年小型机床行业科研项目情况见表 4。2013 年小型机床行业获奖科研项目情况见表 5。2013 年小型机床行业获授权专利情况见表 6。

表 4　2013 年小型机床行业科研项目情况

科研项目名称	主要内容	应用状况	项目来源
四川普什宁江机床有限公司			
气动自驱式动力头模块开发	开发钻削能力为加工钢件 6mm 的气动自驱式动力头（参照速技能动力头 SRV3－6－1313 虎夹安装方式），可替代当前使用最多的压缩机气缸零件弹簧孔、吸入孔刷光的动力头，降低外购采购成本	自行应用	自主研发
YK3610Ⅱ全自动上下料装置开发	机械手夹持范围：直径 5～100mm，长度 10～200mm，零件总重量不超过 2kg，零件自动上下料时间约 15s	自行应用	自主研发
YKJ3610IV 数控滚齿机开发	改内联传动链和挂轮机构，采用电子齿轮箱，X、Z 轴实现数控，增加滚刀轴角度调整机构和锁紧结构（手动），采用步进电动机串刀、全封闭防护罩，配置力士乐数控系统（或国产数控系统），合理配置伺服电动机和主轴电动机，完善数控滚齿机系列，逐步替代 YKJ3610 并解决长期存在的锥齿轮问题、滚刀轴刚性、齿形加工精度问题等	自行应用	自主研发
FMS 柔性制造系统总控技术改进	对现有的 FMS 控制技术进行改进。①按照软件模块化思想，开发优化软件；②增加托板识别、零件视觉识别、刀具管理等功能；③增加柔性制造系统与 MES 系统的接口，提升公司 FMS 总控技术水平	自行应用	自主研发
浙江金火机床有限公司			
CK20Z 数控车床	该机床是一款经济型数控车床，导轨采用滚珠直线导轨，与同配置的硬轨机床相比，最大的优势是 X、Z 轴的移动速度大大加快，同时床身及大小拖板采用的是高强度铸铁，超长的 X 向行程及排式刀架使换刀更为迅捷精准；人性化的集中式机床操作面板，使机床操作更加简便，全封闭式的防护罩，防水性好，操作更加安全，特别适用于有色金属、小型零件及形状复杂的轴、盘类加工	自行应用	自主研发
CK45Z 数控车床	该机床是一款底座与床身连体的直线导轨车床，其 X 向超长的行程（360）及外加升降铣削动力头可以充分满足各类零件的车铣加工，其中主轴轴承采用的是前三后二的精密角接触轴承，可得到高精度、高承载能力、高转速的优化组合。另外机床整体采用机电一体化设计，外形美观，产品结构成熟，操作方便，可实现一人多机操作	自行应用	自主研发
XH7122 铣削加工中心	该机床是针对小型零件加工设计的一款八刀位小型加工中心。机床特点是：体积小，机床底座结构更加注重稳定性和刚性设计；工作台面的凸缘设计方法，使工作台长度及行程都得到了合理的改善：Y 向行程大于工作		

（续）

科研项目名称	主要内容	应用状况	项目来源
	台宽度的2倍，动力头的 Z 向行程大于同级别的机床；润滑系统的改进，提高了润滑性能，可延长机床的使用寿命	自行应用	自主研发
CK6135SM/A 数控双面切削机床	①机床可同时加工两端形状结构不同的工件，加工效率高，加工精度也大大提高。并可根据客户需求，增加铣削、钻孔、攻螺纹等项目。②机床床身由一体压铸而成，结构刚度更好。③机床可配置双主轴夹座模式，以便于客户加工各种长度不一的零件，并为主轴夹座配备可调整的底座，中心高调整更方便。④机床可按客户要求配备自动上料，大大提高加工效率。⑤机床系统采用台湾新代的双通道系统，操控更方便，系统运行更稳定	自行应用	自主研发
CKX35 数控车床	采用高刚度密烘铸铁60°平床身斜拖板结构，拖板部分采用最新设计方法，底座与床身一体化，平置的导轨斜拖板，整体加工过程中受力方向均匀分布，更具稳定性。新颖的设计排屑更流畅，结构紧凑。主轴箱采用了相应减少主轴热变形的措施，使主轴在长期高速工作时能保持主轴线的相对稳定性。主要用于加工各类轴类、盘类零件，可以车削各种螺纹、圆弧、圆锥及回转体的内外曲面，适合汽车、摩托车、五金、电子、航天、军工等行业对黑色金属转体类零件进行高效、大批量的精密加工	自行应用	自主研发
CKW50 数控车床	采用高刚性密烘铸铁30°平床身斜拖板结构，拖板部分采用最新设计方法，底座与床身一体化，平置的导轨斜拖板，整体加工过程中受力方向均匀分布，更具稳定性。新颖的设计排屑更流畅，结构紧凑。主轴箱采用了相应减少主轴热变形的措施，使主轴在长期高速工作时能保持主轴线的相对稳定性。主要用于加工各类轴类、盘类零件，可以车削各种螺纹、圆弧、圆锥及回转体的内外曲面，适合汽车、摩托车、五金、电子、航天、军工等行业对黑色金属旋转体类零件进行高效、大批量的精密加工	自行应用	自主研发
CK25Z 数控机床	该机床为计算机控制的CNC车床，高强度铸铁床身大大提高机床精度而减少振动，能自动完成车削圆柱、圆锥、阶梯轴、端面、钻孔、切槽、圆弧面、公英制直（锥）螺纹等功能。机床采用封闭防护外罩，防护罩设计牢固可靠，防水性好，操作安全；配有系列弹簧夹头，自动排屑，编程控制，大大减轻作业者劳动强度，实现安全、高效生产。适用于仪器、仪表、轻工、电子、医疗器械、电影机械等行业加工单件、小批量和大批量生产之用，特别适用于有色金属、小型零件及形状复杂的轴、盘类加工，也可做大专院校的教学用机	自行应用	自主研发

表5　2013年小型机床行业获奖科研项目情况

项目名称	主要内容及应用范围	获奖名称	获奖等级	主要完成单位
数控卧式滚齿机	主要用于加工模数≤3mm的直齿圆柱齿轮、斜齿轮，机床的最大加工直径为100mm，也可采用径向法进行蜗轮加工，可根据加工零件的特点进行编程加工，可进行各种形式的方框循环加工程序（例如可通过编程实现鼓形齿轮的加工、锥度齿轮的加工）。广泛用于汽车、摩托车、仪器、仪表、玩具、电动工具、渔具及小型汽车等行业高精度齿轮（模数≤3mm，直径100mm）的高效加工	中国机械工业科学技术奖 四川省科技进步奖	三等奖 三等奖	四川普什宁江机床有限公司
NJ－SX038/039 汽车空调压缩机活塞生产线研制与应用	主要用于HD15、HD17、HD21和17SE四种汽车空调压缩机活塞零件的加工。完成活塞零件套车外圆、车削端面及外圆、铣两端定全长及桥部R圆弧加工，以及活塞球窝的粗、精及球窝抛光等工序的加工。通过自动传输线及上下料机械手，分别将三道工序机床连接为一条自动化加工生产线，实现零件的自动化加工	成都市科技进步奖	三等奖	四川普什宁江机床有限公司

表6　2013年小型机床行业获授权专利情况

序号	专利名称	专利号	专利类型	授权日期
四川普什宁江机床有限公司				
1	数控滚齿机床刀具破损区域自动避让的窜刀方法	ZL201110153126.9	发明	2013.04.17
2	Rexroth系统数控滚齿机参数化专家编程软件	登记号2013SR009105		2013.01.29
3	环面蜗杆副检测设备	ZL201320351704.4	实用新型	2013.12.04
4	用于柔性制造系统的搬运小车	ZL201320371076.6	实用新型	2013.12.04
山东临沂金星机床有限公司				
5	数控机床防护门	ZL201230334535.4	外观设计	2013.03.20
浙江金火机床有限公司				
6	电源开关联锁装置	ZL201110173132.0	发明	2013.10.02
7	车床自动送料装置	ZL201110328141.2	发明	2013.10.02

五、主要生产企业综合介绍

四川普什宁江机床有限公司　前身为国营宁江机床厂，是中国中小型精密机床研发制造龙头企业。公司于2006年10月由五粮液集团下属宜宾普什集团有限公司与成都宁江机床（集团）股份有限公司共同出资设立。经营范围包括：精密数控机械及成套设备、机床附件的研发设计、制造、销售和服务，机械加工，金属铸件锻件制造，国内国际贸易等。公司注册资本1.5亿元，总资产9亿元。

公司为中国机床工具工业协会副理事长单位和小型机床分会理事长单位，建有院士（专家）工作站、国家级博士后工作站、四川省级技术中心、国家一级计量中心和成都仪表机床研究所，具有雄厚的开发和生产能力，是中国中小型精密机床研究和设计、制造的骨干企业。公司“宁江”牌精密数控机床为四川省名牌产品，“宁江”牌商标为中国驰名商标。

经过多年的发展，公司建成了集营运、研发、销售为一体的总部基地，集精密加工和精密装配为一体的总装基地，集铸锻制造及机械加工为一体的毛坯基地。

公司全盘继承了宁江机床在精密和数控机床研发及制造方面四十多年的技术沉淀和经验，形成了“精密、高效、成套、智能化”的产品特色。公司主导产品有“宁江”牌卧式加工中心及柔性制造系统、坐标镗床及坐标磨床、数控车床及自动车床、小模数精密及数控滚齿机床、专用机床及生产线等，其技术和质量水平达到国内领先、国际先进水平，可替代进口，具有广阔的市场前景和较强的市场竞争能力。公司产品多次荣获国家、部委和省市科技进步奖、优秀新产品奖、国家重点新产品推广计划等荣誉，精密卧式加工中心、高速卧式加工中心和FMS柔性制造系统等被列为国家“高档数控机床与基础制造装备”科技重大专项课题。在国内细分市场中，精密卧式加工中心、坐标镗床及坐标磨床、小模数精密及数控滚齿机床、纵切自动车床、中小型精密专用机床及生产线市场占有率名列前茅。

公司以“振兴民族基础工业”为己任，坚持“人本、诚信、创新、发展”的经营理念，坚持“用工作质量保证产品质量，为用户提供适用满意的产品和服务”的质量方针，致力于做专、做精、做强机床主业，创建国内一流、世界知名装备品牌，成为服务于国内目标市场的“专、精、特”强势装备企业，实现“宁江装备装备中国，宁江机床享誉全球”之宁江装备梦。

浙江金火机床有限公司　公司创建于1991年，是一家集数控车床、数控专用机床、铣床、磨床以及仪表车床研发、生产、销售为一体的高新技术企业。公司注册资金2 000万元，现拥有员工430余人。

公司产品主要用于航空航天、仪器仪表、汽摩、电机、电子、通信和医疗器械等行业小型、复杂、精密零件的加工。2013年完成数控机床产量6 100台，实现产值24 000多万元，销售收入21 000多万元，利税3 600多万元。

实力铸造品牌，专业成就精品。公司以新产品开发满足了不同客户的需求，以过硬的产品质量赢得了市场，以精益求精的精神为社会制造高品质的产品。公司始终坚持高新技术产品的研究开发并注重知识产权的保护，多项新产品列入省级新产品试制计划，已拥有3项发明专利和24项实用新型专利。公司严格按照国家标准、行业标准进行产品标准制定。通过对新产品研发所用器件、材料的选用、工艺技术设计、产品标准等方面的审查，做到产品从开发设计到出厂都符合标准化要求。

经过多年的努力，公司先后获得“浙江省名牌产品”“浙江省著名商标”“浙江省知名商号”“浙江省省级高新技术企业研究开发中心”和“国家火炬计划重点高新技术企业”等重要荣誉。公司始终遵循“金的品质，火的热情”，以金子般品质的产品再加上全体员工火一样的热情来赢得市场，使企业得到不断的壮大。

〔撰稿人：中国机床工具工业协会小型机床分会房颖　审稿人：中国机床工具工业协会小型机床分会高克超〕

锻压机械

一、基本情况

2013年,中国机床工具工业协会锻压机械分会会员单位有102家,参加年鉴统计的企业39家。根据中国机床工具工业协会锻压机械分会对39家企业的统计,2013年完成工业总产值1 712 250万元,比上年下降6.15%;工业增加值653 939万元,比上年下降7.61%;实现利税212 105万元,比上年提高11.09%。2013年锻压机械行业主要经济指标完成情况见表1。

表1 2013年锻压机械行业主要经济指标完成情况

指标名称	单位	年度累计
工业总产值	万元	1 712 250
其中:机床工具类产品产值	万元	1 624 299
工业销售产值	万元	1 666 806
其中:机床工具类产品销售产值	万元	1 556 207
工业增加值	万元	653 939
实现利税	万元	212 105
从业人员平均人数	人	31 666
资产总计	万元	2 549 962
流动资产平均余额	万元	1 729 017
固定资产净值平均余额	万元	501 765

二、生产情况

2013年,锻压机械总产量74 372台(套),比上年下降16.9%。其中,数控锻压机械产量8 613台(套),比上年下降2.3%,说明数控型产品受市场影响幅度小于普通产品。锻压机械产量数控化率11.6%,比上年的9.9%略有提高。锻压机械产品的数控化进程依旧缓慢,数控化率处于较低的水平。

在锻压机械产品中,机械压力机产量58 493台(套),占总量的78.7%。弯曲、折叠、矫直(平)机床占9.6%,剪切机床占6.2%,液压机占3.9%,其他门类的锻压机械产品仅占1.7%。锻压机械产品仍以中小型设备为主,占总量的80%左右。大型锻压机械10 791台(套),占总量的14.5%,其中重型锻压机械2 083台(套),占总量的2.8%。值得注意的是,在锻压机械产品总量减少的情况下,大型、重型锻压机械的数量比上年均有所增加。

从锻压机械产品的产值分析,产量占比近80%的机械压力机,其产值占62.9%;弯曲、折叠、矫直(平)机床、剪切机床和液压机产量之和占比19.7%,其产值占比28.7%。占总产量不足18%的大型、重型锻压机械产值776 362万元,占比50.2%,其中占总量2.8%的重型锻压机械产值263 320万元,占比17.0%。此外,产量占比近12%的数控锻压机械产品,产值717 874万元,占比46.4%。不难看出,数控产品的产值在锻压机械中所占的比重还是相当大的。

因此,在满足市场需求的前提下,减少普通机械压力机特别是小型、低档机械压力机的比例,多开发高技术附加值的锻压机械产品,加快锻压机械产品的数控化进程,是今后锻压机械行业的发展方向。

2013年锻压机械行业分类产品生产情况见表2。

表2 2013年锻压机械行业分类产品生产情况

产品名称	实际完成		其中:数控	
	产量(台)	产值(万元)	产量(台)	产值(万元)
金属成形机床	74 372	1 545 771	8 613	717 874
锻造机及冲压机	549	33 216	56	10 711
金属加工压力机	61 394	1 113 327	2 661	456 608
液压机	2 901	141 257	506	96 617
机械压力机	58 493	972 070	2 155	359 991
弯曲、折叠、矫直及矫平机床	7 134	193 783	3 771	131 826
剪切机床	4 580	108 576	1 504	39 213
冲床	27	2 331	27	2 331
其他金属成形机床	688	94 538	594	77 186

三、市场及销售

2013年,锻压机械行业销售收入前三位的企业与上年相同,济南二机床集团有限公司仍居首位,销售收入334 333万元,比上年增长8.2%;江苏扬力集团有限公司居第二位,销售收入246 814万元,比上年增长3.9%;沃得精机(中国)有限公司居第三位,销售收入104 806万元。排名前7位的企业销售收入均超过7亿元。合肥合锻机床股份有限公司居第10位,销售收入44 935万元。2013年锻压机械行业销售收入前10位企业见表3。

表3 2013年锻压机械行业销售收入前10位企业

序号	企业名称	产品销售收入(万元)
1	济南第二机床集团有限公司	334 333
2	江苏扬力集团有限公司	246 814
3	沃得精机(中国)有限公司	104 806
4	江苏亚威机床股份有限公司	85 084
5	天津市天锻压力机有限公司	82 172
6	扬州锻压机床股份有限公司	74 639
7	江苏金方圆数控机床有限公司	70 467
8	泰安华鲁锻压机床有限公司	52 062
9	湖北三环锻压设备有限公司	49 633
10	合肥合锻机床股份有限公司	44 935

2013年，参加年鉴统计的企业共出口锻压机械5 182台(套)，出口额30 353万美元，出口量比上年上升了3.7%，而出口额则比上年上升了42.1%。出口的主要产品仍是机械压力机，其数量占出口总量的47.7%，金额占出口总额的36.4%，与上年相比，其出口数量上升而总额下降，表明单台(套)价格下降。同时也表明出口产品的结构继续得到改善。数控锻压机床出口1 235台(套)，比上年下降13.0%；出口额21 331万美元，比上年增加64.3%，比上年有明显增长。值得一提的是，出口量占比23.8%的数控锻压机床，其出口额占比为41.2%。2013年锻压机械行业分类产品出口情况见表4。

表4　2013年锻压机械行业分类产品出口情况

产品名称	实际完成		其中：数控	
	出口量(台)	出口额(万美元)	出口量(台)	出口额(万美元)
金属成形机床	5 182	30 353	1 235	21 331
锻造机及冲压机	106	436	1	25
金属加工压力机	2 610	13 441	181	10 673
液压机	136	2 384	38	1 846
机械压力机	2 474	11 058	143	8 827
弯曲、折叠、矫直及矫平机床	1 696	11 399	783	7 161
剪切机床	617	3 386	212	2 591
冲床	46	598	46	598
其他金属成形机床	107	1 092	12	283
其他机床及配件		142		

在出口方面，济南二机床集团有限公司居榜首，出口额13 456.0万美元；江苏扬力集团有限公司居第二位，出口额3 129.6万美元；江苏江海机床集团有限公司居第三位，出口额2 697.5万美元。2013年锻压机械行业出口额前10位企业见表5。

表5　2013年锻压机械行业出口额前10位企业

序号	企业名称	出口额(万美元)
1	济南第二机床集团有限公司	13 456.0
2	江苏扬力集团有限公司	3 129.6
3	江苏江海机床集团有限公司	2 697.5
4	江苏亚威机床有限公司	2 106.8
5	湖北三环锻压机床有限公司	1 993.3
6	天津市天锻压力机有限公司	1 624.9
7	扬州锻压机床股份有限公司	1 191.9
8	上海埃锡尔数控机床有限公司	1 105.5
9	江苏金方圆数控机床有限公司	911.3
10	沃得精机(中国)有限公司	401.3

四、新产品、新技术、新工艺发展情况

据不完全统计，2013年，参加年鉴统计的锻压机械生产企业共开发新产品112种，其中不乏自行开发、有自主知识产权、具有国内领先水平或国际先进水平的新产品。2013年锻压机械行业新产品开发情况见表6。

表6　2013年锻压机械行业新产品开发情况

产品名称	型号	主要技术参数	产品性质	产品属性	产品水平
天津市天锻压力机有限公司					
大型六轴数控移动回转压头框式液压机成套装备	S－THP34Y－1500D	公称力：15 000kN，加工钢板最大尺寸：4 500mm×22 500mm，压头至工作台最大间距：1 800mm，主液压缸最大工作行程：800mm，压头和工作台移动距离中心：±2 000mm，压头及工作台回转角度：360°，压头空载快速下降速度：70mm/s，压头工作速度：2.5～5mm/s	全新设计	行业新产品	国际先进
高性能铝合金汽车轮毂锻造成形数控生产线	ZS－THP11－6000＋12000＋800	公称力：60MN、120MN、80MN，回程力：4 000kN、6 000kN、800kN，滑块空程快速下降速度：200mm/s、200mm/s、160mm/s，滑块加压速度：0～15mm/s、0～15mm/s、4～12mm/s，滑块回程速度：200mm/s、200mm/s、160mm/s，滑块最大行程：1 400mm，压机最大开口：1 900mm，液体工作压力：28.5MPa、31.5MPa、25MPa	全新设计	行业新产品	国际先进
山东宏康机械制造有限公司					
高强度板材矫平机研发	16×2000	矫平厚度：≤16mm，矫平宽度：≤2 000mm，可矫平材料屈服强度：≤700MPa，矫平后钢板不平度：≤5mm/m，总转矩：100kN·m，垂直系统刚度：4 000kN/mm，单轴最大转矩：32kN·m，辊缝横向刚度：10 000kN/mm，单辊最大矫直力：3 100kN，最大总矫直力：12 000kN	全新设计	行业新产品	国际先进

（续）

产品名称	型号	主要技术参数	产品性质	产品属性	产品水平
纵横组合剪生产线研发	0.3~1.5×1400	生产线速度：70m/min，最大剪切次数：100，纵剪分条数：2 条，堆垛精度：≤0.5mm（层间），≤3mm（高度≤500mm），长度精度：±0.2mm，对角线精度：±0.5mm，最大分条堆垛重量：3 000kg×2	全新设计	行业新产品	国际先进
双工位立式加工中心研发	HK718S	工作台横向行程（*X* 轴）：3 200mm，动力伺服：GK6100－8AC61－200r/min－18N·m，同步带传动比：*i*＝2.22，进给速度：1～7 500mm/min（丝杠 ϕ60mm×10mm）；立柱纵向形成（*Y* 轴）：900mm，动力伺服：GK6101－8AC61－2 000r/min－27N·m，同步带传动比：i＝2.22，进给速度：1～4000mm/min（丝杠 ϕ63mm×10mm）；主轴箱升降行程（*Z* 轴）：900mm，动力伺服：K6103－8AC61－36N·m－Fb－2 000m/min，进给速度：1～6 000mm/min（丝杠 ϕ50mm×8mm）；主轴电动机：GM7131－4SB61－11kW－1 500/6 000r/min；主轴单元：JSX190－5/15（BT50），主轴最大转矩：70×2.8＝196N·m，主轴转速：5～2 000r/min	全新设计	行业新产品	国际先进
移动立柱式龙门加工中心研发	XK27317		全新设计	行业新产品	国际先进
卧式龙门车床研发	CK40	主电动机功率：16/19.2kW，主轴转速：2～600r/min，主轴额定转速：150r/min，主轴额定转矩：1 000N·m，主轴孔径：100mm，主轴锥孔：120mm，床身上最大回转直径：540mm，刀架前最大回转直径：400mm，*X* 向行程：230mm，*Z* 向行程：2 000mm，*X* 向快进速度：6m/min，*Z* 向快进速度：12m/min，*X*/*Z* 向定位精度：0.022/0.042mm，*X*/*Z* 向重复定位精度：0.006/0.013mm	全新设计	行业新产品	国际先进
高速机械移动剪切生产线研发	0.8～5×1680	钢带板厚：0.8～5.0mm，钢带宽度：500～1 680mm，钢卷内径：610、762mm，钢卷外径：1 000～2 100mm，钢卷重量：≤35 000kg	全新设计	行业新产品	国际先进
开卷矫平飞剪生产线研发	0.3～3.2×1550	钢带板厚：0.3～3.2mm，钢带宽度：500～1 550mm，钢卷内径：610、762mm，钢卷外径：1 000～2 100mm，钢卷重量：≤35 000kg	全新设计	行业新产品	国际先进
高速快剪生产线研发	0.5～3×1800	钢带板厚：0.3～3.0mm，钢带宽度：500～1 800mm，钢卷内径：610、762mm，钢卷外径：1 000～2 100mm，钢卷重量：≤35 000kg	全新设计	行业新产品	国际先进
开卷矫平剪切生产线研发	4～16×2150	钢带板厚：0.4～16mm，钢带宽度：500～2 150mm，钢卷内径：610、762mm，钢卷外径：1 000～2 100mm，钢卷重量：≤35 000kg	全新设计	行业新产品	国际先进
开卷矫平横剪生产线研发	T44－4～20×2000	钢带板厚：4～12mm，钢带宽度：500～2 000mm，钢卷内径：610、762mm，钢卷外径：1 000～2 100mm，钢卷重量：≤35 000kg	全新设计	行业新产品	国际先进
山东省开矫弯卷成形工程师实验室创新能力建设项目研发		年产 100 台，高端数控板料开卷矫平剪切生产线	全新设计	行业新产品	国际先进
新型数控直驱铣镗床研发及产业化		年产 800 台，数控直驱机床	全新设计	行业新产品	国际先进

（续）

产品名称	型号	主要技术参数	产品性质	产品属性	产品水平
重卷横剪机组	T44 - 0.3 ~ 1.0 ×1050	钢带板厚：0.3 ~ 1.0mm 钢带宽度：500 ~ 1 050mm 钢卷内径：610mm、762mm 钢卷外径：1 000 ~ 2 100mm 钢卷重量：≤35 000kg	全新设计	行业新产品	国际先进
热轧横剪机组	T44 - 8 ~ 25 × 2250		全新设计	行业新产品	国际先进
数控中厚板开卷矫平横剪生产线	25.4 × 3 000	钢带板厚：8 ~ 25.4mm；钢带宽度：1 200 ~ 3 000mm；钢卷内径：610mm、760mm；钢卷外径：1 400 ~ 2 200mm；钢卷重量：40 000kg；剪切长度：3 000 ~ 14 000mm；钢卷性能：板厚 8 ~ 16mm，$\sigma_s \leq 560$MPa，$\sigma_b \leq 700$MPa，板厚 16 ~ 20mm，$\sigma_s \leq 450$MPa，$\sigma_b \leq 600$MPa，板厚 20 ~ 25.4mm，$\sigma_s \leq 345$MPa，$\sigma_b \leq 520$MPa；横切精度：长度方向板长≤(3 000 ± 1.0)mm、板长(3 000 ~ 14 000 ± 2.0)mm，对角线方向板长≤(3 000 ± 1.5)mm、板长(3 000 ~ 14 000 ± 2.0)mm	全新设计	行业新产品	国际先进
南通锻压设备股份有限公司					
大型高性能框架精密成形液压机	YQK27 - 1000 ~ 8000	公称力：10 000 - 80 000kN，液压垫力：3 000 ~ 8 000kN，滑块最大行程 2 000mm，移动台有效尺寸：5 600mm × 4 200mm，滑块速度：450 ~ 550mm/s	改型设计	企业新产品	国际先进 国内领先
江苏省徐州锻压机床厂集团有限公司					
闭式双点压力机	JH36 - 800Y	8 000kN	全新设计	行业新产品	国内领先
数控伺服热成形压力机	DP39 - 600HE	6 000kN	全新设计	行业新产品	国际先进
数控伺服冷成形压力机	DP39 - 600WY	6 000kN	全新设计	行业新产品	国际先进
数控伺服热成形压力机	DP36 - 200H	2 000kN	全新设计	行业新产品	国际先进
多连杆压力机	JL36 - 500M	5 000kN	全新设计	行业新产品	国内领先
合肥合锻机床股份有限公司					
汽车内饰件高频、高温成形智能生产线	YH96 - 400E/150D	该生产线由六自由度智能机器人、伺服送料工作站、多功能抽真空手臂及两台 YH96 系列液压机组成，并配有自动下料机构。通过伺服送料工作站，实现工件模糊识别、自调平，送料水平、垂直方向距离无级可调。多功能抽真空手臂在机器人的协同工作下，实现取料、卸料一次性完成，整条生产线出料速度达到 45s/件	全新设计	行业新产品	国内领先
高速伺服控制冲压液压机生产线	HSHP - 600/800C/1000C	最大空程运行速度：600 ~ 800mm/s，最大稳定压制速度：110mm/s，压力控制精度：0.1MPa，位置精度：0.1mm，具有动静摩擦因数小，滑块无爬行，模具温度检测，控制精度高等特点	全新设计	行业新产品	国内领先
145 000kN 闭式多向整体模锻成形液压机	YH39 - 14500	最大锁紧力：65 000kN，左右最大轴向力：26 000kN，后侧最大轴向力：28 000kN（其中后侧水平中心缸压力 2 6 000kN，后侧水平压边缸压力 12 000kN），工作台面尺寸：2 800mm × 1 500mm，液压系统压力：26MPa	全新设计	行业新产品	国内领先
50 000kN 大型框架式轮毂锻造成形液压机	YH16 - 5000	公称压力：50 000kN，滑块最大行程：1 100mm，滑块速度：5 ~ 200mm/s	改型设计	企业新产品	国内领先

（续）

产品名称	型号	主要技术参数	产品性质	产品属性	产品水平
高性能轨道交通金属异型塑性成形双动液压机开发	YH28－2000/2600	公称力:26 000kN,滑块行程:1 500mm,滑块回程速度:150mm,移动工作台移动速度:60mm/s,冲裁缓冲力:1 6 000 kN,公称压力在 10% ～ 100%范围内任意可调,压力控制精度 ±1%,压力重复精度 ±0.5%。并可在触摸屏上设置、显示,滑块保压时间可预置	改型设计	行业新产品	国内领先
16 000kN 高性能闭式四点机械压力机	JH39－1600	公称力:16 000kN,工作台尺寸:5 000mm × 2 600mm,最大压力:3 200kN,行程:350mm,冲压频次:9 ～ 18 次/min,装模高度调节速度:50 ～ 60mm/min,精度:±0.1mm,带 3 200kN 行程闭锁气垫,采用六轴异向传动结构	改型设计	企业新产品	国内领先
三向铝材锻造专用液压机关键技术与产品开发	YH39－6000	公称力:60 000kN,滑块快降速度:100mm/s,滑块行程:500mm,液体最大工作压力:25MPa,最大工件尺寸:长 4 000mm、宽 2 000mm	改型设计	企业新产品	国内领先
济南二机床集团有限公司					
S4C－800 型 8 000kN 数控落料压力机	S4C－800	公称力:8 000kN,公称力行程:6.5mm(下死点前),点数:4 点,滑块行程:250mm,最大装模高度:950mm,装模高度调节量:300mm,滑块行程次数:连续 20～80 次/min	全新设计	企业新产品	国际先进
50 000kN 可自动转换板料冲压线		公称压力:50 000kN,公称压力行程:13mm,滑块行程:1 200mm,最大装模高度:1 425mm,装模高度调节量:200mm	全新设计	行业新产品	国内领先
TK6926 × 125 数控落地铣镗床	TK6926×125	主轴箱,镗轴直径:260mm,铣轴直径:4 000mm,镗轴锥孔:ISO No.50,主电动机功率:100kW,铣轴最大转矩:16 754N·m,主轴转速:1～1 000r/min,滑枕截面尺寸:600mm×650mm;基本行程:*X* 向 12 000mm,*Y* 向 5 000mm,*Z* 向1 600mm,*W* 向1 600mm(注:*Z*、*W* 向行程长度可以叠加)	全新设计	企业新产品	国内领先
XH2430A × 60 数控定梁龙门镗铣加工中心	XH2430A×60	机床电气总容量:130kV·A,机床所需压缩空气压力:0.4～0.6MPa,机床重量:130t,机床外形尺寸(长×宽×高):24 000mm×8 000mm×8 200mm	全新设计	企业新产品	国内领先
XK2125×50 数控动梁龙门镗铣床	XK2125×50	工作台尺寸(宽×长):2 500mm×5 000mm 立柱间距(带 *W* 轴护罩):3 300mm(2 900mm);主轴端面至工作台面最大距离:2 000mm,T 形槽宽:28mm,T 形槽间距离:200mm,工作台最大承载:5 000kg/m	全新设计	企业新产品	国内领先
XK2150 × 140 数控动梁龙门镗铣床	XK2150×140	工作台尺寸(宽×长):5 000mm × 14 000mm,两立柱间距离:5 600mm,主轴端面工作台距离:0～5 000mm,T 形槽宽:36mm,工作台最大承载:300 000kg	全新设计	企业新产品	国内领先
TK6916×84 数控落地铣镗床	TK6916×84	主轴箱:镗轴直径:160mm,铣轴直径:260mm,镗轴锥孔 ISO No.50,主电动机功率:55kW,铣轴最大转矩 14 600N·m,主轴转速:2～1 200r/min,滑枕截面尺寸:500mm×550mm	全新设计	企业新产品	国内领先
QSZS15 全自动高效树脂砂再生造型生产线	QSZS15	树脂砂再生线技术指标:生产率:15t/h,机械脱模率:≥20%,再生砂的微粉含量:≤0.2%,再生砂的温度:25～32℃,旧砂的回用率:>95%,树脂砂造型线技术指标:生产效率:10 整型/h,合箱精度:±0.5mm	全新设计	企业新产品	国内领先

（续）

产品名称	型号	主要技术参数	产品性质	产品属性	产品水平
FQSZS－SCX 年产7000t 工程机械铸钢件树脂砂生产线	FQSZS－SCX	造型线主要技术参数：砂箱内尺寸：1 600mm×1 600mm×600mm；最大砂箱轮廓尺寸：1 900mm×1 700mm×600mm，造型托板尺寸：1 850mm×1 800mm×120mm，造型辊道节距为：2 200mm，最大单型重量：4.0t，生产节拍为：4.3min/半型	全新设计	企业新产品	国内领先
XRF2800－T1 机器人等离子弧切割线	XRF2800－T1	最大切割长度：2 700mm，切割工件：4～12m，切割尺寸偏差：±1mm，定位精度：±1mm，生产节拍在 6min 以内，传送速度：在 0.9～18m/min 范围内无级可调	全新设计	行业新产品	国内领先
XHV2520×40 高架式五轴联动龙门镗铣加工中心	XHV2520×40	立柱间距离：3 850mm，固定工作台宽：2 000mm，固定工作台长：4 000mm，工作台承重：10 000kg/m^2，主轴端面至工作台面距离：200～1 150mm	全新设计	行业新产品	国内领先
40 000kN 闭式双点大梁压力机	J36－4000	公称压力：40 000kN，公称压力行程：25mm，冲裁力(长期使用)：32 000kN，滑块行程：650mm，滑块行程次数：连续行程 6～10 次/min，单次行程：5 次/min	全新设计	行业新产品	国际先进
J39－1600A 闭式四点压力机	J39－1600A	公称压力：1 6 000kN，公称压力行程：13mm，滑块行程：800mm，最大装模高度：1 500mm，装模高度调节量：650mm，工作台面尺寸(左右×前后)：6 000mm×2 500mm	全新设计	行业新产品	国际先进
LS4－1600NA 闭式四点多连杆试模压力机	LS4－1600NA	公称压力：1 6 000kN，公称压力行程：13mm，滑块行程：1 200mm，最大装模高度：1 400mm，装模高度调节量：600mm，工作台面尺寸(左右×前后)：2 600mm×4 600mm	全新设计	企业新产品	国际先进
5 250kN 全自动机器人送料冲压线		整线相关参数：板料宽度：500～1 900mm，板料长度：500～4 000mm，板料厚度：0.6～2.0mm，板料形状：矩形料、梯形料或其他异形料，不规则并且中间可能有不规则孔	全新设计	行业新产品	国际先进
1850 高精度数控飞剪线		屈服强度：100～590N/mm^2，抗拉强度 780N/mm^2，伸长率：≥20%，剪切强度：≤600N/mm^2，钢板厚度：0.5～3.5mm，钢板宽度：600～1 850mm，送料长度：200～4 000mm，卷料重量：20t，校平精度：1～1.5mm/m，送进高度：地面以上为 1 600mm	全新设计	行业新产品	国内领先
FQSZS－40 碱酚醛树脂砂生产线	FQSZS－40	落砂机最大载荷：15t，落砂机台面尺寸：3 400mm×2 800mm，旧砂回用率：≥90%，砂铁比：4:1，树脂加入量：≤1.8%，再生砂灼减量：≤2.0%	全新设计	行业新产品	国内领先
9×21m 超大跨距数控火焰切割机	NC－9×21F	轨距：9 000mm，轨长：21 000mm，切割总宽度：8 200mm，切割长度：18 500mm，切割厚度：6～200mm，机床定位精度：±0.20mm/10m，重复定位精度：±0.20mm	全新设计	企业新产品	国内领先
FINE－4×15P2 数控精细小孔等离子弧切割机	FINE－4×15P2	数控精细小孔等离子弧切割机的推出是为了帮助客户改变现有的切割加工状态，降低其生产成本。使孔切割的直径和板厚尺寸比例由 1:2 提高到 1:1	全新设计	行业新产品	国内领先

（续）

产品名称	型号	主要技术参数	产品性质	产品属性	产品水平
GS15B 树脂砂再生振动风选冷却筛	GS15B	每小时处理砂的量:20t,冷却能力:120℃降到35℃,ΔT=90℃ ±5℃冷却水进口温度低于出砂温度10℃	全新设计	行业新产品	国内领先
ETS－120×30×25 高速多工位送料线	ETS－120×30×25	送进长度:4 500mm,提升行程:0～350mm,定位精度: ±0.2mm,最大负载:80kg, 生产节拍:8～24次/min	全新设计	行业新产品	国际先进
LD4－800/600C 闭式四点双动多连杆压力机	LD4－800/600C	内/外滑块公称压力: 8 000kN/6 000kN,内/外滑块行程:1 100mm/900mm,滑块行程次数:8～20 次/min,单次行程:8～14 次/min, 移动工作台高度:700mm	全新设计	企业新产品	国际先进
50 000kN 高速七轴机器人全自动冲压生产线		整线生产节拍:(12～14)次/min,压力机空运转噪声:＜80dB,自动换模时间:180s	全新设计	行业新产品	国际先进
52 000kN 高可靠高柔性全自动冲压生产线		公称力:52 000kN, 公称力行程:13mm, 滑块行程次数: 10 ～ 20 次/min, 滑块行程长度: 1 200mm,最大装模高度:1 200mm, 装模高度调节量: 250mm, 滑块底面尺寸: 4 500mm × 2 200mm, 滑块最大吊模重量:20t	全新设计	行业新产品	国际先进
52 500kN 汽车钢梁重型冲裁冲压生产线		公称力:52 500kN, 公称力行程:20mm, 点数: 1, 滑块行程长度: 600mm, 最大装模高度: 1 000mm,装模高度调节量:500mm, 滑块行程次数:连续 12 次/min, 主电动机功率:250kW, 工作台有效尺寸:1 900mm×1 600mm	全新设计	行业新产品	国际先进
东风乘用车 52 000kN 单臂快速柔性全自动冲压生产线		公称力:52 000kN, 公称力行程:13mm, 滑块行程次数: 10 ～ 20 次/min, 滑块行程长度: 1 100mm, 最大装模高度:1 425mm, 滑块底面尺寸:4 600mm×2 500mm	全新设计	行业新产品	国内领先
吉利汽车 68 000kN 高效柔性全自动冲压生产线		公称力:68 000kN, 公称力行程:13mm, 滑块行程次数: 8 ～ 20 次/min, 滑块行程长度: 1 200mm, 最大装模高度:1 400mm, 装模高度调节量: 600mm, 滑块底面尺寸: 5 000mm × 2 600mm, 滑块最大吊模重量:30t	全新设计	行业新产品	国际先进
青岛青锻锻压机械有限公司					
双盘摩擦压力机	J54－4000	公称力:40 000kN,运动部分能量:850kJ,滑块行程:800mm,行程次数:9 次/min,最小装模高度800mm,工作台面尺寸 1 300mm×2 350mm	全新设计	行业新产品	国内领先
电动螺旋压力机	EPC－8000	公称力:80 000kN,运动部分能量:2 280kJ,滑块行程:900mm,行程次数:8 次/min,最小封闭高度:1 800mm,工作台面尺寸:2 000mm×2 350mm	全新设计	行业新产品	国际先进
电动螺旋压力机	EPC－400	公称力:4 000kN,运动部分能量:36kJ,滑块行程:400mm,行程次数:24 次/min,最小封闭高度:570mm,工作台面尺寸:700mm×750mm	全新设计	行业新产品	国内领先
摩擦自动压砖机	J69－1600	公称力:1 6 000kN,允许力:32 000kN,滑块行程:600mm, 行程次数: 9 次/min, 装模高度: 1 200mm,工作台垫板厚度:220mm, 工作台面尺寸(前后×左右): 2 380mm×1 600mm	全新设计	行业新产品	国内领先

（续）

产品名称	型号	主要技术参数	产品性质	产品属性	产品水平
双盘摩擦压砖机	J67－1000A	公称力：10 000kN，允许力：1 6 000kN，滑块行程：700mm，行程次数：11 次/min，最小封闭高度：1 280mm，工作台垫板厚度：200mm，工作台面尺寸（前后×左右）：1 250mm×1 200mm	全新设计	行业新产品	国内领先
双盘摩擦压力机	J53－1000C	公称力：10 000kN，运动部分能量：160kJ，滑块行程：700mm 行程次数：10 次/min，最小装模高度：500mm，工作台垫板厚度：200mm，工作台面尺寸（前后×左右）：1 200mm×1 000mm	全新设计	行业新产品	国内领先
湖北三环锻压设备有限公司					
龙门移动式压力机	Y45－1000/480×10000	公称压力：10 000kN，工作台宽度：4 800mm，工作台长度：10 000mm	全新设计	企业新产品	国内先进
数控成形机	PPF2500/133	公称压力：25 000kN，折弯长度：13 300mm，折弯直径：1 340mm，滑块定位精度：0.05mm，重复定位精度：0.03mm	全新设计	行业新产品	国际先进
数控预弯机	PB1600/20	公称压力：2×8 000kN，压紧力：2×1 400kN，公称行程：≤300mm，压紧梁行程：≤150mm	全新设计	行业新产品	国内先进
自动冷成形机	Z46－24/5	镦锻力：4 200kN，工位数：5 个，切料直径：36mm，制件长度：200mm，制件直径：24mm，生产节拍：60 件/min	全新设计	企业新产品	国内先进
电液伺服数控预焊机	TWC1626/40	钢管直径：406～1 626mm，钢管壁厚：8～40（×80）mm，管长：8 000～15 000mm	全新设计	行业新产品	国际先进
机械合缝预焊机	TW1067－15	钢管直径：310～1 067mm，钢管壁厚：8～40（×80）mm，管长：8 000～15 000mm	改型设计	行业新产品	国际先进
激光角度检测数控折弯机	PPEB500/25－10－EFL		全新设计	行业新产品	国内先进
数控旋压增厚机	KLX－150		合作生产	行业新产品	国内先进
激光切割机	IMPULS 6020 4kW		技术引进	企业新产品	国内先进
三机联动扭轴同步折弯机	PPTK165/50		改型设计	企业新产品	国内先进
伺服泵控折弯机	HPP135/30		改型设计	企业新产品	国内先进
同步对剪液压剪板机	HG031/6.35		全新设计	企业新产品	国内先进
天水锻压机床（集团）有限公司					
联合冲剪机	Q34Y－110	冲孔端最大可剪板料：25mm×300mm、20mm×450mm、12mm×500mm，冲孔端最大可剪角钢：160mm×160mm×16mm，冲孔端最大冲孔力：1 100kN	全新设计	行业新产品	国际先进
果园风机	FSJ－75	发动机标定功率：75kW，发动机标定转速：2 200r/min，全负荷最低燃油消耗：≤205g/（kW·h），发动机最大转速：1 300～1 500r/min	全新设计	行业新产品	国际先进
数控模锻锤	C92K－160	160kJ 打击能量	全新设计	行业新产品	国内领先
数控动力头	C92KT－125	125kJ 打击能量	全新设计	行业新产品	国内领先
全液压模锻动力头	C90－175	175kJ 打击能量	全新设计	行业新产品	国内领先
自由锻全液压锤	C60－120	120kJ 打击能量	全新设计	行业新产品	国内领先
单臂全液压锤	C61－70	70kJ 打击能量	全新设计	行业新产品	国内领先
单臂全液压锤	C61－105	105kJ 打击能量	全新设计	行业新产品	国内领先

（续）

产品名称	型号	主要技术参数	产品性质	产品属性	产品水平
数控辗环机	D53K－3000	径向轧制力:2 000kN,轴向轧制力:1 600kN,轧环外径:700～3 000mm	全新设计	行业新产品	国内领先
山东高密高锻机械有限公司					
机械压力机	25T－1600T	250～1 6 000kN	改型设计	企业新产品	国内领先
安徽东海机床制造有限公司					
单柱多功能液压机	ADHY－3150	公称压力:≤350MN,上滑块下平面尺寸:840mm×625mm,滑块行程:≤690mm,工作面的平面度:≤0.12mm,滑块下平面的平面度:≤0.07mm,滑块下平面对工作台面的平行度:≤0.17mm,滑块行程对工作台面的垂直度:≤0.15mm,光速轴间距:40mm,折弯角度:90°±1°,液压泵吸油口温度:≤6℃,导向柱温升:≤25℃	改型设计、合作生产	行业新产品	国内先进
浙江锻压机械集团有限公司					
闭式双点压力机	J36－160	公称压力:1 600kN	全新设计	行业新产品	国内领先
闭式双点压力机	J36－200	公称压力:2 000kN	全新设计	行业新产品	国内领先
闭式双点压力机	J36－250	公称压力:2 500kN	全新设计	行业新产品	国内领先
闭式双点压力机	J36－315	公称压力:3 150kN	全新设计	行业新产品	国内领先
闭式双点压力机	J36－400	公称压力:4 000kN	全新设计	行业新产品	国内领先
江苏金方圆数控机床有限公司					
数控激光切割机	HFC3015	切割板材厚度(碳素钢):16mm,切割板材尺寸:3 000mm×1 500mm,切割精度:±0.10mm	改型设计	企业新产品	国际先进 国内领先
数控冲激复合机	HML200f	公称力:200kN,冲孔频次:1 300 次/min	改型设计	行业新产品	国际先进 国内首创
数控液压板料折弯机	HPR100×3100	折弯长度:3 100mm,滑块行程:265mm	改型设计	企业新产品	国际先进 国内领先
数控转塔冲床	HVT－300	公称力:300kN,最大加工尺寸:1 250mm×2 500mm	改型设计	企业新产品	国际先进 国内领先
单电伺服数控转塔冲床	MT－300E	公称力:300kN,最高冲孔频次:2 200 次/min	改型设计	企业新产品	国际先进 国内领先
数控液压闸式剪板机	VR216×6000	剪切厚度:Q235A 钢板 16mm,剪切长度:6 000mm	改型设计	企业新产品	国内领先
江苏扬力集团有限公司					
第三代轿车专用轮毂轴承单元智能化锻造成套装备	HFP25MN 1500	公称压力:25 000kN,滑块行程:320mm,行程次数:80,工作台尺寸:1 700mm×1 500mm	全新设计	行业新产品	国际先进 国内领先
闭式双点精密压力机	P2H－1600	行程:480mm,速度:15～30 次/min,台面尺寸(L×R):6 000×1 800mm	全新设计	行业新产品	
闭式双点高速精密压力机	P2H－630	行程:50mm,速度:60～150 次/min,台面尺寸(L×R):3 300×1 400mm	全新设计	企业新产品	
全电伺服数控转塔冲床	H20/H30	公称压力:200kN、300kN,最大加工板材尺寸:1 250×2 500mm,控制轴数:7 轴,工位数:30 个,冲孔频率:600 次/min,工件最大厚度:6.35mm,孔距精度:±0.1mm,转塔转速:30r/min	全新设计	企业新产品	国际先进 国内领先
光纤数控激光切割机	ML3015F	行程:X 向 3 000mm/Y 向 1 500mm/Z 向 100mm,X、Y 向进给速度:106m/min,加速度:1.5g,定位精度:0.06mm,重复定位精度:±0.015mm,最大切割速度:30m/min	全新设计	企业新产品	国际先进 国内领先

（续）

产品名称	型号	主要技术参数	产品性质	产品属性	产品水平
泵控电液伺服数控折弯机	YHB1032	试件折弯角度：90°±30′，试件折弯直线度允差：0.1mm/1 000mm，后挡料定位精度允差：±0.05mm，公称力：1 000kN，滑块行程：200mm，快速进给速度：110mm/s，工作进给速度：14mm/s	全新设计	企业新产品	国际先进 国内领先
混合伺服液压机	YLM34K－125	1 250kN	技术引进	行业新产品	国际领进
整体框架液压机	YLM－315	3 150kN	全新设计	企业新产品	国内先进
数控液压闸式剪板机	QC11K－6×4000	6×4 000mm	改型设计	企业新产品	国内领先
液压闸式剪板机	QC11Y－12×3200	12×4 000mm	改型设计	企业新产品	国内先进
闭式四点机械压力机	JD39－2000F	公称压力：2 000kN，公称力行程：13mm，滑块行程：800mm，滑块行程次数：连续7～9次/min，最大装模高度：1 400mm，装模高度调节量：350mm，工作台板尺寸：2 600mm×5 500mm，滑块最大吊重：30t，移动台体最大承重：60t	全新设计	行业新产品	国内先进
济南铸造锻压机械研究所有限公司					
高性能数控伺服转塔冲床	SP型	公称压力：220kN，冲压系统：传动类型"长度可变连杆及曲柄连杆机构"，电动机功率16kW，最大板材尺寸：1 250mm×5 000mm，最大板材厚度：6.4mm；最大板材重量：150kg；最大冲压直径：114.3mm；最大步冲速度：10mm冲程、1mm间距时1 000次/min，10mm冲程、25mm间距时500次/min，X/Y向最大送料速度：100/80m/min，工位数（转模）：46（2IT）/56（2MT），加工精度：±0.1mm，数控轴数：5+2（X、$Y/Y1$、T、C/C_1、A），数控系统：FANUC 0i－PD	改型设计	企业新产品	国际先进
石油管材高效激光切割加工单元	CL612Ai型	X向行程：3 048mm，Y向行程：1 524mm，Z向行程：120mm，X、Y向定位精度：0.05mm，X、Y向重复定位精度：0.02mm，X、Y向快速移动速度：50m/min，X/Y向联动快速移动速度：70m/min，最大管材加工直径：210mm，最大管材加工长度：12m，X、Y向最大切割速度：8m/min，切割加工精度：±0.1mm，管材旋转定位精度：±15″，管材旋转重复定位精度：±3″，控制轴数：7（X、Y、Z、W、U、C、A）	全新设计	企业新产品	国际先进
重型数控轮辐精密成形生产线	S－JL31－1250/630/250	公称力：2 500kN、6 300kN、12 500kN，滑块行程：250mm、600mm、610mm，滑块行程次数：30次/min、12次/min、10次/min，最大装模高度：950mm、700mm、900mm，装模高度调节量：120mm、300mm、300mm	改型设计	企业新产品	国际先进
大型多工位数控液压机	YJ27E－1000Q	公称力：10 000kN，回程力：1 000kN，滑块行程：1 200mm，滑块速度：快下400mm/s、工作12～30mm/s、回程350mm/s，移动工作台移出速度：100mm/s，移动工作台重复定位精度：±0.05mm	改型设计	企业新产品	国际先进

〔撰稿人：中国机床工具工业协会锻压机械分会徐刚〕

（本文编辑：张珂玲）

刀具量具量仪

2013 年,在我国经济增速总体放缓的大背景下,市场环境和其他增长要素随之变化,我国机床工具行业经历了结构调整、转型升级的严峻考验。全行业处于低位运行状态,国内机床工具市场规模有所萎缩,行业产品结构与市场需求升级之间的矛盾未见迅速缓解,低端产品产能过剩、高端产品能力不足仍较突出;在全球经济复苏动力不足的形势下,机床工具产品出口增速继续呈现下滑趋势。

根据中国机床工具工业协会工具分会的月度统计,2012—2013 年,我国机床工具企业的销售收入已经连续 24 个月出现负增长,在经历了近十年的快速发展以后,机床工具行业进入了一个困难的调整阶段,与我国宏观经济总体稳定的发展态势很不协调。2013 年国内机床工具市场继续下行,不是经济周期性的波动,而是供求失衡。要实现再平衡,恢复行业持续健康的发展,必须进行结构调整。机床工具行业企业面临以下共同挑战:一是粗放型发展模式已经走到尽头,依靠劣质低价维持生存的企业面临的选择是转型升级或退出市场;二是国产工具进入现代高效刀具的发展领域,工具企业必须从单一的产品供应商转换成为现代加工技术整体解决方案的提供者,解决创新和服务中存在的短板;三是永远告别粗放型的经济增长模式,进入以提质增效为标志的集约型经济增长模式,真正实现转型升级。因此,根据市场升级的需求,结合企业自身条件“调整产品结构,转变发展方式”成为 2013 年我国工具行业各企业的首要任务。

一、基本情况

根据国家统计局的数据,2013 年,我国工具行业规模以上切削刀具生产企业 493 家,其中,国有控股企业 18 家,占比 3.7%;集体控股企业 13 家,占比 2.6%;私人控股企业 358 家,占比 72.6%;港澳台商控股企业 28 家,占比 5.7%;外商控股企业 62 家,占比 12.6%;其他企业 14 家,占比 2.8%。全行业主营业务收入完成 6 105 643 万元,其中,国有控股企业占比 7.9%,集体控股企业占比 2.8%,私人控股企业占比 73.0%,港澳台商控股企业占比 3.8%,外商控股企业占比 10.3%,其他企业占比 2.2%。

2013 年,我国规模以上量具量仪生产企业共 173 家,其中,国有控股企业 2 家,占比 1.2%;集体控股企业 5 家,占比 2.9%;私人控股企业 120 家,占比 69.4%;港澳台商控股企业 6 家,占比 3.5%;外商控股企业 29 家,占比 16.8%;其他企业 11 家,占比 6.4%。全行业完成主营业务收入 200.40 亿元,其中,国有控股企业占比 2.8%,集体控股企业占比 1.4%,私人控股企业占比 73.5%,港澳台商控股企业占比 3.8%,外商控股企业占比 13.2%,其他企业占比 5.2%。

从企业的经济类型构成来看,私人控股企业作为我国工量具行业的重要力量,其企业数量和主营业务收入占比都是总量的 70% 左右。与上年相比,工具小行业私人控股企业主营业务收入增加 10.6 个百分点;量具量仪小行业私人控股企业主营业务收入增加 5.7 个百分点。

根据中国机床工具工业协会工具分会对 77 家企业的综合统计,2013 年完成工业总产值 175.7 亿元,其中工具类产品产值 130.6 亿元,同比下降 2.5%;工业销售产值 171.2 亿元,其中工具类产品销售产值 125.1 亿元,同比下降 3.3%;工业增加值 58.0 亿元,比上年增长 2%。2013 年,工具行业参加年鉴统计的会员企业实现利税 18.4 亿元,同比下降 5.2%;实现利润总额 11.8 亿元,其中 60 家赢利企业利润总额 12.4 亿元,17 家亏损企业,亏损额 6 548.27 万元。77 家企业职工平均人数 46 425 人,全员劳动生产率(按工业增加值计算)124 875 元/人。2013 年工具行业主要经济指标完成情况见表 1。

表 1　2013 年工具行业主要经济指标完成情况

指标名称	单位	年度累计
工业总产值	万元	1 756 667.71
其中:机床工具类产品产值	万元	1 305 540.32
工业销售产值	万元	1 712 471.56
其中:机床工具类产品销售产值	万元	1 250 544.29
工业增加值	万元	57 9731.51
实现利税	万元	184 247.85
从业人员平均人数	人	46 425
资产总计	万元	3 217 298.25
流动资产平均余额	万元	1 684 636.73
固定资产净值平均余额	万元	944 047.16

二、生产、销售及进出口情况

2013 年,中国机床工具工业协会工具分会 77 家会员企业共生产各类刀具 186 991.42 万件,比上年增长 6.7%;生产各类量具 1 126.7 万件,比上年减少 1.9%;生产各类量仪 69 511 台(套),比上年减少 10.3%。2013 年工具行业分类产品生产情况见表 2。

表2　2013年工具行业分类产品生产情况

产品名称	单位	产量
刀具	万件	186 991.42
高速钢刀具	万件	167 114.21
刀条、刀片	万件	268.41
孔加工刀具	万件	150 331.38
麻花钻	万件	148 766.26
铣削刀具	万件	2 932.44
螺纹刀具	万件	12 334.14
拉削刀具	万件	7.38
切齿刀具	万件	20.59
锯条	万件	948.78
木工刀具	万件	34.99
其他高速钢刀具	万件	236.10
硬质合金刀具	万件	19 628.27
刀片	万件	14 852.85
车(刨)削刀具	万件	20.00
孔加工刀具	万件	1 757.29
麻花钻	万件	65.49
铣削刀具	万件	2 975.02
螺纹刀具	万件	0.12
拉削刀具	万件	0.19
切齿刀具	万件	0.10
其他硬质合金刀具	万件	22.70
立方氮化硼刀具	万件	24.02
金刚石刀具	万件	24.95
工具系统及刀柄	万件	141.68
其他	万件	58.29
量具	万件	1 126.70
量块及量规	万件	286.84
卡尺	万件	267.07
测微螺杆类量具	万件	155.17
量表	万件	159.54
角度和平直度量具	万件	8.07
电子数显量具	万件	183.67
辅助测量器具	万件	55.75
其他量具	万件	10.59
量仪	台(套)	69 511.00

根据中国机床工具工业协会工具分会的统计测算，2013年我国刀具耗损费用从上年的340亿元缩减到330亿元，降幅约为3%；其中：国产刀具约215亿元，与上年相比下降约4.5%，占比约65%；进口刀具与上年持平，约为115亿元，占比35%。国产刀具出口在上年76亿元的基础上下降到68亿元，降幅约10.5%。

根据中国机床工具工业协会工具分会对77家会员单位的统计，2013年，工业销售产值171.2亿元，产品销售收入165.4亿元。2013年工具行业产品销售呈现逐月缓慢回升态势，从2013年年初销售收入同比下降15.6%，到5月同比降幅收窄至个位数，到年末已收窄到5%以内，出现了明显的止跌回稳迹象，但与上年同期相比仍呈负增长。

根据中国海关的统计数据，2013年，我国各类切削刀具产品进口总额为127 078.8万美元，与上年的125 950.8万美元相比微增0.90%；各类量具进口额3 517.6万美元，比上年的4 601.1万美元减少23.5%；进口量仪2 576台(套)，进口额为12 896.4万美元，比上年17 013.6万美元减少24.2%。考虑到随主机配套进口等因素，中国海关的工具进口数据明显低估，根据中国机床工具工业协会工具分会的测算，2013年进口刀具消费保持了上年的水平，约为115亿元。从进口的单价来看，刀具进口的平均单价与上年基本持平，说明受市场低迷影响，国外刀具供应商更加注重控制成本，以确保其在中国市场的份额；量具量仪的进口总量以两位数减少，但量具进口单价与上年相比仍然上涨44.6%，反映出国内市场需求总量萎缩，但需求结构不断升级，进口的仍然是价高质优的高端数字化精密量具。纵观国内工具市场，尽管国内企业在现代高效刀具和高精度数字化量具研发生产方面已经有了明显进步，但其高端市场大部分被进口产品所占领的现状尚未发生根本改变。而这部分市场正是国内工具企业在产品升级、结构调整时所需要瞄准的主要领域。

根据中国机床工具工业协会工具分会的统计测算，2013年工具行业出口从76亿元下降到68亿元，降幅约为10.5%。2013年行业出口交货值持续下滑，虽然与国际市场需求乏力有一定关系，但也反映出我国工具产品在国际市场上缺乏适应性和竞争力。当然，不同企业的出口表现是不同的。总的来说，大批量低档刀具的出口降幅普遍在两位数以上，质量稳定的传统标准刀具出口与上年基本持平或略有下降，工业用刀具、特别是硬质合金刀具的出口有上升趋势，据中国海关的数据，硬质合金钻头出口同比增加15.18%，硬质合金刀片出口同比增加3.68%。

2013年全行业的赢利情况虽然还没有恢复到上年的水平，但利润总额同比降幅已明显收窄，说明行业大多数企业在当前持续低迷的市场环境下不再采用过去的低价竞销的粗放竞争模式，而是采取强化管理升级，注重营销模式的转变，调整产品结构，扩大在高端市场的份额等措施，逐渐提升赢利水平，并且取得了一定成效。2013年一季度参加行业统计的亏损企业达30家，到2013年年底已减少到17家。尤其鼓舞人的是，通过全行业结构的不断调整，2013年在低端刀具销售大幅度下降的同时，国产现代高效刀具的销售总体顺畅，而且替代进口的速度在不断加快，一批国产现代高效刀具进入汽车行业，国产刀具在高端领域所占比重稳步上升，呈现出良好的发展态势，说明行业产品结构的调整方向是正确的。此外，在市场总体疲软的背景下，行业骨干企业的优质标准刀具仍然销售顺畅，一批刀具出口企业，努力提高质量、发展品种，优化服务，在刀具出口欧美工业领域方面取得了长足进步。2013年工具行业分类产品出口情况见表3。

表3 2013年工具行业分类产品出口情况

产品名称	单位	出口量
切削工具	万件	63 736.99
高速钢刀具	万件	61 475.55
刀条、刀片	万件	21.46
孔加工刀具	万件	56 838.50
麻花钻	万件	46 305.89
铣削刀具	万件	1 249.98
螺纹刀具	万件	3 276.45
拉削刀具	万件	0.02
切齿刀具	万件	1.03
锯条	万件	64.57
木工刀具	万件	2.23
其他高速钢刀具	万件	21.31
硬质合金刀具	万件	2 218.42
刀片	万件	1 688.60
车(刨)削刀具	万件	0.06
孔加工刀具	万件	406.05
麻花钻	万件	5.16
铣削刀具	万件	101.71
螺纹刀具	万件	15.90
其他硬质合金刀具	万件	6.10
立方氮化硼刀具	万件	1.28
金刚石刀具	万件	0.09
工具系统及刀柄	万件	6.60
其他	万件	35.05
量具	万件	336.90
量块及量规	万件	74.70
卡尺	万件	54.40
测微螺杆类量具	万件	32.20
量表	万件	35.50
角度和平直度量具	万件	2.70
电子数显量具	万件	77.90
辅助测量器具	万件	50.60
其他量具	万件	9.00
量仪	台(套)	8 534

三、科技成果及新产品

2013年，工具行业有多项“高档数控机床及基础制造装备”国家科技重大专项课题通过验收，为国民经济重点领域提供了急需的科技成果，不仅显著提升了行业和相关企业的科技创新能力，而且为行业企业调整结构、转型升级提供了有力的技术支撑。

2013年工具行业的主要成果包括：株洲钻石切削刀具股份有限公司的多项国家重大科技专项，“钛合金高温合金加工用高效可转位刀具系列及超硬刀具”项目开发了3种硬质合金牌号和2种超硬材料牌号，建立了国产钛合金、高温合金加工用高效可转位刀具体系，并已在航空航天领域典型企业应用；“超细晶粒整体硬质合金涂层精密刀具的研究与开发”项目解决了烧结过程中硬质合金晶粒快速长大的关键技术难题，开发出硬质合金多次多阶段烧结新工艺；“汽车发动机配套精密高效刀具开发”项目完成了20多个系列的汽车发动机典型零部件加工用非标刀具的开发。成都工具研究所有限公司“高性能激光测量系统”项目成功研制了纳米分辨率的激光干涉仪、360°激光测角系统以及基于激光差动干涉的圆轨迹测量系统；哈尔滨量具刃具集团有限责任公司通过承担“高速数控机床用高精度智能化新型工具系统”项目，掌握了热装夹头刀柄和SHK工具系统的相关核心技术和批量制造技术，在汽车、船舶、机床工具行业得到批量应用。汉江工具有限责任公司“高效高性能数控复杂精密刀具”项目为航空能源汽车船舶等制造业重点行业研制了高速环保干切齿轮滚刀、高效重载双切滚刀、大型高精度拉刀和高速环保干切插齿刀等，掌握了刀具设计与制造、热处理、表面涂层及数控专机的研制等关键技术。成都成量工具集团有限公司“高效可转位刀具系列及超硬工具的研究及产业化”项目完成了高性能硬质合金基体材料的开发和高效可转位刀具多元复合膜涂层设备及技术的研究，建成了三条生产线。

2013年工具行业新产品开发情况见表4。2013年工具行业科研项目见表5。2013年工具行业获奖科研项目见表6。2013年工具行业授权专利情况见表7。

表4 2013年工具行业新产品开发情况

产品名称	型号	主要技术参数	产品性质	产品属件	技术水平
郑州市钻石精密制造有限公司					
PCBN球头铣刀	30235362		改型设计	企业新产品	国内领先
PCD枪铰刀	256816		全新设计	行业新产品	国内领先
方肩铣刀	EMP13×AN刀具系列	ANCX11/15系列刀片	全新设计	企业新产品	国内同类产品水平
面铣刀	FMA11×SN刀具系列	SNEG12/15/19系列刀片	全新设计	企业新产品	国际同类产品水平
成都成量工具集团有限公司					
大直径刀具预调仪	DC1000－ZH	被测刀具最大半径：500mm（ϕ1 000mm）；被测刀具最大高度：200mm；重复测量精度：径向0.003mm，轴向0.005mm；分辨力：0.001mm	全新设计	行业新产品	国内领先

（续）

产品名称	型号	主要技术参数	产品性质	产品属性	技术水平
滤芯器专用丝锥	M12×1.5～M39×1.5	针对滤芯器A3钢的材料特点，对丝锥的每个参数进行调整	全新设计	企业新产品	国内领先
旋转爪型游标卡尺	0～200mm	测量范围上限误差计算值：70mm±0.05mm，150mm±0.05mm，200mm±0.05mm	改型设计	行业新产品	国内领先
抽油杆丝锥	CYG5/8～CYG1 1/8	柄部径向圆跳动：≤0.03mm，工作部分径向圆跳动：≤0.05mm；工作部分硬度63HRC，方头硬度：≥30HRC；不得有裂纹、碰伤、锈迹等缺陷	改型设计	行业新产品	国内领先
上海工具厂有限公司					
螺旋槽丝锥	M1～M2.6	硬度：800～865HV，精度等级：OH1、OH2、OH3，统一柄部外径：3mm，方身宽度：2.5mm，柄部及方身公差h9，刃部及柄部圆跳动：≤0.01mm	全新设计	企业新产品	国内领先
硬质合金T形槽铣刀系列产品	ϕ10～ϕ46	刃径公差：h10，柄径公差：h6，刃部圆跳动≤0.02mm	全新设计	企业新产品	国内领先
航空航天复合材料用匕首钻系列产品	ϕ4～ϕ6.35	刃径公差：h7，柄径公差：h6，刃部圆跳动≤0.01mm	全新设计	企业新产品	国内领先
陕西航空硬质合金工具公司					
钛合金精加工整体硬质合金不等分齿立铣刀	1510.1371	螺旋角：38°，前角：8°，后角：10°	改型设计	企业新产品	
钛合金粗加工可转位刀片	1970.593	规格：ϕ9.525mm×3.97mm（装3个刀片），刀片前角：15°，刀片后角：14°	改型设计	企业新产品	

表5　2013年工具行业科研项目

科研项目名称	主要内容	应用状况	项目来源	完成单位
航空航天用复合材料系列化刀具开发	针对航空航天工业使用广泛的典型复合材料及零件，研制适用于复合材料加工的高效系列化刀具，包括10种以上制孔工具（包括金刚石涂层整体硬质合金钻头、PCD钻头、金刚石涂层铰刀、复合孔加工刀具及其他形式新型制孔工具），以及5种以上铣刀系列（包括金刚石涂层整体硬质合金铣刀系列、PCD铣刀系列）。新研制的刀具寿命比当前所使用硬质合金铣刀提高5～10倍，加工效率提高2倍以上。该项目将研究具有自主知识产权的复合材料加工技术与先进适用的系列复合材料加工工具，可满足国家航空、航天、国防事业的急需	研制阶段	“高档数控机床与基础制造装备”科技重大专项	上海工具厂有限公司
复杂数控刀具创新能力平台建设	通过对复杂数控刀具技术的研究，形成复杂数控刀具涂层技术、超硬刀具、带HSK柄适用于高速切削的复合刃形各类镗铣刀，以及针对汽车行业采用复合刃式的金刚石铣削类刀具中试线	研制阶段	“高档数控机床与基础制造装备”科技重大专项（子项）	上海工具厂有限公司
高性能孔加工刀具低缺陷制备技术研究	开展高性能超细晶粒硬质合金材料制备工艺过程及工艺参数控制技术研究；开展高性能硬涂层材料制备工艺过程及工艺参数控制技术研究；研究硬质合金材料和涂层材料性能评价方法；研究刀具成形制造技术和刀具刃口钝化处理技术；研究PCD刀具制造技术；搭建刀具的低缺陷制造平台；建立40种典型牌号刀具切削数据库，刀具种类包括整体式旋转刀具、精密复杂刀具和超硬刀具，刀具材料包括高速钢、硬质合金、超硬材料和涂层材料；加工方式包括孔加工、复杂成型面加工、曲面加工、齿轮加工和螺纹加工	研制阶段	“高档数控机床与基础制造装备”科技重大专项（子项）	上海工具厂有限公司

（续）

科研项目名称	主要内容	应用状况	项目来源	完成单位
汽车发动机配套精密高效刀具开发	目前课题按任务合同书计划进度已进入实施周期的最后一年，已完成20多个系列的汽车发动机典型零部件加工用非标刀具的开发；开始着手后期市场应用验证与推广工作	研制阶段	“高档数控机床与基础制造装备”科技重大专项	株洲钻石切削刀具股份有限公司
磨削工艺、角度轴直驱一体化大理石床体、高精度7轴6联动工具磨床、磨削工艺软件系统研制和应用示范工程	按任务合同书计划进度执行，目前已完成全部工程图样设计和有限元分析，完成样机的改进工作，正在进行改进型机床的加工和装配；已完成了刀具刃线的实时检测算法，对检测出的刀具刃线崩损提供多种分析方案，保证崩损检测的准确度，将崩损检测分析功能集成到在线系统软件中	研制阶段	“高档数控机床与基础制造装备”科技重大专项	株洲钻石切削刀具股份有限公司
高性能Ti(C,N)基金属陶瓷工具材料产业化项目	总投资3 000万元，计划开发10种以上成熟牌号的Ti(C,N)基金属陶瓷刀具产品，形成年80～150万片Ti(C,N)基金属陶瓷刀具的生产能力	研制阶段	四川省科技计划项目	成都成量工具集团有限公司
高性能PVD/PCVD刀具涂层技术与装备开发	选择15种普通商业切削刀具进行涂层，对于涂层刀具分别进行实验室切削试验和实际切削试验，探究其失效形式	研制阶段	“高档数控机床与基础制造装备”科技重大专项(子项)	成都成量工具集团有限公司
高精度CCD智能刀具预调仪	测量预调数控机床、加工中心及柔性制造单元所用的镗铣及孔加工类刀具(包括复合刀具)。要求能够测量完成刀尖的精确坐标位置、刀尖圆弧、刀尖角及刀刃倾角、多刃刀具刀尖的径向及轴向跳动、刀刃的磨损观测等，具有观测刀具表面质量，刀具轮廓比较、刀具管理数据库等功能，并可以完成数据标签打印或报告打印	研制阶段	四川省重大产业技术创新专项	成都成量工具集团有限公司
航空航天高强轻质材料典型零件高速切削工艺及刀具材料研究	1. 将合作单位开发的用于钛合金高速切削的新型刀具材料制备成刀片，研究刀片的切削性能 2. 提出对刀片几何角度的改进方案，促进刀具的开发。提高新材料刀片在钛合金高速切削中的使用寿命	自行应用	“高档数控机床与基础制造装备”科技重大专项(子项)	成都成量工具集团有限公司
石油天然气钻具螺纹量规研发	①建立一套量规生产基准传递系统。生产的每一件量规的紧密距值能溯源到美国总部。②建立一套产品生产过程溯源系统，以便进行质量溯源。③实验采用新的量规淬火工序，并在加工工艺中增加冷处理工序，使得量规测量面硬度均匀、尺寸稳定性好。④通过引进高精度设备，确保加工量规螺纹的各项参数合格。⑤通过引进高精度螺纹测量仪，实现螺纹各单项参数的定量检测。⑥采用环规和塞规成对包装，并配有可追溯的互配紧密距数值，充分考虑使用的方便性	自行应用	成都市新都区科技项目	成都成量工具集团有限公司
SK7520螺纹磨床研制	对Y7520W螺纹磨床进行数控改造，改造后新机床最大的亮点是大幅减少对人工操作技能的依赖，并能实现锥管螺纹塞规的加工。已完成小批量产品试制工作	自行应用	企业自选科技项目	成都成量工具集团有限公司
高强钛合金精加工整体硬质合金不等分齿立铣刀	针对高强钛合金精加工用整体硬质合金不等分齿立铣刀，对结构及其参数进行设计制造，通过试切，加以完善，最终刀具性能达到课题任务要求	自行应用	国家科技项目	陕西航空硬质合金工具公司
钛合金粗加工可转位刀片	设计制造的钛合金用粗加工可转位刀片，其性能超过国外刀片切削性能的80%	自行应用	国家科技项目	陕西航空硬质合金工具公司
航空航天难加工材料的高效刀具的研发	解决碳纤维复合材料的钻削加工难题，开发出加工质量好、加工效率高、使用寿命长的航空碳纤维复合材料加工专用PCD(聚晶金刚石)刀具，替代硬质合金类刀具，提高飞机尾翼、机壳、方向舵等部位的钻削加工质量	自行应用	企业自选科研项目	郑州市钻石精密制造有限公司

（续）

科研项目名称	主要内容	应用状况	项目来源	完成单位
超密齿聚晶金刚石面铣刀的研发	针对难加工材料的高效切削进行研究，通过对刀具材料和设计参数的切削试验研究，开发出更适合高速铣削铝合金、钛合金的新型超密齿聚晶金刚石面铣刀产品	研制阶段	企业自选科研项目	郑州市钻石精密制造有限公司
汽车传动系统球笼式等角速万向节专用滚道球头铣刀的研发	针对我国轿车制造行业多年的技术瓶颈“球笼式等角速万向节的高效切削技术”展开攻关。通过对超硬材料切削适配性能的研究和切削试验、刀具结构创新与工艺改进，开发出高效铣削万向节星型套椭圆滚道的专用球头铣刀系列产品，替代传统硬质合金铣刀。在此基础上进一步扩大生产规模，实现产业化，替代进口	自行应用	企业自选科研项目	郑州市钻石精密制造有限公司
高速铁路道岔刀具研发	投入关键设备，引进加工中心和开发软件，申请专利，开发系列产品	自行应用	企业自选科研项目	四川天虎工具有限责任公司
西气东输坡口刀具研发	投入关键设备，引进加工中心和开发软件，申请专利，开发系列产品	自行应用	企业自选科研项目	四川天虎工具有限责任公司
高档数控刀具研发	进一步优化产品系列，改进生产工艺，增加检测设备，申请新商标，改进表面质量	自行应用	企业自选科研项目	四川天虎工具有限责任公司
拉刀生产线技术改造	增加拉刀品种，提高品质，解决设计理论，改进生产工艺，增加固定资产投入	自行应用	企业自选科研项目	四川天虎工具有限责任公司

表6　2013年工具行业获奖科研项目

项目名称	主要内容及应用范围	获奖名称	获奖等级	主要完成单位
高精度自动刀具预调仪（QX50031S）	该仪器能够完成刀尖的精确坐标位置、刀尖圆弧、刀尖角及刀刃倾角、多刃刀具刀尖的径向及轴向跳动、刀刃的磨损观测等的测量，具有刀具表面质量观测，刀具轮廓比较、刀具数据库管理等功能，并可完成数据标签打印或报告打印。该产品适用于测量预调数控机床、加工中心及柔性制造单元所用的镗铣类及孔加工类刀具（包括复合刀具），既可应用于机械加工行业，为数控机床检测刀具尺寸，也可以用于工具行业，批量检测数控刀具尺寸	成都市科技进步奖	三等奖	成都成量工具集团有限公司
高精度自动刀具预调仪（QX50031S）	该仪器能够完成刀尖的精确坐标位置、刀尖圆弧、刀尖角及刀刃倾角、多刃刀具刀尖的径向及轴向跳动、刀刃的磨损观测等的测量，具有刀具表面质量观测，刀具轮廓比较、刀具数据库管理等功能，并可完成数据标签打印或报告打印。该产品适用于测量预调数控机床、加工中心及柔性制造单元所用的镗铣类及孔加工类刀具（包括复合刀具），既可应用于机械加工行业，为数控机床检测刀具尺寸，也可以用于工具行业，批量检测数控刀具尺寸	成都市新都区科技进步奖	二等奖	成都成量工具集团有限公司
厚度指示表（国家标准：GB/T 22520—2008）	该标准规定了厚度指示表的术语和定义、型式与基本参数、要求、检验方法、标志与包装等。该标准适用于分度值/分辨力为0.1mm、0.01mm、0.02mm、0.001mm，测量厚度上限不大于30mm的指示表	中国机械工业科学技术奖	三等奖	成都成量工具集团有限公司

表7　2013年工具行业授权专利情况

企业名称	专利名称	专利类型	授权日期
上海工具厂有限公司	TiC/Si3N4纳米多层涂层及制备方法	发明	2013.03.27
上海工具厂有限公司	VC/Si3N4纳米多层涂层及制备方法	发明	2013.03.27
上海工具厂有限公司	无机械手数控工具磨床的砂轮库	发明	2013.04.10
成都成量工具集团有限公司	微调精镗单元	实用新型	2013.08.07

（续）

企业名称	专利名称	专利类型	授权日期
成都成量工具集团有限公司	微调精镗单元主体	实用新型	2013.08.07
成都成量工具集团有限公司	微调精镗单元防转卡爪	实用新型	2013.08.07
成都成量工具集团有限公司	一种气动送料器	实用新型	2013.08.07
陕西航空硬质合金工具公司	高度尺	外观设计	2013.12.25
郑州市钻石精密制造有限公司	钻锪复合刀具	实用新型	2013.08.07
郑州市钻石精密制造有限公司	带有内冷作用的复合型铰刀	实用新型	2013.08.07
郑州市钻石精密制造有限公司	法兰盘转接柄式铰刀	实用新型	2013.08.07
郑州市钻石精密制造有限公司	长阶梯成型孔加工的内冷铰刀	实用新型	2013.08.07
郑州市钻石精密制造有限公司	带有内冷的阶梯成型铰刀	实用新型	2013.08.07
郑州市钻石精密制造有限公司	焊接金刚石钻铰刀	实用新型	2013.08.07
郑州市钻石精密制造有限公司	易更换 PCD 复合刀片的扩孔钻	实用新型	2013.08.07
郑州市钻石精密制造有限公司	铣、铰一体金刚石刀具	实用新型	2013.08.07
郑州市钻石精密制造有限公司	复合式铰铣刀	实用新型	2013.08.07
郑州市钻石精密制造有限公司	扩孔钻	实用新型	2013.07.03
郑州市钻石精密制造有限公司	阶梯孔铰铣刀	实用新型	2013.07.03
郑州市钻石精密制造有限公司	带有微调结构的面铣刀	实用新型	2013.09.18
郑州市钻石精密制造有限公司	用于加工发动机挺柱孔的镗刀杆	实用新型	2013.08.07
四川天虎工具有限责任公司	一种机夹式扩孔钻	实用新型	2014.03.05
四川天虎工具有限责任公司	一种齿轮精加工装置	实用新型	2014.03.05
四川天虎工具有限责任公司	一种可定位键槽拉削刀具	实用新型	2014.03.05
株洲钻石切削刀具股份有限公司	仿形切槽刀片	外观设计	2013.01.09
株洲钻石切削刀具股份有限公司	一种可调节回转半径的刀柄	实用新型	2013.01.16
株洲钻石切削刀具股份有限公司	可调节切削回转半径的刀具组件	发明	2013.01.23
株洲钻石切削刀具股份有限公司	车削加工刀片	外观设计	2013.01.23
株洲钻石切削刀具股份有限公司	一种钻削加工刀具	实用新型	2013.03.06
株洲钻石切削刀具股份有限公司	用于夹持可转位刀片的加强型刀夹	发明	2013.03.13
株洲钻石切削刀具股份有限公司	非均匀硬质合金及其制备方法	发明	2013.03.13
株洲钻石切削刀具股份有限公司	模具加工用雕刻刀	发明	2013.03.20
株洲钻石切削刀具股份有限公司	变后角宽孔倒角刀	发明	2013.04.03
株洲钻石切削刀具股份有限公司	含周期性涂层的复合涂层刀具及其制备方法	发明	2013.04.10
株洲钻石切削刀具股份有限公司	仿形切削刀片及仿形切削刀具	发明	2013.04.10
株洲钻石切削刀具股份有限公司	TiC/Ti(C,N)－Mo－Ni/Co 复合粉末及其制备方法和应用	发明	2013.04.10
株洲钻石切削刀具股份有限公司	等实际前角不等螺旋角立铣刀	发明	2013.04.10
株洲钻石切削刀具股份有限公司	用于高速切削的切削刀具	发明	2013.04.17
株洲钻石切削刀具股份有限公司	一种具有倒棱结构的可转位刀片	实用新型	2013.04.24
株洲钻石切削刀具股份有限公司	装夹稳定的切削刀具	实用新型	2013.06.05
株洲钻石切削刀具股份有限公司	一种铣削用刀片	实用新型	2013.06.05
株洲钻石切削刀具股份有限公司	机夹刀片	外观设计	2013.06.05
株洲钻石切削刀具股份有限公司	一种用于高速切削的切削刀具	发明	2013.06.12
株洲钻石切削刀具股份有限公司	切削刀具	发明	2013.06.12
株洲钻石切削刀具股份有限公司	一种螺纹加工铣刀	实用新型	2013.06.26
株洲钻石切削刀具股份有限公司	一种具有多棱面的成型挤压丝锥	实用新型	2013.06.26
株洲钻石切削刀具股份有限公司	一种用于旋转测力仪的转接接头	实用新型	2013.07.31
株洲钻石切削刀具股份有限公司	切削刀片及切削刀具	实用新型	2013.08.21
株洲钻石切削刀具股份有限公司	一种切削刀片及切削刀具	实用新型	2013.09.04
株洲钻石切削刀具股份有限公司	一种具有内冷结构的切削刀具	发明	2013.10.30

（续）

企业名称	专利名称	专利类型	授权日期
株洲钻石切削刀具股份有限公司	一种带轴向限位装置的铣削刀具	发明	2013.11.20
株洲钻石切削刀具股份有限公司	一种具有高精度调整能力的刀座及装有该刀座的切削刀具	实用新型	2013.11.27
株洲钻石切削刀具股份有限公司	大切深大进给可转位铣刀	实用新型	2013.12.04
株洲钻石切削刀具股份有限公司	一种钻孔刀具	实用新型	2013.12.04

四、标准化工作

2013年，全国刀具标准化技术委员会(简称刀标委)、全国量具标准化技术委员会(简称量标委)继续开展行业标准化工作。国家重大专项涉及的50多项国家标准和行业标准项目已完成16项，刀标委2013年共完成《机床和工具柄用自夹圆锥》等10项国家标准和《超硬可换钻尖式麻花钻》等10项行业标准；发布《切削刀具数据表达与交换　参考字典的定义、原则和方法》等两项国家标准和《金刚石涂层硬质合金刀具　技术条件》等23项行业标准；新申报《高速切削刀具安全性评价方法》等16项行业标准计划，其中10项是结合国家重大专项的。2013年5月，全国刀标委受国家标准委的委派，组织中国刀具标准代表团参加了在德国柏林召开的ISO/TC29第24次会议，与会代表与国外同行进行广泛交流，并在有关刀具标准的归类管理等重大问题上发出了中国刀具标准界的声音。

2013年，量标委申报立项《外径千分尺》等17项国家标准、3项行业标准计划，工信部批准3项行业标准计划；完成了《滚动轴承用高速圆度测量仪》等10项行业标准计划并已上报标准的报批稿及有关材料。

2013年12月，全国刀标委与中国机床工具工业协会工具分会联合召开年会，进行了交流并总结了2013年工具行业的标准化工作；会议对如何结合行业转型升级和国家重大专项的实施、进一步做好行业标准工作进行了研讨和安排。

五、企业简介

郑州市钻石精密制造有限公司　成立于1997年5月，是一家专业从事超硬刀具研发、生产、销售与技术服务的高新技术企业，产品广泛应用于汽车、飞机、空调压缩机、精密电子、医疗器械等高端精密制造领域。

公司坚持自主创新，重视核心技术研发，产品拥有广阔的国内外市场。公司依托良好的产业市场前景，近年来生产规模不断扩大，企业实现了较好的经济效益。2013年，公司从业人数320人，实现工业总产值1.7亿元，销售收入1.6亿元。公司注重新产品研发，在保持汽车制造市场服务优势的同时，继续扩大超硬刀具产品在航空航天、精密机械等高端制造领域的应用推广。公司依靠专业的研发团队和成熟的工艺基础，2013年自主研发多项刀具新品，填补了国内技术、产品空白。其中聚晶立方氮化硼球头铣刀产品成功推向市场，使郑州市钻石精密制造有限公司成为全球少数几家有能力提供该产品的刀具制造商之一。

随着公司技术实力的不断积累，公司在调整产品产业结构的同时，更加侧重为用户提供非标定制化服务。公司自主设计的红旗轿车V12发动机曲轴孔凸轮轴孔镗削刀具方案获得一汽厂家认可，标志着郑州市钻石精密制造有限公司在为用户提供优质产品的同时，逐渐具备了为用户生产现场提供配套刀具解决方案的实力。

〔撰稿人：中国机床工具工业协会工具分会胡红兵　审稿人：中国机床工具工业协会工具分会沈壮行〕

数显装置

2013年，受国内外严峻的经济形势影响，数显装置行业主要经济指标出现负增长，市场销售量有所下降。工业总产值下降了11.79%，销售产值下降了9.55%。

面对危机，全行业积极应对，把企业发展的重点放在产品开发和产品结构调整上。在“国家十二五重大专项”等产业政策的支持下，“高集成化单码道绝对式光栅尺研发及产业化”及“高精度、高分辨力绝对式光栅旋转编码器”获国家“十二五高档数控机床与基础制造装备”科技重大专项立项，已经进入实施阶段，作为行业理事长单位的长春禹衡光学有限公司是上述两个专项的产业化单位和研发单位，行业内部分企业参与项目实施。在重大专项的带动下，行业牵头企业带动了整个行业的技术进步和产业升级，传感器产品向高端延伸，2013年数量装置行业利税总额同比增加5.01%，使我国的位移传感器产业保持了发展势头。

一、基本情况

参加本年鉴统计的数显装置行业企业共计12家，其中，上市公司1家、有限公司11家，70%为民营企业。企业主要分布在长三角、珠三角、北京、长春、桂林等地区。从企业性质构成看，原有的国有企业大多已进行了改制，通过股份制改革，国有资本全部或逐步退出，以此应对激烈的市场竞争。民营企业迅速发展壮大，成为数显装置行业的中坚力量。2013 年数显装置行业主要经济指标完成情况见表 1。

表 1　2013 年数显装置行业主要经济指标完成情况

指标名称	单位	年度累计
工业总产值	万元	42 198.3
其中：机床工具类产品产值	万元	40 531.3
工业销售产值	万元	42 391.7
其中：机床工具类产品销售产值	万元	40 703.5
工业增加值	万元	16 479.7
实现利税	万元	9 308.4
从业人员平均人数	人	2 088
资产总计	万元	99 038.3
流动资产平均余额	万元	63 028.7
固定资产净值平均余额	万元	14 119.6

2013 年，参加年鉴统计的 12 家企业中，工业总产值超过 1 亿元的企业有：桂林广陆数字测控股份有限公司 1.41 亿元、长春禹衡光学有限公司 1.14 亿元。实现利税超过 1 000万元的企业有：长春禹衡光学有限公司 4 238 万元、桂林广陆数字测控股份有限公司 2 002 万元。

二、生产情况

作为行业的主导产品，光栅编码器、光栅尺、量具量仪及容栅尺占行业的总产量比重较大，总体产量比上年有下降，光栅编码器有所增长。光栅尺主要的生产企业有长光数显、苏州怡信、廊坊莱格、中科中自等。光栅编码器主要的生产企业有长春禹衡光学有限公司、无锡科瑞特等。磁栅、量具、量仪产品的主要生产企业有：桂林广陆数字测控股份有限公司、上海平信机电制造有限公司、苏州怡信光电科技有限公司、北京航天峰光电子技术有限责任公司、东莞特马电子有限公司、桂林晶瑞传感技术有限公司、桂林晶瑞电子有限责任公司。其中长春禹衡光学有限公司、桂林广陆数字测控股份有限公司分别占据上述主导产品产量的前列。2013 年数显装置行业分类产品生产情况见表 2。

表 2　2013 年数显装置行业分类产品生产情况

产品名称	产量单位	产量	产值（万元）
量具	万件	172.03	17 674.7
卡尺	万件	28.84	3 230.6
量表	万件	19.4	1 365.5
电子数显量具	万件	121.2	12 564.5
其他量具	万件	2.59	514.1
量仪	台	448	1 396.7
数显装置			18 718.0
光栅尺	支	33 355	1 392.6
光栅数显表	台	6 653	200.1
磁栅尺	支	11 806	2 611.2
磁栅数显表	支	335	290.2
容栅数显表	台	600 000	1 200.0
圆光栅编码器	支	764 170	13 023.9

三、销售及出口情况

依据参与本年度年鉴统计的单位提供的数据统计，2013 年光栅尺及光栅数显表的销售量 40 008 坐标，同比下降 41%，销售额 1 593 万元，同比下降 46.8%。光栅编码器销售量 76 万支，同比增长 13%；销售额 13 024 万元，同比增长 21%。我国的光栅编码器在世界市场的占有量仅次于德国和日本，通过国家重大专项的建设，产品结构向高端发展，产品的利润率有所提高。

磁栅产品销售量 11 806 支，同比下降 50%；销售额 2 611万元，同比下降 46%。量具产品销售量 172 万件，同比下降 8%；销售额 17 675 万元，同比下降 4%。量仪产品销售量 448 台，同比下降 61%；销售额 1 397 万元，同比下降 55%。

2013 年，产品出口比上年总体下降，光栅编码器产品出口有所提升，桂林广陆数字测控股份有限公司的出口总额仍然居行业的首位。2013 年数显装置行业分类产品出口情况见表 3。

表 3　2013 年数显装置行业分类产品出口情况

产品名称	出口量单位	出口量	出口额（万美元）
量具	万件	94.81	1 680.6
卡尺	万件	13.92	148.8
量表	万件	7.04	458.4
电子数显量具	万件	64.97	747.0
其他量具	万件	8.88	326.4
量仪	台	125	80.9
数显装置			344.6
光栅尺	支	14 230	83.4
光栅数显表	台	3 452	60.8
磁栅尺	支	819	28.5
圆光栅编码器	支	161 000	171.9

四、新产品、科研项目及专利情况

面对经济下滑的市场形势，数显装置行业日益重视产品的开发及新技术、新工艺的应用。在巩固传统产品的同时，有实力的企业努力提高产品的质量和技术性能，开发高附加值的新产品，抢占中高端产品市场。2013 年，数显装置行业新产品的开发仍以自行设计和产学研相结合为主。表明经过 10 年的快速发展，数显装置行业企业的自主研发能力有了很大提高，整体的技术水平已经跃上新的台阶。2013 年数显装置行业新产品开发情况见表 4，2013 年数显装置行业科研项目见表 5，2013 年数显装置行业授权专利情况见表 6。

表4　2013年数显装置行业新产品开发情况

产品名称	型号	主要技术参数	产品性质	产品水平
长春禹衡光学有限公司				
电梯同步曳引机用光栅编码器	ZKD-54	中空轴:ϕ12mm,外径:54mm,厚度:40mm,8 192P/r	全新设计	国际先进
增量型总线式光栅编码器	ZKD-48	中空轴:ϕ9mm,外径:48mm,厚度:33mm,使用温度:-20~+85℃	全新设计	国际先进
绝对式光栅编码器	JKD-2	中空轴:ϕ9mm,外径:48mm,厚度:33mm,20bit	全新设计	国际先进
廊坊开发区莱格光电仪器有限公司				
尺寸链测量机	JGX-CL		全新设计	国际先进
上海平信机电制造有限公司				
磁环	AM385	直径:38mm,24个磁极	全新设计	国际先进
磁敏式读头	MR500C	5~30V电源系统	改型设计	国际先进
磁敏式读头	MR200C	5~30V电源系统	改型设计	国际先进
东莞市特马电子有限公司				
绝对原点数显卡尺	CDA100	分辨力:0.01mm,精度:0.02mm	全新设计	国内领先
数显千分表	ID910	分辨力:0.001mm,精度:0.003mm	全新设计	国内领先
北京航天峰光电子技术有限责任公司				
绝对容栅卡尺数显组件	无	150mm/300mm/500mm,分辨力:0.01mm,移动速度无限制	全新设计	无鉴定
绝对容栅高度尺数显组件		300mm/500mm,分辨力:0.02mm,移动速度无限制	全新设计	无鉴定
多路测量及无线远传系统		4~8路,50~100m传输距离	全新设计	无鉴定
桂林市晶瑞传感技术有限公司				
芯片型倾角仪	82412-BP-B	分辨力:0.05°;精度:0.15°;自动关背光时间:30s;自动关机时间:产品无按键操作5min自动关机,关机电流:≤20μA;测量范围:4×90°,1 000mm/m,100%,12in/ft(1in=25.4mm,1ft=304.8mm);供电:LR03(2-AAA,3V);EMC:2级,防护等级:IP65	全新设计	无
芯片型倾角盒	82413-BP-MA	分辨力:0.1°;精度:0.2°;自动关背光时间:10s;自动关机时间:5min;测量范围:4×90°;供电:AAA碱性电池×1	全新设计	无
鱼雷尺	88 412YL-00	分辨力:0.1°,0.1%,1/8in/ft;精度:0.1°(0°和90°),其余0.2°;自动关背光时间:数值稳定且无按键操作约30s背光自动关闭,自动关机时间:无按键操作约5min自动关机;测量范围:4×90°,100%,12in/ft;供电:AAA碱性电池×1;防护等级:IP50;电磁兼容(EMC):2级	全新设计	无
OPP倾角测量模块	88412JS-00	分辨力:0.1°,1mm/m,0.1%,1/8in/ft,0.125in/ft;精度:0.1°(0°和90°),其他0.2°;测量范围:4×90°,1 000mm/m,100%,12in/ft;供电:LR03(2-AAA,3V);EMC:2级	全新设计	无
HPP倾角测量模块	88413JS-00	分辨力:0.05°,0.1mm/m,0.01%,1/8in/ft,0.125in/ft;精度:0.05°(0°和90°),其他0.1°;自动关背光时间:30s;测量范围:4×90°,1 000mm/m,100%,12in/ft;供电:LR03(2-AAA,3V);EMC:2级	全新设计	无
万能角度尺	82309-BP-AA	分辨力:1′/0.01°;精度:±4′/0.07°;测量范围:0~360°,2×180°,4×90°;自动关机时间:产品数不动且无按键动作小于5min自动关闭;工作电流:≤150μA,电源:DC 3V(锂电池CR2032),抗干扰等级:EMC-2级	全新设计	无

（续）

产品名称	型号	主要技术参数	产品性质	产品水平
桂林广陆数字测控股份有限公司				
IP65 数显外径千分尺	0－25	精度：±0.002mm，防护等级 IP65	全新设计	无鉴定
IP65 数显外径千分尺	25－50	精度：±0.002mm，防护等级 IP65	改型设计	无鉴定
IP65 数显外径千分尺	50－75	精度：±0.003mm，防护等级 IP65	改型设计	无鉴定
IP65 数显外径千分尺	75－100	精度：±0.003mm，防护等级 IP65	改型设计	无鉴定
机械测微头	0－10	精度：±0.004mm	改型设计	无鉴定
绝对原点百分表（整体动栅）	0－25	精度：±0.03mm，重复性：0.02mm	改型设计	无鉴定
机械内测千分尺	（5－30）	精度：±0.005mm	改型设计	无鉴定
数显三爪内径千分尺	40－50	精度：±0.005mm，防护等级 IP54 校对环规：ϕ40mm	改型设计	无鉴定
数显三爪内径千分尺	50－63	精度：±0.005mm，防护等级 IP54 校对环规：ϕ62mm	改型设计	无鉴定
机械卡爪千分尺	0－25	精度：±0.005mm	全新设计	无鉴定
数显万能角度尺	0－360°	精度：±4′/0.07°	全新设计	无鉴定

表 5　2013 年数显装置行业科研项目

项目名称	主要内容	项目来源	承担单位
高精度、高分辨力绝对式光栅旋转编码器	开展高精度、高分辨力绝对式光栅旋转编码器研发与产业化	2012 年，国家“十二五高档机床与基础制造设备”科技重大专项	长春禹衡光学有限公司
高集成化单码道绝对式光栅尺研发及产业化	开展高集成化单码道绝对式光栅尺研发及产业化	2013 年，国家“十二五高档机床与基础制造设备”科技重大专项	长春禹衡光学有限公司
高精度同步控制光电编码器产业化	开展高精度同步控制光电编码器产业化	2013 年，吉林省科技发展计划项目	长春禹衡光学有限公司
高精度高分辨力光电编码器专利示范项目	高精度高分辨力光电编码器广泛应用于数控机床、伺服电动机等自动化控制领域，具有高频响、分辨率高、力矩小、耗能低，性能稳定可靠，使用寿命长等特点。该项目主要利用专用集成电路处理芯片、改进精密轴系设计及零部件制作工艺、完善电磁兼容性及可靠性设计，通过 LED 老化补偿技术、正弦波信号相位差精准等先进技术，项目主要性能指标与德国海德汉以及日本多摩川的同类产品相当，达到国际先进水平	吉林省科技发展计划项目	长春禹衡光学有限公司
电动汽车用新型旋转变压器的研发与应用	该项目研制开发的新型旋转变压器，在具有高可靠性、高防护等级、抗电磁干扰等基础上大大提高了测量速度、位置反馈组件的精度、分辨率和安全性，保证高加工精度。从采用新设计、新工艺，采用新材料等方面入手，来解决以上技术难点	吉林省科技发展计划项目	长春禹衡光学有限公司
采用图像识别的数控剪切机	应用图像视觉系统捕捉零位刻度线，通过伺服系统控制剪切全新数控机床。通过 PLC 控制机械手进行自动上下料，实现无人化操作	自主开发，闵行区技术创新项目	上海平信机电制造有限公司
新一代 30m 超长量程位移传感器	作为位移反馈测量装置，适用于各行业产业设备的测量要求。具有长距离、高精度的应用优点，能充分满足各种恶劣工作环境下的测量要求	国家创新资金、地方资金、自筹资金	上海平信机电制造有限公司
全闭环数控系统位置环控制传感器技术改造项目	该项技术改造项目的完成可提供具有自主知识产权的全闭环数控系统位置环控制传感器6 000支，能满足国内数控机床闭环控制系统 5% 左右的需求，从而填补国内此项产品的空白，为行业提供低于国外 80% 价格的产品，促进我国装备制造业的发展		长春光机数显技术有限责任公司

（续）

项目名称	主要内容	项目来源	承担单位
智能型热对流 MEMS 二维倾角测量模块研制	针对工程机械姿态测量控制或监控系统领域，开发具有自主知识产权的智能型热对流 MEMS 二维倾角测量模块，实现测量结果输出智能化，产品模块化，方便地实现对工程机械、对车体本身和执行机构的姿态进行自动控制	自筹	桂林市晶瑞传感技术有限公司
智能型绝对圆容栅传感器的产业化	①是具备无线组网功能的智能型绝对圆容栅测量传感器应用产品。 ②研究该传感器专利的创新与产出，并实施转化与应用 ③开发系列应用产品	自筹	桂林市晶瑞传感技术有限公司
高档柔性钣金加工中心及专用数控系统、激光切割系统的联合研发和应用		省级科研项目	桂林广陆数字测控股份有限公司
工模具表面离子源辅助增强沉积 TiN 超硬强化层应用研究与产业化		省级科研项目	桂林广陆数字测控股份有限公司
感应式位移传感器		企业自立项	桂林广陆数字测控股份有限公司
尺身铣加工自动生产线（工）的研制		企业自立项	桂林广陆数字测控股份有限公司
快进式电子数显外径千分尺		企业自立项	桂林广陆数字测控股份有限公司
龙门式复合自动钣金加工中心的研发		企业自立项	桂林广陆数字测控股份有限公司
组合式多头数控电火花线切割机及其工艺方法的研发		企业自立项	桂林广陆数字测控股份有限公司
大量程陶器量面防磁数显卡尺		企业自立项	桂林广陆数字测控股份有限公司
尺框热处理自动化单元的研制		企业自立项	桂林广陆数字测控股份有限公司
五轴协同联动数控系统关键技术研究与产品开发		省级科研项目	桂林广陆数字测控股份有限公司

表6　2013年数显装置行业授权专利情况

企业名称	专利名称	专利类型	授权日期
长春禹衡光学有限公司	一种磁编码器读数头的安装定位结构	实用新型	2014.03.19
长春禹衡光学有限公司	一种带钢辊支架的手动脉冲发生器本体	实用新型	2014.03.19
长春禹衡光学有限公司	绝对式电子多圈编码器双缓冲开漏输出电路	实用新型	2014.01.08
长春禹衡光学有限公司	一种同时输出模拟信号和数字信号的光电传感器接收芯片	实用新型	2014.03.19
长春禹衡光学有限公司	电源切换到电池供电的零压差切换电路	实用新型	2014.03.19
长春禹衡光学有限公司	一种磁编码器的防甩出磁环结构	实用新型	2014.03.19
上海平信机电制造有限公司	一种连杆式油缸位移传感装置	实用新型	2013.03.20
上海平信机电制造有限公司	一种柔性接触式油缸位移传感装置	实用新型	2013.03.20
上海平信机电制造有限公司	微型磁头	实用新型	2013.01.16
上海平信机电制造有限公司	AGC 缸传感器用安装夹具	实用新型	2013.01.16
上海平信机电制造有限公司	一种组合式磁栅框架	实用新型	2013.01.16

（续）

企业名称	专利名称	专利类型	授权日期
上海平信机电制造有限公司	应用视觉系统识别零位的剪切机	实用新型	2013. 05. 08
北京航天峰光电子技术有限责任公司	一种具有无线传输功能的数显量具	实用新型	2014. 03. 19
桂林市晶瑞传感技术有限公司	一种高精度双轴倾角测量装置	实用新型	2013. 11. 01
桂林广陆数字测控股份有限公司	柔性钣金加工中心	发明	2013. 09. 18
桂林广陆数字测控股份有限公司	一种高精度数显卡尺	实用新型	2013. 05. 22
桂林广陆数字测控股份有限公司	一种数显三爪内径千分尺	实用新型	2013. 08. 07
桂林广陆数字测控股份有限公司	绝对原点数显异形卡尺	实用新型	2013. 08. 07
桂林广陆数字测控股份有限公司	一种磁栅防水数显指示表	实用新型	2013. 09. 18
桂林广陆数字测控股份有限公司	电子数显千分尺(IP65 黑金配色)	外观设计	2013. 08. 07
桂林广陆数字测控股份有限公司	磁栅防水数显指示表	外观设计	2013. 09. 18

五、企业简介

长春禹衡光学有限公司 坐落于素有“中国光学城”的长春市，位于长春国家高新技术产业开发区内，是吉林省首批被认定的高新技术企业。2008 年新启用的禹衡光学产业科技园占地面积 30 000m^2，建筑面积 1 6 000m^2，公司拥有员工 373 人。长春禹衡光学有限公司（简称禹衡光学）是中国最具实力的光电编码器、光学仪器及成套机电设备专业制造商。其主导产品光栅编码器通过 ISO 9001：2008 质量体系认证，RoHs 检测及 CE 认证，是数控机床、交流伺服电动机、电梯、冶金、重大科研仪器、航空航天及自动化流水线等的必不可少的关键测量传感器件，是装备制造业产业升级的重要部件。

禹衡光学是国内同行业中唯一的国家编码器工程中试基地、唯一博士后科研工作站，是知识产权拥有量最多的企业，是吉林省博士后科研创业基地，省级技术中心。2008 年，禹衡光学成为吉林省首批被认定的国家高新技术企业。“禹衡”牌光栅编码器是同行业内唯一的“中国名牌产品”。

2012 年 12 月，长春禹衡光学有限公司当选为中国机床工具工业协会数显装置分会理事长单位，担负起引领行业发展的重任。

禹衡光学是全国量具量仪标准化技术委员会数显装置分技术委员会委员单位，近年来，禹衡光学主持修订了《光栅角度编码器》《光栅旋转编码器》两项行业标准，参与制定了《光栅角位移测量系统》《CPE-Bus 位移编码器双向串行通讯协议规范》等多项行业标准。

禹衡光学始终坚持技术创新，近年来把产品结构调整作为公司首要任务，通过承担实施国家重大专项加快技术进步。

2011 年，“高精度、高分辨力绝对式光栅旋转编码器研制”获国家“十二五高档数控机床与基础制造装备”科技重大专项立项，禹衡光学作为承担单位，担负起产品研发及产业化的重任。

2012 年，“高集成化单码道绝对式光栅尺研发及产业化”获国家“十二五高档数控机床与基础制造装备”科技重大专项立项，禹衡光学作为参与单位，担负起产品产业化的重任。

2013 年，是禹衡光学具有重大转折的一年，通过中国科学院长春光学精密机械与物理研究所（简称长春光机所）控股的方式，实施股权重组。禹衡光学在已经具有相当好的圆光栅系列产品基础上，拓展了长光栅系列产品；长春光机所良好的光电研发能力和禹衡光学的优势产业基础的结合，奠定了长春成为光电位移传感器国家基地、实现向世界级同业水平进军的坚实基础！

上海平信机电制造有限公司 是由原上海机床研究所改制的全部由民营资本投资的国家级高新技术企业，地处上海西部 S20 环线旁，紧靠上海虹桥交通枢纽，交通物流发达、地理位置优越。2013 年 4 月被中国机床工具工业协会授予“2012 年度综合经济效益十佳”企业称号。上海平信机电制造有限公司拥有一支独立的由教授级高工领衔的研发团队，承担国家、地方二级政府资助的科研开发项目，公司持续不断地注入新的血液，使得公司在激烈的市场竞争中依靠自身产品技术优势顽强拼搏，经受住了世界金融危机、欧债危机、出口放缓、国内 GDP 下滑等一系列市场考验，努力为我国机电工业发展添砖加瓦，贡献力量。

上海平信机电有限公司自主拥有 2 项发明专利、13 项实用新型专利、1 项外观设计、1 项软件登记和公司注册商标。

上海平信机电有限公司自成立之日就获得国际质量体系认证证书。

上海平信机电有限公司专业从事两大类产品的研发和制造——高精度磁栅传感器和数控专用机床。

桂林市晶瑞传感技术有限公司 是注册在桂林市国家高新开发区的民营高新技术企业，主要致力于位移传感器在水平、角度上的应用研究，是一家以自主知识产权为依托的出口导向型企业，主要生产电子数显工量具产品，2013 年开发的主要新产品有：芯片型倾角盒、芯片型倾角仪、鱼雷尺、OPP 倾角测量模块、HPP 倾角测量模块、万能角度尺等，公司 90% 以上的产品出口到欧美等三十多个国家和地区。

2013 年，公司平均从业人数达 85 人，工业总产值达 1 360万元，产品销售收入达 1 608 万元，比上年同期上涨

17.37%,出口创汇约830万元。

2013年企业在技术成果、专利、科研项目方面均取得较好成绩:

1."一种高精度双轴倾角测量装置"获得实用新型专利授权(专利号:201 320 414 758.0)。

2.科研项目"智能型热对流MEMS二维倾角测量模块研制"获得桂林市科技项目资金30万元经费支持;科研项目"智能型绝对圆容栅传感器的产业化"获得广西壮族自治区科技项目资金30万元经费支持。

2013年7月,公司十周年庆之际启动了公司品牌战略实施规划,同年,获得"桂林市十大最具创新特色企业"光荣称号。

〔撰稿人:中国机床工具工业协会数显装置分会武平 审稿人:中国机床工具工业协会数显装置分会徐宗正〕

(本文编辑:张珂玲)

机床电器及数控系统

机床电器

2013年,随着国家推进转变经济发展方式、促进企业转型升级相关政策的贯彻落实,机床电器行业迎来了新的机遇也面临着新的挑战,行业企业的产业结构、产品结构调整也更加紧迫。2013年,行业存在以下主要问题:①主机行业市场萎缩,行业整体销售下滑较严重;②原材料价格持续大幅提升,劳动力价格持续上涨及财务费用增加,推高了企业成本;③产能过剩的状况普遍存在,低价竞争的现象仍未得到有效遏制;④中小企业贷款难,造成企业资金紧张、运营困难。

总之,在"十二五"的新形势下,机床电器行业要引导企业对自身发展目标作出正确定位,达到可持续发展的目的;要坚持以科技领先带动行业全面发展,增强企业创新意识,努力提高核心竞争力;要调整、优化结构,积极推动产业升级,快速提升企业市场竞争力;要实现现代企业管理,不断探索适合行业企业特点的管理体系,使企业保持较高的自我管理水平。

一、行业结构及基本情况

2013年,参加本年鉴汇总的机床电器行业企业共计10家,其中,国有企业1家、股份制企业(含改制企业)8家、民营企业1家。机床电器行业企业的区域集中度很高,企业主要分布在京、沪、苏及浙等地区。

从行业的企业性质构成看,目前股份制公司(含改制企业)在机床电器行业中占有绝对大的比重。行业中的绝大多数原国有企业都已改制,实现了机制转换,通过股份制改造使国有资本全部退出,从而实现资产和人员的优化,以此应对激烈的市场竞争。同时,民营企业正迅速发展扩张,其在机床电器产品市场的影响力正逐步增强,现已成为行业发展中的重要一极。

2013年,行业10家企业共计实现工业总产值16.33亿元,工业销售产值15.64亿元,实现利税1.45亿元,全年从业平均人数为3 322人。

2013年,行业10家企业中工业销售产值超亿元的企业共有4家,占参加年鉴汇总企业数的40%,分别是:天水二一三电器有限公司(6.68亿元)、桂林机床电器有限公司(2.53亿元)、安阳凯地电磁技术有限公司(2.76亿元)、耀华电器集团有限公司(3.20亿元)。

实现利税超千万元的企业是:天水二一三电器有限公司(0.85亿元)、耀华电器集团有限公司(0.33亿元)、桂林机床电器有限公司(0.20亿元)。

2013年机床电器行业主要经济指标完成情况见表1。

表1 2013年机床电器行业主要经济指标完成情况

指标名称	单位	年度累计
工业总产值	万元	16 326.50
工业销售产值	万元	156 378.50
工业增加值	万元	40 650.43
实现利税	万元	14 528.58
从业人员平均人数	人	3 322
资产总计	万元	162 275.60
流动资产平均余额	万元	10 808.36
固定资产净值平均余额	万元	33 441.40

二、行业生产及出口情况

2013年,由于受主机行业市场持续萎缩的影响,机床电器行业企业的产量、销量继续严重下滑。2013年全年生产的机床电器类产品产值达11.24亿元,其中,机床电器元件的产值为10.5亿元(产量为964.95万件),控制柜产品的产值为1.65亿元(产量为11 802台)。2013年生产的各类机床电器元件中，接触器和断路器产品的产值分别达3.87元(889.22万件)和1.57亿元(154.98万件)。2013年机床电器行业分类产品生产情况见表2。

表2　2013年机床电器行业分类产品生产情况

产品名称	产量(万件)	产值(万元)
机床电器	396 965.92	1 313 921
接触器	889.22	386 535
起动器	0.30	1 839
继电器	224.75	42 500
电磁铁	238.00	295 046
行程开关	133.70	18 329
转换开关	2.89	2 498
按钮开关	73.58	5 814
机床变压器	1.40	18 760
断路器	154.98	156 673
其他机床电器元件	395 247.10	38 5927
控制柜①	11 802	165 387

①控制柜的产量计量单位是“台”。

机床电器产品主要面向国内市场，整体出口量较小。由于世界经济增长放缓，国际贸易增速回落以及国际经济形势日益严峻，机床电器产品出口受到一定程度的影响。此次统计的出口企业有2家，共计出口机床电器元件20.662万件，出口值52.41万美元。

三、行业新产品、新技术、新工艺发展情况

通过技术创新实现产品结构的调整，加大具有自主知识产权和自主品牌产品在机床电器产品中的比重，是机床电器行业未来发展的必由之路。机床电器行业的发展离不开新产品的研发，离不开新技术的探索，离不开新工艺的应用。2013年，机床电器行业开发的新产品共有15种，其中行业新产品有8种，占全部新产品的50%，技术创新正越来越成为机床电器行业持续发展的强劲推动力。积极开发新一代机床电器产品，以新产品稳定市场，已成为行业内有实力企业的普遍共识。2013年行业的新产品开发全部采用自主设计，这表明机床电器行业企业的自主研发能力已经有了很大的提高。2013年机床电器行业新产品开发情况见表3。

表3　2013年机床电器行业新产品开发情况

产品名称	型号	主要技术参数	产品性质	产品属性	产品水平
天水二一三电器有限公司					
交流接触器	GSC3－40～65	额定绝缘电压:690V，额定控制电压(AC):24V、36V、48V、110V、220V、380V，额定工作电流(AC－3/380V)：40A、50A、65A，额定工作电压:380V、690V，电气寿命:50万次	全新设计	企业新产品	国际先进
双极直流接触器	GSZ4－250J	额定绝缘电压:1 000V，约定发热电流:250A，额定工作电压:220V、440V、600V、750V，额定控制电压(AC 50Hz):110V、220V，电气寿命: 20万次(DC－1)，15万次(DC－3/ DC－5)	全新设计	企业新产品	国际先进
双极直流接触器	GSZ4－40	额定绝缘电压:1 000V，额定工作电压:750V，约定发热电流: 40A，额定控制电压(DC): 24V、110V、220V，电气寿命: 60万次	全新设计	企业新产品	国际先进
直流接触器	GSZ8－100、200	额定绝缘电压:800V，额定工作电压:DC400V，额定工作电流(DC－1):100A、200A，额定控制电源电压:DC 24V 约定发热电流:200A，机械寿命:30万次，电气寿命:6 000次	全新设计	企业新产品	国际先进
直流接触器	GSZ5－400	额定工作电压:DC48V，额定绝缘电压:1 000V 额定工作电流;400A，介电性能:主触头进线1与出线2之间工频6kV，1min，主触头1、2与地之间工频25kV，1min，主触头1、2与线圈之间工频25kV，1min	全新设计	企业新产品	国内领先
桂林机床电器有限公司					
GD3－16LC系列转换器式漏电保护器	GB3－16LC	U_n = AC 230V，I_n = 16A，$I_{\Delta n}$:16mA、30mA，t < 0.1s，$I_{\Delta m}$ = 500A	全新设计	行业新产品	国内先进
北京第一机床电器有限公司					
行程开关	LXP1－201/202系列	电气寿命不少于100万次，机械寿命1 000万次，AC－15: U_e = 380V，I_e = 0.7A，DC－13: U_e = 220V，I_e = 0.13A	全新设计	企业新产品	国内领先
行程开关	LXP2－21AS系列	电气寿命不少于100万次，机械寿命1 000万次，AC－15: U_e = 380V，I_e = 0.7A，DC－13: U_e = 220V，I_e = 0.13A	全新设计	企业新产品	国内领先

四、行业科研成果及其应用情况

机床电器行业已经意识到要想使企业持续、健康地发展就必须不断增强企业自身的软实力，努力提升企业自主创新能力。只有依靠技术创新才能创造企业新的增长点、再造竞争优势。2013 年，机床电器行业共完成科研项目 7 项，其中 1 项科研项目获奖，行业企业日益重视科研成果对自身发展的引领作用，并从人力和财力上逐步加大对科研项目的投入力度。2013 年机床电器行业部分企业科研项目情况见表 4。2013 年机床电器行业获奖科研项目见表 5。

表 4　2013 年机床电器行业部分企业科研项目情况

科研项目名称	主要内容	应用状况	项目来源
GB2 - 40L 系列剩余电流保护断路器	产品适用于大功率空调、电热水器、电冰箱、洗衣机、饮水机等，具有剩余电流触电保护并及时自动断电的功能等	自行应用	企业委托
GB2 - 63LG 系列剩余电流断路器		自行应用	企业委托
GB1 - 40LGD 系列剩余电流断路器		自行应用	企业委托
GB3 - 10LC 系列转换器式剩余电流保护器		自行应用	企业委托
GC4 系列高性能交流接触器		自行应用	企业委托
GB1 - 31L - B 系列剩余电流保护断路器		自行应用	企业委托
GB1 - 31L - E 系列剩余电流保护断路器		自行应用	企业委托
GB3 - 16LC 系列转换器式剩余电流保护器		自行应用	企业委托

表 5　2013 年机床电器行业获奖科研项目

项目名称	主要内容及应用范围	获奖等级	主要完成单位
一种保护开关	一种保护开关是桂林机床电器有限公司历经多年研究，成功开发的国内外首创的专利产品，可直接安装于室内墙壁埋入式暗盒上，且能通断高倍故障电流，最适合于对空调、电热水器等家电提供一对一的漏电保护，美观安全，为现代家庭装修所必配，是家庭长年安全用电的可靠保障	银奖	桂林机床电器有限公司

五、行业标准化工作情况

2013 年，全国金属切削机床标准化技术委员会（简称机床电器标委会）机床电器分技术委员会分别完成了《机床控制变压器》和《机械设备用变压器》等行业标准的修订和制订工作并已完成上报工作。审查了《主令开关》《湿式多片电磁离合器》等行业标准，为了适应技术发展的需要，提出 20 多个国家标准和行业标准的制修订计划，现已立项 4 个。

随着机床电器标委会工作的开展，机床电器标准化工作必将得到有效组织、迅速发展，以适应我国社会主义市场经济的需要，加速机床电器标准的制修订工作，持续完善机床电器标准化体系，进一步提高我国机床电器运行水平。

六、行业专利情况

2013 年机床电器行业授权专利情况见表 6。

表 6　2013 年机床电器行业授权专利情况

专利名称	专利类型	授权日期
天水二一三电器有限公司		
无极性直流接触器灭弧系统	发明	2013.01.02
一种交流接触器壳体	实用新型	2013.05.15
双极直流接触器（GSZ4 - 40）	外观设计	2013.05.15
双极直流接触器壳体（GSZ4 - 40）	外观设计	2013.05.15
交流接触器（GSC3 - 40/65X）	外观设计	2013.08.14
直流接触器底座	外观设计	2013.10.16
桂林机床电器有限公司		
开关	外观设计	2013.01.30
断路器	外观设计	2013.04.24
一种保护开关	实用新型	2013.03.20

七、企业介绍

北京第一机床电器厂有限公司　是原机械工业部机床工具行业 12 家重点企业之一，1958 年建厂，2002 年改制为有限公司。企业占地面积 2.1 万 m^2，建筑面积 2.2 万 m^2，主要生产设备 61 台。该公司一直坚持“以质量树信誉，以创新促发展，以诚信拓市场，以名牌创效益”的办企业宗旨，始终坚持诚实守信办企业，积极创建“用户满意企业”，不断创造更好的经济效益和社会效益。

该公司主要产品有各类行程开关、组合行程开关、微动开关、控制按钮、光电开关、接近开关、交流接触器、光栅数显装置及电磁离合器等 35 个系列近 1 200 个规格品种的电器产品，主导产品是各类行程开关（包括各类组合行程开关）和微动开关。该公司自行研制的 LXK3 系列行程开关和 LXZ1 系列高精度组合行程开关都曾荣获过北京市科技成果奖、“用户满意产品”称号。LXP1（3SE3）系列行程开关是该公司从德国西门子公司引进的具有当代国际先进水平的电器产品，推出后得到广大机床行业厂家的广泛采用。该公司内销占销售总金额的 100%。年生产能力为 75 万件，产值 2 500 多万元，年上缴国家利税 400 多万元。产品畅销全国 30 多个省、市、自治区及随整机配套出口近二十多个国家和地区。该公司拥有一批行程开关等电器产品设计开发方面的科技人员，在新产品研制和开发方面具有较高的技术能力。集 50 年生产制造经验，该公司的行程开关、微动开关等产品质量在国内同类产品中名列前茅，产品受到用户广泛好评，并多次荣获省部级的奖励。该公司近几年通过技术引进、消化吸收，不断推出一批具有国际先进水平的产品，根据城市轨道交通及航天技术领域发展需要，该公司正开发专用微动开关等产品，逐步扩大产品覆盖领域，为持续健康发展打下良好基础。为进一步加强质量管理工作，该公司2000年开始贯彻ISO 9000标准,并且认真做好各项基础工作,领导带头学标准,贯彻标准,从经验管理、粗放管理的片面做法走向规范管理,从而使质量管理工作更加科学化、系统化、数据化,扎扎实实做好质量管理基础工作。该公司于2000年通过ISO 9000质量体系认证,2003年初又通过ISO 9001:2000质量管理体系认证的换版转化工作。在贯彻质量体系认证的工作中,该公司始终以"电器产品精益求精,技术创新质量上乘,供货及时服务周到,持续改进顾客满意"的质量方针为宗旨,几年来质量管理水平逐步提升,用户满意率高,用户投诉率低。2011年,该公司的3SE3行程开关、LXZ1组合行程开关通过CE认证,根据国家强制认证的要求,2003年,该公司电器产品全部通过3C强制认证。

桂林机床电器有限公司 建于1966年,1998年实现国有体制改革。公司是中国机床工具工业协会机床电器分会副理事长单位、中国机床电器标准化技术委员会副主任委员单位、中国机床工具工业协会常务理事单位、中国电工技术学会低压电器专业委员单位,公司是集研发、生产制造和销售于一体的广西高新技术企业,是中国机床电器行业重点骨干龙头企业之一。

公司员工470人,拥有国务院特殊津贴专家2人,广西优秀专家2人。公司董事长是全国知名的电器专家,教授级高工,中国机床电器行业协会副理事长,获国务院政府特殊津贴专家、广西优秀专家、桂林首届"十大杰出创新人才"等荣誉。

公司产品涉及机床电器、低压电器及家用电器等。主导产品为空调接触器和墙壁剩余电流保护断路器,产品实现了对国内所有大空调企业(包括格力、海尔、美的、奥克斯等著名企业)配套使用,空调接触器连续多年在中国市场占有率最高、品种最多、产量最大。并获得国美、苏宁、五星电器等国内著名大型电器销售商的大量采购和推广。

公司于1996年桂林首批通过ISO 9001质量体系认证,2010年4月通过ISO 9001:2008换版。

公司所有产品均通过3C安全认证,众多产品还获得德国TüV、CE、CQC以及美国UL安全认证。

十二五期间,公司加大了新产品创新及产品开发和技术改造力度,取得了很好的成绩。

(1)投资1 100万元,进行企业技术中心能力提升建设,研发和制造一批高精度、长寿命的自动级进模具和专业工装;购置生产、检测及试验自动化专业仪器设备,购置环保RoHS检测专用设备,确保提高产品质量及规模化生产。

(2)成功研发出了具有国内先进水平的新型接触器、新型墙壁安装的剩余电流断路器、新型移动式剩余电流保护断路器等共9项新产品。新产品具体为:GB1-10L、GB1-16L、GB1-32L、GB1-40LGD、GB1-32L B、GB2-63L、GB3-10LC、GB3-16LC、GC4。全部获3C证书。

(3)实施产学研合作,联合桂林电子科技大学共同研发"交流接触器振动噪声性能在线检测系统",及联合成都机床电器研究所共同研发抗干扰高灵敏度新型漏电线路模块。

(4)立项技术攻关,解决了金属铜件六价Cr零含量问题。购置RoHS检测专用设备,对零件材料进行严格监督,使公司产品都能达到客户提出的高于欧盟标准的RoHS环保要求。

(5)积极进行专利申报,期间共获得5项专利授权。

(6)产品获4项自治区科技奖,3项桂林市科技奖,单独主持起草并正式发布行业标准1项。

〔撰稿人:中国机床工具工业协会机床电器分会边海燕
审稿人:中国机床工具工业协会机床电器分会董华根〕

(本文编辑:张珂玲)

数控系统

2013年,我国机床工具行业延续了两年来总体下行的趋势,市场需求结构发生了巨大变化。全球经济再平衡和我国经济增速放缓的大环境,对机床工具行业产生了全面而深刻的影响,结构调整、转型升级成为行业发展的明显特征,一批企业通过在创新和服务等方面的扎实努力取得了阶段性成果。

在全球经济复苏乏力,我国机床工具行业处于缓慢下行的大背景下,众多外资企业却加紧了在我国市场的布局。2013年,山崎马扎克大连新工厂竣工投产,森精机公司天津工厂开业,德国通快集团以72%的大股份收购了我国锻压行业知名企业江苏金方圆公司。这些现象一方面说明外企对未来我国市场更加重视,另一方面也预示着国内中高端机床市场将面临更为激烈的竞争。

进入2013年后,我国机床工具产品进口额出现两位数下滑。前三季度,机床工具产品累计进口额同比下降19.3%,其中金属加工机床进口额同比下降24.0%。金属加工机床中,金属切削机床进口额同比下降25.7%。这是除受全球金融危机影响的2009年外,机床工具进口额近10年来首次出现两位数大幅下降。同时,近两年来我国进口机床工具产品的结构也发生诸多明显变化,对高精、高速、高效、智能型中高档数控机床的需求明显增加。2013年,受下游机床工具行业市场需求继续萎缩的影响,2013年数控系统行业大多处于低位运行状态。

数控系统行业共有16家企业参加了2013年行业数据统计,分别是:武汉华中数控股份有限公司、广州数控设备有限公司、北京航天数控系统有限公司、沈阳高精数控技术有限公司、北京超同步科技有限公司、南京华兴数控技术有限公司、大连大森数据技术发展中心有限公司、大连光洋科技集团有限公司、上海开通数控有限公司、北京凯奇数据设备成套有限公司、滕州山森创发数控设备有限公司、武汉华大新型电机科技股份有限公司、江西特种电机股份有限公司、浙江凯达机床股份有限公司、襄樊长虹电气传动设备有限责任公司、武汉迈信电信技术有限公司。

一、基本情况

受经济环境影响，2013年数控系统行业的工业总产值和工业销售产值比上年有一定上升，这说明整个行业处于缓慢恢复状态。2013年数控系统行业基本情况见表1。

表1　2013年数控系统行业基本情况

指标名称	单位	年度累计
工业总产值	万元	352 630.7
其中：机床工具类产品产值	万元	352 630.7
工业销售产值	万元	356 616.4
其中：机床工具类产品销售产值	万元	356 616.4
工业增加值	万元	80 059.8
实现利税	万元	24 828.8
从业人员平均人数	人	6 695
资产总计	万元	545 901.9
流动资产平均余额	万元	273 292.6
固定资产净值平均余额	万元	132 631.5

二、生产情况

2013年，数控系统产品产量和产值比上年略有增长。其中，三轴、四轴数控系统和五轴数控系统产量上升，经济型数控系统产量下降。伺服驱动单元和伺服电动机的产量有所下降。2013年数控系统行业生产情况见表2。

表2　2013年数控系统行业生产情况

产品名称	产量(台、套)	产值(万元)
数控装置	129 129.7	61 938.57
经济型数控装置	60 166	20 426.50
三轴、四轴数控装置	65 687.7	34 588.27
五轴及以上数控装置	3 276	6 923.80
伺服驱动单元	281 156.6	56 038.16
主轴驱动单元	36 608.2	8 051.46
交流伺服驱动单元	219 958.4	44 642.50
步进电动机驱动器	24 590	3 344.20
伺服电动机	215 867	41 446.68
主轴电动机	29 112	12 616.92
交流伺服电动机	186 187	28 602.56
步进电动机	568	227.20

三、产品出口情况

2013年，北京凯奇数控设备成套有限公司和沈阳高精数控技术公司等企业向俄罗斯等欧洲国家出口各类数控系统，大连光洋科技集团有限公司公司向欧洲出口成套数控机床和系统。2013年，广州数控设备有限公司向东南亚等地区的国家出口了数百套数控系统。2013年数控系统行业分类产品出口情况见表3。

表3　2013年数控系统行业分类产品出口情况

产品名称	出口量(台、套)	出口额(万美元)
数控装置	1 685	809.4
经济型数控装置	19	1.7
三轴、四轴数控装置	1 233	380.4
五轴及以上数控装置	433	427.3
伺服驱动单元	988	99.8
主轴驱动单元	161	20.8
交流伺服驱动单元	805	77.9
步进电动机驱动器	22	1.1
伺服电动机	972	109.5
主轴电动机	159	30.8
交流伺服电动机	813	78.7

四、新产品开发情况

2013年数控系统行业新产品开发情况见表4。

表4　2013年数控系统行业新产品开发情况

产品名称	型号	主要技术参数	产品性质	产品属性	产品水平
武汉华中数控股份有限公司					
数控系统	HNC－180XP/T3	最大联动轴数2轴，7in(1in＝25.4mm)LED液晶显示器，配置32路开关量输入，28路开关量输出。具有反向间隙补偿，单向、双向螺距补偿功能	全新设计	企业新产品	
数控系统	HNC－808MEB	最大联动轴数为4轴，小线段连续加工功能，特别适合于复杂模具零件加工。具有反向间隙和单向、双向螺距误差补偿功能，可有效提高加工精度	全新设计	企业新产品	
数控系统	HNC－808TEA	最大联动轴数3轴，小线段连续加工功能，加工断点保护功能。内置RS 232接口，易实现机床联网功能	全新设计	企业新产品	

（续）

产品名称	型号	主要技术参数	产品性质	产品属性	产品水平
广州数控设备有限公司					
GSK218 系列加工中心数控系统	GSK 218MC	最大控制轴数为 12 轴，联动轴数为 5 轴，复杂曲面加工有效速度 8m/min，最佳加工速度 4m/min，最高定位速度 60m/min，最高进给速度 15m/min，预处理段数高达 1 000 段	全新设计	企业新产品	国内领先
GSK25i 系列数控系统	GSK 25i	最大控制 2 个通道、8 个进给轴、3 个伺服主轴，程序前瞻段数：1 000 段，电流环周期低至 100s	全新设计	企业新产品	国内领先
GSK928G 系列磨床数控系统	GSK 928GEa	最大移动速度达 21m/min，最高进给速度 14m/min，标准配置 38 个/24 个输入/输出（I/O）	全新设计	企业新产品	国内领先
GSK988 系列车床数控系统	GSK 988T	控制 5 个进给轴（含 Cs 轴）、2 个模拟主轴，实现 0.1μm 级位置精度，最高速度 60m/min	全新设计	企业新产品	国内领先
GS 系列伺服驱动单元	GS4048	适配 0.5～11.5kW 永磁同步伺服电动机和 1.5～37kW 异步主轴伺服电动机，适应 3 相 220V、3 相 380V、3 相 440V 三种电源结构	全新设计	企业新产品	国内领先
沈阳高精数控技术有限公司					
数控系统	LT－GJ400/C	支持 SSBIII、MIII、EtherCAT 等多种现场总线接口，具备数控系统现场总线安全功能；控制轴数 2～16 轴，并可模块化扩展，最大可支持 8 通道 8 轴联动；程序前瞻段数：2 000 段，程序段处理速度：7 200 段/s；具备高级五轴控制、多通道复合加工控制、空间刀补、样条插补、双轴同步驱动功能；内嵌 PLC 遵循 IEC61131－3 标准；支持 PLC 实时监控、动态诊断、限位监控、位置监控、轮廓监控、速度监控、运动轴控制等功能	改型设计	企业新产品	国际先进
北京航天数控系统有限公司					
2000G 磨床数控系统			改型设计	企业新产品	国内先进
北京超同步科技有限公司					
交流伺服主轴电机	YPA	功率：0.75～7.5kW，转速：1 000～3 000r/min	全新设计	企业新产品	国内先进
交流伺服同步电动机	PSA、PSB、PSC	转矩：4～56N·m，转速：500～3 000r/min	全新设计	企业新产品	国内先进
系列铣床电主轴	BT30、BT40	功率：7.5～15kW，转速：8 000～15 000r/min	全新设计	企业新产品	国内先进
系列车床电主轴	ES12、ES36、ES50	功率：2.2～15kW，转速：4 500～12 000r/min	全新设计	企业新产品	国内先进
系列转台电动机	PTA～PTH	最大转矩：3 400N·m，转速：50～80r/min	全新设计	企业新产品	国内先进
电主轴内置电动机	YN110、YN146	外径：255mm 和 300mm，内孔径：110mm 和 146mm	全新设计	行业新产品	国内先进
大连大森数控技术发展中心有限公司					
DASEN－34 数控系统	DASEN－34 数控系统		改型设计	企业新产品	国际先进
DASEN－16i 数控系统	DASEN－16i 数控系统		改型设计	企业新产品	国际先进
南京华兴数控技术有限公司					
全数字式交流伺服系统	HDM520/530/540/550	适用电动机：1.2～5.5kW；短时过载电流：15～40kA；控制方法：位置控制，内部速度控制，试运行控制，JOG 电动控制；反馈方式：绝对式编码器；输入方式：脉冲＋方向，正交脉冲	全新设计	企业新产品	等级高

（续）

产品名称	型号	主要技术参数	产品性质	产品属性	产品水平
永磁同步交流伺服电动机 110 机座号	110SJTG – M04030/110SJT – M04030	额定功率:1.2kW;最大转矩:12N·m;额定转速:2 500r/min;最高转速:3 300r/min;转动惯量 0.66×10^{-3}kg·m^2	全新设计	企业新产品	等级高
	110SJTG – M06025/110SJT – M06025	额定功率:1.5kW;最大转矩:18N·m;额定转速:2 500r/min;最高转速:3 000r/min;转动惯量 1.0×10^{-3}kg·m^2	全新设计	企业新产品	等级高
永磁同步交流伺服电机 130 机动座号	130SJTG – M06025/130SJT – M06025	额定功率:1.5kW;最大转矩:18N·m;额定转速:2 500r/min;最高转速:3 000r/min;转动惯量 1.3×10^{-3}kg·m^2	全新设计	企业新产品	等级高
	130SJTG – M07720/130SJT – M07720	额定功率:1.5kW;最大转矩:22N·m;额定转速:2 000r/min;最高转速:2 500r/min;转动惯量 1.95×10^{-3}kg·m^2	全新设计	企业新产品	等级高
	130SJTG – M10015/130SJT – M10015	额定功率:1.5kW;最大转矩:30N·m;额定转速:1 500r/min;最高转速:2 000r/min;转动惯量 2.38×10^{-3}kg·m^2	全新设计	企业新产品	等级高
	130SJTG – M15015/130SJT – M15015	额定功率:2.3kW;最大转矩:30N·m;额定转速:1 500r/min;最高转速:2 000r/min;转动惯量 2.97×10^{-3}kg·m^2	全新设计	企业新产品	等级高
浙江凯达机床股份有限公司					
钻攻中心	KDZ500H	工作台尺寸:400mm×650mm	全新设计	企业新产品	国内领先
数控车床	CK61100CY	ϕ620mm×3 000mm	全新设计	企业新产品	国内领先
卧式加工中心	KDHM500	工作台尺寸:500mm×500mm	全新设计	企业新产品	国内领先

五、科研和专利情况

2013 年数控系统行业科研项目完成情况见表 5，2013 年数控系统部分企业专利情况见表 6。

表 5　2013 年数控系统行业科研项目完成情况

项目名称	应用状况	项目来源	主要完成单位
与工艺融合的高端多轴加工工艺与编程方法研究	研制阶段	2013 年度"高档数控机床与基础制造装备"国家科技重大专项	武汉华中数控股份有限公司
节能智能型数控化塑料注射机的研发与应用示范	自行应用	2013 年国家科技支撑计划项目	武汉华中数控股份有限公司
高档数控系统关键性技术引进和开发（国际合作项目）	研制阶段	国家科技重大专项	武汉华中数控股份有限公司
国产高档数控机床与数控系统在飞机筋肋梁等加工单元中的应用	研制阶段	国家科技重大专项	武汉华中数控股份有限公司
高档数控系统在航空领域的示范应用	研制阶段	国家科技重大专项	武汉华中数控股份有限公司
万台数控机床配套国产数控系统应用工程	研制阶段	国家科技重大专项	武汉华中数控股份有限公司
APM 系列翻板卧式加工中心	研制阶段	国家科技重大专项	武汉华中数控股份有限公司
飞机复杂结构件数控加工单元技术与装备	研制阶段	国家科技重大专项	武汉华中数控股份有限公司
航空发动机整体叶盘高效强力复合数控铣床开发及应用	研制阶段	国家科技重大专项	武汉华中数控股份有限公司
轿车发动机缸体缸盖柔性精密制造单元	研制阶段	国家科技重大专项	武汉华中数控股份有限公司
精密卧式加工中心数控技术研究	研制阶段	国家科技重大专项	武汉华中数控股份有限公司
KHC100/2 双工位精密卧式加工中心	研制阶段	国家科技重大专项	武汉华中数控股份有限公司
整体床身式精密卧式加工中心	研制阶段	国家科技重大专项	武汉华中数控股份有限公司
千台国产加工中心可靠性提升工程	研制阶段	国家科技重大专项	武汉华中数控股份有限公司

（续）

项目名称	应用状况	项目来源	主要完成单位
高精度数控齿轮加工机床箱体类零件柔性制造系统核心技术研究及应用示范工程	研制阶段	国家科技重大专项	武汉华中数控股份有限公司
精密车床主轴加工生产线核心技术研究及应用示范	研制阶段	国家科技重大专项	武汉华中数控股份有限公司
精密机床主轴高效、柔性加工生产线	研制阶段	国家科技重大专项	武汉华中数控股份有限公司
中型发动机缸体缸盖加工全自动柔性生产线国产化应用示范工程	研制阶段	国家科技重大专项	武汉华中数控股份有限公司
红外光学材料均匀性检测仪的关键技术研发	研制阶段	2013 年湖北省重大科技创新计划项目	武汉华中数控股份有限公司
数控机床热变形对精度损失的分析及误差补偿研究	研制阶段	2013 年武汉市青年科技晨光计划项目	武汉华中数控股份有限公司
标准型数控系统的开发及专用型齿轮机床数控系统的研究开发	研制阶段	国家科技项目	广州数控设备有限公司
工业机器人与关键智能部件的研制	研制阶段	国家科技项目	广州数控设备有限公司
网络化、智能化机械制造系统的集成	研制阶段	国家科技项目	广州数控设备有限公司
工业机器人核心技术研究及典型产品开发	研制阶段	地方科技项目	广州数控设备有限公司
新型智能工业机器人控制软件(系统)的研发	研制阶段	地方科技项目	广州数控设备有限公司
980MD 系列铣床数控系统开发	研制阶段	企业自选科技项目	广州数控设备有限公司
GSK25i 系列五轴联动铣床加工中心控制系统开发	研制阶段	企业自选科技项目	广州数控设备有限公司
GSK988D 系列数控系统	研制阶段	企业自选科技项目	广州数控设备有限公司
典型工业机器人的开发	研制阶段	企业自选科技项目	广州数控设备有限公司
系列全电动注塑机的研发	研制阶段	企业自选科技项目	广州数控设备有限公司
SJT 系列交流同步伺服电动机	研制阶段	企业自选科技项目	广州数控设备有限公司
GS/GR 系列高性能伺服驱动单元	研制阶段	企业自选科技项目	广州数控设备有限公司
GSK928T 系列车床数控系统	研制阶段	企业自选科技项目	广州数控设备有限公司
DY3 系列步进电动机驱动单元	研制阶段	企业自选科技项目	广州数控设备有限公司
FCS 总线控制系统	研制阶段	企业自选科技项目	广州数控设备有限公司
高档数控系统硬件平台及伺服系统的研究开发	研制阶段	企业自选科技项目	广州数控设备有限公司
面向数控车床的高性能伺服刀架控制器的研制	研制阶段	2013 年辽宁省企业技术中心专项	沈阳高精数控技术有限公司
基于二次开发平台的专用数控系统开发与应用	研制阶段	2013 年度“高档数控机床与基础制造装备”国家科技重大专项	沈阳高精数控技术有限公司
高档数控系统在航空领域的示范应用	研制阶段	2013 年度“高档数控机床与基础制造装备”国家科技重大专项	沈阳高精数控技术有限公司
万台数控机床配套国产数控系统应用工程	研制阶段	2013 年度“高档数控机床与基础制造装备”国家科技重大专项	沈阳高精数控技术有限公司
网络化数控系统研发及产业化应用	研制阶段	2013 年沈阳市信息产品专项	沈阳高精数控技术有限公司
基于二次开发平台的磨床用数控系统开发及配套应用	研制阶段	2013 年辽宁省信息产品制造业发展专项	沈阳高精数控技术有限公司
配套卧式加工中心的国产高档数控系统研制	研制阶段	北京市	北京航天数控系统有限公司
630 数控立式车床电主轴	自行应用	自主研发	北京北超伺服技术有限公司
BT 系列加工中心电主轴	自行应用	自主研发	北京北超伺服技术有限公司
GH 系列交流伺服驱动器	自行应用	自主研发	北京北超伺服技术有限公司
交流永磁同步伺服电动机	自行应用	自主研发	北京北超伺服技术有限公司
伺服压力机控制器	自行应用	自主研发	北京北超伺服技术有限公司

（续）

项目名称	应用状况	项目来源	主要完成单位
新能源汽车驱动系统	自行应用	自主研发	北京北超伺服技术有限公司
ZP 系列交流伺服主轴电动机	自行应用	自主研发	北京北超伺服技术有限公司
别墅电梯无齿轮曳引机	自行应用	自主研发	北京北超伺服技术有限公司
电动松刀直驱电动机	自行应用	自主研发	北京北超伺服技术有限公司
多轴伺服驱动器	自行应用	自主研发	北京北超伺服技术有限公司
机器人直驱电动机	自行应用	自主研发	北京北超伺服技术有限公司
木工旋剪一体机伺服控制系统	自行应用	自主研发	北京北超伺服技术有限公司
压力机滑块专用电动机	自行应用	自主研发	北京北超伺服技术有限公司
高可靠性成套系统工程	研制阶段	04 专项	大连光洋科技工程有限公司
五轴联动高档数控机床的实时防碰撞和仿真系统开发	研制阶段	大连市经济和信息化委员会	大连光洋科技工程有限公司
三维防碰撞（海外项目）	研制阶段	辽宁省人力资源和社会保障厅	大连光洋科技工程有限公司
科技局科技经费	研制阶段	大连市科学技术局	大连光洋科技工程有限公司
复合加工中心（海外项目）	研制阶段	辽宁省人力资源和社会保障厅	大连光洋科技工程有限公司
高精度车铣复合切削中心研制与产业化	研制阶段	企业自立	大连光洋科技工程有限公司
多轴联动高速龙门式加工中心系列	研制阶段	企业自立	大连光洋科技工程有限公司
光纤总线开放式高档数控系统	研制阶段	辽宁省科学技术厅	大连光洋科技工程有限公司
十百千工程	研制阶段	辽宁省人力资源和社会保障厅	大连光洋科技工程有限公司
首批领军人才	研制阶段	辽宁省人力资源和社会保障厅	大连光洋科技工程有限公司
开放式高档数控系统及伺服驱动国家地方联合工程研究中心	研制阶段	国家发展和改革委员会	大连光洋科技工程有限公司
其他	研制阶段	企业自立	大连光洋科技工程有限公司
超精密三环一体化数控系统	自行应用	辽宁省专项	大连光洋科技工程有限公司
基于伺服增益自动调整功能的数控系统	自行应用	辽宁省科技计划	大连光洋科技工程有限公司
五相细分驱动单元的研发及产业化	自行应用	自立项	大连光洋科技工程有限公司
以铣代磨纳米级数控系统	研制阶段	大连市专项	大连光洋科技工程有限公司
加工中心用自动换刀装置	研制阶段	自立项	大连光洋科技工程有限公司

表 6　2013 年数控系统部分企业专利情况

企业名称	专利名称	专利类型	授权日期
武汉华中数控股份有限公司	一种板卡自动测试装置	实用新型	2013.06.05
	一种基于模数转换器的测量系统	实用新型	2013.06.05
	一种可兼容多轴的手持单元	实用新型	2013.04.17
	一种连接固定装置	实用新型	2013.04.17
	一种通用板卡测试装置	实用新型	2013.07.10
	一种用于手持单元的吸附式悬挂装置	实用新型	2013.03.27
	一种支持多功能模块的总线式 PLC 单元	实用新型	2013.06.17
广州数控设备有限公司	内摆线行星针轮减速装置	实用新型	2013.03.27
	一种用于全电动注塑机的直驱伺服电动机	实用新型	2013.05.15
	适用于多种规格止口式电机的性能测试装置	实用新型	2013.06.12
	具有高强度当量支架的电机性能测试装置	实用新型	2013.06.12
	电机性能测试装置用的支架移动机构	实用新型	2013.06.12
	基于可控硅整流的伺服智能电源控制电路	实用新型	2013.07.10
	支持多种传感器通信协议的位置传感器接口伺服控制装置	实用新型	2013.07.10
	基于单片 FPGA 支持多个光栅尺的位置测显装置	实用新型	2013.07.10
	机床无线控制单元	外观设计	2013.03.06
	工业机器人示教盒（GSK RC－T II）	外观设计	2013.09.11

（续）

企业名称	专利名称	专利类型	授权日期
沈阳高精数控技术有限公司	一种基于圆锥面刀具矢量插值的参数曲线插补方法	发明	2013.05.22
	一种硬件在环数控系统控制结构的设计方法	发明	2013.11.13
	梯形图语言转换为结构文本语言的方法	发明	2013.04.17
	一种数控系统网络化体系结构的实现方法	发明	2013.07.10
	一种用于总线式数控系统的数据互操作方法	发明	2013.07.24
	基于传递时差的数控系统现场总线时间同步方法及装置	发明	2013.01.02
	一种用于数控系统的命令多发机制的实现方法	发明	2013.06.26
	五轴数控系统刀心点插补路径插值方法	发明	2013.07.03
	面向高速加工的表面质量优先的样条曲线实时插补方法	发明	2013.07.10
	数控系统中直线轴定位误差补偿实现方法	发明	2013.07.24
	单电机驱动多轴的数控系统加工程序解释器实现方法	发明	2013.08.21
	一种基于线程管理的数控系统实时任务动态配置方法	发明	2013.08.07
	五轴加工奇异区域的检测方法	发明	2013.10.09
	一种用于数控系统中双环现场总线的安全通信方法	发明	2013.09.18
	面向高速加工的速度优先样条曲线实时插补方法	发明	2013.10.09
	机器人试教器	外观设计	2013.11.20
北京北超伺服技术有限公司	一种滑块电机	实用新型	2013.08.21
	异步伺服无齿轮电梯曳引机	实用新型	2013.08.21
	用于液压油泵电机的一体化法兰	实用新型	2013.06.26
	电机接线盒	实用新型	2013.06.26
	一种内嵌式切向永磁同步电动机	实用新型	2013.06.26
	一种表贴式永磁电机及其电机转子冲片	实用新型	2013.07.31
	一种大功率伺服驱动装置	实用新型	2013.06.26
	一种电动车及车辆驱动设备	实用新型	2013.06.26
	一种多轴交流伺服驱动装置	实用新型	2013.06.26
大连光洋科技工程有限公司	一种无附加传感器的垂直回转体动平衡检测系统	实用新型	2013.04.10
	一种无附加传感器的水平回转体动平衡检测系统	实用新型	2013.03.27
	一种机床加工实景和液晶混合界面显示系统	发明	2013.09.04
	机床加工实景和液晶混合界面显示系统	实用新型	2013.10.16
	用力矩电机直接驱动刀盘的动力刀塔	发明	2013.12.25
	气动钳夹	发明	2013.11.27
南京华兴数控技术有限公司	主轴伺服驱动器	外观设计	2012.06.27
	全数字式三相驱动器	外观设计	2012.06.27
	基于工业 PC 的水射流数控系统	实用新型	2012.09.19
	一种数控产品多系统烤机架	实用新型	2012.09.12
	一种基于 POWERLINK 协议的总线式数控装置	实用新型	2012.12.05
	一种水切割自动探高测试及控制装置	实用新型	2012.09.19
	一种全数字三相混合式步进电机驱动装置	实用新型	2013.01.30
	一种交流永磁同步伺服电机烤机老化智能监测装置	实用新型	2012.09.19
武汉迈信电气技术有限公司	一种具有编码器故障自诊断功能的伺服控制器	实用新型	2013.12.04
	一种基于旋转变压器的增量式编码器	实用新型	2013.01.02
	FPGA 时间戳的色标位置信息记录装置	实用新型	2013.01.02
襄阳长虹电气传动设备有限责任公司	立式车床控制组合电控柜	实用新型	2013.01.09

六、主要企业介绍

武汉华中数控股份有限公司 2013 年，武汉华中数控股份有限公司（简称华中数控）积极调整市场开发的重心，以差异化的产品和服务为客户提供全套产品解决方案，形成了数控系统批量配套的新亮点。华中数控依托国家重大专项课题，与客户需求密切结合，主导产品华中 8 型数据系统的功能、性能、可靠性都有较大提升，在主机厂和航空航天等领域得到进一步推广应用。

华中数控抓住湖北、广东、重庆等地启动数控一代示范工程的机遇，创新拓展以工业机器人为核心，为注塑、冲压、电子等业务板块提供自动化解决方案的业务，机器人、注塑机节能改造的市场营销初见成效；公司瞄准重庆将大力发展以工业机器人为导向的自动化工业领域的商机，与重庆市合资组建了重庆华数机器人有限公司，着力开拓西南地区的机器人应用市场。

华中数控研制的新产品 HNC－180XPT、HNC－180XPM、HNC－808TEA、HNC－808MEB 数控装置、HSV－180P1/P2/P3/P5 四个系列节能型注塑机驱动装置完成开发，已投入市场；HSV－120、HSV－170C 伺服驱动单元完成样机验证，进入小批量试生产阶段。180—P 大功率驱动装置系列产品在注塑机、伺服电动机等的节能改造中已开始应用；机器人控制系统及伺服电动机在桁架式多轴机器人、多关节机器人上开始配套应用。

广州数控设备有限公司 2013 年，广州数控设备有限公司（简称广州数控）新研发的专用于机床上下料的三轴工业机器人，结构紧凑、节省空间，价格只有六轴工业机器人的 1/2 甚至更低，且运动节拍更快，适用于车、铣等多种机床加工的自动化。RB20 侧挂机器人单元的优点是大幅节约空间，比传统桁架机器人应用更灵活，可配套多台机床（4 台以上机床，机床可成对摆放）。

大连光洋科技工程有限公司 大连光洋科技工程有限公司（简称大连光洋）研发的 GNC61 新一代高性能全功能高档数控系统，继承了 GNC60 的软硬件体系结构，继承了 GNC60 的多轴多通道控制能力，重点提升了数控系统的五轴控制技术，提升了数控系统及伺服驱动的动态响应能力，提升了数控系统的几何误差补偿能力，增加了系统 3 维在线切削仿真和 GMDL 会话式编程序引擎，拓展了系统的人机交互能力，提供了更为方便的对刀方式和刀尖点坐标显示，提供了更便于数控程序调试运行的手轮速度功能，进一步增强了数控系统的开放性。

大连光洋开发的 GNC61 数控系统二次开发平台有三大功能：①培训用户，用户可以像操作机床一样去操作；②模拟仿真，用户为了避免碰坏昂贵零件，可以先在平台上进行首件的模拟仿真加工，安全不占机时；③系统的二次开发，用户可以根据自身需要在平台上边开发边验证，验证之后可以形成用户自己特色的数控系统，从界面到功能都可以进行二次开发。

北京超同步科技有限公司 CTB 系列主轴驱动器，Gs 系列驱动器可以与多种数控系统良好接口，实现刚性攻螺纹，使数控钻床、数控铣床、数控车床、数控镗床及加工中心等设备的功能得以充分发挥。适用于数控铣床、数控车床加工中心、数控镗床、龙门铣床、数控立式车床等数控设备主轴（电主轴）的驱动。技术特点：6 000r/min 以上的精密加工，低速强力重切削加工，40r/min 以下的铰孔，低速螺纹加工，C 轴功能。

组合型伺服驱动器，采用先进的硬件及软件集成技术将多台伺服电动机的驱动装置集成在一个驱动器内，该驱动器结构紧凑、安装方便，可广泛应用于数控车床、数控铣床、加工中心、立式车床等设备。

沈阳高精数控技术有限公司 沈阳高精数控技术有限公司开发的总线式数控系统及成套解决方案，支持多种总线，已成为新一代高性能数控系统的重要指标，“蓝天数控”系列产品可以支持 SSB、EtherCAT、Mechtrolink 等多种现场总线，不仅具备良好的兼容性，也大幅度提高了数控系统的控制精度、速度与智能化程度。

沈阳高精数控技术有限公司开发的网络化数控系统及成套解决方案，平台采用开放式、网络化系统结构，由数控装置、驱动单元、I/O 单元、传感器、智能故障诊断单元、编程序仿真工作站、现场服务单元、远程监控与维护单元等组成，通过现场总线、工业以太网及互联网实现数控的共享。

〔撰稿人：中国机床工具工业协会数控系统分会迟峰、肖明　审稿人：中国机床工具工业协会数控系统分会伍衡〕

（本文编辑：张珂玲）

机床附件、夹具、主轴功能部件及滚动功能部件

机床附件

一、基本情况

2013 年，受全球经济再平衡和中国经济增速放缓大环境的影响，机床附件行业延续了 2012 年市场需求不足的态势，市场需求结构发生较大变化。行业的产品结构与市场需求的矛盾未能有效缓解，企业经营压力较大。市场形势倒逼行业企业认真研究“适应市场变化，调整产品结构”的方法。管理创新、技术创新、提升产品质量等产品结构调整方面的工作成为行业企业工作的主旋律。

参加本年度年鉴统计的企业共有 52 家。按所有制性质分类：国有（集体）企业 7 家、合资企业 2 家、民营企业 43 家。按生产产品分类：卡盘生产企业 11 家，夹头、顶尖、刀杆、变径套、铣镗插头生产企业 20 家，数控刀架生产企业 4 家，分度装置生产企业 2 家，数控机床用刀库生产企业 2 家，普通（快换）刀架生产企业 3 家，普通虎钳生产企业 6 家，电磁吸盘生产企业 4 家，过滤排屑设备生产企业 6 家，导轨防护装置生产企业 2 家，其他机床附件生产企业 7 家（部分企

业的产品跨小行业)。按企业分类产品的生产情况如下:

(1)分度类的机床附件产品。机械分度头、机械回转工作台、数控分度头、数控转台、数控刀架、数控自定心中心架、数控交换工作台、专用机床等产品主要由烟台环球机床附件集团有限公司生产;常州市新墅机床数控设备有限公司、常州宏达机床数控有限公司主要生产数控刀架;瓦房店永川机床附件有限公司、山东济宁大象机械集团公司也生产各类机械分度头、机械回转工作台产品。

(2)卡盘类产品。生产此类产品的企业主要有呼和浩特众环(集团)有限公司、江苏无锡建华机床附件集团有限公司、烟台艾格瑞精密机械有限公司、浙江人和机械有限公司、甘肃省平凉机床附件有限责任公司、浙东机床附件有限公司、浙江圆牌机床附件厂、天津泽尔数控机床成套有限公司、瓦房店永川机床附件有限公司、台州市力歌机床附件有限公司、浙江三鸥机械股份有限公司等企业。各类动力卡盘、液压缸、气缸等产品主要由呼和浩特众环(集团)有限公司、江苏无锡建华机床附件集团有限公司、烟台艾格瑞精密机械有限公司、瓦房店永川机床附件有限公司等单位生产。

(3)数控机床用刀库。呼和浩特众环(集团)有限公司、常州市新墅机床数控设备有限公司等企业生产此类产品。

(4)电磁吸盘、永磁吸盘类产品。生产此类产品的企业主要有江苏无锡建华机床附件集团有限公司、浙江人和机械有限公司、临清兴和宏鑫机床有限责任公司、河北临西黑马机械有限公司等企业。

(5)钻夹头、铣夹头、丝锥夹头、镗铣插头、变径套、刀杆、各类顶尖等产品。生产这类产品的企业比较多,主要有山东征宙机械股份有限公司、北京机床附件厂有限责任公司、大连现代轴承有限公司、西安机床附件厂、山东济宁大象机械集团公司、威海天诺数控机械有限公司、武汉昌合阿美斯塔机械有限公司、烟台同心卡具有限公司、山东威达机械股份有限公司、台州华鑫机械制造有限公司、台州大久机床附件有限公司、杭州阿尔玛工具有限公司、上海金玉篮精密机床配件有限公司、大连现代轴承有限公司、烟台长生机床附件有限公司、曲阜市崇德精密机械有限公司、山东天源机床附件有限公司、浙江三鸥机械股份有限公司、昆山伊佳五金机械有限公司、德州征宁精密机械有限公司等。

(6)机用虎钳。生产此类产品的企业主要有山东征宙机械股份有限公司、甘肃省平凉机床附件有限责任公司、南京吉鸿机床附件制造有限公司、莱州市金丰制钳有限公司、莱州义盛精密机床附件有限公司、莱州金万原机械有限公司等。

(7)普通(快换)刀架。生产此类产品的企业主要有山东征宙机械股份有限公司、武汉昌合阿美斯塔机械有限公司、威海天诺数控机械有限公司等。

(8)排屑及过滤装置。生产此类产品的企业主要有烟台开发区博森机床辅机有限公司、烟台杞杨机械有限公司、烟台裕丰机床辅机有限公司、上海浦东同乐志刚机床附件有限公司、烟台铁口机床辅机有限公司、无锡江山机械有限公司等。

(9)其他类机床附件。主要有上海浦东同乐志刚机床附件有限公司、河北晟拓机件制造有限公司等生产链板、防护罩类产品;无锡银通工具手套厂生产各种螺栓、接杆、垫铁等机床用品;广州菱科自动化设备有限公司生产各类联轴器、胀紧套等产品;北京新兴超越离合器有限公司生产各种规格的离合器产品;三河市同飞制冷设备有限公司生产各种制冷设备;青岛涵锐精密机械生产高精度万能工具磨床等。

2013 年机床附件行业主要经济指标完成情况见表 1。

表 1　2013 年机床附件行业主要经济指标完成情况

指标名称	单位	年度累计
工业总产值	万元	329 463.46
其中:机床工具类产品产值	万元	309 758.40
工业销售产值	万元	318 207.99
其中:机床工具类产品产值	万元	303 375.02
工业增加值	万元	123 537.14
实现利税	万元	31 449.48
从业人员平均人数	人	14 059
资产总计	万元	464 539.20
流动资产平均余额	万元	275 205.44
固定资产净值平均余额	万元	116 696.95

二、生产情况

2013 年,机床附件行业企业各项经营指标较上年变化不大,数控机床功能部件整体实产量有所上升,但总产值有所下滑,普通机床附件有小幅下滑,主要表现在占比比较大的自定心卡盘、顶尖和夹头类。2013 年机床附件行业分类生产情况见表 2。

表 2　2013 年机床附件行业分类生产情况

产品名称	产量(台、套、件)	产值(万元)
数控机床功能部件		33 781.26
数控刀架	68 626	14 882.00
刀库及换刀机构	2 049	1 037.60
数控转台	1 010	3 341.00
数控分度头	1 087	937.00
导轨防护装置	2 050	2 450.00
滚珠丝杠副	18 217	1 544.00
数控刀杆	348 471	4 885.70
动力卡盘	18 193	4 703.96
机床附件		275 977.14
机械分度头	5 215	1 391.00
机械回转工作台	6 275	1 099.00
自定心卡盘	785 561	53 737.36
单动卡盘	154 566	29 009.84
其他卡盘	10 675	1 933.50
普通快换刀架	76 020	1 025.30
普通虎钳	1 630 289	5 735.00
固定顶尖	126 980	1 261.20

（续）

产品名称	产量（台、套、件）	产值（万元）
回转顶尖	258 009	3 454.98
钻夹头	83 926158	90 386.84
丝锥夹头	190 805	2 612.09
弹簧夹头	816 735	5 298.60
铣夹头	693 266	3 157.00
变径套	1 609 025	4 544.86
电磁吸盘	20 230	9 277.79
永磁吸盘	5 486	10 886.00
普通刀杆	45 429	259.00
排屑、过滤设备	14 443	15 945.00
机床制冷设备	47 738	13 950.00
其他	905 927	21 012.75
总计		309 758.40

三、市场及销售情况

我国机床附件占据的基本是中低端市场，量大面广的传统机床附件产品如普通卡盘、机械分度头、机械转台、电磁吸盘、普通虎钳、普通顶尖、弹簧夹头等产品基本能满足国内市场供应，并有部分出口。由于竞争激烈，产品附加值较低，这些产品利润较少。在中高端的市场领域，国产数控机床功能部件市场占有率较低。2013 年机床附件行业产品出口情况见表 3。

表 3　2013 年机床附件行业产品出口情况

产品名称	出口量（台、套、件）	出口额（万美元）
数控机床功能部件		17.50
数控刀架	27	0.22
数控转台	5	0.29
数控分度头	146	0.57

（续）

产品名称	出口量（台、套、件）	出口额（万美元）
数控刀杆	68 260	16.42
机床附件		1 893.07
机械分度头	3 589	3.20
机械回转工作台	3 053	2.96
自定心卡盘	238 443	227.88
单动卡盘	47 763	24.39
普通快换刀架	50 542	50.68
普通虎钳	490 600	31.50
固定顶尖	67 000	8.87
回转顶尖	95 240	12.19
钻夹头	47 505 104	949.71
丝锥夹头	93 000	18.90
弹簧夹头	565 525	45.76
铣夹头	482 000	23.80
变径套	366 160	16.28
电磁吸盘	155	0.95
永磁吸盘	1 940	1.65
普通刀杆	30 214	18.10
过滤排屑设备	460	1.00
机床制冷设备	7 515	9.40
其他	301 174	445.85

四、新产品开发及科技成果情况

为适应国际机床工具行业的发展方向，行业企业努力搞好产品结构调整，重视新产品开发工作，加强知识产权的保护意识，不断提高数控附件的市场竞争能力。机床附件行业企业新产品开发主要集中于骨干企业，共开发新产品 25 项，获得专利 24 项。2013 年机床附件行业新产品开发情况见表 4，2013 年机床附件行业专利情况见表 5。

表 4　2013 年机床附件行业新产品开发情况

企业名称	产品名称	型号	主要技术参数
烟台环球机床附件集团有限公司	数控直驱回转工作台	TK62320	工作台直径：320mm
烟台环球机床附件集团有限公司	数控液压等分回转工作台	TK51500×4N	工作台直径：500mm
烟台环球机床附件集团有限公司	数控液压等分回转工作台	TK512000×5（6）	工作台直径：2 000mm
烟台环球机床附件集团有限公司	数控液压等分回转工作台	TK511600×3（4）	工作台直径：1 600mm
烟台环球机床附件集团有限公司	数控自定心中心架	PK11310×45A	夹持直径：45～310mm
烟台环球机床附件集团有限公司	数控回转工作台	TK12500B	工作台直径：500mm
烟台环球机床附件集团有限公司	摆角铣头	C6150	摆动范围：-30°～120°
烟台环球机床附件集团有限公司	数控等分回转工作台	TK561400×1600-BST	工作台尺寸 1 400mm×1 600mm
烟台环球机床附件集团有限公司	A 轴数控转台	SKMC08-02C	工作台直径：770mm
烟台环球机床附件集团有限公司	电动等分分度头	FD51310	中心高：310mm
烟台环球机床附件集团有限公司	精密数显转台	TX121200	工作台直径：2 000mm
烟台环球机床附件集团有限公司	机动回转工作台	T112000	工作台直径：2 000mm
烟台环球机床附件集团有限公司	数控回转工作台	TK12630SY	工作台直径：630mm
烟台环球机床附件集团有限公司	数控立卧回转工作台	TK13250EG	工作台直径：250mm

（续）

企业名称	产品名称	型号	主要技术参数
烟台环球机床附件集团有限公司	数控立卧式回转工作台	TK13315EG	工作台直径:315mm
烟台环球机床附件集团有限公司	数控可卧式回转工作台	TK14500B－CT	工作台直径:500mm
烟台环球机床附件集团有限公司	数控液压等分回转工作台	TK51500×4N	工作台直径:500mm
江苏无锡建华机床附件集团有限公司	前置式气动卡盘	K53 570	最高转速:1 200r/min
江苏无锡建华机床附件集团有限公司	大型管子复合卡盘	K66 780	最高承载:5t
江苏无锡建华机床附件集团有限公司	电火花加工用电永磁吸盘	X6136×360DAA	吸力:≥180N/cm^2
常州市新墅机床数控设备有限公司	SLT 系列刀架	SLT63、80、100、125	中心高:63mm、80mm、100mm、125m
常州市新墅机床数控设备有限公司	SLTD 动力刀架	SLT63D、80D、100D	中心高:63mm、80mm、100mm
山东征宙机械股份有限公司	角度头	AHBT40×ER16－120	变向角度:90°
山东威达机械股份有限公司	重型钻夹头	G26	最大直径:93mm
山东威达机械股份有限公司	抗震安全锁紧钻夹头	RV13C	夹紧力矩:(ϕ12.7 试棒)9.1N·m

表 5　2013 机床附件行业专利情况

企业名称	专利名称	专利类型
烟台环球机床附件集团有限公司	一种伺服刀架用接触补偿式密封装置	实用新型
烟台环球机床附件集团有限公司	一种伺服刀架跑车试验台	实用新型
烟台环球机床附件集团有限公司	一种油压式动力刀架离合机构	实用新型
烟台环球机床附件集团有限公司	一种高齿双导程蜗杆副数控回转工作台	实用新型
江苏无锡建华机床附件集团有限公司	双向保压前置式气动卡盘	实用新型
江苏无锡建华机床附件集团有限公司	大规格多爪精密自定心卡盘	实用新型
江苏无锡建华机床附件集团有限公司	快速定位电永磁吸盘系统	实用新型
山东征宙机械股份有限公司	外锥长度检测仪	实用新型
山东威达机械股份有限公司	柄类工具夹持结构	实用新型
山东威达机械股份有限公司	钻夹头	实用新型
山东威达机械股份有限公司	手紧钻夹头	外观设计
山东威达机械股份有限公司	钻夹头安装结构	实用新型
山东威达机械股份有限公司	电锤夹头及包括该夹头的电锤	实用新型
山东威达机械股份有限公司	钻夹头组件及具有该钻夹头组件的钻具	实用新型
山东威达机械股份有限公司	快速螺母	实用新型
山东威达机械股份有限公司	一种快换夹头	实用新型
山东威达机械股份有限公司	钻夹头	实用新型
山东威达机械股份有限公司	一种加工多斜孔的双动力卧式机床	实用新型
山东威达机械股份有限公司	扳手(四头)	外观设计
常州市新墅机床数控设备有限公司	反靠销磨削定位夹具	实用新型
常州市新墅机床数控设备有限公司	碗型砂轮修整器	实用新型
常州市新墅机床数控设备有限公司	动力刀架同步带传动结构	实用新型
常州市新墅机床数控设备有限公司	动力刀架液压离合器	实用新型

五、标准化工作情况

2013 年，完成 JB/TXXXX－XXXX《机床 高速精密动力卡盘 分类和技术条件》、JB/T9940.1－XXXX《工具柄自锁圆锥变径套 第 1 部分：型式和参数》、JB/TXXXX－XXXX《机床 回转油缸》、JB/TXXXX－XXXX《机床 精密可调手动自定心卡盘》4 个行业标准。

组织召开了机床附件行业标准工作会议，讨论了 JB/TXXXX－XXXX“数控刀架 性能试验”、JB/TXXXX－XXXX“数控转台 性能试验”、JB/TXXXX－XXXX“机床 高速回转油缸”、JB/TXXXX－XXXX“动力卡盘 性能试验”、JB/TXXXX－XXXX“数控刀架 精度保持性试验”、JB/TXXXX－XXXX“数控刀架 可靠性性试验”、JB/TXXXX－XXXX“数控转台 精度保持性试验”、JB/TXXXX－XXXX“数控转台可靠性性试验”等标准草案。

六、企业简介

烟台环球机床附件集团有限公司　公司拥有近 60 年专业化生产机床附件历史，主要产品为“环球”牌数控刀架、数控转台、数控分度头、数控中心架、平旋盘、机械分度头、机械转台、万能铣头和数控专用机床，年产量达3万多台，是全国分度类机床附件品种规格最齐全、生产规模最大的企业。

2013年，公司产值数控化率达到70%，为高新技术企业，拥有省级企业技术中心以及中国机械工业联合会认定的“国家机械工业数控机床附件工程研究中心”，“环球”商标被评为山东省著名商标，公司主导产品F11系列分度头、AK31系列数控刀架、TK13系列数控转台被授予山东省名牌产品称号。2009年以来，先后承担和参与了9个“高档数控机床与基础制造装备”科技重大专项课题。进一步完善了数控产品的试验检测设施和手段，伺服刀架、直驱转台、交换工作台，大规格重载转台先后开发成功。

2013年围绕“转型升级”的工作主题，以“变革、提升、提速”为工作核心，对营销管理模式和内部管理模式进行了优化调整，逐步建立起与市场环境变化相适应的响应机制和运营模式，技术创新和技术攻关工作取得了较大成绩。在市场低迷的形势下，数控产品销售仍然实现了不同程度的增长，企业“转型升级”和产品结构调整工作取得了较大进展。

呼和浩特众环(集团)有限责任公司　公司专业化生产机床附件，主要生产“众环牌”三爪、四爪卡盘、中高档动力卡盘、液压缸、气缸、特订专用卡盘、数控刀库和不锈钢球阀制品等全系列产品，共20个品种、88个系列、1 200余个规格型号。年生产能力分别为：卡盘类产品60万台(套)，动力卡盘、液压缸、气缸产品1万台，数控刀库3 000台，不锈钢球阀制品50万支。卡盘产品生产规模、市场占有率处于行业首位。公司是卡盘类机床附件和数控刀库产品国家标准的起草制定单位。

集团总部生产用地面积16.2万m^2，建筑面积8万m^2，在岗员工2 400人，其中工程技术人员100余人；铸、锻、热处理、机械加工、理化实验、精密计量等系列加工及检测手段居同行业领先水平。

公司在呼和浩特、烟台、深圳、洛杉矶等地分别成立了众环股份公司、呼附第四分厂、环瑞公司、众环铸造公司、众环锻造公司、众环数控公司、众环包装公司、众环烟台福山分厂、牟平分厂、深圳环星、美国环美等十多家独立核算的生产贸易型子公司，并在欧洲、亚洲、美洲等国家和地区设有代理商、分销商或办事机构。企业已通过ISO 9001质量管理体系认证和CE安全认证，拥有国家专利18项，“众环”牌三爪、四爪卡盘被国家质检总局认定为“出口免验产品”。

江苏无锡建华附件集团有限公司　公司专业化生产机床附件。近年来，公司先后与上海交通大学、南京航空航天大学、东南大学等高校开展产学研合作，联合开发新产品，与高校或科研院所联合完成产学研合作项目4项，形成了具有核心竞争力的产品。公司拥有专利达到32件，其中6件发明专利。公司技术中心被授予“江苏省认定企业技术中心”，获得“江苏省创新型企业”“全国用户满意企业”“江苏省知识产权管理示范单位”称号。通过了国家高新技术企业认定，具有自主知识产权的曾力型重载四爪单动卡盘获得“江苏省高新技术产品”称号，荣获无锡市科技进步奖。电永磁吸盘获“江苏省自主创新产品”称号。“X714100MX大型圆形电永磁吸盘”获江苏省装备制造业重点领域首台套关键部件认定。“高速精密动力卡盘”项目获得2010年国家技术重大专项。高速精密重载动力卡盘等2个产品被纳入国家重点新产品计划。公司参与了多种产品行业标准的修订。2013年完成工业总产值17 124万元。

山东征宙机械股份有限公司　公司始建于1958年，1999年改制为有限公司，2011年成立股份有限公司，2012年3月在齐鲁股权交易所挂牌上市。2013年，公司拥有员工近千人，占地面积5万余m^2，拥有生产设备790台。其中，加工中心60余台，其他数控及高精设备200余台。公司主要生产各类弹簧夹头、铣夹头、回转顶尖、接杆、变径套、万能镗头、砂轮修整器、精密平口钳、磨刀机、数控刀柄、数控分度头、数控回转工作台等系列产品，产品远销美国、英国、法国、德国、加拿大、东南亚等50多个国家和地区，是我国机床附件系列产品出口创汇较大的专业厂家。近年来，公司面临日益激烈的市场形势，不断改进工作思路，积极参加国内外专业展会，广泛宣传企业，不断提高品牌知名度，扩大市场份额。公司坚持求实创新、诚信务实的企业精神，实现了持续健康发展，各项经济指标连续六年保持较快增长，经济效益综合指数连续五年在全国机床附件行业中名列前茅。

南京吉鸿机床附件制造有限公司　是2002年原南京机床附件厂改制的企业，公司延续了原企业的技术和生产经营，生产“钟山”牌系列机用虎钳，主营生产和销售普通平口钳、可倾平口钳、高精度平口钳等产品。公司机加工设备门类齐全，有数条机用虎钳装配流水线，检测手段完善，产品质量稳定，品种规格齐全。由于国内外经济大形势的影响，2013年，整个市场经营销售严重下滑，公司坚持“对内抓质量，对外抓销售”的经营方针，努力做好企业转型升级的各项工作。

甘肃省平凉机床附件有限责任公司　原平凉机床附件厂，建于1964年，拥有近50年专业生产卡盘产品的历史，是国内机床附件重点企业之一。公司员工600余人，拥有机械加工、铸造、热处理、检测等主要设备350台，主要生产“三台”牌自定心卡盘、单动卡盘、短锥卡盘、楔式动力卡盘、手动卡盘、管子卡盘和机用虎钳等机床附件，也可根据用户需要设计制造特殊要求的机床附件产品。公司已通过ISO 9001质量体系认证。2013年，机床附件产品市场呈下降趋势，公司及时进行产品结构调整，转换机制，不断开发新产品，不断完善质量管理体系和售后服务，实现持续发展。

常州新墅机床数控设备有限公司　成立于1985年，是一家科技型民营企业。公司主要产品有：数控立式刀架、数控卧式刀架，数控回转分度台、数控斗笠式刀库、圆盘式刀库等，按功能分为：电动、液压、伺服、液压动力、伺服动力等，共15大系列180多个品种。公司配备德国数控端齿磨床、日本大限及国产、海克斯康三坐标测量仪、数显准直仪等检测仪器，满足产品要求。公司下设技术部、品质工程部、销售部、立式刀架事业部、卧式刀架制造部，刀库制造部等8个部门，员工近200人，各类专业技术人员20余人，其中高级职称8人。2004年公司被评为“江苏省民营科技企业”，2011年以来获得江苏省高新技术产品5项，国家科技重大专项2项，参与编制国家机床功能部件行业标准2项。公司长期致力于数控刀架、刀库的研制和销售。公司通过了ISO 9001质量体系认证，2011年获“江苏省高新技术企业”荣誉称号。

烟台同心卡具有限公司　创建于1954年，已有60余年的历史，是专业生产重型锥孔扳手式钻夹头的企业。公司于2003年改制以来，凭借优良的产品质量和良好的信誉，“同心”牌产品市场份额逐年扩大。2013年以来，公司不断致力于技术革新和设备改造，产品质量稳中有升。

烟台开发区博森科技发展有限公司（烟台开发区博森机床辅机有限公司）　公司始建于1993年5月，现有从业人员210人，是生产切屑自动输送及屑、液自动分离过滤净化系统的专业厂家。公司主导产品为数控机床自动排屑装置、数控机床自动过滤装置、数控机床综合排屑过滤装置共三大系列几十种产品。公司占地面积2万m^2，拥有四座厂房，五个车间。生产车间有大功率激光切割机、数控折弯机、数控剪板机、数控车床等先进的加工设备，确保产品质量和加工精度。

公司秉承“企业发展，技术先行”为理念，立足于企业核心竞争力的提高，起草了排屑过滤装置的行业标准，从自主研发简单的排屑设备到高端排屑过滤综合装备，为汽车、军工、航天等高精密制造业服务，确定了机床辅机行业排屑过滤产业的发展方向。公司重视运用现代科学理论，在企业发展中树立了文化、品牌、管理、创新四位一体的先进管理思想，在行业内率先通过ISO 9001—2008质量管理体系认证。先后取得山东省著名商标、山东名牌、山东省市科学技术奖、烟台市企业技术中心、烟台市工程技术中心、烟台市劳动关系和谐企业等荣誉。2013年实现销售产值8 086万元。

莱州市金丰制钳有限公司　公司是专业化生产机用平口钳、机床专用夹具的企业。公司主要生产“金丰”牌系列机用平口钳、精密角固式平口钳、液压平口钳。公司拥有机械加工设备100多套和1条角固式平口钳生产线、一条铸造流水线。公司占地面积27 663m^2，生产车间27 613m^2。总资产703万元。公司具有产品的模具制造、铸造、加工等完整的生产设施。公司以人才为本，平口钳大量出口到欧洲、美国、东南亚及中东等30多个国家和地区。

上海浦东同乐志刚机床附件有限公司　成立于1983年，是生产数控机床排屑器和防护罩的专业生产厂家。现有员工132人，占地面积26 600m^2，其中已建厂房14 000m^2。拥有各类数控激光切割、数控折弯设备几十台。公司努力为数控机床、汽车行业生产线提供冷却、传输、过滤、净化装置。其中，排屑装置和防护罩的规模稳定，销售收入每年以较大增速提升。

常州市宏达机床数控设备有限公司　成立于1995年3月，是专业化生产数控转塔刀架、滚珠丝杠副的企业。注册资金1 000万元，员工142人，其中具有中高级职称的科研人员42人。公司现有高精度立卧式加工中心8台，数控专用机床20多台（套），激光检测仪2台。公司具有年产7万套各种数控转塔刀架和5万副精密滚珠丝杠副的生产能力。2013年国内外市场需求下滑，公司在加强新产品开发的同时，加强内部管理，重点建立起一套符合自身发展的机制，确保了产品质量处于稳定提高状态；公司加强与主机厂的信息交流，以主机厂的发展方向为公司产品的开发方向，完成了数控液压刀架和直驱刀架的开发试制。直驱刀架获得国家科技型中小企业技术创新基金项目立项，产品结构已经从经济型数控转塔刀架转型到多功能、高精度、智能化。公司加大产品开发投入，2013年技术开发总投入达到359万元。

大连现代轴承有限公司　公司是原大连机床附件厂改制的企业。占地面积近8 000m^2，2013年员工40多人，拥有机械加工设备100多台。主要产品为机床附件（注册商标DJF），包括回转顶尖，固定顶尖，变径套等系列产品。其中，有11种产品曾多次获国家、省、市名优产品称号。公司通过了ISO 9001和TS 16949质量管理体系认证。

山东威达机械股份有限公司　创建于1998年，以研制、生产、销售钻夹头产品为主，并涉及锯片、粉末冶金、精密铸造、电动工具开关等多行业的民营企业，2004年在深圳中小板上市。公司注册资本22 815万元，占地面积110多万m^2，职工2 400余人，企业经济效益连续多年位于行业首位，是威海市重点工业企业之一。公司拥有机械加工设备3 000余台（套），产品畅销全国28个省、市，在全球行业内市场占有率达到50%以上，其中一半产品出口欧洲、美国、亚洲等40多个国家和地区。公司通过了ISO 9001国际质量体系、ISO 14001环境管理体系及OHSAS 18001职业健康安全管理体系的认证。公司有省级企业技术中心、山东省工程夹具研究中心。截至2013年年底，公司拥有有效专利81项。其中，中国发明专利12项，美国发明专利11项，欧洲发明专利4项，日本发明专利1项。公司“PEACOCK”商标被评为山东省著名商标，多年来公司先后获得“山东省优秀民营科技企业”“全国效益十佳企业”“中国专利山东明星企业”“科技示范先进企业”及“先进进出口企业”等荣誉称号。

莱州市义盛精密机床附件有限公司　成立于1999年，专业生产“义盛”牌机用虎钳，主要产品有用于加工中心的CNC系列高精度平口钳、QZX系列正弦精密平口钳、QM16系列精密平口钳、QM16N系列精密平口钳、Q93双开口系列精密平口钳，Q12系列、Q13系列、Q41可倾系列、Q21自定心系列、QW万向系列平口钳及Q19E钻床平口钳系列等13个系列70余种规格，年产30 000余台。与德国知名企业合作多年，得到了合作方的认可，产品70%销往国外，主要销往德国、英国、美国等30多个国家和地区。2013年,公司为提高产品精度和互换性,大量使用加工中心等数控机床加工,加大新产品开发力度,向国外较高产品档次靠拢,不断加大配套于加工中心等数控设备用平口钳的开发力度,努力做好企业转型升级工作,提升企业在市场竞争中的抗风险能力。

广州菱科自动化设备有限公司 是从事高精密联轴器及丝杆支撑座的生产企业,主要产品有:伺服电机联轴器、步进电机联轴器、微型电机联轴器、编码器联轴器及丝杆支撑座。拥有20多个产品系列,适用于不同场合的高精密联接,产品已出口至美国、德国、以色列、马来西亚、新加坡、伊朗等国家和中国台湾地区。公司拥有完善的加工和检测设备,通过了ISO 9001:2008质量管理体系认证及RoHS环保认证。

瓦房店永川机床附件有限公司(原瓦房店机床附件厂) 公司始建于1958年,是大连机床集团有限责任公司下属的子公司。主要产品有:"方圆牌"普通三爪自定心卡盘和四爪单动卡盘,为数控机床及自动化机床配套的中速、高速动力卡盘及回转液压缸、回转气缸、电动卡盘、数控转塔刀架,为管子加工机床配套的各种管子卡盘,公司产品共6大类13个系列近300个品种规格。公司是机械行业《四爪单动卡盘》行业标准的起草单位之一。公司占地面积15万m^2,建筑面积9万m^2,拥有总资产2.4亿元,现有职工276人,其中工程技术人员12人。经过50多年的发展,公司的金属切削设备691台,其中231台数控机床,拥有德国FRKARDT(富尔卡特)公司生产的卡盘动态夹紧力测试仪,高速卡盘试验机等检测试验设备。

临西县黑马机械有限公司 成立于1997年,2005年5月经全体股东同意企业名称变更为临西县黑马机械有限公司。公司主要产品有电磁吸盘、永磁吸盘、电永磁吸盘、永磁起重器、各式退磁器及各种磁性工具,磁盘产品种类多达400余种规格型号,可根据用户需求设计制造专用磁力吸盘。公司已通过ISO 9001:2008国际质量管理体系认证。公司下设磁力吸盘分厂和磨床分厂,磁力吸盘分厂占地面积6 600m^2,其中建筑面积4 000m^2。磨床分厂占地面积21 120m^2,其中建筑面积6 000m^2,机械加工设备60台,其中大、精设备20台。现有职工80人,其中管理人员10人,技术开发部门7人。公司设有办公室、财务部、生产部、技术部、采购部、质检部、售后服务部。公司产品为国内外多家磨床、铣床、火化机床生产厂家配套。

杭州阿尔玛工具有限公司 是生产镗铣类工具系统、可转位刀具和各类机床工具的专业生产企业。公司主导产品有:TSG82工具系统、TMG50工具系统、TMG21工具系统、可转位镗刀、可转位铣刀及快换夹头、丝锥夹头及弹簧夹头等。产品规格齐全,品质优良,可承接各种非标产品的订制业务。公司的发展战略是以实业为依托,科技为先导。2013年在市场下滑的宏观形势下,公司工业总产值仍保持了稳中有升。

曲阜市崇德精密机械有限公司 成立于2004年,主要产品有:各类刀杆、夹头、顶尖及铣刀等机床附件产品。现有员工135人。崇德公司自2009年初获得自主进出口权以来,公司产品已远销美国、德国、意大利、波兰、巴西、比利时、土耳其、英国、俄罗斯、新加坡、韩国、日本、泰国、越南及马来西亚等国家和中国台湾地区。2013年,公司引进高端技术人才6人,完成工业总产值3 331万元,主营业务收入2 780万元,出口创汇58.8万美元,购入数控机床6台,价值300余万元,新征土地48亩(1亩=666.7m^2),新建钢结构车间1万m^2,公司总经理孔凡东被《中国工业报》评选为中国工业十大新闻人物。

三河市同飞制冷设备有限公司 成立于1994年,公司现有员工360人,占地面积39 000m^2,厂房面积15 000m^2。公司主要产品有:MCO系列精密油冷却机、MCW系列精密水冷却机、MCWL系列激光器专用精密水冷却机、MCS系列精密切削液冷却机、MCA系列电器箱空调等系列产品,公司产品300多个品种,具备年产各种工业制冷设备6万台的能力,为欧美企业及外资、合资及国内600余家知名企业长期配套,是中国机床工具工业协会、中国制冷学会、中国轻工机械协会洗涤机械专业委员会会员企业。公司于2006年取得制冷行业《全国工业产品生产许可证》,公司全系列产品通过"CE"认证,全面推行"质量 环境 职业健康安全"三体系认证,产品具有21项专利技术。2010年获得"廊坊市第九届消费者信得过产品"称号,2011年荣获"河北省著名商标企业",2012年获得"河北省名牌产品""河北省诚信守法示范企业""河北省质量效益型先进企业"荣誉,2013年获得"首届廊坊市政府质量奖"。

烟台杞杨机械有限公司 成立于2000年,注册资本1 000万元,占地面积6 000余m^2,其中建筑面积6 000余m^2,固定资产2 000余万元。拥有员工100余名,其中专业技术人员30余人。公司主要产品为排屑机、磁性分离器、纸带过滤机等排屑过滤设施。公司产品已通过ISO 9000认证,部分产品通过CE认证,产品向集约化、模块化、精密化发展,已成熟掌握流量1 000t/h的切削液集中过滤技术。公司产品为国内众多机床厂、轴承厂、钢铁厂、汽车零部件厂配套,并部分出口欧美、中东等地区。

台州力歌机床附件有限公司 是专业生产卡盘的民营企业。公司主要产品为:二爪、三爪、四爪、六爪自定心和四爪单动五个系列卡盘和客户需要的各种专用卡盘。公司自创建以来将积淀多年的卡盘制造经验运用于生产过程中,具备较强的非标产品和大规格自定心卡盘的研制能力。2013年,坚持"求精务实、开拓创新"的企业精神,加大新产品开发和创新的投资力度,保证了企业健康发展。

青岛涵锐精密机械有限公司 是一家专业生产高精度万能工具磨床及铣夹头、拉钉、弹簧夹头、镗头、V型块、顶尖、变径套、攻丝夹头、刀杆及平口钳等机床附件产品的公司。公司生产的M6020型刀具磨床,采用气压悬浮技术,无需任何润滑就可做到零摩擦零阻,加工精度小于0.005mm,

可用于精密磨削各种型号的铣刀、钻头、丝锥、铰刀及车刀等，广泛配套于加工中心等各类金属切削数控机床。公司研制的橡胶柔性系列卡头，具有夹持精度高、夹持范围广等优点，填补了国内空白。

〔撰稿人：中国机床工具工业协会机床附件分会张越东 审稿人：中国机床工具工业协会机床附件分会王兴麟〕

（本文编辑：张珂玲）

夹　　具

2013 年，我国机床工具行业在经历了十余年的高速增长后，已显现增幅下滑的趋势。由于从事夹具生产的企业规模较小，且各企业分散于不同行业，总体实力不强，故难以形成产业规模。各夹具企业易受到国家产业政策、人力成本、原材料价格波动、技术创新能力不足等因素影响。因此，提升企业技术水平，高质量、高端化产品应是今后夹具行业发展的方向。企业间还要进一步加强合作，形成优势互补。

一、基本情况

夹具分会现有会员单位 15 家，其中生产经营型企业 11 家。主要包括：天津市泽尔数控机床成套有限公司、保定向阳航空精密机械有限公司、宁波鄞州飞翔组合夹具厂、保定阳光隆安工贸有限公司、深圳市天凌高实业发展有限公司、北京蓝新特夹具技术有限公司、贵阳小河区清江组合夹具元件厂、上海钰甯组合夹具厂、贵州清阳航空机床夹具制造有限公司、湖北东联阳光机电设备技术有限公司、长春一汽天奇泽众汽车装备工程有限公司等企业。

据不完全统计，2013 年夹具行业完成工业总产值 15 289万元，工业销售产值 14 541 万元。2013 年夹具行业主要经济指标完成情况见表 1。

表 1　2013 年夹具行业主要经济指标完成情况

指标名称	单位	年度累计
工业总产值	万元	15 289
其中：机床工具类产品产值	万元	12 315
工业销售产值	万元	14 541
其中：出口额	万美元	1 931
实现利税	万元	993
从业人员平均人数	人	988
资产总计	万元	44 961
流动资产平均余额	万元	18 922
固定资产净值平均余额	万元	11 162

二、产品生产及出口情况

1. 产品分类及生产情况

夹具行业的企业在以各种夹具为主导产品的基础上，不断调整产品结构、拓展服务领域，生产的主要产品按功能和使用范围，可划分为以下六类产品：

（1）夹具和夹具功能部件。分为组合夹具、专用夹具和夹具功能部件三个子类产品，包括组合夹具、各种机床夹具、焊接夹具、检验夹具、装配夹具、生产线成套夹具及系列化多齿分度台、精密平口钳、快速铰链杠杆、快速夹紧机构等产品。

组合夹具——夹具行业的主导产品，包括大、中、小型槽系组合夹具和孔系组合夹具、槽孔结合组合夹具、槽系组合焊接夹具和孔系三维柔性焊接夹具。利用系列化、标准化的组合夹具元件，可以快速、灵活地组装各种机床夹具及检测、焊接、装配夹具，达到高效、节能的目的。组合夹具元件可反复循环使用，节省成本。组合夹具制造企业可为用户提供组合夹具元件使用的成套解决方案。

专用夹具——包括为各种机床、加工中心配套的手动、气动、液压、电磁、永磁和电控永磁夹具，多轴头钻夹具和各种生产线成套夹具，以及用于检验、焊接、弯管、装配等夹具或工具类产品。

夹具功能部件——包括系列化多齿分度台、精密平口钳、快速铰链杠杆、快速夹紧功能部件等产品，及各类高精度弹性定位元件、液压塑料心轴、气液压夹紧功能部件和用于支承、定位、夹紧、导向、分度、可调角度等的夹具标准件。

（2）机床附件。包括通用和专用卡盘、数显转台、万能光学转台、光学分度头、数控机床刀柄、弹簧卡头、弹性套和盘、各种顶尖及砂轮修整器等。

（3）机床配套功能部件。包括平面镶钢导轨、交换工作台、滚珠丝杠、机床用主轴、丝杠、光杠、导轨及各种轴类。

（4）量具、量仪。包括凸轮轴自动检测仪、导程测量仪、计算机视觉影像刀具预调测量仪及各类专用量具等。

（5）机床设备。包括金属带锯机及非标专用设备等。

（6）其他产品。包括清洗机、退磁器、骨科医疗器械、汽车零部件及铝合金型材制品等。

2013 年夹具行业产品生产情况见表 2。

表 2　2013 年夹具行业分类产品生产情况

产品名称	产量单位	产量	产值(万元)
组合夹具元件	件、套	27 965	1272
金属带锯床	台	201	1 133
专用组合夹具	台	195 013	2 938
轴类(加工)	台		570
检测设备	台		96
其他(加工)	件		479

2. 产品出口情况

保定向阳航空精密机械有限公司与意大利吉拉蒂公司合资组建的保定向阳吉拉蒂机械有限公司是出口夹具的外向型企业。公司生产的精密平口钳等系列化平口钳产品，在国内同类产品中居于领先地位，是夹具行业的主要出口产品。2013年，该公司虎钳出口36 377台，出口额1 931万美元。

三、专利发明情况

根据2013年参加本年鉴的企业统计，2013年夹具行业授权专利情况见表3。

表3 2013年夹具行业授权专利情况

企业名称	专利名称	专利类型	授权日期
保定向阳航空精密机械有限公司	碟簧夹紧油缸	实用新型	2014.03.12
保定向阳航空精密机械有限公司	快速分度锁紧装置	实用新型	2014.03.12
保定向阳航空精密机械有限公司	一种组合夹具组件	实用新型	2014.03.12
保定向阳航空精密机械有限公司	金属带锯床的夹紧机构	实用新型	2014.03.12
天津市泽尔数控机床成套有限公司	一种侧式组合导磁夹具	实用新型	2013.06.05
天津市泽尔数控机床成套有限公司	一种垂直角测量器	实用新型	2013.06.05
天津市泽尔数控机床成套有限公司	一种V形磁性夹具	实用新型	2013.06.12
天津市泽尔数控机床成套有限公司	一种永磁夹具	实用新型	2013.06.05
天津市泽尔数控机床成套有限公司	红外探测器	实用新型	2013.06.19

四、企业简介

天津市泽尔数控机床成套有限公司 是在原天津丝杠厂、天津组合夹具厂、天津机床附件厂、天津市机床光学仪器厂的基础上改制建立起来的新型有限责任公司，具有产品研发、生产和测试的雄厚实力。主要产品有组合夹具、专用夹具、各种丝杠及轴类、卡盘、转台、导轨及对刀仪等，广泛应用于精密机床、印刷机械、包装机械、工程机械、医疗设备、木工机械、玻璃机械及各种自动化设备中。公司通过了ISO 9001:2008质量管理体系认证，于2010年被天津市科委认定为科技型中小企业。公司还拥有天津市质量技术监督局认证的企业计量中心及4项企业产品标准，以及多项产品专利，先后获得了原机械工业部优质产品、天津市科学技术成果、原机械工业部机电产品采用国际标准等证书。“泽尔”商标于2012年被认定为天津市著名商标。同年，公司被授予天津市“守合同重信用”企业。

保定向阳航空精密机械有限公司 隶属于中国航空工业集团公司，始建于1964年，属国家大二型、高新技术企业，中航工业唯一专业生产柔性智能工艺装备的企业和数控机床再制造技术归口单位。“中航工业柔性智能工艺装备研制中心”“中航工业数控机床再制造及备件中心”就设在公司。公司拥有各类生产设备300余台，其中龙门立式加工中心、龙门平面磨床、卧式加工中心、立式加工中心、数控车床等数控加工设备100余台，最大加工工件尺寸为2 000mm×4 000mm×1 000mm。另有三坐标测量机、RENISHAW激光干涉仪、TESA测高仪等先进检测设备。公司通过了ISO 9001:2008国际质量管理体系认证、武器装备科研生产许可、国家安全生产标准化二级企业核准、国防计量三级技术机构认可。公司下设工艺装备厂、航空产品制造厂、锯床厂、模具标准件厂，一家中外合资企业——保定向阳吉拉蒂机械有限公司，一家合资公司——中航联众数控技术（北京）有限公司。主要产品包括：柔性智能工艺装备、精密数控机床再制造及备件服务、航空产品、金属带锯床、功能部件和医疗器械六大系列。

保定阳光隆安工贸有限公司 是一家股份制公司，专业设计生产夹具产品，具有专业的技术人员和先进完善的夹具生产、检测设备。主要从事液压夹具、气动夹具、手动夹具、真空夹具、电控永磁夹具、非标自动化设备、非标高压液压缸、液压泵站的研发与制造，系列产品广泛用于航空、航天、兵器、铁路、汽车及工程机械等领域。公司始终坚持“诚恳坦荡、负责进取”的经营理念，融先进的管理、优秀的经营团队、完好的服务于一体，竭诚为广大用户提供完善的工装解决方案。

宁波鄞州飞翔组合夹具厂 是专业生产柔性组合夹具元件的厂家，产品广泛服务于航空、航天、兵器、船舶、汽车、冶金、纺织机械、医疗器械机床、机床零件等机械制造业。公司已通过ISO 9001质量管理体系认证。企业以“共同创新，为用户创造价值”为核心，遵循“诚信为本、品牌立业”的经营理念，为广大客户提供快速、专业、周到、细致的服务。

北京蓝新特夹具技术有限公司 位于北京经济技术开发区，是一家军转民型高新技术企业，也是中国和平利用军工技术协会理事单位。公司自主研发的组合夹具是具有功能全、反应快、精度高、刚性好、通用互换性极强的柔性夹具元件系统。

深圳市天凌高实业发展有限公司 成立于2001年，集设计研发、生产制造、销售、售后服务为一体，专业提供柔性焊接工装系统和肘节夹具。公司的定位是各类先进工装夹具与工装定位系统解决方案的专业提供商，已通过ISO认证并拥有多项产品专利。公司旗下TIPTOP品牌是一家工装夹具定位系统方案的专业提供商，从事工装夹具行业多年，主要生产肘节夹具和焊接组合夹具，开发了几十个系列的工装夹具标准产品，并为业界设计和制造工装夹具提供标准件和模组产品。

贵阳清江组合夹具元件厂 是制造小型组合夹具的专业企业。主要产品是小型和微型组合夹具、夹具标准件，以及检验夹具、模具、工具等。多年来，公司为航空、军工、仪器仪表、电子电器等行业提供工艺装备，是多家用户配套夹具的定点生产企业。

湖北东联阳光机电设备技术有限公司 秉承专业、服务、共创价值的理念，专注于汽车行业精密工装、非标量具、检具、非标机加工件、非标设备等，是集设计、制造、服务于一体的实体企业。公司已通过 ISO 9001 质量管理体系认证。公司长期为东风汽车公司下属单位配套，为汽车制造业主要提供焊接夹具、装备夹具和检验夹具等，是东风商用车公司、东风零部件集团、东风特种商用车公司、东风本田公司、东风装备公司、徐工集团等单位的工装供应商，近五年来累计销售各类主营产品近万套(件)。

上海钰甯组合夹具厂 以生产和销售组合夹具为主，销售大、中、小型组合夹具元件。几年来，为军工和纺织机械等行业的企业提供产品服务，力求精益求精，务实创新，促进企业由小变强持续发展。

〔撰稿人：中国机床工具工业协会夹具分会王颖莲　审稿人：中国机床工具工业协会夹具分会吴建民〕

（本文编辑：张珂玲）

主轴功能部件

2013 年主轴功能部件行业整体延续了 2012 年的增幅回落，市场呈现出“需求总量明显减少，需求结构加速升级”的总体走势。全行业销售趋缓，订单减少，产品库存增加，销售收入和利润下降明显。主轴功能部件各企业认识到必须调整产品结构、转变发展方式，实现自身产品转型升级，提高行业整体竞争力。

一、基本情况

2013 年，主轴功能部件专业委员会新增会员单位 1 家，共有会员单位 34 家。完成工业总产值 15.27 亿元，比上年下降 3.5%。其中，机床工具类产品产值 10.63 亿元；产品销售产值 9.78 亿元。2013 年机床主轴功能部件基本情况见表 1。

表 1　2013 年机床主轴功能部件基本情况

指标名称	单位	年度累计
工业总产值	万元	152 671.2
其中：机床工具类产品产值	万元	106 257.1
工业销售产值	万元	131 028.4
其中：机床工具类产品销售产值	万元	97 854.6
工业增加值	万元	18 274.0
实现利税	万元	32 574.1
从业人员平均人数	人	2 618
资产总计	万元	219 351.5
流动资产平均余额	万元	120 945.7
固定资产净值平均余额	万元	47 435.8

二、产品生产及出口情况

2013 年主轴功能部件行业生产情况见表 2。

表 2　2013 年主轴功能部件行业生产情况

产品名称	产量(件、套)	出口额(万美元)	
	本年累计	本年累计	用于数控机床
机床主轴功能部件	60 299	2 801.6	2 159.5
电主轴单元	30 145	1 486.2	1 003.9
滚动支撑	30 026	1 339.2	895.3
油膜支撑	49	126.0	105.6
气膜支撑	70	21.0	3.0
机械主轴单元	29 824	1 099.2	941.9
滚动支撑	29 052	587.2	456.7
油膜支撑	772	512.0	485.2
转台部件	42	35.0	35.0
油膜支撑	42	35.0	35.0
其他主轴功能部件	20	32.5	32.5
金刚镗头	20	32.5	32.5
主轴零、配件	268	148.7	146.2
主轴	248	126.7	126.7
油膜轴承	20	22.0	19.5

2013 年主轴功能部件行业产品出口 3 901 套，出口额 459.2 万美元。2013 年主轴功能部件行业产品出口情况见表 3。

表 3　2013 年主轴功能部件行业产品出口情况

产品名称	出口量(件、套)	出口额(万美元)	
		本年累计	用于数控机床
机床主轴功能部件	3 901	459.2	285.1
电主轴单元	1 565	242.0	118.0
滚动支撑	910	129.0	96.0
气膜支撑	655	113.0	22.0
机械主轴单元	2 320	215.1	165.0
滚动支撑	2 320	215.1	165.0
主轴零、配件	16	2.1	2.1
油膜轴承	16	2.1	2.1

三、新产品、科研项目及发明专利情况

2013 年机床主轴功能部件行业新产品开发情况见表 4。2013 年机床主轴功能部件行业科研项目见表 5。2013 年机床主轴功能部件行业发明专利情况见表 6。

表4 2013年机床主轴功能部件行业新产品开发情况

产品名称	产品型号	主要技术参数	产品性质	产品属性	产品水平
上海原创精密机床主轴有限公司					
BM63 150CNC精密数控车床内置静压电主轴	BJ-01	安装A8夹盘，功率：67kW，运动精度：0.2μm	全新设计	企业新产品	国内先进
洛阳轴研科技股份有限公司					
HSKC63手动换刀磨刀具用磨床用电主轴	170MD09Z20	转速：9 000r/min，功率：20kW	全新设计	企业新产品	未鉴定
大功率离心搅拌机	240ED08Z33	转速：8 000r/min，功率：33kW	全新设计	企业新产品	未鉴定
永磁同步工件电主轴	170CD03Z4	转速：3 000r/min，功率：4kW	全新设计	行业新产品	未鉴定
电动汽车试验电机性能用电主轴	320SD12Q94	转速：12 000r/min，功率：94kW	全新设计	行业新产品	可替代进口产品
大功率永磁同步电机电主轴	170MD18Y50PM	安装外径：170mm，转速：18 000r/min，功率：50kW	全新设计	行业新产品	未鉴定
大功率高速铜转子异步伺服电动机电主轴	170MD30Q60	安装外径：170mm，转速：30 000r/min，功率：60kW	全新设计	行业新产品	未鉴定
北京东方精益机械设备有限公司					
A、B复合摇篮式数控工作台	DF/AB400、630、800	工作台直径：400mm、630mm、800mm；转速范围：0～170r/min；工作台旋转角度：*A*轴150°（+30°～-120°），*B*轴360°；*A*轴：定位精度2.8″～3.6″；重复定位精度1.5″～2.2″；*B*轴：定位精度2.8″～3.3″；重复定位精度1.3″～2.3″；承重：400～800kg	全新设计	企业新产品	国内领先
湖南海捷主轴科技有限公司					
高速电机	MD18-125-035	额定功率：17.5kW，额定转速：12 500r/min	全新设计	企业新产品	国内领先

表5 2013年机床主轴功能部件行业科研项目

科研项目名称	主要内容	应用状况	项目来源	完成企业名称
车铣复合机床伺服主轴	针对中高端车铣复合机床主轴部分的高动态性能需求研制，分别完成了A2-4（5.5kW）、A2-5（7.5kW）、A2-6（15kW）全伺服电主轴，并已经推广应用。达到国际同类产品先进水平	研制阶段	自主研发	深圳市汉锐科特精密机械有限公司
高速大功率电主轴	75kW，12 000r/min；37kW，16 000r/min	自行应用	合同	湖南海捷主轴科技有限公司
气浮主轴	60 000r/min	研制阶段	自研	湖南海捷主轴科技有限公司
液体悬浮电主轴	高钢度、高精度静压主轴	自行应用	合同	湖南海捷主轴科技有限公司
三面静压闭式导轨高速、精密数控回转工作台	采用公司已具有的三面静压闭式导轨圆转台技术，研发大功率力矩电动机直驱式*A*、*B*轴复合高速、精密数控回转工作台，解决设计及工艺制造难点，掌握转台核心设计制造技术。为五轴加工中心配套，实现高档数控机床部件配套国产化	自行应用	工信部和企业自筹	北京东方精益机械设备有限公司
高速、精密、大功率电主轴的可靠性设计与性能试验技术		研制阶段	国家重大科技专项	洛阳轴研科技股份有限公司、西安交通大学、西安理工大学、大连机床股份有限公司

（续）

科研项目名称	主要内容	应用状况	项目来源	完成企业名称
新型高效、高速、高刚度、大功率电主轴及驱动装置		研制阶段	国家重大科技专项	洛阳轴研科技股份有限公司、哈尔滨工业大学、深圳市汇川技术股份有限公司、东南大学、沈阳机床（集团）有限责任公司、西安交通大学科技与教育发展研究院、合肥工业大学
磁悬浮高速试验主轴	磁悬浮高速试验用电主轴	研制阶段	公司专项	洛阳轴研科技股份有限公司、武汉理工大学

表6　2013年机床主轴功能部件行业发明专利情况

企业名称	专利名称	专利类型	授权日期
上海原创精密机床主轴有限公司	一种用于高效高速精密机床的多功能内置式静压电主轴	实用新型	2013.09.11
湖南海捷主轴科技有限公司	立式液体悬浮电主轴	发明	2014.04.23
北京东方精益机械设备有限公司	一种复合减压液体密封结构	发明	2012.12.05
洛阳轴研科技股份有限公司	一种油脂主轴密封结构	实用新型	2013.08.07
洛阳轴研科技股份有限公司	动态检测套类零件同轴度的装置	实用新型	2013.02.27
西安英威腾电机有限公司	一种用于降低永磁同步电机转子发热的控制装置	实用新型	2013.05.29
西安英威腾电机有限公司	一种用非金属线束捆扎转子磁钢的永磁同步电机	实用新型	2013.05.29
西安英威腾电机有限公司	一种无转子铁心的永磁同步电机	实用新型	2013.05.29
西安英威腾电机有限公司	一种轴向磁场磁路不对称的永磁同步电机	实用新型	2013.06.19
西安英威腾电机有限公司	立轴密封结构	实用新型	2013.11.06

四、企业介绍

湖南海捷主轴科技有限公司　公司成立于2010年10月25日，注册于长沙高新技术产业开发区湖南大学科技园。是以林厚波、熊万里、曹方宁等人为主与湖南海捷精密工业有限公司共同创建的一家有限责任公司。公司以湖南大学国家高效磨削工程技术中心为技术依托。公司简称“海轴科技”或“海捷主轴”。公司商标“海斯滨”，英文商标“HYSPIN”。

公司有一支专业化的技术研发和经营管理队伍，拥有职工30人。

2013年，公司新研发了额定功率17.5kW的高速电动机，并成功面向客户进行销售。

2013年，公司从年产值几百万元发展到1 200万元。

西安英威腾电机有限公司　前身是2008年1月成立的西安合升动力科技有限公司，同年12月获得陕西省技术贸易许可证。2009年8月被陕西省认定为高新技术企业。2011年6月公司实现与深圳英威腾公司的战略合作，正式成为英威腾旗下的子公司，同时更名为西安英威腾合升动力科技有限公司；2013年12月更名为西安英威腾电机有限公司，公司整体实力得到明显提升。

该公司主要从事交流稀土永磁电主轴、电动机研究与前期产业化开发工作。截至当前共获得实用新型专利43项、发明专利31项进入实质性审查。2009年4月公司承接国家“高档数控机床与基础制造装备”科技重大攻关项目《交流永磁同步高速高刚度大功率电主轴及驱动装置》。2009年6月获得“科技型中小企业技术创新基金立项证明”，项目为《精密磨床砂轮稀土永磁同步后置式电主轴系统的研究》，于2013年7月获得项目结题证。2009年10月成为中国机床工具工业协会会员单位。2012年高新技术企业证复审获得通过，磨削电主轴产品荣获高新技术产品称号并获得1万元奖励。2013年5月获得“一种用于降低永磁同步电机转子发热的控制装置”“一种用非金属线束捆扎转子磁钢的永磁同步电机”“一种无转子铁心的永磁同步电机”3项实用新型专利；同年6月获得“一种轴向磁场磁路不对称的永磁同步电机”实用新型专利；同年11月获得“立轴密封结构”实用新型专利；同年1月获得“一种轴向磁场磁路不对称的永磁同步电机”发明专利受理权。公司是中国目前唯一拥有国际先进水平的稀土永磁同步电主轴制造技术的高科技民营企业。

公司坚持“以人为本、科学管理、励志创新、追求卓越”的发展方针和“用户为大、市场为先”的经营理念，秉承“诚信至上、互利双赢”的核心价值观，诚信对待社会、用户和员工。公司立足于用优良的质量、周到的服务不断扩大市场占有率，实现公司和用户的互利双赢。公司以“发展电机、富裕员工、奉献社会”的发展理念，竭诚为用户提供优质产品；全心为员工打造发展平台；全力促进社会和谐发展。“追求卓越，不断跨越”是公司的企业精神，“修理快、质量优、价格低、服务周”是公司对用户的郑重承诺。

〔撰稿人：中国机床工具工业协会主轴功能部件专业委员会于永军　审稿人：中国机床工具工业协会主轴功能部件专业委员会钟洪〕

（本文编辑：张珂玲）

滚动功能部件

一、基本情况

2013年，滚动功能部件分会共有41家会员单位，新增加会员单位2家（南通市恒瑞精密机械有限公司和西安华欧精密机械有限责任公司）。会员总数占全行业企业数的50%，生产能力和市场占有率占全行业的95%以上。参加本次年鉴统计的企业有12家，具有规模生产能力的企业基本收录在内。2013年较2012年工业总产值同比增长26%，2013年滚动功能部件行业主要经济指标完成情况见表1。

表1　2013年滚动功能部件行业主要经济指标完成情况

指标名称	单位	年度累计
工业总产值	万元	100 481
工业销售产值	万元	95 457
工业增加值	万元	40 192
实现利税	万元	11 374
从业人员平均人数	人	4 538
资产总计	万元	230 182
流动资产平均余额	万元	12 376
固定资产净值平均余额	万元	69 952

二、生产及出口情况

滚动功能部件行业的主要产品有滚珠丝杠副、滚动直线导轨、滚珠花键、滚动直线导套、二坐标工作台、离合器及电主轴、主轴单元等。滚动功能部件可靠性好、精度高，是机电产品的一个重要组成部件，特别是机床数控化以及各种生产设备、机械装置及工艺装备自动化改造不可缺少的基础性功能部件。2013年滚动功能部件行业分类产品生产情况见表2。

表2　2013年滚动功能部件行业分类产品生产情况

产品名称	产量单位	产量	产值（万元）
滚珠丝杠副	套	441 538	57 400
滚动导轨副	套	120 000	18 000
其他	件、套	325 714	25 080

2013年，滚动功能部件产品出口较上年略有提高，出口量590套，出口额42.8万美元。其中，滚珠丝杠副出口量435套，出口额37.9万美元；滚动导轨副出口量155套，出口额4.9万美元。2013年滚动功能部件行业企业分类产品出口情况见表3。

表3　2013年滚动功能部件行业企业分类产品出口情况

企业及产品名称	出口量（套）	出口额（万美元）
南京工艺装备制造有限公司		
滚珠丝杠副	249	9.9
滚动导轨副	155	4.9
山东博特精工股份有限公司		
滚珠丝杠副	186	28.0

三、新产品、科研项目及专利情况

2013年，滚动功能部件行业上报新产品36种，上报科研项目11项，科研项目共投入资金31 447.36万元。处于研制阶段的科研项目有11项，包括国家科技重大专项9项。2013年滚动功能部件行业新产品开发情况见表4。2013年滚动功能部件行业科研项目见表5。2013年滚动功能部件行业获奖科研项目见表6。2013年滚动功能部件行业部分企业授权专利情况见表7。

表4　2013年滚动功能部件行业新产品开发情况

产品名称	主要技术参数	产品性质	产品水平
南京工艺装备制造有限公司			
XXGZ39X10行星滚柱丝杠副	直径：39mm，导程：10mm，额定动载荷：124.4kN，额定静载荷：247.4kN	全新设计	国内领先
GZB65滚柱导轨副	宽度：(63±0.02)mm，高度：(90±0.1)mm，侧面尺寸：(31.5±0.15)mm	改型设计	国内领先
螺母旋转组合单元	动载荷：223kN，静载荷：850kN	全新设计	国内领先
陕西汉江机床有限公司			
螺母主传动滚珠丝杠副	中径：80mm，导程：20mm，滚道长度：5 745mm，总长：6 285mm，0.007/2π，0.016/300	全新设计	国内先进
高精度加工中心滚珠丝杠副	中径：80mm，导程16mm，滚道长度：1 431mm，总长：1 895mm，0.004/2π，0.006/300	改型设计	国内领先
大型重载滚珠丝杠副	中径：161.5mm，导程：40mm，钢球直径：30mm，额定动载荷2 020kN，额定静载荷8 790kN	全新设计	国际先进
重载滚珠丝杠副	中径：81.5mm，导程：20mm，钢球直径：15.081mm，额定动载荷：248kN，额定静载荷：916kN	全新设计	国内领先

（续）

产品名称	主要技术参数	产品性质	产品水平
夹紧滑块	夹紧力:1～15kN	全新设计	国内领先
整体注塑滚动直线导轨副	额定静载荷:98kN,额定动载荷:78kN	全新设计	国内领先
山东博特精工股份有限公司			
行星滚柱丝杠副	丝杠精度:G5,额定静载荷:64kN,额定动载荷:38.4kN,间隙0.03～0.05mm	全新设计	填补国内空白
高密封高精度滚动直线导轨副	精度等级:4级,滑块与导轨之间的公差:±0.05mm,一根导轨上的滑块之间的相互偏差:0.025mm,滑块在导轨上的平行度:0.022mm	全新设计	国内先进
广东高新凯特精密机械股份有限公司			
滚柱直线导轨副	动载荷:39kN，最高速度:120m/min	全新设计	国内先进
铝合金直线运动单元	铝合金底座宽度:136mm，最大水平载荷85kg,最高速度:60m/min	全新设计	国内先进
大连高金数控集团有限公司			
车铣复合机械直连主轴	最高转速:12 000r/min,主轴回转精度:0.003mm	全新设计	国内先进
同步打刀主轴	最高转速:10 000r/min,主轴回转精度:0.003mm	改型设计	国内先进
同步打刀换刀机构	最大刀具重量:15kg,刀对刀换刀时间:1s	全新设计	国内先进
高速动力刀座	最高转速:6 000r/min,最大转矩:50N·m	全新设计	国内先进
液压中心架	中心高:51mm,夹持范围:10～100mm,重新定位精度:±0.01mm	全新设计	国内先进
高密封30滚动直线导轨	产品速度:60～100m/min,产品精度:批量稳定3级;设计寿命:100 000m,噪声:≤76dB	全新设计	国内先进
高密封35滚动直线导轨	产品速度:60～100m/min,产品精度:批量稳定3级,设计寿命:100 000m,噪声:≤76dB	全新设计	国内先进
高速精密端面循环滚珠丝杠副	DN值:150 000(转速×中径),加速度:1g,精度:P2～P3级,中径:25mm、32mm、40mm、50mm,导程:5mm、6mm、8mm、10mm、12mm、16mm、20mm	全新设计	国内领先
广州市敏嘉制造技术有限公司			
双主轴龙门式数控导轨磨床	永久磁座工作台规格:1 000mm×500mm,X_1向行程(横方向):700mm,X_2向行程(横方向):500mm,Y向行程(工作台):1 300mm,Z_1向行程(上下方向)/Z_2向行程(上下方向):230mm/230mm,Y向快速进给速度:30m/min,X_1、X_2向快速进给速度:15m/min,Z_1、Z_2向快速进给速度:15m/min;磨削滚道砂轮主轴(两个)转速:3 6 000r/min,功率:5.5kW,砂轮直径:20～50mm;工作台磨削主轴(外圆砂轮主轴)转速:6 000r/min,功率:5.5kW,砂轮直径:250mm;砂轮修整器主轴(金刚滚轮主轴)转速:10 000r/min,功率:1.5kW,滚轮直径:60mm;各轴的定位精度:0.006mm,各轴的重复定位精度:0.004mm	全新设计	国内领先
弧面凸轮六轴磨削中心	加工凸轮最大外径:400mm;工件主轴到尾座两顶尖之间的距离:600mm;加工凸轮头数:没有限制;数控系统:西门子840D;控制轴数:6轴(X、Y、Z、A、B、C),机床行程:X向为1 000mm/Y向为500mm/Z向为500mm/A轴摆角N×360°/B轴摆角±72°/C轴摆角N×360°;砂轮主轴:双端磨轴电主轴:功率为10kW,转速为12 000r/min;砂轮主轴安装砂轮数量:2;最大砂轮直径:100mm;刀具主轴的锥孔:ϕ30mm,锥度:1∶10;金刚滚轮修正器电主轴.功率为1.5kW,转速为10 000r/min,A/B轴定位精度:±0.000 5mm	全新设计	国际先进
弧面凸轮五轴加工中心	加工凸轮最大外径:400mm;工件主轴到尾座两顶尖之间的距离:600mm;加工凸轮最小头数:4;数控系统:西门子840D;控制轴数:5轴(X、Y、Z、A、B);机床行程:X向为1 000mm/Y向为500mm/Z向为500mm/B轴摆角±72°/A轴摆角N×360°;刀具主轴功率:16kW;刀具主轴转速:10 000r/min;A/B轴定位精度:±0.001mm	全新设计	国际先进
干式螺杆真空泵转子精密磨削装备	最大安装直径:400mm,最大顶尖距:1 200mm,最小磨削长度:100mm,最大磨削长度:1 000mm,机床中心高:210mm,最大可磨削直径:200mm,A轴最大摆角:±25°,B轴最大摆角:360°,X向行程:1 000mm,Z向行程:1 200mm;磨削螺杆齿形砂轮主轴:砂轮尺寸为ϕ100mm×50mm×ϕ40mm,砂轮主轴转速为100～8 000r/min,砂轮主轴功率为11kW	全新设计	国内领先

（续）

产品名称	主要技术参数	产品性质	产品水平
立式镗磨复合加工中心	最大回转直径：1 000mm，最大加工长度：800mm，转台回转直径：900mm，镗磨电主轴最高转速：10 000r/min；主轴电动机功率：16kW，西门子力矩电动机转速：0～300r/min，电动机额定转矩：319N·m，最小角度：0.001°	全新设计	国内先进
三主轴加工中心	工作台尺寸：1 600mm×560mm，X 向/Y 向/Z 向行程：1 500mm/380mm/400mm；主轴数量：3，主轴间距：180mm，主轴电动机功率：9kW，主轴最高转速：8 000r/min；X、Y、Z 向快速移动速度：16m/min、16m/min、10m/min	全新设计	国内先进
刀塔式斜床身数控车床	行程：X 向为 280mm，Z 向为 500mm	全新设计	国内先进
刀塔式斜床身数控车床	行程：X 向为 280mm，Z 向为 1 000mm	全新设计	国内先进
超小型精密数控车床	行程：X 向为 260mm，Z 向为 210mm	全新设计	国内先进
三轴正面车铣中心	行程：X 向为 750mm，Z 向为 200mm（A2－6）/150mm（A2－5）	全新设计	国内先进
两联三轴正面车铣中心	行程：X 向为 750mm，Z 向为 150mm（A2－5）	全新设计	国内先进
四联三轴正面车铣中心	行程：X 向为 750mm/1 300mm，Z 向为 150mm（A2－5）	全新设计	国内先进
三轴正面车铣中心	行程：X 向为 750mm，Z 向为 200mm（A2－6）/150mm（A2－5）	全新设计	国内先进
双主轴数控车床	行程：X 向为 350mm，Z 向为 200mm（A2－6）/150mm（A2－5）	全新设计	国内先进

表5　2013 年滚动功能部件行业科研项目

科研项目名称	应用状况	项目来源	完成企业
高速、重载、精密滚动功能部件产业化关键技术开发与应用研究	研制阶段	国家科技项目	南京工艺装备制造有限公司
高性能滚动功能部件开发与应用研究	研制阶段	国家科技项目	南京工艺装备制造有限公司
大型、精密、高效、数控螺纹加工设备	研制阶段	国家科技项目	陕西汉江机床有限公司
五轴联动高速、精密可转位刀片周边和双端面刃磨数控工具磨床	研制阶段	国家科技项目	陕西汉江机床有限公司
汉江滚动功能部件产业化关键技术开发与应用	研制阶段	国家科技项目	陕西汉江机床有限公司
滚动功能部件产业化关键工艺技术及装备开发与应用	研制阶段	国家科技项目	山东博特精工股份有限公司
精密机床主轴高效、柔性加工生产线	研制阶段	国家科技项目	山东博特精工股份有限公司
高档数控机床滚动直线导轨结构优化设计、制造工艺与试验研究	研制阶段	国家立项	广东高新凯特精密机械股份有限公司
高性能直线导轨副阻尼器、钳制器、自润滑器的研发与产业化	研制阶段	国家立项	广东高新凯特精密机械股份有限公司
高档活塞规模制造高效柔性加工生产线研制及示范工程	研制阶段	国家科技重大专项	大连高金数控集团有限公司（参与）
弧面凸轮加工工艺研究及 AXT405 弧面凸轮五轴加工中心和 AMT406 弧面凸轮六轴磨削中心研制	研制阶段	国家科技重大专项	广州市敏嘉制造技术有限公司

表6　2013 年滚动功能部件行业获奖科研项目

项目名称	获奖名称	获奖等级	主要完成单位
滚动花键副	中国机械工业科学技术奖	二等奖	南京工艺装备制造有限公司
高精度精密滚珠丝杠副	江苏省高新技术产品	二等奖	江苏启尖丝杠制造有限公司

表7　2013 年滚动功能部件行业部分企业授权专利情况

企业名称	专利名称	专利类型	授权日期
南京工艺装备制造有限公司	一种保持架同步的滚柱交叉导轨副	实用新型	2013.03.20
南京工艺装备制造有限公司	导轨磨床砂轮厚度修磨装置	实用新型	2013.03.20
南京工艺装备制造有限公司	V 型滚柱交叉直线导轨表面感应淬火感应器	发明	2013.05.15
南京工艺装备制造有限公司	一种滚动曲线导轨副	实用新型	2013.03.27

（续）

企业名称	专利名称	专利类型	授权日期
陕西汉江机床有限公司	滚珠丝杠副轴向刚度测量仪	发明	2013.11.08
陕西汉江机床有限公司	空心滚珠丝杠副性能测试装置	发明	2013.11.12
陕西汉江机床有限公司	滚珠丝杠副长度测量仪	发明	2013.11.13
山东博特精工股份有限公司	滚柱直线导轨副反向器	发明	2013.12.25
山东博特精工股份有限公司	一种方形法兰盘端面槽对称度检测装置	实用新型	2013.12.25
山东博特精工股份有限公司	一种滚珠丝杠螺母的磨削装置	实用新型	2013.12.25
山东博特精工股份有限公司	一种内孔磨床拉母线可调 V 型支架	实用新型	2013.12.25
山东博特精工股份有限公司	一种机床主轴检验用无接触加载装置	实用新型	2013.12.25
山东博特精工股份有限公司	一种滚珠丝杠副自润滑装置	实用新型	2013.12.25
山东博特精工股份有限公司	一种高精度主轴伸长孔内丝加工工装	实用新型	2013.12.25
江苏启尖丝杠制造有限公司	滚珠丝杠副跑合自动定心夹紧装置	实用新型	2013.01.23
西安华欧精密机械有限责任公司	一种可去除侧隙的斜齿轮副	实用新型	2013.12.25
西安华欧精密机械有限责任公司	双螺母预压力精确可调的滚珠丝杠副	实用新型	2013.07.24
广州市敏嘉制造技术有限公司	一种可变直径的 CBN 砂轮	发明	2013.05.22
广州市敏嘉制造技术有限公司	基于变径砂轮磨削的弧面凸轮磨削中心	发明	2013.11.20
广州市敏嘉制造技术有限公司	变径砂轮调径结构	实用新型	2013.08.07
广州市敏嘉制造技术有限公司	一种具有变径砂轮直径自动调整功能的机床	实用新型	2013.08.14
广州市敏嘉制造技术有限公司	一种多轴复合导轨磨削中心	实用新型	2013.08.28
广州市敏嘉制造技术有限公司	一种加工针齿壳的复合加工中心	实用新型	2013.10.16
广州市敏嘉制造技术有限公司	一种磨削摆线轮的磨床	实用新型	2013.10.16
广州市敏嘉制造技术有限公司	一种用于磨削深孔内螺纹的加长磨杆	实用新型	2013.10.16
广州市敏嘉制造技术有限公司	一种加工球弧面用的刀具	实用新型	2013.11.06
广州市敏嘉制造技术有限公司	一种镗削球弧面用的镗床	实用新型	2013.11.06
广州市敏嘉制造技术有限公司	一种车削球弧面用的车床	实用新型	2013.11.06
广州市敏嘉制造技术有限公司	一种磨削卡盘滑座的磨床	实用新型	2013.11.06
广州市敏嘉制造技术有限公司	一种径向进给式刀具	实用新型	2013.11.20
广州市敏嘉制造技术有限公司	一种磨削卡盘楔形套的磨床	实用新型	2013.11.20
广州市敏嘉制造技术有限公司	一种磨削干式螺杆转子的磨削机床	实用新型	2013.11.20
广州市敏嘉制造技术有限公司	一种磨削针齿壳的复合磨削机床	实用新型	2013.11.20

四、企业简介

西安华欧精密机械有限责任公司　是一家专业从事精密滚动功能基础部件及数控生产设备研发、生产、销售和技术服务的民营企业。公司于 2001 年注册成立，注册资本 1 000万元，地址位于西安市未央区出口加工区。2013 年该公司成为滚动功能部件分会会员企业。

公司自主研发并产业化的高精度长寿命滚珠丝杠副产值与技术水平在 2013 年均位列国内第一，同时在滚珠丝杠副生产领域，西安华欧精密机械有限责任公司（华欧公司）也是国内唯一一家以旋铣、辊轧、磨削三种工艺并存的厂家。目前在国内销售方面，华欧公司已和齐齐哈尔重型数控机床厂、武汉重型机床厂、北京第一机床集团、陕西汉川机床厂、陕西宝鸡机床集团、甘肃天水星火机床厂、江苏金方圆机床公司等数十家大型机械设备制造厂建立了稳定的长期合作供应关系，公司已成为国内主流大型装备制造厂商的重要滚动功能部件供应商。在国外销售方面，华欧公司还为德国德玛吉公司、IGT 机械公司、西门子信号公司、Rottler 机床有限公司，法国 SKF 公司等众多国外知名公司的产品配套。

截至 2013 年 12 月，公司拥有员工 248 人，其中：技术工人 116 人，管理人员 49 人，核心管理人员 8 人，销售人员 19 人，中方技术人员 27 人，长期聘用德国技术专家 4 人，科技研发人员 10 人。硕士学位以上 8 名，学士学位 93 名，归国留学人员 8 名。

截至 2013 年 12 月，公司已申请专利 25 项，其中发明专利 2 项；已获得授权证书 10 项。

2011 年 8 月，公司已通过国家质量认证中心的 ISO 9001 质量认证，同年公司企业技术中心通过市级认定；2012 年企业获得市级名牌产品认定及中小企业研发中心的省级认定；公司多次承担国家及省市级重大项目；并获得知识产权优势企业以及陕西省专利产业化孵化计划重点项目单位的认证。

〔撰稿人：中国机床工具工业协会滚动功能部件分会刘宪银　审稿人：中国机床工具工业协会滚动功能部件分会李保民〕

（本文编辑：张珂玲）

磨料磨具

一、概况

2013年,我国磨料磨具行业与全国经济形势相同,围绕提高行业经济增长质量和效益这一发展中心,充分利用国家经济挑战的机遇期,加紧改造升级,加快行业节能减排工作的步伐,推进高端设备引进;同时,以市场为向导,开发出一批适应国内外市场的新产品,保证了出口平稳增长,大部分企业取得了这场"复苏之战"的首胜,行业整体经济形势向好的方向发展。

2013年,参加年鉴统计的企业共231家,比上年增加1家。包括行业内的主要大型企业,部分中、小型企业,反映的数据比较有代表性。

新加入统计的企业有:北京阿尔玛斯科技有限公司、大连威科特锐研磨有限公司、沈阳大强砂轮有限责任公司、连云港花果山磨料有限公司、江苏宝轮磨具有限公司、莒南县金鹏磨料磨具有限公司、柘城县鸿祥超硬材料有限公司、开封贝斯科超硬材料有限公司、广州市文仲磨料科技有限公司、宁夏天净冶金有限公司、江门市双益磨具有限公司。2013年磨料磨具行业企业名称变动情况见表1。

表1 2013年磨料磨具行业企业名称变动情况

现名	原名
江苏锋芒复合材料科技集团有限公司	扬中市江南砂布有限公司
连云港双友硅制品有限公司	东海县双友碳化硅微粉厂
山东金蒙新材料股份有限公司	山东金蒙碳化硅有限公司
中南钻石有限公司	中南钻石股份有限公司
郑州磨料磨具磨削研究所有限公司	郑州磨料磨具磨削研究所
洛阳希微磨料磨具有限公司	洛阳巨创磨料磨具有限公司
湖北鄂信钻石科技股份有限公司	湖北鄂信钻石材料有限责任公司
宁夏金旌新材料股份有限公司	宁夏金旌矿冶有限公司
贵州达众第七砂轮有限责任公司	贵州达众磨料磨具有限责任公司

按所有者权益法,统计企业中第三砂轮厂、第六砂轮厂归贵州达众第七砂轮有限责任公司,故其数据汇总于贵州达众磨料磨具有限责任公司中。河南伊川县磨料磨具联合会2013年的汇总数据中包含单独报表的伊川4家骨干企业河南锐石投资集团股份有限公司、河南伊龙高新材料股份有限公司、伊川县东风磨料磨具有限公司、洛阳鑫祥刚玉有限公司的数据。重庆市博赛矿业(集团)有限公司、河南黄河旋风股份有限公司、宁夏金旌新材料股份有限公司等各项指标中包含非磨料磨具产品的产值等,因为其非行业产品的数据无法剥离,也将其汇总在合计值中。2009—2013年磨料磨具行业企业按行业分布情况见表2。

表2 2009—2013年磨料磨具行业企业按行业分布情况

(单位:家)

年份	企业数	普通磨料	普通磨具	涂附磨具	超硬材料	超硬材料制品	原辅材料
2009	227	58	70	44	39	43	7
2010	233	58	65	49	37	48	7
2011	235	61	64	48	36	48	7
2012	230	59	65	48	32	44	7
2013	231	56	67	47	36	46	11

注:该表综合性企业会被重复统计。

二、生产发展情况

2013年磨料磨具行业主要经济指标完成情况见表3。2012—2013年磨料磨具行业主要经济指标对比情况见表4。

表3 2013年磨料磨具行业主要经济指标完成情况

指标名称	单位	企业数(家)	实际完成
产品销售收入	万元	231	3 567 910
销售成本	万元	225	2 961 387
销售费用	万元	210	129 469
销售税金及附加	万元	213	18 923
管理费用	万元	220	196 328
财务费用	万元	190	70 595
其中:利息支出	万元	142	66 423
利润总额	万元	224	259 261
资产总计	万元	223	4 359 051
流动资产年平均余额	万元	214	1 956 948
应收账款余额	万元	214	532 184
存货	万元	219	727 359
其中:产成品	万元	198	352 538
固定资产净值年平均余额	万元	215	1 254 330
应付账款	万元	216	306 953
负债总计	万元	216	1 752 488

（续）

指标名称	单位	企业数（家）	实际完成
流动负债年平均余额	万元	209	1 301 502
销项税额	万元	204	471 373
应交增值税	万元	210	123 628
工业中间投入	万元	149	1 403 264
工业总产值	万元	205	3 285 329
工业销售产值	万元	196	3 264 992
其中：出口交货值	万元	103	400 556
本年累计定货量	万元	133	2 733 597
从业人员平均人数	人	223	61 384
从业人员工资总额	万元	221	214 915
平均资产总额	万元	203	3 577 488
出口创汇额	万美元	107	83 332
工业增加值	万元	149	1 161 212

（续）

指标名称	单位	企业数（家）	实际完成
所有者权益	万元	223	2 601 393
流动比率	%	207	202
速动比率	%	208	114
债务股权比率	%	213	141
总资产贡献率	%	203	18.87
资本保值增值率	%	223	113
资产负债率	%	223	52
流动资产周转率	次	205	3.71
工业成本费用利润率	%	223	6.64
全员劳动生产率	元/人	141	146 249
产品销售率	%	190	97
工业经济效益综合指数		137	188

表4　2012—2013年磨料磨具行业主要经济指标对比情况

	同比企业数（家）	2013年（万元）	2012年（万元）	增加（万元）	同比增长率（%）	上年增长率（%）
产品销售收入	231	3 567 910	3 569 307	-1 397	-0.1	-3.7
产品销售成本	225	2 961 387	2 928 523	32 864	1.1	-15.0
产品销售费用	210	129 469	121 686	7 783	6.4	2.1
产品销售税金及附加	213	18 923	21 391	-2 468	-11.5	-5.3
管理费用	220	196 328	198 260	-1 932	-1.0	-0.2
财务费用	190	70 595	65 912	4 683	7.1	14.5
其中：利息支出	142	66 423	59 674	6 749	11.3	9.8
利润总额	224	259 261	223 987	35 274	15.8	-21.4
资产总计	223	4 359 051	4 112045	247 006	6.0	10.4
存货	219	727 359	752 566	-25 207	-3.4	6.4
其中：产成品	198	352 538	372 730	-20 192	-5.4	10.5
固定资产净值年平均余额	215	1 254 330	1 265 672	-11 342	-1.0	13.3
负债总计	216	1 752 488	1 702 108	50 308	3.0	17.9
从业人员平均人数（人）	223	61 384	62 537	-1 153	-1.8	-4.4
从业人员工资总额	221	214 915	196 015	18 900	9.6	4.9
工业总产值	205	3 285 329	3 236 285	49 044	1.5	-1.5
工业销售产值	196	3 264 992	3 171 422	93 570	3.0	-4.9
平均劳动生产率（元/人）	141	146 249	140 958	5 291	3.8	9.8
人均工资（元/人）	215	34 002	31 599	2 403	7.6	9.7

表3的数据与机械行业标准值相比，资本保值增值率低于标准值，其他指标均好于标准值。与上年相比，流动比率、速动比率、总资产贡献率、工业成本费用利用率、工业经济效益综合指数有所提高，其他指标均有所下降。上升的各项指标中，工业成本费用利润率和总资产贡献率分别达到6.64%和18.87%，上升幅度较上年均有所提高；反映全面情况的工业经济效益综合指数升至188，较上年上升幅度并不大，但说明整个行业在国家经济环境不好的情况下，仍然保持了难得的稳定和增长；全员劳动生产率达到146 249元/人，较上年的140 958元/人略有提高，说明企业在用工成本上升的情况下，劳动效率进一步改善。下降的各项指标中，资本保值增值率从上年的139下降到114，处于行业发展过程的较低水平，说明磨料磨具行业在投资回报率方面有所懈怠。产品销售率保持97%不变，说明行业产品销售情况持续稳定。

2013年报送利润总额指标的224家企业中，盈利企业总数为198家，占88.4%；亏损企业为26家，占11.6%；营利5万元以下的企业有9家，占4.0%。与上年相比(2012年分别为81.9%、18.1%、5.4%)，盈利企业数增加了6.5个百分点，说明行业整体经济形势积极向好，有相当的改观。多数企业盈利情况较好，盈利1 000万元以上的企业55家，较上年增加了3家，盈利1 000万元以上的55家企业利润合计为23.1亿元，占盈利企业利润总额的87.2%，与上年持平，但利润合计值超过了上年，说明微利企业利润额占比有所提高，亏损企业亏损额明显减少，整个行业有回暖迹象。

从表4可以看出，205家企业的工业总产值为328.5亿元，同比增长了1.5%；194家企业工业销售产值为326.5亿元，同比增长了3.0%。两个增长率均回归正值，说明2013年行业运行良好，产品销售情况稳定。这从218家企业存货下降3.4%也可以得到验证。2013年，中央积极推进企业转型升级，221家企业利润总额为25.9亿元，同比增长15.8%，继上年利润下降21.4%之后，行业利润明显提高。221家企业总的销售成本增长了1.1%；213家企业总的产品销售税金及附加下降了11.5%；220家企业的管理费用下降了1.0%。从这几项指标可以看出，2013年企业在成本控制方面依然发挥出色，减少了相关费用，减轻了负担。但209家企业总的产品销售费用增长了6.4%，189家企业总的财务费用增长了7.1%，其中142家企业的利息支出更是增长了11.3%。218家企业资产总计增长了6.0%，比上年减少了4.4个百分点；215家企业固定资产净值下降1.0%，比上年减少了14.3个百分点，两项指标的增长速度均比上年有较大幅度的下降，说明企业在固定资产投入方面有所放缓。而负债总计仅增长3.0%，比上年的17.9%下降了近15个百分点。220家企业总的从业人员平均人数降低了1.8%，较上年有所改善，说明2013年行业用工难的问题得到了部分缓解。同时，平均劳动生产率提高了3.8%，增长速度虽较上年有所下降，但整体涨幅稳定。215家企业年人均工资为34 002元，比上年的31 599元增长了7.6%，在企业利润有较明显改善的情况下，员工工资涨幅未能超过上年的9.7%。扣除2013年全国居民消费价格上涨的2.6%，职工的实际收入仍然有5%的提高。与2013年全国城镇非私营单位和私营单位在岗职工年平均工资51 474元和32 706元相比，磨料磨具行业的平均工资居于两者之间，仅稍高于私营单位平均工资，总体处于较低水平。从增长率来看，2013年全国城镇非私营单位和私营单位在岗职工年平均工资增长率为10.1%和13.8%，增幅比上年有所回落。磨料磨具行业的职工年平均工资增长率低于全国平均水平，说明磨料磨具行业从业人员与其他行业仍有一定差距，行业从业人员待遇仍有待进一步提高。

从以上数据分析，2013年磨料磨具行业多项增长率均比上年有所改善，尤其是利润总额的大幅上涨，超过了国家统计的规模以上工业企业的利润增长率12.2%，说明在国家“十二五”规划的指导和影响下，行业整体打下了较好基础。

三、产品分类产量

2013年磨料磨具行业231家企业的主要产品分类产量见表5。2009—2013年磨料磨具行业产品产值构成见表6。

表5 2013年磨料磨具行业主要产品分类产量

产品名称	单位	产量
普通磨料合计	t	1 427 549
棕刚玉	t	672 909
白刚玉(含WA微粉)	t	118 570
黑碳化硅(含C微粉)	t	176 150
绿碳化硅(含GC微粉)	t	24 473
其他①	t	250 984
磨料商品块	t	184 463
普通磨具合计	t	258 225
陶瓷磨具	t	82 809
树脂磨具	t	169 578
橡胶磨具	t	1 708
磨石	t	2 729
其他	t	1 401
硅碳棒	万标支	2089
涂附磨具合计	万m^2	47 389
干磨砂纸	万m^2	5 664
干磨砂布	万m^2	1 529
耐水砂纸	万m^2	13 163
涂层砂纸	万m^3	2 951
砂卷	万m^2	18 621
砂带	万m^2	1 622
异型及其他②	万m^2	3 840
超硬材料③合计	万克拉	1 576 800
人造金刚石	万克拉	1 532 811
立方氮化硼	万克拉	43 989
超硬制品④合计	件	98 981 489
金刚石制品	件	98 673 451
CBN制品	件	308 038

①含天然磨料、铬刚玉、黑刚玉、单晶刚玉、微晶刚玉，碳化硼及其他。

②含砂盘、异型产品及其他(包括未分项产品)。

③金刚石、立方氮化硼产量均为测算后更接近实际运行情况的修正数据。

④含金刚石锯片、刀头、钻头、砂轮、磨石、磨辊、磨轮、磨块、电镀制品、研磨膏、刀具及CBN(立方氮化硼)砂轮、刀具等，单位统一用件表示。

表6 2009—2013年磨料磨具行业产品产值构成

年份	普通磨料(%)	普通固结磨具(%)	涂附磨具(%)	超硬磨料(%)	超硬制品(%)	硅碳棒(%)
2009	36.9	8.9	23.1	17.0	13.9	0.2
2010	43.4	8.7	19.5	16.8	11.4	0.2
2011	35.7	9.0	21.6	21.4	12.2	0.2
2012	30.8	10.7	22.8	22.3	13.2	0.1
2013	26.1	11.8	25.2	24.3	12.5	0.2

注：普通磨料含商品块，超硬磨料含金刚石、CBN及其微粉和聚晶。

从表6可以看出，普通磨料、超硬制品有所下降，其他类产品的比例均略有上升。普通磨料在2010年达到最高占比以后，一路下降，到2013年占比仅为26.1%，比最高值下降了近20%，甚至低于2008年的29.8%。这主要是普通磨料受产能过剩和节能减排的影响，以及超硬材料在光伏产业、磨抛领域的大量替代，影响了其所占的比例。其他类产品的相对比例变化不大，值得注意的是超硬材料近年来一路上扬，将逐渐在行业中占据主导地位。

（1）普通磨料。2013年，统计的普通磨料类生产厂家有56家，比上年减少了3家。产品产量合计为142.8万t（含商品块），比上年减少了6.2%。

本年鉴统计的产品种类除各种刚玉和碳化硅之外，还包括天然磨料、碳化硼等。2009—2013年普通磨料按产量计构成见表7。

表7　2009—2013年普通磨料按产量计构成

年份	棕刚玉（%）	白刚玉（%）	黑碳化硅（%）	绿碳化硅（%）	其他（%）
2009	48.0	8.8	14.3	25.6	3.3
2010	50.2	6.7	11.3	28.6	3.2
2011	48.5	7.2	12.4	26.5	5.4
2012	56.8	10.7	13.3	13.7	5.6
2013	51.3	8.4	17.3	14.6	8.3

注：表中含微粉及商品块，其他项为天然石榴石、铬刚玉、单晶刚玉、微晶刚玉、黑刚玉、碳化硼及其他。

从表7可以看出，2013年普通磨料各项产品与上年相比，均有不同程度的增减，但整体变化不大，其中，绿碳化硅占比相对2011年较低，其主要原因还是光伏行业对绿碳化硅微粉的用量下降而致。从产量来看，棕刚玉（含商品块）产量为73.2万t，比上年减少13.3万t，同比下降15.3%；白刚玉产量为12.0万t，比上年减少4.2万t，同比下降25.9%；黑碳化硅（含商品块）产量为24.7万t，比上年增加4.4万t，同比增长21.7%；绿碳化硅（含商品块）产量为20.8万t，与上年持平；其他项11.9万t，比上年增加3.4万t，同比增长40%。可以看出，棕刚玉和白刚玉下降明显，黑碳化硅和其他产品（包括天然磨料、铬刚玉、单晶刚玉、黑刚玉、碳化硼等）则有较大幅度增长，而绿碳化硅则较为稳定，保持在较低水平。

根据磨料磨具分会调查统计，2013年棕刚玉产量约为92万t，比上年略有增长，基本稳定，块价格为3 450～3 500元/t，粒度砂价格为4 600～4 900元/t；白刚玉产量18.5万t，比上年有小幅增长，块价格为4 150元/t，段砂价格为4 800元/t，粒度砂价格为5 200～5 800元/t，微粉各粒度号价格为9 000～20 000元/t；黑碳化硅基本与统计数据相同，88%含量的0～10mm段砂价格为4 400～4 500元/t，98%含量的一级品块价格为5 800～5 900元/t；绿碳化硅产量约17.2万t，比上年有近16%的增长，价格也有一定上扬，块价格为6 800～6 900元/t，粒度砂为9 300～9 500元/t，微粉约12 000元/t。

2013年普通磨料产能依然严重过剩。最为突出的是棕刚玉、白刚玉、碳化硅。棕刚玉产能430万t左右，在建产能20多万t；白刚玉产能145万t左右、在建产能10万t，黑碳化硅产能100万t左右；绿碳化硅产能130万t左右。而2013年的市场需求量为：棕刚玉150万t左右，白刚玉28万t左右，黑碳化硅60万t左右，绿碳化硅28～30万t。产能有效利用率都低于国际通常的75%水平。市场需求疲软，使不少企业处在停产半停产状态。

（2）普通磨具。2013年，统计的普通固结磨具类生产厂家为67家，产品产量合计为25.8万t，比上年的24.3万t增长了6.2%。2009—2013年普通固结磨具按产量计产品构成见表8。

表8　2009—2013年普通固结磨具按产量计产品构成

年份	陶瓷磨具（%）	树脂磨具（%）	橡胶磨具（%）	磨石（%）	其他（%）
2009	40.3	58.0	0.6	0.7	0.4
2010	42.0	55.7	1.6	0.5	0.1
2011	34.9	62.7	0.8	1.2	0.4
2012	26.5	67.8	0.6	1.0	4.2
2013	32.1	65.6	0.7	1.1	0.5

从表8可以看出，陶瓷磨具与树脂磨具依然占据市场主导地位，合计占比高达97.7%。与上年的趋势相同，陶瓷磨具占比提高，树脂磨具产品占比降低。占比较小的产品中，橡胶磨具与磨石的占比有所提高，其他类别的占比降低非常明显，主要是部分综合性企业报表做了细分，只有很少一部分归类到其他产品中所致。

2013年，市场对高质量产品的采购逐渐向规模企业集中，一些企业产品供不应求，一些产品质量相对差的企业逐步被边缘化，行业集中度在加强，规模企业的产量同比上升。普通磨具适应市场需求，树脂磨具小切片和磨曲轴、磨齿轮等陶瓷砂轮的产量和价格齐升，树脂磨具价格为7 000～9 000元/t，陶瓷磨具价格为12 000～15 000元/t，使用磨料不同，因此价格差异也比较大。

普通磨具企业应顺应市场发展需求，继续加快行业产品结构调整，促进企业转型升级，不断更新发展理念，为企业的自动化生产、高档磨具的研发、品牌的树立扎扎实实做好工作；同时，普通磨具企业应同普通磨料企业建立更深层次的战略联盟，共同研究解决生产中的问题。普通磨具行业有些企业已经和正在走向国外建厂或与国外有实力的企业合作，利用国外资源、技术生产高质量产品，与国外企业合作，引进先进的制造技术打造自己的品牌，建立国外营销网络，创建国际知名品牌。

（3）超硬磨料。2013年，统计的超硬磨料类生产厂家有36家（含聚晶、复合片及微粉生产企业），其中，生产金刚石（不含微粉及破碎料）的企业有22家，生产立方氮化硼的企业有6家。2013年金刚石、立方氮化硼(CBN)产量及增长情况见表9。

表9 2013年金刚石、立方氮化硼(CBN)产量及增长情况

名称	产量(亿克拉)	产量增长率(%)	上年产量增长率(%)	企业数(家)
金刚石	153	9.3	12.9	22
立方氮化硼	4.4	15.8	10.8	6

注:金刚石、立方氮化硼产量均为测算后更接近实际运行情况的修正数据。

从表9看出,金刚石与立方氮化硼的产量又创历史新高,金刚石产量超过了150亿克拉,同比增长9.3%,增长幅度较上年回落了3.6个百分点,说明国内金刚石产量依然保持了增长的势头,但已出现增速放缓的态势。从金刚石工业化生产以来,除了个别年份,其增长率都高于GDP的增长率。2013年仍然以9.3%的增长率超过了国家7.7%的GDP增长率,说明超硬材料行业发展速度保持了30年来高于GDP的发展速度,相信未来相当长的时间内仍将延续该种趋势。不仅如此,国内大颗粒金刚石单晶的研制已达到了世界先进水平,部分企业已开始工业化生产,并在相关行业中取得了良好的使用效果,这标志着我国金刚石向世界金刚石强国的目标又迈出了坚实的一步。

2013年立方氮化硼产量达到4.4亿克拉的历史制高点,增长速度超过了金刚石,达到了15.8%,也超过了上年的10.8%。与金刚石产量的增速相比,立方氮化硼增速不降反升。原因是近年来立方氮化硼磨具、刀具的应用领域不断拓展,市场需求不断扩大,并呈快速、健康发展态势。

2013年,除个别企业外,主要企业的产量都有较大幅度的增长,尤其是一些大型企业,继续大幅扩大产能。目前,超硬材料已出现产能过剩现象,准备继续扩大产能和即将进入超硬材料制造领域的企业和投资者,应充分调研市场,慎重决策!从企业格局分布来看,第一梯队仍然保持领先,其他各梯队相对稳定,统计企业与上年比变化不大。统计企业中产量超过亿克拉的企业维持在13家,前三名企业的产量达112亿克拉,占统计总产量的73.2%,比上年略有降低,说明部分中型金刚石企业产量有所增加。“三巨头”在行业的主导地位仍然十分稳固。

CBN产品集中度更高,统计的企业仅有6家,前两名企业2013年的产量占统计总量的74%,与上年基本一致。

(4)超硬材料制品。2013年,统计的超硬材料制品企业为45家,有部分报表不完整,形式不统一,不能够计入合计值,分析难度很大。但统计的企业中,基本涵盖了行业大企业、部分中小型企业,比较有代表性,能够代表行业发展的整体趋势。

2013年,统计的各类制品的产值为29.9亿元,比上年增长了1.6%;其中,锯片类产品产值下降了0.4%,其他类制品产值增长了2.8%。从统计数据来看,与超硬材料相比,制品类企业的增幅稍小。2013年超硬材料制品产量、产值及增长情况见表10。

表10 2013年超硬材料制品产量、产值及增长情况

	产量	产量增长率(%)	产值(万元)	产值增长率(%)	单价(元/件)	增长率(%)	同比企业(家)
锯片(万片)	5 374	5.9	109 735	-0.4	20	-5.9	19
钻头(万支)	204	0.7	12 980	-11.5	64	-12.1	11
金刚石砂轮(万片)	57	3.2	15 567	-24.7	272	-27.0	18
CBN砂轮(万片)	18	9.9	7 971	-7.1	412	-15.4	9

从表10可以看出,四类制品产量均有不同幅度的增长,所有单价均有不同幅度的下降,这与整体经济形势吻合,说明产品同质化严重的后果开始显现,价格战日趋激烈。同比企业数相对较少,正如前文所述,制品类的统计难度较大,四项产品中,只有锯片类的数据相对准确,而其他类制品,尤其是金刚石、CBN砂轮的数据,由于行业内多家产量较多的企业未报送数据等原因,数据可比性较差,仅供参考。实际情况是超硬材料砂轮类制品近年来发展速度很快,高新产品频出,取代普通砂轮的速度不断加快,产品前景良好。

与超硬材料企业相比,超硬材料制品企业数量多、规模小、抗风险能力低,产品和市场开发能力弱,除锯片外,其他产品在国内外市场上的话语权权重很低,而且低水平重复建设现象依然存在。行业企业应注重优势互补,提高自主创新的能力,避免重复建设,加强专业化生产,产品向专业化方向发展,进一步开展联合重组或兼并收购,扩大规模,提高企业竞争力。

自20世纪60年代开始,各类超硬材料工具实现了从无到有,产量由小到大的蜕变。经过50多年的发展,超硬材料制品形成了门类繁多、百花齐放的局面,特别是在机械电子、石材与地板砖等建材、地质勘探和矿物开发、工程钻进等领域,得到了广泛应用,改变了多个行业的生产加工模式,使之效率大幅提高,污染大幅减少。

在发展的同时我们应该看到,目前我国经济最突出的问题,不是增速问题,而是质量和效益问题,许多制造业的“去产能”任务繁重,落后生产能力并没有大规模淘汰。超硬材料制品行业中注重自主创新的领头企业虽已能开发生产出一些国际高端产品,但产量不大,难以满足国内外市场需求。并且这种企业数量不多，难以代表行业总体水平。如金刚石有序排列锯片、金刚石线锯、高效高精高效 CBN 砂轮、金刚石与 CBN 砂带及超精超薄切割片等产品，这些产品的技术仅掌握在少数企业手中，且供货量严重不足，导致国内高端产品的生产企业难以开拓更多的国内外高端客户，也直接影响行业产品结构的水平。由此可见，制品企业走加大科研力度、坚持自主创新的道路是当务之急，否则将继续拉大与国际先进水平的差距。

(4)涂附磨具。2013 年依然是涂附磨具行业接受考验的一年，行业企业锐意进取，坚持推进产业结构调整与创新升级，行业经济效益明显好转，主要经济指标增速比上年均有所提升。2013 年，统计的涂附磨具企业共有 47 家，产量合计为 4.7 亿 m^2，同比增长 2.1%；产值为 60.0 亿元，同比增长 8.1%；单价 12.5 元/m^2，同比增长 4.8%，平均价格比上年上升较为明显，高档产品所占比例进一步提高；实现利润 5.2 亿元，同比增长 19.9%，经济运行总体积极向好。

统计产品按形状分为：张页式产品（干磨砂布、干磨砂纸、耐水砂纸及涂层砂纸），卷状产品（砂纸卷、半树脂砂布卷、全树脂砂布卷），带状产品（砂纸带、砂布带），砂盘类产品（纸砂盘、布砂盘、背粘砂盘、背绒砂盘、钢纸砂盘），各种异型产品（砂页轮、砂套、无纺布制品、网格纱布、弹性海绵磨盘及其他）。按用途及技术含量分为：普通产品（干磨砂纸、砂布等）、耐水砂纸、高档产品（卷状、带状及异型产品），2009—2013 年涂附磨具产量、产值构成见表 11。

表 11　2009—2013 年涂附磨具产量、产值构成

年份	普通产品		耐水砂纸		高档产品	
	产量(%)	产值(%)	产量(%)	产值(%)	产量(%)	产值(%)
2009	21.8	14.7	33.3	14.8	44.9	70.5
2010	21.4	14.9	30.6	13.8	47.9	71.3
2011	21.2	13.3	29.8	12.7	49.0	74.1
2012	21.3	13.3	27.8	11.3	50.9	75.4
2013	21.4	13.2	27.8	11.2	50.8	75.5

从表 11 可以看出，近 4 年各种产品占比均无大的变化，干磨砂纸、砂布占比 2013 年小幅上升，产值下降，高档产品产量占比则稍有下降，耐水砂纸保持稳定。高档产品的产值提高，产量下降，说明高档产品附加值有所提高。

2013 年，产量超过 1 000 万 m^2 的涂附磨具生产企业有 15 家，与上年相同，合计产量占总产量的 85.4%，与上年接近；产值超过 1 亿元的企业有 15 家，比上年减少 1 家，合计产值占总产值的 80.5%，基本与上年持平。产品单价超过 25 元/m^2 的企业有 13 家，比上年减少了 2 家，说明行业竞争日趋激烈。

近年来我国制造业产业升级步伐明显加快，特别是航空航天、军工、汽车等领域开始使用高、精自动化磨削设备、磨削机器人等，对涂附磨具产品提出了新的更高的要求，涂附磨具产品需求结构发生了变化，各种涂附磨具新产品不断涌现，应引起行业的高度重视。鼓励企业加速技术引进及技术改造，着力提高生产设备的自动化、智能化水平，进一步提高产品的技术含量，使企业逐步从劳动密集型向技术密集型方向转变，争取在产品性能、结构、特性及功能等方面有重大突破，向规模效益型企业发展。涂附磨具行业应强化行业的品牌意识，调整出口产品结构，改变行业以低端和贴牌产品出口为主的局面，不断扩大自主品牌比重。走“专、特、精”的发展道路，即“产品有专长、技术有特色、商品要精细”是涂附磨具行业实现由大变强的必由之路。

四、销售及进出口市场

2013 年，报送数据的 190 家企业中，产品销售率≥100% 的企业为 79 家，占比为 40.5%，比上年提高了 0.4 个百分点；≥90% 的企业为 158 家，占比为 83.1%，比上年提高了 1.4 个百分点；销售率在 81% ~89% 的企业占比为 9.5%，与上年基本持平。从这些数据可以看出，与其他指标相比，产品销售率的变化不太大，而销售率较高的企业占比有所提高，这说明在经济趋缓的年份，越来越多的企业实行以销定产，减少了库存的压力。但是销售率在 80% 以下的企业仍占比 7.4%，说明少数企业经营有待改善。2013 年磨料磨具行业产品销售率企业分布情况见表 12。

表 12　2013 年磨料磨具行业产品销售率企业分布情况

产品销售率(%)	≥100	99 ~90	89 ~81	≤80	合计
企业数(家)	77	81	18	14	190
所占百分数(%)	40.5	42.6	9.5	7.4	100

2013 年，统计的磨料磨具行业产品销售收入前 10 名企业包括普通磨料企业 4 家、超硬材料及制品类企业 3 家、涂附磨具企业 3 家，工业总产值前 10 名企业包括普通磨料企业 3 家、超硬材料及制品类企业 4 家、涂附磨具企业 3 家。这两项指标的前 10 名企业分别占这两项指标统计总量的 46.4% 和 49.2%。需要说明的是，个别企业数值中包含非磨料磨具产品的数据。

2013 年，报送数据的磨料磨具出口创汇前 10 名企业包括普通磨料磨具企业 1 家、超硬材料及制品类企业 6 家，涂附磨具企业 2 家，综合性企业 1 家。前 10 名中，磨料磨具企业数量比上年减少 2 家，超硬材料及制品类企业比上年增加 2 家。出口创汇前 10 名占出口额合计值的 43.5%，所占比例与上年基本一致。

2013 年磨料磨具产品进出口情况见表 13。2013 年磨料磨具产品主要进出口国家或地区（按进出口量顺序）见表 14。

表13 2013年磨料磨具产品进出口情况

产品名称	出口				进口				进口单价/出口单价
	数量(t)	比上年增长(%)	金额(万美元)	比上年增长(%)	数量(t)	比上年增长(%)	金额(万美元)	比上年增长(%)	
合计	1 308 503	10.7	231 958	-2.0	92 591	-5.6	63 839	-3.7	3.9
普通磨料小计	1 057 297	10.6	87 756	-19.5	63 166	-8.0	6 509	-14.0	1.2
天然磨料	55 915	8.4	1 136	20.2	8 786	28.1	401	16.2	2.2
人造刚玉	712 627	-3.3	52 385	-6.2	47 209	-17.3	4 975	-10.8	1.4
碳化硅	286 696	73.8	31 564	-36.1	7 114	53.6	1 060	-26.9	1.4
碳化硼	2059	-4.5	2 671	-2.9	56.8	-51.2	73	-63.5	1.0
普通磨具小计	112 410	13.7	30 846	42.8	7 877	-13.13	12 511	-8.2	5.8
普通砂轮	91 231	22.2	25 590	40.2	7 247	-12.0	10 636	-5.6	5.2
天然石制砂轮	4 178	69.7	1 077	336.6	287	-43.7	1 202	-27.8	16.3
磨石	17 001	-21.9	4 180	34.6	343	6.2	672	-4.1	8.0
超硬材料及制品小计	72 898	4.7	86 317	3.1	2 242	-2.3	21 895	-3.9	8.2
金刚石	465	9.0	13 508	-3.5	35	62.2	2 867	10.3	2.8
金刚石砂轮	16 546	2.2	8 013	16.8	1 184	-1.4	11 126	0.7	19.4
金刚石锯片	46 611	13.8	41 827	8.5	906	-4.1	2 119	9.0	2.6
超硬材料工具	9 275	-23.2	22 970	-5.6	118	-7.8	5 783	-19.5	19.8
涂附磨具小计	65 898	14.2	27 039	21.4	19 306	7.3	22 924	2.6	2.9
砂布	32 737	9.6	13 135	15.4	6 298	0.6	5 804	1.8	2.3
砂纸	31 097	15.9	11 433	31.5	8 690	-1.2	7 610	-6.0	2.4
其他	2 064	100.0	2 472	12.0	4 317	47.2	9 510	11.3	1.8

表14 2013年磨料磨具产品主要进出口国家或地区(按进出口量顺序)

产品名称	出口国家或地区	进口国家或地区
普通磨料		
天然磨料	美国、日本、加拿大、印度尼西亚、泰国、英国、澳大利亚、孟加拉国、新西兰、韩国、阿拉伯联合酋长国、巴西、土耳其、新加坡	印度、美国、老挝、日本、法国
人造刚玉	日本、美国、韩国、印度、中国台湾、泰国、意大利、荷兰、比利时、波兰、英国、伊朗、土耳其、德国、俄罗斯联邦	德国、印度、日本、韩国、法国、荷兰、澳大利亚
碳化硅	美国、日本、韩国、中国台湾、印度、德国、墨西哥、荷兰、新加坡、泰国、马来西亚	朝鲜、越南、中国台湾、日本、挪威、德国
碳化硼	韩国、日本、美国、中国台湾、德国、印度、俄罗斯联邦、巴西	美国、德国
普通磨具		
普通砂轮	印度、美国、泰国、俄罗斯联邦、印度尼西亚、巴基斯坦、伊朗、巴西、日本、阿拉伯联合酋长国、乌克兰、德国、马来西亚、波兰	日本、奥地利、中国台湾、德国、波兰、泰国、瑞典、韩国、意大利
天然石制砂轮	印度、泰国、新加坡、尼日利亚、秘鲁、马来西亚、美国、越南、印度尼西亚、法国、伊朗、孟加拉国	奥地利、德国、日本、意大利、中国台湾、韩国
磨石	印度尼西亚、马来西亚、越南、泰国、菲律宾、印度、美国、沙特阿拉伯、巴西、俄罗斯联邦、伊朗、日本	日本、中国台湾、墨西哥、意大利、英国、韩国、美国、德国
超硬材料及制品		
金刚石	美国、印度、中国香港、韩国、意大利、爱尔兰、日本、瑞士、比利时、英国、德国、罗马尼亚、俄罗斯联邦、乌克兰、以色列、巴西、西班牙	韩国、日本、爱尔兰、美国、瑞士、比利时、中国、中国台湾、德国、英国、瑞典、西班牙、中国香港、新加坡
人造和天然金刚石砂轮	印度、巴西、德国、印度尼西亚、俄罗斯联邦、波兰、越南、阿拉伯联合酋长国、泰国、孟加拉国、巴基斯坦、伊朗、美国、马来西亚、智利、尼日利亚	奥地利、德国、日本、中国台湾、意大利、韩国、美国、印度尼西亚

（续）

产品名称	出口国家或地区	进口国家或地区
金刚石锯片	印度、美国、德国、巴西、日本、越南、俄罗斯联邦、韩国、伊朗、泰国、意大利、英国、荷兰、加拿大	日本、中国、德国、以色列、法国、美国、韩国、荷兰、中国台湾、中国香港、英国
超硬材料工具	印度、俄罗斯联邦、美国、越南、英国、巴西、德国、泰国、伊朗、土耳其、南非、荷兰、澳大利亚、波兰	韩国、中国台湾、美国、日本、德国
涂附磨具		
砂布	越南、印度尼西亚、埃及、韩国、美国、印度、俄罗斯联邦、泰国、孟加拉国、马来西亚、乌克兰、波兰、德国、土耳其、巴西、中国台湾、法国、南非、中国香港	韩国、日本、德国、意大利、中国台湾、美国、新加坡、奥地利、泰国、瑞士、芬兰
砂纸	印度、越南、美国、英国、德国、泰国、印度尼西亚、阿拉伯联合酋长国、荷兰、菲律宾、澳大利亚、马来西亚、比利时、吉尔吉斯斯坦、法国、俄罗斯联邦、孟加拉国、巴西、埃及	加拿大、韩国、日本、德国、中国台湾、美国、泰国、瑞典、英国、瑞士、奥地利、意大利、芬兰、捷克
其他	瑞典、印度、中国香港、俄罗斯联邦、美国、波兰、巴西、英国、德国、荷兰、阿根廷、新加坡、马来西亚	中国台湾、韩国、美国、英国、日本、意大利、法国

由表13可知，2013年我国磨料磨具海关出口总额23.2亿美元，比上年下降了2.0%，与中国外贸货物出口总值7.9%的增长幅度相比，磨料磨具行业的出口形势仍较为严峻。从分类产品来看，普通磨料的出口额下降严重，其他各大类均有不同程度的增长。磨料磨具的出口总量为130.9万t，比上年上升了10.7%。出口额的下降，出口量上升，说明出口的高档产品比例有所减少，整体价格回落幅度较大。

2013年，海关进口总额为6.4亿美元，比上年下降了3.7%，远低于中国外贸进口货物总值7.3%的增长率。但进口总量9.3万t，比上年下降了5.6%，说明进口产品的价格有所上涨。

从进口单价与出口单价之比可以看出，总的比值为3.9倍，比上年的3.4倍又有提高。从分类产品情况看，占总出口额半数以上的普通磨料的价格比为1.2，基本保持不变；普通固结磨具的价格比大幅上升，增加到5.8；而代表行业发展先进水平的超硬材料及制品及涂附磨具的单价比均有不同程度的上升，说明国内外的高端用户仍被发达国家所占有，高进低出局面进一步加剧，磨料磨具行业仍然亟须调整产品结构，行业企业仍要为改变这种状况而努力。

总的来说，2013年磨料磨具市场进出口贸易符合整体国际环境，处于相对平稳期。

（1）普通磨料磨具进出口情况。2013年，普通磨料磨具出口额11.9亿美元，比上年下降9.2%，其中占比较大的普通磨料出口8.8亿美元，比上年下降19.5%，普通磨具的出口形势较好，出口额3.1亿美元，比上年增长42.8%；普通磨料磨具总出口量为117万t，增长10.9%，其中普通磨料出口量105.7万t，增长10.6%，普通磨具出口量11.2万t，增长13.7%。从具体产品来看，人造刚玉出口71.3万t，比上年下降3.3%；碳化硅出口28.7万t，比上年增长73.8%，碳化硼出口2 059t，比上年下降4.5%。

从出口平均价格来看，人造刚玉为735美元/t，比上年的758美元/t下降了3.0%；碳化硅价格大幅下降，平均价格为1 101美元/t，下降63.2%，跌到了2009年之前的水平。普通磨具出口平均价格为2 755美元/t，比上年的2 185美元/t增长了26.1%。普通磨料价格有了整体性的下滑；而普通磨具类产品价格均有所提高，说明企业在产品结构调整方面取得了一定的成效。

2013年，普通磨料进口量6.3万t，比上年下降8.0%，进口额为6.3万美元，比上年下降14.0%，由此可见，进口产品的价格进一步下降。从分类产品来看，人造刚玉进口量4.7万t，比上年下降17.3%，进口额4 975万美元，比上年下降10.8%，在需求减少的情况下，价格不降反升，增长7.9%。普通磨具进口量7 877t，比上年下降13.1%，进口额12 511万美元，比上年下降8.2%，说明价格也有了一定的提高，其进出口单价比从6.9减小到5.8。说明国内外磨具的水平差距稍有减小。

（2）超硬材料及制品进出口。2013年，海关统计的金刚石及其制品进出口总额达到10.8亿美元，其中，出口额8.6亿美元，进口额2.2亿美元，出口额是进口额的近4倍，比上年的3.7倍又有增长，远高于我国出口额/进口额2.1倍的比值，顺差比上年有小幅增长，为6.4亿美元。这说明我国金刚石及其制品在能满足国内需求的情况下，在国际市场上的影响力进一步增强。

人造金刚石的出口量比上年增长9%，出口额则下降3.5%，单价比上年下降11.4%；进口则一反过去几年的增长势头，单价大幅下跌，比上年下降32.0%，进出口单价比虽仍达2.8倍，但下降幅度明显。这些数据说明，2013年我国金刚石产业在产品结构调整方面做出了富有成效的努力，在降低成本的同时，依靠技术提升，向高端市场进军。虽然整体格局并未改变，高端市场依然以发达国家为主，但相信未来我国一定能实现从金刚石大国向强国的转变！

从出口的国家来看，美国仍是我国金刚石的最大消费国，占我国总出口量的30.7%，印度仍保持第二位，占18.8%，中国香港是金刚石的最大转口贸易区，占10.0%，其他国家和地区所占比例均不足10%。金刚石出口的国家和地区总数有61个，前三位占总出口量的59.5%，前六位占75.5%，其他55个国家和地区仅占24.5%。

金刚石世界市场主要竞争国家有中国、韩国、美国等。从美国、日本金刚石进口市场统计数据可知，按销售单价排序，在美国市场，爱尔兰的单价是中国的6.3倍；在日本市场，美国的单价是中国的3.7倍。从单价来看，我国金刚石产品档次与西方发达国家相比仍有很大差距。

2013年，中国占美国进口金刚石总量的81.4%，比上年增加32.3个百分点。中国占美国进口镀金属衣金刚石的75.6%，比上年增加27个百分点；80目以细金刚石90.4%，比上年增加35.8个百分点；80目以粗金刚石79.2%，比上年增加31.5个百分点。2013年我国各类金刚石在美国市场的市场占有率均有上升，而竞争对手爱尔兰、韩国等均有不同程度的下降，说明中国金刚石在美国市场较上年有明显的复苏回暖显现，应继续保持，以保证中国金刚石在美国这个最大出口市场的优势地位。

从日本进口金刚石市场来看，中国金刚石占其进口总量的45.0%，比上年减少19.9个百分点，虽仍占据主导地位，但与美国市场一样，高端用户较多采用发达国家产品。

金刚石砂轮的出口量1.7万t，与上年基本持平，出口单价提高14.3%；金刚石锯片出口量4.7万t，比上年增长13.8%，价格则下降4.7%；超硬材料制品的总出口量为0.9万t，有较大幅度下降，而价格增长23.0%。除金刚石锯片因部分大型企业为应对美国反倾销，价格有所下降，其他各类产品的价格都有一定的提高，说明出口产品结构有了一定调整，但与国外产品差距仍然非常大。

从进出口单价比来看，各类超硬材料制品中，金刚石圆锯片的比率从上年的2.2上升到2.6；金刚石砂轮的比率为19.4，比上年略有下降，有一定好转。超硬材料制品的比率从上年的28.0也下降到了19.8，说明国内超硬材料制品企业正在从前几年的转型升级中取得收获，但从具体数据可以看出，国内高档产品仍不能取代国外竞争对手的产品，振兴国产品牌的任务仍十分艰巨！

对于超硬材料及制品行业来说，发展前景十分光明，在加强研发、转型升级、苦练内功、持续创新的同时，要继续研究市场，进行差异化投资。切忌盲目重复建设、一味扩大产能。

（3）涂附磨具进出口。2013年，我国涂附磨具进出口继续增长。出口量为65 898t，比上年增长14.2%，出口额达2.7亿美元，比上年增长21.4%，又创历史新高。单价为4.10美元/kg，较上年同期增长6.3%。进口量为19 306t，进口额为2.3亿美元，单价为11.9美元/kg，比上年同期分别增长7.3%、2.6%和下降4.4%。出现进口额小于出口额的局面，出口单价虽有一定增长，但仍远低于进口产品单价的增长，进口单价为出口单价的2.9倍。

从产品结构来看，砂布占涂附磨具出口总量的近1/2，达49.7%，出口量比上年下降了5.0%；出口额1.3亿美元，占48.6%，出口额比上年下降了1.0%；其单价4.0美元/kg，比上年增长了5.3%。砂纸占出口总量的47.2%，出口量比上年增长了5.8%；出口额占42.3%，出口额比上年增长了12.5%，单价3.7美元/kg，比上年增长了13.4%。其他基材涂附磨具占出口总量的比例较小，仅为3.1%，但绝对值同比提高了100%；出口额占9.1%，比上年增长了12.0%；单价12.0美元/kg，比上年降低了44.0%。

从出口单价可以看出，我国出口的涂附磨具产品仍然还是以技术含量较低的产品为主，其他基材高档涂附磨具虽然出口总量有大幅提高，但价格有明显下降，说明在占有市场的同时，损失了相当的利润。

砂布出口额前10位的目的地是越南、美国、韩国、印度尼西亚、埃及、印度、俄罗斯联邦、中国香港、泰国、马来西亚，合计占总出口额的60.7%；砂纸出口额前10位的目的地是印度、美国、越南、德国、泰国、澳大利亚、印度尼西亚、英国、菲律宾、马来西亚，合计占总出口额的48.4%；其他基材涂附磨具出口额前10位的目的地是中国香港、美国、印度、日本、俄罗斯联邦、瑞典、巴西、波兰、越南、英国，合计占总出口额的85.0%。

2013年，我国涂附磨具产品进口额比上年同期增长2.6%，进口量增长7.3%，增速比上年加快，进口额增幅比进口量增幅小，说明进口产品的附加值在降低。

涂附磨具进口产品各项占比与出口相反。其他基材涂附磨具占比最高，占总金额的41.5%，比上年增长8.5%；进口量占总量的22.4%，比上年增长37.2%；单价22.0美元/kg，比上年下降24.4%。砂纸进口量占进口总量的45.0%，比上年下降8.0%；占总金额的33.2%，比上年下降8.4%；单价8.8美元/kg，比上年下降4.9%。砂布进口量占进口总量的32.6%，比上年减少6.3%；占总金额的25.3%，比上年下降0.8%；单价9.2美元/kg，比上年增长1.2%。

砂布进口额前10位的来源地是韩国、日本、德国、美国、新加坡、芬兰、中国台湾、意大利、奥地利、瑞士，合计占总进口额的95.3%；砂纸进口额前10位的来源地是加拿大、日本、德国、韩国、美国、英国、泰国、捷克、瑞典、中国台湾，合计占进口额的91.2%；其他基材涂附磨具进口额前10位的来源地是日本、美国、韩国、中国台湾、中国、英国、新加坡、德国、芬兰、法国，合计占总进口额的96.1%。

从以上数据可以看出，我国涂附磨具出口数量和金额均保持增长，说明产品品质在稳步提高，在国际市场上具有一定的竞争优势。但除了其他基材涂附磨具增长可喜之外，其他产品增长有限，说明随着国内产品产量的增加，价格竞争已开始影响到企业外贸的利润。同时，在进口方面，我国对高档其他基材料涂附磨具和砂纸的需求量相对较大。进口量仍保持增长，但进口单价有小幅下跌，说明随着国内涂附磨具品质的提升，已在一定程度上制约了进口产品的价格。

五、标准化工作

2013年是积极贯彻落实《标准化事业发展“十二五”规划》和《工业转型升级规划(2011—2015年)》的关键年，同时也是全国磨料磨具标准化技术委员会(简称标委会)的换届年。全国磨料磨具标准化技术委员会在国家标准化管理委员会、中国机械工业联合会和中国机床工具工业协会的指导和要求下，顺利完成了标委会的换届工作，并按计划组织开展上级主管部门布置和下达的各项任务，保证了其他工作积极有效地开展。

(1)标委会换届工作。2013年，第五届全国磨料磨具标准化技术委员会五年届满，面临换届，因此换届工作成为标委会2013年最重要的工作。标委会秘书处受中国机械工业联合会委托，于5月正式开展了换届筹备工作，完成了委员的征集、汇总、审查和相关材料的编制工作，于7月底顺利上报了换届申请材料。12月12日国家标准化管理委员会办公室以标委办综合[2013]174号文正式批复同意了全国磨料磨具标准化技术委员会及其4个分技术委员会换届及组成方案。12月21日标委会在海南省三亚市成功召开了第六届磨料磨具标委会成立大会，换届工作圆满完成。

(2)标准制修订工作。根据工业和信息化部下达的标准制修订项目计划，2013年，全国磨料磨具标准化技术委员会完成了4项行业标准的制修订工作，其中，普通磨料专业2项，超硬磨料及制品专业2项。《普通磨料　陶瓷刚玉》是普通磨料领域的新产品标准，对我国普通磨料行业的发展起着重要的导向作用。2项超硬磨料制品标准属于战略性新兴产业培育的制定项目，填补了超硬磨料及制品相关领域产品标准的空白。2013年磨料磨具行业标准制修订情况见表15。

表15　2013年磨料磨具行业标准制修订情况

项目名称	性质	类别	制修订	主要起草单位	计划来源
普通磨料　陶瓷刚玉	推荐	产品	制定	山东鲁信高新技术产业有限公司、山东理工大学、天津大学、苏州创元新材料科技有限公司	工信厅科[2012]182号 2012—1651T—JB
普通磨料　毛细现象的测定	推荐	方法	修订	郑州磨料磨具磨削研究所	工信厅科[2012]182号 2012—1652T—JB
超硬磨料　镀钛金刚石	推荐	产品	制定	中南钻石股份有限公司、燕山大学、河南黄河旋风股份有限公司、厦门致力金刚石科技股份有限公司	工信厅科[2012]182号 2012—1653T—JB
超硬磨料制品　金刚石涂层拉丝模具	推荐	产品	制定	上海交通大学	工信厅科[2011]75号 2011—0132T—JB

标委会于2013年12月21日在海南省三亚市召开会议对该4项标准进行了审查，经与会委员和代表认真讨论，4项标准均获得一致通过。标准工作组按照秘书处的计划已准备标准报批材料，经秘书处组织复核后统一上报上级标准化主管部门。此4项标准于2014年下半年陆续颁布实施。

(3)标准报批工作。标委会对经会议审查通过的《固结磨具　安全要求》等6项国家标准和《超硬磨料　纳米金刚石》等3项行业标准报批材料进行了复核，签署意见后，分别于2013年3月和5月完成了上报工作，等待批准发布。2013年磨料磨具行业报批的标准项目见表16。

(4)标准立项工作。标委会按照国家和行业对标准制修订计划项目立项建议工作的要求，组织会议对各单位提交的立项建议进行了评审，秘书处对经标委会确定的《超硬磨料　金刚石和立方氮化硼颗粒尺寸》等6项国家标准和《超硬磨料　多晶金刚石微粉》等10项行业标准立项建议分别进行了上报。2013年12月，标委会顺利完成了对经工信部公示后的9项行业标准立项建议的答辩。2013年磨料磨具行业上报的标准计划项目见表17。

表16　2013年磨料磨具行业报批的标准项目

标准名称	性质	类别	制修订
超硬磨料制品　金刚石绳锯	推荐	国标	制定
涂附磨具　筒形砂套	推荐	国标	制定
筒形砂套夹紧装置　第1部分：用于手持式磨削机上的带轴夹紧装置	推荐	国标	制定
筒形砂套夹紧装置　第2部分：用于固定式磨削机上的夹紧装置	推荐	国标	制定
固结磨具　安全要求	强制	国标	修订
砂轮的回转试验方法	推荐	国标	修订
超硬磨料　纳米金刚石	推荐	行标	制定
超硬磨料制品　电镀制品代号和标记	推荐	行标	修订
超硬磨料制品　金刚石软磨片	推荐	行标	制定

表17　2013年磨料磨具行业上报的标准计划项目

项目名称	标准级别	制修订	代替标准号	起草单位
超硬磨料　金刚石和立方氮化硼颗粒尺寸	国标	修订	GB/T 6406—1994	中南钻石股份有限公司、郑州磨料磨具磨削研究所、河南富耐克超硬材料股份有限公司、郑州华晶金刚石股份有限公司
超硬磨料　大颗粒金刚石颗粒尺寸	国标	制定		中南钻石股份有限公司、郑州磨料磨具磨削研究所
固结磨具　技术条件	国标	修订	GB/T 2485—2008	白鸽磨料磨具有限公司、山东鲁信高新技术产业有限公司、郑州磨料磨具磨削研究所、第三砂轮厂、苏州远东砂轮有限公司、江苏苏北砂轮厂有限公司、江西冠亿砂轮有限公司
碳化硅特种制品　反应烧结碳化硅匣钵	国标	制定		潍坊华美精细技术陶瓷有限公司
碳化硅特种制品　反应烧结碳化硅悬臂桨	国标	制定		潍坊华美精细技术陶瓷有限公司
碳化硅特种制品　反应烧结碳化硅内衬钢壳装置	国标	制定		潍坊致达特种陶瓷有限公司
超硬磨料　多晶(聚晶)金刚石微粉	行标	制定		北京国瑞升科技有限公司
超硬磨料　金属加工用多晶(聚晶)立方氮化硼	行标	制定		河南富耐克超硬材料股份有限公司
固结磨具　树脂和橡胶薄片砂轮	行标	修订	JB/T 6353—2006	郑州磨料磨具磨削研究所
固结磨具　检验规则	行标	修订	JB/T 10450—2004	郑州磨料磨具磨削研究所
碳化硅特种制品　硅碳管	行标	修订	JB/T 10044—1999	山东八三碳化硅热件厂
超硬磨料制品　电镀金刚石线	行标	制定		长沙岱勒新材料科技有限公司
超硬磨料制品　金刚石磨边砂轮	行标	制定		广东奔朗新材料股份有限公司
超硬磨料制品　小平面玻璃加工用金刚石磨头	行标	制定		深圳市常兴技术股份有限公司
超硬磨料制品　金刚石滚筒	行标	制定		广东新劲刚新材料科技股份有限公司
涂附磨具　无纺布抛光轮	行标	制定		湖北玉立砂带集团股份有限公司

(5)标准体系建设工作。根据上级主管部门对标准体系建设工作的要求,标准室加强行业调研,积极推动磨料磨具标准体系的更新和完善,以适应行业快速发展的需要。标委会秘书处根据机联标[2012]168号文“关于做好机械工业‘十二五’技术标准体系建设工作的通知”的要求,完成了通知要求的标准体系建设工作,编制了磨料磨具专业领域技术标准体系建设方案、标准体系框图、标准体系表和标准制定工作计划安排建议等,并按时上报了有关材料。

(6)国际标准化工作。

1)国际标准制修订。2013年,标委会秘书处共收到4份国际标准草案和1份委员会草案投票文件,经组织委员和行业专家研究讨论后,全部按时进行了投票或回函。另对11项国际标准复审项目经认真复核后,按要求向国标委上报了复审意见。

2)参加国际会议。根据国标委、工信部对实质性参与国际标准化工作的要求,标委会秘书处组团参加了于2013年6月5日在德国柏林召开的第38次国际磨料磨具标准化会议,进一步加强了我国与ISO及世界各国的沟通和了解,扩宽了我国磨料磨具行业参与ISO活动的深度和广度。此次参会,我国参会代表就拟提交国际标准提案的方向和领域与ISO秘书处和参会各国进行了沟通和交流,得到了众多参会代表的积极响应,为我国尽早争取到国际话语权打下了坚实基础。

3)提交国际标准提案。在2012年标委会工作会议讨论和参加国际标准化会议的基础上,标委会秘书处经集中讨论,于2013年9月制定了《提交金刚石微粉国际标准提案工作计划》。根据计划安排,标委会秘书处于2013年9—11月进行了大量的资料收集和行业调研工作,收集到美国、俄罗斯、日本、FEPA的金刚石微粉标准及其他相关资料,调研了8家国内主要和有代表性的金刚石微粉生产厂家,基本了解了当前国内外金刚石微粉的产业现状和技术水平,为后续工作的开展奠定了基础。2013年12月21日,超硬磨料及制品分会在2013年工作会议上对提交金刚石微粉国际标准提案的选题、必要性、可行性和工作计划进行了论证,并提出了工作组的组建建议。

(7)标委会管理工作。为进一步规范标准制修订工作程序，加强管理，保证标准制修订质量，标委会秘书处根据上级主管部门对标准制修订工作的各项要求，结合工作中的实际情况，对《全国磨料磨具标准化技术委员会标准制修订项目管理办法》进行了修订。此外，在标委会主任委员的要求下，针对近年来标准立项工作中存在的问题，标委会秘书处制定了《全国磨料磨具标准化技术委员会标准制修订计划项目立项建议工作实施细则（试行）》。

2013 年 12 月 21 日标委会召开了六届一次会议，在上级主管部门领导的指导下，对上述两项管理文件进行了认真审议，同时，按照换届程序的要求，对《全国磨料磨具标准化技术委员会章程（修订）》和《全国磨料磨具标准化技术委员会秘书处工作细则（修订）》进行了审议，一致通过了该四项管理文件。

（8）标准宣贯工作。为使标委会各位委员能够更好地开展工作，标委会秘书处于 2013 年 12 月 19 日、20 日召开换届会议期间举办了一次 GB/T 1.1—2009 宣贯和标准编写培训班，邀请中国机械工业标准化技术协会秘书长于美梅老师对 110 余名新委员和行业标准化工作者进行了标准化专业知识培训，提高了新一届委员履职的能力。

（9）标准化咨询服务工作。2013 年，磨料磨具标委会共帮助行业单位起草并备案企业标准 5 项，受各方委托审查了 10 多项企业标准，为 10 多家企业提供了标准技术咨询服务。

六、科研项目

1. 2013 年度完成的科研成果项目

（1）1.2 ~ 1.7mm 修整工具用超硬材料。该项目由中南钻石股份有限公司完成，南阳市科技局于 2013 年 3 月 11 日鉴定验收。该项目为企业自选科技项目，自主设计制造了 ϕ650mm 缸径智能控制六面顶压机，通过运用压力场、热力场精密控制技术，新型金刚石合成柱三次成型技术和合成块组装技术，在高压和高温条件下生产出大颗粒（1.2 ~ 1.7mm）金刚石单晶。该项目实施期间，取得国家发明专利 3 项，实用新型专利 2 项，项目核心技术具有自主知识产权。项目形成的科研成果企业自行运用。

（2）ϕ13mm 石油钻探用金刚石复合片。该项目由中南钻石股份有限公司完成，南阳市科技局于 2013 年 3 月 11 日鉴定验收。该项目为企业自选科技项目，通过对金刚石复合片基体结构的自主设计，运用金刚石原材料综合净化处理技术、纳米金属粉体（Nbc、Co 等）还原处理技术，研究了金刚石聚晶层纳米金属结合剂与多规格粒度金刚石组合配方技术，以及高温高压精密测量及控制合成工艺等关键技术，研制出了该项目产品。该项目实施期间，申请发明专利 2 项、项目核心技术具有自主知识产权。项目形成的科研成果企业自行运用。

（3）金刚石有序排列刀头产业化制造技术开发。该项目由罗晓丽、赵刚、刘一波、姚炯彬、舒惠星、刘少华完成。项目内容主要包括：提高 PDA 产品稳定性和产品外观是工作重点；提高产能和效率是项目关键技术取得突破的标志。

（4）ϕ750mm 六面顶压机、顶锤、结构一体化研发。该项目由柳成渊、尹翔、徐燕军、黄霞、田军辉、孙延龙完成。项目内容主要包括：ϕ750mm 六面顶压机研发制造；硬质合金大顶锤的研发制造。

2. 2013 年度获奖科研项目情况

（1）耐高温钛膜超硬复合材料。于 2013 年获得由河南省人民政府授予的河南省科技进步三等奖，该项目由中南钻石股份有限公司完成。该项目自主研制了高温（800 ~ 900℃）、高真空度（5×10^{-4}Pa）、单炉产能达到 50 万克拉的大型镀钛设备；通过对高温无残留黏合剂配方优化、吸热反应过程控制及特种钛粉重复利用的系列钛粉配方研究，并采用预混合黏结和高温高真空镀覆工艺，制备出高性能的镀钛金刚石；该项目经国家磨料磨具质量监督检验中心检测，各项技术指标符合 Q/DJXJ.410—2011 标准要求；经用户使用表明，采用该项目产品制造的金刚石工具效率高、寿命长，达到国外同类产品水平，具有显著的社会经济效益。该项目技术先进，工艺路线合理，项目成果达到国内领先水平。

（2）超硬材料工具高效精密加工技术开发平台建设。该项目由刘伟、刘一波、叶宗春、杨德涛、赵刚、葛科完成。项目主要内容包括：超硬材料砂轮开发实验室建设；陶瓷砂轮技术开发；陶瓷砂轮检测和性能评价。

〔撰稿人：中国机床工具工业协会超硬材料分会孙兆达、李志宏　磨料磨具分会王永　涂附磨具分会王明远〕

（本文编辑：张珂玲）

市场概况

分析机床工具经济运行情况、产品进出口情况，反映国内市场需求特点

综述
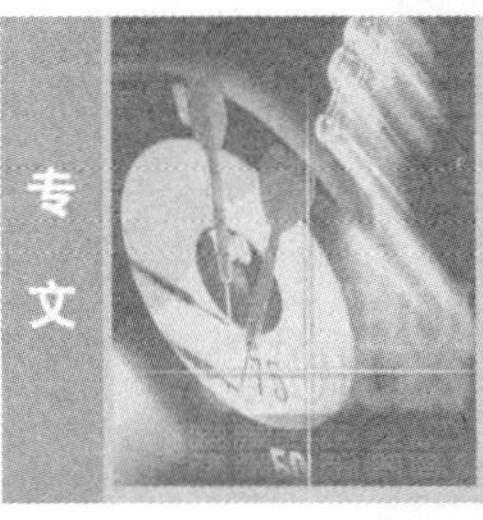

专文
行业概况

市场概况

企业专题

统计资料

大事记

附录

市场概况

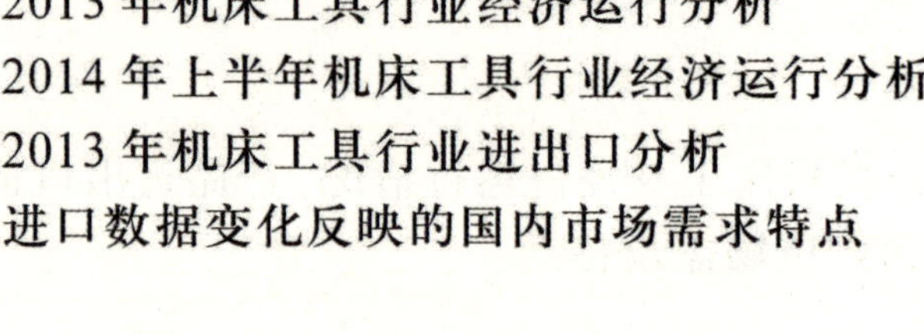

2013 年机床工具行业经济运行分析

2013 年，我国机床工具市场持续低迷，其中金切机床最为明显，进口机床也出现大幅下滑。在激烈的市场竞争中，行业产业结构、产品结构与市场需求矛盾更加突出，国产低端产品需求明显减少。国际市场继续呈现不同程度复苏，我国机床工具产品出口持续呈现小幅波动状态，全年最终实现了低速正增长。

一、国际机床行业运行分析

全球经济总体上处于脆弱复苏阶段。发达经济体总体趋于好转，脆弱复苏，但仍面临高失业、高赤字、增长后劲不足；新兴经济体需求严重不足，贸易摩擦增加，输入型通胀的压力增大，国际热钱冲击明显，结构性调整滞后，资金紧张，增长明显放缓。

1. 欧洲机床行业

2013 年底欧洲机床行业初步预计，欧洲机床产值约 224 亿欧元，基本与上年持平；进口额 78 亿欧元，同比下降 8%；出口额 184 亿欧元，同比下降 2%；消费 118 亿欧元，同比下降 4%。欧洲各国机床产值在总额中的占比依次为：德国约占 48%，意大利约占 19%，瑞士约占 10%，西班牙和奥地利均约占 4%。

欧洲机床行业预测 2014—2015 年欧洲新增订单将呈明显的上升趋势。

2. 美国机床行业

根据美国机床协会对其部分会员的统计，2013 年新增订单 49.4 亿美元，同比下降 5.1%；12 月当月订单 4.9 亿美元，同比增长 11.8%，环比增长 9.9%。

美国 Gardner 商业媒体公司认为，在过去三年中，美国金属加工机床市场有两年是增长的，与中国的差距在缩小。从 2009 年开始，中国的数控金属加工机床消费超过美国，排名第一位。2010 年美国和中国的差距进一步拉大，消费仅为中国市场的 45.9%。而 2010 年以后，美国市场稳步增长。分析货币供应量、产能利用率、市场需求、耐用品生产总值等影响机床市场的几大关键要素，2014 年美国机床市场需求可望有较大增幅，预计将增长 15%，而且机床单价会有一定上升。与此同时，中国市场相对平淡，在此情况下，美国数控机床市场将达到中国的 81.4%。

3. 日本金属切削机床行业

2013 年，日本金切机床新增订单 109.5 亿美元，同比下降 7.9%。连续三年超过 1 万亿日元（约合 100 亿美元），但同比连续两年为负值。其中来自国内的订单为 39.3 亿美元，同比增长 6.6%；海外订单 70.2 亿美元，同比下降 14.4%。12 月份订单 10.6 亿美元，为全年最高点，同比增长 28.1%，环比增长 5.9%。

12 月份，日本金切机床订单增长主要依靠海外订单，海外订单环比增长 18.1%、同比增长 22%。其中，亚洲订单呈两位数增长，欧洲订单呈个位数增长，美洲基本持平。日本国内订单虽然环比下降 12.9%，但同比增长了 41.8%。

12 月份，日本主要机床用户领域中，汽车摩托车行业的机床订单增长 14.5%，电子和精密机械行业的机床订单增长 3.4%，而航空、船舶、工程机械领域的机床订单下降了 35.2%。

4. 市场热点领域

欧洲机床行业认为，2014 年企业应关注以下几个领域的发展，从而寻找新的市场增长点。这些领域包括：清洁生产的先进制造技术，关键新技术的市场化，基于生物产品的市场化，可持续发展的工业政策，清洁能源车辆和船舶，输电线路和天然气管道等系统网络等等。

二、中国机床工具行业进出口情况

2013 年，我国机床工具累计进出口额 256.2 亿美元，同比下降 12.9%。其中，出口额 95.3 亿美元，同比增长 3.2%；进口额 160.9 亿美元，同比下降 20.2%；进出口逆差 65.6 亿美元，同比下降 40.1%。

1. 进口大幅下降

2013 年，我国机床工具产品累计进口 160.9 亿美元，同比下降 20.2%。2012 年 12 月至 2013 年 12 月机床工具产品月度进口额及同比增长见图 1。

2012—2013 年我国机床工具产品各月累计进口额同比增长见图 2。

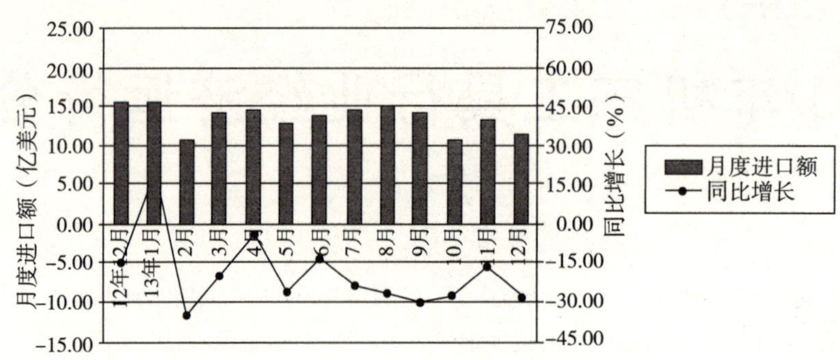

图1 2012年12月至2013年12月我国机床工具产品月度进口额及同比增长

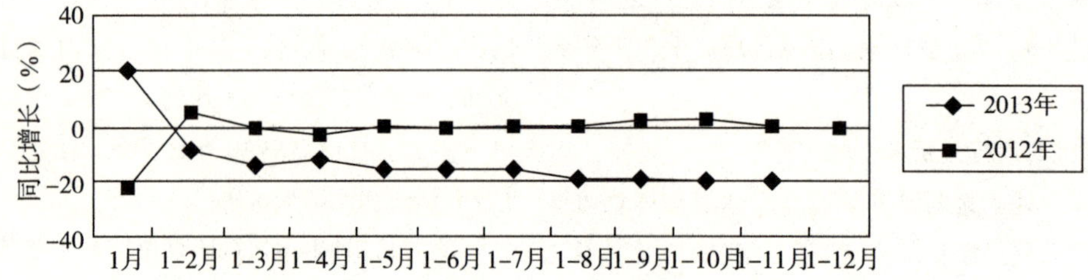

图2 2012—2013年我国机床工具产品各月累计进口额同比增长

进口机床工具类产品中，金属加工机床进口101.0亿美元，同比下降26.0%；其中数控机床进口82.1亿美元，同比下降26.5%。

金属加工机床中，金切机床进口79.9亿美元，同比下降28.4%，其中数控金切机床进口70.3亿美元，同比下降28.3%；成形机床进口21.1亿美元，同比下降15.5%，其中数控成形机床进口11.8亿美元，同比下降13.9%。

2013年机床进口额大幅下降，幅度已超过2009年全球金融危机时期的进口降幅。其中，金属加工机床进口降幅比2009年加深3.7个百分点；数控金属加工机床进口降幅比2009年加深6.3个百分点。

形成如此大降幅，原因是多方面的。其中很重要的是连年高速固定资产投资带动的进口高速增长，使各用户行业在提升产能、消化高端产品上积累了种种矛盾，需要一个化解期。所以2013年的进口额下降与2009年不同，它是高速增长期的拐点，在今后一段时期内，预计机床进口不会再现历史上的长时间高速增长。

2. 出口平缓波动

机床工具产品2013年出口95.3亿美元，同比增长3.2%。2012年12月至2013年12月我国机床工具产品月度出口额及同比增长见图3。2012—2013年我国机床工具产品各月累计出口额同比增长见图4。

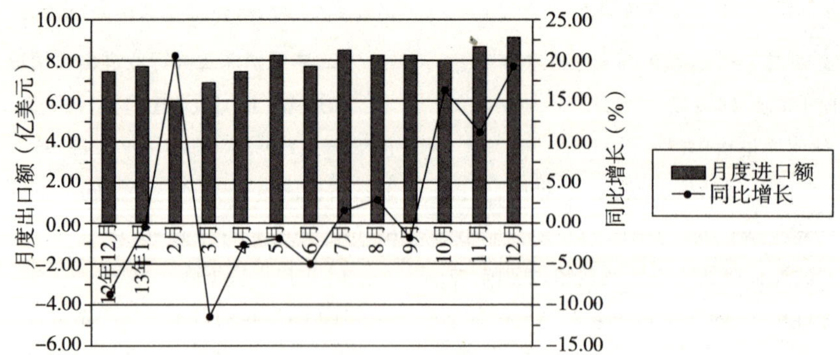

图3 2012年12月至2013年12月我国机床工具产品月度出口额及同比增长

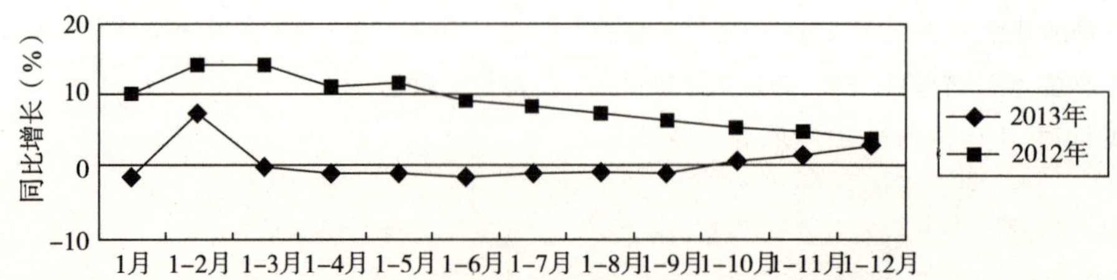

图4 2012—2013年我国机床工具产品各月累计出口额同比增长

出口机床工具类产品中，金属加工机床出口28.6亿美元，同比增长4.4%；其中数控机床出口11.4亿美元，同比增长5.8%。

金属加工机床中，金切机床出口18.8亿美元，同比增长1.3%，其中数控金切机床出口9.2亿美元，同比增长3.2%；成形机床出口9.8亿美元，同比增长10.7%，其中数控成形机床出口2.1亿美元，同比增长18.4%。

2013年，机床出口一直处于小幅波动状态，除2月份因季节因素出现异动外，其他各月波动相对较小。从图4中可以看出，自2012年始，我国机床工具出口一直处于缓慢下行状态，2013年末虽稍有反弹，但其增幅基本与2012年相同。出口的下滑与国际机床需求乏力有一定关系，但与我国大多数企业对国际市场的适应性有着更大的关系。我国大多数企业都是以内销为主，要开拓国际市场，在国际市场上占有一定份额，应做好三个方面的工作：一是产品结构调整，出口产品的技术水平固然重要，但关键是产品的适销对路，根据出口目的地某一层面的市场需求调整自身的产品；二是解决产品质量问题，提高产品的可靠性和稳定性，提高产品的一次开机合格率；三是合适的营销手段，保证售后服务和备品备件的供应，是获得用户信任的基础。

三、中国机床工具行业运行情况

1. 国家统计局数据

（1）机床工具行业。机床工具行业累计实现产品销售收入8 026.3亿元，同比增长13.7%；实现利润495.9亿元，同比增长8.8%；固定资产投资完成额同比增长21.2%。

（2）金属切削机床行业。金属切削机床行业实现产品销售收入1 502.6亿元，同比增长0.8%；实现利润53.0亿元，同比减少9.9亿元，下降23.1%。金属切削机床产量为725 851台，同比下降1.5%；其中数控机床产量209 287台，同比增长2.4%。

（3）成形机床行业。成形机床行业实现产品销售收入755.2亿，同比增长16.1%；实现利润50.0亿元，同比增加4.7亿元，增长10.5%。成形机床产量为233 438台，同比增长0.1%。

2. 重点联系企业数据

（1）八个小行业。八个小行业（包括金属切削机床行业、金属成形机床行业、铸造机械行业、木工机械行业、机床附件行业、工量具及量仪行业、磨料磨具行业和其他金属加工机械行业）实现工业总产值1 128.6亿元，同比下降4.5%；实现销售收入1 123.8亿元，同比下降13.8%；实现利润39.9亿元，同比下降33.4%。2012—2013年重点联系企业产品销售收入各月累计同比增长见图5。2012—2013年重点联系企业利润总额各月累计同比增长见图6。

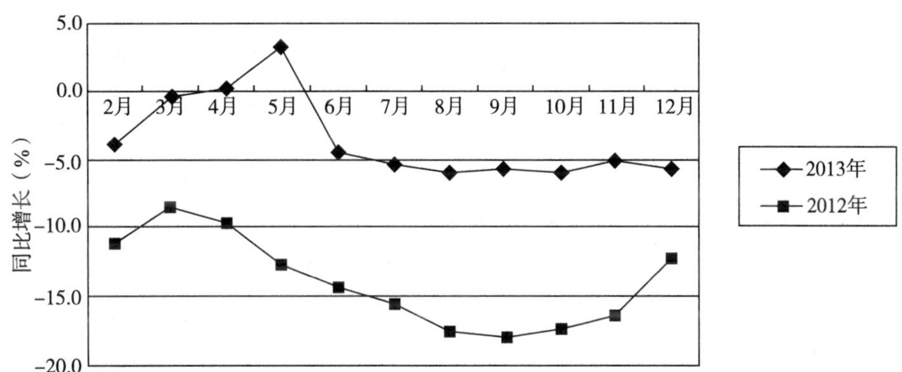

图5　2012—2013年重点联系企业产品销售收入各月累计同比增长

由图5可见，重点联系企业的产品销售收入连续两年下滑，幅度虽有收窄，但并未走出下滑趋势。

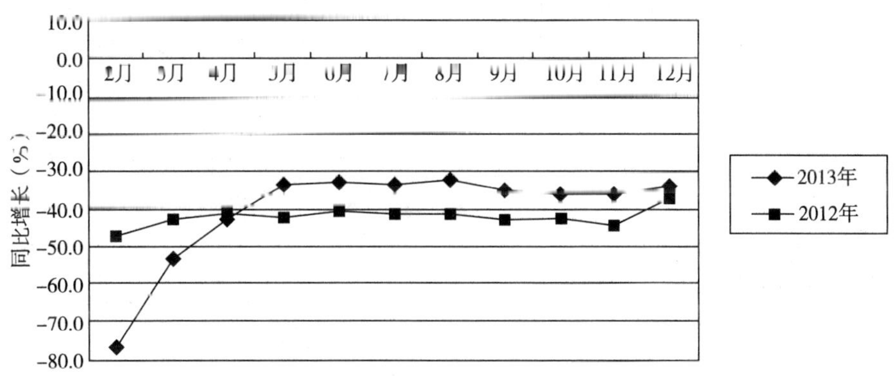

图6　2012—2013年重点联系企业利润总额各月累计同比增长

由图6可见，企业利润恶化情况严重，在2012年下降37%的基础上，2013年又下降了33%。利润下降的主要原因是由于产能过剩、产品同质化程度高等造成的恶性竞争。此外，钢铁价格曾较长期维持较低水平，但2013年价格指数由93.91%上升为95.41%，对企业的成本提升、利润下滑也有一定影响。

(2)金属切削机床行业。金属切削机床行业实现产值523.9亿元，同比下降11.7%，其中数控金属切削机床产值394.3亿元，同比下降13.8%；产品销售收入下降11.1%；利润总额同比下降80.0%。金属切削机床产量同比下降14.2%，其中数控金属切削机床产量同比下降2.5%。

2012—2013年金属切削机床行业重点联系企业产品销售收入各月累计同比增长见图7。2012—2013年金属切削机床行业重点联系企业利润总额各月累计同比增长见图8。

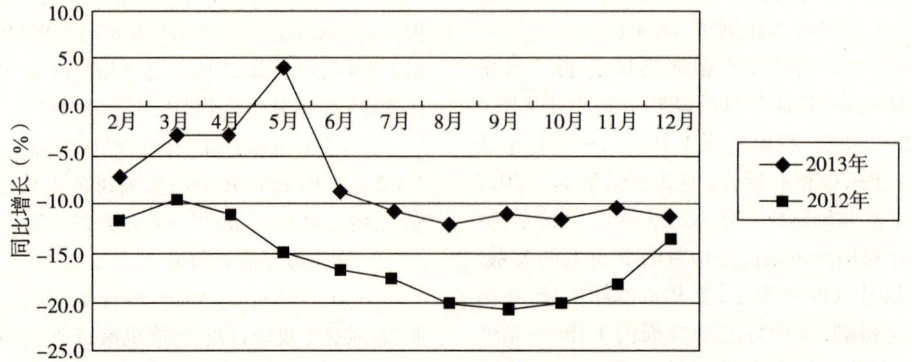

图7　2012—2013年金属切削机床行业重点联系企业产品销售收入各月累计同比增长

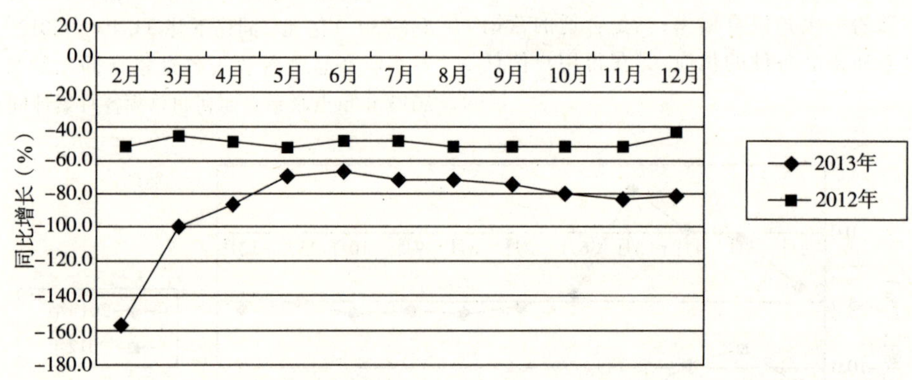

图8　2012—2013年金属切削机床行业重点联系企业利润总额各月累计同比增长

在八个小行业中，金属切削机床行业产品销售收入下滑幅度最大，2012年和2013年的趋势基本一致，只是2013年的下滑幅度有所收窄，但从走向看，还难以判断其是否已至谷底。

重点联系企业金属切削机床利润总额在2012年下降44.6%的基础上，2013年又下降80.0%。金属切削机床行业一直是微利行业，利润总额的大幅下降，意味着相当一部分企业已经处于亏损状态。

(3)成形机床行业。成形机床行业实现产值133.7亿元，同比下降0.6%，其中数控成形机床产值71.3亿元，同比下降0.6%；实现产品销售收入增长2.9%；利润总额同比下降1.8%。成形机床产量同比下降8.1%，其中数控成形机床产量同比增长3.8%。

2012—2013年成形机床行业重点联系企业产品销售收入各月累计同比增长见图9。2012—2013年成形机床行业重点联系企业利润总额各月累计同比增长见图10。

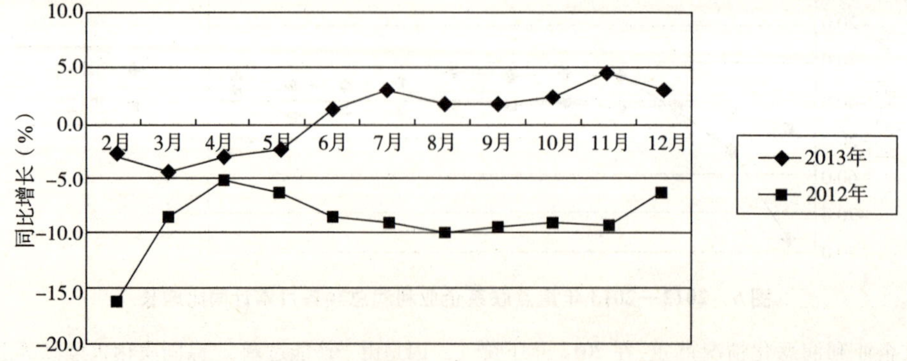

图9　2012—2013年成形机床行业重点联系企业产品销售收入各月累计同比增长

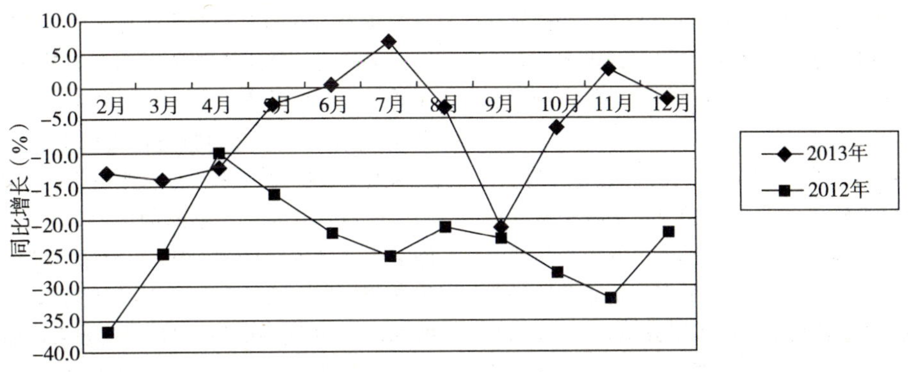

图 10　2012—2013 年成形机床行业重点联系企业利润总额各月累计同比增长

由图 9 可见，成形机床行业的产品销售收入同比增长曲线略好于金切机床行业，自 2013 年 6 月由负转正后，产品销售收入一直保持正增长。

2013 年，成形机床行业产品销售收入呈正增长，但利润却下降了 1.8%，除行业共有的原因外，价格变动是另外一个原因。年初成形机床价格指数高达 103.4%，并在 103% 附近坚持到 8 月，9 月下探至 100% 以下，年底已跌至 98.9%，为当年最低点。

3. 全年金属加工机床生产和消费情况

为准确反映行业主营业务情况，中国机床工具工业协会依据重点联系企业的数据，以及上半年企业调研、8 月和 11 月的电话调研情况分析，对全年形势做了基本判断。2013 年金属加工机床生产、进出口和消费情况见表 1。

表 1　2013 年金属加工机床生产、进出口和消费情况

类别	生产（亿美元）	同比增长（%）	进口额（亿美元）	同比增长（%）	出口额（亿美元）	同比增长（%）	消费额（亿美元）	同比增长（%）
金属加工机床	246.7	-9.8	101.0	-26.0	28.6	4.4	319.1	-16.6
其中：金切机床	146.0	-19.2	79.9	-28.4	18.8	1.3	207.1	-24.4
成形机床	100.7	8.4	21.1	-15.5	9.8	10.7	112.0	2.8

4. 行业运行特征

（1）固定资产投资缩减，市场需求整体下滑。2012 年，在机床行业企业感到市场需求大幅萎缩的情况下，机床进口仍然保持了 3.3% 的正增长，表明市场需求虽然下滑，但更多体现在需求结构的变化上，高档机床产品的需求仍保持较高旺盛程度。而 2013 年机床进口的大幅下降，则发出了市场需求全面萎缩、疲软的信号。市场规模的萎缩成因，主要有以下几个方面：

一是用户行业固定资产投资高峰已过，部分行业如：工程机械、商用车、钢铁、农机、模具、仪器仪表、电工电气等领域，装备暂时处于相对饱和状态，其固定资产投资增速放缓。国家统计局数据显示：2013 年第二产业固定资产投资完成额累计增长 16.5%，较 2012 年增幅降低 3.5 个百分点，机械行业设备、工器具购置固定资产完成累计增幅较 2012 年同期降低 9.3 个百分点。

二是前期过度投资产生的影响。在 4 万亿元投资的影响下，装备制造业兴起了长达数年的投资热。机床行业中最典型的是重型机床领域。由于产品紧俏，企业扩大产能、企业延伸产品系列、其他行业跨界投资的情况比比皆是。据重型机床分会的统计，在 2012 年大幅下滑的情况下，2013 年重型机床制造企业产品销售收入又平均下降约 45%。

三是经济规律使然。据经济专家分析，按照亚洲各国和地区的经济发展规律，没有一个国家和地区能够连续高速发展 30 年以上，而且一旦达到高点后，增速都将下降 50% 以上。自改革开放以来，我国经济一直保持较高速发展，必然会积累各种矛盾。发展的规律要求减速，表现在需求结构、产业结构和要素结构的减速。由于地区差异、改革红利等因素，我国经济增速虽然不会像亚洲其他国家和地区一样大幅下降，但增速下降是必然趋势。

（2）需求结构持续升级，产品质量更受重视。虽然机床市场规模大幅下滑、机床进口大幅下降，但这并不意味着机床需求结构发生质的变化，而是需求进一步向高端倾斜。进口数据表明，2013 年进口机床单台均价为 13.34 万美元，较上年同期增长 7.7%；进口数控机床平均单价较上年同期增长 28.8%。国产机床的国内销售情况也反映出同样趋势。这充分表明，我国机床需求量大幅下滑，主要是低档机床甚至包括性价比较低的中档机床产品市场需求过剩造成的。

以生产高档机床为主的德国，2013 年对中国机床的出口逆势而上，同比增长 2.5%；我国少数生产“专、精、特”产品以及为用户提供全面解决方案服务的企业也取得不错的业绩，有些企业的销售增幅超过 30%。这充分说明进入细分市场是产品升级和企业发展的出路之一。

值得关注的是机器人市场的崛起。机床与机器人的配套使用，已成一种新的技术趋势，机床行业企业利用制造优势进入机器人制造领域也成为一种趋势。希望企业能够认真研究市场，充分利用自身的优势，以尽量少的投入争取大的产出，要避免一窝蜂现象的产生，以免形成新的产能过剩和资源浪费。

市场需求是多样化的。中档产品、甚至低档产品同样有市场需求，在当前情况下，优良的产品质量是取得市场份额的必备条件。重点联系企业中一些提供中低档产品的企业数据显示，重视制造工艺、重视制造细节的企业其经济效益逆势上扬，即便下降，其幅度也远小于其他企业。因此，以质量为企业的生命线，从各方面狠抓产品质量，也是企业得以生存和发展的出路之一。

(3)产能过剩矛盾突出，恶性竞争亟须遏制。近期中央公布钢铁、水泥等五大行业产能过剩。国家发改委官员在谈到机械行业产能时，认为机械行业的产能过剩不亚于已公布的五大行业，只是由于机械行业较容易转移，才未进入上榜名单。

机床行业的产能过剩十分明显。从金属加工机床行业企业数量看，2011 年，国家统计局将规模以上企业销售收入的门槛提高至 2 000 万元时，我国金属切削机床和成形机床行业企业数量为 1 070 家；到 2013 年达到 1 288 家，增长了 20.4%。从产量看，2011 年产量为 403 935 台，到 2013 年达到 959 289 台，增长了 137.5%。

从重型机床的产能利用率看，在 2012 年产值下降 45% 的基础上，2013 年又下降约 51%，即便 2011 年重型机床的产能是超额使用，那么在连续两年下降 45% ~50% 的情况下，其产能利用率也已降至 50% 以下。其他产品的产能利用率稍高一些，但总体产能利用率过低是不争的事实。

合理化解产能过剩是机床行业面临的大课题。产业结构调整、企业兼并重组、产品结构升级、向外向型企业发展以及进入其他制造领域多种经营等方式，都是需要不断探索的化解产能过剩的新途径。

生产能力的过剩导致市场竞争更为激烈，同质化生产的现象进一步加剧了恶性竞争苗头的产生。无论是大企业为独占市场而进行的低价倾销，还是中小企业为生存而进行的价格大战，如任其发展，必将导致劣汰优也汰，同归于尽。机床行业的产业安全也将受到威胁，严重危害行业乃至国民经济持续健康发展。因此全行业要行动起来，建立自律协调机制，打造公平竞争的舆论氛围，创建公平竞争的市场环境，自觉规范企业市场行为，诚信自律，坚决遏制住恶性竞争的苗头。

(4)企业盈利能力下降，流动资金更显紧张。由于需求下降、产能过剩、价格下浮、成本上升，企业盈利能力必然大幅下降。国家统计局数据显示，金切机床行业利润总额下降 23.1%。中国机床工具工业协会重点联系企业数据显示，金切机床行业平均利润总额同比下降 80.0%；重点联系企业的产品销售收入利润率为 3.6%，金切机床行业利润率仅为 0.7%，这两个利润率指标之低，历史罕见。企业盈利能力下降的后果极其严重，将直接影响企业正常运营，抑制企业运营良性循环。由于资金紧张，企业无力投入新产品开发，企业的创新能力将直接受到影响。企业亏损面和亏损深度继续扩大，一些企业已难以维持正常生产。

在企业销售收入下降的同时，产成品库存却在增加。国家统计局数据显示，2013 年机床工具行业产成品库存较 2012 年同期增长了 7.7%；占用企业流动资金更多的是应收账款，较上年同期增长了 17.8%，如果再加上占用金额更大的承兑汇票，企业的流动资金则更显紧张。据了解，当前我国一些企业，特别是大型企业的新增流动资金贷款激增；有个别企业已数月未发工资。

虽然困难重重，但机床工具行业的大多数企业还是从容应对，攻坚克难，砥砺前行，不断创新改革，调整结构。2014 年 2 月份的 CCMT2014 展会，不少企业推出了适应市场需求的新产品，以智能化、专业化、精密化为代表的新产品层出不穷。相信通过市场的优胜劣汰，度过当前的困难期，机床工具行业将迈上一个新的台阶。

四、2014 年形势预测

1. 宏观形势

2014 年，世界经济仍将延续缓慢复苏态势，但也存在不稳定、不确定因素，新的增长动力源尚不明朗，各国货币政策、投资格局、大宗商品价格的变化方向都存在不确定性。

2014 年，我国中央经济工作的主基调是稳中求进，但是经济运行的下行压力仍然存在，部分行业产能过剩问题严重，结构性矛盾突出等问题没有得到有效缓解。

2. 行业形势

(1)机床行业发展的动因，主要是受固定资产投资拉动。中央经济工作会议提出的六大任务中，工业领域的重点是着力抓好化解产能过剩和实施创新驱动发展。由此可以预计固定资产投入的增量不会很大。装备制造业中，航天、航空、军工、轨道交通等行业预计有一定的机床装备投资，其他行业投资力度不会很大。因此基本可以判定，机床行业的上升动力不足。

(2)中国机床工具工业协会重点联系企业(部分)2013 年底的在手订单同比下降 2.2%。在手订单是反映企业下一阶段生产任务是否饱满的主要指标。根据机床行业的生产周期，可以基本判定至少在 2014 年上半年，机床行业的运行状态不会有大起色。CCMT2014 展会境内展商成交额比 CCMT2012 下降了 40.9%，其中金切机床成交额同比下降 45.6%；在金切机床中，数控机床成交额同比下降 41.3%。这也反映出 2014 年上半年形势不会有明显好转。2012—2013 年重点联系企业(部分)在手订单月度同比增长见图 11。

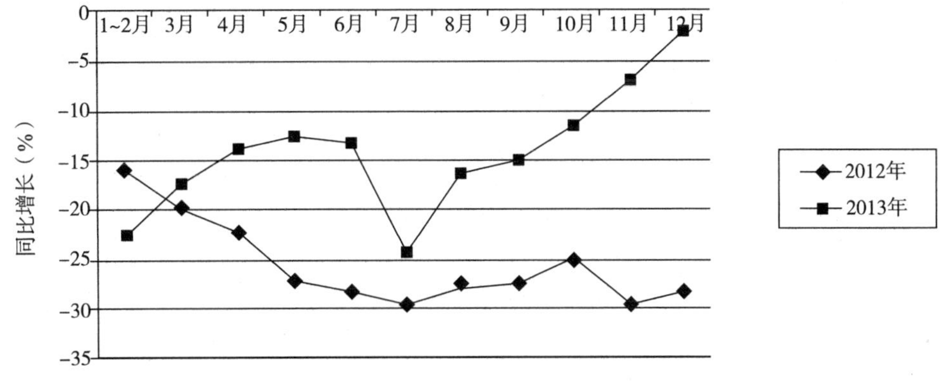

图 11　2012—2013 重点联系企业（部分）在手订单月度同比增长

3. 结论

从图 5 可以看出，在 2012 年全行业产品销售收入深度下滑后，2013 年仍然持续下降，但下降幅度明显趋缓，特别是下半年，波动量仅在 0.9 个百分点以内。

从 2012 年初开始计算，在手订单已经连续 24 个月同比负增长，2012 年降幅最为明显，有两个月几乎达到 30%，年末也是以次低点收尾；2013 年同比持续下降，上半年降幅虽稍有缓解，但在 7 月再次跌至谷底，降幅接近 25%，下半年逐步好转，降幅逐月快速收窄，至 12 月末降幅仅为 2.2%。但必须看到，由于在手订单连续两年的负增长，企业的在手订单已经不多，重点联系企业（部分）的实际数据显示，12 月末其在手订单仅能维持当前处在生产低谷期 2 个月的生产。所以，可以认为机床工具行业仍未摆脱困境，仍处于下行通道，但走势趋缓。

通过上述分析，可以判定 2014 年上半年形势不会出现明显好转。企业通过持续的结构调整和转型升级，依靠自身的挖潜，预计下半年会有所改善，但全年较 2013 年仍会有一定下降，即便乐观估计，也仅与 2013 年持平。

〔撰稿人：中国机床工具工业协会李雷〕

2014 年上半年机床工具行业经济运行分析

2014 年上半年，机床工具行业经济运行总体呈现“低位趋稳”。虽然从第二季度开始，政府加大稳增长和应对经济下行的政策力度，但在国内市场需求结构性调整、国际市场需求复苏缓慢、进口商品竞争加剧、流动资金严重缺乏和财务状况长期恶化等多重不利因素的综合影响下，企业经营困难和潜在风险加剧，行业运行压力依然很大。

一、全行业增速下降

根据国家统计局 2014 年 1—6 月经济运行数据，金属加工机床主营业务收入同比增长 8.7%，金属切削机床同比增长 6.4%，金属成形机床同比增长 13.3%。与第一季度相比，增幅分别下降了 0.5 个、1.3 个百分点和提升了 1 个百分点。

中国机床工具工业协会重点联系网络的统计数据也显示，2014 年 1—6 月全部企业的产品销售收入同比下降 2.6%。其中，金属切削机床产品销售收入同比下降 7.7%；金属成形机床产品销售收入同比增长 4.3%。

二、全行业运行质量下降

1. 财务状况不容乐观

根据国家统计局 2014 年 1—6 月经济运行数据测算，全行业主营业务收入利润率、应收账款周转率和资产负债率分别为 5.5%、4.6 和 54.1%；金属切削机床上述 3 项指标分别为 3%、2.7 和 62.6%；金属成形机床上述 3 项指标分别为 5.8%、4.2 和 54.3%。

从上述数据看出，全行业主营业务收入利润率低于一年期贷款利率，金属切削机床行业甚至低于一年期定期存款利率，反映行业盈利能力严重下降。全行业、金属切削机床分行业和金属成形机床分行业的应收账款周转率与上年同期相比，分别下降 0.2、0.2 和持平，反映资金流动性变差。资产负债率接近和超过 60%，财务风险加大。

2. 亏损持续，形势严峻

国家统计局 2014 年 1—6 月经济数据反映，机床工具行业亏损企业占比为 13.8%，其中国有控股企业亏损占比为 41.8%。在 8 个分行业中，亏损面最大的是金属切削机床分行业，亏损企业占比为 24.7%，其中国有控股企业亏损占比达50.8%。

2014年1—6月,中国机床工具工业协会重点联系网络中亏损企业占比为38%,其中金属切削机床为45.5%,成形机床为18.2%。与上个月相比分别增加了2.3个和2.2个百分点。

三、出口稳步增长

根据海关统计数据,2014年1—6月机床工具商品出口总额52.8亿美元,同比增长18.5%,较上年同期提高7.4个百分点。在国内市场需求持续低迷、企业生产经营下滑的大背景下,2014年上半年出口却呈现平稳增长。开拓海外市场和加强出口正成为化解过剩产能和实现产业转型升级的重要突破口。

从出口商品结构上看,分列前3位的是切削刀具(12.4亿美元)、磨料磨具(10.4亿美元)和金属切削机床(9.7亿美元),其出口额占比分别为23.5%、19.7%和18.4%。

四、市场需求趋稳

由于中国经济增速放缓和发展方式转变,中国机床消费市场和产业也在经历深刻的结构性调整,以"总量明显减少,结构加速升级"为特征的市场变化日益明显。随着中国经济发展进入新常态,机床消费市场的需求变化也将趋于稳定。

1. 订单总量下降,低位趋稳

根据2014年1—6月中国机床工具工业协会重点联系网络的订单统计数据显示,全部企业的新增订单同比下降3.3%,在手订单同比下降3.3%。其中,金属切削机床新增订单同比下降4.3%,在手订单同比下降3.2%;金属成形机床新增订单同比下降8.4%,在手订单同比下降5.1%。

2. 进口由负转正,中高端需求回升

2014年1—6月,进口总额81.5亿美元,同比增长0.28%。与2013年进口额同比下降20.2%相比,有明显回升。从5月份开始,机床工具类商品进口连续2个月呈现当月同比和环比双增长。在人民币升值和国家稳增长、促外贸等措施的综合影响下,预计下半年进口将呈现翘尾的趋势,并带动全年进口实现正增长。由于进口情况侧面反映国内中高端市场的需求,所以近期进口的变化趋势预示着国内中高端市场需求正在回升。

五、下半年预测和建议

通过对2014年1—6月行业经济运行和进出口数据分析,预计全年机床工具行业运行将呈现"低位向下趋稳"。基于金属加工机床生产情况逐步稳定和进口明显回升,预计2014年中国机床消费市场继续保持世界第一的位置,但规模会有所下降。

为了促进行业平稳运行和实现转型升级目标,应对不利因素和下行压力,建议加大对企业出口的支持,借力国际市场化解过剩产能;进一步降低出口信贷门槛,清理不合理收费,加大对开拓海外市场和展会推介的支持,以平衡汇率升值为目的加大出口商品退税的范围和力度;将金融支持实体经济的政策落到实处,解决银行等金融机构对行业企业抽贷、缓贷和停贷导致资金链紧张的问题;对符合产业结构调整方向和转型升级目标的企业给予必要的金融支持;在使用国家财政资金进行投资的环节,要加大对国产自主品牌产品支持的考量,以便营造公平合理的产业发展环境。

〔撰稿人:中国机床工具工业协会杜智强〕

2013年机床工具行业进出口分析

在国内经济增速整体放缓、外部环境普遍不景气的大背景下,2013年我国机床工具产品进出口总体呈现出口略增、进口深降之势,进出口总额是继2009年后又一次出现两位数的降幅。其中,出口额在经历了数月的负增长后,于10月份开始逐渐稳定上升;进口额同比处于逐月下滑趋势,降幅与2009年金融危机时十分接近。海关统计资料显示,2013年我国机床工具产品进出口总额256.2亿美元,同比下降12.9%。其中,出口额95.3亿美元,同比增长3.2%;进口额160.9亿美元,同比下降20.2%。金属加工机床进口大幅下降,致使全行业进口总额减少二成,而出口总额略有增长,我国机床工具产品进出口逆差明显缩减,逆差总额65.6亿美元,同比下降40.1%。中国作为世界金属加工机床消费和进口第一大市场,其变化直接影响着全球机床市场的起伏。美国加德纳公司(Gardner)最新数据显示,2013年全球机床消费同比下降9%,进口合计下降13%,中国在世界机床的消费、进口仍处首位,但所占比重有所降低。

一、机床工具产品出口情况

我国机床工具产品出口额继2010和2011年以较快速度增长后,已连续两年处于3%~4%的低位增长。2013年前三季度,全行业各月累计出口额与上年同期相比,基本处于下降态势。随着下半年数控金属加工机床出口的增加,整个行业出口额逐步由负增长转为正增长,同时机床出口比重有所提高。

2013年,我国机床工具产品累计出口总额95.3亿美元,同比增长3.2%。其中,金属切削机床出口额增幅回落较大，同比增长由上年的11.8%下降至1.3%；各类金属成形机床出口都有不同程度的增长，特别是济南二机床集团有限公司压力机生产线对美国的陆续交付，保持了金属成形机床10%以上的增速；2012年出现大幅下滑的磨料磨具，又有所增长；木工机床出口额在下半年稳步提高，同比增长由上年-4.8%提高到18.6%；机床夹具、附件，机床零件、部件，量具、量仪同比呈现明显降幅，基本还在底部徘徊。2012—2013年我国机床工具产品累计出口额同比增长情况见图1。2013年我国机床工具产品出口情况见表1。

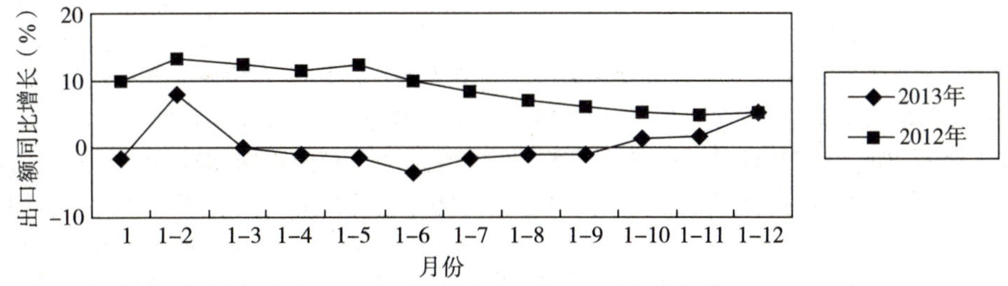

图1 2012—2013年我国机床工具产品累计出口额同比增长情况

表1 2013年我国机床工具产品出口情况

产品类别	出口额（万美元）	同比增长（%）	占比（%）
机床工具	953 242	3.23	100.00
金属加工机床	286 096	4.36	30.01
其中：金属切削机床	188 381	1.34	19.76
金属成形机床	97 715	10.72	10.25
铸造机	8 460	-5.99	0.89
木工机床	88 260	18.62	9.26
机床夹具、附件	24 386	-9.00	2.56
机床零件、部件	62 829	-14.81	6.59
数控装置	56 934	-1.40	5.97
切削刀具	231 864	3.55	24.32
量具、量仪	16 758	-10.80	1.76
磨料磨具	177 655	7.75	18.64

1. 金属加工机床出口情况

2013年，我国金属加工机床出口额28.6亿美元，同比增长4.4%，增速继上年回落27个百分点后，又减少了9个百分点，是除2009年负增长外，近十年中首次个位数增长。数控金属加工机床出口额11.4亿美元，同比增长5.8%，占金属加工机床的比例进一步提高。其中加工中心出口额同比增长15.9%。

2. 金属加工机床主要出口去向和出口地域

2013年，在我国金属加工机床主要出口市场中，除对印度出口同比下降25.1%外，其余均为正增长。美国仍是我国机床出口第一大市场，同比增长5.3%，所占份额微增；出口到日本的机床同比增长5.0%，排名超过印度升至第二位；占金属加工机床出口额四成的亚洲市场表现最为活跃，同比增长7.3%，东盟地区是主要增长点，其中对越南出口额占比提高1.8个百分点，排名前进了5位；对金砖国家中的俄罗斯联邦机床出口额略有增长，对巴西出口在2012年出现明显下降后，2013年又呈现较快回升。2013年我国金属加工机床出口去向前10位国家（地区）见表2。

表2 2013年我国金属加工机床出口去向前10位国家（地区）

国家或地区	出口额（万美元）	同比增长（%）	占比（%）
出口总额	286 096	4.36	100.00
前10位小计	151 355		52.90
美国	33 639	5.27	11.76
日本	16 551	5.01	5.79
印度	15 014	-25.15	5.25
德国	13 996	0.11	4.89
越南	13 193	68.03	4.61
俄罗斯联邦	12 946	2.07	4.53
巴西	12 622	15.91	4.41
印度尼西亚	12 362	11.38	4.32
泰国	12 218	0.95	4.27
马来西亚	8 811	24.20	3.08

2013年，我国数控金属加工机床出口列前5位的省市为辽宁、江苏、广东、上海和浙江，与上年相比，省市名称排序都略有变化。列前两位的出口同比均有所下降，由于辽

宁出口额降幅较江苏略小，排名由上年第二位提升到第一位，江苏以微弱之差位居第二；广东、上海出口仍为第三、四位，因广东加工中心出口增长一倍多，以致其数控机床出口占比提高2个百分点；浙江以41.9%的增速超过北京，列入前五位中，但其出口特点是数量较大、价格偏低，出口平均价格仅为数控机床出口均价的一半。

3. 数控机床出口贸易方式和企业性质

2013年，我国数控金属加工机床以一般贸易方式出口额同比增长11.0%，占比继上年提高5.5个百分点后，又增加3.7个百分点，达到77.9%；其次是进料加工贸易方式，出口额同比下降17.9%，占比减少4.3个百分点，为14.9%。

在各类性质企业出口中，外商独资企业出口数控金属加工机床同比增长7.4%，占比最高，为38.6%，且份额略有增加。私人企业和国有企业分列第二位、第三位，出口同比增长分别为14.0%和3.9%，占比分别为36.5%和14.4%。私人企业数控机床出口的快速增长，使之与外商独资企业差距进一步缩小。

二、机床工具产品进口情况

2013年，我国机床工具产品进口总额160.9亿美元，同比下降20.2%。各月累计进口额同比增长显示为前高后低逐月下降态势，直到年末仍未有逆转迹象。机床工具行业10大类产品中，只有数控装置和切削刀具同比略有增长或持平，其他产品均呈不同程度下降。进口额排名第一、占比50%的金属切削机床，降幅达28.4%，比近年降幅最深的2009年还低9个百分点；机床夹具、附件和机床零件、部件回落幅度同样为近10年最大。2012—2013年我国机床工具产品累计进口额同比增长情况见图2。2013年我国机床工具产品进口情况见表3。

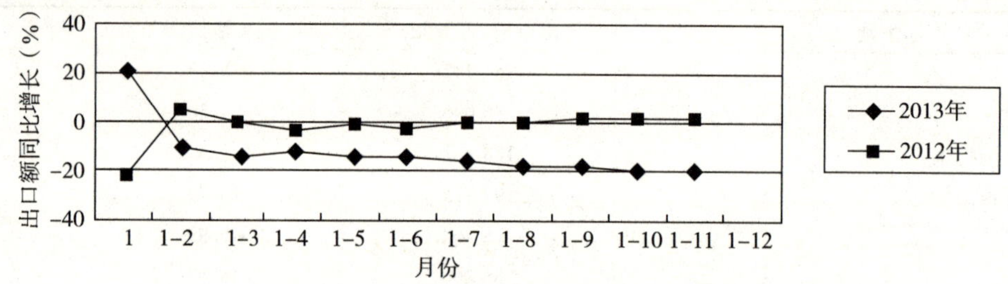

图2　2012—2013年我国机床工具产品累计进口额同比增长情况

表3　2013年我国机床工具产品进口情况

产品类别	进口额(万美元)	同比增长(%)	占比(%)
机床工具	1 609 204	-20.24	100.00
金属加工机床	1 009 782	-26.04	62.75
其中：金属切削机床	799 157	-28.40	49.66
金属成形机床	210 625	-15.49	13.09
铸造机	27 605	-33.22	1.72
木工机床	42 564	-8.64	2.65
机床夹具、附件	65 376	-18.82	4.06
机床零件、部件	101 791	-15.79	6.33
数控装置	159 167	4.75	9.89
切削刀具	127 079	0.91	7.90
量具、量仪	16 414	-24.07	1.02
磨料磨具	59 426	-6.22	3.69

1. 金属加工机床进口情况

我国金属加工机床进口额2012年同比增长仅为3.3%，较前一年大幅回落37个百分点，2013年又回落了29个百分点，进口额为101.0亿美元，同比下降26.0%。在全球主要机床生产国家和地区中，尽管中国进口机床出现明显下滑，但进口额仍高于第二位近一倍。进口机床虽总体显示数量、金额大幅下滑，但平均单价却在增长，反映出国内机床市场需求继续升级的态势。

2. 金属加工机床主要进口来源和进口需求省市

在我国金属加工机床全年进口来源地中，仍保持逆势增长的主要有德国、意大利和英国。其中由德国进口机床接近30亿美元，超过日本成为我国机床第一大进口来源国，继金融危机后再次名列首位。日本机床进口额比上年减少一半，中国台湾地区和韩国机床进口下降近20%。数据表明，占金属加工机床进口额最大份额的加工中心，已成为决定各地区机床进口额变化的砝码，既是欧洲进口机床的增长点，也是亚洲地区进口机床下降的主因。2013年我国金属加工机床进口来源前10位国家(地区)见表4。

表4　2013年我国金属加工机床进口来源前10位国家(地区)

国家或地区	进口额(万美元)	同比增长(%)	占比(%)
进口总额	1 009 782	-26.04	100.00
前10位小计	948 704		93.95
德国	290 910	2.46	28.81
日本	274 384	-50.99	27.17
中国台湾	117 048	-19.74	11.59
意大利	69 573	10.18	6.89
韩国	67 265	-18.10	6.66
美国	52 756	-16.84	5.22
瑞士	34 199	-27.65	3.39
西班牙	16 643	-2.80	1.65
英国	14 228	12.01	1.41
法国	11 698	-23.86	1.16

在数控金属加工机床进口需求较大的省市中,江苏和广东降幅较大,且进口平均价格偏低;上海、北京、浙江进口同比或继续增长,或基本持平,其均价相对较高。表现突出的是北京,高端加工中心的大量涌入,不仅使其数控机床进口额增长了16.3%,还大大拉高了平均单价。

3. 数控机床进口贸易方式和企业性质

按贸易方式分,2013年以一般贸易方式进口数控金属加工机床降低16.8%,降幅小于整体水平,占进口额比重在上年增加的基础上,又提高8个百分点,达到67.8%。外商投资企业以设备投资方式进口数控金属加工机床下降29.0%,占比变化不大。

按企业性质分,列进口数控金属加工机床第一位、第三位的外商独资企业和中外合资企业,进口额均减少1/3,占比也分别下降了3.5和3.6个百分点。国有企业数控机床进口额下降3.8%,占比却上升近6个百分点,排名超过中外合资企业提高到第二位,且进口平均单价仍保持较高水平。

三、机床工具产品进出口特点

1. 行业出口低位运行,机床增速明显回落

2013年,我国机床工具产品出口增长3.2%,较2012年同期降低了0.6个百分点。这是在2011年出口增速高达26.4%后,连续两年增速在3%~4%徘徊。这固然与全球经济增长缺乏动力有关,但从历次出访的调研情况看,出口产品质量、对外营销网络建设、营销手段及服务仍是出口取得更大突破的关键。2013年我国金属加工机床出口增长4.4%,高于全行业产品出口增幅1个百分点。影响金属加工机床呈现低速增长的主要因素有以下几个方面:一是金属切削机床出口增长仅为1.3%,增幅比上年减少10个百分点,个别品种如龙门加工中心、多工位组合机床、数控镗铣床、数控龙门铣床、数控内圆磨床出口额降幅都在35%以上,金属切削机床出口占金属加工机床出口的比例达到67.8%,是主要影响因素;二是虽然金属成形机床出口同比增长10.7%,但因其占比相对较小,对金属加工机床出口增长的整体拉动力度较弱;三是近几年快速上升的印度市场,全年进口机床下滑40%以上,从中国进口机床减少了1/4。

2. 机床出口仍有异常,部分品种水平提高

海关数据显示,2013年数控金属加工机床出口量同比增长高于出口额同比增长20个百分点,出口均价大幅下降。这与中国机床工具工业协会了解到的情况有很大出入。在对大量数据分析和计算后发现,金属加工机床出口中,有多起量大价极低的异常现象出现,而且数控产品占绝大多数。据不完全统计,列入激光加工机床中出口均价在100美元以下的产品,有近20批次,约9 000台,其中一半的产品单价不足10美元,出口范围以西亚、非洲、南美为主。还有一批单价仅为3美元的产品计入到数控刃磨机床,出口量为1 759台。这类被计入数控机床的产品,数量已接近全部数控机床出口量的20%,而金额不到30万美元。

在剔除上述大量不明原因的低价产品后,数控机床出口平均单价同比增长3.8%。可喜的是,卧式加工中心、龙门加工中心、数控镗床、机械压力机等大型机床出口平均单价同比增长一倍,显示了我国部分出口机床品种的技术水平在逐步提高,附加值也在明显提高。

3. 进口总量大幅下降,需求结构明显升级

2013年,占金属加工机床八成以上的数控机床,进口数量下降42.9%,降幅之大是历年少有的,但其平均单价却同比增长了28.7%。从进口产品看,占数控机床进口额40%以上的加工中心,进口平均单价同比猛增43.5%。从进口来源看,以生产高档产品为主的德国、意大利,进口总额逆势增长,平均单价也是整体均价的2~3倍;而以进口中档机床为主要来源地的韩国、中国台湾地区,进口总额同比均下降两位数。从进口企业性质看,国有企业进口额虽略有下降,但均价几乎是整体均价的一倍,所占比重也在提升,从一个侧面反映出国有企业产品结构调整、转型升级工作正在深入推进;外商独资企业进口额比上年减少1/3,平均单价也与2012年基本持平,需求结构未发生大的变化。从进口省市看,重点发展高端制造业的上海、北京,高档机床需求依然增长;而江苏的中低端制造业、广东珠三角地区出口型制造企业需求明显下降。中国机床工具工业协会收集的金属加工机床国际招标信息显示,2013年我国机床成套生产线进口招标项目并未减少,另外由中国台湾地区招标进口单价在百万美元以上的龙门加工中心,由上年的1台增加到7台。我国机床市场出现了多方面的明显变化,最突出的反映是,国内机床市场需求总量在大幅下降,但机床市场需求结构在不断升级,对中高档机床,特别是高端机床的需求仍呈上升趋势。

四、世界机床进出口情况

美国加德纳公司(Gardner)最近对全球主要金属加工机床生产国家和地区2013年生产、贸易和消费调查的结果显示,世界机床生产、出口、进口和消费均为负增长,同比分别下降9%、10%、13%和9%。中国机床出口已超过瑞士,排

名由上年的第六位提升到第五位。

1. 世界机床进出口

2013年,全球27个国家和地区共计出口机床500亿美元,同比下降10%。出口列前六位的国家和地区与往年相同,而排序却发生变化。在全球机床出口大多不振的情况下,德国机床出口额虽与上年持平,但已超过日本成为全球机床最大出口国(上一次列首位是在2009年);日本机床出口同比下降32%,位居第二;意大利、中国台湾地区仍排在第三位、第四位,同比分别增长3%和下降16%;中国机床出口同比增长4.4%,在保持5年之久的第六位上前进了一步,排名上升到第五位,而瑞士降到第六位。

世界各主要机床生产国家和地区合计进口机床354亿美元,同比下降13%。尽管中国的进口额比上年下滑26%,但继续保持了全球第一大机床进口国的地位;排在第二位、第三位的仍为美国和德国,美国2012年进口大幅增长,且2013年降幅比中国相对较小,两者之差正在缩小,其进口总额占消费总额的65%;在进口普遍下滑中,墨西哥机床进口增幅高达12%,为20亿美元,由上年的第七位提升到第四位,机床消费总额已达22亿美元,位于全球第六位,市场潜力增大;在2012年列进口第四位的印度,机床进口大幅下滑四成,跌至第十二位。

2. 从消费市场看欧美机床需求变化

美国机床消费市场在全球位于第二位,2012年同比增长19%,2013年同比下降9%,消费减少的主要原因是进口减少,其进口占消费的比重达65%,反之美国国产机床市场占有率略有提高。美国是中国金属加工机床出口的最大市场,继2012年对美出口同比增长近60%后,2013年再增长5%,并且出口均价呈上升趋势,表明我国对美出口不仅在增加,结构也在趋好,一定程度上反映出美国经济复苏过程中呈现较为稳定的市场需求。

列机床消费第三大市场的德国同比增长9%,是排名前三位中唯一增长的国家。其生产增长6%、出口持平、进口下降,从中可以看出,德国的消费增长主要拉动了本国生产的增长。欧洲机床协会认为,制造业是欧盟经济的核心支柱,而机床工业更是发动机。占欧洲机床生产近一半的德国,是强有力的推动者。

3. 出口呈现欧美升亚洲降,新兴市场蕴藏新的商机

2013年,世界机床总出口额下降一成。在欧美主要机床生产国中,除德国出口与上年持平外,意大利、美国、西班牙、比利时等出口都有不同程度的增长。在亚洲,日本、中国台湾地区、韩国都呈两位数的降幅;只有中国成形机床出口增幅较大、土耳其出口基数较小(2012年为4.3亿美元),因而出口在增长。在整体经济不振的情况下,全球机床市场同样反映出中低端产品影响较大,高端产品影响较小的特点。

俄罗斯是个机床严重依赖于进口的国家,机床进口占消费的95%。据有关报道,未来几年,俄罗斯国内市场对机床的需求将逐年增加,仅国防工业领域每年的需求额就达10亿美元。巴西机床进口占消费的89%,2013年进口机床增长4%,该国装备制造业技术水平总体不高,普通机床仍有一定市场,数控机床需求也大多是中低档产品,值得我国机床工具企业多加关注。东盟地区机床市场在全球份额还很低,但发展速度不可小觑。越南、印度尼西亚、马来西亚等东盟国家积极承接劳动密集型产业的转移,中档及以下数控机床,特别是数控车床需求日渐旺盛,为我国机床企业化解过剩产能,扩大出口份额提供了机会。墨西哥是2013年世界机床消费市场表现最为活跃的,机床消费达22亿美元,同比增长9%,由上年第十位提升到第六位。该国进口机床占消费总额的九成。我国出口到墨西哥的机床仅占其进口机床的4%,其中金属成形机床增长较快,2012年增长两倍,2013年增长70%。墨西哥是继金砖国家、东盟地区之后,又一个有着巨大潜力的、值得关注的新兴市场。

五、前景展望

近日,国际货币基金组织发布的《世界经济展望》称,得益于发达经济体经济状况的改善,预期世界经济将提高复苏速度。各主要机床生产国家和地区在2013年末也放出一些积极的信号,美国下半年机床订单数量和金额连续几个月走高,说明制造业投资不断增多,美国经济在复苏;由德国发起的机床蓝色竞争力振兴计划,逐渐发展到欧盟层面,并得到多国的参与和支持,欧洲机床自三季度起订单呈现增长态势;受中国进口机床下滑的影响,日本订单总体呈现下降,但国内需求态势良好,机床订单在增长。发达经济体在一定程度上显示出复苏的迹象,2014年全球经济预计会略有好转,但整体仍将处于艰难的调整期。

2013年中央经济工作会议提出,我国宏观经济政策将保持连续性和稳定性。经济要靠市场杠杆来调节,国家不会为经济一时波动而采取短期的强刺激政策,强调向改革要动力,以调整结构支撑稳增长,以改善民生挖掘需求富矿。所以,主要依靠固定资产投资拉动的我国机床市场需求仍将持续较为低迷的现状,机床行业下行压力依然较大。从对我国机床工具行业企业调研的结果看,主机企业在手订单基本为下降或持平,大重型机床形势更为严峻,而生产专用机床和为用户提供全面解决方案的企业则呈现较好的发展前景。功能部件、数控系统企业订单大多好于上年,特别是机器人需求快速增长。反映出装备制造业在转型升级、调整结构的过程中,提高智能化、自动化水平呈明显的发展趋势。

当前世界经济整体保持脆弱复苏,但受到资金成本、竞争加剧等因素影响,我国外贸形势十分严峻复杂。全球机床市场需求结构上移,对以出口中低端产品为主的中国机床企业提出了新的课题,墨西哥、俄罗斯、东盟等国家和经济体制造业的崛起,为我们提供了更多的市场机会。我国机床工具产品进口在2013年出现大幅度下降,其中一个重要原因是,连年固定资产投资快速增长带动了机床工具产品进口的高速增长,使各用户行业在提升产能、消化高端产品上积累了种种矛盾,需要一个化解期。所以2013年的进

口下降与2009年不同，它是高速增长期的拐点，在今后一段时期内，预计机床进口不会再现历史上的长时间高速增长。

出口预计：随着世界经济逐步缓慢复苏，预计我国机床工具产品出口在2014年将会有所增长，质量、营销、服务将是巩固和扩大出口份额的关键。

进口预计：由于国内固定资产投资力度的减缓，装备制造业对机床市场的需求不会有明显回升，但需求结构仍保持上移的趋势，由于高精度、高质量、高效率、高智能的产品当前仍以进口为主，因此，预计机床工具产品进口下滑已接近谷底，2014年同比跌幅将明显缩小。

进出口预计：综上所述，预计我国机床工具行业2014年进出口总额较上年基本持平。

〔撰稿人：中国机床工具工业协会李卫青〕

进口数据变化反映的国内市场需求特点

进入2013年后，我国机床工具产品进口出现全面下滑局势，1—5月机床工具进口额同比下降14.6%，其中金属加工机床进口同比下降16.8%。这是除受全球金融危机影响的2009年外，机床工具进口额近10年来首次呈两位数下降。不仅如此，近两年来我国进口机床工具产品的结构也发生诸多方面的明显变化。

从机床工具产品进口数据的显著变化，我们可以看到国内机床工具市场需求呈现以下新特点：

一、需求持续低迷，进口同比下降

进口额的大幅下降，是我国机床工具市场高速扩张至一定阶段后进入回调期的必然结果。

国家统计局公布的数据表明，机床行业自2011年下半年开始进入下行通道，2011年1—5月机床工具行业产品销售收入增幅为38.9%，2012年1—5月已经下降至11.3%，2013年1—5月产品销售收入增幅略有上升达到了15.1%。市场的实际情况可能比上述数据要严酷得多。

机床工具进口额基本上随着市场的波动而上下起伏。2011年1—5月机床工具进口额增速为49.8%，2012年同期已降为0.2%，而2013年则出现了两位的负增长。

需要指出的是，进口机床工具产品，特别是进口金属加工机床一般存在半年以上的供货周期，所以2013年1—5月份机床进口额呈现的两位数负增长，正是反映了2012年7月、8月机床行业市场需求降至最低点时期的低迷状态。

二、需求结构变化，进口产品升级

国内航空航天、船舶、军工、汽车、钢铁、机械、电子、化工等行业的深入发展，带动了各行业对高效、高精度自动化制造设备的需求，也带来了对高精、高速、高效中高档数控机床的需求明显增加。在当前大环境需求减少的情况下，产品需求结构加速升级。

国家统计局2013年1—5月数据表明，国内金属切削机床产量下降4.9%，平均单价上升11.5%；海关同期数据表明，进口金属切削机床数量下降25.7%，平均单价上升12.1%。在当前重型机床需求量大幅减少的情况下，机床单台均价明显上升，表明市场对中低档机床需求大量减少。

海关的进口来源数据表明，在世界机床行业技术水平名列前茅的德国金属加工机床产品进口量、价齐增，进口额增长了16.48%，从美国等一些机床先进国家的进口额也有所增长；而从韩国的进口金属加工机床较2012年同期下降了37.2%，从中国台湾地区进口的机床也下降了15.07%。这说明国内对中高档、精密数控机床的需求比重在增加。

三、外商投资减少，贸易方式改变

2008年由美国爆发的金融危机波及全球，国际经济形势急转直下。为抵御危机的影响，各国都推出了不同力度的投资推动计划，以刺激本国经济恢复，同时大大减少了对外投资。

据我国海关统计，2008年以前，国内外资企业以设备投资方式进口数控机床一直占有50%以上的份额。自2009年开始，该贸易方式所占比重逐年降低，2012年降至24%，2013年1—5月又下降了4个百分点。与此相对应的是，以一般贸易方式进口数控机床份额由2008年前的约30%，很快就上升到50%以上，2013年前5个月达到68.9%。表明境外企业在华投资的发展速度在下降。

究其原因，主要有三点：一是国家政策有所变化，外商投资企业无论在税收方面，还是设备进口方面都享受国民同等待遇，减少了部分优惠政策；二是大陆市场景气度有所下降，外商投资欲望下降；三是国内制造成本明显上升，低劳动力红利正在逐步压缩，这与近期部分劳动密集型产业向周边国家转移势头加大的趋势是一致的。

四、投资倾向内陆，区域格局变动

由于我国具有稳定的经济基本面、庞大的国内市场，尽管外商投资在减少，但投资向内陆地区转移，向高端化发展已成为国际金融危机后外商投资的主要趋势，引进外资正在步入升级的发展轨道。

江苏、广东、上海等东部沿海地区一直是我国数控机床进口的主要地域，也是出口型企业较为密集的地区，三地合计占数控机床进口额一半以上。但近几年，随着我国中西部投资建厂增多，上述地区的进口占比呈现波动性下降。2013 年前 5 个月，上述三地数控机床进口更是以两位数的速度在下降，所占份额合计为 43.4%。

近几年，我国中西部经济呈现快速增长，连续 5 年国内生产总值增速超过东部地区。机床进口数据显示，2010—2012 年河南、四川、山西等省数控机床进口额成倍增长；2013 年开始，天津、河北也出现大幅上升，这些进口产品绝大部分是小型加工中心。其特点是批量大，进口来源地集中，单台价格不高，进口企业主要是为 IT 产业服务的代加工企业。从中可以看出，我国出口加工产业在向中西部转移。

随着我国经济发展由量的增长向质的增长转化，制造业各个领域都在加快产业转型升级，优化产业结构，努力提高经济增长的质量和效益。尽管当前我国工业经济运行形势未出现明显好转，相关行业固定资产投资同比增速仍继续回落，机床需求市场低迷状态还会持续一段时间，但伴随着各行业产品结构调整的深入进行，高精、高效、智能化、复合化机床的需求份额在市场总额中还将会继续增加。

〔撰稿人：中国机床工具工业协会李卫青〕

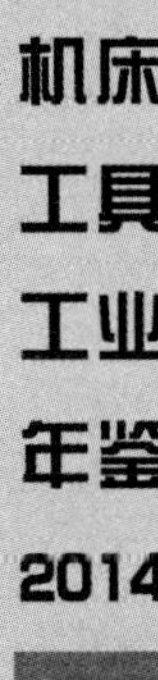

介绍机床工具行业先进会员企业的成功经验，优秀企业文化建设和发展规划

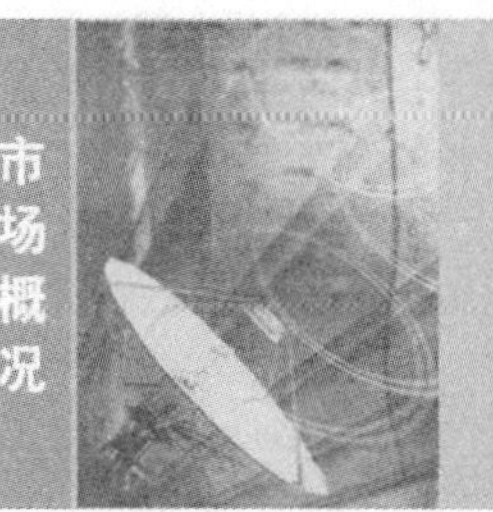

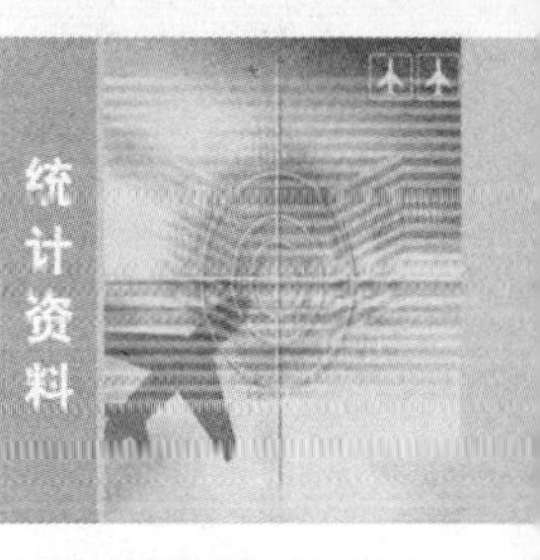

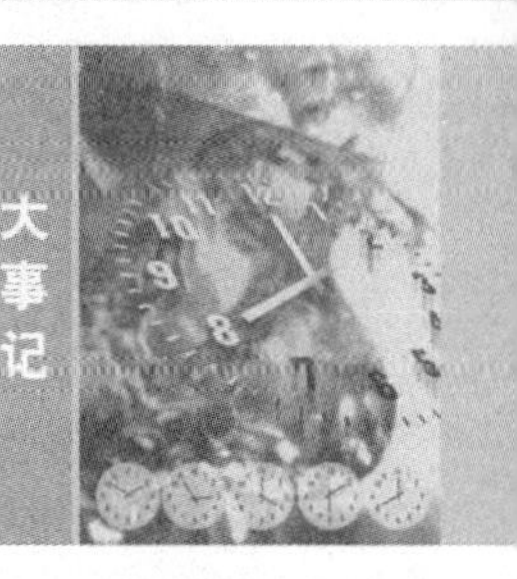

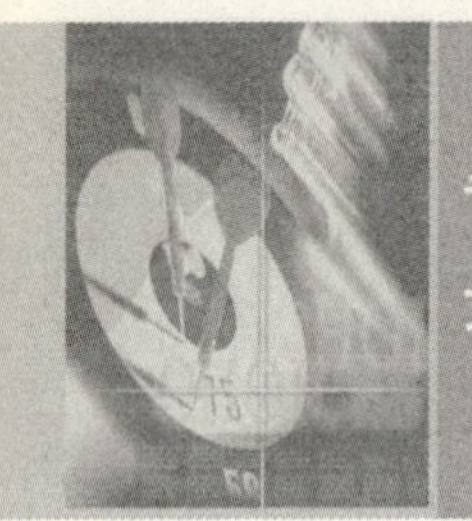

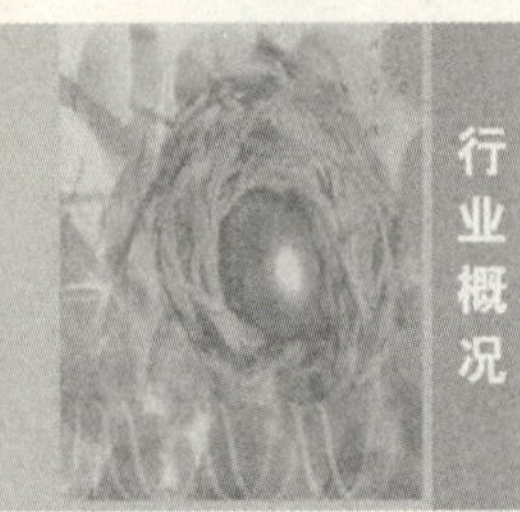

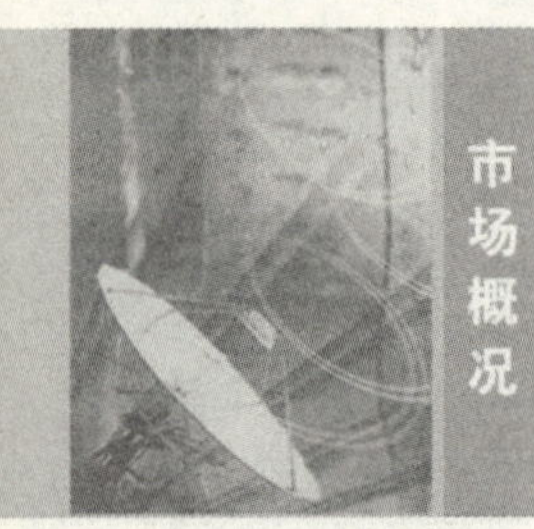

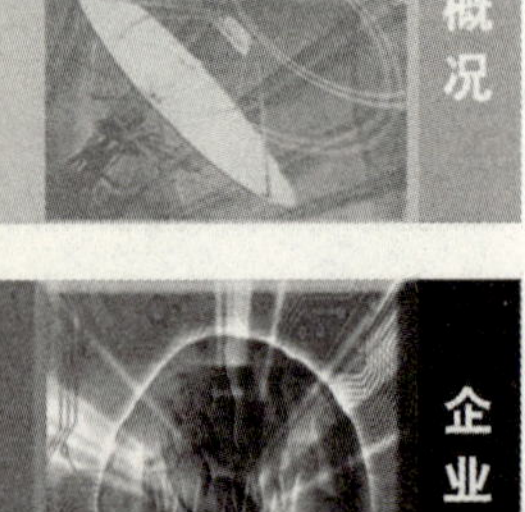

企业专题

先进会员企业专题

沈阳机床(集团)有限责任公司

沈阳机床(集团)有限责任公司是1995年通过对原沈阳第一机床厂、中捷友谊厂和沈阳第三机床厂资产重组后成立的大型企业集团。2004年以来,通过并购德国希斯公司、重组云南机床厂、控股昆明机床厂,目前已形成跨地区、跨国经营的全新结构布局。集团下辖三大业务群——沈阳业务群、昆明业务群、德国业务群,员工1.8万人。公司主导产品为金属切削机床,围绕车、钻、镗、铣四大切削工艺分八大类,65个品种,350种规格,形成多品种、大批量、广覆盖的产品系列。市场覆盖全国,并出口80多个国家和地区。

世界机床行业排名第一。根据国际权威机构——美国加德纳(gardner)公司公布的数据显示,沈阳机床集团机床销售连续3年名列世界机床行业第一位。

综合实力快速提升。自2002年以来,沈阳机床集团始终恪守"造福员工、回报股东、贡献社会"的企业宗旨,忠实践行"关爱员工、贴近客户、保证质量、履行承诺"的经营理念,积极推进企业的技术创新、管理创新,实现卓越经营,经济规模连续10年保持快速增长。

品牌影响力显著增强。2013年4月,集团公司董事长关锡友又被评为全国十大创新人物。2014年1月,沈阳机床荣获了2013中国创造力品牌;2014年3月,在《环球科学》公布的2013年度创新榜中,沈阳机床设计研究院被评选为2013年度最具影响力十大研发中心。近年来,沈阳机床集团获得首届中国工业大奖表彰奖,中国企业500强、中国大企业集团竞争力500强、中国最具价值品牌500强、中国制造业500强、中国机械工业500强、国家创新型企业、国家科技兴贸创新基地、全国国有企业十大典型等荣誉称号。并通过参加中国数控机床展、北京国际机床展、芝加哥机床展、德国EMO展等国际水平的展会,向世界同行及客户全力展示了集团全新的数控机床产品和经营服务理念,得到了世界机床行业的充分肯定和国内外媒体的广泛关注。

自主创新能力突破性进展。近年来,沈阳机床集团基本形成了以企业为主体、产学研结合、开放式的社会化创新体系,先后投入30多亿元资金,持续不断地自主创新,提升了沈阳机床产品的核心竞争力。研发力量集中在高档数控机床及其关键功能部件的突破上,由单纯技术攻关转向跟踪国家建设需求实施重点攻关。生产制造的产品向中高端数控机床、重大型数控机床方向发展,服务领域向航空航天、国防工业、造船、能源等重点行业核心领域和电子等新兴产业行业扩展,销往地区向德国、日本、意大利、美国等发达国家发展。

产品结构发生革命性变化。2013年,沈阳机床集团加大产品结构调整的力度,继续战略性退出普遍机床生产领域,集中力量突破高档数控机床及其关键功能部件,机床产值数控化率提高至61%,达到历史最高点。2013年,行业数控机床生产规模平均下降幅度为7%,而沈阳机床同比增长24%。中高档数控机床批量进入国家重点行业的核心制造领域,其中为汽车、交通运输、能源、国防军工、航空航天等行业提供的数控机床占数控机床总销量的70%以上。

沈阳机床全面启动产品升级工程,先后组建战略项目组和产品升级办公室,实行产品设计—制造—销售全过程联动式新的项目管理模式,取得初步成效。中德联合设计的VIVA T2/T4,在第二十届EMO国际展览会上亮相,受到高度关注。ASCA系列重大型产品完成三款世界级重大型产品的技术设计及首台样机试制,不仅攻克了重大型产品的关键技术难题,更掌握了德国的先进制造技术,实现"德国质量,中国制造"。

战略转型开创工业服务新模式。沈阳机床加速推进从传统制造商向工业服务商战略转型。2013年,沈阳机床在上海成立优尼斯公司,标志着一支"特种部队"将以全新的理念和行为对市场进行深耕,用产品全生命周期服务的理念,借助核心技术和金融工具为客户提供服务,从整体上掌握市场营销全过程,全方位满足客户需求。同时,大力开展增值业务,拓宽多元化经营赢利模式。优尼斯公司是沈阳机床实现转型升级的载体和集合体,开创了工业服务的新模式。目前,沈阳机床已分别在国内主要城市成立了31家特许销售中心、特约服务中心("4S"店),提供集产品展示、销售、配件服务、技术服务为一体的服务。

未来发展目标。目前,沈阳机床已经形成了在上海进行核心技术研发、在北京进行机床外形设计、在德国进行机床结构设计、在沈阳进行高端机床制造、在全球进行营销的全新发展格局。未来几年,集团将以创新作为企业发展的唯一驱动力,率先做大做强,代表中国一流,冲击世界一流,以资本及品牌经营为核心,实现产品结构、企业结构、经营结构的战略性大调整,大力提升研发和市场两个能力,以体制、机制创新为动力，以金融、数控机床核心技术为工具，加快市场体系建设，加快开展针对机床存量市场的“再制造”，向客户提供全生命周期的服务，推动企业从传统的机床制造商向工业服务商转型。到2015年，在沈阳形成继德国斯图加特、日本名古屋后的第三个机床制造核心区，成为机床市场的世界引领者，打造世界一流的创新型跨国公司。

〔供稿单位：沈阳机床（集团）有限责任公司〕

加快转型升级步伐　提升企业核心竞争力

——沈机集团昆明机床股份有限公司

2013年以来，在全球经济环境再平衡、国内经济总体放缓依然低迷的困难条件下，中国机床工具行业延续了近两年来的下行趋势，行业回暖待期。同时，机床市场需求结构发生了巨大变化，对机床行业产生了全面而深刻的影响，行业发展在结构调整、转型升级方面的特征更加明显。2013年前三季度，我国机床产品进口数量下降了25%，而进口机床平均单台价格却增长了24%，反映出国内机床市场需求升级，在进一步提高精度、效率、自动化、智能化、网络化的基础上，逐步向加工单元和尖端柔性制造系统过渡。2013年，是我国机床工具产业转型升级步伐明显加快的一年。在经历了两年多的连续下行压力之后，行业对转型升级的长期性和艰巨性有了更加深刻的认识。自觉调整、积极变革，已经成为绝大多数业内企业的主动选择。面对宏观经营环境的不利局面，公司在商业模式变革方面继续实施由产品制造商向工业服务商转型的战略举措。

一、公司产品创新

1. 传统产品优势

卧式铣镗床系列与数控落地镗铣床系列产品，是公司主营主打产品与核心产品。卧式铣镗床系列是公司传统产品，产品技术成熟，近年来公司力争该产品的升级换代。数控落地镗铣床系列产品研发成功后迅速成为商品，通过多年不断地进行改进、完善，并在五轴联动方面取得突破性进展，使产品的整体水平在国内处于领先水平。

2. 技术研发优势

公司拥有国家级企业技术中心，体现了公司在国家精密机床领域的比较优势和重要地位，对进一步加强公司技术创新，提高产品研发水平和产品市场竞争力，实现可持续发展将起到重要的推动作用。公司作为主承担单位在执行中的国家科技重大专项4项，“863”计划项目1项，参与国家科技重大专项4项，“863”科技计划项目2项。为充分发挥昆明机床精密制造技术优势，加快产品结构调整，缩短与国外先进水平的差距，昆明机床与德国希斯公司达成引进大重型、高精度、数控龙门镗铣床，数控立式车床及功能部件（铣头）系列产品专有技术，为昆明机床发展战略奠定了技术与产品基础。

3. 精密制造优势

“创为先，质为本，精为魂”，这是昆机精神的集中体现。近年来公司研发的THM46100高精度卧式加工中心是一种大转矩、高精、高速、高自动化、拥有完全自主知识产权的最新研发产品，指标达到世界先进水平。该机床能够在重载、大转矩的情况下高速加工，达到高精度，并应用了热变形、抑震等共性技术研究方面取得的最新研究成果，为机床的高性能指标、高可靠性提供了强力技术支撑。

二、公司发展战略

2014年，昆机将立足一个“变”字，全方位改善经济运行质量，快速提升品牌的市场竞争力。通过市场的进一步细分、产品的优化升级，实施差异化的市场战略，在以市场为关注焦点的产品线架构下，在新的公司组织模式的驱动下，迅速确立昆机产品的市场引领地位。

从外部来看，2014年经济社会发展的主要预期目标是：国内生产总值增长7.5%左右，着力提质增效升级，这是国家经济发展方式的重大调整。涉及整体经济环境，行业、企业必然需要积极主动的适应、调整。这样的调整伴随的是企业面临的市场压力和挑战会进一步加大。如何在这种市场倒逼机制中获得生存的机会和发展的空间，是企业需要面对的。

从公司内部来看，掌握企业经营动态，如何合理有效地进行战略资源规划及合理配置；如何进行结构性调整从而适应机床行业的发展趋势；以及如何在技术进步和管理创新方面有所作为，将成为决定企业能否成功转型的关键所在。

〔供稿单位：沈机集团昆明机床股份有限公司〕

转型领优势　创新促发展

——陕西汉江机床有限公司

2013年，国内机床行业延续了2012年的趋势，市场形势未见明显好转，企业面临的形势依然十分严峻。面对新变化、新未来，汉机公司以“质量和效益”为中心，坚持“转型升级，发挥特色制造优势；改革创新，促进经济效益提升”的工作方针，实施“责、权、利”高度一致的内部CEO运营模式，挖掘内部潜能，强化利润考核，着力对机床和丝导（丝杠、导轨）两大传统产业进行转型升级，对螺杆转子新产业进行优化重组，使企业在整个行业持续低迷的情况下，保持着健康平稳的运营态势。

一、提升自主创新能力，保持行业领先优势

作为高新技术企业，汉机公司大力培养科技创新人才，与多所高等院校进行产、学、研联合攻关，发力原始创新，在产业价值链高端深耕细作，不断推出适应市场需求的高新技术产品，荣获多项国家和省部级科技创新大奖。如：公司承担的国家科技重大专项课题研发的新产品2MZK7150数控周边磨床、GQ70×20五米空心滚珠丝杠获第七届国产数控机床“春燕奖”，“刀片周边磨项目组”被省国资委、省科技厅评为科技创新先进集体。在2013年举办的第八届中国数控机床展上，公司以SK7032数控螺杆转子磨床荣获中国机床自主创新十佳企业称号、新产品SK7720B数控蜗杆磨床获CCMT2014“春燕奖”。大型滚珠丝杠副应用于成都飞机制造公司等厂家，成功替代进口产品，得到用户好评，一系列技术创新成果巩固了企业在整个行业中的领先优势地位。

与此同时，汉机公司紧紧抓住国家实施科技重大专项的历史机遇，结合精密螺纹磨床和滚动功能部件两大传统产业的发展需要，积极申报并成功承担5个科技重大专项课题研究任务，有10余项高新技术成果获国家知识产权局实用新型专利，研制的大型重载滚珠丝杠副，其承载能力和钢球直径为国内滚珠丝杠副之最，达到国际先进水平；SK7032数控螺杆转子磨床获中国机械工业科学技术奖三等奖；SK7450十米数控丝杠磨床荣获陕西省科学技术奖，国家工信部装备司领导专程到公司调研，对重大专项执行情况给予了充分肯定。重大专项的实施，充分体现了汉机公司做为“国家队”的科研技术水平。

二、打造核心竞争力，增强企业持续发展动力

1. 机床产业优化升级，寻求突破

实施创新驱动发展战略，以用户工艺为先导，加大对高精高效螺纹加工技术、异形螺纹加工装备的改进及工艺研究，全面推进高精、高速、高效发展战略，着力发展自动化、智能化、成线成套产品。以客户为中心，根据用户对产品的个性化和定制需求，为其提供完善的工艺技术解决方案。

2. 丝导产业瞄准“标杆”，谋划超越

丝导产业聚焦高端价值链，通过对标管理工作，快速提升产业技术水平、生产效率和产品质量。树立精品意识，抓好产品外观和品质提升工作，研发和生产适应市场新需求的中、高端产品，提高市场竞争力。关注国内高成长行业，加大对铁路、军工、航空等新领域的市场开拓力度。

3. 积极拓展新领域，螺杆转子产业大有可为

依托精密制造优势，公司积极延伸产业链，拓展新领域，经过近年来高强度研发投入，螺杆转子产业已初具规模，正在逐步成长为公司新的经济增长点。目前，螺杆转子产业发展积极落实既定发展战略，研发高附加值产品，全力突破大规格、高精度螺杆制造设备方面的瓶颈，积极培育高端制造产能。

4. 深耕企业文化，引领企业健康发展

企业文化是推动公司转型升级的动力和源泉。公司充分认识企业文化建设的重要性，着力培育汉机公司核心价值体系。诚信为本、精益求精的企业精神不仅是推动汉机公司多年来发展的强大精神动力，更是企业和员工共同的价值标准。公司党政工团组织，围绕企业生产经营、转型升级和人力资源考核等重点工作，加强宣传和舆论引导，引导职工转变思想观念，积极参与企业各项改革。以建设“和谐汉机”为目标，全方位加强民生建设，以企业文化建设助推公司转型升级步伐。

面对新变化、新未来，汉机公司将坚持稳中求进、改革创新，以十八届三中全会精神为指导，抓住本轮经济改革机遇，确保企业持续健康发展。

〔供稿单位：陕西汉江机床有限公司〕

天水星火机床有限责任公司

星火机床前身是天水星火机床厂，1967年由沈阳第一机床厂迁建，是国家布局定点西北专业生产大型卧式回转车床的摇篮企业。2002年6月，改制设立天水星火机床有限责任公司。1999年至2013年间，公司销售收入增长近100倍，在机床工具行业排名从46位上升到第5位，跨越式发展模式被业内誉为“星火现象”。

公司先后收购法国索玛公司、意大利高嘉公司、参股德国亨利安公司等，在欧洲建立了销售、研发中心，形成了以机床业务为主，试验机、传动件等业务为辅的跨国经营集团公司。

公司技术中心被认定为国家级企业技术中心。企业被认定为高新技术企业，拥有授权专利172项，其中发明专利36项，先后承担了国家高科技研究发展计划“863”重大课题项目、火炬计划、科技兴贸计划、技术创新计划、重点新产品计划、第八批国债项目、第十批国债项目、信息化优秀倍增计划、国家科技支撑计划、国家数控机床重大专项等攻关项目。研发的新产品多次获国家和省部级科技奖励。

公司先后获国家首批创新型企业、全国企事业知识产权示范单位、全国“五一”劳动奖状、国家引进国外智力示范单位、标准化良好行为企业、全国学习型组织中国优秀组织奖、全国机械工业500强企业、全国就业先进单位、甘肃省人民政府质量奖，中国机床工具工业协会自主创新、综合经济效益、精心创品牌活动、产品销售收入十佳企业。

公司产品性能、质量和可靠性明显高于同行业其他品牌产品，在经销商与消费者中形成了良好的口碑和忠诚度。公司“SPARK”商标被认定为中国驰名商标，SPARK牌数控

车床被授予中国名牌产品。

目前,公司产品向大车、大磨、大铣方向发展,主要有四大系列:

(1)车床系列。大型数控卧式车床、大型卧式车床、大型数控轧辊车床、普通型轧辊车床、大型数控端面车床、普通型端面车床、重型卧式车床、重型数控卧式车床、超重型卧式车床、超重型数控卧式车床,双柱立式车床、数控管子车床、数控球面车床、大型数控落轮轮对车床、落轮车床。

(2)磨床系列。大型数控轧辊磨床、大型精密轧辊磨床、大型数控外圆磨床、大型数控曲轴磨床、油田工具磨床、车轴磨床。

(3)镗铣床系列。大型龙门铣床、大型落地镗铣床。

(4)其他产品系列。车削中心、多轴联动加工车床、剪板机、试验机、大型数控超精密菲涅尔透镜加工设备、自动精密低压铸造机、精密传动部件(齿轮、齿条、减速箱)等。产品覆盖全国各地,销往全球40多个国家和地区,广泛应用于航空、航天、汽车、机车车辆、汽轮机、军工、石油、冶金、造纸、新能源等行业,多数成为国家重点发展领域必不可少的关键加工设备。

公司技术力量雄厚,研发能力强。公司发起组建甘肃省数控机床产业技术创新战略联盟、甘肃省数控机床工程技术研究中心,还在法国、英国、意大利设有研发团队。

目前,公司承担的国家科技重大专项主要有:①航空精密加工数控车床,研发列入2009年国家科技重大专项;②大型精密车铣复合加工中心,研发列入2010年国家科技重大专项;③大型立式微结构超精密加工设备,列入2011年国家科技重大专项;④高精度数控转子车床,列入2013年国家科技重大专项。

为了落实国家关于关中－天水经济发展规划中全国先进制造业重要基地战略定位和装备制造业重点发展数控精密机床、数控重型机床的设想,为公司长远发展奠定基础,公司重点投资建设天水星火机床数控重型机床循环经济产业园项目。项目总投资20亿元,其中固定资产投资17亿元,铺底流动资金3亿元;总占地面积约713 247m^2(1 069.87亩)。

星火机床确定的长期目标:做强做大,打造世界一流企业,到2020年公司进入世界金切机床18强行列。同时,谋求星火机床上市工作,通过市场融资获得资金支持。

做强企业:立足机床主业,以欧美一流机床为目标,重点发展数控机床、重型机床、复合机床,从点(个别机床)到线(单系列机床)到面(多系列)再到体(各类机床),实现造世界一流机床的理想。

做大企业:“十二五”目标是:公司主要经济指标增长高于机床行业增长率2倍。把公司打造成为具有国际竞争力的跨国经营集团。

公司将以“星火机床的每一点进步成为中国机床的进步”为使命,通过打造中国数控机床生产基地,落实关中－天水经济发展规划中全国先进制造业重要基地经济区战略定位,为中国数控机床全面升级换代,引领国内行业潮流,促进区域经济发展做出应有的贡献。

〔供稿单位:天水星火机床有限责任公司〕

优秀企业专题

团结一心　创新发展

——北京市电加工研究所

2013年,北京市电加工研究所(简称研究所)认真落实重大专项课题研究,积极申报新的国家科技重大专项课题,推进产业化发展,继续在超硬材料特种加工、精密数控、精密工模具等领域保持国内技术领先地位,推进成果产业化发展取得新进展。

一、主要工作完成情况

2013年研究所密切结合国家及北京市发展要求,针对航空、航天、能源、军工等领域重点需求,在电火花加工技术领域开展创新研究与开发活动,取得了多项科研成果,推动了我国电火花加工装备制造行业的可持续发展,提升了整体创新能力。

1. 创新工程项目进展顺利

创新工程是研究院为支持转制所的发展而设立的。研究所一方面认真落实创新工程2013:航空发动机高精密零件电火花微细加工技术及装备研究项目,积极协调设备采购、机床装配、调试等工作,最终确保了创新工程项目的设备验收工作顺利完成。在落实2013年创新工程项目的同时,研究所从发展实际出发,申请了2014年度创新工程

Ⅱ-3:航天发动机大深径比微小孔超精密电火花加工装备系统集成研究项目。

2. 完成了“超精密特种加工装备制造方法研究服务平台建设”财政项目年度绩效考评工作

该项目涉及金额较大,且绩效考评涉及内容繁杂,准备材料的时间非常有限。研究所科研、财务人员相互配合,顺利完成了该项目的年度绩效考评工作。

3. 在研2011年04国家重大专项课题已近结题

研究所承担的2011年04国家重大专项子课题“四工位电火花加工喷孔专用机床”的技术研发难度是重大专项十个子课题中难度系数较大的,课题研究的倒锥孔加工技术。为完成项目研究,研究所科研人员攻坚克难、深入钻研,攻克了精密微细倒锥孔加工系统、精密微细加工电源等核心技术,完成了四工位精密微细倒锥孔电火花加工机床的性能调试、装配、发货、现场装配及调试工作。课题形成了自主知识产权,已经具备了结题验收的条件,为今后承担国家重大专项奠定了很好的基础。

4. 积极申报2014年04国家重大专项课题

国家科技重大专项是我国近年来重点投入的科研产业化项目,是各重点行业发展和关键技术攻关的有力推动力量,也是企业增强研发能力的宝贵契机。针对我国航天重型运载火箭发动机大型带叶冠整体式涡轮盘、带叶冠导向环和喷嘴叶栅环及航天控制系统中电液伺服阀、速率陀螺仪等尺寸小、材料特殊、微米级精度等关键零件的制造需求,2013年5月,研究所组织申报了2014年国家科技重大专项航天复杂零部件超精密微细电火花加工装备与技术的研究项目。项目金额总计4 500万元,其中,国拨经费近1 200万元。该项目研制成功后,既可为航空、航天行业解决困扰已久的高端新技术核心组件的制造瓶颈,又可促进航空、兵器、微电子、医疗等国防与民用领域的新技术发展。

目前该项目已经进行了项目研究的基础准备工作,通过调研、听取专家意见,已经形成了大机床研制方案三种,形成全浸液转台方案两套,其中一套完成了结构设计和工程图绘制工作。形成了改进R轴方案两套,并完成了结构设计。各项设计工作正在稳步推进。

5. 完成了北京市科委高效智能五轴联动精密数控电火花成形加工机床工业设计项目

为改善高端机床设备的整体外观形象,研究所在市科委的支持下,开展了高效智能五轴联动精密数控电火花成形加工机床工业设计项目。通过该项目,研究所的N850型精密数控高端机床设备整体外观形象得到改善,下一步将进行实际的外观改造。

6. 积极推进科技成果落地转化

借助2009年国家科技重大专项“特种材料复杂型面加工的五轴联动精密数控电火花成形机床”、国家863计划“五轴联动精密电火花加工技术与装备”和市科委双十计划“整体叶轮电火花加工技术的研究及应用”项目的研究成果,研究所对特殊材料、复杂型面结构、五轴联动精密电火花加工技术等方面的成果进行了新的开发和应用。

在特殊结构方面,通过对整体闭式叶轮电火花加工技术研究,积累了设计及加工经验,为整体叶轮的高效、高精度加工提供了理论及实践依据,实现了稳定可靠的加工,解决了大扭曲整体叶轮无法进行机械加工,而电火花加工周期长、缺乏专用软件的难题。研究所研制完成的透平压缩机、发动机用整体闭式叶轮,解决了国防重大项目关键技术的瓶颈问题,打破了国外的技术垄断,促进了国家国防重要基础设施建设。目前已完成11种特殊结构件的工艺技术攻关,直接经济效益约170万元。

在特殊材料方面,为满足航空航天轻量化、大推重比的高质量发动机技术发展,为解决不断出现的新型材料的加工难题,目前已完成19种特殊材料件的工艺技术攻关,直接经济效益约80万元。

研究所承担的2011年04国家科技重大专项“电控共轨柴油喷射系统制造技术与关键装备的研发及应用”项目的子课题“四工位电火花加工喷孔专用机床”研究,经过应用验证,加工后的共轨喷油嘴满足使用要求,各项指标与进口同类先进设备相当,课题成果达到国内领先水平。目前,利用项目研究成果和研制的关键功能部件,已完成了上千只喷油嘴零件的加工,同时拓展了诸多领域应用。该项目成果可以促进精密制造技术在汽车、内燃机、燃油喷射行业的创新发展,促进汽车、机床、内燃机三大行业的产品转型升级和精密制造技术的更新换代。

7. 科研成果申报奖项

2013年4月,研究所荣获中国机床工具工业协会先进会员自主创新十佳企业奖,自主创新十佳企业的评审标准主要是考察企业获得国家科技进步奖、省部级技术创新奖、企业研发投入等情况,而此次评审的标准重点落在成果应用、是否突破关键技术、是否替代进口等方面。能够获得自主创新十佳企业是对研究所持续走自主创新之路的肯定,也是鼓励和鞭策。研究所整体闭式叶轮电火花加工技术的研究项目获批2013年度北京市科学技术研究院优秀科技成果之一。此外,全年申报专利6项,获批5项。发表论文11篇,2篇被SCI/EI/ISTP收录。编辑出版了《纪念建所三十五周年优秀论文集》,共收录文章49篇,计358页。

二、着力加强人才体系建设

一是,加大了高端人才的引进力度,为科研事业培养后备人才,解决人才储备不足、人才结构不合理问题。积极与各高等院校建立密切联系,关注重点专业的优秀毕业生,加强沟通联络,打通人才招聘渠道,招收我所科研团队所需的科研人员。

二是,积极创建学习型研究所,加强培训教育工作。研究所通过举办行业专家讲座、内部技术分享、观看音像资料等形式组织员工集中培训,先后开展了以“四新”即新材料、新设备、新工艺、新技术为主要内容的技术培训、财务专业培训、岗位专业培训等各类培训33次,

三、行业技术交流情况

1. 积极参与国际交流

2013年4月9—12日，第17届国际电加工会议（The 17th International Symposium on Electromachining, ISEM - XVII）在比利时鲁汶大学召开，研究所高度重视国际交流与合作，特委派研究中心副主任刘建勇博士参加大会，并在会上宣读了论文。

第17届国际电加工会议由国际生产工程研究院（CIRP）学术授权，由比利时鲁汶大学承办。会议主要围绕电火花加工、电化学加工、线切割加工、微纳特种加工、高能束加工、快速制造、加工过程建模与仿真等专题展开交流。来自全球19个国家和地区的近160名专家和学者参加了会议，研究所是参加此次行业内全球最高学术会议的唯一一家中国企业。

为锻炼培养年轻的科研骨干，研究所推荐科研人员的代表刘建勇博士参加了在英国华威大学举办的国际化创新与科技管理培训。通过培训，使科研人员开阔了视野，增长了知识，提高了能力。

2. 加强行业交流

全国特种加工学术会议是我国特种加工领域的最高级别学术会议，研究所组织科研人员参加了第15届全国特种加工学术会议，发表并宣讲了学术论文多篇，很好地展现了研究所科研人员的风貌及科研水平。研究所参与了中国机床工具工业协会分行业产业升级研究“数控电加工机床产业升级的研究”课题研究工作，完成了《数控电火花成形机床产业升级调研报告》和《数控电火花成形机床产业升级研究报告》。

研究所承担着行业标准的制修订工作。2013年参与了企业标准的编制、备案和实施3项工作；组织了由国家机床质量监督检验中心对AA50五轴联动精密数控电火花成形机床、MH10 - 4微孔电火花加工机床、B30E精密数控电火花成形机床的检验工作，并取得检验合格报告。

四、产品开发注重市场需求，产品服务注重用户满意

众所周知，科技创新的目的是将成果形成产业服务于社会。在产品开发过程中，必须研发市场需要的产品，并瞄准世界先进水平，生产用户放心的产品。北京市电加工研究所随着体制改革，按不同产品和研究方向，成立了7家股份制公司和5个实验室，在产品开发和用户服务中追求专注、合作、共赢。

北京迪蒙数控技术有限责任公司 北京迪蒙数控技术有限责任公司是北京市电加工研究所旗下的控股实业公司，成立于2009年5月，依托强大的科研、人才优势，同时引进、消化、吸收国际先进技术，本着不断追求卓越的创新精神，持续产业化了具有完全自主知识产权的精密数控电火花成形机床系列产品。

凭借完全掌握的产品核心技术和优质的产品服务过程，为客户提供系统的电加工成形制造业务解决方案。面对国内外竞争对手，产品质量与核心技术不断提升，产品规格齐全，工艺服务完善。目前已经成为国内精密数控电火花成形机床的主要设备制造商。

该公司生产的A系列、B系列精密数控电火花成形机床产品，凭借完全掌握产品的核心技术、优质的销售服务过程，为客户提供高性价比的产品解决方案，产品整机的加工性能，包括机床精度、最佳表面粗糙度、最小电极损耗、五轴五联动、专家工艺数据库等性能指标，已达到国际同类先进机床的水平。

该公司拥有国内特种加工行业内实力最强的重点实验室，目前最新研制成功的搭载五轴五联动电加工系统的系列产品，已成功投放市场并一举打破国际市场的技术垄断，创造了巨大的社会效益。

北京迪蒙特佳工模具技术有限公司 公司利用研究所获得的国家发明二等奖、日内瓦国际新发明银奖的聚晶金刚石电火花加工技术专利技术，近年来在精密特种加工技术方面取得了令人瞩目的成绩。研制开发了具有国际先进水平的超硬材料加工工艺及成套专用设备，使超硬材料拉丝模具、刀具以及聚晶金刚石复合片、石油地质钻头的加工变得轻而易举，使得用普通电加工机床无法实现的加工难题迎刃而解。以工业金刚石拉丝模具的制造为主线研制的成套加工设备有：BDMT - CBZ型半自动超声波整形机、BD-DC型电火花 - 超声波复合抛光机、BDC型超声波微孔研磨机、BGXP型单头高速线抛光机、BDMT - XP型多头高速线抛光机、BDCX - 100B型超声波清洗机、BDMT - XP型多头高速线抛光机、DMT - SS熔蚀型电缩丝机、BDMS - Ⅱ型拉丝模双目体视显微镜检测仪、BDSJ型电/气动试丝机以及磨针机和测量角度板。以工业金刚石、立方氮化硼、金属陶瓷刀具和砂轮专用设备为主线，相继开发901、902、903、904四种精密专用磨床，形成系列产品，填补了国内PCD刀具高端专用磨床的空白。精密电火花机械复合工具磨床是制造高精度金刚石、金属陶瓷及硬质合金刀具的专用机床，它不仅具有机械磨削的功能，还增加了电火花放电加工的功能，既能提高加工速度，又可以降低金刚石砂轮磨损，达到降低刀具生产成本的目的。四种精密专用磨床，分别对应市场中高档PCD金切刀具、木工专用刀具和高精度金刚石砂轮的生产需求，该公司已成为国内唯一可以为PCD刀具生产提供全方位一次性解决方案的单位。该公司还拥有国际一流的拉丝模具和刀具生产线，拥有国际一流的拉丝模具检测仪器（挪威Conoptica公司产CU10型拉丝模激光孔形测定系统、英国产BETA型激光测径仪等），生产“迪蒙特佳”品牌的高品质工业金刚石拉丝模具、各种超硬材料刀具和复合片整形抛光。20多年以来，凭借综合技术实力，为众多用户提供了交钥匙工程，建立了拉丝模具、刀具生产线，解决了技术难题，产品与服务遍及国内29个省市自治区、香港和台湾地区以及美、法、日、印、泰等国家。

北京迪蒙卡特机电设备有限公司 公司是专业从事电加工机床研发和制造的大型生产企业，具有较强的电加工专业技术研发能力和生产制造能力。该公司在北京顺义工业园区建有占地面积3万m^2的现代化生产制造基地。该公司现已形成数控高速走丝电火花线切割机床、数控电火花成形机床和高速电火花小孔加工机床等三大系列30多个品种的数控电加工机床的批量生产能力。CTW 系列线切割机床吸收了国内外机床的特点并根据用户要求而设计制造,具有造型美观、结构新颖、性能优越、操作方便等特点。CTM 系列数控电火花成形机床是该公司研发的升级换代产品,该产品采用先进的日本控制电路和高频电源,关键件均为进口配置。CTW 系列数控高速走丝电火花线切割机床顺利通过中华人民共和国出入境检验检疫局的监督检查,获得出口企业升二级的资质。目前,该公司已在欧洲和南美市场建立销售服务网络,开启了走向国际市场的新旅程。近几年在高教司和财政部联合举行的全国 150 个教学实训基地的项目招标中脱颖而出,多次中标达数千台。公司始终把握市场差异化原则,突出自己的特点,发挥质量、精度、价格、服务的优势,扩大市场份额,近几年承接军工企业订单越来越多。

五、2014 年工作重点及工作思路

(一)进一步加强团队建设

继续加大高端人才的引进力度,提升科研创新团队的研发实力。大力培养科技领军人才,不断提升创新能力。加强对外合作与交流,整合优势资源,促进研究所发展。

(二)抓好科研创新,提升自主创新能力

一是加强重点实验室建设,扩大实验室规模,提升装备水平,申报北京市重点实验室。积极参与院地合作与国际合作,大胆引进高端科研人才,提升实验室的研发水平,多出成果,提升自主创新能力。二是扎扎实实落实好 2014 年国家科技重大专项课题研究。三是积极申请国家自然基金、北京市自然基金等项目,为实现跨越式发展奠定研发基础。

(三)加强制度建设,完善基础管理

针对基础管理薄弱问题,2014 年要加强建章立制工作,加快制度修订,完善基础管理,用制度管权、管事、管人,按制度办事,提升科学化管理水平。

(四)大力推进科技成果产业化

坚持研究所与公司共发展,围绕企业做大做强,积极推进技术成果转化与市场应用的对接,拓宽应用领域,扩大市场份额。大力提升科技创新能力、促成科研成果转化。

〔供稿单位:北京市电加工研究所〕

成长中的“北一电”

——北京第一机床电器厂有限公司

北京第一机床电器厂有限公司是原机械工业部机床工具行业 12 家重点企业之一,1958 年建厂,2002 年改制为有限公司。企业占地面积 2.1 万 m^2,建筑面积 2.2 万 m^2,主要生产设备 61 台。公司坚持“以质量树信誉,以创新促发展,以诚信拓市场,以名牌创效益”的办企业宗旨,始终坚持诚实守信办企业,积极创建“用户满意企业”,不断创造更好的经济效益和社会效益。

一、发展情况

公司主要产品有各类行程开关、微动开关、控制按钮、光电开关、接近开关、交流接触器、光栅数显装置及电磁离合器等 35 个系列近 1 200 个规格品种的电器产品,主导产品是各类行程开关(包括各类组合行程开关)和微动开关。公司自行研制的 LXK3 系列行程开关和 LXZ1 系列高精度组合行程开关都曾荣获过北京市科技成果奖、“用户满意产品”称号。LXP1(3SE3)系列行程开关是公司从德国西门子公司引进的具有当代国际先进水平的电器产品,推出后,得到广大机床行业厂家的广泛采用。公司产品 100% 在国内销售。公司年生产能力为 75 万件,产值 2 500 万多元,年上缴国家利税 400 万多元。产品畅销全国 30 多个省市自治区及随整机配套出口近二十多个国家和地区。公司具有一批行程开关等电器产品设计开发方面的科技人员,在新产品研制和开发方面具有较高的技术能力。公司集五十年生产制造经验,行程开关、微动开关等产品质量在国内同类产品中名列前茅,产品受到用户广泛好评,并多次荣获省部级的奖励。企业近几年通过技术引进、消化吸收,不断推出一批具有国际先进水平的产品,根据城市轨道交通及航天技术领域发展需要,公司正开发专用微动开关等产品,逐步扩大公司产品覆盖领域,为企业持续健康发展打下良好基础。为进一步加强质量管理工作,公司 2000 年开始贯彻 ISO9000 标准,并且认真做好各项基础工作,领导带头学标准,贯彻标准,克服经验管理、粗放管理的片面做法,从而使质量管理工作更加科学化、系统化、数据化,扎扎实实做好质量管理基础工作。公司于 2000 年通过 ISO9000 质量管理体系认证,2003 年初又通过 ISO9001:2000 质量管理体系认证的换版转化工作。在贯彻质量体系认证的工作中,公司始终以“电器产品精益求精,技术创新质量上乘,供货及时服务周到,持续改进顾客满意”的质量方针为宗旨,几年来质量管理水平逐步提升,用户满意率高,用户投诉率低。公司于 2001 年 3SE3 行程开关、LXZ1 组合行程开关通过 CE 认证之后,根据国家强制认证的要求,公司于 2003 年电器产品全部通过 3C 强制认证。

二、资质及获奖情况

1. 体系认证情况见表 1。

表 1 体系认证情况

体系名称	认证机构	颁证日期
质量管理体系认证证书	北京中安质环认证中心	2005.10
中国国家强制性产品认证证书	中国质量认证中心	2010.10
欧盟 CE 认证证书	北京高效机械技术有限公司	2007.03

2. 信用评级

2010 年 5 月获得由中国机电产品流通协会评定的"2010 年度行业信用评级 AA 级"证书，有效期至 2013 年 5 月。

3. 企业获得奖项

企业获得奖项见表 2。

表 2 企业获得奖项

获奖名称	认证机构	颁证日期
2013 年北京市产品评价中心产品质量创新贡献奖，产品质量奖优秀奖	北京市产品评价中心	2013.11
统计工作先进单位	北京市海淀区统计局	2011.12
北京质量诚信企业	北京质量协会	2008.11
2005 年度守信企业	北京市工商行政管理局	2005.12
质量技术二等奖	北京质量协会	2007.12
北京市优质产品	北京市产品评价中心	2011.11
全国用户满意产品	中国质量协会，全国用户委员会	2007.12

〔供稿单位：北京第一机床电器厂有限公司〕

开拓进取

——桂林机床电器有限公司

一、公司概况

桂林机床电器有限公司始建于 1966 年，1998 年由国有企业改制为有限公司。公司为中国机床电器标准化技术委员会副主任委员单位、中国机床工具协会常务理事单位及机床电器分会副理事长单位、中国低压电器专业委员单位。公司是集研发、生产制造和销售于一体的广西高新技术企业，是中国机床电器行业重点骨干龙头企业之一。

公司有员工 470 人，拥有国务院特殊津贴专家 2 人，广西优秀专家 2 人。董事长是全国知名电器专家，教授级高工，中国机床工具工业协会机床电器分会副理事长，获国务院政府特殊津贴专家、广西优秀专家、桂林首届十大杰出创新人才等荣誉。

公司产品涉及机床电器、低压电器及家用电器等。主导产品为空调接触器和墙壁剩余电流断路器，产品实现了对国内所有大空调企业包括格力、海尔、美的、奥克斯等著名企业配套使用，空调接触器连续多年在中国市场占有率最高、品种最多、产量最大。公司产品获得国美、苏宁、五星电器等国内著名大型电器销售商的大量采购和推广。

公司是 1996 年桂林首批通过 ISO9001 质量体系认证，2010 年 4 月通过 ISO9001:2008 换版认证企业。

公司所有产品均通过 3C 安全认证，众多产品还获得德国 TÜV、CE、CQC 以及美国 UL 安全认证。

二、公司"十二五"创新、产品研发、技术改造情况

"十二五"期间，公司加大了新产品开发和技术改造力度，取得了很好的成绩。

（1）投资 1 100 万元，进行企业技术中心能力提升建设，研发和制造一批高精度、长寿命的自动级进模具和专业工装；购置生产、检测及试验自动化专业仪器设备，购置环保 RoHS 检测专用设备，确保产品质量的提高及规模化生产的进行。购置包括 2 台剩余电流断路器自动检测设备，1 台化学处理设备，6 台断路器检测试台，15 台计算机等生产、检测及试验自动化专业仪器设备共 104 台。大大提升了企业的试验、检测及研发能力。

（2）成功研发出了具有国内先进水平的新型接触器、新型墙壁安装的剩余电流断路器、新型移动式剩余电流断路器等共 9 项新产品。新产品具体为：GB1－10L、GB1－16L、GB1－32L、GB1－40LGD、GB1－32LB、GB2－63L、GB3－10LC、GB3－16LC、GC4。且全部获 3C 证书。

（3）实施产学研合作，联合桂林电子科技大学共同研发交流接触器振动噪声性能在线检测系统，联合成都机床电器研究所共同研发抗干扰高灵敏度新型漏电线路模块。

（4）立项技术攻关，解决了金属铜件六价铬零含量问题。购置 RoHS 检测专用设备，对零件材料进行严格监督，使公司产品都能达到客户提出的高于欧盟标准的 RoHS 环保要求。

（5）积极进行专利申报，期间共获得 5 项专利授权。

（6）产品获 4 项广西壮族自治区科技奖，3 项桂林市科技奖，单独主持起草并正式发布行业标准 1 项。

三、市场开拓、用户服务、创品牌建设情况

公司抓住接触器产品的广泛适应性特点，在机床电器产品萎缩时积极拓展市场，重新开辟空调专用接触器市场。经过几年的努力，公司接触器产品已被众多空调厂商接受并认可。国内知名的空调厂商格力、海尔独家配套该公司的接触器产品，美的、志高、春兰、奥克斯、海信、科龙等均大量使用该公司的接触器产品。据不完全统计，该公司的接触器产品国内市场份额占 70% 以上，成为空调接触器行业领军企业。

公司立足空调行业自主研发了国内先进水平的墙壁剩

余电流断路器，开辟了新的市场。目前该公司在全国有200多家经销商，年销售剩余电流断路器近200万台。苏宁、国美、五星电器等大型家电卖场，以及格力、海尔、美的、春兰、志高、奥克斯、长虹、三菱电机等知名空调企业均在售后渠道广泛推荐使用该公司的剩余电流断路器产品，取得了较好的市场成绩。

公司重视产品质量，不合格产品很难出厂，因此该公司产品的售后返修率很低。格力董事长董明珠曾讲过：最好的售后服务就是没有售后服务，任何售后服务都意味着产品质量的不达标，势必给消费者增加麻烦。因此从源头抓起，尽量减少售后保修服务是该公司的目标。同时，为获得更好的用户体验，该公司优化物流体系，通过整合物流资源提高了物流效率，准时发货率100%。该公司定期安排技术人员进行回访，对客户使用中的问题及用户对产品的意见和建议进行记录，用于改进现有产品或开发设计新产品。

品牌建设：品牌的根本在于产品而不在于宣传。宣传仅是品牌建设的一部分，核心还在于产品性能和质量的提升。该公司产品充分验证了这个道理，其产品广告投入远低于行业平均水平，而“桂器”品牌在空调行业几乎无人不知，靠的就是对产品性能的把握。因为公司产品性能卓越，产品某些指标远超国内知名企业产品指标，部分指标连世界著名品牌都无法达到。正因为有这样卓越的产品性能，在空调行业内形成了良好的口碑，同行之间的传颂是可靠度传播的最好广告。

四、节能环保

公司污水每年委托环保局监测两次（均达到GB 8978—1996《污水综合排放标准》三级标准），所产生的污泥（废渣）按环保有关要求专存于危废库且按危废物处理法规要求，委托有资质的单位（广西柳州金太阳公司）进行处置。为创建花园式工厂、减少周边环境的污染，公司2012年初进行清洁生产审核，通过清洁生产取得经济效益488 949.8元/年，环境效益和其他效益：年节电162 756kW·h，减少废弃实验消耗品12 000台、有毒有害原辅料使用13 400kg/年、废水排放量5 000t/年、危废物产生700kg/年。经过清洁生产审核，该公司于2012年底彻底取消了电镀，2012年12月27日通过了清洁生产审核专家组验收。由于清洁生产审核工作突出，2013年获得清洁生产审核通过正式文件，并获得桂林市节能减排专项资金奖励2万元。

五、人才培养

现代企业竞争，人才是关键。公司一向重视人才建设与培养。

为了使人才的培养与公司发展相适应，保证人才的合理科学新老交替，该公司制定了《公司五年人才发展规划》，并实施人才梯队建设。通过人才梯队建设，使一批年富力强素质高、能力强的员工得以成长，为后备人才储备打下了基础。

人才的内部选拔和外部引进。对一些重要岗位，上至公司层领导、下至班组长，采取公开竞争内部选拔，同时积极通过外部引进的方式，及合作交流等灵活形式引进高层次紧缺人才和技能人才，来满足公司的人才需求。

完善人才教育培训体系，不断提高员工的素质。针对不同岗位的特点，采取不同的培养模式。如对管理岗位员工，主要强化创新管理、能力建设与培训，注重提高其领导能力、组织能力和执行能力，切实提高团队竞争力；对工程技术人员，以提高新技术、新工艺的应用能力和创新能力为培训重点；对生产操作人员，实施以师傅帮带、提高职业技能为主的岗位培训。同时通过开展各种形式的岗位练兵，岗位培训，技术比武等活动，发现和选拔高技能人才，促进职工在岗位实践中成才。

六、企业先进模范人物事迹

1. 周泰武同志主要业绩。是公司董事长，清华大学电机专业毕业，教授级高工，广西优秀专家，享受国务院政府特殊津贴专家，获桂林市首届十大杰出创新人才荣誉称号，中国机床电器行业协会副理事长。

周泰武同志是全国知名电器专家，40多年来，一直从事各种电器的设计与研发，设计开发、组织试制成功的电器新产品有20多种，其中部分经鉴定达到国内或国际同期先进水平，累计创利税几千万元以上。

该同志自1985年任厂长（董事长）近30年以来，内抓技术开发、质量与管理，外抓市场，实现了公司年年盈利。成功主持引进了德国西门子公司先进制造技术，狠抓质量，在桂林市首批通过了ISO9001质量体系认证，抓住机遇，在桂林市首批试点成功实现企业改制；1996年以来，带队数百次走访、攻关国内各大空调企业市场，以具有自主知识产权的、高性价比，低售后反馈率的空调接触器新产品，战胜了国内外一系列强大竞争对手，成功实现了对包括格力、海尔、美的在内的国内各大空调企业的配套供货，公司连续十几年成为我国产量最大的空调接触器制造企业。近几年来，以具有自主知识产权的国内外首创的墙壁剩余电流断路器新产品，引领国内市场。该产品迅速得到格力、美的、海尔等厂商的认可、配套或采用，同时得到苏宁、国美等各大电器商场的采用和推广，获得了显著的经济和社会效益。

周泰武同志在全国性刊物发表十几篇论文和译文，参加编写了《低压电器设计手册》部分篇章，起草编制热继电器部行业标准，参与设计申报专利共31项，其中以第一设计人申报并获得专利15项。

2. 李文礼同志事迹。李文礼同志为该公司总经理，1992年毕业于上海交大，从基层技术员做起，历任中心试验室主任、技术科长、技术副总经理，现任总经理。获国家人才工程“千人计划”人选、“十百千”人才工程第二层人选、广西壮族自治区优秀专家等光荣称号。主持参与研发的3UA50、3UA52、3UA54、3UA59热过载继电器、JRS3—180热过载继电器、CJX9B—25S双极交流接触器获国家级新产品成果奖；GB1—32L剩余电流断路器获广西壮族自治区科技进步奖二等奖、广西壮族自治区新产品成果奖二等奖、桂林市科学技术进步奖二等奖；CJX9B—25S/D交流接触器获广西壮族自治区新产品成果奖二等奖等。编写起草行业标准JB/T 11153—2011《单极和双极交流接触器》、JB/T 3909—1999《机床热过载继电器》、GB/Z 22200—2008《小容量交流接触器可靠性试验方法》。参与申请的专利共26项，其中以第一设计人申报并获得专利6项。

该同志为全国切削机床标准化技术委员会分技术委员会（SAC/TC22/SC12）副主任委员、中国机械工业科学技术奖评审委员会网评专家、桂林市工程类中级系列职称评审委员会评审专家。

〔供稿单位：桂林机床电器有限公司〕

志存高远 铸就中国海天之梦

——锐意进取的海天精工

一、企业基本情况

宁波海天精工股份有限公司（以下简称海天精工）是数控机床的专业制造厂，国家级高新技术企业，信用等级AAA。

该公司凭借良好的信用、雄厚的技术实力、过硬的产品质量和良好的售后服务，在国内市场的产品份额逐年稳步上升。该公司近三年销售增长率为79.7%，总资产增长率为32%。自2008年以来海天精工连续四年获得中国机床工具工业行业自主创新十佳企业、数控产值十佳企业、综合经济效益十佳企业、精心创品牌十佳企业等荣誉。2010年被国家财政部认定为国家重大技术装备企业。

海天精工自2002年成立以来秉承海天集团40余年的“人本、成本、资本”企业管理理念，以“铸造精品机床，振兴民族工业，争创世界一流”为企业发展目标。

该公司现拥有18万m^2的现代化恒温厂房，拥有各类设备171台（套），主要设备104台（套），关键精密设备87台（套），关键设备均为国际著名厂家的名牌产品，其中包括：最大台面16m的进口大型数控导轨磨3台，最大台面14m的进口大型龙门五面加工中心6台，进口精密坐标镗床2台，以及德国精密外磨，瑞士精密内磨、精密卧式加工中心，西班牙导轨淬火机、数控立式车床、激光切割机等，硬件配套设施比较齐全，拥有成套大型数控机床的生产制造能力。

海天精工已通过ISO9001:2008质量管理体系认证，工艺工装、检测手段齐全。具有德国的三坐标测量机，英国的双频激光干涉仪，日本的主轴实验台等仪器设备。海天精工已全面实行计算机管理，引进国际先进的OA、PDM、ERP等软件，实现企业信息流、技术流、物流的有机结合。

二、团队建设

公司现有员工1 400余人，其中研发人员200余人，高级研发人才50余人，大专以上技术工人1 000余人。

海天精工在宁波本部建立有市级技术中心——宁波海天精工数控机床工程（技术）中心，下辖七个开发部门、一个生产技术部及一个综合实验室；在常州、北京、沈阳、大连设有研发分中心。研发队伍年龄基本在35岁以下，是一直年富力强，具有时代创新精神和相当经验的研发队伍，分别从事机械、液压、自动化控制、软硬件开发、制造技术、数控机床应用与实验等专业技术研究和设计开发工作，具有很强的新品研发能力，是企业自主创新、快速发展的基础。

海天精工坚持以客户为中心，持续创造客户满意的服务的理念，建立了完善的售后服务体系和监督机制，注重服务网络和服务队伍的建设，分别建立了南方服务部和北方服务部，分别在全国30多个大中城市设有服务中心和办事处，建立了24小时快速响应机制。公司建有客户档案管理机制，通过售后服务窗口、售后服务电话回访、总经理投诉电话等多种方式，主动了解用户的困难、受理建议和投诉，监督和改进服务质量，实施“一站式服务”，简单、高效地处理售后服务问题。

海天精工建有完善的销售信息处理网络，在全国建有100多个销售网点，并建立了一套完善的售前、售中服务体系。针对客户的特殊要求（如：典型零件、特殊工艺要求、生产节拍、设备布局、刀具和程序优化、工装夹具方案等），有专门的售前技术支持部门为用户提供整套的个性化解决方案，并为用户提供操作培训、客户典型零件试切等服务，义务为用户提供技术支持，配合用户优选设备、用好设备。

三、产品研发

海天精工的产品已形成包括龙门加工中心系列，卧式加工中心系列，数控车床系列，数控落地镗铣床系列，数控立式车床系列五大系列180多个品种。海天精工全系列产品已广泛服务在军工、航空航天、汽车、机车、船舶、工程机械、电力等行业，并成功进入国家重点装备领域，已被国家重点领域用户（如：南车集团、北车集团、包一机、哈一机、北方风雷、潍柴、中船、中策动力、哈飞、洪飞、沈飞、昌飞、北京航天振邦、哈尔滨航天模夹具、一汽、陕汽、江淮汽车、柳汽、大橡、北航、二重、华北石油、格力、厦工等）接受和认可。

近年来，该公司和浙江大学等单位共同承担并完成了高档数控机床与基础制造装备国家科技重大专项1项；承担宁波市级（副省级）科技项目40余项，并均取得了良好的经济效益，所生产的部分产品多次荣获最佳自主创新工业新产品、最受买家欢迎机床品牌、宁波市科技进步奖、浙江省科技进步奖二等奖等奖项。其中，自主研发成功的龙门五轴联动高速铣削中心被评为宁波市最具自主创新十大产品之一；自主研发的 HTM－35GE 动梁龙门五面加工中心 2009 年获宁波市先进装备制造业重点领域首台(套)、国内首台(套)、获 2012 年军工行业应用国产数控机床优秀合作项目。

该公司已拥有 27 项实用新型专利，已获受理发明专利 1 项(处于实质审查阶段)。

1. 龙门加工中心系列

龙门加工中心系列产品是海天精工的主力系列产品，是海天精工发展创新模式下迅速发展的系列产品之一，年产量 800 多台，海天精工是目前国内产品覆盖面最广、产销量最大的龙门加工中心生产基地之一。

海天精工龙门加工中心系列主要产品包括：定梁和横梁升降系列、动柱和动工作台系列、高速高精系列、静压重型系列、五面加工和五轴联动加工系列、桥式重型和高架桥式高速系列、功能丰富的各种附件头。

荣获宁波市先进装备制造业重点领域首台(套)、国内首台(套)、获"2012 年军工行业应用国产数控机床优秀合作项目"的 HTM－35GE 动梁龙门五面加工中心就是龙门系列的代表产品。

HTM－35GE 系列产品是工作台移动式重型数控龙门加工中心，横梁升降，方滑枕结构，可选配多种自动、手动附件铣头，具备自动换头、自动换刀功能，零件一次装夹可完成五面加工。HTM－35GE 在继承了传统龙门机床基础框架刚性强，结构对称，稳定性强等优点的基础上，引进了国际先进的动态刚性设计理念。主要特点是龙门超大框架，刚性好、吸震性强、加工范围大、稳定性好、动态特性佳。该机床具备铣削、镗削、钻削(钻、扩、铰)、攻螺纹、锪削等多种加工功能，零件一次装夹可同时完成零件五个面上的孔系及平面的加工，包括倾斜面、二维曲面、三维曲面、零件型腔内部孔和平面的加工。HTM－35GE 技术指标和配置国内领先，产品结构和工艺成熟，产品质量稳定。该系列产品共有 4 种规格，台面长度分别为 6m、8m、10m、12m。该系列产品零部件通用性强、模块化程度高、个性组合便捷，适合批量生产，性价比优良，并针对客户的不同特点，可选配全闭环光栅尺精密反馈系统、刀具中心冷却功能、ATC 机械手式立卧刀库、附件铣头库、工件自动测量、刀具自动测量、五面加工功能、4 轴联动加工功能等，可广泛应用于能源、航空航天、军工、汽车、交通、装备制造等各种机械加工领域。

HTM－35GE 是横梁升降、工作台移动式龙门五面加工中心，综合指标居国内同种规格领先地位，技术水平达到国际先进，填补了国内空白，某些具体的指标已达到国外先进厂家同种规格的机床水平。该产品真正实现了高精度、高效率、高速度、安全环保、大型化等特色的高档数控机床的标准。此系列产品荣获 2008 年度宁波市最佳自主创新工业新产品、2009 年度浙江省装备制造业重点领域国内首台(套)产品、2009 年度宁波市科技进步奖等称号。

2. 卧式加工中心系列

海天精工卧式加工中心系列产品是坚持引进、吸收、升级、再发展的产品发展策略而推出的产品，到目前，海天精工卧式加工中心系列产品有两个系列(分为硬轨系列和高速系列)8 个品种、20 多种规格，工作台 630～2 500mm；主轴转速 2 000～12 000r/min；各进给轴的快速移动速度从重切设备的 15m/min 覆盖到高速卧式加工中心的 40m/min；最大加速度 0.8g；精密卧式加工中心调头镗孔同轴度精度可以达到 0.005mm。

经公司研发创新，研制出 HTM－130HF(1 600×16 000)数控对头铣镗中心，由两台卧式加工中心配固定工作台＋双数控回转工作台组成，两台主机各配一套数控系统，既可以作为对镗加工中心使用，又可单独作为两台独立的大型卧式加工中心机床使用，高效、节约，并且可配多种功能附件，非常适合工程机械零件的加工特点。该系列产品消化吸收国际先进的设计理念，采用 PRO/E 三维设计，机床主要结构均采用有限元分析，通过优化筋腔结构，合理分布质量，使整机刚性强，动态特性佳，满足高速、高精度、大功率切削的要求。

海天精工结合市场需求，专门开发研制出高速卧式加工中心 HTM－63HA，主轴采用三点支撑，前端和中间采用四列高精度角接触球轴承，轴承内径为 ϕ100mm，后端采用单列圆柱滚子轴承辅助支撑，使主轴获得高刚性的同时，获得极高的主轴回转精度。三向滚柱直线导轨，承载能力大，动静摩擦系数相近，减少机床低速爬行现象，定位精度高，同时获得高的动态响应特性。托盘精确定位结构，采用进口的定位夹紧机构可保证托盘刚性夹紧和精确定位，托盘的重复定位精度可达 0.003mm。

3. 数控车床系列

海天精工数控车床系列产品也是坚持引进、吸收、升级、再发展的产品发展策略而推出的产品。海天精工数控车推出的产品系列产品有 8 个品种 12 种规格，可提供最大车削直径从 250mm 到 700mm，最大加工长度 480mm 到 3 000mm，车削圆度能到 0.002mm，尺寸精度能达到 IT5 级规格产品。直线轴快速移动速度可达 30m/min，可实现高刚性强力切削。可选配 MC 和程式尾座等功能，应用领域广阔。该系列产品正逐步向大型化和车铣复合加工方向发展。

4. 数控落地镗铣床系列

海天精工自主研发的数控落地式镗铣床系列产品，目前可提供镗杆直径从 160mm 到 200mm 的规格，镗轴输出转矩可达到 12 000N·m，可选配带移动轴的 NC 数控转台，工作台面从 2.5m 到 4.5m，最大承重可达到 40t 至 160t、60 把/80 把伺服刀库、自动交换附件铣头、数控平旋盘、高压中心出水等功能。该机床应用了恒流静压导轨、双齿轮消隙、动态滑枕位移补偿、热膨胀补偿、主轴箱重心偏移补偿等多项成熟技术。除了具有很强的铣削、镗孔、钻孔等功能外，还可以进行螺纹加工、车削加工。配上高精度数控回转工作台、直角铣头等功能附件，一次装卡可以完成五个面的加工，可以大大地提高生产效率，是能源、冶金、船舶、重型机器等行业理想的加工设备。

HTM－F数控落地铣镗床引进吸收国际先进的设计理念，整机结构采用PRO/e三维设计、有限元科学分析，具有刚性强、动态特性佳、精度和稳定性高等特点。机床能实现多轴控制、任意四轴联动的功能，可以选购附件铣头、光栅闭环检测、回转工作台、数控平旋盘、刀库、对头镗等多种配置，拓展主机功能，实现工件一次装夹，在不同的加工表面上，完成钻孔、扩孔、镗孔、切沟槽、平面的铣削加工以及三维曲面及内外螺纹的镗削或铣削等多工序加工。

机床加工范围广泛，设备布局可根据用户要求进行调整。机床具有整机刚性好，精度保持性高、可靠性高、操作方便、造型美观等特点，可进行不同材料粗、精加工，广泛应用在重型机械、工程机械、机车、矿山设备、大型电机、水轮机、汽轮机、船舶、钢铁、军工、核电、大型环保设备等行业。

5．数控立式车床系列

海天精工数控立式车床系列产品是海天精工与美国Olimpia公司联合成立的宁波海天精工奥林工程技术有限公司研制的产品。产品采用美国Olimpia公司的原有技术，经合资合作，应用优化制造手段生产的全功能数控机床。动梁式的为V200、V300、V350、V400、V500、V630，定梁式的为V160F、V200F、V300F、V350F、V400F。

该系列机床技术领先、结构合理、基础刚性强、加工精度高、质量稳定、性能可靠，具有很强的加工工艺适用性。该机床能够完成至少两轴联动控制，配置动力头滑枕和加装附件摆动头后，还可以拓展数控轴数，在零件一次装夹后，可高效率、高质量地完成各种复杂平面、曲面零件的车、铣、钻、攻螺纹的加工，是石油、冶金、风电、水电、煤炭、航空航天、船舶、车辆、军工、汽车、机床、工程机械、重型机械等行业不可缺少的重要工艺加工设备。

该机床床身采用坚固的花岗石、聚合树脂整体浇铸而成，极佳的刚性为机床的精度保持性提供了保障。立柱上方与横梁紧密连接，下方与床身固定在一起，使整个框架保证了刚性。立柱上供横梁上下移动的滑动矩形导轨增大了加工工件的范围。产品零部件通用性强、模块化程度高、个性组合便捷，适合批量生产，性价比优良。而且，针对客户的不同特点，可选配车铣复合滑枕、X轴全丝杠行程、自动交换刀库、自动交换附件铣头、磨头、C轴等，为客户配置最为满意贴心的产品。

四、市场开拓

海天精工将继续深入贯彻国家“十二五”纲要精神，走做大做强的企业发展道路，切实将工作重心转移到重点行业中的核心制造领域上来；另外，海天精工把海外市场作为市场开发的重点，努力形成内贸和外贸相互补充、相互推动的战略格局。

〔供稿单位：宁波海天精工股份有限公司〕

创新促进大河奔腾

——宁夏银川大河数控机床有限公司

宁夏银川大河数控机床有限公司是2003年10月经宁夏回族自治区人民政府批准由宁夏大河机床厂银川分厂改制后成立的股份制企业。

该公司主导产品有“大河”牌立式、卧式加工中心，立式内圆珩磨机床，立式钻床及专用组合机床四大类产品，其中立式、卧式加工中心系列产品自2004年起一直保持宁夏名牌产品称号。该公司依靠多年积淀的精湛工艺和培养造就的数控技术人才，在数控珩磨机床、数控立式钻床和加工中心的研发和生产制造方面显现出“小而优、小而强、小而特”的优势企业特色。产品开发能力、技术水平、产品制造工艺水平及实物质量在国内同类产品中居先进水平，在国内外市场上享有较高声誉，具有很强的市场竞争力。

该公司地处宁夏银川经济技术开发区，公司占地面积63 716m^2，生产厂房建筑面积20 000m^2。目前拥有资产总额10 704万元，注册资本3 000万元，资产负债率48%，银行信用等级AA；拥有主要设备178台，其中：进口数控坐标镗床、数控多工位冲床、数控剪板机、数控折弯机、德国导轨磨床、MV450加工中心机床、三坐标测量机、激光干涉仪等高、精、尖设备和检测仪器33台。先进的生产设备、完善的检测手段、稳定的员工队伍为“大河牌”产品的设计、研发、生产和持续发展奠定了强有力的基础。

宁夏银川大河数控机床有限公司是国家高新技术企业、数控珩磨机床关键技术国家地方联合工程实验室依托单位、宁夏数控珩磨机床院士工作站载体单位、银川市小巨人企业、宁夏回族自治区认定和评价合格的企业技术中心、中国机床工具工业协会钻镗床分会副理事长单位。

近年来，该公司承担了多项国家与自治区级别的新产品与科技开发项目，其中有银川市科技重大专项精密高效数控珩磨机床研发、宁夏回族自治区科技厅的网络环境下数控珩磨机床、制造业信息化“甩图纸”项目，宁夏经信委和财政厅的技术成果转化项目TH6350A×2卧式加工中心，工信部中小企业专项资金项目多功能数控珩磨机床，宁夏回族自治区技术创新项目H500卧式加工中心，针对企业加工中心新产品开发的多项科技攻关项目。上述项目的实施均取得了相应成果和好的经济效益。近年来开发的卧式加工中心新产品6种，立式加工中心新产品12种，数控珩磨机床新产品8种,数控组合专用机床4种,立式钻床数控化新产品3种,每年新产品的研发数量都超过了5个品种,每年新产品的销售收入都占总销售收入的60%以上。

目前,该公司已经拥有20项技术专利,其中4项发明专利、15项实用新型专利和1项外观造型专利,还有2项国际PCT专利在受理公告审核阶段。

2010年,该公司联合兰州理工大学、北京机械工业自动化研究所组成产学研科技研发团队,共同承担了国家高档数控机床与基础装备科技重大专项高档数控珩磨机课题。2011年又争取到国家高档数控机床与基础装备科技重大专项大功率船用柴油机用数控珩磨机课题。2012年北京北内发动机零部件有限公司牵头并邀请银川大河参加2013年科技重大专项汽油发动机裂解式连杆加工技术与成套设备研制及产业课题中的连杆孔高精度珩磨机床研制。连续三次承担国家科技重大专项科研课题任务,充分显示出了企业在珩磨机床产品开发的基础能力与技术水平。

课题研制的第一台样机已经安装到扬州五亭桥缸套有限公司进行的验证与示范应用课题中,得到了用户的高度认可。用户给予的评价是:此机床是一台完全自主开发研制的、全国产化的高档全数控珩磨机,所有软硬件都实现了中国创造。机床设计制造理念先进、整体设计美观实用、结构新颖合理,各部件功能齐全,性能优良,专用珩磨数控系统参数化、程序化及友好的人机界面独树一帜,是迄今为止,我国自主研发、制造的一台具有国际水准的高档数控珩磨机”。2012年11月,第2台2MK2218YSG高档数控珩磨机床新产品销售到河南中原吉凯恩汽缸套有限公司ϕ158缸套珩磨生产序列和出口ϕ123缸套珩磨(欧六排放标准)生产线上进行用户上线生产使用,用户做出了以下评价结论:“我公司已拥有数十台世界最先进的数控珩磨机。通过使用和珩磨验证,我们认为宁夏银川大河数控机床有限公司制造的2MK2218YSG数控珩磨机从功能和性能上已达到甚至超过格林数控珩磨机床”水平。

该公司目前从业人员195人,其中:具有高级职称9人,中级职称15人,大中专毕业生占55%以上。

该公司的发展战略:一是实施两头在内中间在外的生产模式,充分利用社会资源,进一步扩大产能,满足市场需求;二是将高档数控机床与基础装备科技重大专项——高档数控珩磨机课题的研发为重点,全力发展立式内圆珩磨机产品,形成从普通到数控、从小规格到大规格的珩磨机产品系列;三是利用大河机床的技术优势、人员优势大力发展数控机床再制造产业,并逐步掌握相关的核心技术,形成产业优势。

该公司当前正在实施数控珩磨机床的研发及产业化项目技术改造,通过改造形成立式及卧式加工中心系列、普通立钻及数控立钻系列、数控珩磨机系列、数控专用机床系列四大类产品。尤其是要将具有核心技术的数控珩磨机作为公司的新的经济增长点大力开发和推广。要以高档数控机床与基础装备科技重大专项——高档数控珩磨机课题为契机,开发2MK2218数控珩磨机继而进行横系列功能派生,纵系列规格扩展,形成珩孔直径10~400mm、珩孔深度10~1 000mm的数控珩磨机系列;将数控珩磨机的液压比例伺服技术移植到普通珩磨机上,提高其往复运动性能,从而提高市场竞争力。同时开发DHK系列顺序珩磨机,满足市场需要。打破两家德国企业在该领域的垄断局面,逐步实现世界珩磨的三足鼎立之势。

银川大河产品市场好得益于“大河”品牌的用户口碑好。大河机床经过40多年的发展创造了“大河”品牌,这在国内外市场上都是有一定影响力的。银川大河董事长张宏军要求银川大河全体员工要努力维护好“大河”品牌,要把产品做专做精,做出“大河”的特色来。

该公司把“尊重人、爱护人、理解人和关心人”作为造就以人为本的企业文化内涵。公司把“企业是军队,企业是家庭,企业是学校”“天天进步一点点”“创新是动力,质量是尊严,大河奔流不息到永远”作为企业员工所共同具有的理想信念和行为准则。以人为本,以职工为本,不仅凝聚了广大职工的思想和行为,也把每一个职工和企业紧紧拧在了一起,从而激发全体职工在各个岗位争冠夺魁的进取意识。

可以自信地说,今天的银川大河从技术创新到生产经营管理已经步入到了一个企业良性发展的轨道。

〔供稿单位:宁夏银川大河数控机床有限公司〕

科技创新引领高新技术企业发展

——青海一机数控机床有限责任公司

青海一机数控机床有限责任公司是我国开发与研制数控机床、加工中心的重点企业,是国内研制首台卧式加工中心的企业;是青海省高新技术企业。具有近30年卧式加工中心设计制造的技术积淀和成功经验,近几年,公司大力推进科技创新体系建设,加大科技创新投入,培育科技创新队伍,从承担重大科研项目、建设科研平台、营造科研氛围等方面入手,持续开展管理创新、技术创新,进一步提升了企业的科技创新能力。

该公司把研究开发新技术、新产品、新工艺放在重要战略位置,每年均投入大量科研经费。近3年,该公司研发经费投入达7 307万元,有力地保证了关键技术研究的持续性。并且依靠科技创新,实现产品结构的转型升级,实现了产品结构由经济普及型向中档、高档的转型升级,提高了企业的综合能力。

作为青海省高新技术企业,该公司从各个方面进行建设,保证科技创新持续不断,引领企业快速发展。

在硬件建设方面,公司成立了青海省省级技术中心,青海省高速加工中心重点实验室,目前研发队伍中从事技术开发和创新的科研人员占工程技术人员总数的27.83%,技术中心中高级职称比例为41%,主要业务骨干均为高级、中级专业人才,中高级职称的研发人员占41%,大专以上学历占65%以上,基本形成了具有较高素质的研发团队。有着雄厚的技术实力,具有较强的技术研发能力和储备能力,先进的工艺方法、实验手段、计量检测优势,使该公司的产品始终处于国内先进水平。

在软件建设方面,公司不断完善技术创新的管理体制,该公司近年先后建立了研发管理制度、鼓励发明创造奖励制度,该公司自主知识产权的保护意识增强,设立了知识产权办公室,强化知识产权管理职能。

科技创新体系的建设和完善,使公司有了一个较为领先的创新平台,创新水平不断提高,取得了一系列重大研究成果。同时通过这些成果的产业化,大大增强了公司的核心竞争力,为公司的健康和持续发展增添了后劲。同时成为行业技术进步和自主创新的领导者。

几年来,该公司先后研制成功了多款具有自主知识产权的新机床,并成功实现产业化。目前,该公司每年新申请发明专利3~4件,共取得专利技术已达15项。

此外,该公司不断开拓新的研发途径使创新方式多样化。加强与高校产学研合作,坚持广泛深入地与华中科技大学、兰州理工大学、武汉华中数控与多所高等院校及知名研究机构展开合作开发新产品,完成了从单纯的自主研发到建立多渠道立体研发模式的转变。

在雄厚的研发实力和不断提升的科技创新能力的基础上,该公司2009年和2010年承担了高速立式、卧式加工中心和动梁无滑枕铣车复合加工中心国家科技重大专项,且此两项课题还被列入了青海省"123"科技支撑工程项目,2013年再次承担了整体床身式精密卧式加工中心国家科技重大专项课题的研发任务,近两年还承担了高速直驱主轴单元的结构优化设计及润滑技术、铣车复合加工中心、立卧转换铣车复合加工中心、机器人与加工中心集成技术研究、高档数控机床动态综合补偿技术、高速立式、卧式加工中心产业化等多项青海省科技攻关项目。

辛勤的耕耘换来累累硕果。该公司在完成重大科研项目、开发具有自主知识产权的关键技术和核心技术等方面取得了骄人成绩。自2009年承担高速立式、卧式加工中心及动梁无滑枕铣车复合加工中心课题以来,建立了关键部件科研平台,突破了高速直驱主轴、高速进给、快速同步换刀、快速交换工作台和高速电主轴结构设计,以及冷却技术、平衡技术和润滑密封技术等关键共性技术难题,攻克了力矩电动机直驱数控转台设计制造技术、加工中心可靠性增长技术、设计制造技术、五轴联动加工中心的设计制造技术、双驱动同步控制机构设计制造技术,以上关键技术已成功地应用于产品设计制造中。

研制开发出新产品HMC63、HMC80和HMC100S高速、精密卧式加工中心、XH786高速立式加工中心产品,实现了可进行高速、自动化控制、绿色环保加工及高可靠性的目标,其中HMC63、HMC100S高速卧式加工中心、高速直驱主轴单元的机构优化设计及润滑技术、课题成果代表我国高档数控机床当前最高技术水平,并取得了相应的科技成果认证。2012年4月16—20日在南京举办的第七届中国数控机床展览会上,该公司研发的HMC63高速卧式加工中心和XCH1200立卧转换铣车复合加工中心两个产品经展会评审委员会专家综合评定,在70余家国内机床制造商的逾百种产品中脱颖而出,荣获"春燕奖"。且HMC63高速型卧式加工中心获2012年度青海省科学技术进步奖二等奖。HMC100S高速型卧式加工中心荣获了国家重点新产品称号。在申报专利方面,2009年以来公司共计申请专利15项。

如今,科技创新为该公司的生产,引领转型跨越发展发挥了巨大的推进作用。相信今后,该公司会继续走好"科技创新引领可持续发展"的新路子,不断增强科技创新意识,提高科技创新能力,在高档数控机床的研发、生产等方面培育出具有强大自主创新能力的研发队伍,攻克制约企业科学发展的关键技术瓶颈,推动企业转型跨越发展。

〔供稿单位:青海一机数控机床有限责任公司〕

以科技创新、技术改造为导向　打造新型高新技术企业

——荣成锻压机床有限公司

荣成锻压机床有限公司始建于1958年,是生产锻压、立式车床、卧式车床等设备的专业工厂,国家二级企业。工厂占地面积27万m^2,其中厂房等建筑面积12.8万m^2;共有员工943人,其中工程技术人员与质量专业人员132人;拥有主要设备400余台(套),其中精、大、稀设备60余台(套)。该公司于2013年第3次改版通过了ISO9001:2008国际质量体系认证、GB/T 28001:2011职业健康安全认证和GB/T 24001:2004环境体系认证,连续25年被评为山东省省级守合同重信用企业;先后被省市相关部门授予省级先进企业、山东省认定企业技术中心、山东省高新技术企业、山东省塑性成型加工机械工程技术研究中心、AAA标准化良好行为企业、省计量保证确认合格企业、威海市锻压机械工程技术研究中心、五星级职工之家、纳税先进企业等称号,"威德"商标是山东省著名商标,"威德"牌闭式压力机是

山东省名牌产品。

该公司现可生产7大系列180多个品种的锻压设备，近年开发研制的大型闭式双点、四点、多连杆及多工位压力机等高新技术压力机产品和数控单柱、数控单柱移动、双柱、数控双柱立式车床和卧式车床等7大系列48个品种的高新技术立式、卧式车床产品，使企业产品的档次有了大幅度提升。该公司现可生产3 000t以下所有型号的压力机产品、直径25m以下所有型号的数控立式车床产品，产品在国内外市场都享有盛誉，现已成为国内主要锻压设备制造企业之一。

一、引进高端技术人才，促使企业产品升级

2008年公司整体搬到新区后，有了足够的发展空间，具备了相关的发展条件，开始高薪招聘国内压力机行业的高端技术人才，引进高新技术产品。经过几年的引进、设计、开发，低附加值的小型压力机产品基本被淘汰，小型闭式单点、双点压力机只有在配套成线产品时才生产，并且其档次有了相当的提高。目前企业的主导产品是大型双点、四点及多连杆压力机，由单台压力机人工操作，升级为大型数控冲压线、机器人冲压线、级进模冲压线、多工位冲压线；目前企业已有多连杆2 400t、2 250t、2 000t、1 800t、1 600t、1 300t等数十条大型多杆冲压生产线在用户中使用，使用效果良好。企业还高薪聘请了国内知名的数控立式车床设计专家，并由他们组建了一支专门从事数控立式车床和卧式车床设计与生产的团队，从设计研发到毛坯准备、加工、装配直至产品销售，全部由这个团队来完成，2.5m和5m数控立式车床已试制成功并交付使用，10m立式车床和12m卧式车床的试制工作已进入尾声。其中数控立式车床开发项目获得国家发改委740万元资金扶持。该公司在压力机和数控立式车床、卧式车床两大领域的国内同行业中，无论是设计能力还是生产能力，均名列前茅。

二、加大技术改造力度，提高企业生产能力

公司搬到新区后，先后投资2亿多元，建造现代化的大型生产车间，购置大型精密加工设备、检测设备和起重设备，公司的生产能力与产品质量有了质的飞跃：已达产的三期工程2.35万m^2的总装配车间是业内最大的车间，300t起重机是业内单台起重能力最大的起重机，XKA2840×150型数控龙门镗铣床（五面体加工中心）是业内加工精度最高、加工范围最大的设备；公司还增置了5m数控立式车床1台（自制），捷克产斯格达镗铣床1台，俄罗斯产5A342型滚齿机1台，英国、日本、俄罗斯产精密刨齿机各1台，T6926型落地镗铣床2台，中捷数控落地镗铣床2台，双立柱数控龙门铣1台，南京工大SKMC3000/20数控成形磨齿机1台，GCK11400×350淬火机床1台，RT3－480－6台车式加热回火炉1台；投资2 000多万元建造的树脂砂铸造分公司，其设备与产品质量在业内均属领先水平：双臂连续混砂机2台、震动落砂机、抛丸清理机、8t和12t电炉等先进设备；光谱分析仪、电光分析天平、液压万能实验机、强力实验机和探伤仪等先进的检测设备，有力地保证了产品质量。不断提升的生产能力和强有力的质量保障，使企业在激烈的市场竞争中稳稳占据了一席之地。

三、开展工艺创新，解决实际问题

由于企业发展跨度过大，很多基础与细节问题没有得到很好解决，影响了生产进度。为此，该公司组织工艺、工具等部门的相关人员根据实际情况进行工艺创新，提高生产效率。

1. 针对重型压力机横梁体不易吊装的实际情况，设计了专用吊具，采用杆系结构，刚性连接，使吊运安全可靠，适用范围广。该装置获得了国家发明专利。

2. 针对压力机关键件偏心齿轮偏心体不易加工的实际情况，设计了可调式偏心齿轮车削加工胎具，该胎具通用性强，对操作者水平的依赖程度低，简便可靠。该装置获得了国家发明专利。

3. 针对压力机关键零件人字齿轮加工效率低的特点，设计人字齿轮粗开坯胎具，该胎具可以在普通牛头刨床上粗开人字齿，再到刨齿机精加工，降低了对关键机床的占用时间，极大地提高了加工效率，该装置获得了国家实用新型专利。

另外，该公司设计的圆弧头研磨机，极大地提高了柱塞圆弧头粗糙度质量；设计开发了移动式液氮筒，使冷缩装配工序安全可靠，并且提高了保温效果等，这些创新活动，使该公司获得了30多项国家专利。

四、开展产学研合作，为企业提供技术及人才支持

该公司先后与哈尔滨工程大学、哈理工荣成分院、山东理工大学、淄博技师学院等院校建立了长期合作、互利互惠的关系，双方共同解决技术问题，院校为企业培养并提供高素质的技术人才与技术工人。该公司与沈阳自动化研究所合作开发的多工位轴承环锻造机，交付使用后，深得用户好评，取得了良好的效果。

五、生产经营与开拓市场情况

为使公司的高端生产设备能够充分发挥作用，高薪聘请高级生产管理人员和高级专业技术工人，加大生产管理力度，调动员工的生产积极性，提高了生产效率与生产能力。通过调整市场营销策略，调动了业务人员与各销售网点、经销商的积极性；通过印制宣传图册、宣传短片、幻灯影像、召开新产品发布会、大型产品订货会、电视台、各种名优机床网、各种机床杂志、参加大型机床展等多种形式的宣传，使产品在国内市场的知名度与占有率得到了迅速攀升，企业的经营业绩在市场不利的情况下稳步增长，该公司大型冲压生产线逐步打入了一汽、二汽、上汽、吉利、华泰、海马、江铃、长城、柳汽及金龙等汽车企业及万向集团、东方电机、海尔集团等大型国际知名企业或其主力配套厂，产品一直处于供不应求的良好状态。2013年，该公司共完成工业总产值39 676万元，销售收入38 685万元，上缴税金2 918万元。

六、产品质量

该公司一直恪守“质量是企业的生命”的质量方针,从原材料入厂到铸造、下料、焊接、机加工、装配、成机出厂,各工序都设有专职质检员跟班检验,严把质量关。每周一次的生产调度会都把产品质量作为重要内容,每两周一次的产品质量例会,专门解决生产过程中出现的各种疑难质量问题,完善的制度、严格的措施使产品质量稳步提高,在国内市场一直享有较高的声誉。

七、人才队伍建设情况

该公司在招聘与使用人才方面坚持“不重学历重能力,不听空谈讲实践”的原则,制订各种引进人才、用好人才、留住人才的措施。在招聘引进方面,除高薪聘请大型国有企业的高管和高技术人才外,该公司坚持:在达到相应技能水平的基础上,可以不拘泥于高学历与高职称,根据个人的特长安排工作岗位,确保人尽其才。在留住人才方面,提高福利待遇,解除后顾之忧,对做出突出贡献的人员给予相应的奖励。推行民主管理,在企业管理、工资分配等方面做到公开透明,使企业具有强大凝聚力与向心力。

荣成锻压机床有限公司始终以一流的产品质量、良好的市场信誉、打造国内一流的锻压设备制造企业为己任,坚持“设计新技术、高质量生产、全方位服务、满足顾客需求、超越顾客期望”的质量方针,不断引进吸收国内外先进技术,采用最新标准和最先进的工艺与检测手段,创新设计,生产高科技产品,为国民经济的快速发展再立新功,再创新业。

〔供稿单位:荣成锻压机床有限公司〕

五大战略并驾齐驱　助推企业转型升级

——山东永华机械有限公司

2013 年,山东永华机械有限公司继续把结构战略性调整作为主攻方向,大力实施创新驱动、项目带动、市场拉动、品牌推动、人才引领等五大战略,大幅提升了企业的核心竞争力,有力地推动了企业的转型升级和可持续发展。并获得了第二届中国创新创业大赛晋级全国赛企业、兖州市经济发展贡献二等奖等主要荣誉称号,进一步提升了永华的知名度和影响力。

一、以科技创新驱动战略提升核心竞争力

该公司继续坚持技术创新和品质突破,秉承“专、精、特”的技术指导方针,进一步优化产品结构,促进转型升级,不仅完成了数款高速立式加工中心、高稳定性龙门加工中心、超重型数控龙门镗铣床等高档数控机床的研发生产,还结合国外先进技术,自主完成了摇篮转台式五轴联动立式加工中心的开发设计,标志着该公司在五轴联动数控机床方面取得了关键技术突破;另外,该公司还积极向机床上游产业链拓展,完成了机床关键功能部件—附件铣头的开发设计,进一步延伸了产业链,加速了永华的数控产业化;在知识产权和其他科技成果方面,该公司全年获得了 14 项授权的实用新型专利,4 项外观设计专利,3 项获得受理的发明专利。并承担了国家火炬计划 1 项、山东省自主创新专项 1 项、山东省技术创新项目计划 3 项等 5 个重大科技计划。还获得了第二届中国创新创业大赛山东赛区三等奖。进一步完善了公司的高端制造创新体系,促进了企业的科技发展和进步。

除此之外,该公司还逐步构建了高档数控机床产学研用相结合的技术创新体系,先后与国内著名高校山东大学、西安理工大学签订了产学研合作战略协议,与山东大学合作共建山大—永华高档数控机床研究中心、山东大学学生实践基地,与西安理工大学合作共建西安理工大学—永华机械研发中心、西安理工大学工程硕士实践基地等创新、实践平台,在产品研发、技术攻关、高层次人才的输送培养等方面展开了广泛的合作,大大提升了永华的科研水平和创新能力,加速了人才的培养、引进和科技成果的转化,增强了永华的核心竞争力。

二、以优势项目带动战略构筑发展新态势

2013 年 5 月,该公司以最高规格建设的三期重型龙门生产车间正式启动运行,为发展重型、超重型龙门系列产品打下了坚实的硬件基础。而三期重型、超重型数控龙门镗铣床产业化项目也于当年 8 月开始投产,并先后完成了 2 款定梁动柱工作台固定式、动梁定柱工作台移动式的超重型龙门镗铣加工中心系列产品的生产。该重点项目的实施,使永华品牌的高档产品在实现多元化的同时又发展到一个新的高度,在产品转型、产业层次和科技水平等方面再一次实现了大的突破和质的飞跃,也进一步促进了经济增长。

三、以国内外市场拉动战略加速市场国际化

为进一步响应市场需求,更好地服务更多机床用户,该公司在原有市场基础上,又在合肥、南京、上海、杭州、洛阳等一线城市设置了 5 个“销售 + 售服”办事处,还在全国其他重点省市地区发展了 10 余名代理商,销售、售服网络基本实现了全方位覆盖,取得了良好的市场效益,2013 年销售收入较上年度增长了 63%;同时,该公司通过多元化和个性化的营销模式成功开发了 5 个大型制造企业,产品应用横跨船舶、军工、汽车三大领域。这表明永华品牌已进一步深入到国内重点领域高端市场,与进口品牌展开了积极的较量;另外,该公司还成功开发了国际市场,销售领域由单一的国内扩展至土耳其和白俄罗斯等西亚、欧洲市场,使永华的市场版图得到了进一步扩充,进一步加速了永华的市场国际化步伐,为下一步的海外扩张奠定了良好的基础。

四、以优质品牌推动战略扩大市场影响力

2013年,该公司进一步加大了品牌推广力度,全年共参加重量级机床展览会6场:国际展1场,区域展5场,参展范围覆盖了全国主要业务区域。其中,在北京国际机床展展出的13m超重型数控定梁龙门移动式镗铣加工中心为代表的产品,使永华整体的品牌形象和行业地位再次得到明显提升。同时,公司又在济南、郑州、重庆、合肥、无锡、广州等地组织了6场代理商展会,进一步激活了当地的市场,提升了永华品牌的影响力;另一方面,该公司对网站进行了全面改版和升级,对企业形象和产品进行了全方位的展示,建立了网上展厅,更直观向客户展示永华厂区,也更便捷用户了解永华产品的功能、特性和优势。该公司还成功举办了国际台球对抗赛,邀请到世界冠军奥沙利文和潘晓婷同台竞赛,同期举办经销商产品推介及答谢会,更好地传播了企业理念,提升了品牌知名度。

五、以优秀人才引领战略推动可持续发展

该公司积极实施人才引领战略,在2013年先后引进了高层次技术人才13人。多数是在专业领域拥有长期工作经验和高技术水平的科研骨干,为公司的产品开发、工艺规划、加工制造、市场应用等各个环节进行了全方位、系统化的完善改进,为下一步提质增效目标的实现提供了有力保障;同时,公司推行唯才是用的用人政策,大胆选用了一批德才兼备的年轻骨干进入中高层管理团队,并先后组织了多名中高层干部和技术、业务骨干赴欧美国家及中国台湾地区交流学习先进技术和精益管理。全年共选派赴中国台湾参加技术、管理培训学习11人次,赴德国交流学习6人次,赴美国参加高级管理培训学习班1人次,进一步提升了优秀人才的技能水平和综合素质;另外,公司与山东大学、西安理工大学建立了紧密的产学研合作关系,合作共建了创新、实践平台,在深入开展技术合作的同时,公司还可以每年从两所高校招收相应专业的硕士研究生,作为公司的人才补充力量。为永华的可持续发展提供了强大的人才保障。

秉持"专、精、特"的高端制造理念,永华机械将继续围绕科技化、高端化、品牌化和国际化的整体目标,大力实施精品战略,不断提升自主创新能力,推进产业结构调整,加速企业转型升级,为成为机床行业领跑者而不懈努力。

六、先进人物事迹介绍

陈舟,男,生于1974年,中国共产党党员,本科学历,1995年毕业于西安理工大学机电一体化专业,2007年创立山东永华机械有限公司,担任总经理至今。任职期间凭借勇于探索、锐意进取、大胆革新的勇气和魄力,迅速把永华机械打造成为国家高新技术企业和ISO9001国际质量管理体系认证企业,把永华产品打造成山东名牌,取得了令人瞩目的成就。

1. 积极创业,勇于开拓,全力开辟永华广阔新天地

为贯彻"十一五"发展规划产业结构调整的精神,陈舟于2007年11月创立了山东永华机械有限公司,并着手建设年产1 000台数控加工中心项目。在职期间,他恪尽职守,忘我工作,积极实施健全企业管理体系、完善技术研发机制、大力开展品牌建设、全面拓展销售网络、持续强化售后服务等多种举措,将永华发展为拥有近400人的规模化企业。销售领域也扩展至土耳其和白俄罗斯等西亚、欧洲市场,更使永华收获了众多耀眼的荣誉。凭借良好的创业和创新精神,陈舟于2013年被先后授予兖州市十佳创业青年和济宁市优秀创业青年荣誉称号。

2. 优化结构,转型升级,大力开创数控产业新格局

为进一步加快"转方式、调结构"的步伐,促进企业转型升级,眼光高远的陈舟开始实施新的发展战略,分别于2009年和2010年建设了二期数控机床钣金项目和三期数控加工中心光机项目。带领永华机械完成了从一个单一的机床装配厂向自主化研发生产的高端数控机床企业的重大转变和飞跃,并从此打开了进军高端机床市场的新局面,永华品牌从此迅速打入国内外市场,知名度与日俱增。

2012年,陈舟再次大胆革新,建设了四期重型、超重型数控龙门镗铣床项目,2013年项目实现竣工投产,使永华品牌的高档产品在实现多元化的同时又发展到一个新的高度,进一步加速了永华机械的数控产业化步伐。

3. 重抓科技,大力创新,持续提升企业核心竞争力

为持续提升企业核心竞争力,陈舟大力推行科技兴企战略,先后组建了市级企业技术中心和省级工程技术研究中心等先进的科研平台,打造了一支由海内外优秀的机械、电气专家和技术骨干组成的42人的高水平研发团队,添置了22台(套)进口的高精密研发、实验设备和仪器,并完全按照ISO9001质量管理体系进行规范化管理,目前已将二者打造成制度完善、机制健全、设备齐全、水平领先的数控机床研发基地。他带领研发团队通过自主研发原始创新、引进技术消化吸收再创新、集成现有技术创新等方式,不断实现关键技术突破和产品升级,先后完成60多项新产品、新工艺和新技术的研发及成果转化,取得了重大技术突破,如立式加工中心实现了由三轴联动到五轴联动的突破,卧式加工中心实现了由四轴联动到使用交换工作台的突破,龙门式加工中心取得了定梁定柱式和动梁动柱式的双向突破等;获得了包括专利和著作权等在内的知识产权32项、国家、省市级科技立项12项、科技奖项5项、科技成果鉴定项目2项等。这些成果总体水平处于国内领先地位,有力地推动了永华的迅速发展和持续进步。

同时,陈舟又逐步构建了产学研、上下游、国内外有效结合的开放式技术创新体系,先后和国内著名高校山东大学和西安理工大学在产品研发、技术攻关、高层次人才的输送、培养等方面展开了广泛的合作,本着"走出去,引进来"的发展战略,和欧洲知名设计公司共同创建了永华—欧洲研发中心。大大提升了永华的科研水平和创新能力,加速了人才的引进、培养和科技成果的转化,增强了永华的核心

竞争力。

在取得众多科技成效的同时,陈舟也带领永华机械收获了众多的荣誉:国家级高新技术企业、山东名牌、节能先进企业、安全生产标准化企业、市级企业技术中心和山东省工程技术研究中心,连续三年荣获兖州市年度经济发展贡献奖、济宁市守合同重信用企业及信用等级AA级等荣誉称号。

4. 以人为本,广创条件,努力构建和谐永华新面貌

在注重效率、追求效益的同时,陈舟一直本着以人为本的科学发展观,把对员工的培训和教育放在至关重要的位置。除安排制定了全面的培训计划,定期组织广大干部和基层员工进行专业知识和相关技能的培训外,他还利用每天早会和其他会议时间,对员工进行深度的思想教育,灌输先进的企业文化、描绘美好的发展规划和蓝图等;投入大量财力采用最新节能环保的地源热泵技术对生产车间进行恒温净化控制,真正实现了恒温无尘的洁净效果,为生产人员提供了更优质的工作环境;为听到员工的最真心声,激发员工的工作动力,解决员工的后顾之忧,他在公司各个片区均设置了总经理信箱,倡导并鼓励所有员工为企业发展建言献策,提出针对性意见和合理化建议,讲述个人生活和工作中遇到的困难等。在收到相关的信息反馈后,他对每个客观性意见都认真对待,采纳每个合理化建议,对每个已知的困难都协助解决;他还积极组织开展丰富多彩的文体活动,定期举办篮球、乒乓球、长跑、拔河、歌唱类比赛和联欢晚会,极大丰富了广大员工的精神生活,提高了员工的积极性和创造性,也大大增强了企业的凝聚力和向心力。公司也因此被评为劳动关系和谐企业。

"长风破浪会有时,直挂云帆济沧海"。在风云变幻的竞争大潮中,一往无前的陈舟将继续带领永华人乘风破浪,激流勇进,为企业、为社会不断地奉献自我、创造价值。

〔供稿单位:山东永华机械有限公司〕

专项成果批量应用 转型升级初见成效

——四川普什宁江机床有限公司

一、公司概况

四川普什宁江机床有限公司由宜宾五粮液普什集团有限公司与成都宁江机床(集团)股份有限公司于2006年共同出资设立,公司前身为国营宁江机床厂,建于1965年。普什宁江以"精密、高效、成套、智能化"为产品和技术发展方向,提供卧式加工中心系列、齿轮加工机床系列、坐标磨床、坐标镗床系列、数控车床系列、数控及凸轮控制纵切自动车床系列、专用机床系列、自动组装及生产线等系列精密与高效机床的研发、制造、营销和服务,是国内专业生产精密数控机床的骨干企业。

普什宁江基于坐标镗床技术发展起来的精密卧式加工中心系列产品,经过20余年的不断发展,特别是在科技重大专项的支持下,产品日趋成熟,产品定位精度为0.002~0.006mm,最高主轴转速40 000r/min,目前产品已经经过了四次更新换代,形成了工作台1.5m以下的中小规格完整系列,包括精密、重载、高速等系列,也扩展出五轴联动、柔性单元、柔性制造系统等变型产品。

柔性制造系统FMS的发展,充分显示了宁江产品智能化的特色。该系统的中央总控及系统集成技术、无人化托盘输送与交换技术、工件识别技术、刀具识别技术、企业资源计划管理接口技术、RGV实时动态调度技术、FMS刀具寿命管理及毛坯管理技术、远程诊断与网络通信技术等,全部为自主开发技术。柔性制造系统主要用于箱体类、精密轴系零件的加工,能一次装夹多种不同的零件进行混流加工,可实现24h连续工作,16h无人看管运转,当前该公司已经完成20余条柔性制造系统提交用户使用,在国内同行中位居首位。

二、大力推进产品转型升级

1. 重视基础研究,形成产品技术特色

在40余年的发展过程中,宁江一直十分重视产品基础技术的研究和积累。公司研发院下设6个专业技术研究室,负责各专业技术研究及科研项目管理工作。设有产品试验室,配有主机设备和试验设备10台,检测计量仪器上百种,主要负责产品开发中数控系统、伺服驱动系统、控制装置的应用开发及试验研究;协同产品开发室对产品结构、性能进行试验研究;协同有关技术室对新工艺、新结构、新材料、新刀具及有关新技术进行试验研究,推广应用;负责产品开发中其他机械、电气试验验收课题任务;负责用户零件的工艺试验和打样管理工作。企业长期坚持制订企业的产品发展五年规划和年度计划,每年除产品开发项目外,均有10余项基础科研试验项目和数十项科技攻关项目,这些项目分为前瞻性技术储备类、当前产品中应用的技术攻关类等,这些科研成果为宁江的产品发展提供了坚实的基础。

2013年,宁江技术开发经费支出总额2 765万元,其中企业自筹用于科技活动的经费1 110万元,来自政府部门的科技活动经费1 655万元。在来自政府部门的科技活动经费不足时,企业仍然从销售收入中提取资金来保证企业科技创新投入,每年科技创新总投入占销售收入的5%~10%。2013年全年完成机床新产品开发和重大改进项目54项,包括通用机床产品 、专用机床、生产线、装配生产线以及高速主轴、连续分度转台等关键功能部件。公司围绕产品开展科研、基础试验、技术创新工作,完成基础研究及技术

准备等项目共计 26 项。

2. 大力发展数控机床产品、优化公司产品结构

四川普什宁江作为课题承担单位先后承担了“高档数控机床与基础制造装备”国家科技重大专项的“精密卧式加工中心”(课题编号:2009ZX04001-023)、“高速卧式加工中心”(课题编号:2009ZX04001-013)、“机床箱体类零件精密柔性制造系统研发及示范应用”(课题编号:2012ZX04011-031)、“800mm 精密卧式加工中心研发与国产功能部件配套应用”(课题编号:2013ZX04005-012)等课题,作为联合单位承担专项课题 10 余项。其中“精密卧式加工中心”“高速卧式加工中心”两项课题已经顺利通过专项办组织的专家验收。在重大专项支持下,完成精密、高速卧式加工中心两大系列产品共 6 种产品的开发和升级,产品的技术水平、可靠性指标等得到较大提升,同时锻炼了公司数控机床的研发团队。

2013 年 6 月,在历经近一年与国内外竞争对手的激烈竞争后,四川普什宁江机床有限公司一举拿下近亿元的汽车壳体生产线订单,从而使其研制的精密卧式加工中心替代进口设备,成功进入汽车行业。该订单涵盖了 5 条由国产精密卧式加工中心组成的柔性制造系统(FMS)。这些柔性制造系统将实现汽车变速器壳体的多品种、变批量混流生产,并确保零件加工的精度一致性、高效率和可靠性,充分体现少人化、自动化的新技术特点,达到年产 10 种零件 28 万件的产能目标。项目所用的 27 台国产卧式加工中心全部为“精密卧式加工中心”课题的研究成果,并充分利用重大专项研究中形成的各种试验台对机床主要部件如主轴、转台、刀库、托板交换架等功能部件进行可靠性试验。该订单的成功签订,标志着“高档数控机床与基础制造装备”国家科技重大专项中高档数控机床研究成果开始走向产业化,对实现国产高档数控机床满足国内重点行业用户设备要求,有效抑制严重依赖进口的局面具有重大意义。

2013 年,该公司还对新一代小型数控卧式滚齿机系列产品进行了开发,实现了产品升级,在完善 YK3610II、YK3610IVO 数控滚齿机的基础上,新开发了 YKJ3610IV 和 YK3608 两款新产品,市场份额进一步提升;新开发了双头车床等数控纵切自动车床、数控排刀式车床新产品,以及适用于家电行业的各类专用数控机床、生产线和装配线。2013 年,该公司完成 FMS63 柔性制造系统、NJ-K054(系列)数控落地三轴深孔钻床新产品研制,通过了省级新产品成果鉴定。鉴定委员会给予“总体技术处于国内领先、部分性能指标达到国际同类产品先进水平”的评价。

2013 年该公司年生产机床总量中,数控机床产值达到 90%以上,其中精密卧式加工中心占到总额的 60%以上,产品结构调整和转型升级初见成效。

三、关注产品品质,为用户提供适用、满意的产品和服务

1. 建立可靠性管理体系,切实提高产品可靠性

目前国内数控机床与国外同类产品的最大差距不是技术水平,而是产品的可靠性和精度保持性。公司近年来从设计上融入产品可靠性设计理念、工艺上稳定地制造出机床产品、应用上稳定地生产出用户所需产品等,对产品进行全生命周期的品质提升。从人员素质提高、工作质量控制、管理过程严密等方面采取措施,特别是对影响产品制造稳定性的重要环节要求进行分析、细化,从技术上制订更加严谨的工艺规程,从而保证产品制造质量的可靠性。把同类产品的进口企业作为主要竞争对手,努力实现替代进口的目标,不断提高国产数控机床的市场占有率。

在产品制造过程中,执行以可靠性驱动的零件加工工艺规程和产品装配制造工艺规程,对关键零件、部件、整机等在单元化生产过程中实施可靠性增长试验时间等措施,对外购零件实施可靠性检测和跟踪,通过对产品制造过程的控制,切实提高最终产品的可靠性指标。针对生产对过程质量检验的组织方式、质量控制方面的薄弱环节、质量控制方式等进行研究创新,对加工过程质量检验方式进行优化,实行分段组合式检验等创新措施;在生产过程以“把产品做成精品、产品零缺陷”作为宗旨,把加工过程“零返修”、产品出厂“零服务”作为工作目标,着重抓产品质量控制的细节、强化过程质量控制,明确“用户使用要求就是标准”,使公司产品质量得到市场的认同,确保公司产品满足客户需求。

在产品应用过程中,推行制造服务化。加强对产品售前、售中及售后服务水平的提升,促进国产数控机床的市场推广。作好客户的制造工艺师,提高为用户提供成套装备的集成能力,把制造与服务结合起来,通过多种服务形式,让客户对国产数控机床的信任度不断上升,并让用户从更及时、更优质的服务中获取效益,推动国产数控机床不断提高市场份额。

2. 加强国产功能部件研究和应用,形成核心关键技术

国产功能部件产业相对主机行业来说发展较慢,但在近几年特别是在政府、行业的关注下,功能部件企业也得到了较大的国家支持,推进了功能部件企业的发展和产品水平的提高。从缩短供货周期、降低产品成本的角度考虑,公司加强对通用国产功能部件如直线滚动导轨、滚珠丝杠副、数控刀架、刀库机械手、回转工作台、电主轴等的试验研究和应用,不断推进国产功能部件的发展。

在企业精密产品中所需配套的核心功能部件如精密主轴、精密转台以及关键零件等,宁江深入开展基础技术研究,掌握核心功能部件和关键零件的设计、制造技术,逐步形成核心竞争优势,摆脱外部制约,实现产出周期和服务周期的有效控制。

四、关注企业技术特色,走“专精特”强势企业之路

普什宁江的产品发展重点是针对航空航天、军工、船舶、汽车摩托车、家电行业等,公司十分重视产品的定向服务研究和市场细分,立足企业“精密、高效、成套、智能化”的特色,不断完善产品系列,提高产品的适应性,在重点领域

形成竞争优势。

“精密”特色方面，着重提高产品的动态加工精度和精度保持性。应用“高档数控机床与基础制造装备”科技重大专项精密卧式加工中心课题的研究成果，针对航天航空领域的高精加工要求，进行精密机床的深入研究和用户工艺的适应性研究，重点研究精密卧式加工中心、五轴联动加工中心，实现产品的精度等级升级；针对军工领域，重点研究坐标孔系、复杂轮廓的精密磨削技术，推广连续轨迹数控坐标磨床；针对电子信息领域，重点研究精密轴套类零件的精密车削，推广小型精密数控车床。

“高效”方面，着重提高转速、加大切削深度、减少辅助时间以提高效率。研究高速加工技术，应用新技术实现高的主轴转速、高的快速移动速度和进给速度等，提高加工效率；研究重载加工技术，应用大功率高速电主轴、高加/减速度直线电动机直驱进给部件以及高性能控制系统，提高机床的材料去除效率，以提高加工效率；研究自动化技术和通用机床的专用化，针对特定加工对象提高工艺适应能力和加工效率。

“成套”方面，提供“交钥匙”工程。一方面研究重点领域主要零件的全工艺过程，为用户提供“交钥匙”工程的成套工艺装备，主要培育成套集成能力；另一方面关注工艺流程的“集中”，将生产组织工艺流程中的不同元素在一台设备或生产线中集成，包括机床产品的复合化和辅助功能扩展等。针对空调压缩机、家电组部件领域，重点研究成套技术，提供生产线满足大批量制造行业的零件加工；针对能源行业，重点研究核电专用设备管板钻等关键技术和装备。

“智能化”方面，应用信息技术，开发具有人工智能的专家系统，智能化地解决加工过程中遇到的常见问题，最大限度地减少人工干预和人工对过程的调整，达到最佳加工精度、最高的加工效率、最少的机床维护和故障处理。重点针对汽车、船舶行业的发动机零件，机床行业、工程机械行业的精密箱体类零件，大力推广柔性制造系统 FMS 的开发成果，提高生产系统的智能化和信息化水平，在人力成本不断上升的情况下，提高生产效率并降低加工成本。

〔供稿单位：四川普什宁江机床有限公司〕

（栏目编辑：王亚水）

统计资料

公布2013年机床工具行业主要统计数据及机床工具分类产品进出口数据，准确、系统、全面地反映机床工具行业、地区主要经济指标

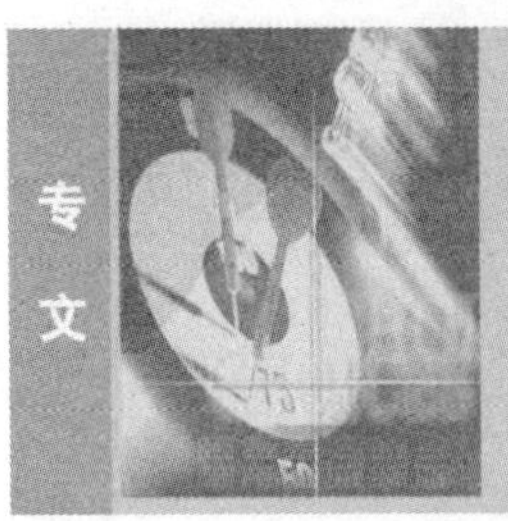

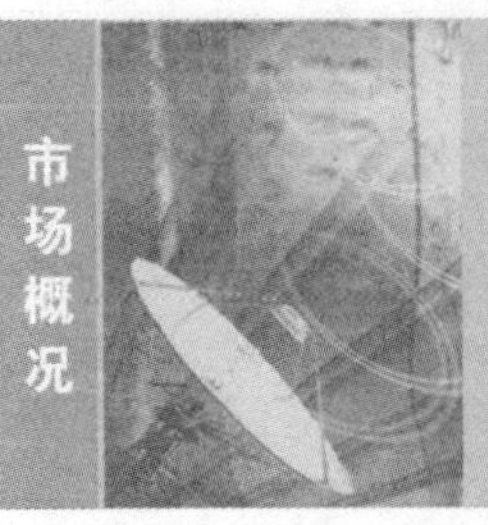

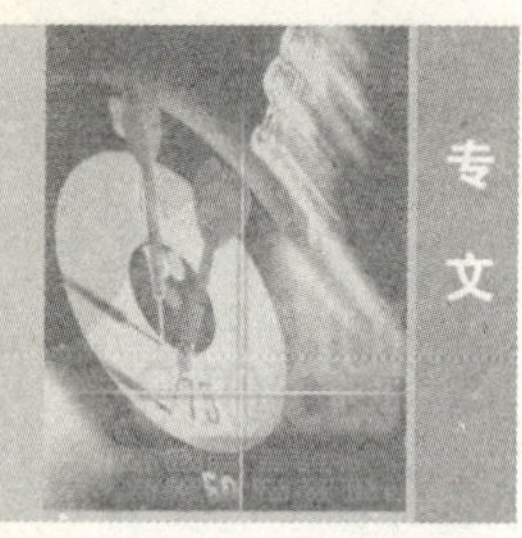

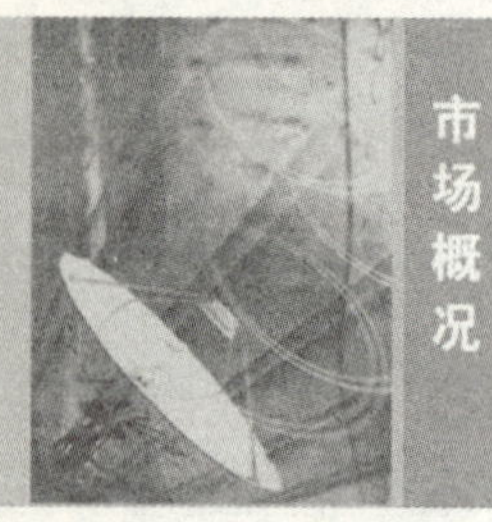

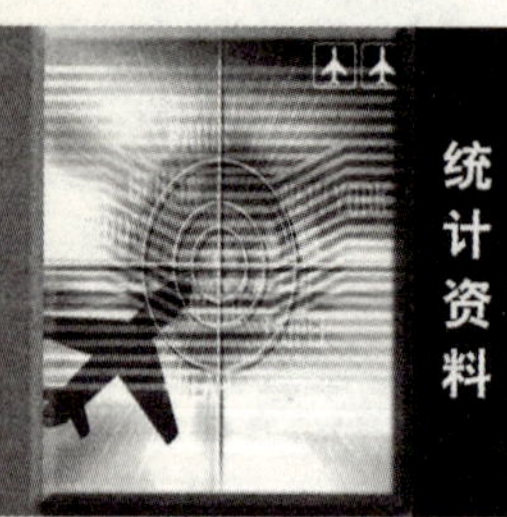

统计资料

2013年机床工具行业主要财务指标完成情况

行业类别	企业数		主营业务收入			产成品存货		
	数量（家）	占比（%）	实际完成（万元）	占比（%）	同比增长（%）	实际完成（万元）	占比（%）	同比增长（%）
金属切削机床	743	100.0	15 026 406	100.0	0.8	1 342 921	100.0	5.5
国有控股	73	9.8	3 473 481	23.1	-10.7	642 517	47.9	22.8
集体控股	21	2.8	215 250	1.4	-6.9	59 433	4.4	6.3
私人控股	504	67.8	9 296 192	61.9	9.0	482 161	35.9	-3.9
港澳台商控股	50	6.7	523 320	3.5	0.7	30 995	2.3	-1.3
外商控股	62	8.4	1 179 863	7.9	-14.2	81 875	6.1	-12.7
其他	33	4.5	338 300	2.2	-5.3	45 940	3.4	-30.6
金属成形机床	545	100.0	7 552 341	100.0	16.1	342 711	100.0	-3.6
国有控股	20	3.7	706 157	9.3	6.3	80 107	23.4	-10.3
集体控股	8	1.5	64 669	0.9	6.1	8 477	2.5	30.9
私人控股	429	78.7	5 560 282	73.6	20.7	189 979	55.4	0.5
港澳台商控股	27	5.0	360 950	4.8	8.8	23 102	6.7	-13.1
外商控股	46	8.4	718 981	9.5	2.9	26 722	7.8	-10.1
其他	15	2.7	141 302	1.9	-1.1	14 324	4.2	0.7
铸造机械	616	100.0	8 881 109	100.0	17.1	267 246	100.0	9.6
国有控股	10	1.6	179 521	2.0	-12.4	12 732	4.8	-8.7
集体控股	17	2.8	592 073	6.7	16.4	33 172	12.4	20.5
私人控股	521	84.6	7 015 172	79.0	19.4	171 382	64.1	11.2
港澳台商控股	20	3.2	488 216	5.5	23.1	18 586	7.0	11.5
外商控股	22	3.6	305 112	3.4	-5.7	9 570	3.6	37.9
其他	26	4.2	301 015	3.4	9.9	21 804	8.1	35.5
木材加工机械	160	100.0	1 832 260	100.0	12.8	85 041	100.0	5.2
国有控股	3	1.9	22 419	1.2	-18.4	1 191	1.4	5.9
集体控股	3	1.9	30 974	1.7	10.3	7 395	8.7	2.5
私人控股	129	80.6	1 528 963	83.5	12.7	34 879	41.0	21.2
港澳台商控股	10	6.3	112 274	6.1	13.4	24 456	28.8	-11.2
外商控股	10	6.2	105 168	5.7	21.3	7 262	8.5	0.6
其他	5	3.1	32 462	1.8	20.9	9 858	11.6	9.8
机床附件	371	100.0	5 189 710	100.0	21.9	151 867	100.0	19.0
国有控股	17	4.6	126 003	2.4	-20.2	44 353	29.2	20.4

（续）

行业类别	企业数		主营业务收入			产成品存货		
	数量（家）	占比（%）	实际完成（万元）	占比（%）	同比增长（%）	实际完成（万元）	占比（%）	同比增长（%）
集体控股	7	1.9	95 134	1.8	6.9	2 761	1.8	-3.7
私人控股	306	82.5	4 616 730	89.0	26.7	88 362	58.2	20.4
港澳台商控股	14	3.8	157 856	3.1	-10.9	5 149	3.4	-2.4
外商控股	19	5.1	145 909	2.8	2.9	9 144	6.0	11.6
其他	8	2.1	48 078	0.9	2.0	2 098	1.4	98.4
工量具及量仪	666	100.0	8 109 244	100.0	13.3	508 786	100.0	13.3
国有控股	20	3.0	540 100	6.7	-1.8	135 927	26.7	6.2
集体控股	18	2.7	198 339	2.4	9.5	7 315	1.4	-2.8
私人控股	478	71.8	5 927 916	73.1	18.0	250 519	49.2	18.3
港澳台商控股	34	5.1	308 562	3.8	3.2	26 314	5.2	-5.5
外商控股	91	13.7	894 920	11.0	0.7	74 144	14.6	28.6
其他	25	3.7	239 407	3.0	11.4	14 567	2.9	-10.2
磨料磨具	1 541	100.0	23 801 673	100.0	18.7	731 982	100.0	12.3
国有控股	50	3.2	769 201	3.2	9.9	85 964	11.7	9.8
集体控股	41	2.7	664 375	2.8	10.4	21 704	3.0	42.9
私人控股	1 269	82.4	20 092 150	84.4	19.0	530 933	72.5	10.6
港澳台商控股	46	3.0	547 523	2.3	24.9	17 586	2.4	1.3
外商控股	73	4.7	1 060 056	4.5	7.8	38 434	5.3	7.1
其他	62	4.0	668 368	2.8	52.4	37 361	5.1	48.1
其他金属加工机械	641	100.0	9 870 295	100.0	16.3	247 277	100.0	5.1
国有控股	19	3.0	1 357 601	13.8	11.1	42 350	17.1	1.9
集体控股	11	1.7	202 114	2.1	14.3	892	0.4	-26.8
私人控股	527	82.2	6 952 731	70.4	18.9	179 466	72.6	7.6
港澳台商控股	19	3.0	209 269	2.1	23.1	5 005	2.0	63.3
外商控股	40	6.2	606 022	6.1	0.2	12 987	5.2	-9.2
其他	25	3.9	542 558	5.5	17.2	6 577	2.7	-21.9
行业合计	5 283	100.0	80 263 038	100.0	13.7	3 677 830	100.0	7.7
国有控股	212	4.0	7 174 483	8.9	-3.2	1 045 140	28.4	14.5
集体控股	126	2.4	2 062 926	2.6	9.9	141 150	3.8	13.9
私人控股	4 163	78.8	60 990 136	76.0	17.8	1 927 680	52.4	6.8
港澳台商控股	220	4.2	2 707 969	3.4	11.4	151 193	4.1	-3.0
外商控股	363	6.9	5 016 032	6.2	-1.7	260 136	7.1	-0.8
其他	199	3.7	2 311 492	2.9	17.7	152 531	4.2	-2.5

注：表中数据由于四舍五入，合计数有微小出入。

〔供稿人：中国机床工具工业协会黑杉〕

2013 年机床工具行业主要经济指标分行业按地区完成情况

行业及地区名称	企业数（家）	主营业务收入			产成品存货		
		实际完成（万元）	比上年增长（%）	占行业比（%）	实际完成（万元）	比上年增长（%）	占行业比（%）
金属切削机床行业	743	15 026 406	0.8	100.0	1 342 921	5.5	100.0
辽宁省	73	4 900 372	-3.9	32.6	303 378	16.3	22.6
山东省	105	2 229 821	26.4	14.8	89 722	4.8	6.7
江苏省	140	1 797 325	17.4	12.0	97 599	12.6	7.3
浙江省	89	1 106 071	-4.6	7.4	111 259	-10.9	8.3
陕西省	13	700 770	0.6	4.7	70 925	33.4	5.3
云南省	22	465 694	8.8	3.1	105 702	23.7	7.9
广东省	47	430 788	17.0	2.9	33 409	12.3	2.5
上海市	38	414 145	-16.5	2.8	63 466	-14.9	4.7
湖北省	33	337 536	-15.2	2.2	73 608	21.2	5.5
河南省	18	328 387	6.6	2.2	12 457	-13.9	0.9
安徽省	32	295 091	3.3	2.0	24 477	7.7	1.8
北京市	14	291 505	-32.1	1.9	96 828	-16.2	7.2
四川省	18	208 230	10.7	1.4	17 071	-41.6	1.3
黑龙江省	7	206 158	-29.5	1.4	78 608	21.6	5.9
福建省	18	179 077	52.0	1.2	11 459	15.6	0.9
甘肃省	2	174 620	-0.1	1.2	16 162	130.4	1.2
江西省	12	171 485	3.9	1.1	10 764	-31.6	0.8
宁夏区	4	126 356	-7.2	0.8	17 523	-22.4	1.3
湖南省	15	118 898	-41.3	0.8	9 603	9.2	0.7
青海省	2	116 899	-5.7	0.8	26 294	0.2	2.0
重庆市	7	104 598	-18.3	0.7	18 379	-9.4	1.4
河北省	12	94 763	-48.4	0.6	14 291	10.2	1.1
贵州省	4	81 800	48.1	0.5	3 038	52.9	0.2
吉林省	4	56 704	-6.8	0.4	2 197	23.6	0.2
天津市	9	41 684	-17.4	0.3	7 631	-2.5	0.6
广西区	3	33 617	13.5	0.2	17 471	5.0	1.3
山西省	2	14 012	-16.8	0.1	9 600	-23.5	0.7
金属成形机床行业	545	7 552 341	16.1	100.0	342 711	-3.6	100.0
山东省	101	2 058 423	16.0	27.3	67 322	-6.6	19.6
江苏省	142	1 724 131	17.4	22.8	84 983	2.2	24.8
辽宁省	34	626 884	19.0	8.3	11 955	-5.7	3.5
安徽省	49	622 264	29.8	8.2	19 308	-16.8	5.6
广东省	34	419 631	24.9	5.6	20 717	-4.6	6.0

（续）

行业及地区名称	企业数（家）	主营业务收入			产成品存货		
		实际完成（万元）	比上年增长（%）	占行业比（%）	实际完成（万元）	比上年增长（%）	占行业比（%）
浙江省	52	384 836	9.5	5.1	34 969	-6.6	10.2
上海市	22	267 959	-2.7	3.5	9 453	-11.6	2.8
四川省	9	242 890	73.0	3.2	1 881	-15.8	0.5
湖北省	19	225 543	9.9	3.0	14 957	-6.4	4.4
湖南省	10	184 147	2.7	2.4	5 998	26.3	1.8
河南省	11	142 528	19.6	1.9	6 278	1.6	1.8
河北省	15	128 653	10.6	1.7	2 037	-8.0	0.6
福建省	10	110 589	-5.9	1.5	9 626	15.6	2.8
重庆市	5	101 194	18.6	1.3	7 140	-0.5	2.1
天津市	5	93 000	-8.5	1.2	33 523	-6.3	9.8
吉林省	6	61 179	22.7	0.8	2 141	4.0	0.6
北京市	3	57 251	4.8	0.8	305	-24.5	0.1
广西区	3	30 132	6.3	0.4	2 656	-10.8	0.8
甘肃省	1	28 427	-25.2	0.4	4 500	118.4	1.3
陕西省	8	26 724	-30.9	0.4	2 686	-32.2	0.8
黑龙江省	2	5 682	-26.6	0.1	246	-13.6	0.1
山西省	2	5 229	-32.7	0.1	33	-28.4	0.0
云南省	1	3 648	51.1	0.0	0		0.0
宁夏区	1	1 399	-36.8	0.0	0		0.0
铸造机械行业	616	8 881 109	17.1	100.0	267 246	9.6	100.0
山东省	141	2 644 673	15.5	29.8	66 934	-4.2	25.0
江苏省	107	1 487 543	16.2	16.7	43 555	6.5	16.3
辽宁省	50	921 839	17.7	10.4	16 162	55.9	6.0
湖南省	42	710 823	20.6	8.0	3 666	-24.1	1.4
河南省	38	564 562	19.0	6.4	10 348	-4.3	3.9
广东省	36	521 077	4.1	5.9	17 544	0.6	6.6
湖北省	24	354 842	17.1	4.0	4 215	50.8	1.6
四川省	33	341 820	33.0	3.8	13 368	8.3	5.0
安徽省	24	209 401	41.7	2.4	3 755	19.1	1.4
河北省	17	195 820	16.8	2.2	39 501	38.8	14.8
吉林省	13	152 491	33.6	1.7	7 367	32.4	2.8
浙江省	33	148 920	7.4	1.7	10 237	2.8	3.8
陕西省	5	132 215	61.8	1.5	772	19.8	0.3
福建省	13	99 792	-2.8	1.1	3 667	17.0	1.4
广西区	3	87 871	1.5	1.0	4 428	11.4	1.7
江西省	6	83 127	12.7	0.9	501	19.3	0.2
上海市	10	80 287	-16.7	0.9	6 491	18.3	2.4
重庆市	4	50 400	33.8	0.6	1 930	13.6	0.7
贵州省	1	34 461	3 627.6	0.4	32	-98.5	0.0
内蒙古区	4	20 799	14.1	0.2	4 692	57.4	1.8

（续）

行业及地区名称	企业数（家）	主营业务收入			产成品存货		
		实际完成（万元）	比上年增长（%）	占行业比（%）	实际完成（万元）	比上年增长（%）	占行业比（%）
天津市	4	17 056	-9.9	0.2	1 266	518.0	0.5
山西省	5	13 264	18.5	0.1	2 797	12.6	1.0
云南省	1	6 568	-2.9	0.1	4 017	-3.7	1.5
甘肃省	1	1 220	-47.9	0.0	0	0.0	0.0
青海省	1	240	-44.2	0.0	0	0.0	0.0
木工机械行业	160	1 832 260	12.8	100.0	85 041	5.2	100.0
山东省	50	516 234	14.5	28.2	17 536	4.5	20.6
辽宁省	10	197 524	11.7	10.8	1 244	-12.0	1.5
广东省	19	159 534	21.9	8.7	23 404	65.9	27.5
吉林省	3	127 969	49.4	7.0	116	-38.1	0.1
江苏省	15	123 984	-12.7	6.8	6 200	-16.1	7.3
上海市	7	116 098	15.2	6.3	18 252	-20.3	21.5
湖北省	9	112 264	3.3	6.1	2 233	18.5	2.6
福建省	10	91 479	26.0	5.0	1 285	37.4	1.5
湖南省	3	84 336	13.4	4.6	2 082	42.2	2.4
河南省	8	57 170	7.3	3.1	1 231	-40.3	1.4
河北省	5	55 343	49.4	3.0	2 045	0.4	2.4
浙江省	6	43 353	13.4	2.4	1 053	-42.5	1.2
四川省	3	37 676	-25.2	2.1	595	-35.8	0.7
安徽省	4	33 446	11.9	1.8	128	-21.3	0.2
天津市	2	27 478	12.4	1.5	0	-100.0	0.0
黑龙江省	2	23 472	45.2	1.3	7 409	15.9	8.7
江西省	1	14 524	43.5	0.8	0		0.0
陕西省	1	4 128	-73.2	0.2	163	13.1	0.2
重庆市	1	4 062	11.9	0.2	3		0.0
广西区	1	2 189	-40.2	0.1	65	-5.1	0.1
机床附件行业	371	5 189 710	21.9	100.0	151 867	19.0	100.0
山东省	112	1 762 348	20.9	34.0	31 518	5.8	20.8
辽宁省	67	1 512 424	16.7	29.1	15 401	38.7	10.1
江苏省	72	645 413	24.0	12.4	29 476	11.2	19.4
浙江省	20	200 327	69.2	3.9	12 154	-3.0	8.0
河北省	11	185 315	60.4	3.6	2 906	28.0	1.9
湖北省	9	145 820	72.7	2.8	8 110	40.3	5.3
黑龙江省	5	145 750	26.8	2.8	3 077	33.7	2.0
安徽省	9	95 629	14.3	1.8	3 109	19.2	2.0
四川省	8	93 814	14.1	1.8	557	-47.8	0.4
广东省	11	75 596	-2.8	1.5	2 683	14.4	1.8
云南省	6	73 519	36.7	1.4	909	11.5	0.6
福建省	5	61 544	18.5	1.2	671	102.6	0.4
湖南省	4	36 017	11.0	0.7	1 560	299.7	1.0

（续）

行业及地区名称	企业数（家）	主营业务收入			产成品存货		
		实际完成（万元）	比上年增长（%）	占行业比（%）	实际完成（万元）	比上年增长（%）	占行业比（%）
内蒙古区	2	30 987	-12.1	0.6	24 235	19.5	16.0
上海市	6	26 598	-17.5	0.5	2 503	44.1	1.6
北京市	6	23 306	-30.0	0.4	4 382	4.0	2.9
陕西省	5	22 201	7.7	0.4	3 979	1 376.5	2.6
河南省	2	18 058	7.3	0.3	57	14.6	0.0
重庆市	2	12 174	57.4	0.2	194	-33.4	0.1
天津市	3	8 832	3.6	0.2	1 227	8.2	0.8
宁夏区	1	5 001	5.1	0.1	177	16.3	0.1
甘肃省	2	3 417	4.1	0.1	1 890	104.1	1.2
山西省	1	3 143	-8.6	0.1	790	5.9	0.5
贵州省	1	2 479		0.0	300		0.2
吉林省	1	0	-100.0	0.0	0		0.0
量仪行业	173	2 003 602	17.6	100.0	106 513	6.9	100.0
山东省	30	387 459	18.4	19.3	4 153	-0.1	3.9
河南省	31	366 784	42.1	18.3	24 449	76.3	23.0
浙江省	26	233 188	3.0	11.6	21 543	-0.2	20.2
湖南省	8	182 473	11.9	9.1	1 953	29.8	1.8
江苏省	19	152 872	0.7	7.6	8 595	36.6	8.1
广东省	9	117 631	13.5	5.9	2 042	-75.7	1.9
河北省	7	95 794	34.2	4.8	337	4.8	0.3
安徽省	6	68 454	24.9	3.4	792	-10.8	0.7
江西省	7	67 604	24.8	3.4	2 901	33.1	2.7
上海市	5	64 589	6.1	3.2	2 671	-47.1	2.5
黑龙江省	2	52 093	-1.6	2.6	26 146	-0.1	24.5
广西区	4	48 863	-1.7	2.4	3 775	28.6	3.5
四川省	4	43 839	93.9	2.2	1 432	3.2	1.3
辽宁省	3	41 969	10.3	2.1	227	-65.4	0.2
重庆市	2	31 084	16.6	1.6	2 264	3.3	2.1
陕西省	3	16 786	0.2	0.8	1 764	51.1	1.7
青海省	1	10 501	-6.4	0.5	756	41.5	0.7
天津市	2	7 664	44.1	0.4	193		0.2
湖北省	2	6 686	177.8	0.3	91	964.7	0.1
福建省	1	3 928	28.3	0.2	62	20.3	0.1
北京市	1	3 342	-8.0	0.2	369	42.5	0.3
切削工具行业	493	6 105 643	11.9	100.0	402 273	15.1	100.0
江苏省	112	1 483 893	11.0	24.3	92 044	32.7	22.9
山东省	43	720 695	11.6	11.8	25 431	27.7	6.3
广东省	36	545 132	12.7	8.9	28 470	7.7	7.1
浙江省	73	456 416	4.3	7.5	41 302	28.3	10.3
湖北省	34	418 247	26.4	6.9	24 536	27.4	6.1

（续）

行业及地区名称	企业数（家）	主营业务收入			产成品存货		
		实际完成（万元）	比上年增长（%）	占行业比（%）	实际完成（万元）	比上年增长（%）	占行业比（%）
辽宁省	23	376 915	27.1	6.2	3 658	-9.2	0.9
河北省	26	373 040	0.2	6.1	27 511	8.5	6.8
福建省	20	287 597	19.1	4.7	8 925	-4.0	2.2
湖南省	14	266 510	1.4	4.4	38 868	14.0	9.7
上海市	23	238 459	1.9	3.9	20 548	-7.2	5.1
四川省	16	199 392	14.0	3.3	21 154	6.4	5.3
安徽省	22	180 390	39.0	3.0	3 287	46.7	0.8
河南省	9	144 941	29.9	2.4	4 399	-2.7	1.1
江西省	5	80 633	23.2	1.3	1 260	-41.4	0.3
贵州省	2	74 901	2.4	1.2	26 438	7.9	6.6
陕西省	6	59 783	-3.6	1.0	6 863	-7.3	1.7
黑龙江省	7	41 075	-8.2	0.7	14 846	16.0	3.7
广西区	4	37 738	6.0	0.6	2 490	47.9	0.6
北京市	2	33 050	-8.9	0.5	3 019	2.0	0.8
吉林省	3	27 539	6.2	0.5	2 362	2.6	0.6
天津市	6	25 002	20.1	0.4	1 542	-19.5	0.4
重庆市	5	24 578	-2.9	0.4	1 647	-40.8	0.4
内蒙古区	1	7 393	41.8	0.1	0	-100.0	0.0
山西省	1	2 324	-11.3	0.0	1 672	-27.3	0.4
磨料磨具行业	1 541	23 801 673	18.7	100.0	731 982	12.3	100.0
河南省	325	7 640 199	18.6	32.1	223 485	16.0	30.5
山东省	141	2 925 501	28.3	12.3	40 588	12.2	5.5
江苏省	193	2 706 317	20.2	11.4	61 431	11.1	8.4
湖南省	85	1 322 289	26.9	5.6	15 042	10.1	2.1
辽宁省	78	1 265 844	29.9	5.3	26 568	2.5	3.6
湖北省	81	1 054 263	27.1	4.4	58 742	83.8	8.0
广东省	80	785 653	5.2	3.3	38 025	24.9	5.2
江西省	34	678 947	24.2	2.9	15 189	39.3	2.1
河北省	43	662 053	11.9	2.8	21 805	16.8	3.0
四川省	74	623 955	-13.4	2.6	21 964	16.7	3.0
安徽省	78	561 102	23.8	2.4	21 591	3.1	2.9
黑龙江省	24	441 911	14.6	1.9	10 977	-17.1	1.5
福建省	31	429 125	12.8	1.8	17 694	-21.7	2.4
广西区	39	373 780	10.1	1.6	13 050	-24.9	1.8
吉林省	15	312 182	26.9	1.3	9 046	10.8	1.2
北京市	21	269 873	0.6	1.1	6 907	25.3	0.9
浙江省	41	257 164	4.1	1.1	12 540	-9.1	1.7
内蒙古区	13	241 858	4.4	1.0	3 901	-19.1	0.5
上海市	20	187 284	4.2	0.8	9 403	32.4	1.3
甘肃省	19	178 240	34.1	0.7	21 837	-25.3	3.0

（续）

行业及地区名称	企业数（家）	主营业务收入			产成品存货		
		实际完成（万元）	比上年增长（%）	占行业比（%）	实际完成（万元）	比上年增长（%）	占行业比（%）
新疆区	14	171 342	39.9	0.7	22 263	29.2	3.0
山西省	27	168 407	-6.8	0.7	20 114	-5.6	2.7
贵州省	23	164 088	16.7	0.7	18 866	7.9	2.6
陕西省	14	103 642	40.8	0.4	4 753	5.2	0.6
天津市	11	92 733	25.7	0.4	4 954	-11.5	0.7
宁夏区	7	86 992	-3.0	0.4	4 530	1.1	0.6
重庆市	7	76 708	26.6	0.3	2 215	45.1	0.3
云南省	3	20 219	-20.7	0.1	4 506	90.7	0.6
其他金属加工机械行业	641	9 870 295	16.3	100.0	247 277	5.1	100.0
山东省	122	2 450 025	14.7	24.8	25 073	-33.6	10.1
安徽省	20	1 230 447	18.2	12.5	25 424	2.0	10.3
江苏省	106	992 138	11.6	10.1	33 979	18.7	13.7
湖南省	38	773 559	29.5	7.8	19 959	21.4	8.1
辽宁省	45	730 055	4.5	7.4	6 494	35.2	2.6
四川省	45	679 525	20.4	6.9	19 062	59.9	7.7
湖北省	21	462 533	21.8	4.7	18 885	27.5	7.6
广东省	50	455 923	29.0	4.6	17 145	24.4	6.9
北京市	7	305 936	8.7	3.1	13 551	32.8	5.5
浙江省	30	271 975	3.2	2.8	10 997	-4.9	4.4
河南省	18	232 150	10.3	2.4	3 541	23.7	1.4
上海市	33	182 701	3.6	1.9	15 762	-10.7	6.4
吉林省	7	182 357	30.9	1.8	3 545	-56.7	1.4
天津市	27	161 273	-10.8	1.6	7 992	-1.0	3.2
陕西省	9	119 311	12.3	1.2	614	88.3	0.2
江西省	7	116 423	24.2	1.2	2 571	224.9	1.0
福建省	12	99 841	1.5	1.0	1 584	18.5	0.6
黑龙江省	6	87 223	87.2	0.9	0		0.0
贵州省	5	78 439	34.6	0.8	159	-94.7	0.1
广西区	4	74 551	67.9	0.8	4 756	382.9	1.9
河北省	13	68 285	27.3	0.7	2 931	-12.1	1.2
山西省	4	63 542	125.3	0.6	6 555	-3.3	2.7
重庆市	7	38 439	31.6	0.4	3 052	-0.5	1.2
内蒙古区	2	8 004	7.4	0.1	3 280	-8.4	1.3
宁夏区	1	3 688	71.9	0.0	136	-1.9	0.1
甘肃省	1	1 668	17.6	0.0	206	-22.2	0.1
云南省	1	285	-91.4	0.0	26	-50.0	0.0

注：表中数据由于四舍五入，合计数有微小出入。

〔供稿人：中国机床工具工业协会黑杉〕

2013 年机床工具行业中金属切削机床产品产量指标分地区完成情况

地区名称	金属切削机床					其中:数控机床				
	企业数（家）	2013 年产量（台）	2012 年产量（台）	同比增长（%）	2013 年占全国比例（%）	企业数（家）	2013 年产量（台）	2012 年产量（台）	同比增长（%）	2013 年占全国比例（%）
北京市	15	11 283	18 725	-39.7	1.6	13	6 973	13 397	-48.0	3.3
天津市	7	893	1 283	-30.4	0.1	6	554	682	-18.8	0.3
河北省	6	1 231	1 743	-29.4	0.2	1	0	0		
山西省	2	466	693	-32.8	0.1	1	108	117	-7.7	0.1
辽宁省	30	104 469	119 304	-12.4	14.4	6	45 994	46 388	-0.8	22.0
吉林省	4	2 046	2 791	-26.7	0.3	1	11	23	-52.2	0.0
黑龙江省	7	3 980	4 612	-13.7	0.5	4	234	373	-37.3	0.1
上海市	19	19 051	28 365	-32.8	2.6	15	2 689	3 419	-21.4	1.3
江苏省	80	96 866	94 425	2.6	13.3	32	23 482	24 423	-3.9	11.2
浙江省	85	126 993	124 815	1.7	17.5	53	44 976	45 710	-1.6	21.5
安徽省	22	71 846	60 073	19.6	9.9	6	1 118	865	29.2	0.5
福建省	16	6 018	5 927	1.5	0.8	5	972	140	594.3	0.5
江西省	11	5 452	4 812	13.3	0.8	5	1 391	1 270	9.5	0.7
山东省	66	144 364	117 037	23.3	19.9	29	34 408	27 112	26.9	16.4
河南省	12	9 223	9 830	-6.2	1.3	7	3 040	2 887	5.3	1.5
湖北省	20	2 462	2 569	-4.2	0.3	10	886	898	-1.3	0.4
湖南省	9	3 381	3 556	-4.9	0.5	5	324	206	57.3	0.2
广东省	35	22 946	24 951	-8.0	3.2	20	8 898	8 784	1.3	4.3
广西区	5	3 765	4 001	-5.9	0.5	4	98	129	-24.0	0.0
重庆市	9	3 543	4 471	-20.8	0.5	6	2 133	2 480	-14.0	1.0
四川省	10	5 292	5 096	3.8	0.7	6	1 330	1 017	30.8	0.6
贵州省	6	1 715	1 075	59.5	0.2	4	1 318	317	315.8	0.6
云南省	23	55 680	67 351	-17.3	7.7	13	17 168	12 139	41.4	8.2
陕西省	12	16 271	20 460	-20.5	2.2	8	8 161	8 721	-6.4	3.9
甘肃省	2	2 935	4 675	-37.2	0.4	1	371	403	-7.9	0.2
青海省	2	458	801	-42.8	0.1	2	321	408	-21.3	0.2
宁夏区	4	3 222	3 739	-13.8	0.4	4	2 329	2 557	-8.9	1.1
合计	519	725 851	737 180	-1.5	100.0	267	209 287	204 865	2.2	100.0

注:表中的数据由于四舍五入,合计数有微小出入。

〔供稿人:中国机床工具工业协会黑杉〕

2013年机床工具行业中金属成形机床产品产量指标分地区完成情况

地区名称	金属成形机床				
	企业数（家）	2013年产量（台）	2012年产量（台）	同比增长（%）	2013年占全国比例（%）
北京市	1	396	468	-15.4	0.2
天津市	3	503	628	-19.9	0.2
河北省	5	13 253	12 561	5.5	5.7
山西省	2	1 451	7 241	-80.0	0.6
辽宁省	7	1 364	1 033	32.0	0.6
黑龙江省	3	35	143	-75.5	0.0
上海市	9	2 656	2 773	-4.2	1.1
江苏省	38	73 362	76 268	-3.8	31.4
浙江省	25	24 018	25 528	-5.9	10.3
安徽省	37	46 978	40 687	15.5	20.1
福建省	5	1 392	1 863	-25.3	0.6
山东省	33	20 352	22 607	-10.0	8.7
河南省	3	8 753	7 726	13.3	3.7
湖北省	11	2 969	3 514	-15.5	1.3
湖南省	4	166	835	-80.1	0.1
广东省	12	7 123	6 481	9.9	3.1
广西区	1	582	570	2.1	0.2
重庆市	4	2 207	2 020	9.3	0.9
四川省	2	7 451	6 929	7.5	3.2
贵州省	2	108	211		0.0
云南省	3	13 311	8 265	61.1	5.7
陕西省	7	4 671	4 408	0.0	2.0
甘肃省	2	337	351	-4.0	0.1
合计	219	233 438	233 110	0.1	100.0

注：表中数据由于四舍五入，合计数有微小出入。

〔供稿人：中国机床工具工业协会黑杉〕

2013 年中国机床工具出口统计

税号	项目名称	出口量			出口额		
		2013 年	2012 年	比上年增长(%)	2013 年(万美元)	2012 年(万美元)	比上年增长(%)
	机床工具总计				953 242.4	923 436.3	3.23
	金属加工机床合计	7 646 643	7 449 137	2.65	286 096.3	274 155.0	4.36
	其中:数控	64 385	51 371	25.33	113 586.8	107 396.9	5.76
8456 ~ 8461	金属切削机床小计	7 224 072	7 082 517	2.00	188 381.4	185 897.4	1.34
	其中:数控	58 436	47 825	22.19	92 210.4	89 339.7	3.21
8456.00	特种加工机床	164 614	154 673	6.43	49 395.7	45 575.5	8.38
	其中:数控	42 329	34 200	23.77	37 916.9	35 972.6	5.40
8456.10	用激光、其他光或光子束处理材料的加工机床	38 588	30 615	26.04	22 266.7	20 300.4	9.69
8456.20	用超声波处理材料的加工机床	186	106	75.47	226.0	155.5	45.34
8456.30	用放电处理各种材料的加工机床	3 950	3 770	4.77	15 889.3	15 869.6	0.12
	其中:数控	3 741	3 585	4.35	15 650.2	15 672.2	-0.14
8456.9010 - 20	等离子切割机、水射流切割机	114 789	111 305	3.13	9 173.3	7 304.3	25.59
8456.9090	其他化学、电子、离子束或等离子弧加工机床	7 101	8 877	-20.01	1 840.4	1 945.6	-5.41
8457.10	加工中心	2 684	2 328	15.29	15 797.1	13 629.0	15.91
	立式加工中心	2 015	1 457	38.30	11 645.9	8 109.1	43.61
	卧式加工中心	100	125	-20.00	2 111.6	1 295.9	62.94
	龙门式加工中心	88	668	-86.83	1 161.7	3 237.9	-64.12
	其他加工中心	481	78	516.67	878.0	986.0	-10.96
8457.20	单工位组合加工机床	6 039	4 315	39.95	1 161.0	1 280.8	-9.35
8457.30	多工位组合加工机床	409	783	-47.77	328.1	717.4	-54.26
8458.00	车床	67 006	79 895	-16.13	44 860.6	51 011.7	-12.06
	其中:数控	9 288	9 852	-5.72	28 675.0	31 476.8	-8.90
	卧式车床	27 820	33 379	-16.65	37 671.8	42 695.9	-11.77
	其中:数控	8 921	9 476	-5.86	26 596.6	28 756.7	-7.51
	其他车床	39 186	46 516	-15.76	7 188.8	8 315.8	-13.55
	其中:数控	367	376	-2.39	2 078.4	2 720.1	-23.59
	其中:数控立式	147			1 826.1		
8459.10 ~ 20	钻床	947 792	878 918	7.84	14 193.4	13 977.2	1.55
	其中:数控	261	114	128.95	1 567.0	1 077.2	45.47
	其他钻床	947 192	878 716	7.79	12 572.1	12 865.2	-2.28
8459.30 ~ 40	镗床	2 048	2 310	-11.34	3 027.5	2 791.6	8.45

（续）

税号	项目名称	出口量			出口额		
		2013 年	2012 年	比上年增长(%)	2013 年（万美元）	2012 年（万美元）	比上年增长(%)
	其中:数控	81	57	42.11	953.6	1 147.4	-16.89
	镗铣床	265	339	-21.83	1 317.0	1 890.3	-30.33
	其中:数控	52	34	52.94	365.2	931.3	-60.78
	其他镗床	1 783	1 971	-9.54	1 710.5	901.3	89.77
	其中:数控	29	23	26.09	588.4	216.0	172.34
8459.50～60	铣床	31 622	32 244	-1.93	9 060.8	9 004.4	0.63
	其中:数控	735	527	39.47	1 715.3	1 352.0	26.88
	升降台铣床	15 177	15 980	-5.03	3 803.2	4 291.0	-11.37
	其中:数控	125	46	171.74	181.1	90.6	99.95
	龙门铣床	100	74	35.14	629.0	775.9	-18.93
	其中:数控	84	59	42.37	420.6	680.0	-38.15
	其他铣床	16 345	16 190	0.96	4 628.6	3 937.4	17.55
	其中:数控	526	422	24.64	1 113.6	581.3	91.56
8459.70	其他攻丝机床	24 947	22 323	11.75	1 263.8	974.5	29.69
8460.00	磨床	3 895 780	3 852 243	1.13	26 280.9	24 333.0	8.01
	其中:数控	2 568	314	717.83	4 432.7	3 394.9	30.57
	平面磨床	2 168	2 753	-21.25	2 453.0	2 089.7	17.38
	其中:数控	98	53	84.91	514.8	359.0	43.42
	外圆磨床	468	395	18.48	2 139.6	1 412.7	51.45
	其中:数控	143	60	138.33	1 019.3	337.6	201.90
	内圆磨床	61	47	29.79	314.3	534.0	-41.15
	其中:数控	22	31	-29.03	229.5	446.1	-48.56
	其他磨床	550	448	22.77	1 799.8	2 248.8	-19.96
	其中:数控	112	147	-23.81	1 423.1	1 942.0	-26.72
	轧辊磨床	36	80	-55.00	105.6	129.8	-18.67
	工具磨床	861 635	802 121	7.42	3 628.3	2 345.3	54.71
	其中:数控	2 193	23	9 434.78	1 246.0	310.2	301.63
	珩磨机	233	115	102.61	116.8	149.8	-22.04
	研磨机	883	759	16.34	580.2	741.5	-21.76
	砂轮机	2 828 324	2 718 481	4.04	6 404.9	6 068.2	5.55
	抛光机	201 422	327 044	-38.41	8 738.6	8 613.2	1.46
8461.2010、8461.90	刨床	394	424	-7.08	314.8	392.5	-19.80
8461.2020	插床	115	82	40.24	143.9	134.1	7.28
8461.30	拉床	26	31	-16.13	104.5	122.0	-14.33
8461.40	齿轮加工机床	18 594	17 189	8.17	2 207.7	2 646.4	-16.58
	其中:数控	490	433	13.16	1 152.7	1 289.7	-10.62
8461.50	锯床	2 057 088	2 031 657	1.25	19 421.5	18 465.8	5.18
8461.90	其他金属切削机床	4 914	3 102	58.41	820.1	841.4	-2.53
8462～8463	金属成形机床小计	422 571	366 620	15.26	97 714.9	88 257.7	10.72
8462.00	主要金属成形机床	402 928	340 177	18.45	78 485.8	67 214.4	16.77

（续）

税号	项目名称	出口量			出口额		
		2013 年	2012 年	比上年增长(%)	2013 年（万美元）	2012 年（万美元）	比上年增长(%)
	其中:数控	5 949	3 546	67.77	21 376.4	18 057.2	18.38
8462.10	锻造或冲压机床	7 145	3 239	120.59	10 566.4	8316.9	27.05
	其中:数控	590	235	151.06	2 593.1	2 273.8	14.04
8462.20	成形折弯机	173 182	158 096	9.54	22 730.5	21 393.1	6.25
	其中:数控	3 143	2 303	36.47	9 843.4	8 374.2	17.54
	矫直机	1 447	955	51.52	1 886.0	1 544.1	22.14
	其中:数控	318	69	360.87	407.9	388.4	5.00
	其他成形折弯机	171 735	157 141	9.29	20 844.5	19 849.0	5.02
	其中:数控	2 825	2 234	26.45	9 435.5	7 985.7	18.15
8462.30	剪切机床	32 531	31 880	2.04	11 714.0	10 995.8	6.53
	其中:数控	875	616	42.05	4 886.0	3 475.0	40.61
	板带纵剪机	341	231	47.62	2 109.7	2 185.5	-3.47
	其中:数控	111	82	35.37	1 198.9	975.9	22.86
	板带横剪机	992	894	10.96	3 799.1	3 064.1	23.99
	其中:数控	330	187	76.47	2 701.8	1 624.2	66.35
	其他剪切机	31 198	30 755	1.44	5 805.3	5 746.2	1.03
	其中:数控	434	347	25.07	985.3	874.9	12.61
8462.40	冲床	3 977	2 941	35.23	5 602.6	5 029.3	11.40
	其中:数控	1 341	392	242.09	4 053.8	3 934.2	3.04
8462.91	液压压力机	161 039	103 870	55.04	14 549.3	10 939.6	33.00
8462.99	机械压力机	25 054	40 151	-37.60	13 323.1	10 539.7	26.41
8463.00	金属或金属陶瓷的其他非切削机床	19 643	26 443	-25.72	19 229.1	21 043.3	-8.62
8454.30	铸造机	1 783	2 064	-13.61	8 460.2	8 999.5	-5.99
8465.00	木工机床	5 532 267	4 930 074	12.21	88 260.4	74 405.1	18.62
	组合加工机床	149 982	135 707	10.52	3 441.7	3 352.6	2.66
	锯切加工机床	4 235 778	3 709 690	14.18	49 314.4	42 917.2	14.91
	刨铣加工机床	507 486	475 457	6.74	10 327.5	9 494.0	8.78
	磨削抛光机床	143 317	114 377	25.30	2 527.3	1 917.0	31.84
	弯曲装配机床	1 160	1 045	11.00	1 614.9	1 011.9	59.60
	钻孔凿榫机床	32 245	41 814	-22.88	2 205.9	2 001.6	10.21
	剖劈切削机床	356 111	355 565	0.15	8 047.5	6 822.6	17.95
	其他加工机床	106 188	96 419	10.13	10 781.0	6 888.2	56.51
8466.10~30	机床夹具,附件	33 486 200	36 198 505	-7.49	24 386.3	26 799.4	-9.00
	工具夹具刀具	14 045 114	14 149 435	-0.74	12 630.7	12 254.4	3.07
	工件夹具	17 167 201	19 309 354	-11.09	10 300.5	12 855.0	-19.87
	分度头及其他专用附件	2 273 885	2 739 716	-17.00	1 455.1	1 690.0	-13.90
8466.90	机床零件,部件	248 162 068	291 568 807	-14.89	62 828.9	73 748.8	-14.81
8466.92	税号 8465 所列机器用的零件、附件	30 179 175	25 332 205	19.13	10 320.4	8 837.8	16.78

（续）

税号	项目名称	出口量			出口额		
		2013 年	2012 年	比上年增长（%）	2013 年（万美元）	2012 年（万美元）	比上年增长（%）
8466.93	税号 8456 至 8461 所列机器用的零件、附件	188 206 310	238 744 127	-21.17	39 587.1	51 721.6	-23.46
	其中：刀库及自动换刀装置	773 018	944 833	-18.18	681.5	883.1	-22.83
8466.94	税号 8462 或 8463 所列机器用的零件、附件	29 776 583	27 492 475	8.31	12 921.4	13 189.4	-2.03
8537.10	数控装置	18 054 675	18 852 831	-4.23	56 934.0	57 745.0	-1.40
	量具刃具合计				248 621.5	242 699.5	2.44
8202～8208	切削刀具	211 741 860	199 524 564	6.12	231 864.0	223 913.2	3.55
8202.00	带锯片、圆锯片	82 844 908	73 430 206	12.82	61 900.6	58 737.7	5.38
8207.00	攻丝工具	7 392 271	8 101 737	-8.76	8 642.6	9 848.0	-12.24
	硬质合金钻头	2 581 034	2 410 823	7.06	3 968.9	3 445.9	15.18
	普通钻头	74 769 961	72 577 622	3.02	78 925.3	76 201.2	3.57
	硬质合金镗刀	48 620	63 408	-23.32	201.3	323.6	-37.79
	普通镗刀	1 085 033	874 211	24.12	1 319.9	1 132.0	16.60
	铣刀	3 549 038	4 488 768	-20.94	12 890.8	13 355.5	-3.48
	车刀	826 051	1 137 816	-27.40	1 431.0	1 433.5	-0.17
	可互换工具	32 075 595	30 263 529	5.99	38 099.3	35 883.7	6.17
8208.10	硬质合金制金属加工用刀及刀片	5 572 212	5 402 428	3.14	23 247.5	22 422.1	3.68
	其他材料制金属加工用刀及刀片	997 137	774 016	28.83	1 236.9	1 129.9	9.47
9017.30	量具	32 636 764	34 923 630	-6.55	12 817.0	13 682.5	-6.33
9031.00	量仪	10 124	11 876	-14.75	3 940.6	5 103.8	-22.79
	磨料磨具合计				177 654.8	164 883.9	7.75
2513.20	天然刚玉	55 915 495	51 617 079	8.33	1 135.8	983.3	15.51
2818.10	人造刚玉	712 627 092	737 114 364	-3.32	52 385.2	52 317.0	0.13
2849.20	碳化硅	286 695 680	164 969 282	73.79	31 564.0	27 457.9	14.95
2849.90	碳化硼	2 059 155	2 156 869	-4.53	2 670.6	3 143.1	-15.03
6804.10	碾磨或磨浆用石磨、石碾	4 046 892	4 029 340	0.44	92.3	91.9	0.40
6804.21	合成或天然金刚石制石磨、石碾	16 546 026	16 190 931	2.19	8 012.8	6 858.0	16.84
6804.22	其他粘聚磨料制砂轮、石磨、石碾	180 033 123	173 705 779	3.64	35 635.4	30 272.6	17.72
6804.23	天然石料制砂轮、石磨、石碾	6 223 615	6 668 988	-6.68	1 431.2	1 295.4	10.48
6804.30	手工油石、磨石	17 000 797	17 157 535	-0.91	4 179.7	3 728.8	12.09
6805.10	砂布	32 736 797	31 041 036	5.46	13 134.8	12 138.0	8.21
6805.20	砂纸	31 096 762	26 426 879	17.67	11 432.9	9 314.4	22.74
6805.30	以其他材料为底的研磨料	2 064 218	1 837 999	12.31	2 471.6	3 292.1	-24.92
7104.90	经加工的工业钻石	14 503 769	18 714 693	-22.50	683.3	824.3	-17.10
7105.10	天然、人工合成的钻石粉末	2 253 401 443	2 040 855 707	10.41	12 825.1	13 167.0	-2.60

注：1. 磨料磨具中税号为 7105 的商品计量单位是克拉，7104 计量单位是克，其他商品计量单位是千克。

2. 税号为 8202、8207、8208 和 8466 的商品计量单位是千克，税号为 8537 和 9017 的商品计量单位是个。

3. 其他税号的商品计量单位是台。

〔供稿人：中国机床工具工业协会李卫青〕

2013年中国机床工具进口统计

税号	项目名称	进口量			进口额		
		2013年	2012年	比上年增长(%)	2013年(万美元)	2012年(万美元)	比上年增长(%)
	机床工具总计				1 609 204.2	2 017 549.5	-20.24
	金属加工机床合计	75 652	109 957	-31.20	1 009 782.1	1 365 355.7	-26.04
	其中:数控	42 071	73 635	-42.87	821 051.5	1 117 025.6	-26.50
8456~8461	金属切削机床小计	60 765	94 198	-35.49	799 156.9	1 116 129.7	-28.40
	其中:数控	38 789	70 048	-44.63	702 612.3	979 506.8	-28.27
8456.00	特种加工机床	11 604	12 193	-4.83	89 210.0	102 027.3	-12.56
	其中:数控	7 125	8 387	-15.05	82 315.9	95 488.7	-13.80
8456.10	用激光、其他光或光子束处理材料的加工机床	5 395	6 878	-21.56	66 082.9	79 450.8	-16.83
8456.20	用超声波处理材料的加工机床	222	175	26.86	739.9	648.9	14.02
8456.30	用放电处理各种材料的加工机床	1 811	1 603	12.98	16 377.7	16 382.9	-0.03
	其中:数控	1 730	1 509	14.65	16 233.0	16 037.9	1.22
8456.9010-20	等离子切割机、水射流切割机	4 109	3 457	18.86	4 615.6	4 644.5	-0.62
8456.9090	其他化学、电子、离子束或等离子弧加工机床	67	80	-16.25	1 393.8	900.2	54.83
8457.10	加工中心	20 734	49 787	-58.35	337 798.7	565 325.7	-40.25
	立式加工中心	17 007	44 186	-61.51	133 354.1	322 550.3	-58.66
	卧式加工中心	2 931	4 307	-31.95	158 218.5	191 669.2	-17.45
	龙门式加工中心	635	1 040	-38.94	34 489.4	38 367.7	-10.11
	其他加工中心	161	254	-36.61	11 736.7	12 738.5	-7.86
8457.20	单工位组合加工机床	41	61	-32.79	2 185.8	3 955.8	-44.74
8457.30	多工位组合加工机床	361	403	-10.42	23 075.0	30 520.4	24.39
8 458.00	车床	6 699	8 121	-17.51	80 946.2	87 893.6	-7.90
	其中:数控	5 387	5 362	0.47	79 376.5	84 975.0	-6.59
	卧式车床	5 293	6 470	-18.19	52 426.9	55 029.4	-4.73
	其中:数控	4 134	4 055	1.95	51 074.8	52 933.2	-3.51
	其他车床	1 406	1 651	-14.84	28 519.2	32 864.2	-13.22
	其中:数控	1 253	1 307	-4.13	28 301.7	32 041.8	-11.67
	其中:数控立式	1 194			27 323.9		
8459.10~20	钻床	3 581	4 175	-14.23	20 339.3	22 046.1	-7.74
	其中:数控	1 176	1 399	-15.94	19 049.1	20 503.1	-7.09
	其他钻床	2 376	2 686	-11.54	1 032.9	1 194.6	-13.53
8459.30~40	镗床	262	292	-10.27	17 342.3	15 818.7	9.63

（续）

税号	项目名称	出口量			出口额		
		2013 年	2012 年	比上年增长(%)	2013 年（万美元）	2012 年（万美元）	比上年增长(%)
	其中:数控	194	206	-5.83	16 783.0	15 300.8	9.69
	镗铣床	125	156	-19.87	8 499.7	8 483.1	0.20
	其中:数控	90	118	-23.73	8 124.1	8 246.1	-1.48
	其他镗床	137	136	0.74	8 842.6	7 335.7	20.54
	其中:数控	104	88	18.18	8 658.9	7 054.7	22.74
8459.50~60	铣床	1 923	1 967	-2.24	29 480.5	35 254.0	-16.38
	其中:数控	1 299	1 169	11.12	28 063.8	33 559.4	-16.38
	升降台铣床	171	312	-45.19	765.6	1 112.2	-31.16
	其中:数控	32	44	-27.27	494.0	726.8	-32.03
	龙门铣床	372	305	21.97	10 477.5	15 547.1	-32.61
	其中:数控	354	281	25.98	10 294.9	15 477.0	-33.48
	其他铣床	1 380	1 350	2.22	18 237.3	18 594.7	-1.92
	其中:数控	913	844	8.18	17 274.8	17 355.6	-0.47
8459.70	其他攻丝机床	305	614	-50.33	734.4	2 428.6	-69.76
8460.00	磨床	9 916	11 781	-15.83	137 516.3	188 399.0	-27.01
	其中:数控	2 361	3 255	-27.47	102 840.2	129 812.8	-20.78
	平面磨床	1 100	1 475	-25.42	10 358.3	16 730.2	-38.09
	其中:数控	310	524	-40.84	9 033.2	14 568.2	-37.99
	外圆磨床	817	1 096	-25.46	41 002.6	50 310.0	-18.50
	其中:数控	634	899	-29.48	39 847.4	49 074.0	-18.80
	内圆磨床	249	442	-43.67	9 234.3	16 312.0	-43.39
	其中:数控	224	399	-43.86	9 110.5	15 830.2	-42.45
	其他磨床	702	711	-1.27	27 787.5	29 175.0	-4.76
	其中:数控	503	544	-7.54	27 180.9	28 673.7	-5.21
	轧辊磨床	5	10	-50.00	16.8	59.9	-71.89
	工具磨床	2 932	1 359	115.75	18 160.2	22 400.5	-18.93
	其中:数控	690	889	-22.38	17 668.2	21 666.7	-18.45
	珩磨机	170	252	-32.54	10 717.9	13 350.7	-19.72
	研磨机	1 429	2 421	-40.97	9 181.9	14 777.3	-37.86
	砂轮机	1 159	1 273	-8.96	779.1	680.0	14.58
	抛光机	1 353	2 742	-50.66	10 277.7	24 603.5	-58.23
8461.2010、8461.90	刨床	12	24	-50.00	409.5	316.3	29.48
8461.2020	插床	11	15	-26.67	631.7	19.8	3 090.65
8461.30	拉床	169	188	-10.11	7 457.0	8 250.1	-9.61
8461.40	齿轮加工机床	796	842	-5.46	37 269.7	35 953.9	3.66
	其中:数控	513	483	6.21	36 385.1	34 541.2	5.34
8461.50	锯床	3 095	2 973	4.10	11 636.3	13 887.4	-16.21
8461.90	其他金属切削机床	1 256	762	64.83	3 124.4	4 033.0	-22.53
8462~8463	金属成形机床小计	14 887	15 759	-5.53	210 625.2	249 226.0	-15.49
8462.00	主要金属成形机床	11 743	11 426	2.77	178 238.4	211 386.5	-15.68

（续）

税号	项目名称	出口量			出口额		
		2013 年	2012 年	比上年增长(%)	2013 年（万美元）	2012 年（万美元）	比上年增长(%)
	其中:数控	3 282	3 587	-8.50	118 439.2	137 518.8	-13.87
8462.10	锻造或冲压机床	2 360	2 189	7.81	62 999.0	81 545.1	-22.74
	其中:数控	865	932	-7.19	49 565.7	64 838.6	-23.56
8462.20	成形折弯机	2 199	2 724	-19.27	33 920.0	37 021.3	-8.38
	其中:数控	952	1 121	-15.08	26 051.2	31 070.4	-16.15
	矫直机	383	541	-29.21	9 238.9	12 003.9	-23.03
	其中:数控	147	232	-36.64	6 975.0	9 875.9	-29.37
	其他成形折弯机	1 816	2 183	-16.81	24 681.1	25 017.4	-1.34
	其中:数控	805	889	-9.45	19 076.2	21 194.5	-9.99
8462.30	剪切机床	824	765	7.71	19 763.2	15 613.9	26.57
	其中:数控	255	249	2.41	16 418.8	12 505.2	31.30
	板带纵剪机	112	118	-5.08	7 320.8	5 864.8	24.83
	其中:数控	67	72	-6.94	6 463.3	4 969.5	30.06
	板带横剪机	121	94	28.72	8 151.9	4 794.2	70.04
	其中:数控	80	59	35.59	7 081.7	4 400.3	60.94
	其他剪切机	591	553	6.87	4 290.6	4 954.9	-13.41
	其中:数控	108	118	-8.47	2 873.8	3 135.4	-8.34
8462.40	冲床	2 386	2 419	-1.36	29 917.3	34 072.7	-12.20
	其中:数控	1 210	1 285	-5.84	26 403.5	29 104.6	-9.28
8462.91	液压压力机	1 255	1 440	-12.85	19 290.1	23 965.5	-19.51
8462.99	机械压力机	2 719	1 889	43.94	12 348.8	19 168.0	-35.58
8463.00	金属或金属陶瓷的其他非切削机床	3 144	4 333	-27.44	32 386.8	37 839.5	-14.41
8454.30	铸造机	533	577	-7.63	27 605.0	41 339.0	-33.22
8465.00	木工机床	20 803	37 442	-44.44	42 563.8	46 591.5	-8.64
	组合加工机床	93	89	4.49	1 164.3	649.2	79.35
	锯切加工机床	3 509	2 524	39.03	3 180.9	3 434.0	-7.37
	刨铣加工机床	2 817	4 940	42.98	7 512.3	8 175.7	-8.11
	磨削抛光机床	7 481	5 813	28.69	5 852.1	5 635.8	3.84
	弯曲装配机床	1 407	1 533	-8.22	3 793.6	4 238.1	-10.49
	钻孔凿榫机床	1 710	18 055	-90.53	6 837.5	7 698.0	-11.18
	剖劈切削机床	1 612	2 435	-33.80	5 462.4	7 519.9	-27.36
	其他加工机床	2 174	2 053	5.89	8 760.7	9 241.0	-5.20
8466.10~30	机床夹具,附件	11 687 944	13 014 525	-10.19	65 375.9	80 535.5	-18.82
	工具夹具刀具	3 048 939	3 185 568	-4.29	20 659.5	28 630.2	-27.84
	工件夹具	4 099 573	4 255 591	-3.67	29 409.4	32 174.2	-8.59
	分度头及其他专用附件	4 539 432	5 573 366	-18.55	15 306.9	19 731.1	-22.42
8466.90	机床零件,部件	61 915 927	67 119 237	-7.75	101 790.9	120 870.5	-15.79
8466.92	税号 8465 所列机器用的零件、附件	868 345	971 481	-10.62	2 866.2	2 759.9	3.85

（续）

税号	项目名称	出口量			出口额		
		2013 年	2012 年	比上年增长(%)	2013 年（万美元）	2012 年（万美元）	比上年增长(%)
8466.93	税号 8456 至 8461 所列机器用的零件、附件	39 270 482	42 556 741	-7.72	63 708.9	78 671.0	-19.02
	其中：刀库及自动换刀装置	5 029 594	3 706 483	35.70	7 551.8	6 922.4	9.09
8466.94	税号 8462 或 8463 所列机器用的零件、附件	21 777 100	23 591 015	-7.69	35 215.9	39 439.6	-10.71
8537.10	数控装置	4 499 097	5 978 264	-24.74	159 167.4	151 947.2	4.75
	量具刃具合计				143 492.8	147 544.4	-2.75
8202～8208	切削刀具	12 748 911	12 692 604	0.44	127 078.8	125 928.4	0.91
8202.00	带锯片、圆锯片	4 362 947	4 604 811	-5.25	10 076.7	10 028.3	0.48
8207.00	攻丝工具	346 809	335 090	3.50	9 700.4	9 930.1	-2.31
	硬质合金钻头	31 086	46 059	-32.51	846.3	992.7	-14.75
	普通钻头	2 608 405	2 612 282	-0.15	15 041.2	14 462.2	4.00
	硬质合金镗刀	15 624	11 193	39.59	944.0	1 017.7	-7.24
	普通镗刀	79 138	81 968	-3.45	4 057.8	3 569.2	13.69
	铣刀	501 091	576 807	-13.13	16 620.8	17 341.7	-4.16
	车刀	86 971	67 671	28.52	2 106.5	1 570.4	34.13
	可互换工具	3 006 684	2 598 521	15.71	8 239.8	8 325.9	-1.03
8208.10	硬质合金制金属加工用刀及刀片	1 455 947	1 417 719	2.70	50 791.2	42 548.2	19.37
	其他材料制金属加工用刀及刀片	254 209	340 483	-25.34	8 654.2	16 142.0	-46.39
9017.30	量具	412 367	780 098	-47.14	3 517.6	4 601.0	-23.55
9031.00	量仪	2 576	3 227	-20.17	12 896.4	17 015.0	-24.21
	磨料磨具合计				59 426.3	63 365.8	-6.22
2513.20	天然刚玉	8 786 485	7 711 577	13.94	400.8	367.2	9.16
2818.10	人造刚玉	47 208 949	52 987 986	-10.91	4 975.2	4 775.0	4.19
2849.20	碳化硅	7 114 135	3 579 927	98.72	1 060.1	816.3	29.86
2849.90	碳化硼	56 753	11 343	400.34	72.5	26.9	169.77
6804.10	碾磨或磨浆用石磨、石碾	16 016	59 346	-73.01	86.9	71.3	21.91
6804.21	合成或天然金刚石制石磨、石碾	1 183 731	1 199 418	-1.31	11 126.5	11 043.9	0.75
6804.22	其他粘聚磨料制砂轮、石磨、石碾	8 315 801	8 850 145	-6.04	13 846.1	15 843.1	-12.60
6804.23	天然石料制砂轮、石磨、石碾	351 274	331 596	5.93	1 367.7	1 769.9	-22.73
6804.30	手工油石、磨石	343 354	439 448	-21.87	672.2	716.3	-6.15
6805.10	砂布	6 298 292	5 933 763	6.14	5 804.4	5 522.4	5.11
6805.20	砂纸	8 690 244	8 152 203	6.60	7 609.5	7 700.9	-1.19
6805.30	以其他材料为底的研磨料	4 317 045	4 004 231	7.81	9 510.4	12 077.1	-21.25
7104.90	经加工的工业钻石	1 117 529	895 422	24.80	529.4	541.5	-2.23
7105.10	天然、人工合成的钻石粉末	167 794 349	102 526 419	63.66	2 364.5	2 094.1	12.91

注：1. 磨料磨具中税号为 7105 的商品计量单位是克拉，7104 计量单位是克，其他商品计量单位是千克。

2. 税号为 8202、8207、8208 和 8466 的商品计量单位是千克，税号为 8537 和 9017 的商品计量单位是个。

3. 其他税号的商品计量单位是台。

〔供稿人：中国机床工具工业协会李卫青〕

记载2013年机床工具行业发生的重大事件

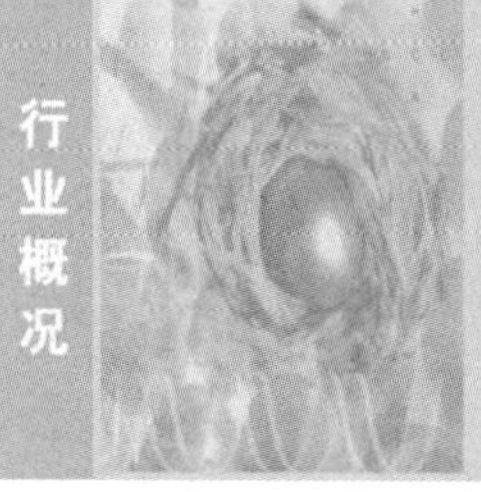

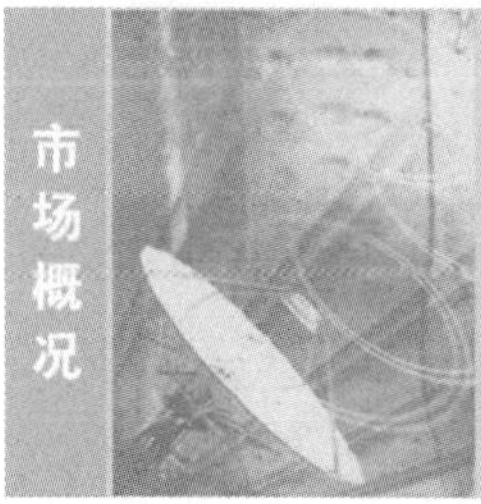

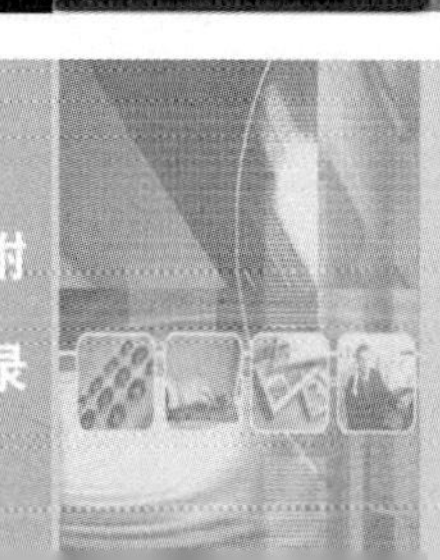

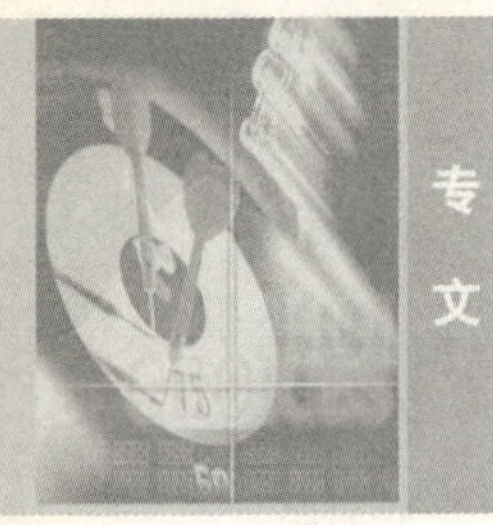

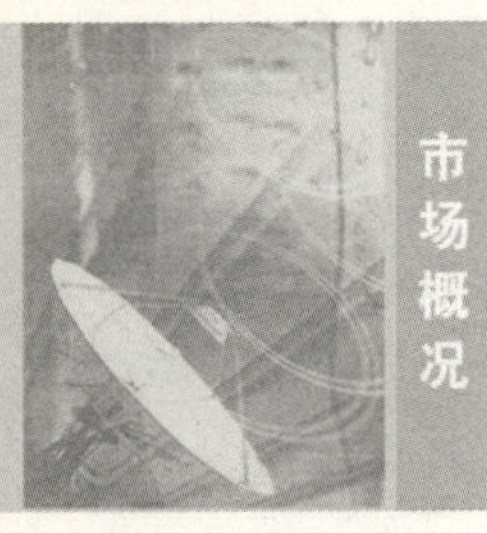

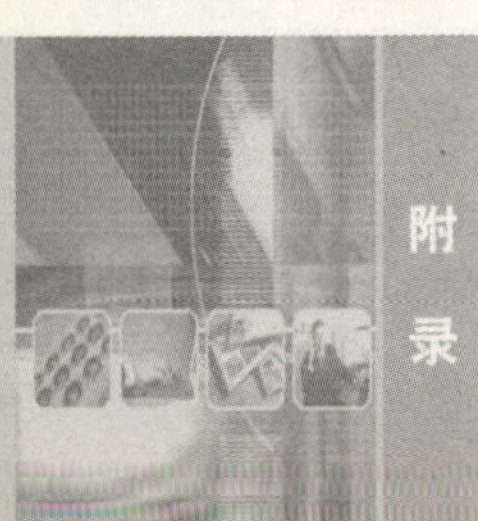

大事记

2013年机床工具行业大事记

2013年机床工具行业大事记

1月

15日 汉江机床有限公司与厦门大学合作建立的“先进制造技术产学研基地”在汉江机床有限公司正式挂牌。汉江机床有限公司是我国生产系列螺纹磨床、滚动功能部件、机电一体化精密机床和检测仪器的大型骨干企业。厦门大学是国家教育部直属的重点大学，还是国家“985”和“211工程”重点建设院校。此次双方合作共建先进制造技术产学研基地，旨在更好地发挥双方的优势，推动企业的机床创新以及高校科研成果的实用化。

2月

19日 江苏力威剪折机床有限公司成立并在海安国家级经济技术开发区正式投产。新投产的厂区占地面积6.5万m^2(98亩)，投资6 000万元，建成集加工、装备、科研、质量检验于一体的标准厂房21 000m^2，年生产能力超亿元。

25日 在济南市科技创新暨创新型城市建设表彰大会上，济南二机床集团有限公司“机械主轴式AC双摆角数控铣头”项目荣获唯一的济南市技术发明一等奖。“XK2860×200数控动梁龙门移动式镗铣床”和“FN-SZS—ZXX树脂砂工艺大型铸件自动化造型生产线”分获济南市科学技术进步奖二等奖和三等奖。“大型快速高效数控全自动冲压生产线”优秀创新团队和“树脂砂再生成套设备技术条件”国家标准同时受到表彰。

3月

5日 南京工大数控科技有限公司采用自主研发的数控成形磨齿机，实现了硬齿面点线啮合齿轮的成形磨削加工，经检测精度达到5级。

7日 中国机床工具工业协会主办的用户联络网年会在北京举行。会议由中国机床工具工业协会副秘书长毛予锋主持，陈惠仁副秘书长作总结发言。

用户联络网年会自1999年首次举办以来，为促进供需双方的合作共赢发挥了重要作用，成为机床协会会员单位和相关用户单位高度关注和积极参与的重要会议。此次年会共有来自航空航天、兵器、船舶、铁路、轨道交通、汽车、纺织机械、核工业、通用机械、轴承、维修改造等行业的60多家用户企业、行业组织、研究机构、高校及专业媒体的100多位代表出席。

13日 受工信部委托，中国机床工具工业协会滚动功能部件分会负责组织，山东博特精工股份有限公司承办的滚动功能部件行业形势分析研讨会在北京召开。中国机械工业联合会副秘书长、国家科技重大专项副总师李冬茹，工业和信息化部装备工业司机械处副调研员苏铮，重大专项总体组专家陈晓明、冯虎田、王立平，以及滚动功能部件行业中承担重大专项的滚动功能部件分会6家骨干企业的代表共计20多人出席了会议。

会议听取了滚动能部件行业企业就目前的生产经营形势，2009年重大专项实施以来所取得的成绩、遇到的困难，与国外同行的差距，对验收方式的建议及今后重大专项支持方向等方面的汇报，以及提出的要求和建议。在肯定了滚动功能部件行业在国家重大专项支持下取得已有成绩的同时，也指出了该行业目前在功能部件可靠性、精度保持性上和服务等方面存在的不足，并提出了今后的努力方向和要求。希望行业企业加大专项成果的推广应用，满足不断提升的市场需求。

20日 合肥合锻机床股份有限公司、浙江大学和合肥工业大学共同完成的“高品质、多工况、系列化液压装备关键技术与产品开发”项目通过了安徽省科技厅组织的科技成果鉴定。

鉴定委员会由中国工程院院士、北京化工大学高金吉教授，湖南大学机械与运载工程学院院长韩旭教授，合肥通用机械研究院院长陈学东研究员，济南铸锻所总经理刘家旭教授级高工，中国科技大学竺长安教授，安徽省机械科学研究所所长蔡永武研究员，江淮集团冲压工艺部部长崔礼春高工7位专家组成。鉴定委员会一致认为：该项目整体技术处于国际先进水平，其中主机瞬态失载冲裁缓冲技术和双向互反馈精度分配设计技术处于国际同类产品领先水平。

4月

17日 中央政治局常委、全国人民代表大会常务委员会委员长张德江在山东省委领导的陪同下视察了济南二机床集团有限公司(以下简称“济南二机床”)。

张德江委员长参观了济南二机床的生产现场，听取了济南二机床产品发展情况的介绍，勉励济南二机床要持续增强技术创新能力，为振兴我国装备制造业做出更大贡献。

20日 江苏亚威机床股份有限公司自主研发的数控板材冲压柔性生产线、机械伺服数控转塔冲床、数控光纤激光切割机等11项新产品顺利通过省级科技成果鉴定。鉴定专家组认为这些新产品主要性能技术指标达到国际先进水平。

22日 由中国机床工具工业协会主办、中国机床工具工业协会与中国国际展览中心集团公司共同承办的第十三届中国国际机床展览会

（CIMT2013）开幕。CIMT2013 主题为“创新·可持续发展”，以强调和突出“创新”在推动机床工具产品技术进步和企业可持续发展中的重要地位和作用。

CIMT2013 展览会展出面积 12.6 万 m^2，来自全球 28 个国家和地区的 1 500多家企业参展，其中境内展商 800 多家，境外展商 700 多家。展品水平普遍较高，体现了高精、高效、复合、智能、环保等技术发展趋势。

6 天的展期迎来了来自世界各地的高质量专业观众 28.4 万人次。84% 的展商认为达到了参展的预期目的，展商对观众数量和质量的满意度达到 80%。

23 日 由国家发展和改革委员会、工业和信息化部、国家能源局、国家国防科技工业局联合主办，中国机床工具工业协会、中国和平利用军工技术协会承办的“2013 军工行业与能源装备领域国产数控机床应用座谈会”在北京召开。

此次会议是由四部委在中国机床工具工业协会主办的机床展览会期间举办的第 9 次长效合作机制年会。会议以“创新合作”为主题，主要议程有 4 项：2012 年长效合作机制工作总结、机床工具行业发展情况介绍与十佳产品推荐、军工行业需求介绍和长效机制 2013 年工作计划以及表彰供需合作优秀项目。来自军工、能源装备和机床制造企业近 200 名代表参加了会议。

25 日 商务部主办、中国机床工具工业协会承办的机床工具行业海外并购企业座谈会在北京举行。来自国内机床工具行业的 30 多家企业代表参加了会议。

会议围绕海外并购，从政策、法律法规、实战体会等方面进行多角度讨论，受到了参会代表的普遍赞誉。

★ 中国机床工具工业协会邀请国内各地区的知名机床工具营销商，召开机床工具营销商座谈会，商讨成立营销商行业组织事宜。

会议决定成立将机床工具营销商行业组织起来的筹备委员会。筹委会成员由机床协会提名、与会代表投票的方式确定。筹委会由与会成员推荐的营销商代表与机床协会工作人员共同组成。

26 日 中国工程院院长周济率领中国工程院院士、工业和信息化部调研组一行，在广州市委常委、常务副市长陈志英和萝岗区区长李红卫的陪同下，莅临广州数控设备有限公司，开展“先进制造业发展战略研究”专项调研考察活动。

调研组参观了工业机器人生产、调试区，以及标准型数控系统测试区，就广州数控设备有限公司的发展情况、经营情况、产品研发模式、市场占有率、利润、主要竞争对手等进行了交流。调研组对广州数控近几年在中高档数控系统新技术进步、工业机器人等新兴产业的突破以及广州数控的发展予以了肯定。

月内 国内首套智能数字化齿轮精密加工装备生产线在秦川机床工具集团问世，并于 4 月 22—27 日在北京举办的“第十三届中国国际机床展览会（CIMT2013）”上展出。该项针对精密齿轮高效加工的成套工艺技术解决方案以先进的数控机床为核心，分热（处理）前单元和热（处理）后单元两大部分，配置自动上下料、桁架输运、在线测量、智能传感决策等机构和系统，是当前国内首套齿轮精密加工制造执行系统（MES），具有节拍快、工艺扩展性强、涵盖领域广等特点，诠释了秦川机床为用户集成从齿坯的车削、制齿（滚/拉/插/剃）与相应切削刀具，从端面与内孔磨削、磨齿、精整（包括工装夹具）及检测的系统集成服务能力，引领了我国齿轮制造技术与装备的智能化、高效化、数字化、绿色化新方向。

5 月

14 日 天水市总工会纪检组长张正全、经济部部长陆幼晨等到天水星火机床公司，为荣获“甘肃省工人先锋号”的星火机床公司数控装备分厂电气装调组授牌，并颁发荣誉证书。该组有成员 18 人，主要负责公司大型数控车床、数控端面车床、数控管子车床、数控轧辊车床、精密机床、专用数控机床等 8 个系列产品的装配、调试、安装和售后服务。

23 日 重庆市委副书记张国清到重庆机床集团参观调研，市国资委、重庆机电集团的相关领导一行陪同调研。

张国清一行对重庆机床坚定不移地走品牌建设之路，对标世界先进技术，向世界一流迈进的信心和勇气给予了特别赞赏，充分肯定了企业的技术创新和进步，同时鼓励重庆机床坚持两化融合，实现硬实力与软实力同步提升，真正赶超世界先进技术。

24 日 济南二机床集团有限公司为美国福特汽车公司堪萨斯工厂提供的冲压生产线项目顺利通过最终验收，正式投产使用。该项目为整个福特项目首条交货的冲压线，从 2011 年 4 月签约，历经厂内设计制造、海内外长途运输、指导安装调试、试生产等各阶段，历时两年时间画上了圆满句号，成为济南二机床担任国际总包商、进入海外高端市场著名汽车整机制造厂的首个具有自主知识产权的快速冲压线项目，开启了企业发展史上具有里程碑意义的崭新篇章。

济南二机床承担的福特项目共有 5 条大型冲压生产线，率先完工交付使用的这条冲压线安装在堪萨斯城的新建工厂，是该工厂唯一的一条冲压生产线。其余 4 条冲压线在福特汽车底特律工厂安装调试，于 2014 年 1 月份全部完工。

29 日 由中国机床工具工业协会锻压机械分会主办、天水锻压机床（集团）有限公司承办的“国内首台多工位柔性剪切生产线科技成果及新产品发布会暨国产 JCOE 制管装备制造技术升级研讨会”在天水锻压机床（集团）有限公司举行。甘肃省、天水市及行业协会领导和大专院校专家、用户代表、新闻媒体，以及天水锻压员工共 400 多人参加了会议。

ZS—QD11K—16×6200 多工位柔性数控金属板材自动剪切生产线由天水锻压自主研制完成，具有加工精度高、自动化程度高、工作效率高、加工能力强、应用范围广等特点，解决了超厚、超宽金属板材旋转剪切四边高精度下料的难题。该项技术填补了国内空白，打破了国际垄断，标志着我国从此可以生产轨道交通、汽车船舶等行业所需的高精度金属板材。这是继成功研发"863"计划项目数控剪切中心之后，又一个代表国际板材成形加工机床先进水平的项目。

月内 普什宁江机床有限公司签订超亿元的精密卧式加工中心和柔性生产线合同，为公司持续发展打下了坚实的基础。该合同从项目开始到最后落实，历时1年多。期间，宁江机床有限公司先后拜访客户70多次，邀请客户到公司及到设备使用企业考察10多次，平均每周1~2次到客户处与其项目规划处、工艺设备、现场使用等部门进行充分沟通，了解客户的真实需求，了解客户加工产品的难点。在此基础上，多次召开技术方案评审会，不断优化和完善技术方案，最终赢得了用户的认可。

该合同的成功签订，创下宁江公司三个合同之最：有史以来最大单笔合同，进入汽车制造行业的最大合同，柔性生产线有史以来最大单笔合同。该项目的实施为宁江公司进军汽车制造等行业，以及实现公司产品转型升级迈出重要一步。

6月

3日 浙江省落实国家"数控一代机械产品创新应用示范工程"项目（以下简称"示范工程"）在浙江大学启动。该项目由江苏省科技厅牵头，联合浙江大学、浙江理工大学、浙江嘉力宝精机股份有限公司等单位组成"示范工程"课题项目组。浙江嘉力宝精机股份有限公司作为数控机床的应用示范企业，将和省内重点院校共同研究数控一代技术，并在齿轮装备上应用拥有自主知识产权的数字化控制技术。

8日 北一机床完成股份制改造，正式注册变更为北京北一机床股份有限公司。北京北一机床股份有限公司经过改制重组、并购整合，公司主体继承了具有60多年悠久历史的北京第一机床厂的优质资产及相关机床的制造、管理、销售及服务等业务，先后整合了北京第三机床厂、北京第二机床厂、北京机电院机床公司。

17—19日 由国家发展和改革委员会国民经济动员办公室、工业和信息化部装备工业司、国家国防科技工业局发展计划司联合主办，中国机床工具工业协会、中国和平利用军工技术协会和中航工业沈阳黎明航空发动机（集团）有限责任公司共同承办的"航空发动机关键零部件制造工艺技术培训班"在沈阳黎明航空发动机（集团）有限责任公司举办。来自国内40家机床工具制造企业的60位学员参加了此次培训班。

经过几天的培训，学员们对国内外航空发动机发展历程和趋势有了比较清楚的了解，尤其对航空发动机关键零部件冷热加工工艺特点、技术难点有了更加全面的认识，从而对该领域需求的机床工具装备的功能、性能特点有了更加深入准确的把握。授课内容对于提高机床工具企业为航空发动机制造领域提供有效装备和服务非常重要。

发改委、工信部、科工局领导对此次培训工作非常重视，指出要认真总结此次培训的成功经验，并将其在今后的船舶制造、能源发电等重点服务领域的培训工作中加以推广。

18日 四川省企业联合会、四川省企业家协会在成都市组织举办了"2013年企业家活动日"庆典活动，并隆重表彰了第七届四川省杰出企业家、2012年度四川省优秀企业家及2012年四川最佳诚信企业、四川优秀诚信企业。普什宁江机床有限公司总经理姜华荣获"2012年度四川省优秀企业家"称号。

20日 由工业和信息化部、甘肃省人民政府共同主办的甘肃省承接产业转移系列对接活动签约仪式在兰州市举行。天水星火机床有限责任公司与北京航空航天大学就"数控车铣复合加工技术研发及相关技术"和"磨床精密主轴研发及相关技术"达成合作协议。

26—27日 中国机床工具工业协会工具分会六届六次常务理事会在湖南省株洲市召开。分会15家常务理事单位的主要领导悉数到会。会议的主题是研讨当前工具行业的经济运行形势，共商行业调整结构、转型升级的发展大计。

会议通报了工具行业2012年底至2013年上半年的总体运行情况、工量具产品的市场规模以及进出口情况，研究了宏观经济运行形势，研讨了工具行业面临的市场环境，交流了2013年以来各企业面对持续低迷的市场所采取的应对措施和经验。会议号召工具行业企业在此相对困难的时期，不能盲目地"以价格换市场"，要抓住这个机遇期练好内功，通过提升管理水平实现降本增效，在科技创新、新产品开发、提升用户服务水平等方面狠下工夫，在为重点行业核心制造领域的服务中提升行业的整体水平和经济效益。另一方面，在行业转型升级、发展现代高效刀具的进程中，要防止出现"一哄而上"的局面，企业要根据市场需求和自身比较优势准确定位，"有所为有所不为"，使全行业形成结构调整各有特色，协调发展的局面。

29日 齐齐哈尔二机床（集团）有限责任公司与清华大学联合组建的"机械工业重型机床结构与驱动技术工程实验室"通过了中国机械工业联合会组织的项目验收。

该实验室以满足国防安全、国家重点行业、国家重点项目急需的重大装备产品研发为目标，重点开展了重型数控铣镗床滑枕变形补偿技术、齿轮传动消隙技术、双电机同步驱动及液压平衡补偿全闭环控制技术等研究，并将成果应用于部分产品开发。

月内 国家科技重大专项"汽车齿轮快速检测及高效配对系统研发"课题启动会在哈尔滨量具刃具集团有限公司召开。该课题由哈量集团牵头，联合北京工业大学、北京北齿有限公司、浙江双环传动机械股份有限公司共同承担。项目启动会上，课题组成员围绕年度工作任务、目标、考核指标、技术方案及当前课题现状等，进行现场研究讨论，并形成下一步工作意见。

7月

11日 济南二机床集团有限公司在济南召开了“美国福特KTP项目启动会暨新闻发布会”，宣布继2011年囊括福特汽车美国本土两个工厂共计5条大型冲压生产线订单之后，再次赢得福特汽车美国第三个工厂大型冲压线项目，实现了进军国际高端市场的连续突破。两年间三次赢得福特汽车美国本土3个工厂的6条大型冲压线项目，彰显了济二机床国际竞争力的不断提升和国产冲压设备快速发展的强劲势头。

新签的福特冲压项目由4台大型多连杆压力机以及双臂送料系统、拆垛机、清洗机、涂油机等自动化设备组成，采用了多连杆、数控液压拉伸垫、同步控制、全自动换模、整线防护等多项关键技术，每分钟最高可冲压15个大型汽车覆盖件(是普通自动线的2~3倍)，全自动更换模具时间仅需2.8min(是普通自动线的1/3)，代表了当前世界最先进的技术水平。该项目2013年6月启动，计划于2015年4月竣工投入使用。

★ 武汉市实施质量强市战略动员部署暨第四届市长质量奖颁奖大会在市政府礼堂隆重开幕。会上，武重集团荣获第四届武汉市市长质量奖。

武汉市市长质量奖是武汉市政府设立的最高质量荣誉，主要授予质量管理水平和质量能力在国内同行业领先，对武汉经济发展贡献突出的企业或组织。

在此次颁奖大会上，武重集团还荣获了湖北名牌生产企业、武汉市名牌产品和生产企业荣誉称号。

21日 中共中央总书记、国家主席、中央军委主席习近平莅临中国兵器武重集团视察。习总书记充分肯定了武重为我国国民经济重点行业和领域做出的突出贡献，对企业的改革、发展和进步表示了赞许，强调工业作为我国立国之本，要坚持独立自主，自力更生，自主研发，自己创新，形成科技竞争力，承担起实现中华民族伟大复兴的中国梦的重任。

习近平总书记在讲话中表示，武重是有光荣传统的重型装备制造企业，经过自我改革，实现了自身的飞跃，达到了现在的水平，来之不易，凝聚着几代人的心血，给他留下了非常深刻的印象。

习近平总书记强调，我国工业化、信息化、农业现代化处于快速发展时期，要实现两个百年目标，实现中华民族伟大复兴的中国梦，靠的是扎扎实实的努力奋斗，靠的是自力更生的精神，靠的是勇担历史重任的勇气。因此，工业化之路任重而道远。希望武重能通过技术创新、人才队伍建设，实现国内外市场占有率的强劲增长，肩负起振兴民族工业发展这个艰巨而光荣的任务，用行动书写武重新的光荣，凝聚工人阶级伟大力量，共筑中国梦。

26日 中国机床工具工业协会第七届会员代表大会暨七届一次理事会议在北京召开。代表着中国机床工具工业协会1 556家会员单位的300多位行业企业和机构的负责人及相关代表，以及机床协会常设机构工作人员、分会秘书长和代表等参加了会议。

会议圆满完成了各项既定议程，并按照章程，通过严格的民主程序，选举产生了新一届理事会和常务理事会，选举产生了新一届理事会领导班子：王旭、关锡友、张志刚、龙兴元为轮值理事长，陈惠仁为常务副理事长，王黎明、毛予锋为执行副理事长，马伟良等20人为副理事长。根据轮值理事长提名，理事会表决通过了聘任常务副理事长陈惠仁为协会秘书长。根据章程规定，委托常务副理事长为协会法定代表人。聘请何光远、张国宝、梁训瑄、于成廷、吴柏林为协会名誉理事长。会议分别由第六届理事会当值理事长黄照、常务副理事长吴柏林和执行副理事长王黎明主持。

月内 由桂林广陆数字测控股份有限公司和桂林电子科技大学共同承担的广西科技计划项目“绝对原点系列精密数显量具量仪的研发及产业化示范”，通过专家鉴定委员会的鉴定。鉴定委员会一致认为，项目采用具有波动性质的驱动信号，获得正弦波形的传感器输出信号，确定被测位置的绝对位移，从而实现电路间歇工作，工作电流大幅降低，消除测量移动速度限制，使测量结果与移动过程无关，有效提高了测量的可靠性。该项目技术达到国内领先水平。

8月

13日 由华中数控股份有限公司主办的高档数控机床示范应用联合攻关小组成立大会暨华中8型数控系统技术研讨会在武汉举行。中国工程院周济院长、工业和信息化部装备工业司王富昌巡视员、04专项总体组组长卢秉恒院士、华中科技大学李培根校长应邀出席了会议，同时参加会议的还有来自沈阳飞机工业(集团)有限公司、中国航空工业集团公司、中国航天科技集团公司第八研究院、大连机床集团有限责任公司等23家国内重点用户和机床企业的领导和专家。

沈阳飞机工业(集团)有限公司、大连机床集团有限公司、东气集团、中国航空工业集团公司等用户领导代表在研讨会上介绍了他们应用华中数控系统开展示范工程的经验，提出在航空工业领域、能源领域、机床工具领域应用国产高档数控系统的需求，希望同华中数控为代表的国产高档数控系统企业联合攻关，共同攻克高档数控机床应用的技术难点和成套技术解决方案。

会上，华中数控股份有限公司与15家用户签订了高档数控机床示范应用联合攻关协议。

23日 2013年度中国机械工业科学技术奖机床工具专业项目评审会在北京举行。评审委员会由来自中国机床工具工业协会、研究院所、大专院校、企业等部门和单位的22位专家组成。

评审委员会本着公开、公平、公正的原则，严格按照“中国机械工业科学技术奖评审细则”的各项规定和要求，圆满完成了评审工作。

30 日 中共中央总书记、国家主席、中央军委主席习近平视察沈阳机床(集团)有限责任公司。在视察中，习近平总书记指出，沈阳机床集团作为共和国长子，有过辉煌，也有过低迷，现在又担起国家重担，焕发了青春。他要求沈阳机床要好好总结经验，推动东北老工业基地进一步发展；作为一个老国企，要搞新技术、创新品牌、闯新市场，要志在高远，更上一层楼，引领潮流，争创第一。技术和粮食一样，靠别人靠不住，要端起自己的饭碗，自立才能自强。实体经济是国家的本钱，要发展制造业，尤其是先进制造业，加强技术创新，加快信息化与工业化融合。

9 月

6 日 中国机床工具工业协会创始人、中国国际机床展览会创办人、中国机床工具工业协会名誉理事长梁训瑄同志逝世。

梁训瑄同志于 1952 年 9 月至 1955 年 6 月任第一机械工业部第一机器工业管理局技术员；1955 年 7 月至 1964 年 5 月任第一机械工业部机床研究所研究室主任、工程师；1964 年 5 月至 1982 年 4 月任第一机械工业部机床工具局副处长、副总工程师；1982 年 4 月至 1988 年先后在机械工业部机床局、机械电子工业部机床工具司任总工程师、局长等职；1988 年退休。退休后，他继续关心国家改革开放的伟大事业。他没有向国家申请任何资金，与志同道合的机床行业的有识之士，创建了中国机床工具工业协会，创办了中国国际机床展览会并使之成为世界四大机床展之一。他长期担任中国机床工具工业协会会长、总干事长、名誉理事长等职，对凝聚全国机床行业力量，引领行业的健康发展起到了重要的推动作用，为我国机床行业的发展奠定了坚实的基础。

★ “大型数控强力旋压机技术应用推介会”在西安举办。该会由“高档数控机床与基础制造装备”科技重大专项实施管理办公室主办，中航工业北京航空制造工程研究所和西安航天动力机械厂承办。工业和信息化部装备司王富昌巡视员，装备工业司机械处苏铮副调研员，中国航天科技集团相关领导，航天、航空、船舶、压力成形等领域的知名专家和用户企业相关人员约 60 人参加此次会议。

大型数控强力旋压机是航空航天领域大型薄壁回转体金属结构制造的必备装备，具备数控机床的高精度、重型机床的高刚度和重载荷等特点。该设备部件尺寸超大，总高度达 18m，总重 500t，结构复杂，研制过程历时 10 年，浙江大学、武汉重型机床集团有限公司、中信重工机械股份有限公司和济南二机床集团有限公司等都参与了设计研制，2011 年被列为“高档数控机床与基础制造装备”科技重大专项。经过半年的旋压工艺试验，旋压出的零件各项性能指标符合用户要求，其旋轮推力和可旋压零件尺寸为亚洲之最，标志着我国在大型薄壁回转体金属结构件制造技术领域的研制水平达到新的高度。

9—14 日 四川普什宁江机床有限公司承担的“高速卧式加工中心”、华中数控国家工程中心承担的“数控系统可靠性技术及重型机床运行可靠性研究”和“重型机床动态综合补偿技术”、湖北三环锻压机床有限公司承担的“6 000kN 数控肋骨冷弯成形机”高档数控机床与基础制造装备科技重大专项项目通过了数控机床专项办组织的课题验收。

18 日 北京东方精益机械设备有限公司承担的高档数控机床与基础制造装备科技重大专项课题“三面静压闭式导轨高速、精密数控回转工作台”通过了数控机床专项办主持召开的课题验收。

22 日 苏州电加工机床研究所承担的“高档数控机床与基础制造装备”科技重大专项项目“全浸泡式精密电加工专用密封精密回转台”通过了数控机床专项办组织的课题验收。

22—23 日 中国机床工具工业协会夹具分会第七届二次会员大会在天津召开。会议通报了分会一年来开展的工作，学习了中国机床工具工业协会七届一次理事会精神，探讨了当前形势下夹具行业发展的思路，交流了会员单位发展情况和改革创新的经验。会议认为，夹具行业必须坚持以调整产品结构和转变发展方式为主线，促进转型升级，做强夹具行业，做大夹具市场，发挥协会的桥梁和纽带作用，进一步促进行业团结、和谐发展。

月内 机床工具行业企业贯彻落实国家质量监督检验检疫总局及工业和信息化部等 26 个部委“关于开展 2013 年全国质量月活动的通知”，围绕“打造经济升级版，实现质量强国梦”的主题，开展了形式多样的宣传活动，增强员工的质量意识，强化产品质量管理工作，以提升行业的产品质量。如武汉重型机床集团有限公司组织开展了为期 3 个月的“访百家、解千难、行万里、树形象”用户走访“质量万里行”活动；天水锻压机床(集团)有限公司开展了 5S + 1 活动，培养良好的质量环境；合肥合锻机床有限公司开展了质量标兵评选活动；呼和浩特众环(集团)有限责任公司开展了“质量知识竞赛”“工序零件质量现场集中检测”“质量意识集中培训”“质量改进项目完成情况的现场落实”“员工质量知识统一考试”“典型质量问题图片展览”等活动；大族激光钣金装备事业部坚持以人为本，定期开展员工培训，提升全员质量意识，实行积极的奖励政策，表彰和奖励那些优秀的质量提升建议提案；四川普什宁江机床有限公司邀请全国知名教授张根保做了一次质量管理知识专题培训讲座，公司中、高层管理人员、各单位负责技术质量的基层领导等 100 多人接受了先进质量管理理论的“洗脑”。

月内 南京工大数控科技有限公司的“SKXC－4000/35 数控铣齿机”被列入“2013 年度国家重点新产品计划立项项目”。SKXC－4000/35 数控铣齿机作为该司自主研发的数控铣齿机典型产品，具备铣内、外直齿及斜齿的功能，满足直径 4 000mm、模数 32mm、

螺旋角 ±22.5°的大型齿轮高效加工，模数 12mm、硬度 280HB 的工况下进给速度达 400mm/min。该设备曾于 2011 年获得江苏省首台（套）重大产品、江苏省优秀新产品等称号，获得了良好经济效益与社会效益。

10 月

10 日 中国机床工具工业协会机床附件分会七届二次理事会（扩大）会议在长沙召开。

会议通过了机床附件分会工作情况和转型升级的工作建议。参会代表结合各自企业的实际情况交流了企业转型升级、产品结构调整、质量改进等方面的经验。会议倡导行业坚持可持续发展的指导思想，努力解决机床附件、数控功能部件的技术瓶颈问题，坚定信心，做好转型升级工作。

11 日 以秦川集团为依托，联合西安理工大学共建的机械工业复杂型面数控磨床工程研究中心通过验收。这标志着秦川集团在推进机械工业复杂型面精密数控机床行业科技成果的工程化和产业化方面，形成了面向社会开放服务的共性产业技术创新公共服务平台，为复杂型面精密数控机床行业的快速发展提供了一个有效的产学研联合技术创新组织运行模式。

该工程研究中心以国家“发展大型、精密、数控装备和数控系统及功能部件”为方向，以复杂型面精密数控机床领域的核心、关键、基础技术和新产品开发为研究和发展目标。当前，依托秦川集团研发的系列中大型、精密、数控机床产品，已应用于我国航空航天、汽车、船舶、重型机械、机床、冶金、矿山、机车、印刷、军工等行业，为装备制造业的技术进步和快速发展提供了必要的高档加工设备和技术支持，为国产数控机床的技术进步和科技创新奠定了坚实的基础。

12 日 四川长征机床集团有限公司举办了“创新产品演示会”。来自全国汽车工业、航空航天、机械制造、船舶工业、能源等行业的 82 名重点用户及经销商应邀参加，共同体验企业的技术创新研发成果。

此次产品演示会上展出了公司 GSC3100 动梁龙门加工中心、RXC001 盘类零件桁架自动生产线、TVC510 钻铣中心等 7 个系列 8 个品种共计 9 台数控机床，其中 TVC510、TVC310 钻铣中心和 AVC600H 高速立式加工中心是公司最新研发的数控机床产品。

长征机床此次产品演示会，是企业转变营销理念、拓展销售方式的重要举措，从以往单纯的“走出去”参加展会，发展到诚恳地将客户“请进来”，主动出击，对进一步提升公司产品的美誉度和品牌形象，巩固用户关系，拓展行业市场，应对激烈的市场竞争具有重要意义。

14—25 日 由秦川机床工具集团、法士特集团以及陕鼓动力公司选调人员组成的陕西省国资委代表队，参加了在美国费城举行的中美国际数控机床技能大赛，获总分第三名，团体二等奖和夹具制造金牌。阙强、车军政、荀彦斌等 6 名选手荣获“2013 中美数控机床技能大赛优秀选手”称号。

此次中美数控机床技能大赛由国务院国资委和美国康涅狄格州政府联合举办，来自中国兵器工业集团、中国一汽、中国南车、陕西省国资委、天津市国资委的代表队，以及美国企业明星队、cimquest 企业队、维森特大学队等 8 个代表队参赛。

大赛以生产任务为目标，分设计、编程、道具、加工操作、检验和项目管理六个内容，主要评估参赛团队使用 CAD、CAM、CNC，设置以及刀具选择的技能和能力。

15—17 日 中国机床工具工业协会小型机床分会第七届一次理事扩大会议在山东省临沂市召开。

会议听取并审议通过了小型机床分会 2013 年度工作报告、2013 年度财务收支报告，传达了中国机床工具工业协会七届会员代表大会会议精神，进行了“转型升级、走专精特发展之路”的主题交流。

会议认为，行业各企业应结合自身的具体条件，开展市场的细分研究，明确企业产品定位，形成企业产品特色，走“专、精、特”的发展之路。

16—21 日 中国机床工具工业协会插拉刨床分会第七届会员代表大会在甘肃省兰州市召开。

会议听取并审议了分会第六届理事会工作报告，通过了新的《插拉刨床分会工作条例》，同意继续执行《会员会费标准和交纳办法》。会议还圆满完成了分会换届选举工作，选举产生了第七届理事单位、理事长单位和副理事长单位，聘任了分会秘书长。选举长沙机床有限责任公司总经理刘华洲为分会理事长，聘任长沙机床有限责任公司刘利为分会秘书长。

22 日 齐重数控装备股份有限公司举行了“25m 数控立柱移动立式铣车床百吨级工件试加工”演示会。该产品是“高档数控机床与基础制造装备”科技重大专项十大标志性产品之一，主要应用于大型电力设备、大型港口设备、海洋工程等战略性新兴产业，是国家重大工程项目建设急需的替代进口高端产品。

该产品首次在大型机械设备上应用横梁同步移动保护技术，突破了工作台 C 轴分度精度技术、工作台 C 轴定位技术、高精度双齿轮齿条进给技术、阶梯式主传动变速箱技术、工作台静压导轨安装调整技术、双齿轮驱动变速箱总装调整等关键核心技术；可加工最大工件直径 25m，最大加工高度 6m，重量 550t，可实现大件加工一次装夹完成车、铣、镗、钻、攻螺纹丝、磨削全部加工工序。

24 日 天水星火机床有限责任公司星火工业园举行一期工程落成典礼。该项工程的落成，是企业发展的新起点，标志着星火步入了新阶段，是星火发展史上的重要里程碑。

星火工业园一期工程完成投资 7.3 亿元，建筑面积 10 万 m^2。当前，星火工业园二期工程已完成地质勘探、场地回填、围墙建设、道路平整、管网铺设等工作，预计总投资 4 000 多万元。

24—26 日 受国家发改委、工信部、国防科工局委托，中国机床工具工业协会与中国和平利用军工协会承办,武重集团和华中数控协办的“高档数控机床关键技术讲座与重点领域应用交流会”在武汉举行。来自兵器、能源、航空、航天、船舶等领域的20家企业的40多名机床应用技术专家参加了交流会。

技术讲座着重从高精加工中心、重型机床、精密磨床、特种加工机床、数控系统5个细分领域,分析讲解了国内外数控机床技术发展趋势和方向;国内外重点机床企业的基本情况;在军工、能源、航空、航天等制造领域的应用情况;国内机床产品选型及维护要素等技术内容,取得了预期的良好效果。代表们对培训形式、授课内容、授课质量给予了肯定,认为交流会不但分析了国内机床的发展成果及优势,同时也客观指出了国产数控机床与国外产品的差距,并详细说明了中国机床制造业的优势及数控机床的选用基本原则,使大部分企业代表对国产数控机床有了更加系统的认识。此次交流会加深了供需企业之间的交流与沟通,对用户企业深入了解近年来国内机床企业研发的最新成果,促进双方合作具有重要意义。

26日 齐重数控装备股份有限公司9项产品通过了黑龙江省工业和信息化委员会组织召开的2013年黑龙江省新产品及科技成果鉴定会。由黑龙江省行业协会、重点院校及重点企业相关专家和学者组成的鉴定委员会认为,齐重数控装备股份有限公司研制的RG300×150/260L-NC重型数控轧辊磨床达到国际领先水平,HD-VTM160×10/8L-MC高档立式铣车复合加工中心、HHT180×60/32P-MC重型卧式车削加工中心、VCM500×31/32L-MC双柱立式铣车加工中心、DTB500×160/250L-NC数控重型深孔车镗床、YK311000L数控滚齿机和SMVTM1800×75/600L-NC数控单柱移动立式车铣床六项新产品达到国际先进水平,DMVT1600×60/400L-NC数控龙门移动双柱立式车床、YK36160L数控卧式滚齿机两项产品达到国内领先水平。

28—31日 中国机床工具工业协会组合机床分会七届二次理事会(扩大)会议在湖南省长沙市召开。组合机床分会50家会员单位的90多名代表参加了会议。

会议讨论和通过了《分会理事会工作报告》《加快组合机床行业产业升级促进组合机床行业健康发展》《组合机床市场价格交货期和付款方式问题探讨》等报告,研讨了组合机床市场和行业发展情况,交流了加快组合机床行业产业升级的思路和想法。

29—30日 中国机床工具工业协会重型机床分会六届二次理事会暨2013年年会在上海召开。

会议交流和探讨了企业如何应对当前面临的经济形势和市场压力、渡过难关尽快走出困境的措施和建议,倡议行业企业要进一步加强合作,加强彼此间的信息交流,建立沟通机制,营造公平竞争的良好氛围,共同维护行业形象和企业利益;同时要加快企业产品结构调整,促进产品技术升级,进一步增强企业竞争力,尽快走出低谷。

11月

6日 以CY集团首席技师袁建民命名的云南省级“袁建民技能大师工作室”举行揭牌仪式。CY集团认为,“袁建民技能大师工作室”的核准成立,是对CY集团的鼓励和鞭策,是CY集团技能人才队伍建设成果的重要体现,对企业全面推进“人才强企”战略具有重要意义。CY集团表示,将以“袁建民技能大师工作室”挂牌为契机,不断加强技能人才队伍建设,加强高层次技能人才培育体制和机制的创新,落实好工作室发展规划和工作计划。

8日 “云南CY集团暨深圳鑫佳福国际东莞服务体验中心”在东莞长安镇恒诺工业园揭牌。该服务体验中心以数字化工厂系统为展示平台,率先创立国内数控机床销售新模式。

在东莞服务体验中心,以8台近年来新研发的CY系列数控机床为基础,通过CAXA数字化工厂解决方案,将高速立式加工中心、立式车床、卧式车床等数控机床进行整合,建立数字化工厂体验中心,充分展示CY系列数控机床加工优势和各机种的整合优势,实现智能化加工。该体验中心可以帮助用户在现场完成样件加工,为用户提供优化加工工艺、刀具配套、零件检验等一系列解决方案。此举借助数字化集成系统的优势与功能,整合了机床制造商的技术优势和销售公司的营销渠道,开创了一种全新的营销模式。

14日 中国机床工具工业协会涂附磨具分会第九届会员代表大会在郑州市召开。

会议总结了四年来的分会工作,选举产生新一届理事会。大会共选出由71家会员单位组成的第九届涂附磨具分会理事会,由36家理事单位组成的常务理事会,17家单位当选为副理事长单位,白鸽磨料磨具有限公司连任理事长单位。白鸽磨料磨具有限公司董事长胡爱丽当选为分会理事长,聘任王明远、陈远东为分会正、副秘书长。

★ 由中国机床工具工业协会磨料磨具分会主办的“2013年秋季全国磨料磨具行业信息交流暨第五十八届中国刚玉、碳化硅交易会”在河南省郑州市召开。来自全国各地的磨料磨具行业领导、专家、企业代表及媒体记者等500余人参加了大会。

会议以“调结构、促升级”为主题,解读了国家促进产业发展的相关政策,介绍和分析了我国当前经济及磨料磨具行业及国家发展现状及趋势,汇报了2013年度磨料磨具行业经济运行情况。

14—17日 中国机床工具工业协会特种加工机床分会2013年年会在广东省东莞市召开。

会议通过了2013年分会工作总结及2014年工作安排,分会理事长叶军做“数控电加工产业和技术发展现状及转型升级”的报告。

18—19日 由成飞公司牵头,汉江机床有限公司承办的“国产高档数控机床与数控系统在飞机筋、肋、梁等加工单元的应用”子课题——“滚动功能部件研讨会”在汉中召开。来自成飞公司、西飞公司、江西洪都航空、国家机床质量监督检测中心、清华大学、电子科技大学、南京航空航天大学、昆明机床、厦门金鹭、陕飞公司等单位的42名代表出席。

课题责任单位成飞公司数控厂厂长郭志平向与会人员介绍了国产数控机床在航空结构件生产企业的使用情况和急需解决的问题。希望借此次国家科技重大专项课题的研究，使航空生产用户跟国内功能部件生产企业建立直接联系，不断提高产品的使用寿命，缩小与国外一流产品的差距。航空企业在以后的设备采购中将更多选用国产数控机床、数控系统与国产功能部件，共同推动我国机床行业的可持续发展。

20日 青海省省长郝鹏一行来到青海一机数控机床有限责任公司参观考察，公司董事长翟东、总经理王金江、总工程师苟卫东等公司领导陪同。

郝鹏省长对公司坚持科技创新，不断实现产品升级换代予以肯定，并鼓励广大员工积极投身其中，发扬团队进取、开拓创新精神，以实际行动推动公司的产业结构调整和优化，实现青海一机的可持续发展。

24日 宇环数控机床股份有限公司的“YHZD001智能化双平面加工成套设备”等四项科技成果及新产品通过了中国机械工业联合会组织的成果鉴定。以中国工程院谭建荣院士为鉴定委员会主任的专家组经过现场考察和评审，一致认为，宇环数控研发的“YHZD001智能化双平面加工成套设备”等四项科技成果及新产品填补了国内空白，整体技术达到国际先进水平。

月内 在中国汽车制造装备创新联盟理事会扩大会议上，国家工信部装备工业司机械处副调研员苏铮概括总结了普什宁江机床有限公司在科技重大专项研究中所取得的三个突出的核心技术，赞扬普什宁江公司在课题研究过程中，集中企业优势特长，在国家重大专项扶持下，科研成果显著，研发的精密卧式加工中心应用了一系列拥有自主知识产权的国际领先技术，已成功入驻航空、航天、船舶、汽车等领域，打破了国外企业在该领域的垄断，被工信部列为国家重大专项标杆企业。

12月

5日 由中国和平利用军工技术协会和中国机床工具工业协会联合组织的“军工领域重点用户供需交流会”在沈机集团昆明机床股份有限公司召开。来自国家发改委国民经济动员办、工业和信息化部装备工业司、中国和平利用军工技术协会、中国机床工具工业协会的领导，以及北航星、中航西飞、沈阳黎明航空发动机、西安航空发动机、中航飞机起落架、成飞等航天、航空、船舶、兵器企业的数十位技术代表参会。会议期间，供需双方的技术专家们就昆机产品的结构特点、技术优势、功能部件配置和国防工业的特殊需求等进行了面对面的交流互动。这次交流互动活动加深了供需双方的相互了解。

12日 被誉为“中国经济界奥斯卡”的第14届中国经济年度人物评选在中央电视台新址举行颁奖盛典，年度人物评选结果揭晓。北京北一机床股份有限公司重型制造部高级技师刘海旺与上海电气集团高级工程师刘霞、中国北车唐车公司数控配管高级技师苏健一起，代表全国数千万技术工人登上领奖台，荣膺第14届中国经济年度人物特别奖。这是中国技术工人群体首次登上中国经济年度人物评选的舞台，他们所代表的中国装备制造业，已经成为中国经济转型升级的龙头。

★ 中国机床工具工业协会锻压机械分会第六届会员代表大会在安徽省合肥市召开。75个会员单位的90名代表参加会议。

会议完成了锻压机械分会的换届工作，选举产生了由48个单位组成的锻压机械分会第六届理事会。济南铸造锻压机械研究所有限公司当选为理事长单位。会议同意第六届理事会理事长刘家旭的提名，聘任徐刚担任锻压机械分会秘书长、王蕾担任副秘书长。大会接纳了13家单位为新会员单位。

26日 天水锻压机床股份有限公司成立暨中小型高端数控锻压机床生产制造基地建设项目竣工投产仪式隆重举行。天水锻压机床股份有限公司是由天水锻压机床集团有限公司联合外部投资者及公司现有管理团队共同出资，以发起方式新设立的拟上市主体。新设股份公司以“中小型高端数控锻压机床生产制造基地建设项目”为依托，通过资产重组实现业务、资产完整后发行上市。该项目的建成投产和新设股份公司的成立，为企业优化产品结构、提高装备及管理水平、全面推进公司的可持续发展打下了坚实的基础。

月内 哈尔滨量具刃具集团有限公司自主设计研发的L100型齿轮测量中心，荣获2013年度中国机械工业科学技术奖三等奖和国家重点新产品证书。

L100型齿轮测量中心是新一代中大规格综合型多功能齿轮测量仪器，采用电子展成法、五轴四联动CNC自动控制、数字定位等先进技术，广泛应用于风电、汽车、船舶、机床、国防工业等行业涉及齿轮和齿轮刀具几何参数的全自动综合测量领域。

月内 山东威达重工股份有限公司7项新产品通过了由山东省机械设计研究院、山东大学、山东建筑大学、济南一机床集团、济南铸造锻压机械研究所等单位教授、专家学者组成的专家组的鉴定。专家组讨论认为，该公司XHM2420龙门式加工中心、XH2416龙门式加工中心、TH63100卧式加工中心、XH718立式加工中心、XZK7150数控立式铣钻床5项新产品主要性能指标达到国内领先水平，GMT350高精度龙门复合加工中心、XK2130S数控龙门镗铣床2项新产品主要性能指标达到同类产品国际先进水平。

月内 合肥合锻机床股份有限公司自主研发的“HSHP型高速液压机”“YH24型四柱式封头冷压液压机”两项产品经安徽省科技厅组织专家评审，被认定为2013年安徽省高新技术产品。

〔供稿人：中国机床工具工业协会符祚钢〕

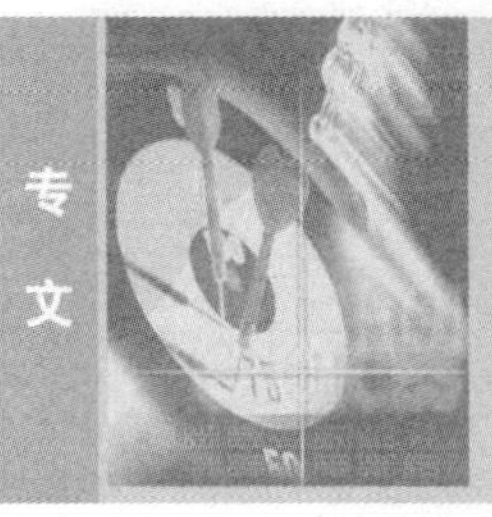

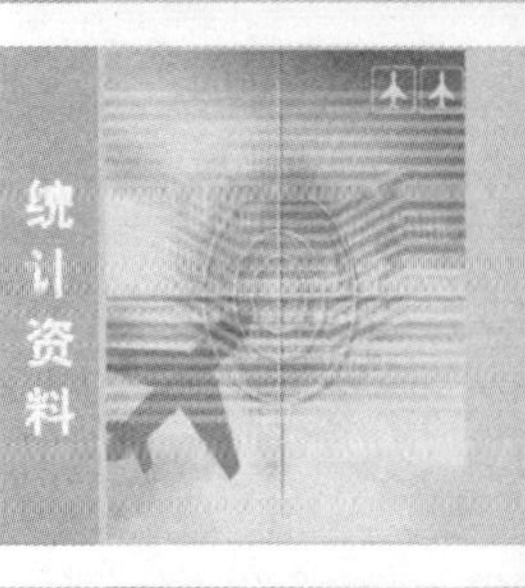

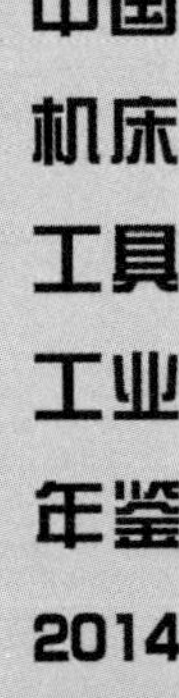

附录

发布2013年世界机床生产和消费调查报告，通过展会分析探究机床发展方向

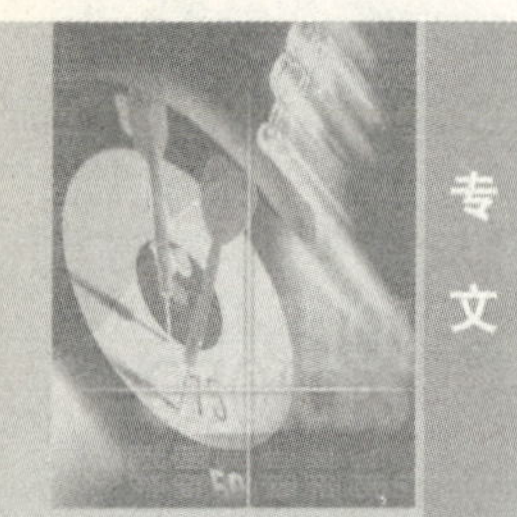

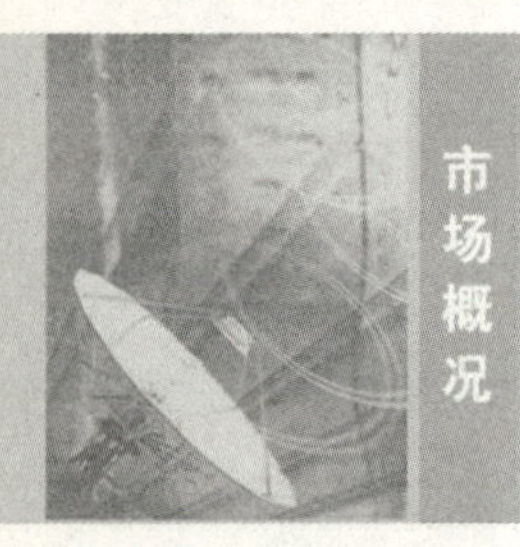

附录

2013 年全球金属加工机床生产和消费

一、全球机床调查概况

继 2010 年和 2011 年增长后，全球机床消费连续两年负增长。2013 年消费同比减少了 8.5%，降幅略大于 2012 年的6.1%。不过，一些指标显示出积极因素，预测 2014 年全球机床消费将增长 6.2%，达到 583 亿美元。全球数据是基于 25 个主要机床生产国家和地区的数据汇总而成。这些国家和地区的机床生产和消费占全球份额超过 95%。但是，由于不同年份的数据可能是从不同国家和地区所采集，所以可能造成消费总额年度同比仅仅是近似值，而非完全可比的精确值。

全球机床产值连续两年下滑，2012 年下滑约 1.8%，下滑幅度大大低于消费额。生产和消费的增长率之间出现如此大的差异是很不寻常的。生产下滑幅度小于消费降幅导致 2012 年全球机床出现了生产过剩，从而造成 2013 年机床价格大幅下跌。

2013 年供求关系趋于平衡，机床生产下滑约 9.8%，略大于消费的下滑幅度。因此，2013 年年底，机床价格比上年有所提升。

要满足机床消费量的要求，全球机床产值将达到 737.35 亿美元。全球金属加工机床消费额见图 1。

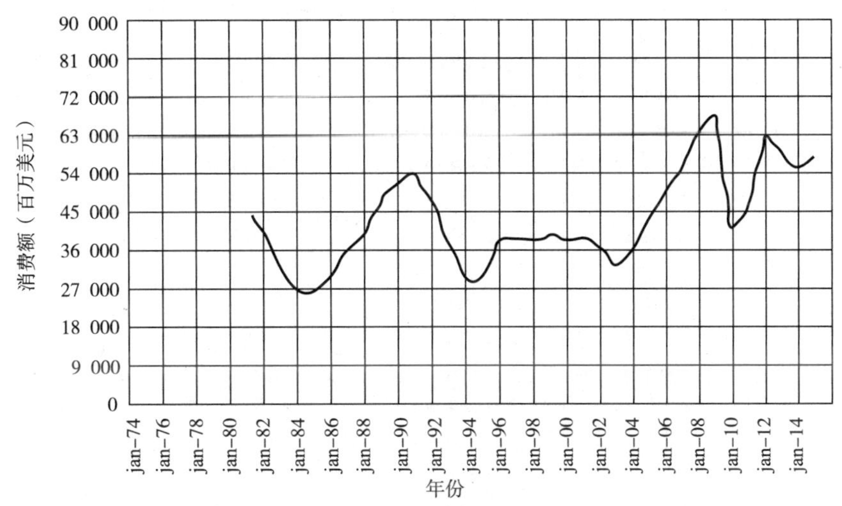

图 1　全球金属加工机床消费额

二、机床消费国家和地区

2013 年，全球机床消费前五位的国家和地区没有变化，只是顺序有所变化。尽管中国机床消费连续两年下滑，但仍是世界第一大消费市场。美国排名第二位。机床消费市场排名前五位的国家（地区）见图 2。

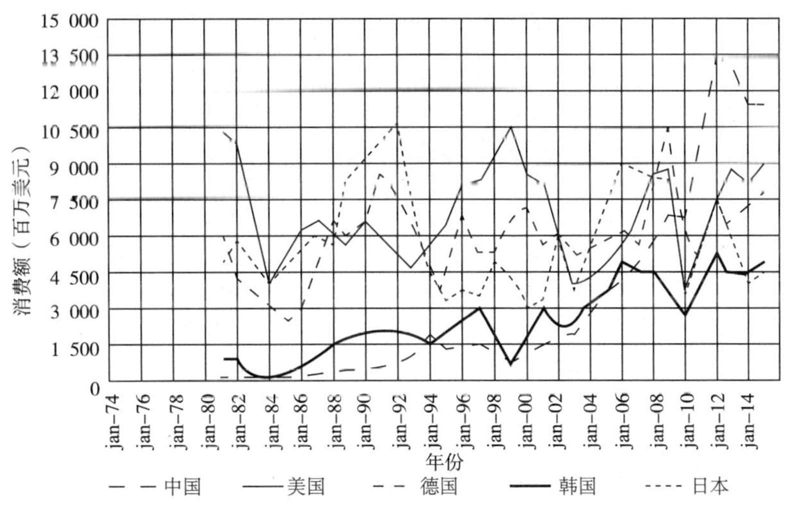

图 2　机床消费市场排名前五位的国家（地区）

在过去3年中,美国金属加工机床市场有两年是增长的,与中国的差距在缩小。从2009年开始,中国数控金属加工机床消费额超过美国,排名第一位。2010年美国和中国的差距进一步拉大,消费额仅为中国市场的45.9%。而2010年以后,美国市场稳步增长,预测2014年美国市场将增长15%,而中国市场相对平淡。在此情况下,美国数控金属加工机床市场将达到中国的81.4%。

前两位消费市场保持不变的情况下,排名前5位的其他市场变动较大。德国2012年是第四大市场,但是2013年增速达8.4%,升至第三大市场。预测德国在2014年将增长12%,继续保持世界机床消费排名第三位。

尽管韩国在2013年的机床消费并没有太大增长,但排名还是前进了一位。预测2014年韩国市场将增长13%。

由于德国和韩国均前进了一位,2013年,日本机床消费排名从第三位跌至第五位。2011年日本曾是世界第二大机床市场,之后,日本的机床消费减少了45%。2013年日本的机床消费还不足50亿美元,最近十年中仅有两年的数据如此之低。预测日本市场在2014年增长6%,与全球机床市场增速持平。

墨西哥在消费排名上跳跃最大。2012年墨西哥全球机床消费排名第十位,约为13.61亿美元,2013年一跃到第六位,消费额达到22.46亿美元。预测墨西哥2014年机床消费20.77亿美元,同比降低8%。墨西哥将连续三年市场规模超过20亿美元。

印度的排名下滑幅度最大,从第六位下滑至第11位。2013年消费额从2011年的26.27亿美元下滑至14.41亿美元,下滑幅度高达45%。印度市场将继续萎缩,但幅度会有所趋缓。参与调查的国家(地区)机床消费情况见表1。

表1 参与调查的国家(地区)机床消费情况 (单位:百万美元)

序号	国家(地区)	2014(预测)	2013年(估计)	2012年(修订)	当地货币同比(%)	美元同比(%)
1	中国㊀	11 423.9	11 364.5	12 950.6	$	-12
	中国报告数据	-	32 470.0	39 244.2	$	-17
2	美国	9 294.1	8 039.8	8 835.4	$	-9
3	德国	7 954.2	7 065.0	6 515.4	6	9
4	韩国	5 084.3	4 476.0	4 464.0	$	1
5	日本	4 471.5	4 196.5	5 914.8	-13	-28
6	墨西哥*	2 076.8	2 245.6	2 070.7	$	9
7	意大利	2 423.4	2 078.3	2 072.3	-2	1
8	俄罗斯*	1 164.1	1 711.9	1 934.8	$	-12
9	巴西	1 750.1	1 674.0	1 883.2	$	-11
10	中国台湾地区	1 784.9	1 629.0	1 840.7	$	-11
11	印度	1 376.1	1 441.0	2 167.5	$	-33
12	土耳其	1 618.1	1 399.7	1 343.5	2	5
13	加拿大*	1 028.1	1 099.7	1 052.0	9	5
14	瑞士	1 128.0	1 079.0	1 053.3	2	3
15	法国	1 125.9	1 000.0	1 044.0	-6	-3
16	英国	1 083.9	954.2	1 069.3	-9	-10
17	奥地利	635.8	585.6	624.1	-8	-5
18	西班牙	498.0	419.8	392.3	4	8
19	捷克	485.2	419.7	430.5	-2	-2
20	荷兰	416.3	394.4	399.4	-4	0
21	瑞典	296.7	268.3	333.3	-21	-19
22	阿根廷	208.1	220.2	274.1	$	-19
23	澳大利亚	244.4	206.0	187.7	$	8
24	葡萄牙	156.9	130.1	172.5	-26	-24
25	芬兰	136.6	118.2	158.2	-27	-25
26	比利时	131.6	116.9	223.1	-49	-47
27	丹麦	98.9	75.7	84.3	-12	-9
合计		58 095.9	54 409.1	59 491.0		
同比		7%	-9%			

注:1. 带㊀者表示GARDNER认为中国自产自销大量非数控机床,与其他国家和地区数据不可比,因此从2013年开始,依据其调研情况,从中国报送数据中扣除这部分产品的金额(这种扣除方式依据是否科学准确有待进一步分析研究)。

2. 带*者表示 将若干数据汇总预测数据 。

3. $=美元。

四、机床生产情况

2013 年机床生产排名前五位的国家和地区与 2012 年相同。只有中国排名没有变化。德国自 2009 年后再次成为世界最大机床生产国。2013 年德国机床产值增长约 5%。

日本排名稳定了三年之后，于 2013 年下跌了一位。

日本机床产值于 2011 年达到峰值 184.84 亿美元，而 2013 年滑落至 123.26 亿美元，累计降幅达到 33%。

中国继续保持数控机床产值排名第三位，但在过去两年中，产值有所降低。

意大利产值由 2012 年的世界第五位升至 2013 年第四位。产值在过去三年中变化不大。

韩国机床产值排名第五，比上年降低一位。和意大利类似，韩国产值在过去三年都相对稳定。纵观其各年度机床产值，连续三年超过 50 亿美元尚属首次。参与调查的国家（地区）机床生产情况见表 2。参与调查的国家（地区）机床进口情况见表 3。参与调查的国家（地区）机床出口情况见表 4。

表 2　参与调查的国家（地区）机床生产情况　（单位：百万美元）

序号	国家（地区）	2013 年（估计）	金属切削机床占比（%）	成形机床占比（%）	2012 年（修订）	当地货币同比（%）	美元同比（%）
1	德国	14 687.7	72	28	13 824.9	3	6
2	日本	12 326.4	84	16	18 231.3	-18	-32
3	中国⊖	8 743.0	60	40	9 236.7	$	-5
	中国报告数据	24 980.0	60	40	27 990.0	$	-11
4	意大利	5 710.4	50	50	5 606.1	-1	2
5	韩国	5 306.0	71	29	5 485.0	$	-3
6	美国	4 956.1	75	25	4 983.2	$	-1
7	中国台湾地区	4 537.0	82	18	5 414.0	$	-16
8	瑞士	3 129.1	83	17	3 282.2	-6	-5
9	西班牙	1 218.6	58	42	1 095.1	8	11
10	奥地利	1 094.3	54	46	1 000.1	6	9
11	英国	891.7	69	31	911.7	-1	-2
12	加拿大*	803.4	61	39	752.2	10	7
13	土耳其	709.2	26	74	644.2	7	10
14	捷克	705.6	82	18	720.0	-2	-2
15	法国	686.6	64	36	752.2	-12	-9
16	印度	658.0	85	15	798.0	$	-18
17	巴西	420.1	81	19	643.3	$	-35
18	荷兰	415.7	20	80	402.5	0	3
19	墨西哥*	374.4	62	38	389.4	$	-4
20	比利时	324.0	20	80	304.7	3	6
21	俄罗斯*	210.9	41	59	263.0	$	-20
22	瑞典	208.5	38	62	201.9	0	3
23	芬兰	184.6	20	80	187.7	-5	-2
24	澳大利亚	160.0	88	12	148.0	$	8
25	葡萄牙	74.4	46	54	70.7	2	5
26	丹麦	73.0	40	60	70.7	0	3
27	阿根廷	43.1	53	47	39.7	$	9
	合计	68 651.8			75 458.5		-9

注：1. 带 * 者表示将若干数据汇总预测数据。

2. $ = 美元。

3. 有些金属切削机床、成形机床的生产比例参照上年数据。

表3　参与调查的国家(地区)机床进口情况

(单位:百万美元)

序号	国家(地区)	2013年(估计)	2012年(修订)	当地货币同比(%)	美元同比(%)	进口在消费中占比(%)
1	中国	10 300.0	13 660.0	$	-25	91
2	美国	5 262.4	5 883.4	$	-11	65
3	德国	2 868.5	3 109.1	-11	-8	41
4	墨西哥*	2 002.2	1 780.5	$	12	89
5	俄罗斯*	1 618.1	1 760.8	$	-8	95
6	巴西	1 488.1	1 435.8	$	4	89
7	韩国	1 386.0	1 492.0	$	-7	31
8	土耳其	1 162.0	1 117.4	1	4	83
9	法国	923.0	969.5	-8	-5	92
10	意大利	916.3	873.1	2	5	44
11	英国	891.7	968.6	-7	-8	93
12	印度	822.0	1 389.0	$	-41	57
13	日本	797.4	771.5	25	3	19
14	比利时	745.0	829.3	-13	-10	637
15	瑞士	647.4	613.4	4	6	60
16	中国台湾地区	640.0	647.0	$	-1	39
17	加拿大*	491.2	481.9	5	2	45
18	奥地利	435.6	449.5	-6	-3	74
19	捷克	418.3	440.4	-5	-5	75
20	荷兰	405.0	430.7	-9	-6	103
21	瑞典	326.7	358.7	-12	-9	122
22	西班牙	313.2	300.0	1	4	75
23	阿根廷	196.7	247.1	$	-20	89
24	澳大利亚	190.0	178.0	$	7	92
25	葡萄牙	118.2	160.7	-29	-26	91
26	丹麦	108.9	136.3	-23	-20	144
27	芬兰	93.0	115.7	-22	-20	79

注:1. 本表中进口数据包含转口数据。

2. 带*者表示将若干数据汇总预测数据。

3. $ = 美元。

表4　参与调查的国家(地区)机床出口情况

(单位:百万美元)

序号	国家(地区)	2013年(估计)	2012年(修订)	当地货币同比(%)	美元同比(%)	出口在产值中占比(%)
1	德国	10 491.2	10 474.1	-3	0	71
2	日本	8 927.3	13 138.4	-18	-32	72
3	意大利	4 548.4	4 424.4	0	3	80
4	中国台湾地区	3 548.0	4 236.0	$	-16	78
5	中国	2 810.0	2 740.0	$	3	32
6	瑞士	2 697.5	2 851.3	-6	-5	86
7	韩国	2 216.0	2 551.0	$	-13	42
8	美国	2 178.7	2 106.4	$	3	44
9	西班牙	1 112.0	1 006.0	7	11	91
10	比利时	952.2	912.9	1	4	294
11	奥地利	944.2	830.8	10	14	86

（续）

序号	国家（地区）	2013 年（估计）	2012 年（修订）	当地货币同比（%）	美元同比（%）	出口在产值中占比（%）
12	英国	829.1	820.1	2	1	93
13	捷克	704.2	733.6	-4	-4	100
14	法国	609.6	686.6	-14	-11	89
15	土耳其	471.4	429.5	6	10	66
16	荷兰	426.3	437.2	-6	-2	103
17	瑞典	266.9	230.2	12	16	128
18	巴西	234.2	211.8	$	11	56
19	加拿大*	194.9	191.1	5	2	24
20	芬兰	159.4	146.6	5	9	86
21	澳大利亚	144.0	135.0	$	7	90
22	墨西哥*	131.0	116.8	$	12	35
23	俄罗斯*	117.1	105.5	$	11	56
24	丹麦	106.2	123.4	-17	-14	145
25	葡萄牙	62.4	60.4	0	3	84
26	印度	39.0	38.0	$	3	6
27	阿根廷	19.6	15.0	$	31	45

注：1. 带 * 者表示将若干数据汇总预测数据。

2. $ = 美元。

（此次调查是第 49 次以美元计算的全球机床生产和消费独立年度调查。调查手段与往届类似，主要数据来自各个协会、政府部门等官方渠道。本国/地区货币均按期全年平均汇率折成美元计算。与以往不同的有两点：一是美元名义值通过生产资料的生产者价格指数转化为美元实际值。这样做的好处是让历史数据更具可比性。二是中国的生产和消费数据均减去了非数控机床（以美国 Gardner 公司调研的数据为依据），因为从全球范围看，非数控机床基本都产自中国并且也消费在中国。同时，中国原始报送数据也列在表中，供参考。）

〔撰稿人：中国机床工具工业协会李雷〕

第十三届中国国际机床展览会（CIMT2013）概况

第十三届中国国际机床展览会（CIMT2013）于 2013 年 4 月 22—27 日在北京中国国际展览中心（新馆）举办。在协会和共同承办方中国国际展览中心集团公司的精心组织下，这届展会取得了圆满成功。

CIMT2013 展会的主题为："创新 · 可持续发展"，意在强调和突出"创新"在推动机床工具产业技术进步和企业可持续发展中的重要地位和作用。

一、基本情况

展览面积为历届 CIMT 展会最大。该届展会使用了展览中心新馆全部 8 个室内展馆，以及连廊和南、北登录厅进行布展，同时在室外搭建了 6 个临时展馆，展览面积达 12.6 万 m^2，是上届 12 万 m^2 的 105%。

展商总数达到创纪录的 1 534 家。与历届一样，境内外知名厂家悉数到场，展商数量高于往届：境内展商 776 家，境外展商 758 家，分别比上届增加 18 家和 110 家。境外厂商绝大多数是制造商本身而非代理商参展。

参展产品为历届最多。共展出各类机床、柔性生产线和大型量仪共 1 134 台（套），比上届 1 040 台（套）增加了 94 台（套）。其中，柔性生产线 17 条，五轴机床 208 台，复合机床 155 台，高速机床 453 台，高精机床 568 台。山崎马扎克、天田等多家国际知名企业带来了全球首发产品，还有多家展商展出了亚洲首发产品。展品体现出历届展会中最高的技术水平。

该届展会的观众数量略低于上届。展会参观人次为

28.4万，参观人数达到20.5万，分别比上届降低7.1%和5.1%。

二、展商对展会满意度提高

在展会期间，向境内展商发放调查表776份，对展会的11项服务内容进行满意度调查。收回有效调查表498份，其中满意度从高到低依次为观众质量(93.98%)、展品运输(91.79%)、清洁卫生(91.48%)、组织管理(90.52)、观众数量(88.55%)、标摊搭建(86.84%)、贸易成果(84.34%)、水电气供应(84.29%)、租赁服务(80.05%)、电信服务(75.76%)和餐饮服务(64.63%)。

以上11项的平均满意度(84.72%)比CIMT2011(75.54%)有明显的提高。其中，90%以上4项，80%以上5项，70%以上1项，60%以上1项。90%以上与80%以上合计有9项，优良率达到82%，比上届优良率27%提高55个百分点。

境外750家展商中有347家展商反馈了调查表。调查结果显示：受访展商中认为达到预期参展目的占84%；对观众数量和质量的满意度为80%；有42%的受访展商在展会上签到了新订单；认为展会总体管理好的占84%，其中对运输的满意度为78.1%，对服务的满意度为80%；以上6项平均为74.7%，比上届44.5%提升30个百分点。

以上数据表明，境内外展商一致对展会的组织工作给予了高度的评价，表明这届展会的整体服务水平上了一个新台阶。

三、展会相关活动

CIMT2013组织了大量异彩纷呈的配套活动，并根据形势变化，进行了多项创新。这些活动的开展起到了深化主题、提升品位、聚拢人气、扩大影响的作用，成为展会重要的组成部分。

(1)开幕式形式创新取得成功。首次采用大屏幕形式，由协会当值理事长黄照宣布开幕。在展会期间，大屏幕成为一块重要的宣传平台，发挥了很好的作用。

(2)4月21日，该届展会高层国际论坛以“创新·可持续发展”为主题，邀请全球知名机床协会负责人、重要用户领域高管、创新研究领域的学者和业界知名企业高管演讲，200多位同行参加。本届论坛在嘉宾构成、演讲内容和水平、听众质量和会议组织等各方面都有较大提升。

(3)以展板公告方式表彰了十佳会员企业，奖牌与奖状在展会上发放给各获奖企业。这次十佳表彰工作进行较大力度的创新，从原来6项改为现在的4项，即自主创新十佳、产品质量十佳，数控产品销售收入十佳及综合经济效益十佳，其中前两项在展会前由行业部和研究室派人进行了用户使用效果的现场核查。

(4)4月22—23日，国家发改委、工信部、能源局、科工局四部委局联合召开“2013年军工行业和能源领域国产数控机床座谈会”。协会和军工协会承办，主要会务由协会承担，203人参会，其中：四部委参会领导15人，军工企业82家，能源装备企业15家，机床企业55家。会议还组织参观了北京一机床。

(5)根据工信部装备司的要求，协会第三次在展会期间举办科技重大专项成果展。专项成果展区观众络绎不绝，也吸引了各级领导和外宾的关注，提高了展会的知名度和影响力。

(6)国际交流交往活动频繁。在展会期间，15家境外协会设立了信息台。协会与各国同业协会和知名企业间开展了28场双边和多边交流交往活动。其中，4月23日成功举办亚洲协调会。日本、印度、韩国、土耳其以及中国台湾地区的机床协会负责人出席了会议，与会代表就加强亚洲国家和地区机床协会间的信息交流进行了磋商。4月24日在北京什刹海会馆成功举办“Networking Party”。共有16个国家和地区机床协会的27名主要领导出席了信息交换会议。这些活动，不仅加深了国际协会间的理解和友谊，也对展会的圆满成功，以及对CCMT2014的招展发挥了重要作用。

(7)4月25日，成功召开了海外并购企业座谈会。到会20多家单位，44人参会。会上除并购企业的交流以外，还邀请了专家对并购的各个环节进行介绍。会议代表和外国专家对会议组织工作给予充分肯定。

(8)举办了技术交流讲座91场。受企业经济状况影响，场次比上届下降20.2%(上届114场)，其中境外企业举办讲座60场，占讲座总数的65.9 %(上届是66.7%)，国内企业举办讲座31场，占讲座总数的34.1%(上届是33.3%)。参加技术讲座的听众达4 850人次，平均每场53人次，与上届展会持平。

四、展会体现的市场需求变化和行业技术发展趋势

根据展会主办方在展会期间的调研结果来看，随着市场需求结构的显著变化，境内外厂家的新产品开发和市场营销也呈现出一些新的变化和特点。

1. 先进技术的应用比上届更为普遍

展会上“复合、精密、高效、智能”等机床的比例明显增大，“多轴、直线电机、直驱”等先进技术呈现出普遍化趋势。展会上约有近百台智能复合制造单元展品，工件、刀具在线检测得到普遍应用。

2. 精密、复合高档数控机床增多，反映市场需求的升级

境内外展商展出了一批精密、复合高档数控机床，给人留下深刻印象。如德国DMG公司首次推出DIXI－210高精度5轴加工中心：机床直线轴精度4μ，空间全行程精度30μ。该机属于坐标镗级高精度机床。日本安田展出2台中型高精度加工中心，定位精度2μ。德国科恩公司革新型加工中心定位精度2μ。瑞士波美公司、威尔铭公司、米克朗公司展出多轴车铣复合机床。

北京机床所精密机电有限公司展出SP320亚微米精度精密数控车床。主轴径/轴向跳动0.5μm /1μm、主轴转速5000r/min；定位精度2μm。昆明机床厂和宁江机床厂也展出高精度加工中心(定位精度4μ)。大连光洋展出大理石床身的精密加工中心(定位精度6μ)。

3. 大型重型机床明显减少，而台湾机床正在向大型化

发展

此次展会上境内厂家的大、重型展品比上届明显减少。这表明，近两年来这类机床市场需求减少后，相关厂家已经调整了产品结构。但另一方面，台湾参展商却带来了多台重型机床展品。2013 年 3 月协会代表团参观台湾机床后也发现台湾机床有重型化的趋势。

4. 国内机床外观造型持续改进

展会上看到，沈阳机床、大连机床、武汉重型、重庆机床、普什宁江等厂家的展品外观有很大改进，据了解都请专业公司进行了造型设计。总体来看，国内展品的外观造型、色彩和做工普遍比上届有明显改进。

5. 境外机床工具制造商在中国市场销售策略有所变化

(1)加强了在中国的销售网络。如 DMG—森精机联盟统一了中国的销售网络；其他如瑞士斯达拉克集团（下属 9 家企业）、哈挺机床集团（下属 7 家企业）、友嘉实业集团（全球 30 家机床生产基地）等普遍提升了在华销售服务业务，突出以提供解决方案作为市场竞争的重要手段。

(2)境外机床工具制造商进一步发挥在华企业的作用。如马扎克宁夏小巨人和在大连马扎克；森精机在天津工厂生产卧式加工中心；DMG 的上海工厂；其他如大限、三菱、EMG、MAG、哈挺、哈斯、斯来福临（昆山）、米克朗（常州工厂）等几乎国际知名机床集团在华都建立企业。目前，境外公司加强在华公司的生产销售力度。

(3)推出简约型产品扩大在华中档机床的市场占有率。如 DMG—ecoline 系列、斯莱福林集团的简易型磨床、马扎克的 smart 型和 J 型机床、西门子 808 数控系统等。

〔撰稿人：中国机床工具工业协会单希强〕

（栏目编辑：王亚水）